신앙 고백서

학습판

[Part I of the Constitution of the Presbyterian Church (U.S.A.)]

영어판 출간 *Book of Confessions: Study Edition, Revised 신앙 고백서: 학습판*
© 2017 Westminster John Knox Press 웨스트민스터 존 녹스 출판사 출판

영어판 출간
웨스트민스터 존 녹스 출판사 출판
루이빌, 켄터키
미국장로교 총회사무국과 협의함

22 23 24 25 26 27 28 29 30 31—10 9 8 7 6 5 4 3 2 1

책 디자인: *Drew Stevens*
표지 디자인: *Allison Taylor*

ISBN-13: 9780664263041
ISBN-13: 9781646982141 (ebook)

웨스트민스터 존 녹스 출판사가 출간하는 대부분의 책들은 단체, 기관, 혹은 특별 이해 그룹들이 다량으로 구입하고자 할 때 특별 할인 가격으로 구입할 수 있으니 다음의 이메일로 연락바랍니다:
SpecialSales@wjkbooks.com.

목차

발행인 서문

웨스트민스터 존녹스 출판사는 이 *신앙 고백서* 학습판을 출판해 미국장로교를 섬기게 되어 매우 자랑스럽게 생각한다. 이 책은 미국장로교 헌법 제 1 부를 구성하는 12 개의 신앙 고백 문서의 공식 본문과 이들 각각에 대한 역사적 및 신학적 배경을 설명하는 해설문들로 구성되어 있다. 12 문서는 다음과 같다:

니케아 신경
사도신경
스코틀랜드 신앙고백
하이델베르크 요리문답
제 2 헬베틱 신앙고백
웨스트민스터 문서
　웨스트민스터 신앙고백
　소요리문답
　대요리문답
바르멘 신학선언
1967년 신앙고백
벨하 신앙고백
미국장로교 간추린 신앙고백

이 문서들 외에도, 미국장로교 헌법은 아니지만 총회가 *고백서*와 함께 출판하도록 지시한 두 개의 문서가 추가로 수록되어 있다: "교회의 신앙 고백적 성격"(The Confessional Nature of the Church)과 "*신앙 고백서* 개정안에 대한 평가"(The Assessment of Proposed Amendments to the Book of Confessions).

해설문은 신앙 고백 문서의 연구와 이해를 장려하기 위한 것일 뿐 공식적인 헌법 본문 자체는 아니다. 해설문은 저명한 장로교 학자들에 의해 작성되었지만 이들의 이름은 밝히지 않았다. 참고서적 및 연구 자료로서 이 책이 지니는 성격 때문이며, 또 이 책은 신조, 고백서, 교리문답에 대해서 쓴 사람이 아니라 그 자체를 드러내고자 하기 때문이다.

우리는 이 책이 미국장로교의 풍부한 신앙 고백 유산에 대해 새롭게 이해하고 평가하게 하며, 신학생, 목회자, 교회 지도자 및 모든 그리스도인들이 교단의 신앙고백 문서를 신중히 연구하는데 도움을 줄 수 있기를 바란다. 또한 이 책이 신앙 고백의 역사와 신학에 대한 깊은 호기심을 자극하여 독자들이 신학교 도서관에서 신조, 신앙고백 및 교리 문답에 대한 다른 많은 훌륭한 해석들을 더 찾아 보기를 바란다. 그러나 무엇보다도, 우리는 미국장로교의 신조, 신앙 고백 및 교리 문답을 연구하는 모든 사람들이 *신앙고백서: 학습판*을 통해서 기독교 신앙을 더 진실하게 이해하기를 소망한다.

니케아 신경

해설

니케아 신경은 최초로 쓰여진 신앙고백이며 사실상 전 세계 대부분의 그리스도인들에 의해 초교파적으로 사용되고 있는 유일한 신경이다. 이 신경은 지난 1500년 이상 동안 정통의 기준이 되어왔다. 니케아 신경 이전에, 여러 지역의 교회들이 사용한 고백들은 중요한 사항들에 대해선 모두 일치했다. 하지만 표현은 서로 달랐고, 다양한 고백들을 어떻게 이해해야 하는 지에 대한 구체적인 사항들은 없었다. 그러나 두 공의회, 즉 기원후 325년의 니케아 공의회와 기원후 381년의 콘스탄티노플 공의회의 산물인 니케아 신경은 논쟁이 되고 있는 사안들을 설명하기 위해 단어들을 신중하게 선택했다. 후대에 서구에서 추가한 한 문구를 제외하면, 니케아 신경의 신중한 단어 선택은 그 전반에 걸쳐 유지되고 있다. 그런 의미에서 이는 신경이다.

니케아 공의회를 소집하게 된 사안 또는 문제는 무엇이었는가? 이 신조가 무엇에 대해서 쓰여졌는지 알기 위해서, 우리는 시간과 공간을 거슬러가야 한다. 시간과 공간을 거슬러 가서 보면, 그 당시 다루어졌던 사안들이 그 이후로도 계속해서 교회가 해결해야 할 문제로 남아 있다는 것을 알게 된다.

시간은 서기 325년, 콘스탄티누스 황제가 모든 정적들을 제거하고 홀로 지중해 전부를 둘러싼 방대한 로마제국을 통치하고 있을 때였다. 황제는 그리스도 교회에 큰 호의를 베풀어 그리스도교에 대한 박해를 중지시켰다. 그리스도교에 대한 박해는 콘스탄티누스가 권력을 잡기 바로 직전에 최악에 달했다. 전쟁에서 이긴 후에, 그와 그의 어머니는 그리스도인들이 공개적으로 평화롭게 예배드릴 수 있는 교회 건설을 위해 돈을 기부했다. 비록 본인은 아직 세례를 받지도 않았고, 그리스도인들의 눈에 우상숭배로 보이는 국가행사를 주도했지만, 누가 보아도 콘스탄티누스는 그 당시 로마제국의 전통 종교를 포함한 다른 어떤 종교보다 기독교를 더 옹호하는 것이 확실했다. 그의 어머니는 세례를 받은 독실한 그리스도인이었다.

더욱이 교회는 젊고 역동적인 신생 운동으로서 로마 제국 내에 주교와 회중의 네트워크를 갖추고 급속하게 성장하고 있었다. 황제는 기독교가 가장 영향력 있는 종교가 되어 갈라진 지역과 민족들을 하나로 통합시켜 주길 간절히 소망했다. 이런 이유로 콘스탄티누스는 교회의 하나됨에 위협이 되는 요소가 발견되면 이를 없애려고 노력했다. 콘스탄티누스 자신이 주교 회의를 소집해, 논쟁이 되고 있는 사안들에 대해 토의했고 전체 교회가 믿어야 할 진리에 대한 결정을 내리기로 했다. 로마 제국의 우편 제도를 통해 초대장을 보냈고 황제가 직접 참석자들을 환대하였다. 박해를 받던 몇 년 전만 해도 교회가 이런 규모의 집회를 여는 것은 불가능했을 것이다.

대부분 로마 제국의 동쪽 지역에 살고 있던 300명 이상의 주교들이 니케아에 모였다. 니케아는 현재 이스탄불의 남동쪽 방향으로 몇 마일 떨어져서 보스포러스 해협의 건너편에 위치한 터키의 작은 마을이었다. 하지만 그 당시에는 콘스탄티누스가 새로운 수도 콘스탄티노플이 완성되기를 기다리며 머물렀던 황제의 거주지였다. 콘스탄티노플은 투르크족이 1453년에 그 지역을 정복한 후에 이스탄불로 이름이 바뀌었다.

이 전의 문제들

교회를 분열시키고 있던 문제는 무엇이었는가? 이것을 알기 위해서는 교회의 초기 시기로 잠시 돌아갈 필요가 있다. 2세기와 3세기에 로마 제국의 몇몇 주요 도시에서 그리스도인들이 주목받는 집단이 되기 시작하면서, 그들은 종종 대답하기 어려운 질문을 받았다. 특히 두 개의 질문이 그랬다. 첫째, 그리스도인들은 스스로 유일신을 섬긴다고 하면서 어떻게 이스라엘의 하나님과 예수를 동시에 신으로 인정할 수 있는가? 그렇다면 신이 둘이 아닌가? 둘째, 그리스도인들은 히브리 성경을 경전으로 사용하면서 어떻게 유대인들의 해석에 동의하지 못하는가? 그리스도인들은 성경의 본문들이 예수에 대해 얘기한다고 했지만, 유대인들은 그 본문들에 대해 그와 같이 이해하지 않았다. 그렇다면 헬라인들은 누구를 믿어야 하나? 유대인들이 역사적으로 오랫동안 이 책을 사용해 왔기에 유대인들의 해석이 더 개연성이 있는 것으로 여겨졌다.

이 질문들은 한 사람이 단지 개인적으로 이웃 그리스도인에게 묻는 질문이었다고 생각하면 안된다. 이 질문들이 실제로 제기되었다. 또 도시의 광장에서 이러한 질문들에 대한 논쟁이 벌어졌다. 특히 이런 논쟁은 박해가 전혀 없거나 아주 조금 있을 때에 이루어졌다. 이러한 논쟁들은 공개적으로 진행되어, 여러 "철학파"를 대표하는 사람들이 참여했다. 스토아 학파, 에피쿠로스 학파, 플라톤 학파들 뿐만 아니라 유대인과 그리스도인들도 참여했다. 이 모든 사람들은 대부분 도시에 거주하며 이런 종류의 논쟁에 익숙한 사람들이었다(행 17:16-21에서 바울이 이런 포럼으로 사람들을 초청한 것을 참조하라). 유대인들과 그리스도인들은 철학의 한 분파로 여겨졌다. 그들의 가르침은 온전하고 의미있는 선한 삶을 살아가는 방법을 보여주려는 목적을 지녔기 때문이다. 어떤 신앙과 실천방식들이 그런 삶으로 이끌었을까? 예배의 형식들이 중요한 관심사가 아니었다. 그래서 전통적인 그리스 및 로마의 종교들은 논쟁의 대상이 아니었다. 그리스도인과 유대인은 둘 다 한 하나님을 믿었다. 그 하나님은 고유한 특성을 갖고 계시고 그를 따르는 자들이 특정한 삶을 살기를 원하는 분이셨다

이미 2세기에, 자칭 그리스도인들이 그들에게 제기되었던 질문에 대해 매우 간략하게 대답했다: "고대 이스라엘의 하나님은 예수 그리스도와는 아무런 관련이 없다. 그리스도인들은 구약성경을 사용해서는 안된다." 교회는 그것이 복음에 반하는 것이라고 신속하게 발표했다. 이로 인해 논쟁에는 복음 뿐만 아니라 구약을 인정하는 사람들, 또, 이스라엘의 하나님이 참으로 예수 그리스도의 하나님이라고 믿는 사람들도 참여하게 되었다.

이는 유일신 신앙에 더 어려운 문제를 제기했다. 그리스도인들은 자신들이 유일신을 믿고 있음을 확신하고 있었다. 하나님은 오직 한 분이시며, 그분은 고대 이스라엘의 하나님이시다. 이와 함께, 복음의 핵심은 이 하나님이 인류 구원을 위해 예수 그리스도로 사람들을 찾아오셨다는 것이다. 예수님은 성육신하신 하나님이었다. 세례 시의 신앙고백이 이를 말하고 있으며, 바울의 기록들과 복음서가 이를 말하고 있다. 이를 어떻게 이해할 수 있을까?

3세기 초반에, 어떤 이들에게는 만족스러운 듯한 답이 제시되었다. 물이 액체, 기체, 고체로 존재할 수 있는 것과 같이 하나님이 다른 형태 (mode)로 존재할 수 있다고 주장했다. 첫 번째 하나님은 "성부"하나님으로서, 우리가 세례 시에 고백하는 모든 피조물의 창조주이시다. 이 하나님은 고대 이스라엘에서 활동하신 후에, 더 이상 "성부"로 존재하는 것을 그만 두고 "성자"가 되셨다. 그분이 예수님이다. 예수님은 태어나셨고 우리와 함께 사셨으며 십자가에 달려 죽으신 후 살아나셨다. 하지만 이 부활은 하나님의 새로운 형태, 즉 "성령"의 시작이었다. 그러므로 이스라엘의 하나님이 하나님이신 것과 같이 예수님도 하나님이시고 성령님도 하나님이시다. 모두가 다 같은 하나님이다. 하지만 한 번에 한 가지 형태로 순서에 따라 존재하며 이전의 형태로 돌아갈 수 없다. 이것은 "양태론"(modalism) 또는 "사벨리우스주의"(Sabellianism)라고 불린다. 한 번에 오직 한 모습이기 때문에 유일신론으로 여겨질 수 있지만, 대부분의 교회는 이러한 주장에 심각한 오류가 있다는 것을 발견했다. 사실 이 주장은 문제를 해결하기 보다는 오히려 더 많은 문제를 야기했다. 무엇보다도, 교회가 고백하고 있는 것처럼 예수님께서 정말 죽으셨다면, 이는 하나님께서 죽으신 것을 의미하는가? 그리고 예수님은 누구에게 기도하셨는가? 만약에 예수님께서 "성령으로 잉태되었다면," 하나님께서 여전히 첫 번째 형태로 존재하실 때인데 어떻게 그것이 가능할 수 있었나?

양태론은 일반적으로 로마 제국의 모든 교회들에 의해 거부되었지만, 여전히 일신론에 관한 많은 질문에 대해 쉽게 답할 수 있는 유혹적인 해결책이었기에 교회에 계속적으로 위협이 되었다. 이러한 배경의 중요성은 니케아 신경을 다루고 나면 더 분명해질 것이다.

아리우스(ARIUS)

이제 우리는 콘스탄틴 시대로 왔다. 알렉산드리아에서, 아리우스라는 젊고, 교육을 잘 받은 장로가 가르치기 시작했다. 나사렛의 예수로 성육신 하신 분이 어떻게 이스라엘의 하나님과 관련이 있는지에 대해 자신이 이해한 것을 가르쳤다. 아리우스는 그리스 철학의 분야에서 훈련을 잘 받았으며, 그리스 철학의 많은 것들이 그의 신학에 큰 영향을 미쳤다. 그의 관심은 일신론에 관한 것이 아니었다. 오히려 그에게 있어, 진짜 하나님, 고대 이스라엘의 하나님은 일시적이고 변화하는 창조세계에 직접적으로 관여하실 수 없는 분이었다. 그리스 철학은 최고의 실존은 변하지 않는 영원히 고정된 것으로 간주했다. 아무리 작은 변화라도 변하는 것은 완전하지 않다는 것이다. 그러므로 아리우스에게 있어서 문제는 어떻게 불변하시는 하나님께서 끊임없이 변화하며 유한한 세상에 개입하실 수 있는가였다.(성서적 관점에서 볼 때 이런 질문은 합당하지 않다. 하나님은 세상을 창조하셨고 계속해서 세상에 개입하시지만, 그렇다고 해서 진정한 하나님이 아니라고 할 수 없다고 성서적 관점은 전제하고 있다. 아리우스의 견해는 그리스 철학의 플라톤주의의 영향을 받았음을 보여준다.) 그는 높고 참된 하나님께서 대리인을 창조하셨다고 주장함으로써 이 문제를 해결하였다. 이 대리인은 물론 신적 존재이지만 하나님보다 열등한 존재이며, 하나님은 그 대리인을 통해 유한하고 변화하는 세상을 창조하시고 세상에 개입하신다고 주장했다. 그리고 이 대리인은 하나님의 첫 번째 피조물이며 말씀, 로고스, 또는 아들이라고 불리운다. 피조 세계가 죄에 빠졌을 때, 바로 이 말씀, 즉 로고스가 세상을 구원하기 위해 성육신하셨다. 그러므로 나사렛 예수로 성육신하신 분은 높으신 하나님이 아니고 신성을 가진 대리인이다. 이 창조된 신성은 모든 피조물보다 뛰어나지만, 여전히 피조물일 뿐이다.

철학적인 성향을 지닌 이들에게 이는 흥미로운 견해였다. 이는 이 변화하는 세상과 끊임없이 교류하는 신에 대해 플라톤 철학이 갖고 있던 문제를 해결했다. 하지만 철학보다는 교회의 전통에 더 깊이 관여하고 있는 사람들에게 있어, 아리우스의 견해는 교회가 완전히 신뢰하고 있는 일신론을 심각하게 손상시키는 견해였다. 아리우스의 주교였던 알렉산드리아의 알렉산더는 이런 이유로 알렉산드리아의 선생이었던 이 장로를 파문했다. 아리우스의 추종자들은 대부분 알렉산드리아 보다는 안디옥 주변에 많았는데 여전히 아리우스를 지지하였다. 이것이 콘스탄티누스 황제가 우려하던 분열을 초래하였다. 콘스탄티누스는 특별히 어떤 신학에 관심을 가지고 동조하지는 않았지만, 제국 전역에 걸쳐 교회가 하나가 되기를 원했다. 이것이 심각한 분열이라는 것이 확실해지자, 황제는 서기 325년에 주교 공의회를 소집해 니케아에 모이게 했다. 300명이 넘는 주교들이 참석했다. 그러나 모든 주교들이 다 참석한 것은 아니었다. 라틴어 사용 지역인 서방에서는 소수만이 참석했다. 서부 쪽에서는 플라톤 철학이나 아리우스의 가르침을 따르는 이들이 별로 없었기 때문이다. 서부의 주교들은 논쟁에 별로 관심이 없었다. 그들은 니케아에서 멀리 떨어져 살고 있었고 황제의 영향력도 상대적으로 적게 받고 있었다.

니케아에서 논의가 시작되었을 때 황제가 사회를 보았다. 황제는 공의회가 내리는 결정에 관여하려 하지 않았지만, 공의회가 내린 결정을 제대로 집행하려는 의지는 지니고 있었다. 참석한 주교들 중에 아리우스를 지지하는 주교는 거의 없었다. (아리우스는 주교가 아닌 관계로 집회에서 발표를 할 수 없었다.) 문제를 제대로 이해하고 아리우스를 반대한 사람들은 소수였다. 대부분은 아리우스가 무엇을 가르쳤는지 분명히 알지 못했다. 아리우스의 견해는 아리우스에 동의하는 주교에 의해 명확하게 설명 되었다. 그때에 비로소, 그 전엔 문제를 이해하지 못했던 많은 주교들이 아리우스의 가르침이 교회가 고백하는 신앙과 얼마나 거리가 먼 것인지를 깨닫게 되었다. 그들은 아리우스의 가르침을 정죄했다. 그러나 아리우스에 대한 반대는 대부분의 주교들에게 훨씬 더 익숙한 성경적 언어가 아닌 철학적인 용어를 사용하여 표현되어야 했다.

신조는 나사렛 예수로 성육신 하신 분--말씀, 로고스, 혹은 아들--은 피조물도 아니고 하위 신도 아니라는 것을 아주 명확하게 밝혔다. 오히려 성자는 "성부와 같은 본질을 지니신," "하나님"(God of God)이시고, "빛"(light of light)이시다.

헬라어 *호모우시오스 토 파르티(homoousios to parti)*는 "성부와 한 본체이다"라는 뜻으로 니케아 신경에서 상당히 중요한 부분이다. 우리에게는 아버지(성부)와 아들(성자)이라는 용어들이 세대 차이를 암시하는 것으로 보인다.

물론 아버지가 아들보다 앞서고 시간적으로도 먼저다. 하지만 이것은 니케아 신경이 의미하는 것이 아니다. 사실, 이 신조는 성자 없이 성부가 존재한 시간은 절대 없다고 주장한다. 오히려 니케아 신경은 전혀 다른 문제를 다루고 있다. 인간의 재생산에 대한 우리의 지식은 그 당시 그들의 지식과는 매우 다르다. 니케아 신경이 의미하는 것을 현대적으로 표현하면, 말씀이신 성자는 성부와 같은 유전 물질로 구성되어 있다고 말할 수 있다. 마치 인간인 아버지가 인간인 자녀-다른 종들(species)이 아니라-를 낳는 것처럼, 하나님의 아들 예수 그리스도는 성부 하나님과 같은 신성을 갖고 계신다. 더 열등한 형태나 피조물이 아니다. 인간은 자신과 완전히 다른 그림이나 물체를 창조하거나 만들어 낼 수 있다. 하지만 자녀는 그와 같은 의미에서의 피조물이 아니다. 자녀는 부모와 똑같은 종이고 똑같은 형태이며 똑같은 존재다. 이런 이유로 니케아 신경은 성자가 '창조되지 않고 잉태되었다(begotten not made)'고 말한다. 성자는 다른 모든 피조물과 같은 피조물이 아니다. 바로 이 아들, 곧 독생자가 우리를 위하여 나사렛의 예수로 성육신 하셨다.

게다가, 19세기 중반이나 되어서야 어머니가 "물질"(matter) 이상의 어떤 것을 공급한다는 인식을 하게 되었다. 농부가 같은 땅에 온갖 다른 종류의 씨를 뿌릴 때 무엇이 자랄지를 결정하는 것은 땅이 아니라 씨인 것처럼, 고대인들은 어머니가 땅과 같고 무엇이 생산될 지를 결정하는 것은 아버지의 씨라고 믿었다. 따라서 이렇게 성별을 나누는 언어는 지금 우리 현대인들에게는 맞지 않지만, 그들에게는 논쟁의 일부분이었다. 아버지가 하나님이신 것처럼, 아들, 즉 하나님의 말씀 또한 하나님이시다. 인간관계에서 나오는 이러한 비유는 매우 중요했다. 이는 아리우스를 반박하는 성명서였고, 그의 가르침을 배격하는데 효과가 있었다.

이 공의회는 그 신경에서 아버지와 아들(성부와 성자)에 대한 부분을 우리가 알고 있는 형태로 선포하면서 끝났다. 하지만, 그들은 성령에 관한 부분의 처음에 성령을 믿는다고 선포하는 문구만을 추가하였다. 그들은 또한 믿으면 안 되는 것들에 대한 진술, 즉 "이단 파문에 관한 문장"을 포함시켰다.

공의회는 아리우스의 문제를 해결했을지는 모르지만 교회의 많은 신실한 사람들이 이 신경을 전혀 좋아하지 않는다는 사실이 곧 명백해졌다. 아리우스를 좋아해서가 아니라 신경이 쓰여진 방식 때문이었다. 이 신경은 사벨리우스주의를 합법화하는 것처럼 보였다. 성자가 성부와 한 본체로 전혀 구별이 되지 않는다면 성부는 어렵지 않게 성자가 될 수 있고 또한 성령이 될 수도 있다. 이런 이유로 니케아 신경은 잘 받아들여지지 않았다. 또한 콘스탄티누스 황제는 니케아 공의회의 결정을 따르지 않는 주교들과 아리우스를 추방했으나, 결국 마음을 바꾸어 아리우스의 신앙고백에 동의하지 않는 주교들을 추방했다. 이러한 혼란은 몇 년간 지속되었다. 이 혼란을 해결하기 위한 여러 제안들이 있었다. 헬라어 *호모우시오스(homoousios)* 대신에 *호모이우시오스(homoiousios)* 를 사용하자는 제안이 그 하나였다. 아들이 아버지와 비슷한 본질이나 동일하지는 않다는 의미다. 이것은 니케아 신경을 사벨리안주의로 해석하는 것을 막을 수는 있었을지 모르지만, 다시 아리우스주의에게 문을 열어주는 일이 되고 말았을 것이다.

한 세대에 걸쳐, 몇몇 주교 신학자들이 심혈을 기울인 연구 끝에 니케아 신경의 단어 표현들에 대한 일치점을 찾았다. 이로써 아리우스주의는 정죄되었고, 사벨리우스의 양태론은 여전히 정죄를 받게 되었다. 니케아 신경에 사용된 단어는 바뀌지 않았어도, 그것에 대한 이해는 바뀌었다. 381년에 콘스탄티노플에서 후대의 황제에 의해 또 따른 공의회가 소집되었다. 거기에서 니케아 신경이 재확증되었고, 세번째 단락이 추가되었다. 그 단락에는 성령과 관련해 믿어야 할 것들로 채워졌다. 이단 파문에 관한 문장은 삭제되었다.

381년 이후로 오직 한 가지만 바뀌었는데, 그것도 서방에서만 바뀌었다. 콘스탄티노플 공의회 이후 약 1세기가 지나고 스페인의 그리스도인들이 성령에 관한 부분 "성부와 성자로부터 나오시며"를 추가하였다. 그 전에는 '성령이 성부로부터 나오시며'라고만 되어 있었다. 스페인 지역에 나타난 특정 이단 때문에 이 구절을 추가했다. 그런데 800년 경에 동유럽에 간 서방의 선교사들이 그리스어를 사용하는 교회가 이 구절을 사용하지 않는 것을 발견하게 되었다. 그들은 그리스의 교회들이 원래 형태의 니케아 신경을 사용하고 있다는 사실을 모른 채, 그리스 교회들을 이단으로 규정했다. 이 사안이 매우 큰 문제로 발전한 이유가 신학적인지, 정치적인지 분명하진 않으나, 이 사건은 결국 그리스 교회와 라틴교회, 즉 동방 정교회와 로마 카톨릭으로의 분열로 이어졌다.

모든 교회가 모인 공의회에서 그토록 신중하게 결정한 니케아 신경을 동방교회가 참여한 공의회도 아니고 일부 교회가 임의로 변경한 사실에 동방 정교회는 분노했다. 서방 교회, 특히 로마의 주교인 교황은 자기들에게 그만한 권리가 있다고 주장했다. 니케아 신경의 이 구절과 관련된 토론과 분열은 현재까지도 계속되고 있다.

콘스탄티누스 황제는 자신의 목적을 이루기 위해 공의회를 소집했지만, 교회는 예수님이 참 하나님으로서 두 번째나 하위의 신이 아니시며 하나님은 오직 한 분이시라는 견해를 분명하게 밝혔다. 그들은 당대의 사람들이 이해할 수 있는 언어와 비유를 사용했지만, 그들이 내린 결정은 여전히 우리 신앙의 기반이 되고 있다. 콘스탄티노플 공의회까지의 모든 어려움들에도 불구하고 결국 모든 교회들이 확증하는 결정이 내려졌다는 사실은, 비록 황제들이 공의회들을 소집했지만 최종적으로 결정을 내린 이들은 복음을 잘 알고 사랑한 주교들이었음을 보여주고 있다.

학습문제

1. '성령은 성부와 성자로부터 나오신다'는 문구와 관련하여 동방과 서방 사이에 있었던 논쟁에 대해 당신은 어떻게 생각하는가? 이는 전 교회적으로 매우 중요한 문제다. 우리 신앙은 우리 지역 교회나 교단에 한정된 어떤 것인가? 우리는 우리 교단보다 훨씬 큰 전체 교회의 신앙을 어느 정도까지 고백하는가? 우리 교단은 니케아 신경을 사용한다. 우리는 우리 교단보다 훨씬 큰 교회에 의해 결정된 것들을 변경하는데 얼마나 자유로워야 하는가?

2. 현대의 그리스도인들이 아리우스 신앙과 비슷한 신앙을 갖는 것이 얼마나 개연성이 있다고 생각하는가? 예수님이 하나님의 아들이라는 의미는 무엇인가? 우리는 신앙의 근간인 일신론을 부인하지 않으면서, 예수님이 하나님의 아들이심을 어떻게 현대 언어로 설명할 수 있는가?

니케아 신경

1.1 우리는 한 분이신 성부 하나님을 믿습니다.
그분은 전능하셔서,
하늘과 땅과,
이 세상의 모든 보이는 것과
보이지 않는 것을 지으셨습니다.

1.2 우리는 한 분이신 주 예수 그리스도를 믿습니다.
그분은 모든 시간 이전에 성부에게서 나신,
하나님의 독생자이십니다.
그분은 하나님에게서 나신 하나님, 빛에서 나신 빛,
참하나님에게서 나신 참하나님이십니다.
그는 창조되지 않고 나시어
성부와 한 본체로서
그분을 통하여 만물이 창조되었습니다.
우리와 우리의 구원을 위하여
그는 하늘에서 내려오셨고,
성령과 동정녀 마리아로 말미암아 몸을 입으시고,
참사람이 되셨으며,
우리 때문에 본디오 빌라도에게 십자가 형을 받아,
죽임을 당하고 묻히셨으나,
성서의 말씀대로
사흘 만에 부활하셨습니다.
그분은 하늘에 올라
성부 오른편에 앉아 계십니다.
그분은 살아 있는 자와 죽은 자를 심판하러 영광 가운데 다시 오실 것입니다.
그리고 그분의 나라는 영원할 것입니다.

1.3 우리는 주님이시며, 생명을 주시는 성령을 믿습니다.
성령은 성부와 성자로부터 나오시어,
성부와 성자와 더불어 예배와 영광을 받으시고,
예언자들을 통하여 말씀하고 계십니다.
우리는 하나이고, 거룩하며, 보편적이고, 사도적인 교회를 믿습니다.
우리는 죄를 용서하는 한 세례를 믿습니다.
우리는 죽은 자들의 부활과,
장차 올 세계에서 살게 될 것을 믿습니다. 아멘.

사도신경

해설

흥미로운 전설에 의하면, 오순절에 사도들이 한 신조를 작성하였는데, 그것은 기독교 신앙의 필수적인 요소들을 담고 있는 공동 문서였다. 각 사도가 성령의 감동을 받아 그 안의 특정 구절들을 만드는데 기여했다고 한다. 베드로는 "전능하사 천지를 만드신 하나님 아버지를 내가 믿사오며" . . . 안드레는 "그 외아들 우리 주 예수 그리스도를 믿사오니" . . . 야고보는 "이는 성령으로 잉태하사 동정녀 마리아에게 나시고" . . . 시몬은 "죄를 사하여 주시는 것과" . . . 다대오는 "몸이 다시 사는 것과" . . . 맛디아는 "영원히 사는 것"을 말했다고 한다.

비록 이 전설의 기원은 실제 사건이라기보다는 경건한 상상력에 있지만, 이것은 초대교회의 기독교적 증언의 중대한 특징, 즉 사도들의 증언과의 연계성을 유지하는 것의 중요성을 보여주고 있다.

기독교는 역사적인 종교다. 증인들이 보고하는 구체적인 역사적 사건들, 즉 예수님의 삶과 죽음과 부활 및 교회의 형성에 기반을 둔 역사적 종교이다. 1세기부터 교회는 그들이 계속해서 선포하는 복음이 예수님의 첫 번째 추종자들(제자들)의 증언과 일치하도록 노력했다. 역사적 사실들을 있는 그대로 전하는 것이 교회가 선포하는 내용의 진실성에 꼭 필요한 것이라고 생각했다.

그러나 이러한 사건들에 대해 역사적으로 설명하는 것만으로는 결코 충분하지 않다고 여겨졌다. 오순절에 선포되었던 사도들의 첫 번째 설교에서 예수님의 제자들은 역사적 자료에 대한 신학적 해석이 필요한 것을 인식했다. 더 나아가 이러한 사건들이 하나님의 뜻과 행위에 대한 분명한 계시라는 것을 확신했기에, 그리스도인들은 하나님, 인간의 상태, 창조, 역사, 종말을 포함한 모든 것을 이 역사적 자료들을 통해 이해하려고 했다.

기독교 신앙을 받아들이기 위해서는 특정한 역사적 사건에 대한 지식과 신학적 중요성에 대한 이해가 필요했기 때문에, 기독교 신앙에 관심을 가진 비신자들이나 신자들을 가르치는 것은 늘 교회의 핵심 사역이었다. 그 가르침이 역사적인 면에서, 또 신학적인 면에서 일치해야 했기에, 심지어 사도 시대에도 신앙의 핵심 내용들을 요약하여 공식화하는 것이 필요했다.

이러한 초기의 요약들은 오늘날 우리가 알고 있는 것과 같은 형태의 공식적인 신조는 아니었지만, 복음의 핵심 요소를 매우 효과적이면서 정확하게 담고 있어서 초대 기독교 말씀 선포의 표준적 요소들이 되었다. 이에 대한 증거는 신약 성경에서 찾을 수 있다. 이들 중 일부는 예수님께서 주님이심을 확증한다(예: 행 11:17; 16:31; 고전 15:3-5; 빌 2:11; 골 2:6). 어떤 문구들은 하나님과 예수 그리스도를 언급한다(예: 고전 8:6; 갈 1:1; 딤전 2:5-6; 6:13-15); 또 어떤 문구들은 삼위일체를 명시한다(예: 마 28:19; 롬 1:1-4; 고후 13:13; 벧전 1:2). 이러한 세 개의 기본적 형태들이 존재했고, 또 각기 다른 언어적 표현을 허용한 것을 보면, 초기 그리스도인들은 내용의 일반적인 전달을 추구했지 단어들의 일치를 추구하진 않은 것을 알 수 있다. 상당한 시간이 흐른 뒤에야 신조의 표현들이 통일되었다.

사도신경의 전신(ANTECEDENTS)

오늘날 우리가 알고 있는 사도신경은 8세기에 처음 등장했다. 늦은 시기에 등장했다는 것으로 인해 오해하면 안된다. 사도신경의 뿌리는 매우 오래되었다. 사도신경의 전신은 2세기 중반의 세례 예식으로 거슬러 올라가는데, 이 세례 예식은 신약성경 말씀에 근거를 두고 있다.

2세기에 행해진 세례식은 거의 전적으로 어른들에게 국한되어 있었고, 이들은 세례식의 한 부분으로 신앙고백을 해야 했다. 세례 후보자는 물 속에 들어가서서 질문을 받았다. 하나님 아버지를 믿는지에 대한 질문이었다. 세례 후보자는 "믿습니다"라고 대답한 후 물에 잠겼다. 예수 그리스도에 관한 두 번째 질문과 성령에 관한 세 번째 질문에도 각각 대답을 한 후에 물에 잠겼다.

이렇게 명확한 삼위일체 형식의 세례문답은 마태복음 끝부분에(28:18-20) 기록된 "아버지와 아들과 성령의 이름으로" 세례를 주라고 하신 예수님의 명령에서 유래한다. 1세기 이후로 이 명령은 모든 세례 의식의 근간이 되었다. 그러나 이러한 기본적인 삼위일체 형식의 틀을 벗어나지 않는 범위 내에서 언어적 표현들은 다를 수 있었다. 삼위일체의 각 위격을 설명하는 문구들이 종종 추가되었다. 특히 그리스도의 위격과 사역에 대한 문구들이 꾸준히 더해졌다.

세례식에서 사용된 질문들의 내용이 보여주는 것처럼, 교회의 일원이 되기 위해서는 먼저 기본적인 교리들에 대해 동의를 해야 했다. 따라서 세례 후보자에 대한 가르침이나 문답학습은 필수였다. 2세기에는 *신앙의 규칙*이라 불리는 기독교의 가르침을 요약해 놓은 것이 만들어졌다. 이렇게 만들어진 규칙을 통해서 교리 교사는 학생들에게 교육 내용을 하나씩 체계적으로 설명할 수 있었다.

비록 문구가 통일되지는 않았지만, 신앙의 규칙은 대개 삼위일체나 이위일체(성부와 성자)의 구조였다. 전형적으로, 이 규칙은 창조주이시며 예수 그리스도의 아버지이신 하나님의 일체성을 강조했다. 그리고 예수님의 탄생, 삶, 죽음, 부활, 승천, 도래하는 심판에 대해 열거해 놓았고, 종종 성령님을 선지자들에게 영감을 주시고 성도들을 인도하시는 분으로 언급하였다. 특별히, 이러한 규칙들 사이에 비슷한 점이 많아서 이레니우스, 터툴리안, 오리겐과 같은 고대 저술가들은 교회가 지지할 수 있는 하나의 사도적 신앙에 대해 확신있게 말할 수 있었다.

3세기와 4세기에는 개종한 사람들의 수가 늘어남에 따라 교리 교육과정이 더욱 체계화되었고 *고백 신조*로 알려진 것이 만들어졌다. 이런 신조들은 삼위일체 신앙에 대한 간략한, 일인칭 시점의 신앙고백의 형식이었다. 문구는 상당히 통일되었다. 세례 준비의 일환으로, 지역의 주교는 세례를 받을 준비가 된 사람들에게 신조를 나누어 주었다. 세례 후보자들은 교회의 필수적인 가르침들을 받아들인다는 증거로서 세례를 받기 전에 이것을 암송했다.

이런 고백 신조들 중에 다음 몇 세기 동안 서구 세계 모든 세례 신조들의 원조가 된 신조가 있었으니, 이는 구 로마 신조(the Old Roman Creed)였다. 오늘날 형태의 사도신경은 구 로마 신조의 확장판이고, 구 로마 신조 자체는 초기 삼위일체 세례문답에서 유래되었다. 사도신경은 그 이전부터 있었던 세례문답, 신앙의 규칙, 고백적 신조와는 다르게 처음부터 통일된 형태로 서구 교회 전체에서 그 권위를 인정받았다. 이는 예배형식과 교리의 통일성을 이루고자 했던 샤를마뉴 대제(814년 사망)의 노력의 결과였다. 이로써 신조의 문구들이 아직 정해지지 않았던 긴 시기는 끝이 났다.

사도신경의 신학

사도신경에 사용된 언어가 수세기에 걸쳐 변화하면서, 단어들에 담겨있는 의미도 발전했다. 그 결과 사도신경과 그 전신들에 대한 완벽한 한 가지의 해석이 있다고 말할 수는 없다. 사도신경에 대한 해석의 역사, 특히 초대교회로부터 몇 세기 기간을 보면, 특정 용어들을 허용 가능한 범위 안에서 각기 다르게 해석했다는 것을 알 수 있다.

삼위일체의 각 위격에 따라 세 부분으로 구성되어 있는 사도신경의 구조는 가장 오래된 삼위일체론 형태, 특히 마태복음 28:18-20절의 구절을 반영하고 있다. 그러나 이들 명칭과 관련된 중요한 의미가 변하지 않은 채로 유지되진 않았다. 첫 번째 부분 ("전능하사 천지를 만드신 하나님 아버지를 내가 믿사오며")이 이를 잘 보여준다.

초대 기독교 가르침에 있어서 "아버지"라는 용어와 관련된 주요한 의미는 모든 피조물의 창조주였다. "전능하사"를 덧붙인 것은 모든 만물의 창조주와 통치자이신 하나님 사역의 역동적 특성을 부각시키고자 함이었다. 또 이 단어와 관련하여, 적어도 3세기 초반부터 부각되기 시작한 두 번째 의미는 믿는 자들의 아버지로서의 하나님이었다. 그리스도인들은 자신들이 하나님과 매우 친밀한 관계를 맺고 있다고 생각했다.

이 해석들 중 어느 한쪽의 해석도 사라지지는 않았지만, 4세기의 삼위일체 논쟁 이후에는 관심이 삼위 간의 상호 관계로 옮겨졌다. 성자는 성부의 아들인 것처럼 성부는 성자의 아버지이시고, 성령은 성부와 성자 모두의 영이시다. 다시 말해서, 그러한 용어들의 관계적 특성이 삼위 간의 상호 관계를 의미하는 것으로 이해되었다. 이렇게 함으로써 삼위 모두가 동일한 신성을 공유한다는 것을 강조할 수 있었다.

이러한 해석의 변화는 "성부"를 창조주로 보았던 본래의 해석에서 벗어나는 결과를 가져왔다. 그래서 하나님께서 모든 만물의 창조주라는 근본적으로 중요한 진리를 지키기 위해서 신조에 "천지를 만드신 분"이라는 문구를 첨가한 듯하다.

첫 번째 부분의 경우와 마찬가지로, 두 번째 부분의 해석도 시간이 지남에 따라 발전했다. 초대 교회 그리스도인들은 예수를 성자와 주로 받아들였다. 예수님의 탄생, 고난, 죽음, 장사, 부활, 승천, 재림도 같은 맥락에서 받아들였다.

이러한 언어는 수세기에 걸쳐 등장한 여러 이단들을 대항하는 데 사용될 수 있었다. 예를 들어, 인간으로서의 예수님의 활동(탄생, 고난, 죽음, 장사)을 묘사하는 문구들은 구세주의 온전한 인성을 부인하려던 사람들(가현설주의자, 영지주의자)을 상대하는데 사용되었다. "동정녀 마리아에게 나시고"와 관련된 교리는 오늘날 예수님의 신성의 증거로 사용되기도 하지만, 초기에는 인성을 증명하는 용도로 사용되었다. 즉 그는 우리 모두와 마찬가지로 여자에게서 태어났다는 것이다. 이와는 반대로, "성령으로 잉태되었다"는 문구는 수세기 후에 구세주는 비록 인성을 지니셨지만 또한 수태의 순간부터 신성을 지니셨다는 의미를 주장하기 위해(성자 입양설에 대항하여) 되었다.

아마도 두 번째 부분에서 가장 흥미로운 것은 예수님이 "지옥에 내려가셨다"는 주장일 것이다. 일찍부터 신약의 여러 구절들이 그 내려가심에 대한 언급(예: 행 2:27-31; 롬 10:7; 골 1:18; 벧전 3:19; 4:6)이라고 간주되었지만, 4세기 중반 전까지는 이 문구가 언급되지 않았다. 이에 대해 다양하게 해석해 왔다. 초기의 저명한 견해에 따르면, 예수의 내려가심은 그리스도께서 구약시대의 신실한 자들을 해방시킨 것이었다. 그 후에 등장한 다른 관점은 내려가심을 사탄의 왕국을 이기신 그리스도의 승리의 관점에서 해석했다.

이 후자의 해석은 그리스도의 승천, 하나님 우편에 앉아계심, 그리고 임박한 심판이 사실 죽음과 악에 대한 그분의 승리라는 고대의 견해와 일치한다. 존 칼빈은 내려가심을 그리스도께서 우리를 위해 당하신 내적인 고통과 연관지어 해석했다.

세 번째 부분은 성령에 대한 신앙고백으로 시작한다. 이 고백은 성령에 대한 교리가 발전되기 오래 전에 세례 문답과 고백적 신조의 한 부분을 형성하고 있었다. 사실, 4세기 후반에 와서야 교회는 성령께서 성부와 성자와 모든 면에서 동일하신 하나님이라고 공식적으로 인정하게 된다.

성령의 신성에 대한 의문점이 온전히 해결되지 않았음에도 불구하고 교회가 성령에 대한 믿음을 가르치고 요구했다는 것은 교회가 성령을 경험했기에 성령에 대한 확신을 요구했다는 것을 의미한다. 비록 그러한 경험의 출처를 정확한 용어로 묘사하는 것이 어려웠지만 말이다. 최소한 그 단락의 나머지 문구들은 성령의 역사라고 공통적으로 인정하는 영역들을 명시하고 있다: 교회("거룩한 공교회, 성도의 교제"), 세례("죄사함"), 영원한 축복의 성취("육신의 부활과 영생").

사도신경의 다른 요소들과 마찬가지로, 이러한 구절들과 연관된 다양한 의미들은 설명이 필요하다. 예를 들어, "거룩한 공교회" 라는 구절은 2세기에 이단 종파들의 위협에 대한 대응으로 주목을 받았다. 이것은 보편적인 교회, 즉 사도들의 가르침을 따름으로써 연합되고, 내주하시는 성령을 통해 거룩하게 된 지역 교회들의 전 세계적인 연합체에 대한 확증이었다.

다음 구절인 "성도의 교제"는 비록 4세기까지는 추가되지 않았지만, 하나됨과 거룩함이라는 두 개념과 밀접하게 관련되어 있다. 수세기 동안 이러한 단어들에 다양한 의미가 더해졌지만, 그 중 두 가지의 해석이 지배적이었다. 가장 자주 사용된 의미는 믿는 자들이 현재 살아있는 신자들 뿐만 아니라 이미 죽은 신자들과 함께 즐기는 교제였다. 그 다음으로 꾸준히 이어져 내려온 해석은 성도들이 주님의 만찬에 참여한다는 것이다. 아무튼 "성도의 교제"와 "거룩한 공교회"는 하나님의 백성 가운데 역사하시는 성령님의 사역을 증거한다.

또한 성령의 역사에는 "죄사함"이 포함되어 있다. 이 구절은 고대인들의 기쁨에 찬 확신, 즉 신자가 세례를 받고 물 밖으로 나올 때 이전의 모든 죄가 씻김 받아 전혀 다른 새 사람이 된다는 확신을 나타내고 있다. 교회는 2-3세기가 되어서야 비로소 세례를 받은 후에 저지른 큰 죄악(any but minor sins after baptisim)에 대한 용서의 가능성을 다루기 시작했다. 그 후 수세기 동안, 교회가 유아세례를 장려할 뿐만 아니라 최소한의 헌신을 하는 사람들까지도 받아들이게 되자 죄사함에 대한 확증은 세례를 받을 때뿐만 아니라, 세례 받은 후에 범한 죄로 인해 드린 기도와 회개의 효력에도 주어졌다.

교회가 거룩하게 되고 신자가 용서받는 것이 성령의 역사인 것과 같이, 성령의 역사를 통하여 우리는 부활과 영생을 확신할 수 있다. "몸이 다시 사는 것"이라는 구절은 죽음에 대한 하나님의 승리가 영혼뿐만 아니라 육신에도 적용된다는 고대 기독교의 주장이다. 마지막 구절인 "영원히 사는 것"은 부활 이후의 생명이 영원하다는 확신을 더해준다. 이는 생명 자체이신 하나님과의 축복되고 영원한 연합이다.

우리가 사도신경에서 발견한 기독교 신앙의 핵심은 성경과 발전하는 전통과 은혜의 경험을 수세기에 걸쳐 연구하고 묵상한 결과다. 사도신경은 핵심적인 신비들을 언급하되 그것들을 정확하게 설명하지 않음으로써, 고대 사도들이 지녔던 풍성한 신앙에 대해 수세기 동안 진행된 탐구와 나눔(appropriation)에 동참하도록 초대한다.

학습문제

1. 사도 신경에서, 당신은 살아있는 기독교 신앙에 필수적인 것으로 여겨지는 어떤 가치들을 발견하는가?

2. 교회나 성도 개인이 초대 그리스도인들의 신앙과 연계성을 유지하는 것이 얼마만큼 중요하다고 생각하는가? 초기 그리스도인들의 확신이 지금 당신이 가진 확신을 어느 정도까지 더 풍성하게 만들어 주는지, 혹은 어느 정도까지 도전을 주는지 생각해 보자.

3. 초기 기독교 가르침에 있었던 언어의 유동성(fluidity)에서 당신은 어떤 이점과 단점을 찾을 수 있는가?

사도 신경

2.1 나는 전능하신 아버지 하나님, 천지의 창조주를 믿습니다.

2.2 나는 그의 유일하신 아들, 우리 주 예수 그리스도를 믿습니다. 그는 성령으로 잉태되어 동정녀 마리아에게서 나시고, 본디오 빌라도에게 고난을 받아 십자가에 못 박혀 죽으시고, 장사되시어 지옥에 내려가신 지 사흘 만에 죽은 자 가운데서 다시 살아나셨으며, 하늘에 오르시어 전능하신 아버지 하나님 우편에 앉아 계시다가, 거기로부터 살아 있는 자와 죽은 자를 심판하러 오십니다.

2.3 나는 성령을 믿으며, 거룩한 공교회와 성도의 교제와 죄를 용서받는 것과 몸의 부활과 영생을 믿습니다. 아멘.

스코틀랜드 신앙고백

해설

스코틀랜드 교회의 헌장인 스코틀랜드 신앙고백은 장기간의 정치적, 교회적 진통을 겪고 나서야 완성될 수 있었다. 이 기간은 종교 지도자들에게는 참으로 힘든 시간이었다. 예를 들어, 개신교 설교가인 조지 위샤트는 1546년 초에 당국에 의해 체포되었고, 이단자로 정죄받아 그 해 3월 1일 세인트 앤드루스에서 화형을 당했다. (그 자리의 돌에 그의 머릿글자가 지금도 새겨져 있다.) 위샤트의 제자였던 존 녹스는 위샤트를 처형한 비튼 추기경을 암살한 자들과 공모한 죄로 거의 2 년간을 프랑스 노예선의 노예로 지냈다. 그 후 10년간 카톨릭 성직자인 월터 마일린이 같은 도시에서 화형 당했고, 스코틀랜드 여러 지역에서 성상 파괴 운동이 일어났다.

스코틀랜드 종교개혁의 향방은 스코틀랜드 귀족과 프랑스 왕정 사이에 맺어지는 동맹에 따라 달라졌다. 프랑스 왕정은 로마 카톨릭을 지지하고 있었다. 이들 사이의 동맹은 1530년 중반에 헨리 8세가 영국 성공회를 설립한 이후 교황의 권위에 반기를 든 영국 왕정을 견제하기 위해 맺어졌다. 하지만 1557년 12월 3일에 일부 스코틀랜드 개신교도들은 "그리스도의 온전한 교회"를 만들고 지키겠다고 서약했고, 이들은 영국의 지지를 얻게 되었다. 그 후 계속되던 분쟁은 1560년 7월 8일에 에딘버러에서 프랑스와 스코틀랜드 여왕이었던 메리, 그녀의 프랑스 지지자들, 그리고 "서약파" 사이에 평화협정이 맺어지면서 종식되었다.

협정에 따르면, 스코틀랜드 의회는 8월 1일에 에딘버러에서 개최되어야 했다. 의회는 여섯 명의 저명한 목사들(존 더글라스, 존 녹스, 존 로우, 존 스포티스우드, 존 윌록, 존 윈램)을 위임해 개신교 신앙 선언문을 작성하도록 했다. 추방되어 제네바로 갔던 녹스는 존 칼빈의 사상과 사역에 부분적으로 영향을 받았고, 그곳에 머무는 동안 영어권 회중을 섬겼다. 또한 녹스는 제네바에서의 망명 중에 제네바 성경 제작에 참여했다. 이것은 영어로 번역된 중요한 성경으로 1560년에 완성되었다. 제네바 성경과 스코틀랜드 신앙 고백의 밀접한 관계는 하나님 말씀에 대한 교회의 복종이 성경에 강조되어 있는 이유를 설명해 준다. 교회가 하나님의 말씀에 순종해야 한다는 내용은 이 신앙고백 전반에 걸쳐 나타나 있지만, 특히 18장에서 강조된다.

의회는 법령들을 통해서 미사와 교황의 재판권을 폐지했다. 비록 그 법령들의 효력이 지역마다 다르긴 했지만 말이다. 메리 여왕은 파리에 머물렀으며, 의회의 조치들에 대한 승인을 보류했다. 이로 인해, 스코틀랜드 신앙고백은 1567년에 제임스 6세가 즉위할 때까지 헌법에 따른 완전한 승인을 받지 못했다. 그럼에도 불구하고 이 신앙고백은 즉시 라틴어로 번역되어 다른 나라에서도 사용될 수 있었으며, 본래의 스코틀랜드 언어로 된 첫 인쇄물은 1561년에 에딘버러와 런던에서 발행되었다.

특히, 우리의 *신앙 고백서*에 수록되어 있는 스코틀랜드 신앙고백을 고려하고 있는 우리는 스코틀랜드 장로교의 첫 공식 표준이 결코 독자적으로 기능한 적이 없음에 유념해야 한다. 1545년의 칼빈의 제네바 교리 문답, 1563년의 하이델베르크 교리 문답, 1566년의 제 2차 헬베틱 신앙고백을 포함해서 여러 개신교의 문서들 또한 사용되고 승인되었다. 사실, 녹스의 *공동 규례서(Book of Common Order)*에는 스코틀랜드 신앙고백이 포함되지 않았다. 하지만 1556년에 제네바의 영어권 회중들은 이 고백을 채택하였고, *제일 규율서(the First Book of Discipline)*는 성만찬 참여자들이 스코틀랜드 신앙고백과 사도 신경을 숙지하도록 했다. 1647년에 웨스트민스터 신앙고백이 승인되었을 때, 스코틀랜드 신앙고백은 영국 장로교인들과 공동 기준을 공유하기 위한 목적으로 스코틀랜드 교회에서 대체되었다 (폐지되지는 않음).

실질적이고 중요한 주제들을 다루기 전에 한 가지 언급하고 싶은 것이 있다. 스코틀랜드 신앙 고백은 논쟁이 될 만한 것들을 많이 포함하고 있지만, 문학적 스타일은 간단하고 직설적이다. 이런 이유 때문에 이 신앙 고백이 작성된 지 400년이 지났지만, 여전히 신앙 교훈을 위한 좋은 교재로 남아 있는 것이다.

하나님의 약속과 교회

스코틀랜드 신앙고백 제 1장은 만물을 창조하시고 유지하시며 다스리시고 인도하시는 유일하신 하나님을 고백한다. 이어지는 다음 두 장은 인류의 창조와 죄를 다룬다. 그런 후 비교적 주목할 만한 네 번째 장에서 "약속의 계시"가 등장한다. 여기서 우리는 아담의 불순종이 있은 후에 하나님께서 "아담을 다시 찾으셨고…마지막에는 그에게 가장 기쁜 약속을 하셨으며," 이 약속은 "아담으로부터…그리스도 예수의 성육신에 이르기까지" 모든 신실한 사람들에 의해 받아 들여졌다는 것을 배우게 된다(3.04).

이 신앙고백은 바로 이 지점에서 교회, 즉 스코틀랜드어로 커크(kirk)로 넘어간다. 결과적으로, 커크에 대한 모든 논의는 은혜와 회복에 대한 하나님의 전적인 약속의 틀 안에서 이루어진다. "하나님께서는 아담 이후 예수 그리스도가 육신을 입고 오실 때까지 모든 시대에 그의 교회(Kirk)를 보존하시고 가르치시며 번성케 하시고 높여주시고 아름답게 하시며 사망에서 생명으로 불러주셨다"(3.05). 아담, 노아, 아브라함, 모세, 다윗, 선지자들은 모두 예수 그리스도를 통해 명확히 계시된 하나님의 풍성한 약속을 공유한다. 그러므로 그들 모두는 참된 교회(kirk) 안에 있는 자들로 여겨진다.

다른 말로 표현하면, 하나님의 약속의 공동체는 선택받은 자들의 공동체라고 할 수 있다. 성부 하나님께서는 "세상의 기초가 놓이기도 전에 "오직 은혜로" 그리스도 예수 안에서 우리를 택하셨고, [그리고 또한] 하나님 아버지께서 예수님을 우리의 머리, 우리의 형제, 우리의 목사, 그리고 우리 영혼의 위대한 감독으로 세우셨다(3.08). 이것이 바로 "하나의 교회가 태초부터 존재했고, 지금도 존재하며, 또 세상 끝날까지 존재하는" 이유이다. 이 한 교회는 "유대인이나 이방인을 막론하고 모든 시대와 영토와 나라와 언어 중에 선택 받은 자들의 모임이며, 성령 하나님의 성화를 통하여 성부 하나님 및 성자 그리스도 예수와 교제하며 더불어 살아가는 자들이다"(3.16). 요약하자면, 하나님의 약속을 받은 사람들의 모임은 보이지 않는 커크(교회)이고, 하나님께서 택하신 모든 사람들로 구성된다. 보이지 않는 커크는 오직 하나님만이 아시고 살아있는 자들과 이미 죽은 자들 모두를 포함한다.

참된 교회의 표지들

참되고 가시적인 커크(교회), 즉 "예수 그리스도를 고백하는 스코틀랜드 지역 안에 사는 우리들이 우리 도시, 마을, 그리고 개혁 신학의 영향을 받아들인 지역 내에 존재한다고 주장하는 그러한 커크는" 세 가지의 뚜렷한 표지들, 표식들, 혹은 특징들에 의해 거짓 교회로부터 구별된다(3.18). 칼빈이 기독교 강요에서 주장한 것과 상당히 유사하게 스코틀랜드 신앙고백도 주장하는데, 교회의 참된 첫 번째 표지는 "하나님 말씀의 참된 전파"이고, 두 번째 는 "하나님의 말씀 및 약속"과 항상 연결된 "성례전의 올바른 집행"이다(3.18). 그러나 그리스도인의 삶에서 법과 권징이 매우 중요한 위치를 차지한다고 주장했던 칼빈과는 달리, 스코틀랜드 신앙고백은 "교회의 권징… 이것에 의해 악행은 제지되고 선한 일은 촉진되어진다"(3.18)라며 권징을 교회의 세 번째 표지로 격상시켰다. 이 부분은 제네바의 영어권 교회가 사용하는 신앙고백을 따른 것이다(1556).

이 표지들이 지니는 긍정적 의미는 역사와 사회에서 교회생활에 필수적인 관행을 강조했다는 것이다. 이 표지들이 없다면 교회는 교회로서 존재할 수 없을 것이다. 하지만 우리는 참된 커크의 표지들을 소개할 때 사용된 것들로서 논쟁의 소지가 높고 반 유대적인 언어를 간과하고 넘어갈 수 없다. 스코틀랜드 신앙고백을 만든 저자들은 "사탄은 처음부터 그의 악독한 회당을 교회라는 명칭을 붙여 사용하려고 애써왔다"라고 말한다. 그래서 속지 않으려면,

"참된 교회는 분명하고 완전한 표지들에 의해 더러운 회당과 반드시 구별되어야 한다." 다시 말하지만, "오랜 전통, 남용된 명칭, 사도직 계승, 지정된 장소, 혹은 과오를 승인하는 다수의 사람들"과 같은 것들로는 참된 교회와 거짓되고 "불결한 매춘부"를 구별할 수 없다. 그러한 것들은 로마 카톨릭의 실제적 특징이거나 실제라고 추정되는 것들이다(3.18).

교회 공의회들과 그들의 선언

교회의 모임과 선언문에 대한 스코틀랜드인들의 관점은 매우 프로테스탄트적이고 개혁적이다. 제 20장에는 교회 공의회들의 주 기능이 "이단들을 반박하고, 자신들의 공적 신앙고백을 다음 세대들에게 물려 주는 것"이라고 규정되어 있다. 공의회들과 선언문은 교회가 무엇을 믿는지를 명확하게 표현하는데 도움을 준다. 그것들은 교회가 건전한 교리를 보호하고, 순전한 신앙을 다음 세대들에게 가르치고 물려주도록 한다. 두 번째로, 공의회들은 교회가 교회, 교회 행사, 교회 예배를 위한 "좋은 정책과 질서"를 만들고 진행하게 한다. 이런 이유들 때문에 "우리는 선한 사람들이 합법적으로 모인 총회에서 결정하여 우리 앞에 내어 놓은 것을 경솔하게 비난하지 않는다." 우리는 과거의 전통을 존중하고, 그것에 의해 가르침을 받고자 하는 자세를 유지해야 한다.

그럼에도 불구하고 우리는 그것을 무비판적으로 받아들여서는 안된다. 왜냐하면 "그들도 사람이기에 어떤 총회들에서는 명백한 실수를 범했다. 그것도 중대하고 중요한 일에 있어서 말이다."(그렇지 않다면 왜 개혁이 있겠는가?) 공의회와 그들의 결정은 "믿음에 관한 새로운 조항들을 만들어내는 것"이 아니어야 한다. 그들이 "하나님의 말씀에 반대되는 결정을 내렸다면," 우리는 이를 당연히 거부해야 한다. 요약하면, 공회, 신조, 고백문, 교리문답, 선언문, 신앙 고백과 같은 것들은 사람이 만든 것이기에 그것들이 지니는 권위는 제한되어 있다. 그것들은 모두 "하나님의 명백한 말씀" 아래 종속된 것들이고, 하나님의 말씀에 부합하는지 시험해 보아야 한다. 더 나아가 공의회들이 추천하는 정책들과 예배 순서는 "모든 시대와 모든 시기와 모든 장소를 위한 것으로 정해져서는 안된다…그것들이 교회에 덕이 되기보다 미신을 조장할 때는 그것들을 변경할 수 있고 변경해야 한다"(3.20)—이는 천주교 미사에 대한 종교개혁의 핵심적 비판이다.

(이 해설에 덧붙여진) 스코틀랜드 신앙 고백의 머리말은 저자들이 자신들의 저작물에 동일한 비판기준을 적용할 것인지에 대한 의구심을 해소시키고 있다. 그것은 스코틀랜드에서 개신교가 내세운 대의명분 때문에 초래된 시련들과 기대하지 않았던 행운을 되돌아 보면서 시작한다. 그 다음에는 "우리 신앙 고백에서" "하나님의 거룩한 말씀에 반대되는" 장이나 문장을 발견하는 사람은 누구든지 "서면으로 알려달라"고 요청한다. 그런 후에, "하나님의 은혜에 의해 우리는 하나님의 입, 즉 거룩한 성경 말씀에 근거하여 그 사람을 만족시켜 줄 것이며, 그 사람이 잘못되었다고 증명할 수 있는 것은 무엇이든지 고칠 것을 우리의 명예를 걸고 약속한다"라고 천명한다.

성례전

21장에서 23장은 성례전에 관한 논의다. 여기에서는 전체를 관통하고 있는 주제인 은혜에 대한 하나님의 약속이 구주와의 영적 연합에 대한 강조로 표현되어 있다. 스코틀랜드 신앙 고백은 우리가 예수 그리스도께 접붙임을 받았으며, 세례를 받음으로 정결케 되는 의에 참여하는 자가 되었다는 것을 강조한다. 성만찬에서는 "예수 그리스도께서 우리와 하나로 결합되어 바로 우리 영혼의 자양분과 양식이 되신다"(3.21)라고 이 신앙고백은 단언한다. 그들은 화체설(transubstantiation), 즉 빵과 포도주가 그리스도의 몸과 피로 변한다는 교리를 거부하며, 대신에 성령님을 통하여 성도들이 "자연인으로서는 이해할 수 없는 그러한 예수 그리스도와의 연합"을 이루게 된다는 것을 받아 들인다. 실제로, 그들이 생명과 영생을 얻은 것과 같은 방식으로 그리스도는 "그들 안에 그들은 그분 안에 거하게 된다"(3.21). 믿는 자들을 그리스도 앞으로 인도하여 하나님의 임재 하에서 그리스도에 의해 영적 공급을 받게 하시는 성령의 역사는 칼빈이 가르친 주의 만찬에 대한 교리에 가장 가깝다. 이것은 존 녹스가 칼빈에 의해 영향을 받았다는 또 하나의 증거이기도 하다.

스코틀랜드 신앙 고백에는 말씀과 성례전은 함께 하는 것이라는 개혁주의의 주장이 반영되어 있어서, 성례전은 특정 교회들에서 설교를 하도록 합법적으로 임명된 사람들에 의해서 집행되어야 하고, 오직 하나님께서 성경에 말씀하신 대로 집례되어야 한다고 주장한다. 이 신앙 고백은 로마 천주교가 세례에 첨가한 것들, 즉 "기름, 소금, 침 바르기"와 주의 만찬 시에 사람들로부터 잔을 빼앗는 관행을 거부한다(3.22). *기독교 강요*에서 칼빈이 주장하고, 제 2 헬베틱 신앙 고백에서 하인리히 불링거가 주장한 것과 같이(5.207), 스코틀랜드 신앙 고백은 유아세례를 적절한 것으로 인정하지만 성만찬은 자신의 신앙과 도덕성을 살필 수 있는 사람들만을 위한 것이라고 주장한다(3.23).

또한 칼빈과 불링거와 마찬가지로, 스코틀랜드 신앙 고백은 세례받지 않고 죽을 위기에 처한 신생아에게 여성들(산파로서 자격을 갖춘)이 세례를 주도록 하는 관행을 반대한다. 칼빈이 그렇게 주장하는 이유들 중 하나는 급할 것이 없다는 것이다. 세례는 하나님의 은혜의 약속에 대한 표시이며 보증이지만, 신자들의 자녀들은 태어나기 전에 이미 하나님께서 입양하셨다는 것이다. 세례받지 않은 자들은 저주를 받아 영원한 죽음에 이른다는 식으로 하나님의 은혜와 세례를 연결시키는 것은 미신에 지나지 않는다. 사실, 칼빈은 "구원을 위해 반드시 세례를 받아야 한다는 잘못 설명된 교리가 얼마나 큰 상처를 주는지를 아는 사람들이 거의 없다"고 말했다 (*기독교 강요* 4.15.20). 하지만 스코틀랜드 신앙 고백은 "성령은 여자들이 회중 안에서 설교할 것을 허락하시지 않을 것"(3.22)이기 때문에, 천주교가 여자들로 하여금 세례를 베풀 수 있도록 허락하는 것은 잘못되었다고 주장한다. 이는 성령께서 "여자와 남자를 교회의 모든 사역에 부르신다"는 *간추린 신앙고백*(11.4)과 완전히 반대되는 입장이다.

세속 통치 기구

스코틀랜드 신앙고백 24장, "민간 행정관료"는 개혁주의 신앙의 사회 윤리의 핵심, 즉 세속 통치 기구에 대한 하나님의 주권을 설명하고 있다. 스코틀랜드 신앙 고백은 세속 영역과 그 통치 기구는 "자신의 영광을 나타내시기 위해 그리고 모든 사람들의 선과 복지를 위해" 하나님에 의해 임명되고 위임된다고 주장한다(3.24). 세속 통치 기구는 선한 사람들을 보호하고, "드러난 모든 행악자들"을 벌하고, "참된 종교"를 유지하며, "모든 우상숭배와 미신"을 제지하기 위하여 칼을 휘두름으로써 이러한 목적을 추구해야 한다. 여기에서는 분명히 교회와 국가가 분리되어 있지 않다. 스코틀랜드 신앙 고백의 입장을 웨스트민스터 신앙 고백의 "민간 행정관료에 관하여"라는 제목이 붙은 장(6.127-.130)의 원본과 개정본, 그리고 전체주의 체제에 대한 응답으로 바르멘 신학선언이 주장하는 것(8.22-24)과 비교해 보면 도움이 될 것이다.

세속 정부가 하나님의 주권적 통치 내에서 하나님으로부터 부여된 기능을 소유했다는 생각은 공직과 시민권을 진정으로 중요한 가치있는 부르심으로 간주하는 사회 참여 윤리를 뒷받침한다. 이것은 또한 합법적 저항(스코틀랜드 장로교인들은 이것을 직접 경험한 적이 있다고 믿음)을 완전히 배제하지 않으면서도 동시에 세속 통치 기구에 복종하는 것을 장려하고 있다. 우리는 "정부 권력자들이 자신들의 역할을 감당하고 있는 한" 그들에게 저항해서는 안되며, "제후나 통치자들"이 "주의를 다하여 그들의 직무를 수행하고 있는 한" 그들을 돕고 섬겨야 한다(3.24). 하나님의 권위 아래에 있는 세속 통치자들에게 우리가 복종하고 협력해야 한다는 이러한 제한들을 둠으로써, 24장은 14장의 선행에 대한 기록들과 연결된다. 14장은 우리가 "아버지와 어머니와 왕과 통치자들, 그리고 그 위에 있는 권세를 존경해야 하고, 그들을 사랑하고 지지하며, 하나님의 계명에 위배되지 않는 한 그들의 명령에 순종하고, 죄없는 자들의 생명을 구해주며, 독재를 막으며, 억압받는 자들을 보호해야 한다"(3.14)고 확증한다. 이는 십계명 중 5번째 계명에 대한 칼빈의 해석과 일치한다. 그는 그 계명이 부모 뿐만 아니라 모든 종류의 권세자들에게도 적용된다고 주장한다. 칼빈은 다음과 같이 말한다: "만일 부모가 우리로 하여금 하나님의 법을 범하게 한다면, 우리에게는 그들을 부모가 아니라 우리를 참 아버지께 순종하지 못하도록 하는 이방인처럼 대할 수 있는 권리가 있다. 이것은 제후나 통치자들, 그리고 모든 종류의 상급자들을 향해서도 마찬가지이다"(*기독교 강요* 2.8.38).

마지막 때의 일들

스코틀랜드 신앙고백은 "교회에 값없이 주신 선물들"이라는 제목 하에 하나님의 약속의 완성을 다루는 것으로 끝을 맺는다. 여기에서 선물들은 눈에 보이지 않는 참된 교회에 주어진 선물들을 의미한다. 왜냐하면 눈에 보이는 교회에는 타락한 죄인과 참된 신자들이 모두 포함되어 있기 때문이다. 마지막 심판에서, 타락한 죄인들은 "꺼지지 않는 불에 던져질 것이다"(3.25). 이 생에서 그리스도로부터 용서와 죄사함의 선물을 받는 택함 받은 자는 영광에 이르는 썩지 아니하는 부활의 선물을 받게 될 것이다. 그 후에, 스코틀랜드 신앙 고백이 제 1 장에서 인정한 "영원하고, 무한하며, 헤아릴 수 없고, 이해할 수 없고, 전능하고, 보이지 않는" 유일하신 하나님께서 "모든 것들 안에서 모든 것"이 되실 것이다(3.01, 3.25).

선교 운동

"사랑하는 형제들이여, 우리는 우리가 고백하고, 이로 인해 수치와 위협을 받아오던 교리를 세상에 공포하는 것을 오랫동안 갈망해 왔습니다." 스코틀랜드 신앙고백의 서문에서 발췌된 이 말은 스코틀랜드에서 종교 개혁을 하면서 겪었던 어려움과 복음전파를 위한 긴박감을 잘 반영해 준다. 이러한 분위기는 이 신앙 고백의 마지막 기도문에도 잘 나타나 있다. 그 기도문은 원수를 물리치시고, 참된 일꾼들이 하나님의 말씀을 선포할 수 있도로 힘을 주시며, 모든 민족이 진리를 향해 돌아설 수 있도록 하나님께 간구한다. 이는 장로교의 첫 번째 신앙 고백 문서가 격동기 동안에 만들어졌다는 것을 상기시켜준다.

학습문제

1. 은혜에 관한 하나님의 약속이라는 주제는 스코틀랜드 신앙 고백이 교회와 성례전에 관해 언급한 많은 주장들과 어떻게 연결되는가? 이 주제가 당신의 신앙을 이해하는데 도움이 되는가?

2. 스코틀랜드 신앙 고백에 의하면 교회 공의회와 그들의 신앙 고백은 어떤 위치를 차지하고 있는가? 그것들은 어떤 가치를 지니고 있는가? 이 부분에서 스코틀랜드 신앙고백은 웨스트민스터 신앙고백(6.175)및 1967년의 신앙 고백(9.01-.06)과 어떻게 비교되는가?

3. 성령께서 여성들을 교회의 모든 사역들로 부르시는가에 대한 이슈처럼, 우리는 신앙 고백서의 문서들 사이에서 볼 수 있는 불일치를 어떻게 이해해야 하는가? 스코틀랜드 신앙고백(3.18)에 나오는 사탄의 "악독한 회당"과 "불결한 회당"과 관련된 문구들을 어떻게 이해해야 하는가?

4. 스코틀랜드 신앙고백은 하나님의 주권 하에 있는 세속 통치 권위를 어떻게 이해하는가?

부록: 1560년의 스코틀랜드 신앙고백 머리말*

이 천국 복음이 모든 민족에게 증언되기 위하여 온 세상에 전파되리니 그제야 끝이 오리라 (마 24:14).

예수 그리스도의 거룩한 복음을 고백한 스코틀랜드의 주민들과 함께, 스코틀랜드 성직자들은 스코틀랜드 백성들 및 주 예수를 고백하는 다른 모든 민족에게, 우리 주 예수 그리스도의 아버지 하나님으로부터, 의로운 심판의 성령님과 더불어, 구원을 위한 은혜와 자비와 평강이 임하기를 소망합니다.

사랑하는 형제들이여, 우리는 우리가 고백하고, 또 이로 인해 수치와 위협을 받아오던 교리의 모든 것들을 만천하에 공포하기를 오랫동안 갈망해 왔습니다. 이 수치와 위협은 우리를 대적하는, 또한 최근 우리 가운데 다시 태어난 그리스도의 영원한 진리를 대적하는 사탄의 분노였습니다. 따라서 우리는 오늘날까지 우리가 지닌 신앙을 드러낼 수 있는 시간이나

* Arthur C. Cochrane, ed., Reformed Confessions of the Sixteenth Century (Louisville, KY: Westminster John Knox Press, 2003), 164–65.

기회를 갖지 못했습니다. 할 수만 있었다면 즐거운 마음으로 했을 것입니다. 지금까지 우리가 얼마나 큰 고통을 겪었는지에 대해서는 유럽의 대부분이 잘 알고 있을 것입니다.

그러나 고통 당하는 자를 결코 멸망하게 내버려 두지 않으시는 우리 하나님의 무한하신 선하심으로 인해 기대하지 못했던 안식과 자유를 얻은 우리는 지금 우리 앞에 있는 교리에 대해 단순 명료한 이 고백문을 공표할 수밖에 없게 되었습니다. 우리가 이 고백문을 믿고 공표하는 것은 부분적으로는 그동안 우리가 당한 비난 때문에 힘들어했고 또 힘들어하는 형제들의 마음을 만족시켜 주기 위함이고, 또 한편으로는 들어보지도 않았고 그래서 이해하지도 못하는 것을 무지하게 비난하는 무례한 신성모독자들을 잠잠케 하기 위함입니다.

우리는 그러한 악의가 단지 우리의 신앙고백에 의해서 고쳐질 수 있다고 생각하지는 않습니다. 왜냐하면 복음의 달콤함은 지금도 그렇지만 앞으로도 멸망의 아들들에게는 죽음이 될 것이기 때문입니다. 하지만 우리는 우리 중에 더 약한 형제들을 마음에 품고 있습니다. 그들에게 우리의 간절한 마음을 전합니다. 우리의 영적 기업을 무너뜨리기 위해 사탄이 퍼뜨리는 여러 소문들로 인해 힘들어 하거나 믿음을 잃지 않기를 바랍니다. 누군가 우리의 신앙고백에서 하나님의 거룩한 말씀에 반대되는 어떤 장(chapter)이나 문장을 발견하는 사람은 누구든지 그리스도의 자비롭고 온유한 마음으로 저희들에게 서면으로 알려주시기 바랍니다. 그러면 우리는 하나님의 은혜를 입어 하나님의 입으로부터, 즉 거룩한 성경말씀으로부터 그런 사람에게 만족할만한 것을 제공하든지, 아니면 잘못되었다고 증명되는 것은 무엇이든지 고칠 것입니다. 우리가 모든 이단 종파들과 모든 거짓 교리 교사들을 경멸하고, 그리스도의 순결한 복음을 정말 겸손하게 받아들인다는 것을 기억해 달라고 하나님께 요청합니다. 이 복음은 우리 영혼의 유일한 양식이며 우리에게 매우 소중하기 때문에, 우리는 우리 영혼이 세상에서 가장 큰 위험들에 타협하느니, 차라리 그러한 위험들을 감수하기로 결단합니다. 그리스도 예수를 부인하거나 사람들 앞에서 그를 부끄러워하는 사람은 누구든지 아버지와 그분의 거룩한 천사들 앞에서 부끄러움을 당할 것을 확신하고 있기 때문입니다. 그러므로 우리는 주 예수 그리스도의 강력한 영의 도움을 입어 다음 장들에서 볼 수 있는 것과 같은 우리 신앙 고백을 끝까지 지킬 것입니다.

스코틀랜드 신앙고백[1]

제 1 장
하나님

3.01 우리는 한 하나님만 고백하고 인정한다. 우리는 그분만을 고수하고, 섬기며, 예배하고, 의지해야 한다. 그는 영원하시고 무한하시며 측량할 수 없고 이해할 수 없으며 전능하시며 보이지 않으시며 본질은 하나이지만 성부와 성자, 성령의 삼위로 구별되신다. 우리는 하늘과 땅의 보이는 것과 보이지 않는 모든 것들이 그분에 의해 창조되었고, 그들 존재 안에서 유지되고 있으며, 그의 영원하신 지혜와 선하심과 정의에 의해 지정된 그러한 목적을 위해, 그리고 그 자신의 영광을 나타내시기 위해 그분의 측량할수 없는 섭리에 의해 다스려지고 인도받고 있음을 고백하며 믿는다.

제 2 장
인간의 창조

3.02 우리는 우리 하나님께서 인간, 즉 우리의 시조 아담을 그 자신의 형상 image 과 모양 likeness 을 따라 창조하셨고, 그에게 지혜와 주권과 정의와 자유의지와 자의식을 주셔서 사람의 본성 안에 불완전한 것이 전혀 없게 하셨음을 고백하고 인정한다. 남자와 여자는 이러한 위엄과 완전한 상태로부터 타락했다. 뱀에게 기만을 당한 여자와, 여자의 소리를 따른 남자는 다같이 금지된 나무의 열매를 따먹는다면 죽게 될 것이라고 분명한 말씀으로 미리 경고하신 하나님의 절대적 주권을 침범했다.

제 3 장
원 죄

3.03 일반적으로 원죄로 알려져 있는 이 범죄에 의해 인간 안에 있는 하나님의 형상이 완전히 손상되었고, 그와 그의 후손들은 본성적으로 하나님을 적대시하며, 사탄의 노예와 죄의 종이 되었다. 그 결과 영원한 죽음이 위로부터의 중생을 경험하지 못한, 과거, 현재, 미래의 사람들을 지배하고 다스린다. 이러한 중생은 하나님께서 선택하신 자들의 마음 속에 그의 말씀에 계시된 하나님의 약속에 대한 확실한 믿음을 일으키시는 성령의

---

[1] 이는 1560 년 스코틀랜드 신앙고백의 재판이다. G.D. 핸더슨이 서론을 쓰고 편집하였으며, 제임스 블록이 현대 영어로 옮겼다. 이것은 에딘버러의 성 앤드류 출판사에서 출간된 것으로서 (1960, pp 58–60) 사용허가를 얻었다.

권능에 의해 일어난다; 이 믿음으로 말미암아 우리는 예수 그리스도 안에서 약속된 은총들과 축복들을 통해 예수 그리스도를 이해하게 된다.

제 4 장
약속의 계시

3.04 우리는 인간이 하나님께 순종하지 않고 떠나버린 두렵고 무서운 죄를 저지른 후에 하나님께서 다시 아담을 찾아 그를 부르시고, 그의 죄를 책망하시며, 깨닫게 하시고, 마침내는 "여자의 씨가 뱀의 머리를 상하게 할 것이다"는 약속, 즉 그가 마귀의 일을 멸할 것이라는 기쁜 약속을 하셨다는 것을 믿는다. 이 약속은 때때로 반복되어져서 더욱 명료해졌다. 이 약속은 기쁨으로 받아들여졌고, 아담으로부터 노아에 이르기까지, 노아에서 아브라함에 이르기까지, 아브라함에서 다윗에 이르기까지, 그리고 그때부터 그리스도 예수의 성육신에 이르기까지 신실한 모든 사람들에 의해 변함없이 받아들여졌다; 모든 사람들 (율법 아래 있던 믿음의 조상들을 의미함)이 예수 그리스도의 기쁨의 날을 보고 기뻐했다.

제 5 장
존속되고 증가되고 보존되어 온 교회

3.05 우리는 아담 이후 예수 그리스도께서 육신을 입고 이 땅에 임하시기 까지 모든 시대에 하나님께서 그의 교회를 보존하시고 가르치시고 번성케 하시고 존중해주시고 더욱 아름답게 해오셨으며, 또한 죽음에서 생명으로 불러 내셨음을 확실히 믿는다. 하나님은 아브라함을 그의 조상의 나라에서 불러 내셔서 그를 가르치시고 그 자손을 번성케 하셨다; 하나님은 그를 기적적으로 보호해 주셨는데, 그의 자손들을 바로의 멍에와 학대에서 구출해 주신 것은 더욱 놀라운 것이었다; 하나님은 그들에게 율법과 제도와 의식 ceremonies 을 주셨다; 하나님은 그들에게 가나안 땅을 주셨다; 하나님께서 그들에게 사사들과 사울을 주신 후에는 다윗을 그들의 왕으로 주셨고, 그의 태의 열매가 영원히 그의 왕좌에 앉을 것이라고 약속하셨다. 하나님은 바로 이 백성들에게 때때로 예언자들을 보내셔서 하나님께서 원하시는 바른 길을 기억나게 하셨는데, 간혹 그들은 그 길에서 벗어나 우상을 숭배하였다. 그리고 의를 경시하는 그들의 완고함 때문에 이미 모세의 입을 통하여 경고된 것과 같이 하나님은 그들을 원수들의 손에 넘겨 줄 수 밖에 없었고, 그로 인하여 거룩한 도성이 파괴되고 성전은 불에 타버렸으며 나라 전체가 70 년 동안이나 황무지가 되어

버렸지만, 하나님은 자비로써 그들을 예루살렘으로 귀환하게 하셨고, 도성과 성전이 거기에 재건되었고, 그들은 약속대로 메시야가 오실 때까지 사탄의 모든 시험들과 공격들을 견디어 냈다.

제 6 장
예수 그리스도의 성육신

3.06 때가 찼을때 하나님은 그의 영원한 지혜이며 자신의 영광의 본체이신 그의 아들을 이 세상에 보내셨다. 그는 성령에 의해 한 동정녀의 본질 substance 에서 인성을 취하셨다. 이와같이 '다윗의 의로운 씨'이시며 '하나님의 위대한 모사 counsel 의 천사'이시고, 우리가 임마누엘이며 참하나님인 동시에 참사람이요 한 사람 안에서 연합되어 결합된 완전한 두 본성이라고 고백하고 인정하는 바로 그 약속된 메시야가 탄생하였다. 따라서 우리는 이러한 신앙 고백에 의해 아리우스와 마르시온과 유티크스 Eutyches 와 네스토리우스 그리고 그의 영원한 신성이나 그의 인성의 진리를 부인하거나 그것들을 혼동스럽게 하거나 혹은 그것들을 분리시킨 기타 다른 사람들에 의한 가증스럽고도 유해한 이단들을 정죄한다.

제 7 장
중보자가 참하나님이시며 참사람이어야 하는 이유

3.07 우리는 예수 그리스도 안에서 이루어진 이러한 놀라운 신성과 인성의 연합이 영원하고 변경될 수없는 하나님의 명령 decree 에 기인한 것이며, 우리의 모든 구원은 그러한 하나님의 명령으로부터 발생하고 그 결정에 의존한다는 것을 인정하고 고백한다.

제 8 장
선택 Election

3.08 세계의 기초가 놓여지기 전에, 그의 아들 그리스도 예수 안에서 오직 은혜로 우리를 택하신 영원하신 그 하나님 아버지께서, 예수님을 우리의 머리와 형제 brother 와 목사와 그리고 우리 영혼의 위대한 감독으로 임명하셨다. 그러나 하나님의 공의와 우리의 죄 사이의 대립은 어떠한 육체도 그 자체로써는 하나님께 도달할 가능성이나 개연성이 없을 만큼 심각했기 때문에, 하나님의 아들이 우리에게 내려오셔서 우리 몸과 같은 몸과 우리 살과 같은 살과 우리 뼈와 같은 뼈를 취하셔서 하나님과 사람 사이의 중보자가 되시고, 그를 믿는 사람은 누구에게나 하나님의 자녀가 되는 권세를 주셔야 했다;

예수님은 "내가 나의 아버지와 너희 아버지에게, 나의 하나님과 너희 하나님께 올라간다"고 말씀하셨다. 이 가장 거룩한 형제애에 의해 아담 안에서 잃었던 모든 것이 우리에게 회복되었다. 그러므로 우리는 하나님을 아버지라고 부르는 것을 두려워하지 않는다; 이것은 단지 그분이 우리를 창조하셨기 때문이 아니라 (선택 받지 못한 자들도 우리와 같이 창조된 것이 아닌가) 그의 독생자를 우리의 형제로 주셨고 또한 그를 우리의 유일한 중보자로 인정하고 받아들이게 하는 은혜를 주셨기 때문이다. 그뿐만 아니라 메시야와 구속자가 참하나님이면서 동시에 참사람인 것이 마땅하다; 왜냐하면 그분은 우리의 죄값에 대한 형벌을 감당할 수 있었고, 우리 대신 우리의 죄와 불순종으로 인해 고난을 당하시고, 죽음으로써 사망의 원흉인 사탄을 정복하시기 위해 자기 아버지의 심판대 앞에 자기 자신을 내려 놓을 수 있었기 때문이다. 그러나 신성만으로는 죽음을 맛볼 수 없고, 인성은 죽음을 극복할 수 없기 때문에, 그는 이 둘을 한 인격체 안에 결합시켜 인성의 약함은 고난을 당하고 죽음에 예속되게 하고 (이것은 우리가 받아 마땅한 것이었다) 신성에 속하는 무한한 무적의 권능은 승리하여 우리를 위해 생명과 자유와 항구적인 승리를 획득케 하셨다.

제 9 장
그리스도의 죽음, 수난, 장사

3.09 우리는 우리 주이신 예수님께서 우리를 위해 자발적으로 자신을 희생 제물로 그의 아버지께 드리셨다는 것, 죄인들로부터 거짓 고발을 당하셨다는 것, 우리 죄 때문에 그분이 찢기시고 고역을 당하셨다는 것, 흠없고 순결한 하나님의 양이신 그분이 이 땅의 심판자 앞에서 정죄를 받았다는 것, 그리고 우리는 하나님의 심판대 앞에서 용서를 받아야 한다는 것, 그리고 그는 하나님에 의해 저주받은 십자가의 잔악한 죽음을 당하셨으며, 또한 마땅히 죄인이 받아야 할 그의 아버지의 진노를 얼마 동안 받으셨다는 것을 우리는 고백하며 추호의 의심도 없이 믿는다. 그러나 우리는 그가 자기 백성의 죄를 온전히 속죄하기 위해 당하신 몸과 영혼의 고뇌와 고통 가운데서도 계속해서 유일하고 사랑받고 축복받은 그의 아버지의 아들이셨다는 것을 공언한다. 이로 인해 우리는 죄를 위한 희생이 더 이상 필요하지 않다는 것을 고백하고 공언한다; 만약 누가 아직도 희생이 필요하다고 말한다면, 우리는 그 사람이 그리스도의 죽음과 그것을 통해 우리를 위해 얻어진 영원한 속죄를 모독하고 있다고 주저없이 말할 것이다.

제 10 장
부 활

3.10 죽음의 슬픔이 생명의 창시자를 구속해 둔다는 것은 있을 수 없는 일이기에, 우리는 우리 주 예수님께서 십자가에 달리시고 죽으시고 장사되어 음부에 내려가셨다가 우리의 칭의를 위해, 죽음의 창시자를 파멸하시기 위해, 그리고 죽음과 죽음에 갇혀 있을 수 밖에 없는 우리에게 다시 생명을 주시기 위해 부활하셨다는 것을 조금도 의심없이 믿는다. 우리는 그의 부활이 그의 원수들의 증언과 죽은자들의 무덤이 열리고, 그들이 일어나서 예루살렘 성내의 많은 사람들에게 나타남에 의해 확증되었다는 것을 알고 있다. 그것은 그의 천사들의 증언 및 그의 부활후에 그와 대화를 했으며 그와 함께 먹고 마신 사도들과 다른 사람들의 의식들 senses 과 판단에 의해서도 확증되었다.

제 11 장
승 천

3.11 우리는 동정녀에게서 나신 바로 그 몸이 십자가에 못박히셨고, 죽어 장사되었다가 다시 살아나셨고, 모든 것을 완성하시기 위하여 승천하셨으며, 거기서 우리의 이름으로 우리의 위로를 위하여 하늘과 땅의 모든 권능을 받으시고, 아버지 우편에 앉아 계셔서 그의 왕국을 받으셨다는 것과, 그가 우리의 유일한 변호자요, 중보자라는 것을 의심하지 않는다. 그는 영광과 영예와 특권을 그의 모든 원수들이 그의 발등상이 될 때까지, 여러 형제들 가운데서 홀로 차지할 것이다; 마지막 심판 때에 그 원수들이 그렇게 될 것을 우리는 의심치 않고 믿는다. 우리는 이러한 마지막 심판을 위해 바로 그 예수님께서 승천하실 때와 같이 볼 수 있는 모양으로 다시 오실 것을 믿는다. 그 다음에 모든 것들을 새롭게 하고 보상할 때가 올 터인데, 처음부터 의를 위해 폭력과 상처와 부당한 일을 당한 사람들은 처음부터 그들에게 약속된 축복의 영생을 유업으로 받게 될 것을 우리는 굳게 믿는다. 반면에 완악하고 순종치 않고 잔악하게 박해를 가하던 사람들, 불결한 사람들, 우상 숭배자들, 그리고 기타 모든 종류의 불신자들은 칠흙같이 어두운 구덩이에 던져지게 될 것인데, 거기에서는 그들을 괴롭히는 벌레가 죽지 않고 그들을 태우는 불도 꺼지지 않을 것이다. 그날을 기억하고 그날에 시행될 심판을 기억하면 우리는 육신적 정욕을 제어할 수 있을 뿐만 아니라, 어떤 세상 왕들의 위협이나 현재 처해있는 위험 및 일시적 죽음에 대한 공포도 우리로 하여금 우리의 머리시며 유일한 중보자이신 예수 그리스도와 함께 하는 그

축복된 공동체를 부인하거나 버릴 수 없게 될 만큼 신비스러운 평안함을 갖게 될 것이다. 우리는 그분이 약속된 메시야요, 그의 교회의 유일한 머리시요, 우리의 의로운 입법자 Lawgiver 요, 유일한 대제사장이요, 변호자요, 중보자임을 고백하고 공언한다. 어떤 사람이나 천사가 그분의 영예와 직무를 침해할 수 있다고 가정한다면, 우리는 그들이 우리의 최고의 절대적 통지차이신 예수님을 모독하는 것으로 여기고 그들을 전적으로 미워하고 증오한다.

제 12 장
성령에 대한 믿음

3.12 우리의 믿음과 그 믿음의 확신은 혈육, 즉 우리 안에 있는 자연적인 힘에서 오는 것이 아니라 성령의 영감이다; 우리는 그분을 성부 및 성자와 동등하신 하나님으로 고백한다; 성령님은 우리를 거룩케 하시고 자신의 역사에 의해서 우리를 모든 진리로 이끌어 주시는 분으로서, 그분이 없다면 우리는 영원토록 하나님의 원수로 남아 있게 되며 그의 아들 예수 그리스도에 관해 알 수 없을 것이다. 왜냐하면 우리는 본성적으로 죽어 있고 눈이 멀어있고 사악하기 때문에 주 예수의 영이 죽은 것을 살리고, 우리 정신 minds 에서 어둠을 제거하고, 우리의 고집스러운 마음을 쳐서 그의 복된 뜻에 복종케 하지 않는다면, 우리가 찔림을 받아도 느끼지 못하고, 빛이 비칠 때에도 그 빛을 보지 못하며, 하나님의 뜻이 계시되어도 그것에 순응할 수 없기 때문이다. 그래서, 우리가 그의 원수 되었을 때 그의 아들 우리 주 예수님께서 우리를 구속하신 것처럼, 아버지 하나님께서 우리를 무에서 창조하셨다고 우리가 고백하듯이, 성령님은 우리에게서 어떤 선한 것이 나오든지 혹은 나오지 않든지, 또한 그것이 중생 이전의 일이든 후의 일이든지에 상관없이, 우리를 거룩케 하시며 새롭게 하신다고 우리는 고백한다. 더 쉽게 설명하자면, 우리 자신의 창조와 구속에 대하여 그 어떤 영예와 영광도 우리 자신에게 부여하기를 기꺼이 거부하는 것처럼, 우리의 중생과 성화에 대해서도 그 어떤 영예와 영광을 우리자신에게 부여하는 것을 기꺼이 거부한다. 왜냐하면 우리 자신으로서는 단 한가지의 선한 생각도 할 수 없고, 오직 우리 안에서 일을 시작하신 그분이 우리로 하여금 그 일 안에서 분에 넘치는 그분의 은혜를 계속해서 찬양하고 영광을 돌리게 하시기 때문이다.

제 13 장
선한 일의 원인

3.13 우리는 선한 일의 원인이 우리의 자유의지가 아니라 주 예수의

영이라고 고백한다; 예수의 영은 참된 믿음을 가진 자들의 마음 속에 거하시며, 하나님께서 우리가 행하도록 준비시켜 오신 그러한 일들이 일어나게 하신다. 우리는 성화의 영이 없는 사람들의 마음 속에 그리스도께서 계신다고 말하는 것은 신성모독임을 분명하게 밝힌다. 따라서 우리는 살인자와 압박자와 잔인한 핍박자와 음행자와 불결한 사람과 우상숭배자와 주정뱅이와 도적 그리고 악을 행하는 모든 사람들은 계속해서 불의한 가운데 있기를 고집하는 한 참된 믿음이 없으며, 또한 주 예수의 영으로부터 오는 것은 아무 것도 얻을 수 없음을 주저함없이 밝힌다. 하나님의 선택을 받은 자녀들이 참된 믿음을 통해 받아들인 주 예수의 영이 어떤 사람의 마음을 점유하면, 주 예수의 영은 즉시로 그 사람을 중생케 하고 새롭게 해주며, 그 사람은 전에 사랑했던 것을 미워하기 시작하고, 전에 미워하던 것을 사랑하기 시작하게 된다. 그래서 하나님의 자녀들 안에는 영과 육의 계속적인 투쟁이 있는 것이다; 육과 자연인은 부패하여 자신들에게 유쾌하고 쾌락적인 것을 탐내고, 고통을 당하면 다른 사람들을 질투하고, 번영하면 교만해지며, 매순간 하나님의 위엄을 침범하기 일쑤며, 또한 침범하기에 재빠르다. 그러나 하나님의 영은 우리가 하나님의 아들이라는 것을 우리 영혼에 증거해 주고, 우리로 하여금 불결한 쾌락에 항거하며 이 부패의 멍에로부터 해방되기 위해 하나님 앞에서 신음하게 하여준다; 그리고 마침내 죄를 이기게 해주어 그 죄가 우리 인간의 몸을 지배하지 못하게 한다. 다른 사람들은 하나님의 영이 없기 때문에 이러한 갈등을 겪지 않는다; 그들은 쉽게 죄를 쫓고 그것에게 굴복하며 그것을 뉘우치지도 않는다; 그들은 마귀와 그들의 부패한 본성이 시키는 대로 행하기 때문이다. 그러나 하나님의 자녀들은 죄에 대항하여 투쟁한다; 그들이 유혹을 받아 악을 행하는 것을 깨달을 때에는 슬피 울며 애통한다; 그리고 그들은 넘어지면 거짓이 없는 진정한 회개를 하면서 다시 일어난다. 그들이 이렇게 하는 것은 그들 자신의 힘에 의한 것이 아니라 주 예수의 권능에 의한 것이다; 그들은 주 예수를 떠나서는 아무 것도 할 수 없다.

제 14 장
하나님 앞에서 선한 것으로 간주되는 일들

3.14 우리는 하나님께서 그의 거룩한 법을 인간들에게 주셨다는 것을 고백하고 인정한다; 그 법은 그의 신성한 존엄성에 거슬리고 위반하는 모든 일들을 금하고 있을 뿐 아니라, 또한 그를 기쁘게 하고 그가 보상을 약속한 그러한 일들은 하도록 명한다. 이러한 일에는 두 가지 종류가 있다. 하나는 하나님의 영예를 위하여 하는 일이요, 또 하나는 우리 이웃의 유익을 위해 하는 일이다; 그리고

이 둘은 다 같이 하나님의 계시된 뜻을 그것들의 보증으로 가지고 있다. 한 하나님을 모시고, 그를 예배하고 존중하며, 모든 어려움 속에서 그에게 부르짖고, 거의 거룩한 이름에 경의를 표하며, 그의 말씀을 듣고 믿으며, 그의 거룩한 성례전에 참예하는 것이 첫 번째 종류에 속한다. 아버지와 어머니와 왕과 지배자와 위에 있는 권세를 존경하는 일; 그들을 사랑하고 지지하고, 그들의 명령이 하나님의 계명에 배치되지 않는 한 그들의 명령에 복종하며, 죄없는 자들의 생명을 구해 주고, 포악한 사람을 견제하고, 압박받는 사람을 변호해주고, 우리의 몸을 개끗하고 거룩하게 유지하며, 침착하고 절제있는 생활을 하고, 말과 행동에 있어서 모든 사람을 정당하게 대하며, 끝으로 이웃을 해롭게 하려는 어떤 욕구도 견제하는 이러한 모든 일은 두 번째 종류에 속하는 선행이며 하나님께서 직접 그들에게 명하신 것으로서 그분을 가장 기쁘시게 하고 그분께 가장 합당한 것들이다. 이와 반대되는 행위들은 죄로서, 언제든지 하나님을 불쾌하게 하고 노엽게 한다; 그러한 것들에는 우리가 어려운 일을 만날 때 오직 하나님께만 부르짖는 일을 하지 않는 것, 그의 말씀을 경의적인 태도로 듣지 않고, 오히려 그것을 비난하고 멸시하는 것, 우상을 지니거나 그것을 숭배하는 것, 우상숭배를 지속하면서 그것을 지지하는 것, 하나님의 경의로운 이름을 가볍게 취급하는 것, 예수 그리스도의 성례전을 더럽히거나 남용하거나 비난하는 것, 하나님이 세워주신 권세자가 자신들의 직권의 한계를 넘지 않는 데도 불구하고 그들에게 불복하거나 항거하는 것, 살인하거나 그것을 용인하는 것, 증오를 품는 것, 우리가 막을 수 있음에도 불구하고 무죄한 자의 피를 흘리게 하는 것들이 있다. 결론적으로 우리는 첫째와 둘째 종류에 속하는 어떤 다른 계명이라도 어기는 것을 죄라고 고백하고 확언한다; 하나님의 진노와 노염이 그 죄로 말미암아 교만하고 감사할 줄 모르는 세상에 나타난다. 그래서 우리는 선한 일이란 믿음으로 행해진 일과 율법 안에 그를 기쁘시게 하는 일들을 정하여 주신 하나님의 명령에 따라 행해진 일만을 말한다고 확언한다. 반대로 악한 일이란 하나님의 명령에 명백히 거슬리는 일들 뿐만 아니라, 종교적인 일과 하나님을 예배하는 일에 있어서 사람의 조작물 및 의견에 지나지 않는 것들임을 우리는 확언한다. "사람의 교리와 계명을 가르치니 그들은 나를 헛되이 경배하는도다"라고 한 예언자 이사야와 우리 주 예수 그리스도의 말씀에서 배운 대로 하나님은 처음부터 그러한 것들을 거부하셨다.

제 15 장
율법의 완전성과 인간의 불완전성

3.15 우리는 하나님의 율법은 완전히 지켜졌을 때에 인간에게

생명을 줄 수 있고 영원한 복락으로 이끌 수 있는 것들을 명하며, 그것이 가장 공정하고 평등하고 거룩하고 완전한 것이라고 고백하며 인정한다; 그러나 우리의 본성이 너무나도 부패하고 약하고 불완전하기 때문에 우리는 율법이 명하는 일들을 완전하게 행할 수 없다. 우리가 중생한 후에도 우리에게 죄가 없다고 말한다면 우리는 우리 자신을 속이는 것이요, 또한 하나님의 진리가 우리 안에 없음이다. 그러므로 그리스도 예수가 율법의 마침이요 완성이시며, 우리가 해방을 받아 하나님의 저주가 우리에게 미치지 않게 되는 것도 그로 말미암은 것이기 때문에, 우리가 율법의 모든 부분을 실천하지 못한다 해도 그리스도 예수를 튼튼히 붙잡는 일, 즉 그의 의와 속죄를 의지하는 것이 필수적이다. 왜냐하면 아버지 하나님께서 그의 아들 예수 그리스도의 몸 안에서 우리를 보실 때, 그분은 우리의 불완전한 순종을 완전한 것처럼 용납해 주시고 여러가지 오점들로 얼룩져 있는 우리의 행위들을 그 아들의 의로써 덮어 주시기 때문이다. 우리가 그렇게 자유자가 되었기 때문에 율법에 복종할 필요가 없다는 뜻이 아니다; 우리는 이미 율법의 위치를 인정했다—하지만 우리는 이 땅의 어느 누구도 그리스도 예수만을 제외하고는 율법이 요구하는 대로 그것에 순종했거나 순종하거나 순종할 사람이 하나도 없다는 것을 확언한다. 우리는 모든 일을 끝마쳤을 때 엎드려 우리가 무익한 종이라는 것을 거짓없이 고백해야 한다. 그러므로 누구든지 자기 자신의 행위로 인한 공로를 자랑하거나 쌓은 공덕 supererogation 을 신뢰하는 것은 실지로 존재하지 않는 것을 자랑하는 것이며, 가증한 우상숭배를 신뢰하는 것이다.

제 16 장
교 회

3.16 우리가 한 하나님, 즉 성부 성자 성령님을 믿는 것과 같이, 우리는 처음부터 하나의 교회가 있었고, 현재도 있고 세상 끝날까지 있을 것을 굳게 믿는다; 교회는 하나님에 의해 택함 받은 자들의 단체와 무리이고, 교회의 유일한 머리이신 예수 그리스도에 대한 참된 믿음으로 하나님을 올바로 예배하고 그를 포용하는 자들이며, 그리스도의 몸이며 신부이다. 이 교회는 보편적, 즉 일반적이다; 왜냐하면 교회는 모든 시대와 지역과 나라들과 언어 중에서 택함 받은 사람들을 포함하고 있기 때문이다; 이들은 유대인이나 이방인을 막론하고 성령의 거룩케 하심을 통해 아버지 하나님 및 아들 예수 그리스도와 더불어 교제하고 공동체를 이루고 있는 자들이다. 그렇기 때문에 교회는 세속인들의 연합이 아니라, 천상의 예루살렘 시민으로서 헤아릴

수 없이 많은 축복의 열매들과 한 하나님, 한 주 예수, 한 믿음, 그리고 한 세례를 가지고 있는 성도들의 연합이라 불린다. 이 교회 밖에는 생명도 영원한 복락도 없다. 그렇기 때문에 우리는 무슨 종교를 신봉하든지 공평과 정의에 따라 사는 자들이 구원을 얻을 것이라고 주장하는 자들의 모독적 발언을 매우 싫어한다. 그리스도 예수가 없이는 생명도 구원도 없다; 따라서 아버지가 그의 아들 예수 그리스도께 주신 사람들, 그리고 때에 맞춰 그에게 나아와 그의 가르침을 고백하고 그를 믿는 자들 (우리는 믿는 부모의 자녀들을 교회에 포함시킨다) 외에는 아무도 교회의 일원이 될 수 없을 것이다. 이 교회는 불가견적[invisible]이어서 자신이 누구를 택했는지를 아시는 하나님만 알 수 있으며, 교회 안에는 택함 받은 사람들 가운데 이미 세상을 떠난 사람들, 즉 승리한 교회와 아직 살면서 죄와 사탄과 싸우는 사람들, 그리고 지금 이후에 태어나는 사람들이 포함된다.

제 17 장
영혼의 불멸

3.17 택함을 받은 사람으로서 세상을 떠난 사람들은 평안을 누리며 그들의 노고에서 벗어나 쉬고 있는 것이다. 어떤 광신자들이 주장하듯이 그들은 잠을 자면서 망각 속에 빠져있는 것이 아니다; 왜냐하면 그들은 모든 공포와 고통으로부터, 그리고 하나님의 택함을 받은 모든 사람들과 우리가 이생에서 당면할 수 밖에 없는 모든 유혹으로부터 해방되었기 때문이다; 우리는 이러한 유혹에 대항하여 싸워야 하기 때문에 투쟁하는 교회라고 불리운다. 그 반면에 택함을 받지 못하고 믿음을 갖지 않았던 사람으로서 이 세상을 떠난 사람들은 형언할 수 없는 고통과 괴로움 속에 있다. 이 두 종류의 사람들은 모두 아무런 기쁨이나 고통도 느끼지 않는 그러한 잠을 자고 있는 것이 아니다; 누가복음 16장에 있는 그리스도의 비유와, 강도에게 하신 그분의 말씀, 그리고 제단 아래에서 울부짖는 영혼들의 말, "의로우시고 정의로운 주님, 땅에 사는 자들에게 우리의 피값을 언제까지 갚아주지 않으시겠나이까?"라고 함이 이것을 증명해 준다.

제 18 장*
참된 교회와 그릇된 교회를 구별할 수 있는 표지들과 누가 교리의 심판자가 될 것인가

3.18 사단은 처음부터 하나님의 교회라는 이름으로 그의 유해한 회당을 장식하려고 애를 써왔고, 잔인한 살인자들을 부추겨서

*이러한 비난에 대한 우리의 현대적 이해에 대한 논의는 서문을 참조하시오.

참된 교회와 성도들을 박해하고 핍박하고 괴롭혔다; 마치 가인이 아벨에게, 이스마엘이 이삭에게, 에서가 야곱에게, 유대인의 모든 제사장들이 예수 그리스도와 그 후 그의 제자들에게 한 것처럼 말이다. 따라서 우리는 속아서 불결한 회당을 참된 교회로 받아들이고 포용함으로써 우리 자신에게 저주를 초래하는 일이 없도록 하기 위해 분명하고 완전한 표지들로 불결한 회당으로부터 참된 교회를 구별할 수 있도록 해야 한다. 흠없는 그리스도의 신부가 잔혹한 매춘부, 즉 거짓 교회로부터 구별되는 표지들과 신호들과 확실한 특징들은 오래된 것이나 antiquity, 찬탈한 칭호나, 정통의 계승이나 지정된 위치가 아니며, 또한 잘못된 것이 옳다고 주장하는 다수결에 의한 숫자도 아니다. 연대와 칭호를 본다면 가인이 아벨과 셋보다 먼저 있었다; 예루살렘은 지상의 모든 다른 지역들보다 더 중요한 위치를 차지한다; 왜냐하면 예루살렘에는 아론의 계보를 계승한 제사장들이 있었고, 그리스도 예수와 그의 교리를 성실하게 믿고 따르는 신자들보다 더 많은 수의 사람들이 서기관과 바리새인과 제사장들을 따랐기 때문이다; 하지만 가정컨대, 판단력이 있는 사람은 누구라도 위에서 언급한 사람들이 하나님의 교회였다고 주장하지는 않을 것이다. 그러므로 우리가 참된 교회의 표지라고 믿고 고백하고 공언하는 것은 첫째로, 하나님의 말씀을 참되게 설교하는 것이다; 하나님은 예언자들과 사도들의 글이 선포하는 것과 같이, 그 말씀 안에서 자기 자신을 우리에게 계시하셨다; 둘째로, 예수 그리스도의 성례전을 올바로 집례하는 것이다—성례전은 우리 마음 속에 하나님의 말씀 및 약속을 인치고 확증하기 위해 이것들과 연결되어야 한다; 끝으로, 하나님의 말씀이 규정하는 대로 교회의 권징을 바르게 시행하는 것이다—이것에 의해 악행은 제지되고 선한 일은 촉진되어진다. 그렇다면 이러한 표지들이 보여지고 어느 기간 동안 지속되는 곳에서는 숫자가 채워지든 않든 약속하신대로 그 가운데 거하시는 그리스도의 참된 교회가 의심의 여지없이 존재한다. 이것은 우리가 앞에서 언급한 보편적 교회가 아니라, 고린도나 갈라디아나 에베소 및 바울이 사역을 개척한 다른 지역들에 있었으며, 바울 자신이 하나님의 교회들이라고 부른 특정 개체 교회들을 의미한다. 예수 그리스도를 고백하면서 스코틀랜드 지역 안에 사는 우리들은 기록된 하나님의 말씀, 즉 본래부터 정경으로 인정된 책인 구약과 신약 안에 포함되어 있는 것으로서 우리 교회들에서 가르쳐진 교리 때문에 그러한 교회들이 우리 도시들과 동네들과 개혁 신학의 영향을 받아 들인 지역들 reformed districts 안에 존재한다고 주장한다. 우리는 인간이 구원을 받기 위해 믿어야 하는 모든 것이 이 책들 안에 충분히 표명되어 있다고 확언한다. 성경해석은 어떤 개인이나 공적 인물에게, 혹은 어떤 교회가 다른 교회들보다 개별적으로 혹은 지역적으로 탁월하다거나 먼저 생겼다고 해서 그 교회에 속한 것이 아니며, 오직 성경을 기록하게 하신 하나님의 영께 속하는 것이라고 우리는 고백한다. 성경의 어떤 구절이나 문장에 대한 올바른 이해와 관련하여 논쟁이 일어나거나, 하나님의 교회 안에서 성경을 오용 abuse 하는 것과 관련하여 그것을 개혁하려 할 때, 우리는 우리 선진들이 무엇이라고 말했거나 행했는지를 묻기보다 성령께서 성경 전체 안에서 통일적으로 말씀하시는 것이 무엇인지 그리고 그리스도 자신이 무엇을 행하셨고 명령하셨는지를 물어 보아야 한다. 왜냐하면 연합의 영이신 하나님의 영께서 자가당착적 말씀을 하실 리가 없다는 것에 대해 모든 사람이 동의하기 때문이다. 따라서 어떤 신학자나 교회나 공의회의 해석 혹은 의견이 성경의 어느 다른 구절에 기록된 하나님의 명백한 말씀과 상치될 때에는 어떤 공의회들과 지역들과 나라들이 그것을 인정하고 받아들였다 해도 그것이 성령님께서 말씀하신 것에 대한 참된 이해와 의미가 아니라는 것은 명백하다. 우리는 우리 신앙의 어떤 중요한 사항이나, 성경의 어떤 다른 명백한 본문, 혹은 사랑의 법칙에 상치되는 해석은 그 어떤 것이든지 감히 받아들이거나 인정해서는 안 된다.

제 19 장
성경의 권위

3.19 우리가 하나님의 말씀이 하나님의 사람을 가르치고 온전케 하기에 충분하다고 믿고 고백하는 것처럼, 또한 우리는 성경의 권위가 인간이나 천사에게 달려 있는 것이 아니라 하나님으로부터 온 것이라는 것을 확언하며 공언한다. 그러므로 성경이 교회로부터 받은 권위 밖에는 다른 권위가 없다고 말하는 사람들은 하나님을 모독하는 사람들이요, 항상 교회의 신랑 및 목자의 음성을 듣고 순종하면서 이들 위에 군림하려 하지 않는 참된 교회에 해를 주는 자들이라는 것을 확언한다.

제 20 장
총회, 총회의 권한, 권위, 총회 소집의 이유

3.20 우리는 선한 사람들이 합법적으로 소집된 총회에 모여서 결정하여 우리 앞에 내어 놓은 것을 경솔하게 비난하지 않는 것처럼, 또한 총회의 이름으로 사람들에게 선포된 것을

그 어떤 것도 무비판적으로 받아들이지도 않는다; 왜냐하면, 그들도 사람이기에 그중 일부가 분명히, 그것도 중대하고 중요한 일에 있어서 그러 했었다는 것이 분명하기 때문이다. 그러므로 총회가 자신들이 공포한 것들 decrees 을 하나님의 명백한 말씀으로 확증하는 한에서 우리는 그것들을 존중하고 받아 들인다. 하지만 사람들이 우리를 위한다고 하면서 총회의 이름으로 새로운 신앙 조항들을 만들려 하거나 하나님의 말씀에 반대되는 결정을 하려고 한다면, 우리는 그것들을 우리 영혼을 한 분이신 하나님의 음성으로부터 꾀어내어 사람의 교리와 교훈을 따르게 하려는 악마들의 교리로 인정하고 전적으로 그것들을 거부해야 한다. 총회가 소집된 이유는 하나님이 전에 제정하시지 않은 어떤 항구적인 법을 만들기 위함이 아니었고, 우리의 신앙을 위한 새로운 조항들을 만들려 함도 아니었으며, 또한 하나님의 말씀에 권위를 부여하려는 것도 아니었다; 더욱이 총회의 결정을 하나님의 말씀으로 만들거나, 하나님의 말씀 안에서 그의 거룩한 뜻에 의하여 전에 표명되지 않았던 총회가 소집된 이유는 적어도 그런 이름을 붙여 합당한 회의라면, 부분적으로는 이단들에 반박하고 자신들의 공적 신앙 고백을 다음 세대들에게 물려 주려는 것이었다; 그들은 이렇게 할 때에 기록된 하나님 말씀의 권위를 가지고 했지, 그들의 수가 많아서 과오를 범할 수 없다는 어떤 의견이나 특권을 가지고 그렇게 하지 않았다. 우리가 판단하기로 이것이 총회가 모인 우선적인 이유이다. 두 번째 이유는 하나님의 집에서와 같이 모든 것이 예의바르고 질서있게 행해져야 하는 교회 안에서 좋은 정책과 질서가 만들어지고 실행되어야 한다는 것이다. 우리는 모든 시대와 모든 시기와 모든 장소에 맞는 어떤 정책이나 의식들의 순서를 만들 수 있다고 생각하지 않는다; 인간이 고안한 의식들은 일시적일 뿐이어서 그것들이 교회에 덕이 되기보다 미신을 조장할 때는 그것들을 변경할 수 있고 변경해야 한다.

제 21 장
성례전

3.21 율법 아래 있던 선조들은 실제로 희생 제물을 바치는 일 외에 두 개의 주요 성례전, 즉 할례와 유월절을 가지고 있었다. 이것을 거부한 사람들은 하나님의 백성들로 여겨지지 않았다. 우리도 마찬가지로 이 복음 시대에 두 가지 성례전을 가지고 있다는 것을 인정하고 고백한다; 예수님께서 제정하신 것은 이 두 가지이며, 그의 몸의 구성원들로 간주될 모든 사람들에게 여기에 참여하도록 명령하셨다; 그 두 가지는 세례와 성만찬

또는 주님의 식탁이라고도 하고, 때로는 그의 몸과 피와의 교제라고 불리는 것이다. 구약과 신약의 이 성례전들은 하나님의 백성들과 언약 밖에 있는 자들 사이에 가시적인 구분을 짓기 위해서 뿐만 아니라, 또한 그의 자녀들의 믿음을 훈련시키고, 이 성례전에 참여함으로써 그의 약속에 대한 확신과 택함을 받은 사람들이 그들의 머리이신 예수 그리스도와 갖는 가장 복된 연합과 일치와 공동생활에 대한 확신을 그들의 마음 속에 인치기 위해 하나님께서 제정하신 것이다. 따라서 우리는 성례전을 적나라하고 노골적인 표시 signs 에 지나지 않는다고 주장하는 사람들의 헛된 생각을 온전히 거부한다. 성례전은 그런 것이 아니다; 우리가 분명히 믿는 것은 세례에 의해 우리가 그리스도에게 접붙임을 받아 그의 의에 참여하는 자가 되고, 우리의 죄는 가려지고 용서를 받는다는 것이며, 또한 올바로 거행되는 성만찬을 통해서 예수 그리스도께서 우리와 하나로 결합되어 바로 우리 영혼의 자양분과 양식이 되신다는 것이다. 우리는 떡이 그리스도의 몸으로 변한다든가, 포도주가 변하여 그리스도의 실제 피가 된다고 상상하지 않는다—이것은 로마 교도들의 파괴적인 가르침이며 그릇된 신앙이다; 우리가 성례전을 올바로 거행하는 중에 그리스도의 몸과 피와 함께 가지게 되는 이 일치와 연합은 성령님에 의해서 이루어지는 것이다—성령님은 참된 믿음에 의해서 우리를 보이는 것과 육적인 것과 세상적인 모든 것들 위로 이끌어 주어 우리를 위해 찢기고 흘리신 예수 그리스도의 몸과 피를 먹여 feed 주신다—그 예수 그리스도는 지금 하늘에 계시며, 우리를 위해 그의 아버지 존전에 계신다. 하늘에 있는 그의 영화된 몸과 지상에 있는 죽을 수 밖에 없는 사람 사이에 존재하는 거리에도 불구하고, 우리는 우리가 떼는 떡이 그리스도의 몸에 참예하는 것이고, 우리가 축복하는 잔이 그의 피의 참예하는 것이라는 사실을 확실히 믿어야 한다. 이와 같이 우리가 주님의 식탁에 올바로 참여할 때 성도들은 주 예수님의 몸을 먹고 그의 피를 마심으로써 그분은 그들 안에 그들은 그분 안에 거하게 된다는 것을 의심없이 고백하고 믿는다; 그것들이 그의 살 중의 살이 되고 그의 뼈 중의 뼈가 되어, 영원하신 하나님께서 본성적으로 썩고 죽을 수 밖에 없는 mortal 예수 그리스도의 몸에 생명과 불멸성을 주신 것과 같이, 그리스도 예수의 살과 피를 먹고 마시는 것도 우리에게 그렇게 하여준다. 우리는 이러한 일이 단지 성찬을 받을 때에만 일어나는 것이 아니고, 또한 성찬 자체의 힘과 효능에 의해서만 주어지는 것도 아니라는 것을 인정한다; 주의 식탁에 올바로 참여할 때 성도들은 자연인으로서는 이해할 수 없는 그러한 예수 그리스도와의 연합을 이루게 된다는 것을 확언한다; 나아가 성도들이 부주의와 인간의 연약함으로 인해 방해를 받아 성만찬을 받는 순간에 마땅히 받아야 할 만큼의 유익을 다 받지 못한다 해도, 그것은 옥토에 뿌려진 살아 있는 씨이기 때문에 나중에 열매를 맺을 것이라고 확언한다. 왜냐하면 주 예수께서 확실하게 제정하신 것으로부터 절대로 분리될 수 없는 성령께서 그 신비스러운 행위의 열매를 성도들로부터 박탈하시지 않을 것이기 때문이다. 다시 말하지만 이러한 모든 것은 우리 안에서 이 성례전을 효력있게 하시는 예수 그리스도를 이해하는 참된 믿음에서 나온다. 따라서 만일 어떤 사람이 우리가 성례전을 상징에 불과한 것이라고 확언하거나 믿는다고 하면서 우리를 중상한다면, 그들은 비방자요 명백한 사실을 거슬러 말하는 자들이다. 다른 한편 우리는 영원한 실체를 지니신 예수 그리스도와 성례전의 표시인 떡과 포도주 사이에 분명한 차이가 있다는 것을 기꺼이 인정한다. 따라서 우리는 떡과 포도주가 나타내는 분 대신에 그 떡과 포도주를 예배하지 않을 뿐더러, 또한 그것들을 무시하거나 과소평가 하지도 않으며, 오히려 우리는 경외하는 마음으로 그것들을 사용하며, 성찬식에 참여하기 전에 우리 자신을 부지런히 살핀다—왜냐하면 사도 바울이 말한 것처럼 우리는 "누구든지 주의 떡이나 잔을 합당치 않게 먹고 마시는 자는 주의 몸과 피를 범하는 죄가 있느니라"고 믿기 때문이다.

제 22 장*
성례전의 올바른 집례

3.22 성례전을 올바로 집례하기 위해서는 두 가지가 필요하다. 첫째로, 성례전은 적법한 성직자들에 의해서 집행되어야 한다—우리는 이들이 말씀을 전하기 위하여 임명을 받았고, 복음을 전파하도록 하나님으로부터 권능을 받았으며, 특정 교회에 의해 적법하게 청빙을 받은 사람들이라고 선언한다. 둘째로, 성례전은 하나님께서 지정해 주신 요소들과 방식으로 집례되어야 한다. 그렇지 않으면 이미 그것은 예수 그리스도의 성례전이 아니다. 여기에 우리가 로마 교회의 가르침을 버리고 그들의 성례전을 따르지 않는 이유가 있다; 첫째, 그들의 성직자들은 그리스도 예수의 참된 성직자들이 아니기 때문이다—사실 그들은 여자까지도 허용하는데, 성령은 그들이 회중 안에서 세례를 받도록 설교할 것을 허락하시지 않을 것이다; 둘째, 그리스도께서 본래 행하신 어떤 부분도 본래의 간결성을 유지하고 있지 않을 만큼 그들이 그 두 가지 예전에 그들 자신의 첨가물을 더하여 심하게 손상시켰기

*이러한 비난에 대한 우리의 현대적 이해에 대한 논의는 서문을 참조하시오.

때문이다. 세례 시에 사용되는 기름이나 소금이나 침 spittle 과 같은 것들은 단순히 인간들이 첨가한 것들에 불과하다. 성체를 떠받치고 숭배하는 것, 거리들과 도시들에서 성체를 들고 다니는 것, 성체를 특별한 상자 속에 보관하는 것은 그리스도의 성체를 올바로 사용하는 것이 아니라 오히려 그것을 오용하는 것이다. 예수님은 "받아 먹으라," 그리고 "이것을 행하여 나를 기념하라"고 말씀 하셨다. 예수님은 이 말씀과 명령으로 떡과 포도주를 그의 거룩한 몸과 피의 성체가 되도록 거룩하게 하셨다—따라서 떡은 먹고 모두 포도주를 마셔야 하는 것이지, 로마교회가 하듯이 그것들을 예배의 대상으로 남겨 두거나 하나님처럼 떠받들어서는 안 된다. 더욱이 로마 교회는 성찬의 일부—축복된 잔—를 사람들에게 분배하지 않음으로써 신성 모독죄를 범하였다. 더욱이, 성례전이 올바로 집례되기 위해서는 그것을 제정하신 목적과 의도가 집례자뿐만 아니라 그것을 받는 사람들 모두에 의해 이해되는 것이 필수적이다. 왜냐하면 그것을 받는 사람이 무엇이 행해지고 있는지를 이해하지 못한다면, 구약 제사의 경우에 볼 수 있는 것과 같이 성례전을 올바로 집례하고 있는 것이 아니기 때문이다. 마찬가지로 어떤 교사가 하나님께 가증스러운 거짓 교리를 가르친다면, 성례전이 하나님 자신이 제정하신 것이기는 하지만 그것들이 올바로 거행되고 있는 것이 아니다—그 까닭은 악인들이 하나님께서 명령하신 목적과 다른 목적을 위해 성례전을 사용했기 때문이다. 우리는 로마교회 안에서 이렇게 성례전이 거행되었다는 것을 확언한다—그들은 주 예수님께서 행하신 모든 것들을 형식과 목적과 의미에 있어서 변질시켰다. 그리스도 예수께서 행하셨으며, 또 행하라고 명령하신 것은 복음서와 사도 바울의 글에 분명하게 나타나 있다; 제사장이 제단에서 무엇을 하는지에 대해서는 우리가 말할 필요도 없다. 그리스도께서 제정하신 것은 그것의 목적과 의도에 맞게 거행되어야 하며, 그것은 다음과 같은 말씀들에 나와있다: "나를 기념하여 이것을 행하라," "너희가 이 떡을 먹으며 이 잔을 마실 때마다 그가 오실 때까지 그의 죽음을 나타내라"—이것은 칭송, 전파, 광대하게 하고, 찬양함이다. 그러나 그들이 미사에서 사용하는 말이나 그들 자신의 학자들과 가르침으로 하여금 미사의 목적과 의미가 무엇인지 증언하게 하라; 그것은 그들이 그리스도와 그의 교회 사이의 중보자들로서 산 자와 죽은 자의 속죄를 위해 아버지 하나님께 제물을 바쳐야 한다는 것이다. 이 교리는 그리스도 예수를 모독하는 것이며, 성화될 모든 자들을 정결케 하기 위해 십자가에서 단번에 드려진 그분의 유일한 희생이 충분치 않다고 주장하는 것이다; 그러므로 우리는 이러한 교리를 혐오하며 거부한다.

제 23 장
성례전은 누구를 위한 것인가?

3.23 우리는 세례가 사리 분별할 수 있는 연령에 이른 자들만을 위한 것이 아니라, 또한 성도들의 자녀들을 위한 것이라고 주장한다; 따라서 우리는 아이들이 믿음과 이해력을 가지기 전에 그들에게 세례주는 것을 거부하는 재세례파의 과오를 비난한다. 그러나 주님의 만찬은 믿음의 가족에 속한 사람들 및 자신들의 신앙과 이웃에 대한 의무를 살필 수 있는 자들만을 위한 것이라고 주장한다. 믿음 없이, 혹은 자신들의 이웃과 화목하지 않고 그들에게 선한 생각을 지니고 있지 않으면서 거룩한 식탁에서 먹고 마시는 자들은 합당치 않게 먹는 것이다. 이것이 우리 교회 성직자들이 주 예수의 식탁에 참여할 사람들을 공적으로나 개별적으로 심사하는 이유이다.

제 24 장
공무원

3.24 우리는 제국과 왕국과 자치령 dominions 과 도시는 하나님에 의해 임명되며 정해진다고 고백하며 인정한다; 그 안의 권력과 권위, 즉 제국의 황제와 왕국의 왕과 자치령 내의 군주와 제후들과 도시의 행정장관들은 하나님 자신의 영광을 나타내시기 위해 그리고 모든 사람들의 이익과 복지를 위해 하나님의 거룩한 칙령에 의해서 정해진 것이다. 누구든지 정당하게 수립된 정권에 반항하거나 그것을 전복시키려 음모하는 사람들은 인류의 적일 뿐만 아니라, 하나님의 뜻에 반항하는 사람들이다. 나아가 우리는 권세의 자리에 있는 사람들을 사랑하고 존중하며 두려워하고 최고로 존대해야 한다고 고백하며 인정한다; 왜냐하면 그들은 하나님의 대리자로서 그들의 공의회 가운데 하나님이 친히 앉으셔서 판단하시기 때문이다. 그들은 선한 사람들을 칭찬하고 변호해 주며 드러난 모든 행악자들을 벌하기 위하여 하나님으로부터 칼을 받은 재판장과 제후들이다. 나아가서, 우리는 종교를 보존하고 정화시키는 것이 왕과 제후들과 통치자와 행정장관들의 특별한 의무라고 주장한다. 그들은 시민 정부를 위해서 뿐만 아니라, 참된 종교를 유지하고 모든 우상숭배와 미신을 제지하기 위하여 임명되었다. 우리는 이러한 예를 다윗과 여호사밧과 히스기야와 요시야와 그 외에 그런 일을 위한 열정을 지닌 자로 높이 평가 받는 여러 사람들에게서 찾아볼 수 있다. 그러므로, 우리는 최고 권세자들이 자신들의 역할을 감당하고 있는 한 그들에게 반항하는 자들은 하나님의

칙령에 항거하는 것이고 죄없다 할 수 없다는 사실을 고백하고 공언한다. 우리는 또한 제후나 통치자들이 주의를 다하여 그들의 직무를 수행하고 있는 한 그들에게 도움이나 조언이나 봉사를 제공하기를 거부하는 것은 곧 당신의 대리인들을 통하여 사람들로 부터 이러한 것들을 바라시는 하나님을 거부하는 것이라고 주장한다.

제 25 장
교회에 거저 주신 선물들

3.25 참되게 선포된 하나님의 말씀, 올바로 거행된 성례전, 그리고 하나님의 말씀에 따라 집행된 권징이 확실하고도 틀림없는 참된 교회의 표지들이지만, 그렇다고 해서 그 무리 안에 있는 모든 개개인이 예수 그리스도에 의해 택함을 받은 자라는 말은 아니다. 우리는 많은 잡초들과 가라지들이 곡식 가운데 뿌려져서 그 가운데서 무성하게 자라는 것과 같이, 택함 받지 못한 자들이 택함받은 자들의 무리 속에 거하면서 말씀과 성례전의 축복에 외적으로 참여할 수 있다는 것을 인정하며 고백한다. 그러나 그들은 마음이 아니라 일시적으로 입으로만 하나님을 고백하기 때문에 믿음의 길에서 벗어나고, 끝까지 가지 못하게 된다. 따라서 그들은 그리스도의 죽음과 부활과 승천의 열매를 공유할 수 없다. 반면에 진실하게 주 예수를 마음으로 믿고 자기들의 입으로 담대히 고백하는 사람은 반드시 그의 선물들을 받게 될 것이다. 첫째로, 이생에서, 그들은 죄사함을 받을 것이며, 그리스도의 피에 대한 믿음으로써만 그렇게 될 것이다; 왜냐하면 죄는 우리의 죽을 몸에 남아서 계속 존속하겠지만, 그것이 우리의 평가에 불리한 것으로 간주되지는 않을 것이며, 그것은 그리스도의 의에 의해 용서받고 가리움을 받을 것이기 때문이다. 둘째로, 마지막 심판 때에 모든 남자와 여자에게 육체의 부활이 주어질 것이다. 바다는 죽은 자들을 그 속에서 내어 놓을 것이며, 땅은 그 속에 묻혀 있는 사람들을 내어 놓을 것이다. 뿐만 아니라, 영원하신 우리 하나님께서 그의 팔을 흙 위로 뻗치실 것이며, 죽은 자들이 썩지 않을 몸으로 그리고 모든 사람들이 현재 입고 있는 육체와 꼭 같은 본질을 가지고 부활하여 그들의 공적에 따라 영광 혹은형벌을 받을 것이다. 현재 허무한 것과 잔인한 것과 부정한 것과 미신이나 우상숭배를 즐기는 사람들은 정죄를 받아 꺼지지 않는 불에 던져질 것이며, 그 속에서 현재 가장 가증스러운 것들로 마귀를 섬기는 자들은 영원토록 몸과 영의 고통을 받을 것이다. 그러나 예수 그리스도를 담대히 고백하면서 끝까지 선행을 하는 자들은 영광과 영예와 영생을 받을 것임을 우리는 항상 믿는다—

그리하여 우리는 예수 그리스도와 함께 영생을 누리면서 영원토록 왕노릇 할 것이며, 그에 의해 택함을 받은 자들은 주님께서 심판하기 위해 재림하셔서 만유 중의 만유이시며 영원히 그러하실 그의 아버지 하나님, 그리고 영원히 송축 받으실 하나님께 나라를 돌려 드릴 때, 예수 그리스도의 영화된 몸과 같이 될 것이다. 성자와 성령께 함께, 그분께 모든 존귀와 영광이 지금부터 세세토록 있을지어다. 아멘.

오 주여, 일어나셔서 당신의 원수들로 하여금 놀라고 당황케 하소서; 당신의 거룩한 이름을 미워하는 자들로 하여금 당신 앞에서 도망가게 하소서. 당신의 종들에게 힘을 주셔서 당신의 말씀을 담대히 전하게 하시고, 열방이 당신을 참으로 아는 일에 열심을 내게 하소서. 아멘.

하이델베르크 요리문답

해설

하이델베르크 요리문답은 에큐메니칼적이면서 동시에 지극히 개인적인 것이다. 이는 네덜란드, 독일, 그리고 헝가리 개혁교회의 교리적 표준문서가 되었다. 네덜란드 탐험가들이 1609년에 하이델베르크 요리문답을 맨해튼 섬으로 가져옴으로써 하이델베르크 요리문답은 북미 식민지의 첫 번째 개혁주의 신앙고백이 되었다. 하이델베르크 요리문답의 지속적인 영향력은 1983년에 북장로교와 남장로교가 재결합한 이후 1991년에 미국 장로교에 의해 채택된 "간추린 신앙고백"의 시작 부분에서 찾아볼 수 있다. "사나 죽으나 우리는 하나님의 것입니다." 이 확신에 찬 고백은 하이델베르크 요리문답의 첫 번째 질문과 답변에 반영되어 있다.

질문 I. 살아서나 죽어서나 당신의 유일한 위로는 무엇입니까?

답. 살아서나 죽어서나 나는 나의 것이 아니요, 몸도 영혼도 나의 신실한 구주 예수 그리스도의 것입니다

여기서 "나는…것입니다"라고 말할 때 사용된 일인칭에 유의해 보라. 하이델베르크 요리문답은 개인적인 경건함과 각자의 신앙에 대한 고백이다. 하지만 이것은 새로운 예배의식의 일부분으로 출판되었기 때문에 그 안의 교리적 가르침은 하나님께 드리는 공예배와 밀접한 관계가 있다. 더욱이 복잡한 신학적 논쟁보다는 인간 실존에 대한 끊임없는 질문에 초점을 맞추었기 때문에, 많은 지역의 개혁교회들을 위한 표준 신앙 고백이 되었다.

역사적 배경

하이델베르크 요리문답은 논쟁 가운데 작성되었다. 하이델베르크가 위치한 팔라티네이트에서 신학자들은 성만찬 교리, 특히 그리스도께서 성찬식에 어떤 식으로 임재하시는 지에 대해 열띤 논쟁을 벌였다. 팔라티네이트 지역은 대부분 루터파 교회가 득세하고 있었고, 그들은 루터의 가르침에 따랐다. 즉 그들은 그리스도의 몸과 피가 실제로 떡과 포도주의 물체 "안에," 물체를 "통해," 물체 "하에" 존재한다고 주장했다. 울리히 쯔빙글리를 지지하는 사람들은 그리스도의 몸이 부활했기에 주의 만찬은 그리스도의 임재에 대한 기억을 기념하는 것이라고 주장했다. 칼빈을 따르는 이들은 성만찬에서 신자들이 성령의 능력에 의해 그리스도와 더불어 실재적이면서 영을 강건케 해주는 교감(spiritually nourishing communion)을 나누게 된다고 주장했다. 많은 스위스 복음주의 교회들은 1551년에 공표된 취리히 합의서(*Consensus Tigurinus*)를 통해 주의 만찬에 대한 합의에 이르렀다. 멜랑히톤은 이것을 주의 만찬에 대한 적절한 가르침으로 받아들였지만, 루터파의 다른 신학자들은 이를 공격했다.

그러한 논쟁들은 400년 이상이 지난 지금 그저 난해한 것으로만 보이지만, 이 논쟁은 기독교 신앙의 핵심적인 부분, 즉 기독론 및 성만찬 교리를 다루었다. 이 논쟁들은 16세기의 정치와 개신교를 형성하는데 크게 기여했다. 팔라티네이트 지역의 프로테스탄트 영주였던 오토 하인리히는 1559년에 세상을 떠났다. 팔라티네이트는 독일의 한 지방이었고, 하이델베르크는 그 지역의 수도였다. 오토 하인리히에게 자녀가 없었기 때문에 왕관은 조카인 프레드리히 3세에게 넘어갔다.

프레드리히는 카톨릭 신자로 성장했지만, 1537년에 브란덴부르크-쿨름바흐의 마리아 공주와 결혼하면서 개신교로 개종했다. 마리아는 열렬한 루터교 신자였고 그녀의 영향을 받은 프레드리히 왕은 개신교, 특히 루터교 교리를 많이 받아들였다. 그는 매일 성경을 읽고 신학을 공부할 것을 부인과 약속했다. 1559년 왕위에 오를 무렵에 그는 경건과 학문에 대한 명성을 얻었다.

팔라티네이트 지역, 그리고 특별히 하이델베르크에서 벌어진 주의 만찬에 대한 해석을 둘러싼 갈등을 중재하기 위해서는 경건과 학문 두 가지가 모두 필요했다. 프레드리히 3세는 루터의 친구이자 후계자였던 필립 멜랑히톤에게 조언을 구했고, 멜랑히톤은 “모든 일에 평화와 절제를 추구하십시오. 그렇게 하려면 주의 만찬과 그 밖의 모든 신앙문제에 관한 확고한 교리적 입장을 신중하게 고수해야 합니다”라고 조언했다.

훌륭한 조언이긴 하나, 어떠한 “확고한 교리적 입장”을 사용해야 하는지에 대한 질문이 생겼다. 전승에 의하면, 1562년에 프레드리히 3세는 캐스파르 올레비아누스와 사가랴 우르시누스라는 두 명의 젊은 개혁 신학자에게 자문을 구했다고 한다. 올레비아누스가 하이델베르크 요리문답을 작성하는데 영향을 미쳤다는 것에 대해서는 학자들 사이에 논란이 있지만, 대부분의 사람들은 요리문답의 주요 저자로서 문서를 완성한 사람이 우르시누스라는 데에는 동의하고 있다. 프레드리히 선제후가 팔라티네이트의 루터교 교단의 신학적 분쟁을 해결하기 위하여 개혁주의 신학자들을 선택한 것은 흥미롭고 용감했다. 루터교 신자였던 프레드리히 선제후의 부인은 프레드리히가 개혁 교회쪽으로 기울어가고 있다는 의심을 했다. 프레드리히 선제후가 성경에 호소함으로서 신학적 분쟁을 극복하려 했다는 증거가 있다. 그는 자신이 다스리던 영토에서 성경에 근거한 관점이 합의점을 창출해 내는 중재적 입장을 제공하기를 소망했다. 프레드리히 선제후는 우르시누스가 비텐베르크에서 학문을 시작하고 멜랑히톤과 친분이 있는 동시에 개혁적 자료들로부터 영감을 얻었기 때문에 그를 “중재자”로 볼 수 있었을 것이다.

프레드리히 3세는 교회생활에 질서를 바로잡고, “거룩한 복음의 순수하고 일관성있는 교리”에 따라 사람들을 교육하기 위해 요리 문답서 작성을 의뢰했다. 우르시누스는 323개의 질문과 답변으로 구성된 긴 문서인 신학총론(*Summa Theologiae*)을 이미 작성해 두었다. 그 후 그는 이 문서를 108 문항으로 축소시켜 소요리문답(*Catechesis Minor*)을 작성했는데, 이것이 하이델베르크 요리문답의 기초가 되었다. 프레드리히가 쓴 요리문답의 머릿말에 따르면, 초안은 “이곳의 신학부 교수회와 모든 감독관들, 그리고 교회의 고명한 종들”에게 보내졌다. 프레드리히 3세는 모든 절차를 면밀히 감독하였고,

심지어 그는 어떤 한 가지 질문이 쯔빙글리식 표현으로 작성되었다며 다시 쓰도록 했다.

종교 회의(synod)는 1563년 1월에 하이델베르크 요리문답을 공식적으로 채택했지만, 그 문서는 그 해에 세 번 개정되어 출간되었다. 프레드리히 3세는 1562년의 트렌트 공의회에 반응하여 라틴어 미사를 비난하는 80번째 질문을 추가해야 한다고 주장했다. 이렇게 예리한 논쟁적 진술은 평화롭고 회유적인 이 요리문답의 일반 어조와 사뭇 다르다. 제 4판이자 마지막 수정본은 팔라티네이트 교회들을 위한 교회 규례 및 예식서를 포함하고 있었기에 교회의 교리와 규율 및 예배를 위한 문서가 되었다.

교회에 평화를 불러오기 위한 의도로 작성된 문서가 오히려 더 많은 갈등과 논쟁을 불러 일으켰다. 프레드리히 3세는 아우구스부르크 신앙고백의 권위를 깎아내렸다는 혐의로 기소되었으며, 로마 제국의 막시밀리안 황제는 그를 1566년 아우구스부르크 제국 의회에 소환했다. 그는 아들과 함께 의회에 입장을 하면서 아들에게 상징적인 의미로 아우구스부르크 신앙고백과 성경을 들게 했다. 프레드리히는 다음과 같이 변증했다. "나는 사람들이 칼빈주의라고 이해하고 있는 것을 모릅니다. 나는 결코 칼빈의 글을 읽은 적이 없다고 맹세할 수 있습니다. 아우구스부르크 신앙고백에 대해서는…다른 왕자들과 함께 서명했습니다… 나는 그 신앙을 굳게 이어갈 것입니다. 나는 그것이 성경 이외의 다른 어떤 기초 위에 세워지지 않았다는 것을 발견했습니다."

프레드리히 3세는 하이델베르크 요리문답의 권위는 성경이라고 주장했다. 그는 "나의 이 요리문답은 한 단어 한 단어가 사람의 자료가 아니라 하나님의 자료에서 나왔습니다. 여백에 있는 참조 구절들이 그것을 잘 보여줄 것입니다" 라고 선언했다. 그리고 나서 다음과 같이 도전했다. "만약에 나이, 직위, 계급과 상관없이 누구라도, 심지어 가장 미천한 자리에 있는 사람일지라도 나에게 성경으로부터 더 좋은 가르침을 줄 수 있다면 나는 그에게 진심으로 감사할 것이며, 그 신성한 진리에 마땅히 순종할 것입니다…여기에 성경이 있습니다…황제 폐하께서 친히 그리하신다면, 나는 그것을 큰 호의로 받아들일 것입니다."

극적인 순간이었다. 아무도 그의 도전에 응수하지 못했다. 프레드리히의 친구 중 한명은 그에게 "프레드리히, 자네는 우리 가운데 어느 누구보다도 경건하네"라고 말했다. 논쟁은 해결되지 않았지만 프레드리히는 모든 혐의에 대해 무죄를 선고받았다. 그는 아우그스부르크 신앙고백을 교리와 관련하여 성경 다음가는 권위로 계속해서 인정했으며, 그의 유언에 아우그스부르크 신앙고백에 대한 확언을 포함시켰다. 하이델베르크 요리문답이 성경에 기초하고 있다는 프레드리히의 변호는 하이델베르크 요리문답이 개혁교회 안에서 더욱 보편적인 문서로 알려지도록 했고, 그는 황제가 지어준 "경건한 프레드리히"라는 별명으로 후세에 알려지게 되었다."

하이델베르크 요리문답의 구조

구조가 종종 내용을 형성한다. 대부분의 교리문답처럼 하이델베르크 요리문답 또한 십계명과 사도신경과 주기도문을 다룬다. 또한 개신교의 두 가지 성례인 세례와 성만찬에 대해서도 설명한다. 그러나 하이델베르크 요리문답은 이 모든 주제들을 일종의 "영적 자서전"에 기초한 삼중 구조 안에 두고 있다는 점에서 독특하다. 제1부는 인류의 비참함을, 제2부는 인간의 구원을, 그리고 제3부는 감사함을 다루고 있다. 다른 말로, 이 세 가지 주제는 종종 죄의식, 은혜, 감사로 표현되어 왔다. 이것들은 그리스도인의 여정을 망라한다: 첫째, 우리의 죄악된 상태와 스스로를 구원할 수 없는 무능력함에 대한 인식; 다음으로, 예수 그리스도 안에서 하나님의 사랑에 의해 구원을 받는다는 확신; 그리고 순종과 봉사의 삶으로 하나님께 드리는 감사의 화답.

많은 해석자들은 이 세 부분으로 된 구조가 사도 바울의 로마서 구조와 같고, 이러한 신앙고백의 삼중 구조는 팔라티네이트 교회 예배의식의 구조와 일치한다고 지적해왔다. 또한 129개의 문답을 52개의 장으로 정리해서 매 주일에 한 장씩 공부하도록 되어있다. 이것은 개인적인 공부뿐만 아니라, 공예배와 설교를 위해 고안된 요리문답임에 틀림이 없다. 실제로 미국에 있는 네덜란드 개혁교회에서는 주일 오전에는 성경 본문에 기초한 설교를 하고, 주일 저녁의 설교는 그 주에 지정된 하이델베르크 요리문답에 초점을 맞추는 것이 오래된 전통이기도 하다. 오늘날에도 아메리카 개혁교회(RCA)는 4년을 주기로 하이델베르크 요리문답 안의 교리 주제들을 가지고 설교할 것을 요구하고 있으며, 기독교 개혁교회(CRC)에서는 매년 그 안의 교리들을 가지고 설교할 것을 요구하고 있다.

하이델베르크 요리문답의 주제

많은 주석가들은 요리문답 전체를 관통하면서 세 부분과 129개의 질의 응답을 통합시키는 주제들을 찾아냈다.

성경적 토대

프레드리히 3세는 성경말씀에 기초한 교리문답을 원했고, 그래서 하이델베르크 요리문답은 성경의 언어, 특히 로마서의 언어를 그 숨결에 담았다. 원문과 많은 후속 번역본에는 각 답변의 기반이 되는 수많은 성경 본문들이 포함되어 있다. 이것은 단순히 증거를 보여주는 것 이상의 의미를 지니고 있다. 답변들은 그리스도인의 삶의 여러 측면에 대해 성경이 실제로 무엇을 말하는지를 파악하기 위한 시도라 할 수 있다. 답변은 성경 말씀을 살아나도록 하기 위함이었으며, 신자와 신앙공동체가 신앙생활에 필요한 가르침과 인도를 받기 위해 성경을 공부하고 의지하도록 하기 위함이었다. 사실 이 요리문답은 요리문답의 교리와 성경의 진리들이 서로를 지지하는 구조를 만들어 내었다.

교회일치 운동적 성격

앞서 언급했듯이 하이델베르크 요리문답은 대립과 논쟁의 시기에 평화를 창출하기 위해 만들어졌다. 팔라티네이트에서 우위를 점하기 위한 루터교와 개혁교회 사이의 갈등이 고조되고 있었기 때문에, 그 당시에는 그러한 노력이 성공하지 못했다. 하지만 개신교의 모든 신조들과 신앙 고백들 중에서, 하이델베르크 요리문답은 공동의 신앙에 대한 기초로 가장 널리 인정받고 있다.

하이델베르크 요리문답은 16세기부터 수많은 신학적 논쟁의 원천이었던 예정론과 선택론의 문제를 거의 완벽하게 피해가고 있다. 라틴 미사에 대한 비난과, 로마 카톨릭과 동방 정교회가 일곱 가지 성례전을 주장하는 것과 대조적으로 개신교가 두 가지 성례전만을 주장하는 것 외에도, 하이델베르크 요리문답에는 모든 그리스도인들이 확증할 수 있는 수많은 것들이 담겨있다. 영적인 부분에서나 물질적인 부분에서나, 하이델베르크 요리문답은 그리스도인들이 멀리해야 할 것보다 가까이 해야 할 것들이 무엇인지를 정의한다.

예수 그리스도에 대한 집중

하이델베르크 요리문답은 예수 그리스도 안에서의 구원에 관한 것이다. 이 요리문답은 인간의 죄 문제부터 시작해서 중대한 질문을 던진다: 인류는 죄로부터 어떻게 구원 받을 수 있는가? 이것은 믿기 힘들 정도의 폭력과 잔혹함으로 점철된 지난 수 세기들을 생각할 때에 현대에 매우 적절한 질문이다. 이 요리문답은 문제에 머물지 않는다. 사실 인간의 비참함에 관한 첫 번째 부분은 전체 요리문답 중에 가장 짧다. 이 요리문답의 대부분은 예수 그리스도 안에서 이루어지는 하나님의 구원사역과, 그리스도의 구속의 은혜에 대해 우리가 감사하는 삶을 살아가야 한다는 것을 설명하고 있다. 이 요리문답의 핵심은 예수 그리스도이다. 우리가 죄인이었을 때 우리를 찾으시고 우리에게 새롭고 풍성한 삶을 주신 그리스도와 하나님의 사랑으로 모든 것이 귀결되고 있다.

개인적 성격

사실 모든 질문과 답변은 동일한 형식을 따른다. 이 문답은 "당신"에게 질문하고 있고, 개인 ("나")이나 공동체 ("우리")가 대답을 하고 있다. 하이델베르크 요리문답이 쓰여진 상황을 감안할 때 이 형식은 매우 주목할 만하다. 그 당시 가장 큰 논쟁은 주의 만찬에서의 그리스도의 "임재"에 관한 것이었고, 여기에는 매우 복잡한 철학적, 신학적 개념들이 연관되어 있었다.

하이델베르크 요리문답은 이 모든 것을 다 제쳐 둔 것처럼 보인다. 대신에 인간의 실존과 관련하여 오래 지속되어온 질문들을 다루고 있다: 나는 가치가 있는가? 하나님께서 나를 사랑하시는가? 어떻게 하면 평안과 온전함을 찾을 수 있을까? 나는 이 세상에서 어떻게 살아야 하나? 하이델베르크 요리문답은 그리스도인이 된다는 것이 무엇이며, 또 어떻게 그리스도인으로 살아가야 하는지에 대해 각 사람에게 설명한다. 이것은 신앙을 가르치면서도 위안과 영감을 주는 목회문서이다.

실질적 특징

프레드리히 3세는 젊은이나 노인이나 할 것 없이 모든 사람들이 사용할 수 있는 교리문답을 원했다. 하이델베르크 요리문답은 청중을 염두에 두고 있다. 요리문답 전반에 걸쳐 질문을 한다. 이것이 당신에게 어떤 유익이 되는가? 또는, 이것이 어떻게 당신에게 위로가 되는가? 기독교 교리에 담긴 개인적이고 실질적인 의미에 대한 끊임없는 관심을 보이고 있다.

십계명이 제3부에서 다루어지고 있음을 유의하라. 율법은 우리가 지은 죄에 대해 단지 정죄만 하는 것이 아니다. 율법은 우리의 삶과 세상의 삶을 바로잡을 수 있는 길을 제시한다. 이는 우리가 예수 그리스도 안에서 이루어진 구원에 대해 하나님께 감사드리기 때문이다. 그리스도인들이 계명에 순종하는 것은 단순히 하나님께서 계명을 주셨기 때문이 아니라, 예수 그리스도를 통해 받은 용서와 생명이라는 선물에 감사하기 때문이다. 이것은 종종 청지기직이라 불리는 것을 하나님의 천지창조의 맥락보다는 하나님의 구속이라는 맥락에서 바라보게 한다. 이 요리문답은 또한 그리스도인의 삶에서 성화의 중요성을 강조한다(여러 중요한 지점들에서 등장하는 "더욱더"[more and more]이라는 문구를 참조). 이 요리문답은 또 율법의 성격, 즉 사람들로 하여금 사회 개혁에 참여하도록 장려한 개혁 전통의 특징을 긍정적으로 강조한다. 정치와 경제는 본질적으로 죄악된 영역이 아니라 잠재적으로 은혜가 풍성한 영역이다.

묵상적 가치

하이델베르크 요리문답은 이 문서의 후원자였던 경건한 프레드리히 (Frederick the Pious)의 정신을 반영한다. 이것은 경건한 어조로 쓰여있고, 사용된 언어는 하나님의 사랑의 신비에 대한 경외심을 불러 일으킨다. 주석가 코넬리우스 플란틴가(Cornelius Plantinga Jr)는 요리문답의 많은 부분이 "무릎을 꿇고 작성된 것으로 보인다"고 말했다. 신약 학자인 제임스 모팻(James Moffatt)은 하이델베르크 요리문답이 종교개혁과 관련한 묵상 문학의 절정이며, 단어들을 약간 수정하면 각 질문은 기도문이 될 수 있다고 주장했다. 인간의 비참함으로 시작되는 요리문답은 하나님과 그의 사랑에 우리의 마음을 여는 기도로 끝을 맺고 있다.

오늘을 위한 하이델베르크 요리문답

*신앙 고백서: 학습판*에 포함된 하이델베르크 요리문답의 번역본은 제 221회 미국 장로교 총회(2014)에서 승인되었다. 이는 2008년에 열린 제 218회 총회에서 시작된 과정의 결과물이다. 그때 올라온 헌의안에 반응하여 특별위원회가 구성되었는데, 그 헌의안은 "*신앙 고백서*에 있는 하이델베르크 요리문답의 다섯 가지 답변들에 대한 번역 오류를 수정하고, 독일어 하이델베르크 요리문답에 있는 원래 성경 본문들을 추가하자"*는 것이었다. 학자들은 이 요리문답의 1962년 번역본에서 많은 문제점들을 찾아냈다. 이러한 문제들 중에는 87번 질문, "감사하지도 않고 회개하지도 않는 삶으로부터 하나님께로 돌이키지 않는 사람들도 구원받을 수 있습니까?"에 대한 답변의 영어 번역본에 삽입된 구절이 포함되어 있다. 1962년의 번역본에는 다음과 같은 답변이 포함되어 있다: "절대 그럴 수 없습니다. 성경은 불의한 자는 결코 하나님 나라를 소유하지 못할 것이라고 가르쳐 줍니다. 실수하지 마십시오. 강간하는 자나 우상 숭배자, 간음 또는 동성애 도착의 죄가 있는 자, 도둑질하는 자나 탐욕을 부리는 자나 술 취한 자나 비방하는 자나 강도질하는 자는 누구라도 하나님 나라를 소유하지 못할 것입니다."

* From PC-biz, https://www.pc-biz.org/#/search/1699

여러 해 동안, 많은 학자들은 "또는 동성애 도착"이라는 문구가 여러 언어로 출판된 이 요리문답의 초기 버전들에는 포함되어 있지 않다는 것을 알고 있었다.* 이 사안은 새로운 번역이 있어야 한다는 견해에 상당한 힘을 실어 주었고, 결국 다른 많은 사안들도 조명되기 시작했다.

번역은 제 218회 총회 총회장이 지명한 미국장로교 특별 위원회와 아메리카 개혁교회 (RCA), 북미 기독교 개혁교회(CRCNA) 번역팀과의 협력으로 이루어졌다. RCA와 CRCNA의 번역팀은 공인 개정번역을 위해 이미 협력관계를 유지하고 있었다. 하이델베르크 요리문답은 RCA와 CRCNA 양쪽 모두의 표준 고백서이며, 2014년 개정안이 승인되기 전에 그들이 사용하던 번역본은 PC(USA)가 사용한 번역본과 달랐다.

다른 교단들과 협력하기로 하면서 번역을 완료하는 데 걸리는 시간이 늘어났고, 마침내 많은 개정과 수정 작업이 이루어졌다. 특별위원회는 만장일치로 제220회 총회(2012)에 에큐메니컬 번역본을 추천했고, 총회는 이를 전체 노회들에 보내기로 승인했다. 전체 노회들 3분의 2의 찬성으로, 제221회 총회는 에큐메니컬 번역본을 *신앙 고백서*에 포함시키기로 최종 투표하고 승인했다. 새롭게 채택된 번역본이 요리문답의 교리를 바꾼 것은 아니다. 번역가들은 근대 초기의 단어의 선택들을 현재의 영어에 반영했다. 이로써 번역이 원문의 교리와 언어를 유지할 뿐만 아니라, 21세기 영어권 독자들의 구어적 표현에도 맞게 했다.

어떤 신앙 고백도 완벽하지 않다. 신앙 고백들은 성경을 따르는 기준이며, 각각의 신앙 고백은 복음에 대한 통찰과 저자들의 사고방식을 반영하고 있다. 각 신앙 고백은 시대와 장소를 반영하고 있으며 하이델베르크 요리문답도 예외는 아니다. *신앙 고백서*의 본문에 사용된 강렬한 남성적 표현은 현대의 일부 독자들에게 반감을 불러 일으킬 것이다. 오늘날 일부 장로교인들은 교회 안에서 사진과 그림을 금지하는 98번 질문에 충격을 받을 것이다. 하지만 숨겨진 보석들도 있다. 신학 교육자들은 하이델베르크 요리문답이 안식일을 지키라는 계명의 의미를 "복음 사역과 기독교 교육"을 유지하기 위한

* http://www.drjackrogers.com/2008/06/the-importance-of-restoring-the-heidelberg-catechism-to-its-original-text.html.

기초로 설명하고 있음을 발견하면 깜짝 놀랄지도 모른다. 안식일을 지키는 것과 신학교 및 기독교 교육 사이에 어떤 연관성이 있다고 상상하는 사람은 오늘날 거의 없다!

무엇보다도 중요한 것은, 우리의 "몸과 영이 살든지 죽든지 [우리의] 신실하신 구주 예수 그리스도께 속해있다는 것"이 우리의 유일한 위안이라는 것을 하이델베르크 요리문답이 상기시켜 준다는 것이다. 이 메시지는 바울이 로마서 8:38-39에서 확증해 주고 있는 것만큼 오래된 것이다. "내가 확신하노니 사망이나 생명이나 천사들이나 권세자들이나 현재 일이나 장래 일이나 능력이나 높음이나 깊음이나 다른 어떤 피조물이라도 우리를 우리 주 그리스도 예수 안에 있는 하나님의 사랑에서 끊을 수 없으리라."

세월이 흘러가도 이 메시지는 여전히 들려져야 한다. 우리는 혼자가 아니다. 우리는 예수 그리스도 안에서 하나님께 속한 자들이다.

요리문답 읽기

이 요리문답에 인용된 성경 구절들은 1563년의 독일어 제3판과, 1563년의 라틴어 번역본에서 가져왔다. 독일어 제3판에 표기되어 있는 성경 인용문에는 책 이름과 장은 있어도 절은 표기하지 않음으로써 독자들로 하여금 이 요리문답을 사용하여 성경을 넓게 연구하는데 도움을 얻게 하였다. 라틴어 번역본에 나와있는 성경 인용문들은 단순히 어떤 사실을 증거하기 위한 것만은 아니고, 어떤 주제에 관해 읽기 시작하는데 도움을 주거나 혹은 관련된 주제의 결론을 알려주는 역할을 하기도 한다. 각주의 위치는 각 언어의 특성에 따라 독일어 본과 라틴어 본과 영어 본이 조금씩 차이가 있다.

여기서 일반적 유형의 인용구절들은 단순히 절 번호를 첨가하는 라틴어 인용방식을 따르고 있다.

*기울임체*로 표기한 인용 구절들은 독일어 원문에는 존재하지만 라틴어 번역본에는 빠져있는 구절임을 의미한다.

굵은 활자로 표기된 인용구절들은 독일어 원문에는 없고 라틴어 번역본에 추가된 본문임을 의미한다.

꺾음 괄호[ ]는 명료하게 할 필요성 때문만이 아니라, 또한 1563년 출판본에 있는 명백한 오타이기에 현 편집자가 수정한 것을 의미한다.

학습문제

1. 하나님께 "속한다"는 것은 무엇을 의미하는가?
2. 오늘날 인류가 "비참한 상태"에 있다는 징후들은 무엇인가?
3. 예수 그리스도 안에 있는 하나님의 사랑이 당신의 삶을 어떻게 변화시켰는가?
4. 감사하며 산다는 것은 무엇을 의미하는가?

부록

다음은 프레드리히 3세가 쓴 하이델베르크 요리문답의 머릿말이다. 이것은 현재 미국장로교의 하이델베르크 요리문답에는 포함되어 있지 않다

하나님의 은혜에 의해 신성 로마 제국의 선제후이며 왕이고, 바이에른 공작이며, 라인팔츠의 영주인 프레드리히는 우리 선제후국 내의 모든 감독과 목사와 설교자와 교사들에게 하나님의 은혜가 임하기를 바라며 안부를 전합니다.

우리는 자연적인 의무와 관계를 지킬 뿐만 아니라, 또한 하나님의 말씀의 훈계를 따라야 한다는 것을 시인합니다. 따라서 우리는 마침내 우리 백성들 사이에 평화롭고 고요하고 덕스러운 삶을 신장시키기 위해서 뿐만 아니라, 또한 (무엇보다)그들을 전능하신 분에 대한 신성한 지식과 경외감으로, 그리고 모든 덕과 순종의 유일한 토대인 그분의 구원의 거룩한 말씀으로 이끌고 교육하기 위해 우리의 직분과 부르심과 정부를 조직하고 운영하기로 마침내 결정했습니다. 우리는 그들의 영원한 복과 현세의 복지를 신장시키고 보호하고 유지하기 위해 온 정성을 다해 노력할 것입니다.

우리의 정권이 출범했을 때, 우리는 하나님의 영광을 높이고 시민들의 도덕성과 질서의식을 고양시키기 위해, 고귀하고 축복된 기억을 지니고 있는 우리의 사촌들과 전임자들, 팔츠의 백작들, 선제후들이 기독교적이면서 유용한 여러 준비 사항들을 제안하고 제정했다는 것에 대해 들었습니다. 그러나 이러한 일이 항상 진지하게 추구된 것은 아니었기에 기대했던 열매들이 맺히지 않았습니다. 이에 우리는 이러한 조치들을 갱신할 뿐만 아니라, 현 시대가 요구하는 대로 그것들을 개선하고 개혁하고 확장시키기로 결의했습니다. 우리는 우리 학교와 교회에 속한 젊은이들이 기독교 교리를 배우는 일에 열심을 내지 않고 있다는 사실을 통해,

우리 시스템에 중요한 결함이 있음을 발견했습니다. 인정된 요리문답이 없으면, 어떤 사람은 아무런 가르침을 받지 못하고, 또 어떤 사람들은 개인의 임의적인 계획이나 판단에 의해 일관성 없는 가르침을 받게 됩니다. 결과적으로, 너무 많은 사람들이 하나님에 대한 경외감이 없이 그리고 하나님의 말씀에 대한 지식도 없이 자라왔습니다. 그런가 하면 어떤 젊은이들은 아무 관련없는 불필요한 질문들로 인해 당황스러워하고 있습니다. 경우에 따라서, 이들은 건전하지 않은 교리들로 인해 힘들어 합니다.

이제 다른 방식으로는 기독교 및 세상 직책, 권위, 가정이 유지될 수 없기 때문에, 그리고 다른 덕목들 뿐만 아니라 훈련과 권위에 대한 순종을 고양시키기 위해, 우리의 젊은이들이 어렸을 때부터 (무엇보다도) 거룩한 복음에 담긴 순수하고 일관된 교리에 의해 훈련을 받는 것, 그리고 하나님에 대한 참된 지식으로 훈련을 잘 받는 것이 필수적입니다.

따라서, 우리는 우리 시스템의 단점을 제거하고, 필요한 개선책을 소개하는 것이 우리 정부의 고결한 임무이며 가장 중요한 의무라는 것을 인식했습니다. 이곳의 전체 신학부 교수와 모든 감독 및 고명한 목사님들의 충고와 협력을 통해, 우리는 하나님의 말씀에 기초한 기독교에 대한 가르침 혹은 요리문답을 독일어와 라틴어로 작성하였습니다. 우리가 이렇게 한 이유는 젊은이들이 이러한 기독교 교리로 경건하고 일관된 교육을 받을 수 있도록 하기 위함이며, 목사들과 교사들이 분명하고 확정된 형식과 기준을 갖게 되어, 이들이 임의로 매일 바꾸거나 불건전한 교리를 소개하지 않도록 하기 위함입니다.

이제 우리는 그대들 한 사람 한 사람에게 온유하고 간곡하게 권하고 명합니다. 우리 백성들 및 여러분 자신의 영혼의 유익을 위해서뿐만 아니라 하나님의 영광을 위해 이 요리문답 혹은 가르침을 감사함으로 받아들이십시오. 이를 가르치고 이에 따라 행동하며 살아가시길 바랍니다. 또한 학교와 교회에서 젊은이들에게, 그리고 강단에서는 일반인들에게 이 요리문답을 제시하고 그 참뜻을 설명해 주시기 바랍니다. 우리의 젊은이들이 하나님의 말씀으로 진지하게 교육을 받는다면, 전능하신 하나님께서 기뻐하셔서 우리에게 현세적인 복과 영원한 복을 주실 뿐만 아니라, 또한 우리의 삶을 변화시켜 주실 것이라는 것을 소망하면서 이 조항을 만들었습니다.

우리 주 구세주 그리스도 탄생 후 1563년 1월 19일 화요일에, 하이델베르크에서.

하이델베르크 요리문답

1 번째 주님의 날

4.001 **1 문: 살아서나 죽어서나**
당신의 유일한 위로는 무엇입니까?

답: 나는 나의 것이 아닙니다 [1];
그러나
살아서나 죽어서나 [2]
몸과 영혼이
나의 신실하신 구주 예수그리스도의 것입니다. [3]
그가 보혈로 나의 모든 죄값을 치러주셨고 [4]
마귀의 권세로부터 나를 자유롭게 하셨습니다. [5]

또한 그가 나를 보호하심이 [6]
하늘에 계신 내 아버지의 뜻이 아니고는 내 머리에서
머리카락 하나라도 떨어지지 않는 것과 같습니다; [7]
실로 모든 것이 협력하여 나의 구원을 이룹니다. [8]

내가 그의 것이기에
그리스도께서 그의 성령으로 말미암아
내게 영원한 생명을 보증하시고, [9]
지금부터 영원히 나의 온 마음을 다하여 기꺼이
언제라도 주를 위하여 살도록 인도하십니다. [10]

1. 고전 6:19
2. 롬 14:8
3. 고전 3:23
4. 벧전 1:18; 요일 1:7; 2:2
5. 요일 3:8
6. 요 6:39
7. 마 10:30; 눅 21:18
8. 롬 8:28
9. 고후 1:22; 5:5; 엡 1:14; 롬 8:16
10. 롬 8:14

4.002 **2 문: 이러한 위로의 기쁨 안에서 살다가 죽기 위하여**
당신은 무엇을 알아야 합니까?

답: 세 가지를 알아야 합니다: [1]
첫째, 나의 죄와 불행이 얼마나 심각한 것인가, [2]
둘째, 어떻게 내가 그 죄와 불행으로부터 해방되는가, [3]
셋째, 나를 구원해 주신 하나님께 어떻게 감사를
드릴 것인가 하는 것입니다. [4]

1. 눅 24:47; 고전 6:11; 딛 3:3
2. **요 9:41**; 요 15:[6-]7
3. 요 17:3
4. 엡 5:10

제 1 부: 인간의 불행

2 번째 주님의 날

4.003 **3 문: 어떻게 당신의 불행을 알 수 있습니까?**

답: 하나님의 율법이 내게 말씀해 주십니다.[1]

1. 롬 3:20

4.004 **4 문: 하나님의 율법은 우리에게 무엇을 요구합니까?**

답: 그리스도께서 마태복음 22 장 37-40 절에서 다음과 같이 간략하게 가르쳐 주십니다:

"'네 마음을 다하고
목숨을 다하고
뜻을 다하여
주 너의 하나님을 사랑하라.' 하셨으니
이것이 크고 첫째되는 계명이요.

"둘째도 그와 같으니;
'네 이웃을 네 몸과 같이 사랑하라' 하셨으니

"이 두 계명이
온 율법과 선지자의 강령이니라."

4.005 **5 문: 당신은 이 모든 계명을 완전히 지킬 수 있습니까?**

답: 아닙니다.[1]
나는 하나님과 내 이웃을 미워하는
본성을 가지고 있습니다.[2]

1. 롬 3:10; 3:23; 요일 1:8
2. 롬 8:7; 엡 2:3

3 번째 주님의 날

4.006 **6 문: 하나님께서 본래 인간을**
악하고 불의하게 지으셨습니까?

답: 아닙니다.[1]
하나님께서는 인간을 선하게 자신의 형상대로,[2]
다시 말하면, 참된 의와 거룩함으로 창조하셨습니다;
그리하여 그들이
창조주 하나님을 바르게 알고,
온 마음을 다하여 사랑하며,
하나님과 함께 영원한 축복 속에 살면서,
그를 찬양하고 영화롭게 하도록 하셨습니다.[3]

1. 창 1:31
2. 창 1:26-27
3. 고후 3:18; 골 3:10; 엡 4:24

4.007 **7 문: 그러면 인간의 타락한 본성은 어디서 왔습니까?**
답: 그것은 우리의 첫 조상 아담과 하와가 에덴동산에서 범한 타락과 불순종에서 비롯되었습니다.[1]
그 타락으로 말미암아 우리의 본성이 심히 부패되어 우리 모두는 죄성을 가지고 잉태되어 태어나게 됩니다.[2]

1. 창 3; 롬 5:12, 18-19
2. 시 51:5; **창 5:3**

4.008 **8 문: 그렇다면 우리는 너무나 부패하여 어떠한 선함도 전혀 행할 수 없고 모든 악을 행하는 경향이 있습니까?**
답: 그렇습니다.[1]
우리가 하나님의 영으로 거듭나지 않는 한 그렇습니다.[2]

1. 요 3:6; **창 6:5**; 욥 14:4; 15:16, [35]; 사 53:6
2. 요 3:5

4 번째 주님의 날

4.009 **9 문: 우리가 행할 수 없는 것을 그의 율법을 통하여 우리에게 요구하신 것은 하나님의 부당한 처사가 아닙니까?**
답: 아닙니다;[1] 하나님은 그 법을 지킬 수 있는 능력과 함께 인간들을 창조하셨습니다.
그러나 인간들이 사탄의 유혹을 받아서[2] 고의적으로 불순종함으로 자신들은 물론 그들의 후손들까지도 그 선물들을 빼앗기게 된 것입니다.

1. 엡 4:[22-23], 24-25
2. **눅 10:30[-37]**

4.010 **10 문: 하나님께서는 그러한 불순종과 반역이 처벌없이 지나가는 것을 허용하십니까?**
답: 결코 그렇지 않습니다.[1]
하나님께서는 우리가 개인적으로 짓는 죄뿐 아니라 지니고 태어나는 죄에 대해서도 무섭게 진노하십니다.

의로운 재판관이신 하나님은
현재뿐만 아니라 영원히 죄를 처벌하십니다;
하나님께서는 다음과 같이 선언하셨습니다:
"율법에 기록된 모든 말씀을 지켜 행하지 않는 자는 저주를 받을지어다."[2]

1. 롬 5:12; 히 9:27
2. 신 27:26; 갈 3:10

4.011 **11 문: 그러나 하나님은 또한 자비로우신 분이 아닙니까?**

답: 하나님은 분명히 자비로우신 분이지만 [1]
또한 정의로우신 분입니다. [2]
하나님의 정의는,
그의 가장 절대 존엄에 반하여 지은 죄에 대하여
가장 무거운 처벌, 즉 몸과 영혼의 영원한 형벌로
단죄하십니다.

1. 출 34:6
2. 출 20:5; 시 5:5; 고후 6:14

제 2 부: 인간의 구원

5 번째 주님의 날

4.012 **12 문: 하나님의 정의로운 심판에 따라서 우리는 현재 뿐 아니라 영원히 처벌을 받아 마땅합니다: 그러면 우리가 어떻게 하면 이 형벌을 피하여 다시 하나님의 은총을 받을 수 있습니까?**

답: 하나님은 자신의 정의가 충족되기를 요구하십니다. [1]
그러므로 우리 자신이나 다른 사람이
이러한 하나님의 정의를 충족시키기 위해 완전한
값을 지불해야 합니다. [2]

1. 출 20:5; 23:7
2. 롬 8:3-4

4.013 **13 문: 우리 스스로 이 값을 지불 할 수 있습니까?**

답: 결코 그럴 수 없습니다.
사실, 우리의 죄값이 날마다 증가하고 있습니다. [1]

1. 욥 9:3; 15:15; 마 6:12

4.014 **14 문: 그러면 다른 어떤 피조물이 우리를 대신해서 이 죄값을 치를 수 있습니까?**

답: 그럴 수 없습니다.
우선
하나님은 인간의 죄 때문에
다른 피조물을 처벌하지 않으십니다. [1]
더구나
어떠한 피조물도 죄에 대한 하나님의 영원한 진노의
무게를 감당할 수 없으며
다른 피조물을 이로부터 구속할 수도 없습니다. [2]

1. 히 2:14
2. 시 130:3

4.015 **15 문: 그렇다면 우리는 어떠한 중보자와 구속자를 찾아야 합니까?**

답: 그는 참 사람이면서[1] 의로운 사람이어야 하며,[2]
동시에 모든 피조물보다 더 큰 능력을 소유하신 분,
곧 참 하나님이기도 하여야 합니다.[3]

1. 고전 15:21
2. 렘 33:15; **사 53:9**; *시 53*; 고후 5:21
3. 히 7:[15–]16; 사 7:14; 롬 8:3; 렘 23:6

6 번째 주님의 날

4.016 **16 문: 왜 중보자는 참 사람이면서 의로운 사람이어야 합니까?**

답: 하나님의 공의는
죄된 인간의 본성은
그 죄값을 치러야 할 것을 요구합니다;[1] 그러나
죄인이 타인을 위해 값을 치를 수는 없습니다.[2]

1. 롬 5:12, 15
2. 벧전 3:18; 사 53:3–5, 10–11

4.017 **17 문: 왜 중보자는 동시에 참 하나님이어야 합니까?**

답: 중보자가 그의 신성의 능력으로
하나님의 무서운 진노를
인성으로 감당하고,[1]
우리를 위하여 의와 생명을 성취하고
그것들을 우리에게 회복시켜 주기 위해서 입니다.[2]

1. 사 53:8; 행 2:24; 벧전 3:18
2. 요 3:16; **요일 1:2, 4:12**; 행 20:18 [28]; *요 1[:4,12]*

4.018 **18 문: 그러면 그 중보자, 곧 참 하나님이시며 동시에 참 사람이시고 의로우신 분은 누구입니까?**

답: 우리 주 예수 그리스도이십니다.[1]
그 분은 우리를 완전히 구속하여
우리가 하나님 앞에 의롭도록 하기 위하여
우리에게 주어진 분입니다.[2]

1. 마 1:23; 딤전 3:16; 눅 2:11
2. 고전 1:30

4.019 **19 문: 당신은 이것을 어떻게 알 수 있습니까?**

답: 거룩한 복음이 나에게 말합니다. 하나님께서는 이미
에덴동산에서 복음을 계시하시기 시작하셨고,[1]
그 후엔 거룩한 족장과 선지자들을 통하여
선포하셨고,[2]
율법의 희생제사와 다른 의식을 통하여
미리 상징적으로 보여 주셨으며,[3]
마지막에는 그의 사랑하시는 아들을 통하여
이를 완성하셨습니다.[4]

1. 창 3:15
2. 창 22:18; 49:10-11; 롬 1:2; 히 1:1; 행 3:22-24; 10:43
3. 요 5:46; 히 10:7 [1-10]
4. 롬 10:4; 갈 4:4

7 번째 주님의 날

4.020 **20 문: 모든 사람이 아담을 통하여 멸망한 것처럼
모든 사람이 그리스도를 통하여 구원을 받는 것입니까?**
답: 아닙니다.
오직 참된 믿음으로
그리스도에게 접붙여져서 그의 모든 복을
받아들이는 사람만이 구원을 받게 됩니다. [1]

1. 요 1:12; **3:36**; 사 53:11, 시 2:11[-12]; 롬 11:17,19; 히 4:2;10:39

4.021 **21 문: 참된 믿음이란 무엇입니까?**
답: 참된 믿음이란
하나님께서 성경을 통해 우리에게 계시하신 모든 것을
내가 참된 것으로 받아들이는 확실한 지식이고, [1]
동시에 온전한 신뢰로서 [2]
이것은 성령께서 [3] 복음으로 내 안에 창조하시는 것으로서, [4]
하나님께서 값없이
다른 사람만이 아니라 나에게도
죄의 용서,
영원한 의로움과,
구원을 주셨음을 신뢰하는 것입니다. [5]
이러한 것들은 오로지 그리스도의 공로로만 주어진
순전한 은혜의 선물입니다. [6]

1. 히 11:1, 3; 약 2:19
2. 롬 **4:16[-25]; 약 1:6**; 롬 5:1; *롬 10[:9-10]*
3. *고후 4[:6,13];엡 2[:8,18],***마 16:17;요 3:[5-]13; 갈 5:22; 빌 1:29**
4. 롬 1:16; **10:17**
5. *히 2[:9-11]; 롬 1[:16],***히 10:38; 합 2:4; 마 9:2; 엡 2:7-9; 롬 5:1**
6. *엡 2[:8]*; 롬 3:24-25; **갈 2:16**

4.022 **22 문: 그러면 그리스도인들은 무엇을 믿어야 합니까?**
답: 하나님께서 복음 안에서 우리게 약속하신 모든 것으로 [1]
그 복음의 요약은 우리의 보편적이고
논란의 여지가 없는 기독교 신앙의 조항들입니다.

1. 요 20:31; 마 28:20

4.023 **23 문: 이 조항들은 무엇입니까?**
답: 나는 전능하신 아버지 하나님,
천지의 창조주를 믿습니다.

나는 그의 유일하신 아들,
우리 주 예수 그리스도를 믿습니다.
그는 성령으로 잉태되어

동정녀 마리아에게서 나시고,
본디오 빌라도에게 고난을 받아
십자가에 못박혀 죽으시고,
장사되시어 지옥에 내려가신지
사흘만에 죽은 자 가운데서 다시 살아나셨으며,
하늘에 오르시어
전능하신 아버지 하나님 우편에 앉아 계시다가,
거기로부터 살아 있는 자와 죽은 자를
심판하러 오십니다.

나는 성령을 믿으며,
거룩한 공교회와 성도의 교제와
죄를 용서받는 것과
몸의 부활과
영생을 믿습니다. 아멘.

8 번째 주님의 날

4.024 **24 문: 이 조항들은 어떻게 나뉘어집니까?**
답: 세 부분으로 구분됩니다:
성부 하나님과 우리의 창조,
성자 하나님과 우리의 구원,
그리고 성령 하나님과 우리의 성화가 그것입니다.

4.025 **25 문: 하나님은 오직 한 분이라 하면서** [1]
왜 세 분, 즉 성부 성자 성령을 말합니까?
답: 하나님께서 말씀으로
자신을 그렇게 계시하셨기 때문입니다. [2]
즉, 분명하게 구분된 이 삼위는
하나요 참되고 영원한 하나님이십니다.

1. 신 6:4
2. 사 61:1; 시 110:1; 마 3:16-17; 마 28:19; 요일 5:7[-8]

성부 하나님

9 번째 주님의 날

4.026 **26 문: "나는 전능하신 아버지 하나님,**
천지의 창조주를 믿습니다"라고 고백할 때
당신은 무엇을 믿습니까?
답: 무에서 하늘과 땅,
그리고 그 안에 있는 모든 것을 창조하시고, [1]
지금도 자신의 영원한 경륜과 섭리로 그 모든 것을
보존하시고 다스리시는 [2]

우리 주 예수 그리스도의 영원한 아버지는
성자 예수로 인하여 나의 아버지시요
하나님이신 것을 믿습니다.[3]

나는 하나님을 깊이 신뢰하므로,
하나님께서 나의 몸과 영혼에
필요한 모든 것을
채워주시며,[4]
이 슬픈 세상에서 내게 주시는 어떤 역경도
나에게 선이 되도록 바꿔주실 것을
의심하지 않습니다.[5]

하나님은 전능하시기에 능히 이 일을 하실 수 있으며,[6]
신실하신 아버지이시기에 그렇게 하시길 원하십니다.[7]

1. 창 1; 시 33:6
2. 시 104; 시 115:3; 마 10:29; 히 1:3,
3. 요 1:12; 롬 8:15; 갈 4:5-7; 엡 1:5
4. 시 55:22; 마 6:25-26; 눅 12:22
5. 롬 8:28
6. 롬 10:12
7. 마 6:32; 7:9

10 번째 주님의 날

4.027 **27 문: 하나님의 섭리라는 말에서 당신은 무엇을 깨닫습니까?**

답: 하나님께서는 전능하고 상존하는 능력으로[1]
하늘과 땅과 모든 만물을
그의 손으로 하시는 듯, 떠받치시며,[2]
이들을 다스리심으로
나무잎과 풀잎,
비와 가뭄,
풍년과 흉년,
양식과 물,[3]
건강과 질병,[4]
번영과 궁핍—[5]
사실 모든 것들이 우리에게 우연히 생기는 것이 아니라
아버지의 자애로운 손길로부터 오게 되는 것입니다.

1. 행 17:25[-28]
2. 히 1:3
3. 렘 5:24; 행 14:17
4. 요 9:3
5. 잠 22:2

4.028 **28 문: 하나님의 창조와 섭리를 앎으로써 우리는 어떠한 유익을 얻습니까?**

답: 우리가 역경에 처할 때에는 인내할 수 있으며,[1]
모든 일이 순조로울 때에 감사할 수 있고,[2]

미래에도 세상의 어느 피조물이라도
우리를 그분의 사랑에서 떼어 놓을 수 없으리라고[3]
신실하신 하나님 아버지께 대한 확신을 줍니다.[4]
세상 만물이 온전히 하나님의 손 안에 있으므로
그의 뜻이 아니고서는 그들이 움직일 수도,
움직여질 수도 없습니다.[5]

1. 롬 5:3; 약 1:3; 욥 1:21
2. 신 8:10; 살전 5:18
3. 롬 8:38-39
4. **롬 5:5-6**
5. 욥 1:12; **2:6**; 행 17:28; 잠 21:1

성자 하나님

11 번째 주님의 날

4.029 **29 문: 왜 하나님의 아들을 '구주'라는 뜻을 가진 '예수'라고 부릅니까?**

답: 그가 우리를 죄로부터 구원하시기 때문이며,[1]
구원은 다른 누구에게서 구해서도 안되고
찾을 수도 없기 때문입니다.[2]

1. 마 1:21; **히 7:25**
2. 행 4:12

4.030 **30 문: 자기들의 구원을 성인들이나 자기 자신 또는 다른 곳에서 찾는 사람들도 과연 예수님을 유일한 구주로 믿고 있는 것입니까?**

답: 아닙니다.
비록 그들이 예수님께 속한다고 자랑할지라도
그들의 행위로 말미암아
유일한 구주이신 예수님을 부인합니다.[1]

예수님이 완전한 구주가 아니든지,
아니면 이 구주를 참된 믿음으로 영접한 사람들은
자신의 구원에 필요한 모든 것을
그분 안에서 받아 누리든지, 둘 중의 하나입니다.[2]

1. 고전 1:13, 31; *갈 3[:1-4]*; **갈 5:4**
2. **히 12:2**; 사 9:6; 골 1:19-20; 2:10; 요 1:16

12 번째 주님의 날

4.031 **31 문: 왜 예수님을 "기름부음을 받은 자"라는 뜻을 가진 "그리스도"라고 부릅니까?**

답: 예수님은 성부 하나님의 세우심을 받고,
성령의 기름 부음을 받으심으로[1]
우리의 가장 큰 선지자와 교사가 되셔서[2]

우리의 구속에 대한 하나님의 오묘한 경륜과 뜻을
우리에게 완전하게 계시해 주시며; [3]

우리의 유일한 대제사장이 되셔서 [4]
자기 몸을 단번에 제물로 드려 우리를 구원 하셨으며,
끊임없이 우리를 위하여 아버지께 간구하시며; [5]

또한 우리의 영원하신 왕이 되시어
그의 말씀과 성령으로 우리를 다스리시며,
우리를 지키시며, 그가 우리를 위하여 성취하신 자유 안에
우리를 거하게 하시기 때문입니다. [6]

1. **시 45:[7]**; 히 1:9
2. **신 18:15; 행 3:22**
3. **요 1:18; 15:15**
4. 시 110; 히 7:21; **10:12**
5. 롬 8:34; 5:9-10
6. 시 2:6; 눅 1:33; 마 28:18; **요 10:28**

4.032 **32 문: 그러면 당신은 왜 그리스도인이라 불리웁니까?**

답: 믿음으로 나는 그리스도와 한 지체가 되어 [1]
그의 기름부음에 동참하기 때문입니다. [2]
내가 기름부음을 받음으로써
구주의 이름을 고백하고, [3]
나 자신을 그에게 감사의 산제물로 드리며 [4]
이생의 삶에서는 끝까지 자유로운 양심을 가지고
죄와 마귀에 대항하여 싸우며 [5]
장차는 그리스도와 함께
영원히 만물을 다스리게 됩니다. [6]

1. 행 11:26, **고전 6:15**
2. 요일 2:27; **사 59:21;** 행 2:17; 욜 2:28; 막 8:[34-]38
3. 롬 12:1; 계 5:8[-14]; **벧전 2:9**
4. 롬 6:12; 계 1:6
5. **딤전 1:19**
6. **딤후 2:12**

13 번째 주님의 날

4.033 **33 문: 우리들도 하나님의 자녀인데, 그분만**
하나님의 '외아들'이라고 불리우는 이유는 무엇입니까?

답: 그리스도만 하나님의 영원한 친아들이기 때문입니다. [1]
그러나 우리들은 그리스도를 통하여 은혜로 말미암아 [2]
하나님의 자녀로 입양되었습니다.

1. 요일 1:29; 히 1:2
2. 롬 8:15; 엡 1:[5-]6

4.034 **34 문: 예수님을 '우리 주님'이라고 부르는 이유는 무엇입니까?**

답: 예수님께서 금이나 은이 아니라
그의 보배로운 피로
우리를 죄와 마귀의 권세에서 해방시켜 주셨으며,

우리의 몸과 영혼을
자신의 소유로 사셨기 때문입니다.[1]

1. 벧전 1:18-19; 2:9; 고전 6:20; **7:23**

14 번째 주님의 날

4.035 **35 문: '성령으로 잉태하사 동정녀 마리아에게 나시고'라는 고백은 무엇을 뜻합니까?**

답: 하나님의 영원하신 아들은
지금[1] 그리고 언제나
참되고 영원한 하나님이시며,[2]
성령의 역사를 통하여[3]
동정녀 마리아의 살과 피로부터
참 인간의 본질을 자신에게 취하셔서[4]
죄를 제외하고는[5]
모든 면에서 그의 형제 자매들과 같이[6]
다윗의 참 후손이 되셨다는 뜻입니다.[7]

1. 요 1:1; **17:5**; 롬 1:4
2. 롬 9:5; *갈 4[:4]*
3. 마 1:18, 20; 눅 1:27, 35; *엡 1*
4. 요 1:14; **갈 4:4**
5. 히 4:15; **7:26**
6. 빌 2:7
7. 시 132:11; 롬 1:3

4.036 **36 문: 그리스도의 거룩한 잉태와 탄생으로 얻는 유익은 무엇입니까?**

답: 그리스도께서 우리의 중보자가 되시어,[1]
자신의 순결하고 완전한 거룩함으로
내가 잉태될 때부터 가지고 있는 나의 죄성을
하나님 앞에서 덮어 주시는 것입니다.[2]

1. **히 2:16-17**
2. 시 32:1; 고전 1:30

15 번째 주님의 날

4.037 **37 문: "고난을 받으사"라는 말에서 당신은 무엇을 깨닫습니까?**

답: 그리스도는 그의 지상에서의 전생애를 통해서,
특별히 그의 마지막 순간에
전 인류의 죄에 대한 하나님의 진노를
친히 몸과 영혼으로
감당하셨다는 것입니다.[1]
그는 유일한 속죄 제물로서의
그의 고난을 통하여[2]

우리의 몸과 영혼을
영원한 정죄로부터 구원하시고,
그리고 하나님의 은혜,
의로움과
영생을
우리를 위해 획득하시기 위해 이 일을 하셨습니다.

1. 벧전 2:24; **3:18**; 사 53:12
2. 요일 2:2; 4:10; 롬 3:25

4.038 **38 문: 왜 그 분은 "본디오 빌라도"라는 재판관에게서 고난을 받으셨습니까?**

답: 그분은
죄가 없으시지만
세상의 재판관으로부터 정죄를 받으심으로 [1]
우리에게 내려져야 할 하나님의 준엄한
심판으로부터 우리를 구원하기 위함입니다. [2]

1. 눅 23:14; 요 19:4
2. 시 69:5; 사 53; 고후 5:21; 갈 3:13

4.039 **39 문: 예수님께서 다른 방법이 아니라 "십자가에 달려 죽으셨다"는 것이 그렇게도 중요합니까?**

답: 그렇습니다.
십자가형은 하나님의 저주를 받은 죽음이기 때문에 [1]
내가 받아야 할 저주를
그가 대신 짊어지셨다는 것을 이로써 확신합니다. [2]

1. 신 21:[23]; 갈 3:13
2. *갈 3[:10]*

16 번째 주님의 날

4.040 **40 문: 왜 그리스도께서는 죽음을 당해야 했습니까?**

답: 하나님의 공의와 진리가 그것을 요구하기 때문입니다. [1]
하나님의 아들의 죽음 외에는
아무 것도 우리의 죄값을 치를 수 없기 때문입니다. [2]

1. 창 2:17
2. 히 2:9, 15; **빌 2:8**

4.041 **41 문: 왜 그리스도는 "장사"되셨습니까?**

답: 그가 장사되셨다는 것은
그가 정말로 죽으셨다는 것을 증거합니다. [1]

1. 행 13:29; 마 27:60; 눅 23:50[-53]; 요 19:38[-42]

4.042 **42 문: 그리스도께서 우리를 대신해 죽으셨는데 왜 우리는 여전히 죽어야 합니까?**

답: 우리의 죽음은 우리의 죄값을 치루는 것이 아닙니다.
오히려 죽음은 우리가 죄짓는 것에 종지부를 찍고
영생으로 들어가는 것입니다.[1]

1. 요일 5:24; 빌 1:23; 롬 7:24 [21-25]

4.043 **43 문: 십자가를 통한 그리스도의 희생과 죽음으로부터 얻게 되는 또 다른 유익은 무엇입니까?**

답: 그리스도의 능력에 의해서 우리의 옛 자아가
그와 함께 십자가에 못박혀 죽고 장사되어[1]
육신의 악한 욕망이
더 이상 우리를 지배하지 못하게 되고[2]
그 대신 우리 자신을 그에게
감사의 제물로 드리게 되는 것입니다.[3]

1. 롬 6:6-8, 11-12; *골 2[:11-12]*
2. 롬 6:12
3. 롬 12:1

4.044 **44 문: 왜 사도신경에는 "음부에 내려가셨다가"라는 귀절이 덧붙여져 있습니까?**

답: 내가 깊은 두려움과 유혹의 위기에 처할 때에
나의 주님이신 그리스도께서
십자가상에서와 그 이전에 형언할 수 없는
영혼의 괴로움과 고통, 두려움을 당하심으로
나를 음부의 괴로움과 고통으로부터
구원하셨다는 것을 확신하게 해주기 위해서 입니다.[1]

1. 사 53:10; 마 27:46

17 번째 주님의 날

4.045 **45 문: 그리스도의 부활이 우리에게 주는 유익은 무엇입니까?**

답: 첫째, 그리스도께서 부활하심으로 죽음을 이기셨기에
그의 죽음으로 우리를 위해서 성취하신
의로움에 우리가 동참하도록 하십니다.[1]

둘째, 그의 능력으로 우리도 또한
이미 새로운 생명으로 살게 되었습니다.[2]

셋째, 그리스도의 부활은
우리의 복된 부활에 대한 확실한 보증입니다.[3]

1. 고전 15:17, 54-55; 롬 4:25; 벧전 1:3, 21
2. 롬 6:4; 골 3:1-5; 엡 2:5
3. 고전 15:12; 롬 8:11

18 번째 주님의 날

4.046 **46 문: "하늘에 오르사"라는 말의 의미는 무엇입니까?**

답: 그리스도께서 제자들이 보는 가운데서
땅으로부터 하늘로 들리우셨으며[1]
장차 산 자와 죽은 자를 심판하기 위해

다시 오실 때까지 [2]
우리를 위해 그곳에 계신다는 것입니다. [3]

1. 행 1:9; 마 26[:64]; 막 16[:19]; 눅 24[:51]
2. 행 1:11; 마 24:30
3. 히 4:14; 7:15[-25]; 9:11; 롬 8:34; 엡 4:10; 골 3:1

4.047 **47 문: 그러나 그리스도께서는**
이 세상 끝날까지 항상 우리와 함께
계시겠다고 약속하지 않았습니까? [1]

답: 그리스도는 참 사람이며 참 하나님이십니다.
인성으로는 그리스도께서 지금 이 땅에 있지 않고 [2]
그의 신성과 존귀와 은혜와 성령안에서는
그는 한 순간도 우리로부터 떨어져 있지 않습니다. [3]

1. 마 28:20
2. 마 26:11; 요 16:28; 17:11; 행 3:21
3. 요 14:17[-19]; 16:13; 마 28:20; 엡 4:8, 12;
   어거스틴의 *요한복음 해설 50*에서 인용

4.048 **48 문: 그리스도의 신성이 계신 곳에**
그의 인성이 계시지 않는다면,
그리스도의 두 본성이 서로 분리되어 있다는 것입니까?

답: 결코 그렇지 않습니다.
신성은
제한받지 않고
어디에나 계시기 때문에 [1]
그리스도의 신성은 그것이 취한 인성의 한계를
충분히 초월하여 계실 수 있으며,
그와 동시에 그의 신성은
그의 인성과 인격적으로
연합하여 함께 계십니다. [2]

1. 행 7:49; **17:28**; 렘 23:24
2. 골 2:9; 요 3:13; 11:15; 마 28:6

4.049 **49 문: 그리스도의 승천은 우리에게 어떠한 유익을 줍니까?**

답: 첫째, 그리스도는
하늘 곧 그의 아버지의 앞에서
우리를 위하여 변호하고 계십니다. [1]
둘째, 우리의 육체가 하늘에 있다는 말입니다,
그것은 우리의 머리되신 그리스도께서
자신의 지체들인 우리들을
하늘의 자신에게로 데려가실 것의 보증입니다. [2]
셋째, 그에 대한 보증으로
그의 성령을 이 땅의 우리에게 보내십니다. [3]
성령의 능력으로써

우리는 이 땅의 것들을 구하지 않고
하나님의 우편에 앉아 계신
그리스도께서 계신 위의 것들을 구하게 됩니다.[4]

1. 요일 2:1-2; 롬 8:34
2. 요 14:2; 20:17; 엡 2:6
3. 요 14:16; **16:7**; 행 2; 고후 1:22; 5:5
4. 골 3:1; 빌 3:14

19 번째 주님의 날

4.050 **50 문: 왜 그 다음 귀절은 "하나님 우편에 앉아 계시고"입니까?**

답: 그리스도께서 하늘에 오르신 것은
그곳에서 자신이 그의 교회의 머리이며,[1]
그를 통하여 성부께서 모든 것을
통치하심을 보이기 위함입니다.[2]

1. 엡 1:20-23; **5:23**; 골 1:18
2. 마 28:18; 요 5:22

4.051 **51 문: 우리의 머리되시는 그리스도의 이러한 영광이 우리에게 주는 유익은 무엇입니까?**

답: 첫째, 그리스도는 그의 성령을 통하여
하늘로부터 그의 지체인 우리들에게 은사를
부어주십니다.[1]

둘째, 그리스도는 그의 능력으로
모든 원수들로부터 우리를 방어하시고 안전하게
지키십니다.[2]

1. 엡 4:10
2. 시 2:9; **110:1-2**; 요 10:28; 엡 4:8

4.052 **52 문: "살아 있는 자와 죽은 자를 심판하기 위한" 그리스도의 재림은 당신에게 어떠한 위로를 줍니까?**

답: 모든 환난과 핍박 가운데에서도
고개를 들고
나 대신 하나님의 정죄를 이미 당하심으로
나에게로부터 모든 저주를 제거해 주신
심판의 주를 확신있게 기다립니다.[1]

그리스도께서는 그의 원수들과 나의 모든 원수들을
영원한 형벌에 처하실 것입니다.[2]
그리고 나를 비롯한 모든 택하신 자들을 자신에게로
이끄시어 하늘의 기쁨과 영광을 보게 하실 것입니다.[3]

1. 눅 21:28; 롬 8:23, 33; 빌 3:20; 딛 2:13
2. 살후 1:6-7; 살전 4:16; 마 25:41
3. 마 25:34

성령 하나님

20 번째 주님의 날

4.053 **53 문: "성령"에 대해서 당신은 무엇을 믿습니까?**
답: 첫째, 성부, 성자와 함께 성령도
영원한 하나님이심을 믿습니다.[1]
둘째, 성령께서는 나에게도 임하셔서[2]
참된 믿음을 통하여
그리스도와 그의 모든 유익을 나누게 하시며[3]
나를 위로하시고[4]
영원히 나와 함께 계실 것을 믿습니다.[5]

1. 창 1:2; 사 48:16; 고전 3:16; 6:19; 행 5:3-4
2. 마 28:19; 고후 1:21-22
3. 갈 3:14; 벧전 1:2; 고전 6:17
4. 행 9:31
5. 요 14:16; 벧전 4:14

21 번째 주님의 날

4.054 **54 문: "거룩한 공회"에 관하여 당신은 무엇을 믿습니까?**
답: 나는 하나님의 아들께서[1]
그의 성령과 말씀을 통하여[2]
전 인류로부터[3]
태초부터 종말에 이르기까지[4]
영생을 얻도록 선택되어[5]
참 믿음 안에서 하나가 된 공동체를[6]
자신을 위하여 모으시고 보호하시며
보전하시는 것을 믿습니다.[7]
그리고 나는 지금 이 공동체에 속해 있으며[8]
언제까지나 산 지체로 존재할 것입니다.[9]

1. 요 10:11
2. 사 59:21; 롬 1:16; 10:14, 17; **엡 5:26**
3. 창 26:4
4. 시 71:18; 고전 11:26
5. 롬 8:29-30; 엡 1:10-13
6. **행 2:46**; 엡 4:3-5
7. 마 16:18; 요 10:28-30; 고전 1:8
8. 요일 3:21; **고후 13:5**
9. 요일 2:19

4.055 **55 문: "성도가 서로 교통하는 것"의 의미는 무엇입니까?**
답: 첫째, 모든 신자들은 개인적으로
그리고 전체적으로 이 공동체의 일원으로서,
그리스도와 그의 모든 보화와 은사들을
공유한다는 것입니다.[1]

둘째, 각 신자들은 이러한 은사들을
다른 사람들을 섬기고 풍요롭게 하기 위하여
기꺼이 기쁨으로
사용하는 것을 의무로 생각해야 한다는 것입니다. [2]

1. 요일 1:3; 고전 1:9; 롬 8:32
2. 고전 6:17; 12:12-21; 13:5; 빌 2:4-6

4.056 **56 문: "죄를 사하여 주시는 것"에 대하여 당신은 무엇을 믿습니까?**

답: 그리스도의 구속으로 말미암아
나의 모든 죄와 [1]
그리고 나의 삶에서 평생동안 싸워야 하는
나의 죄성을
하나님께서 기억하지 않으신다는 것을 믿습니다. [2]

오히려 은혜로 말미암아
하나님께서는 그리스도의 의를 내게 덧입혀 주셔서
심판으로부터 나를 영원히 해방시켜 주셨습니다. [3]

1. 요일 2:2; 고후 5:19, 21
2. 렘 31:34; 시 103:3, 10-12; 롬 7:24-25; 8:1-3
3. 요 3:18

22 번째 주님의 날

4.057 **57 문: "몸이 다시 사는 것"은 당신에게 어떠한 위로를 줍니까?**

답: 죽음 후에 즉시 나의 영혼이
머리되신 그리스도께로 갈 뿐 아니라 [1]
나의 이 몸도 그리스도의 능력으로 일으킴을 받아서
나의 영혼과 다시 결합하여
그리스도의 영화로운 몸과 같이 될 것입니다. [2]

1. 눅 23:43; 빌 1:23
2. 고전 15:53-54; 욥 19:25-26; 요일 3:2; 빌 3:21

4.058 **58 문: "영원히 사는 것"에 관한 귀절은 당신에게 어떠한 위로를 줍니까?**

답: 내가 지금 이미 영원한 기쁨의 시작을
마음 속으로 경험하고 있듯이, [1]
이승의 삶을 마친 후에
눈으로 본 적도 없고,
귀로 들어 본 적도 없으며,
그 어떤 인간도 마음으로 상상해 본 적도 없는
완전한 복을 내가 누릴 것입니다: [2]
그로 말미암아 하나님을 영원히 찬양할 것입니다. [3]

1. 고후 5:2-3
2. 고전 2:9
3. *요 17*

23 번째 주님의 날

4.059 **59 문: 그러나 이 모든 것을 믿을 때에**
당신에게 어떠한 유익이 있습니까?

답: 그리스도 안에서 나는 하나님 앞에 의로운 자가 되며
영생을 상속받게 됩니다.[1]

1. 합 2:4; 롬 1:17; 요 3:36

4.060 **60 문: 어떻게 당신이 하나님 앞에서 의로와질 수 있습니까?**

답: 예수 그리스도에 대한 참된 믿음을 통해서만 가능합니다.[1]

비록 내 양심이 내가 하나님의 모든 계명을
심각하게 범하였다고,
그 계명 중 하나도 지키지 못했다고,[2]
그리고 아직도 죄로 향하는 성향을 지니고 있다고,[3]
나를 정죄할지라도,
그럼에도 불구하고,
내 자신이 아무런 공로가 없어도,[4]
순전히 하나님의 은혜로 말미암아,[5]
마치 내가 죄지은 적이 없고 죄인인 적도 없었던
것처럼, 그리스도께서 나를 위해서 순종하셨듯이
마치 내가 완전하게 순종했었던 것처럼,[6]
하나님께서는 그리스도의 완전한 구속,[7]
의로움과 거룩함을[8]
나에게 주시고 나의 것으로 인정해 주십니다.[9]

내가 해야 할 것은
믿는 마음으로 이 선물을 받아들이는 것뿐입니다.[10]

1. 롬 3:21-28, **5:1**; 갈 2:16; 엡 2:8-9; 빌 3:9
2. 롬 3:9[-18]
3. 롬 7:23
4. 딤후 3:5
5. 롬 3:24; 엡 2:8
6. 고후 5:21
7. 요일 2:2
8. 요일 2:1
9. 롬 4:4; 고후 5:19
10. 롬 3:22; 요 3:18

4.061 **61 문: 왜 믿음으로만 의로와질 수 있다고 말합니까?**

답: 내 믿음이 가치를 가지고 있어서
그것으로 하나님을 만족시키는 것이 아니기 때문입니다.
오직 그리스도의 구속, 의로움, 그리고 거룩함이
하나님 앞에서 나를 의롭게 만들어 주기 때문이며,[1]
그리스도의 의를 받아서 내가 의로워지는 것은
믿음 이외에는 다른 방법이 없기 때문입니다.[2]

1. 고전 1:30; 2:2
2. 요일 5:10

24 번째 주님의 날

4.062 62 문: **왜 우리가 선한 일을 행함으로
하나님 앞에서 의로워질 수 없으며,
우리가 의로워지는데 일부라도 도움이 되지 않습니까?**

답: 하나님의 심판을 피할 수 있는 의는
절대적으로 완전해야 하며 모든 면에서
하나님의 율법에 부합되야 하기 때문입니다.[1]
그러나 이 세상에서 우리의 가장 선한 일 조차도
불완전하며 죄로 더럽혀져 있습니다.[2]

1. 갈 3:10; 신 27:26
2. 사 64:6

4.063 63 문: **하나님께서는 우리의 선행에 금생과 내생에서
상급을 주시겠다고 약속하셨는데,
왜 우리의 선행이 아무런 공로가 되지 못한다고 합니까?**

답: 그 상급은 공로로 얻는 것이 아닙니다; 이것은
은혜로 주시는 선물입니다.[1]

1. 눅 17:10

4.064 64 문: **이렇게 가르치면 사람들은 무관심해지고
악해지지 않겠습니까?**

답: 아닙니다.
참된 믿음으로 그리스도와 연합한 사람은
감사의 열매를 맺지 않을 수 없습니다.[1]

1. 마 [7]:18

성례전

25 번째 주님의 날

4.065 65 문: **그리스도와 그의 모든 유익을 공유하는 것은
오직 믿음으로만 가능합니다:
그렇다면 그 믿음은 어디서 오는 것입니까?**

답: 성령께서 거룩한 복음의 설교를 통하여[1]
우리 마음에 믿음을 창조하시며,
거룩한 성례전를 사용하시어
그 믿음을 확증하십니다.[2]

1. 엡 2:8; 요 3:5
2. 마 28:19-20; 벧전 1:22-23

4.066 66 문: **성례전이란 무엇입니까?**

답: 성례전은 보이는 거룩한 표시이며 봉인입니다.
하나님께서 성례전을 제정하셔서
그것을 행하는 우리들이

복음의 약속을 더욱 명확하게 이해하도록 하시고
그 약속을 확증하십니다.

그리고 하나님의 복음의 약속은 이것입니다:
그리스도께서 십자가에서 성취하신
단번의 희생으로 말미암아
은혜로 우리의 죄를 용서하시고
영생을 허락하십니다.[1]

1. 창 17:11; 롬 4:11; 신 30:6; 레 6:25; 히 9:8–9, [11–]24; 겔 20:12; **삼상 17:36[–37]; 사 6:6–7**

4.067 67 문: **그러면 말씀과 성례전 둘 다
구원의 유일한 근거로서
예수 그리스도의 십자가의 희생에
우리 믿음의 초점을 맞추는 것입니까?**

답: 바로 그렇습니다.
성령께서 복음 안에서 우리에게 가르치시고
성례전을 통하여 확증하시는 것은
우리의 전적인 구원은 십자가에서 우리를 위해
단번에 드리신 그리스도의 희생에 근거한다는 것입니다.[1]

1. 롬 6:3; 갈 3:27

4.068 68 문: **그리스도께서는 신약성경에서
몇 가지의 성례전을 제정하셨습니까?**

답: 두 가지, 즉 세례와 성만찬입니다.

세례

26 번째 주님의 날

4.069 69 문: **십자가에서 드리신 그리스도의 단번의 속죄가
바로 당신을 위한 일이었다는 것을
세례가 어떻게 상기시키고 확신시켜 줍니까?**

답: 다음과 같은 방법으로 합니다:
그리스도께서 이러한 외적인 씻음의 제도를 정하셔서
물이 몸의 더러움을 씻어내듯이
그리스도의 피와 영이
나의 영혼의 더러움, 즉 나의 모든 죄악을
깨끗이 씻어 주신다는 약속을 하셨습니다.[1]

1. 막 1:4; 눅 3:3

4.070 70 문: **그리스도의 피와 영으로 씻음을 받는다는 것은
무슨 뜻입니까?**

답: 그리스도의 피로 씻음을 받는다는 것은
그리스도께서 십자가에서의 희생으로
우리를 위하여 쏟으신 피로 말미암아

하나님께서 은혜로
우리의 죄를 용서하셨다는 뜻입니다.[1]

그리스도의 영으로 씻음을 받는 것은
성령께서 우리를 거듭나게 하시고
그리스도의 지체가 되도록 성화시키셔서
우리가 더욱더 죄에 대하여는 죽고
거룩하고 흠없는 삶을 살도록 하신다는 뜻입니다.[2]

1. 히 12:24; 벧전 1:2; 계 1:5; **22:14**; 슥 13:1; 겔 36:25
2. 요 1:33; 3:5; 고전 6:11; 12:13; 롬 6.4; 골 2:12

4.071 **71 문: 우리가 세례의 물로 씻음을 받는 것처럼
그리스도의 피와 영으로 우리가 씻음을 받는다는 것을
그리스도께서 어디에 약속하셨습니까?**

답: 그리스도께서 세례를 제정하실 때

"그러므로 너희는 가서 모든 족속으로 제자를 삼아
아버지와 아들과 성령의 이름으로
세례를 주라"고 하셨고,[1]

"믿고 세례를 받는 사람은 구원을 얻을 것이요;
믿지 않는 사람은 정죄를 받으리라"고 하셨습니다.[2]

이 약속은 세례가 "중생의 물"[3] 과
"죄의 씻음"[4] 이라고 언급된
다른 성구에 반복되어 있습니다.

1. 마 28:19
2. 막 16:16
3. 딛 3:5
4. 행 22:16

27 번째 주님의 날

4.072 **72 문: 물에 의한 외부적 씻음 자체가 죄를 씻어 줍니까?**

답: 아닙니다.[1]
오직 예수 그리스도의 피와 성령만이 우리의 모든
죄를 씻어 줍니다.[2]

1. 마 3:11; 벧전 3:21; 엡 5:26
2. 요일 1:7; 고전 6:11

4.073 **73 문: 그러면 왜 성령께서는
세례를 중생의 물과
죄의 씻음이라고 부르십니까?**

답: 거기에는 하나님의 충분한 이유가 있습니다.
우선, 하나님께서는 물이 우리 몸의 더러움을 씻어주듯이
그리스도의 피와 영이 우리의 죄를 씻어준다는 점을
우리에게 가르치시려는 것입니다.[1]

더욱 중요한 것은,
하나님은 우리의 몸이 물로 육체적으로 씻겨지는 것처럼

우리가 영적으로 우리의 죄에서 참으로 씻겨졌음을
하나님의 이러한 신적인 보증과 표시로
우리에게 확신시키기를 원하십니다.[2]

1. 계 1:5; 7:14; 고전 6:11
2. 막 16:16; 갈 3:[2]7

4.074 **74 문: 유아들도 세례를 받아야 합니까?**

답: 그렇습니다.
어른들뿐 아니라 유아들도
하나님의 언약 안에 있는 하나님의 백성이며,[1]
유아들도 어른들 못지 않게
그리스도의 피를 통한 죄로부터의 구원과[2]
믿음을 주시는 성령을 약속 받았습니다.[3]

그러므로 유아들도 언약의 표시인 세례를 받아서
그리스도의 교회에 속해야 되고
불신자의 자녀들과 구별되어야 합니다.[4]

구약시대에는 할례가 그러한 기능을 하였으나[5]
신약시대에 와서 세례로 대치되었습니다.[6]

1. 창 17:7
2. 마 19:14
3. 눅 1:15, [4]4; 시 22:[9-]11; 사 46:1-5; 행 2:39
4. 행 10:47
5. 창 17:[9-]14
6. 골 2:11-13

예수 그리스도의 성만찬

28 번째 주님의 날

4.075 **75 문: 십자가에서 단번에 드리신 그리스도의 희생과 그의 모든 유익에 당신이 참여하고 있다는 것을 성만찬은 어떻게 상기시키고 확신시켜 줍니까?**

답: 그것은 다음과 같습니다:
그리스도께서는 나와 모든 신자들에게
자신을 기념하여
이 떡을 떼어 먹고 이 잔을 마시라고 명하셨습니다.

첫째, 나를 위하여 떼어진 주님의 떡과
나에게 주어진 잔을
내가 내 눈으로 분명하게 보듯이,
주님의 몸도 나를 위하여 찢기우시고 주신 바 되었으며
그의 피도 십자가에서 나를 위하여
흘리신 것이 분명합니다.

둘째, 그리스도의 몸과 피의 확실한 상징으로
내게 주어진 주님의 떡과 잔을 집례자의 손에서
받아서 내 입으로 맛보는 것이 분명하듯이,
주님께서 십자가에 달리신

자신의 몸과 흘리신 피로 내가 영생을 살도록
내 영혼을 새롭게 하시며
양육하시는 것이 분명합니다.

4.076 76 문: **십자가에 달리신 그리스도의 몸을 먹고**
흘리신 피를 마신다는 말은 무슨 뜻입니까?

답: 그것은 믿는 마음으로
그리스도의 모든 고난과 죽음을 받아들이고,
그렇게 함으로
죄 용서와 영생을 얻는다는 뜻입니다.[1]

그러나 그 이상의 뜻도 있습니다.
그리스도와 우리 둘 다에게 거하시는
성령을 통하여
우리가 더욱 그리스도의 복된 몸에 연합합니다.[2]
그래서 주님은 하늘에 계시고[3]
우리는 땅에 있을지라도
우리는 주님의 살 중의 살이며
주님의 뼈 중의 뼈가 됩니다.[4]
그리하여 우리 몸의 모든 지체들이 한 영으로 살 듯이
우리도 한 성령으로 영원히 살고
다스리심을 받게 됩니다.[5]

1. 요 6:35, 40, 47-48, 50-54
2. 요 6:55-56
3. 행 1:9; 3:21; 고전 11:26
4. 엡 3:17; 5:29-32; 고전 6:15, 17-19; 요일 3:24; 4:13; 요 14:23
5. 요 6:56-58; 15:1-6; 엡 4:15-16

4.077 77 문: **믿는 자들이 떡을 떼어 먹고 잔을 마실 때와**
마찬가지로 분명하게
그리스도의 몸과 피로
믿는 자들을 양육하고 새롭게 하시겠다고
어디서 그리스도께서 약속하셨습니까?

답: 성만찬 제정에서 입니다:[1]
"주 예수께서 잡히시던 밤에 떡을 가지사 축사하시고
떼어 이르시되,
'이것은 너희를 위하는 [찢겨진]* 내 몸이니라' 하시고,
식후에 또한 그와 같이 잔을 가지시고 이르시되,
'이 잔은 내 피로 세운 새 언약이니[2]
이것을 행하여 마실 때마다 나를 기념하라'
하셨으니[3]
너희가 이 떡을 먹으며 이 잔을 마실 때마다
주의 죽으심을 오실 때까지 전하는 것이니라."

이 약속은 바울 서신에 다음과 같이 반복되어 있습니다:
"우리가 축복하는 바 축복의 잔은

그리스도의 피에 참예함이 아니며
우리가 떼는 떡은 그리스도의 몸에 참예함이 아니냐
떡이 하나요 많은 우리가 한 몸이니
이는 우리가 다 한 떡에 참여함이라."[4]

1. 고전 11:23[-26]; 마 26:26[-29]; 막 14:22[-25]; 눅 22:17[-20]
2. **출 24:8; 히 9:20**
3. **출 13:9**
4. 고전 10:16-17

* "찢겨진"은 NRSV 성경 본문에는 나오지 않지만, 하이델베르크 요리문답의 독일어 원본에는 나와 있다.

29 번째 주님의 날

4.078 **78 문: 떡과 포도주는 실제로 그리스도의 몸과 피로 변화됩니까?**

답: 아닙니다.
세례의 물이 그리스도의 피로 변화되지 않으며
그 자체로 죄를 씻지 못하고,
그것이 다만 구속에 대한
하나님의 표시와 보증이듯이,[1]
주의 만찬에 있어서 성별된 떡도 성례의 본질과 용어에
맞추어 그리스도의 몸이라고 불리워질지라도[2]
그 떡이 그리스도의 실제 몸으로
변화되는 것은 아닙니다.[3]

1. 마 26:[28-]29; 막 14:24
2. 창 17:10,14-19; 출 12:27,43-48; **13:9**; **24:8**; **29:36**; **행 7:8; 22:16**; **레 16:10;17:11**; **사 6:6-7**; 딛 3:5; 벧전 3:21; 고전 10:1-4
3. 고전 10:16-17; 11:26-28

4.079 **79 문: 그러면 왜 그리스도께서는**
떡을 자기 몸이요, 잔을 자기 피,
또는 자신의 피로 맺은 새 언약이라고 부르셨으며,
그리고 사도 바울은 만찬을 그리스도의 몸과 피에
참여하는 것이라고 말했습니까?

답: 그리스도께서 그렇게 부르신 데는 충분한 이유가 있습니다.
그리스도는 우리에게 떡과 포도주가 일시적인
생명을 양육하듯이,
십자가에 달리신 그리스도의 몸과 흘리신 피가
우리 영혼에 영생을 위한 참된 양식과 음료가
된다는 것을 가르치고자 하십니다.[1]

더 중요한 것은,
그리스도는 우리에게, 이러한 눈에 보이는 표시와
보증을 통하여, 우리가 그리스도를 기억하면서
입으로 거룩한 표시를
받아 먹듯이,[2]
우리가 성령의 역사에 의해서
그리스도의 참된 몸과 피에 참여한다는 것과,

그리고 그리스도의 모든 고난과 순종이
마치 우리가 몸소 고난을 겪어
죄값을 지불한 것처럼
확실히 우리의 것임을
우리에게 확신시키시기를 원하십니다.

1. 요 6:51, 55
2. 고전 10:16-17

30 번째 주님의 날

4.080 **80*문: 성만찬은 로마 카톨릭의 미사와 어떻게 다릅니까?**

답: 성만찬은 십자가에서 단번에 드려진
예수 그리스도의 단번의 희생을 통해서 우리의
모든 죄가 완전히 용서 받았음을 우리에게 선언합니다.[1]

또한 이것은 우리에게 성만찬은 성령께서 우리를 그리스도께
연합시키셨음을 선언하는데,[2]
그리스도는 그의 참된 몸으로
하늘 아버지 우편에 계시면서[3]
우리가 그를 경배하기를 원하십니다.[4]

그러나 미사는 그리스도가 사제들에 의하여
날마다 드려지지 않는다면
살아 있는 자와 죽은 자의 죄는
그리스도의 고난을 통해서
용서를 얻지 못한다고 가르칩니다.

또한 그리스도가 육적으로
떡과 포도주의 모양으로 존재하며,
따라서 그것들 안에서 그리스도가 경배를 받아야
한다고 가르칩니다.

그러므로 미사는 근본적으로 예수 그리스도의
단번의 희생과 고난을
부인하는 것으로
정죄받아 마땅한 우상숭배일 뿐입니다.

1. 히 7:27; 9:12, 26-28; 10:10, 12-14; 요 19:30; 마 26:28; 눅 22:19-20
2. 고전 6:17; 10:16; **12:13**
3. 히 1:3; 8:1
4. 요 4:21-23; 20:17; 눅 24:52; 행 7:55-56; Col. 3:1; 빌 3:20; 살전 1:10

*위의 80 번 문답은 종교개혁의 논쟁적인 토론을 반영하는 것으로서 1563 년의 두번째 독일어 판에 추가되었다. 대답 부분의 두 번째와 네 번째 문장과 마지막 문장은 1563 년의 세 번째 독일어 판에 추가되었다. 네 번째 문장 다음에, 세 번째 독일어 및 라틴 본문은 미사 경전의 성별에 관한 부분에 주를 달아 놓았다.

신앙고백서의 서문에 자세히 나와 있는 것처럼, 가톨릭교에 대한 이러한 정죄와 표현은 미국장로교의 입장이 아니며, 미국장로교와 가톨릭교 간의 현재의 관계에 적용되지 않는다.

4.081 **81 문: 성만찬에는 누가 참여할 수 있습니까?**

답: 자신의 죄를 인식하고 자신을 불만스럽게 여기고
그럼에도 불구하고 자신의 죄가 용서되었으며
남아있는 연약함도 그리스도의 고난과 죽음에 의하여
가리워진다는 것을 믿는 사람,
그리고 자신의 신앙을 더더욱 굳게하여
더 나은 삶을 살기를 소원하는 사람들입니다.

그러나 위선자들이나 회개하지 않는 사람들은
자신들에 대한 심판을 먹고 마시는 것이 됩니다.[1]

1. 고전 10:21; 11:28[-29]

4.082 **82 문: 말과 행위로 불신앙과 불경건을 드러내는 사람들을 성만찬에 참여하게 해도 됩니까?**

답: 안됩니다.
그것은 하나님의 언약을 무시하는 일이며
전 회중에게 하나님의 진노를 초래하는 일입니다.[1]
그러므로 그리스도와 사도들의 가르침을 따라서,
그리스도의 교회는 천국의 열쇠를 공적으로 사용하여
그들의 삶이 변화할 때까지는
그들을 배제시켜야 할 의무를 가집니다.

1. 고전 11:20, 34; 사 1:11; 66:3; 렘 7:21[-26]; 시 50:16

31 번째 주님의 날

4.083 **83 문: 천국의 열쇠란 무엇입니까?**

답: 그것은 거룩한 복음의 설교와
회개를 촉구하는 기독교의 권징입니다.
이 둘은 신자들에게 천국을 열어주고
불신자에게는 닫습니다.

4.084 **84 문: 어떻게 천국의 문이 복음선포에 의하여 열리고 닫힙니까?**

답: 다음과 같은 그리스도의 명령에 따라서 이루어집니다:
참된 신앙으로 신자가 복음의 약속을 받아들일
때마다 그리스도의 공로로 말미암아
하나님께서그들의 모든 죄를 용서해 주신다는 것을
선포하고 공식적으로 선언함으로써
그것을 믿는 각자 모든 신자들에게
천국의 문이 열립니다.

그러나 불신자들과 위선자들은 회개하지 않는 한
하나님의 진노와 영원한 저주를 받게 된다고
선포하고 공식적으로 선언함으로써
그들에게 천국의 문은 닫힙니다.[1]

현재와 다음 생애 둘 다에 대한 하나님의 심판은
이러한 복음 증언에 기초하고 있습니다.

1. 요 20:21-23; 마 16:19

4.085 **85 문: 어떻게 천국의 문이 기독교 권징에 의하여 닫히고 열립니까?**

답: 다음과 같은 그리스도의 명령에 따라서 이루어집니다:
기독교인이라 불리울지라도
비기독교적인 가르침을 믿고 따라 사는 사람,
계속적인 개인적인 사랑의 권면에도 불구하고
자신의 잘못과 악한 길을 떠나기를 거부하는 사람,
교회, 즉 권징을 위하여 교회에서 안수받은
직제사역자에게 보고된 후에도
교회의 권면 또한 거부하는 사람,
이런 사람들을 교회는
성례에 참여시키지 말고
교회 공동체로부터 배제하여야 합니다;
이런 사람들은 하나님께서도
그리스도의 나라로부터 배제하십니다.

이런 사람들은 진정어린 변화를 약속하고 실천할 때에
그리스도의 지체로 그리고
그의 교회의 일원으로 다시 받아들여집니다.[1]

1. 마 18:15-18; 고전 5; 살후 3:14-15; *요 2[:13-22]*; 요 2: 10-11

제 3 부: 감사

32 번째 주님의 날

4.086 **86 문: 우리가 우리 자신의 공로에 의해서가 아니라 그리스도를 통하여 하나님의 은혜로 우리의 비참한 상태로부터 구원을 받았는 데, 왜 우리는 선행을 해야 합니까?**

답: 왜냐하면 그리스도는 그의 피로 우리를 구속하신 후
또한 그의 성령으로 우리를 그의 형상으로 회복시키셔서,
우리가 그의 유익에 대하여
우리의 삶 전체를 가지고
하나님께 우리의 감사를 나타내며,[1]
우리를 통하여 하나님이 영광을 받도록 하고,[2]
우리 자신의 믿음도 그 열매로 확실하게 되고,[3]
그리고 우리의 경건한 삶을 통하여
우리의 이웃을 그리스도께로 인도하게 하기 때문입니다.[4]

1. 롬 6:13; 12:1-2; 벧전 2:5-10; 고전 6:20
2. 마 5:16; 벧전 2:12
3. 벧전 1:[6-]10; 마 7:17; 갈 5:6, 22
4. 벧전 3:1-2; 롬 14:19

4.087 **87 문: 하나님께 감사하지도, 회개하지도 않는 삶에서 돌이켜 하나님께 돌아오지 않는 사람도 구원받을 수 있습니까?**

답: 절대 그럴 수 없습니다.
성경은 우리에게

부정한 자, 우상숭배자, 간음하는 자,
도적질하는 자, 탐욕스러운 자, 주정뱅이,
비방하는 자, 강도 등과 같은 자들은
하나님의 나라를 받지 못한다고 가르칩니다.[1]

1. 고전 6:9-10; 엡. 5:5-6; 요일 3:14

33 번째 주님의 날

4.088 **88 문: 참다운 회개 또는 회심에는 무엇이 포함됩니까?**
답: 두 가지입니다:
하나는 옛사람이 죽는 것이고,[1]
다른 하나는 새사람으로 거듭나는 것입니다.

1. 롬 6:4-6; 엡 4:22-24; 골 3:5-10; 고전 5:7

4.089 **89 문: 옛사람이 죽는 것은 무엇입니까?**
답: 우리의 죄를 마음 깊이 슬퍼하고
더욱더 그것을 미워하고 피하는 것입니다.[1]

1. 롬 8:13; 욜 2:13

4.090 **90 문: 새사람으로 거듭 나는 것은 무엇입니까?**
답: 그리스도를 통하여 온 마음으로 하나님을 기뻐하고[1]
온갖 선한 일을 행함으로
하나님의 뜻을 따라 사는 것을
사랑하고 기뻐하는 것입니다.[2]

1. 롬 5:1; 14:17; 사 57:15
2. 롬 6:10-11; 갈 2:20

4.091 **91 문: 선한 일은 무엇입니까?**
답: 우리 자신의 의견이나
사람의 전통에 따라서 하는 것이 아니라;[1]
참된 신앙을 가지고[2]
하나님의 율법에 부합되게[3]
하나님의 영광을 위하여[4]
행하는 것이 선한 일입니다.

1. 신 12:32; 겔 20:18-19; 사 29:13; 마 15:9
2. 롬 14:23
3. 삼상 *11*; **삼상 [15]:22**; 엡 2:10
4. 고전 10:31

십계명

34 번째 주님의 날

4.092 **92 문: 하나님의 율법은 무엇입니까?**
답: 하나님께서는 다음과 같이 말씀하셨습니다.
제 1 계명:
"나는 너를 애굽 땅 종 되었던 집에서 인도하여 낸

네 하나님 여호와니라.
너는 나 외에는 다른 신들을 네게 두지 말라."

제 2 계명:
"너를 위하여 새긴 우상을 만들지 말고,
또 위로 하늘에 있는 것이나,
아래로 땅에 있는 것이나,
땅 아래 물속에 있는 것의
아무 형상도 만들지 말며,
그것들에게 절하지 말며, 그것들을 섬기지 말라;
나 여호와 네 하나님은 질투하는 하나님인즉
나를 미워하는 자의 죄를 갚되,
아비로부터 아들에게로
삼사 대까지 이르게 하거니와,
나를 사랑하고 내 계명을 지키는 자에게는
천 대까지 은혜를 베푸느니라."

제 3 계명:
"너는 네 하나님 여호와의 이름을
망령되게 부르지 말라;
여호와는 그의 이름을 망령되게 부르는 자를
죄없다 하지 아니하리라."

제 4 계명:
"안식일을 기억하여 거룩하게 지키라.
엿새 동안은 힘써 네 모든 일을 행하라.
일곱째 날은 네 하나님 여호와의 안식일인즉;
너나 네 아들이나, 네 딸이나, 네 남종이나,
네 여종이나, 네 육축이나, 네 문안에
머무는 객이라도 아무 일도 하지 말라.
이는 엿새 동안에 나 여호와가 하늘과 땅과
바다와, 그 가운데 모든 것을 만들고
일곱째 날에 쉬었음이라;
그러므로 나 여호와가 안식일을 복되게 하여,
그 날을 거룩하게 하였느니라."

제 5 계명:
"네 부모를 공경하라; 그리하면 네 하나님
여호와가 네게 준 땅에서 네 생명이 길리라."

제 6 계명:
"살인하지 말라."

제 7 계명:
"간음하지 말라."

제 8 계명:
"도적질하지 말라."

제 9 계명:

"네 이웃에 대하여 거짓 증거하지 말라."

제 10 계명:
"네 이웃의 집을 탐내지 말라;
네 이웃의 아내나, 그의 남종이나 그의 여종이나,
그의 소나 그의 나귀나
무릇 네 이웃의 소유를 탐내지 말라."[1]

1. *출 20[:1–17]; 신 5[:6–21]*

4.093 **93 문: 십계명은 어떻게 나누어집니까?**

답: 두 부분으로 나뉘어집니다.[1]
첫 부분은 네 계명으로서, 우리가 하나님과
어떠한 관계로 살아야 하는가를 가르쳐줍니다.
둘째 부분은 여섯 계명으로서, 우리가 이웃과
어떻게 살아야 하는가를 가르쳐줍니다.[2]

1. 출 34:28; 신 4:13; 10:3–4
2. 마 22:37–39

4.094 **94 문: 제 1 계명에서 하나님은 무엇을 요구하십니까?**

답: 나 자신의 구원을 잃어 버리기를 원치 않는다면,
나는 모든 우상 숭배와[1] 마술과 미신적인 제사를[2]
그리고 성자들이나 또 다른 피조물에게 기도하는 것을
피하고 버려야 합니다.[3]

내가 유일하신 참 하나님만을 올바로 알고[4]
그분만을 신뢰하며[5]
모든 선한 것을 얻기 위하여[6]
겸손하고[7] 인내하는[8] 마음으로 그분만을 바라보며
나의 온 마음을 다하여
하나님을 사랑하고[9] 경외하며[10] 높여야 합니다.[11]
한 마디로, 모든 것을 다 포기하더라도
모든 일에 하나님의 뜻을 거스리지 않는 것입니다.[12]

1. 고전 6:9–10; 10:7, 14
2. 레 19:31; 신 18:11
3. 마 4:10; 계 19:10; 22:[8]–9
4. 요 17:3
5. 렘 17:5
6. 시 104: 27–30; 사 45:7; 약 1:17
7. 벧전 5:5–6
8. 히 10:36; 골 1:11; 롬 5:3–4; 고전 10:10; 빌 2:14
9. 신 6:5; 마 22:37
10. 신 6:2; 시 111:10; 잠 1:7; 9:10; 마 10:28
11. 마 4:10; 신 10:20
12. 마 5:29–30; 10:37; 행 5:29

4.095 **95 문: 우상숭배란 무엇입니까?**

답: 우상숭배란 말씀을 통하여 자신을 계시하신
유일하고 참되신 하나님 대신에 또는
하나님과 함께 의지하기 위해

어떤 것을 소유하거나 만드는 것입니다.[1]

1. 엡 5:5; 대상 16:26;빌 3:19;갈 4:8;엡 2:12;요일 2:23;요이 9;요 5:23

35 번째 주님의 날

4.096 **96 문: 제 2 계명에서 우리를 향하신 하나님의 뜻은 무엇입니까?**

답: 어떠한 형태로든 하나님의 형상을 만들지 말고,[1]
하나님의 말씀이 명령하지 아니한 어떠한
방법으로든지 그를 예배하지 말라는 것입니다.[2]

1. 신 4:15[-19]; 사 40:18; 롬 1:23; 행 17:29
2. 삼상 15:23; 신 12:30; 마 15:9

4.097 **97 문: 그러면 우리는 어떠한 형상도 만들지 말아야 합니까?**

답: 하나님은 보이는 어떠한 모양을 가진 분으로
표현될 수 없으며 표현되어서도 안됩니다.

피조물은 모양으로 표현될 수 있으나,
이런 형상이 예배의 대상이 되거나
그것을 사용하여 하나님을 예배하고자 한다면
하나님께서는 그러한 형상을 만들거나
소유하는 것을 금하십니다.[1]

1. 출 23:24; 34:13; 민 33:52; 신 7:5; 12:3; 16:22; 왕하 18:4

4.098 **98 문: 교회에서 교육받지 못한 사람을 위하여 성경 대신에 형상을 사용하는 것도 안됩니까?**

답: 안됩니다; 우리는 하나님보다 더 지혜로워지려
해서는 안됩니다.
하나님께서는 말도 못하는 우상에 의해서가 아니라[1]
그의 말씀의 살아있는 설교를 통해서[2]
크리스천 공동체가 가르침 받기를 원하십니다.

1. 렘 10:8; 합 2:18-19
2. 딤후 3:16-17; 벧후 1:19

36 번째 주님의 날

4.099 **99 문: 제 3 계명의 목적은 무엇입니까?**

답: 저주, 거짓맹세,[1] 또는 불필요한 맹세를[2] 함으로
하나님의 이름을 모독하거나 오용하지 말고,
침묵하는 방관자가 되어서
그러한 무서운 죄악에 동참하지 말라는 것입니다.

요약을 하면, 하나님의 거룩한 이름을
오직 존경과 경외함으로 사용하여서[3]
우리가 올바르게 하나님을 고백하고[4]

하나님께 기도하며 [5]
모든 말과 행동에서 그분께 영광을 드려야 합니다. [6]

1. 레 24:11[-16]; 19:12
2. 마 5:37; 약 5:12
3. 사 45:23
4. 마 10:32
5. 딤전 2:8
6. 롬 **2:24**; 딤전 6:1; 골 3:16

4.100 100 문: **맹세나 저주의 말로 하나님의 이름을 모독하는 것이 정말로 그렇게 심각한 죄라서, 그러한 죄들을 방지하거나 금지하기 위해 최대의 노력을 하지 않는 자들에 대해서도 하나님께서는 진노하십니까?**

답: 진실로 그렇습니다. [1]
하나님의 이름을 모독하는 것보다 더 큰 죄가 없으며
그것보다 더 하나님의 분노를 유발하는 것도 없습니다.
그래서 하나님은
그 죄를 죽음의 형벌로 다스리십니다. [2]

1. 레 5:1
2. 레 24:15-16

37 번째 주님의 날

4.101 101 문: **그러나 우리가 하나님의 이름으로 경건하게 맹세한다면 괜찮지 않습니까?**

답: 그렇습니다; 하나님의 영광과 이웃의 유익을 위하여
진리와 신뢰를 보존하고 증진시키려는 목적으로
정부가 맹세를 요구하거나, 맹세가 필요할 때입니다.
이러한 맹세는 하나님의 말씀에 근거하며 [1]
신구약 성경에서
하나님의 백성들이 적합하게 사용하였습니다. [2]

1. 신 6:13; 10:20; 사 48:1; 히 6:16
2. 창 21:24; 31:53; 수 9:15, 19; 삼상 24:[21-22]; 삼하 3:35; 왕상 1:29; 롬 1:9; 고후 1:23

4.102 102 문: **성자들이나 다른 피조물의 이름으로 맹세해도 됩니까?**

답: 안됩니다.
올바른 맹세는,
나의 마음을 통찰하시는 유일하신 분, 즉
나의 진실성에 대해 입증하시고
만일 내가 거짓으로 맹세한다면 내게 벌을
내리시도록 하나님을 부르는 것을 의미합니다. [1]
어떠한 피조물도 그러한 영예를 받기에
합당한 것이 없습니다. [2]

1. 고후 1:23
2. 마 5:34-36; 약 5:12

38 번째 주님의 날

4.103 **103 문: 제 4 계명에서 당신을 향하신 하나님의 뜻은 무엇입니까?**

답: 첫째, 복음사역과 복음 교육을 유지하고,[1]
특별히 일을 쉬는 축제일에 내가
하나님 백성의 성회에 열심히 참여하여서,[2]
하나님의 말씀이 가르치는 것을 배우며[3]
성례에 참여하고[4]
공동으로 하나님께 기도를 드리며[5]
가난한 사람들을 위하여 크리스천으로서의
헌금을 드리는 것입니다.[6]

둘째, 매일 매일의 나의 삶에서
나의 사악한 길에서 떠나 쉬며
주님께서 내 안에 그의 성령으로 역사하시어
영원한 안식을 나의 현재 삶에서
시작하는 것입니다.[7]

1. 딛 1:5; 딤전 3[:1]; 4:13; 5:17; 고전 9:11, 13-14; 딤후 2:2; 3:15
2. 시 68:27; 40:10-11; 행 [2]:42, 46
3. 고전 14:19, 29, 31
4. 고전 11:33
5. 딤전 2:1-3, 8-9; 고전 14:16
6. 고전 16:2
7. 사 66:23

39 번째 주님의 날

4.104 **104 문: 제 5 계명에서 당신을 향하신 하나님의 뜻은 무엇입니까?**

답: 나의 아버지와 어머니,
그리고 내게 대하여 권위를 가지고 있는
모든 사람들을 존경하고 사랑하고 성실할 것과
그들의 모든 선한 가르침과 징계에
올바르게 순종함으로 복종하는 것입니다.[1]
또한 그들이 실수할 때에 내가 인내해야 하는데,[2]
왜냐하면 그들을 세워
우리를 다스리는 것이
하나님의 뜻이기 때문입니다.[3]

1. 엡 6:1[-9]; 골 3:18, 20-24; 엡 5:22; 잠 1:8; 4:1; 15:20; 20:20; 출 21:17; 롬 13:[1-5]
2. 잠 23:22; 창 9:25; 벧전 2:18
3. 엡 6:4, 9; 골 3:19, 21; 롬 13:[1-5]; 마 22:21

40 번째 주님의 날

4.105 **105 문: 제 6 계명에서 당신을 향하신 하나님의 뜻은 무엇입니까?**

답: 내 이웃을 생각이나, 말이나, 표정이나 몸짓으로,
그리고 특별히 실제 행동으로
업신여기거나, 미워하거나, 모욕을 주거나,
죽이지 말아야 하며,[1]
그런 일에 다른 사람들과 가담하지 말고;
오히려 복수하고자 하는 모든 욕망을 버려야 합니다.[2]

또한 내 자신을 고의적으로 해치거나
부주의하게 위험에 빠뜨리지 말아야 합니다.[3]
살인을 방지하기 위하여
국가가 무장을 갖추고 있는 것입니다.[4]

1. 마 5:21-22; 창 9:6; 마 26:52
2. 엡 4:26; 롬 12:19; 마 5:25; 18:35
3. 롬 13:14; 골 2:23; 집회서 3:27*; 마 4:7
4. 창 9:6; 출 21:14; 마 26:52; 롬 13:4

*집회서는 제 2 경전의 하나로 존중되었으나 16 세기의 종교개혁자들은 이를 정경으로 취급하지 않았다.

4.106 106 **문: 이 계명은 오직 살인만을 언급하는 것입니까?**

답: 살인을 금함으로 하나님께서는
살인의 근원이 되는 시기,[1] 증오,[2] 분노,[3] 복수심을
싫어하신다는 것을 우리에게 가르치십니다.

하나님이 보시기에는 이러한 것들은 다 위장된
형태의 살인입니다.[4]

1. 롬 1:29
2. 요일 2:9, 11
3. *약 2:[13]*; **1:20**; 갈 5:20
4. 요일 3:15

4.107 107 **문: 그렇다면 위에서 말한 방식으로 우리가 이웃을 죽이지 않으면 그것으로 충분합니까?**

답: 그렇지 않습니다.
시기와 증오와 분노를 정죄하심으로,
하나님은 우리가 이웃을 우리 자신과 같이 사랑하고,[1]
그들을 향하여 인내하고, 화평하며, 온유하고,[2]
자비롭고,[3] 친절하게 대하며,[4] 우리가 할 수 있는 한
최대로 이웃을 위험으로부터 보호하고[5]
원수에게까지도 선을 행할 것을 원하십니다.[6]

1. 마 22:39; 7:12
2. 엡 4:2; 갈 6:1-2; 마 5:9; 롬 12:18
3. 마 5:7; 눅 6:36
4. 롬 12:10
5. 출 23:5
6. 마 5:44-45; 롬 12:20-21

41 번째 주님의 날

4.108 108 **문: 제 7 계명은 무엇을 우리에게 가르칩니까?**

답: 하나님은 정숙하지 못한 모든 행위를 정죄하십니다;[1]

그러므로 우리는 철저하게 그러한 일들을 멀리하고[2] 신성한 혼인관계 안에서든 밖에서든[3] 단정하고 순결한 삶을 살아야 합니다.[4]

1. 레 18:27-28
2. 유 23
3. 히 13:4; 고전 7
4. 살전 4:3-5

4.109 **109 문: 이 계명에서 하나님은 오직 간음과 같은 추악한 죄들만을 금하신 것입니까?**

답: 우리의 몸과 영혼이 성령께서 거하시는 성전이기에 하나님은 우리가 순결하고 거룩하게 살기를 원하십니다.

그래서 하나님께서는 모든 정숙치 못한 행동, 표정이나, 말,[1] 생각과 욕망을 금하시고[2] 또한 그러한 것들을 다른 사람에게 조장하는 모든 것을 금하십니다.[3]

1. 엡 5:3-4; 1 고전 6:18-20
2. 마 5:[27-28]
3. 엡 5:18; 고전 15:33

42 번째 주님의 날

4.110 **110 문: 제 8 계명에서 하나님이 금하시는 것은 무엇입니까?**

답: 하나님께서는 단지 법이 처벌하는 명백한 도둑질과[1] 강도질 만을[2] 금하신 것이 아닙니다.

하나님 보시기에는, 도둑질은 강제로 또는 합법적인 것처럼 보이는 방법으로 이웃의 물건을 빼앗기 위한 모든 악한 계획과 음모들을 포함합니다;[3] 여기에는 무게,[4] 크기와 양[5]을 부정확하게 재는 일, 속여서 파는 일, 위조 화폐, 터무니없이 높은 이자,[6] 혹은 하나님께서 금지하신 모든 악한 수단이 포함됩니다.

또한 하나님께서는 모든 탐욕과[7] 자신의 은사들을 무분별하게 낭비하는 것을 금하십니다.[8]

1. 고전 6:10
2. 고전 5:10
3. 눅 3:14; 살전 4:6
4. 잠 11:1; 16:11
5. 겔 45:9[-11]; 신 25:13[-16]
6. 시 15:5; 눅 6:35
7. 고전 6:10
8. 잠 5:16

4.111 **111 문: 이 계명에서 하나님은 당신에게 무엇을 요구하십니까?**

답: 이웃의 유익을 위하여 내가 할 수 있는 것을

다 하는 것,
다른 사람들이 내게 해주기를 바라는 대로
남들을 대하는 것,[1]
도움이 필요한 사람들과 나눌 수 있도록
열심히 일하는 것입니다.[2]

1. 마 7:12
2. 엡 4:28

43 번째 주님의 날

4.112 **112 문: 제 9 계명이 가르치고자 하는 것은 무엇입니까?**
답: 누구에게도 거짓된 증언을 하지 말고,[1]
다른 사람의 말을 왜곡하지 말며,[2]
잡담이나 비방하지 말고,[3]
직접 듣지 않고 함부로 성급하게
다른 사람과 어울려 남을 정죄치 말라는 것입니다.[4]
오히려, 법정이나 어디서든지
거짓말이나 모든 위증을 거부해야 합니다;[5]
그러한 일들은 바로 악마가 사용하는 수단이며[6]
이로 인하여 나에게 하나님의 무서운 진노가 초래됩니다.
오직 진리를 사랑하고 솔직하게 말하며
공개적으로 이를 인정해야 합니다.[7]
그리고 이웃의 명예를 보호하고 증진하기 위하여
내가 할 수 있는 최선을 다해야 합니다.[8]

1. 잠 19:5, 9; 21:28
2. 시 15:3
3. 롬 1:29-30
4. 마 7:1[-2]; 눅 6:37
5. 잠 12:22; 13:5
6. 요 8:44
7. 고전 13:6; 엡 4:25
8. 벧전 4:8

44 번째 주님의 날

4.113 **113 문: 제 10 계명이 가르치고자 하는 것은 무엇입니까?**
답: 하나님의 계명 어느 것에도 어긋나는 생각이나
욕망을 추호도 마음에 품지 말라는 것입니다.
오히려 우리의 온 마음을 다하여
죄를 항상 미워하고
옳은 것은 무엇이라도 즐거워해야 합니다.[1]

1. 롬 7:7

4.114 **114 문: 하나님께로 회개하고 돌아온 사람들은**
이 모든 계명을 완전하게 지킬 수 있습니까?
답: 아닙니다.

이 세상에서는 가장 거룩한 사람일지라도
아주 조그마한 순종을 시작할 뿐입니다.[1]

그럼에도 불구하고 그들은
하나님의 계명의 일부가 아니라
모든 계명을 지키고자 하는
진지한 목적을 가지고 살기 시작합니다.[2]

1. 요일 1:8-10; 롬 7:14-15; 전 7:[20]
2. 롬 7:22; 약 2:10

4.115 **115 문: 아무도 이 세상에서 십계명을 완전하게 지킬 수 없다면, 왜 하나님께서는 십계명을 그렇게도 엄히 가르치도록 하십니까?**

답: 첫째로, 우리가 살면 살수록
더욱더 우리의 죄성을 깨닫게 되고[1]
죄용서와 의로움을 덧입기 위해서
더욱더 전심으로 그리스도를
바라보게 하기 위해서 입니다.[2]
둘째로, 현재 생애를 지나 우리의 목표인
완전함에 이르기까지[3]
우리가 하나님의 형상을 따라서 더욱 새로워지도록
하나님께 성령님의 은혜를 구하는 기도를
그치지 않고 온 힘을 다하게 하기 위함입니다.

1. 요일 1:9; 시 32:5
2. 롬 7:24-25
3. 고전 9:24; 빌 3:11-14

주기도문

45번째 주님의 날

4.116 **116 문: 왜 그리스도인들은 기도해야 합니까?**

답: 기도가 하나님께서 우리에게 요구하시는 감사의
가장 중요한 부분이기 때문입니다.[1]
그리고 또한 하나님께서는 이들 은사들을
하나님께 구하고 그것들에 대해 감사하면서
쉬지않고 기도하고 내적으로 신음하는 자들에게만
그의 은혜와 성령을 주시기 때문입니다.[2]

1. 시 50:14-15
2. 마 7:7[-8]; 눅 11:9-13; 마 13:12; 시 50:15

4.117 **117 문: 어떠한 기도가 하나님을 기쁘시게 하며, 어떠한 기도에 하나님께서 응답하십니까?**

답: 첫째, 자신의 말씀을 통해서 우리에게 계시된
오직 유일하신 참된 하나님께[1]
우리더러 구하라고 명하신 모든 것을 구하면서[2]
마음으로부터 기도해야 합니다.

둘째, 하나님의 위엄한 임재 앞에 우리 자신을
겸손하게 낮추기 위해서[3]
우리의 필요와 비참함을 철저하게 인정해야 합니다.[4]

셋째, 우리는 다음과 같은 흔들리지 않는
기반 위에 서야 합니다:[5]
우리가 비록 받을 자격이 없으나
우리 주 그리스도로 말미암아[6]
하나님께서는 우리 기도를 분명히 들어 주십니다.
하나님께서 그의 말씀에서 그렇게
우리에게 약속하셨습니다.[7]

1. 요 4:22
2. 롬 8:26; 요일 5:14; 요 4:23-24; 시 145:18
3. 시 2:11, 34:19; 사 66:2
4. 대하 20:12
5. 롬 10:[13]; 8:15; 약 1:6
6. 요 14:13-15; 15:16; 16:23; 단 9:17-18
7. 마 7:8; 시 143:1

4.118 **118 문: 하나님께서 무엇을 위해서 기도하라고 가르치셨습니까?**

답: 우리 주 그리스도께서 우리에게 가르쳐 주신
기도에 포함되어 있는 것처럼
우리의 영육 간에 필요한 모든 것들을 위해서[1]
기도하라고 하셨습니다.

1. 약 1:17; 마 6:33

4.119 **119 문: 주님께서 가르쳐 주신 기도는 무엇입니까?**

답: 하늘에 계신 우리 아버지여,
이름이 거룩히 여김을 받으시오며,
나라가 임하옵시며,
뜻이 하늘에서 이루어진 것같이
땅에서도 이루어지이다.
오늘 우리에게 일용할 양식을 주시옵고,
우리가 우리에게 죄 지은 자를 사하여 준 것 같이
우리 죄를 사하여 주시옵고,
우리를 시험에 들게하지 마시옵고,
다만 악에서 구하시옵소서.
나라와
권세와
영광이
아버지께 영원히 있사옵나이다.
아멘.[1]

1. 마 6:9[-13]; 눅 11:2[-4]

46 번째 주님의 날

4.120 **120 문: 왜 그리스도께서는 하나님을 '우리 아버지'라고 부르도록 명령하셨습니까?**

답: 우리가 기도하는 가장 처음부터
우리 기도의 기본이 되는 요소를
우리에게 일깨워 주시려는 것입니다—
곧 그리스도를 통하여 하나님께서
우리의 아버지가 되셨다는 사실을
어린아이처럼 경외하고 믿는 것과,
우리의 부모가 이 세상의 것에 대한 우리의
요청을 거절하지 않는 것처럼,
하나님 아버지께서는 우리가 믿음으로 구하는 것을
거절하지 않으신다는 것입니다.[1]

1. 마 7:9-11; 눅 11:11-13

4.121 **121 문: 왜 '하늘에 계신'이란 말을 씁니까?**

답: 그 말은 하나님의 초월적인 위엄에 대하여
지상의 개념으로 생각하지 말라는 것과[1]
우리가 영육 간에 필요로 하는 모든 것을
하나님의 전능하신 능력으로부터 기대하라는 것을
우리에게 가르쳐 줍니다.[2]

1. 렘 23:23-24; 행 17:24-25, 27
2. 롬 10:12

47 번째 주님의 날

4.122 **122 문: 첫 번째 간구의 의미는 무엇입니까?**

답: "이름이 거룩히 여김을 받으시오며"라는 간구의 뜻은
다음과 같습니다:

우리가 당신을 진정으로 알도록 해 주시고,[1]
당신이 하신 모든 일들로 인해서
그리고 그러한 일들이 나타내는 모든 것들 즉,
당신의 전능한 능력과 지혜,
선하심과 의로우심,
자비하심과 진리로 인해서
당신을 높이고, 영광을 돌리며, 찬양하게 하소서.[2]

그리고 이는 또한
우리가 생각하고, 말하고, 행동하는
우리의 모든 삶을 인도해 주셔서
당신의 이름이 우리로 인해 더렵혀지지 않고
언제나 존대와 칭송을 받게 하소서라는 뜻을
가지고 있습니다.[3]

1. 요 17:3; 마 16:17; 약 1:5; 시 119:105
2. 시 119:137; 눅 1:46[-55], 68[-79]; 시 145:8-9, 17; 출 34:6-7; 시 143:1-2, 5, 10-12; 렘 32:18-19; 33:11, 20-21; 마 19:17; 롬 11:22, 33[-36]
3. 시 115:1; 71:8

48 번째 주님의 날

4.123 **123 문: 두 번째 간구의 의미는 무엇입니까?**

답: "나라가 임하시오며"라는 간구의 뜻은
다음과 같습니다:

우리가 더욱더 당신께 순종하도록
당신의 말씀과 성령으로 우리를 다스려 주소서.[1]

당신의 교회를 보존하시고 부흥하게 해주소서.[2]

사단의 세력을 부수시며;
당신에게 거역하는 모든 세력을 부수시며,
당신의 거룩한 말씀에 거역하는 모든 음모를
소멸하옵소서.[3]

당신의 나라가 온전히 도래하여서[4]
당신이 만유의 주가 되실 때까지[5]
그렇게 해 주옵소서.

1. 마 6:33; 시 119:5; 143:10
2. 시 51:18; 122:6
3. 요일 3:8; 롬 16:20
4. 계 22:17, 20; 롬 8:22-23
5. 고전 15:28

49 번째 주님의 날

4.124 **124 문: 세 번째 간구의 의미는 무엇입니까?**

답: "뜻이 하늘에서 이루어진 것같이 땅에서도
이루어지이다"라는 간구의 뜻은 다음과 같습니다:

우리와 또 모든 사람들이 자신들의 뜻을 버리고[1]
말대꾸 없이 당신의 뜻을 따르게 하옵소서.[2]
오직 당신의 뜻만이 선하기 때문입니다.

우리에게 주어진 소명들을[3]
하늘의 천사들이 자원하여서 신실하게 하듯이[4]
우리 모두가 감당하도록 인도하소서.

1. 마 16:24; 딛 2:12
2. 눅 22:42
3. 고전 7:24
4. 시 103:20-21

50 번째 주님의 날

4.125 **125 문: 네 번째 간구의 의미는 무엇입니까?**

답: "오늘 우리에게 일용할 양식을 주시옵고"라는
간구의 뜻은 다음과 같습니다:

우리 육신에 필요한 모든 것을 채워주옵시고,[1]
그리하여 당신이 모든 좋은 것의 유일한 근원이 되시고,[2]
당신의 축복이 없이는
우리의 노력이나 걱정, 심지어 당신이 주신 은사들도
소용이 없다는 사실을 알도록 해 주옵소서.[3]

또한 우리가 피조물에 의지하지 않고
오직 당신만을 믿고 의지하도록
우리를 도와주옵소서.[4]

1. 시 145:15; 104:27[-28]; 마 6:25[-34]
2. 행 17:27; 14:17
3. 고전 15:58; 출 8:3; 시 37:16-17
4. 시 62:11; 55:23

51 번째 주님의 날

4.126 **126 문: 다섯 번째 간구의 의미는 무엇입니까?**

답: "우리가 우리에게 죄지은 자를 사하여 준 것같이
우리 죄를 사하여 주시옵고" 라는
간구의 뜻은 다음과 같습니다:

그리스도의 피를 보시고,
우리가 짓는 여러 죄들과
그리고 끊임없이 우리에게 달라붙는 악들 때문에
불쌍한 죄인인 우리들을 처벌하지 말아 주옵소서.[1]

우리 안에 있는 하나님의 은혜의 증거로서
우리가 이웃을 용서하기로 작정하듯이
그렇게 우리를 용서해 주옵소서.[2]

1. 시 51:1[-7]; 143:2; 요일 2:1-2
2. 마 6:14-15

52 번째 주님의 날

4.127 **127 문: 여섯 번째 간구의 의미는 무엇입니까?**

답: "우리를 시험에 들게 하지 마시옵고, 다만 악에서
구하시옵소서"라는 간구의 의미는 다음과 같습니다:

우리 자신은 너무 미약하여서
잠시라도 스스로 우리를 지킬 수 없습니다.[1]
그런데 우리를 파괴하고자 맹세한 원수들, 곧
마귀와[2] 세상과[3] 우리의 육신이[4]
끊임없이 우리를 공격하고 있습니다.

그러므로 주님께서 성령의 능력으로

우리를 붙드시고 강하게 하셔서
이 영적투쟁에서 패배하지 않고[5]
우리가 최후의 완전한 승리를 거둘 때까지
굳건하게 원수를 대적하게 하옵소서.[6]

1. 요 15:5; 시 103:14
2. 벧전 5:8; 엡 6:12
3. 요 15:19
4. 롬 7:23; 갈 5:17
5. 마 26:41; 막 13:33
6. 살전 3:13; 5:23

4.128 **128 문: 이 기도의 결론 부분의 의미는 무엇입니까?**
답: "나라와 권세와 영광이 아버지께 영원히
있사옵나이다"의 의미는 다음과 같습니다:

우리는 위의 모든 간구를 당신께 드렸습니다;
당신은 우리의 전능하신 왕이시기 때문에
모든 선한 것을 우리에게 주기를 원하시고
또한 주실 수 있기 때문입니다;[1]
그리고 우리 자신이 아니라 당신의 거룩한 이름이
모든 영광을 영원토록 받아야 하기 때문입니다.[2]

1. 롬 10:11-12; 벧후 2:9
2. 요 14:13; 시 115:1; **렘 33:8-9**

4.129 **129 문: '아멘'이란 짧은 말이 나타내는 것은 무엇입니까?**
답: "아멘"의 의미는 다음과 같습니다:

이것이 참되고 확실하게 이루어지이다.

내가 기도하는 것을 원하는 나의 간절한 소원
이상으로 하나님은 확실하게 내 기도를 들으십니다.[1]

1. 고후 1:20; 딤후 2:13

제 2 헬베틱 신앙고백

해설

"헬베틱"(스위스를 뜻하는 라틴어 *Helvetia*에서 유래)은 "스위스"를 의미한다. 다른 대부분의 개혁주의 신앙고백들과 달리, 제 2 헬베틱 신앙고백은 초기 스위스 신앙고백인 제 1 헬베틱 신앙고백의 주요 저자인 하인리히 불링거(1504-1575)한 사람에 의해 작성되었다

불링거는 울리히 쯔빙글리의 동료이자 친구였다. 루터가 독일 종교개혁의 "아버지"였다면, 쯔빙글리는 스위스 종교개혁의 "아버지"였다. 쯔빙글리가 1531년에 세상을 떠난 후, 불링거는 취리히에서 가장 유명한 교회인 그로스뮌스터의 목사 겸 설교자로서 쯔빙글리의 자리를 이어갔다. 44년의 목회 기간 (제네바에서의 칼빈의 활동보다 더 일찍 시작하여 더 오래 지속됨)동안, 그는 3세대에 걸친 개혁가들을 위한 조언자이자 "담임목사 겸 신학자"가 되었다. 그는 루터 및 칼빈, 그리고 대륙 및 영국에 있던 다른 개혁운동가들과 서신을 교환했다. 그의 설교는 널리 읽혀졌다.

불링거는 제 2 헬베틱 신앙고백을 취리히 교회에 자신의 개인적인 유산으로 남기려 했지만, 독일에 있던 루터교도들과 개혁교도들 사이를 중재하기 위한 시도로 1566년에 출판했다. 사람들은 이것을 적극적으로 받아들였고, 그 결과 스위스, 스코틀랜드, 프랑스, 네덜란드, 독일, 헝가리, 폴란드, 체코슬로바키아 등 여러 나라들의 개혁교회에서 권위있는 신앙 성명서로 채택되었다.

그 이후 이것은 영국 청교도들에게, 그리고 (프린스톤 신학교의 찰스 핫지 교수를 통해) 미국의 장로교인들에게 큰 영향을 끼쳤다. 제 2 헬베틱 신앙고백은 하이델베르크 요리문답과 함께 전 세계의 개혁교회들 사이에서 가장 널리 인정받는 신앙고백이다.

이 신앙고백에는 저자의 인격과 사역이 반영되어 있다. 이 신앙 고백은 16세기 개혁교회 신앙 고백들 중 가장 목회적이고 가장 실제적이며, 성경 해석과 기독교 신앙을 그리스도인들과 교회의 일상의 삶에 항상 연관시키려 하였다. 비록 이 신앙 고백은 고대의 이단들을 비판하고, 개혁주의 그리스도인들의 신앙을 당시의 로마 카톨릭, 루터교, 재세례파의 신앙과 구분하지만, 하나의 보편적 교회의 일치를 추구한다는 점에서 본질적으로 에큐메니컬적이다. 신학사를 배우지 않은 독자들은 이 신앙 고백이 반대하는 여러 사안들을 이해하는데 어려움을 겪을 수 있지만, 그것이 주장하는 긍정적인 것들은 매우 분명하고 단순하게 (대부분의 신앙고백들보다 더 많은 성서 인용구절들을 포함하고 있음)표현되어 있어서, 불링거가 이 신앙 고백을 작성할 때 염두에 두었던 "평범한 그리스도인들"도 얼마든지 쉽게 이해할 수 있다.

물론 제 2 헬베틱 신앙고백은 16세기의 사회 관습, 정치 성향 그리고 개혁교회의 신학적 신념을 반영하고 있는데, 이것들은 오늘날 미국 장로교의 것들과 상이하다. 예를 들면, 제 2 헬베틱 신앙 고백에 의하면 여성은 "교회에서의 사역"에서 제외된다(5.191). 군주제를 그대로 받아들이며 "치안관"은 이단과 "신성 모독자"를 "억제"하고 "처형"까지 해야 한다(5.255). 또한 이 신앙고백은 교회의 내적 생활을 개혁하는 일에 몰두했기에, 세상 속에서 그리고 세상을 위한 교회의 전도와 선교에 대해서는 거의 언급하지 않고 있다. 이러한 한계들에도 불구하고, 이 신앙고백은 전체적으로 볼 때 16세기와 20세기 개혁 신앙고백들이 공통적으로 포함하고 있는 기독교 신앙과 삶에 대한 근본적인 이해를 보여주고 있다. 명료성, 상식적인 지혜, 목회적 감수성, 초교파적인 선의, 그리고 시대를 앞서가는 신학적 통찰력으로 그와 같은 이해를 보여주고 있으며, 이로써 우리 *신앙 고백서*에 독특한 공헌을 했다.

이 신앙고백의 길이-*신앙 고백서*에 있는 고백문들 중에서 가장 길다-에도 불구하고, 그 개요는 쉽게 이해할 수 있다:

장	개요
1-2	성경과 설교
3-5	하나님과 참된 예배
6-7	섭리와 창조
8-9	죄와 자유의지
10-11	예정/선택과 구원
12-16	구원 받음과 그리스도 안에서의 새 생명
17-21	교회, 사역, 성례
22-28	교회 생활과 사역
29-30	가정과 국가

이 장들의 모든 내용을 요약하지는 않겠지만, 우리는 여기서 제 2 헬베틱 신앙고백이 개혁 신앙 고백 전통에 공헌한 가장 독특한 것들을 알아보려 한다.

설교에 대한 강조

제 2 헬베틱 신앙고백은 다른 고전적인 개혁 신앙 고백들과 달리 설교를 강조하고 있다. 이 고백은 한때 예언자와 사도를 통해 말씀하신 하나님께서 설교를 통해서 계속해서 말씀하신다는 것을 1장에서 강조한다. "하나님의 말씀에 기초한 설교는 하나님의 말씀이다. 그러므로 이 하나님의 말씀이 합법적으로 부르심을 받은 설교자에 의하여 교회 안에서 선포될 때, 우리는 하나님의 말씀 자체가 선포되고 신자들에 의하여 받아들여진다고 믿는다"(5.004). 이 신앙 고백이 성경의 기원과 권위에 대해 길게 논쟁을 하는 것보다, 성경이 신실하게 해석되고 선포되고 들려질 때 그리스도인들의 신앙과 삶에 실제로 어떻게 영향을 미치는 지에 대해 더 관심을 지니고 있다는 것은 불링거의 실천적인 관심을 잘 보여준다.

하나님의 주권과 인간의 자유 및 책임

제 2 헬베틱 신앙고백은 인간의 자유와 책임을 소멸시키지 않으면서 하나님의 주권적 통치를 확언한다는 면에서 전반적인 개혁주의 전통과 일치한다. 섭리에 대한 교리를 논하는 제 6장에서는 하나님께서 우리를 돌보시는 것-우리에게 권력을 행사하시는 것이 아님-과 하나님께서 우리에게 주신 "수단"을 다른 사람과 자신을 돌보기 위해 사용하는 우리의 책임을 강조하는 방식으로 섭리에 대해 설명한다. 제 9장은 모든 개혁신앙 고백들 중에서 "자유 의지"에 대해 가장 간단하고 명료하게 설명해 준다.

예정론/선택론

이 신앙 고백이 21세기 개혁주의 신앙에 가장 크게 공헌한 것은 예정론(제 10장)에 대한 교리를 웨스트민스터 신앙고백 제 3장에서와 같이 하나님의 "영원한 작정"에 대한 추측이 아니라, 예수 그리스도 안에서 하나님의 복음에 그 기초를 두고 있다는 것이다. "우리는 그리스도 안에서 택함 받았다 혹은 예정되었다"(5.053). "그러므로 그리스도가 거울이 되게 하자. 우리는 그 분 안에서 우리의 예정에 대해 깊이 생각해 볼 수 있다"(5.060). "그리스도를 믿고 그 안에 있으면 선택되었다는 것을 의심할 여지가 없는 것으로 여겨야 한다"(5.059). 이렇게 그리스도 안에서의 하나님의 의지와 계획에 대한 계시에 비추어 예정을 바라봄으로써 이 신앙 고백은 다음과 같이 언급하기에 이른다: "우리는 모든 인간들에 대해 선한 소망을 가져야 한다. 비록 하나님은 누가 당신의 사람인지를 알고 계시며, 여기 저기에 소수의 선택된 사람들에 대한 언급이 있지만 우리는 모든 사람이 잘 될 것을 소망해야 하며, 어떤 사람이 버림을 받았다고 경솔하게 판단해서는 안된다"(5.055).

이 신앙고백의 기독론적 접근법에 의해 귀결되는 또 다른 결론은 예정/선택의 목적이 단지 우리가 구원받는 것에만 있는 것이 아니라, 하나님께서 그리스도 안에서 우리를 택하셔서 "우리로 사랑 안에서 그 앞에 거룩하고 흠이 없게 하려 하신다"는 식견이다(5.054).

그리스도인의 신앙과 삶

제 12-16 장은 회개와 회심, 칭의와 성화에 대한 개혁주의적 이해를 간단하고 직접적으로 요약하여 제시한다. 이 신앙 고백은 칼빈과 하이델베르크 요리 문답과 동일하게 "선행"의 동기가 하나님께 인정과 복을 받기 위한 것이나 개인적 유익을 얻기 위한 것이 아니라, "하나님께 감사드리고 이웃의 이익을 위한 것이다"라고 말한다 (5.117).

교회

제 2 헬베틱 신앙고백 제 17 장은 다른 개혁주의 신앙고백들과 비슷한 언어로 교회를 정의한다. 그러나 여기에서도 역시 저자는 실질적인 사안들에 집중하고 있다. 교회 안에서 어떻게 하면 분쟁과 반목이 없이 질서를 유지하고 진지한 토론을 할 수 있는지에 관한 좋은 조언들이 포함되어 있다(5.132-133). 이 신앙고백은 교회 밖의 세상에는 구원이 없다는 오래된 주장을 어떻게 다루어야 하는지에 대해 예정론에 기초해 조언한다: "우리는 이스라엘 나라 밖에 있는 세상에도 하나님의 친구들이 있다는 것을 알고 있다"(5.137). "우리는 경솔하게 혹은 미숙하게 판단해서는 안된다. 그러므로 우리는 주께서 제외시키거나 거절하기 원치 않는 자들, 그리고 우리가 제거하다가는 반드시 교회에 손해를 가져올 수 밖에 없는 그러한 자들을 때가 되기 전에 판단한다든가, 제외하거나 거부하거나 잘라내는 일을 하지 않도록 각별히 주의해야 한다"(5.140). 그러면서, 불링거는 "반면에, 우리는 경건한 자들이 코 골며 자는 동안 악한 자들이 교회에서 세력을 얻어 교회를 해치는 일이 없도록 깨어 있어야 한다"라는 문구를 덧붙이는데, 이것은 신앙 고백 안의 문구들에서 찾아보기 힘든 재치있는 표현이라 할 수 있다

목회자들

제 18장은 만인 제사장직을 인정하기는 하지만, 목회자의 소명, 안수, 의무, 개인 인격에 대해 상세히 다룬다. 여기서도 저자가 실천적인 부분에 관심을

가지고 있다는 것이 분명하게 드러난다. 목회자는 "깊은 영적 학습, 경건한 언변, 단순한 지혜...온건함, 좋은 평판들로 구별되는 능력있는 사람이어야 한다." 그들은 "어떤 소동, 분쟁, 경쟁이 없이 적절한 질서 가운데"(5.150) 주의 깊게 선택되어 절차에 따라 선임되어야 한다. 개혁주의 신앙 문서들 중에서 "사역자들의 의무들"과 관련하여 5.163의 목록보다 더 포괄적이고 현실적으로 묘사해주는 문서는 없다.

또한 이 장에는 교회의 치리--때로 복음의 참된 설교와 올바른 성례전의 집행과 더불어 교회의 삼대 "표지"라고 여겨짐--에 관한 부분이 포함되어 있다. 치리에 관한 기본 법칙은 "모든 것은 교화를 위해서 매사 품위있고 명예롭게, 탄압이나 분쟁이 없이 행해져야 한다…파괴를 위해서가 아니라 건설을 위함이어야 한다"(5.165)는 것이다.

실용적인 사람이었던 불링거는 사역자들이 "사례를 받아아 하며, 또한 자신들과 가족을 위해 필요한 모든 것을 받아야 한다"(5.168)고 말하면서 이 장을 마무리 짓는다.

성례전

19-21 장은 성례전에 대한 개혁 교회의 이해를 명확하게 제시하는데, 이 주제는 16세기 및 그 이후로도 계속해서 교회를 분열시키는 심각한 논쟁거리였다. 이 주제를 설명함에 있어서 불링거가 변호적이나거 논쟁적인 형식을 취하지 않았다는 것은 그에게 전체 교회의 일치를 위한 에큐메니컬적 관심이 있었음을 보여준다. 이 신앙 고백은 다른 견해들을 비판하기는 하지만, 세례와 주의 만찬에 대한 개혁교회의 이해를 주로 긍정적인 언어로 설명한다.

교회의 일상생활

22-28장은 16세기 개혁교회 성도들이 어떻게 살았는지를 보여준다. 여기서 다른 주제들 중 어떤 것들은 우리에게 더 이상 중요한 사안들이 아니다.

그러나 불링거가 여기에 기록한 것들은 21세기의 장로교인들에게도 여전히 유익하다. 무엇보다도 공예배(22-23장), 청소년 기독교 교육과 환자 심방(25장), 장례식과 고인에 대한 우리의 태도(26장), 그리고 교회 예산의 올바른 집행(28장)에 관한 내용이 특히 그렇다.

저자의 개혁주의적 관점, 상식 및 재치의 몇 가지 예를 찾아보자:

"성소를 위한 참된 장식" 이라는 단락에서, 제 2 헬베틱 신앙고백은 스위스 개혁주의자들이 지녔던 교회의 허례허식에 대한 반감을 강조한다. "그러므로, 모든 사치스러운 의상, 모든 자존심, 그리고 기독교적 겸손과 훈육과 단정함에 걸맞지 않는 모든 것은 그리스도인들의 성소 및 기도처에서 사라져야 한다. 왜냐하면 교회의 참된 장식은 상아와 금과 보석 등으로 구성되는 것이 아니라, 교회 안에 있는 자들의 겸소함과 경건함과 덕목들로 구성되기 때문이다"(5.216).

회중기도는 "과하게 길거나 지루하지 않아야 한다. 예배 시간의 가장 많은 부분은 복음적 가르침에 할애되어야 한다. 그리고 너무 긴 기도로 인해서 회중이 싫증을 느끼는 일이 없도록 주의해야 한다. 회중이 복음 설교를 들어야 할 때 그 모임을 떠나가거나, 기진맥진하여 그 모임을 아예 외면하는 일이 없도록 주의해야 한다"(5.220).

"십계명과 사도신경과 주기도문과 성례전의 교리를 해설해 줌으로써 믿음의 첫 기초를 놓고 우리 종교의 기초를 신실하게 가르침으로써" (5.233) 젊은 이들(심지어 "유아 때부터")이 적절한 가르침을 받는 일에 최대한 주의를 기울어야 한다.

목사들은 병자를 심방해야 하고 가능하면 환자는 자신이 아프다는 사실을 목사들에게 알려야 한다(5.234)!

여전히 우리 시대에 적절하고 과거와 현재의 개혁주의 전통과도 일치하는 것이 있다. "우리는 성도들이 육체적으로 죽은 후 직접 그리스도께로 간다고 믿기 때문에"(5.237) 돌아가신 분들에 대한 감사는 드릴 수 있지만, 그들을 위해 기도할 필요는 없다. 산 자들에게 나타나는 죽은 자들의 영에 관하여, "우리는 그러한 혼백의 출현을 마귀의 웃음거리, 술수와 속임수로 간주한다." 그리고 그들과의 어떤 "교통"(commerce)도 있어서는 안된다(5.239).

가정생활과 정치

다른 많은 개혁주의 신앙고백들과 달리, 제 2 헬베틱 신앙고백은 미래의 삶에 대한 기대--이전에 논의되었음--나 마지막 때에 있을 하나님 나라의 도래로 끝나지 않고, 인생의 한 가운데서 끝난다.

제 29 장은 결혼과 가정 생활에 대해 우리 신앙고백서의 다른 신앙 고백들이 다루는 것보다 훨씬 포괄적으로 다룬다. 이 신앙 고백은 독신과 금욕생활이 어떤 사람들에게는 하나님의 선물로 주어진다는 것을 인정하면서, 동시에 이 신앙 고백의 전반적인 특징이라 할 수 있는 신학적 진지함과 철저한 현실성으로 동일하게 결혼과 가정을 강조하고 있다.

하나님께서는 결혼한 부부들이 "최고의 신실함과 경건과 사랑과 순결을 가지고,"(5.247) "완전한 사랑과 화합 속에서 살기를" 바라신다(5.246). 그 다음에 "그러므로 부부들로 하여금 다툼, 불화, 색정, 간음에 주의하게 하라"(5.247)는 경고가 나온다.

자녀들은 "주님에 대한 경외감"을 갖도록 양육되어야 한다. 부모는 "자녀들에게 정직한 사업이나 직업을 갖도록 가르쳐 자립하도록 해야 한다. 부모는 자녀들이 자신감이 부족해서, 혹은 너무 방심하거나 더러운 욕심 때문에 방종하여 성공을 거두지 못하는 일이 없도록 하기 위해 게으르지 않게 하며, 이러한 모든 일에 있어서 그들 안에 하나님께 대한 참된 신앙을 심어 주어야 한다"(5.249).

제 2 헬베틱 신앙 고백은 제 30장 "치안권"(정부)으로 끝난다. 종교의 자유 및 정교 분리를 수용하는 민주주의 사회에 살고 있는 우리가 왕과 왕자들이 하나님으로부터 안수를 받아 그들의 일을 행한다는 것과, 또한 정부의 통치가 복음의 진정한 전파와 기독교적 "경건"을 지지하고 강화하는 이들에 의해 이루어진다는 것을 당연시하는 것은--16세기와 17세기의 모든 개혁 신앙 고백들이 그랬던 것처럼--시대에 뒤떨어진 것이다. 그러나 개혁주의 전통에 있어 여전히 중요한 것은 다른 모든 개혁주의 신앙고백들과 마찬가지로 제 2 헬베틱 신앙고백이 정부와 그리스도인의 공적 책임을 매우 존중한다는 점이다. 정치 권력은 "하나님께서 친히 제정해 주신" 것이고, 정치 지도자들

(설교자가 아님!)은 "세상에서 최고의 지위를 차지해야 한다"(5.252). 왜냐하면 그들은 "평화 및 안정을 확보하고 유지하며," "올바르게 판단을 내려 재판하고," "과부와 고아와 고난 당하는 자들을 보호하고," "행악자"와 억압하는 자"를 처벌하며, 평화를 유지하기 위한 모든 노력이 실패할 경우 전쟁을 해야 하는 것과 같이 하나님께서 위임하신 책임을 받았기 때문이다(5.253-.256).

그러므로 기독교 시민은 정치 지도자들을 "하나님의 일꾼"으로서 존경하고, 사랑하고, 그들을 위해 기도하며, "모든 정당하고 공평한 명령들에 복종하며," "성실하게, 그리고 기꺼이" 세금을 납부하고, "만일 국가의 공공 안전과. . .정의를 위해 필요하다면. . . 목숨을 바치고 피를 흘려야 한다" (5.258).

처음부터 공익과 사회정의와 화해와 평화에 대한 헌신은 항상 개혁주의 신앙의 필수적인 부분이었다.

제 2 헬베틱 신앙고백은 기도로 끝난다(스코틀랜드 신앙고백 마지막에 나오는 기도와는 상당히 다르다): "우리는 하늘에 계시는 가장 자비로우신 아버지께 우리의 유일하신 주와 구주이신 예수 그리스도를 통해 백성의 통치자들과 우리와 그의 온 백성을 축복해 주시기를 간청합니다. 우리 주 예수 그리스도께 찬미와 영광과 감사가 영원 무궁토록 있기를 바랍니다. 아멘."

학습문제

1. 제 9 장에 따르면, 인간은 어느 정도까지 자유 의지를 지니고 있습니까?
2. 제 10 장에 따르면, 누가 구원을 위해 선택되거나 예정받은 자입니까? 제 2 헬베틱 신앙고백의 선택론/예정론은 웨스트민스터 신앙고백의 제 3 장에 나오는 예정론과 어떻게 다릅니까?
3. 결혼과 가정생활을 다루는 제 29 장은 오늘날 어느 정도까지 적절하고 도움이 됩니까?
4. 제 22-28장에서, 오늘날 교회의 예배와 삶에 대한 어떤 지침들을 찾을 수 있습니까?

제 2 헬베틱 신앙 고백[1]

제 1 장

하나님의 참된 말씀인 성경에 관하여

5.001 **정경.** 우리는 신구약 성경의 거룩한 선지자들과 사도들의 경전적 글들은 하나님의 참된 말씀이며, 사람에게서 받은 권위가 아니라 그것들 자체로 충분한 권위를 지니고 있다고 믿고 고백한다. 이는 하나님께서 친히 족장들과 선지자들과 사도들에게 말씀하셨으며, 아직도 성경을 통해서 우리에게 말씀하시기 때문이다.

5.002 그리고 이 성경은 그리스도의 보편적 교회는 구원에 이르게 하는 믿음과 하나님께서 용납하시는 삶의 구조와 관련된 모든 것들에 대해 가장 완벽하게 설명한다; 이러점에서 하나님은 아무것도 이 책에 첨가하거나, 이것으로부터 삭제하지 말 것을 명백히 명령하셨다.

5.003 **성경은 경건에 대한 모든 것을 충분히 가르친다.** 그러므로, 우리는 성경으로부터 참된 지혜와 경건과 교회의 개혁과 정치에 관한 것들이 도출되어야 한다고 생각한다; 또한 경건 생활의 모든 의무들에 대한 가르침이 이 안에 있다고 생각한다; 간단히 말해서, 교리에 대한 확증과, 모든 오류에 대한 거부, 그리고 "모든 성경은 하나님의 감동으로 된 것으로 교훈과 책망에...... 유익하다"(딤후 3:16-17)는 사도의 말씀에 따른 모든 권고들이 이 책으로부터 도출되어야 한다고 생각한다. 다시, 그 사도가 디모데에게 말하였다: "이러한 가르침을 네게 쓰는 것은...... 하나님의 집에서 어떻게 행해야 할 것을 알게 하려 함이라"(딤전 3:14-5). **성경은 하나님의 말씀이다.** 또 다시 같은 사도가 데살로니가 성도들에게 말하였다: "너희가 우리에게 들은 바 하나님의 말씀을 받을 때에 사람의 말로 아니하고 하나님의 말씀으로 받았으니 그것은 진실로 그러하도다"(살전 2:13). 주께서도 친히 복음서에서 다음과 같이 말씀하셨다: "말하는 이는 너희가 아니라 너희 속에서 말씀하시는 자, 곧 내 아버지의 영이시니라"; 그러므로 "너희 말을 듣는 자는 곧 내 말을 듣는 것이요, 나를 저버리는 자는 곧 나를 보내신 이를 저버리는 것이니라" (마 10:20, 눅 10:16, 요 13:20).

5.004 **하나님의 말씀에 의한 설교는 하나님의 말씀이다.** 그러므로 이 하나님의 말씀이 합법적으로 부르심을 받은 설교자에 의하여 교회 안에서선포될 때, 우리는 다음을 믿는다: 하나님의 말씀 자체가 선포되고 신자들에 의하여

[1] 아써 코크레인 Arthur C. Cochrane 이 쓴 「16 세기 개혁주의 신앙고백」이라는 책으로부터 재수록함. 판권소유: W.L. 젠킨스. 웨스트민스터 출판사, 1966. 허락을 받아 사용함.

받아들여진다; 그리고 이 말씀 이외에 다른 말씀을 만들어 내서는 안되며, 또한 그러한 것들이 하늘에서 내려올 것을 기대해서도 안된다고 믿는다: 그리고 설교를 한 설교자가 아니라, 설교된 말씀 자체가 존중을 받아야 한다고 믿는다; 왜냐하면 설교자가 악한 사람이요 죄인이라해도 하나님의 말씀은 변함없이 참되고 선하기 때문이다.

5.005 또한 참된 종교에 있어서의 가르침은 성령의 내적 조명에 달려 있고, "그들이 다시는 그 이웃을 가르치지 않을 것이며...... 그들 모두가 다 나를 앎이니라"(렘 31:34)고 기록되어 있으며, 또한 "그런즉 심는 이나 물 주는 이는 아무 것도 아니로되 오직 자라나게 하시는 하나님뿐이니라"(고전 3:7)고 기록되어 있는 것 때문에 우리는 외적 설교를 쓸모없는 것으로 우리는 생각지 않는다. 비록 "아버지께서 이끌지 아니하시면 아무라도 내게 올 수 없으니"(요 6:44)라고 하지만, 그리고 성령께서 내적으로 조명하지 않는 한, 그래도 우리는 하나님의 말씀이 외적으로 선포되는 것이 분명한 하나님의 뜻이라는 것을 알고 있다. 하나님은 사실 베드로의 사역 없이도 사실 그의 성령에 의해서나 천사의 사역을 통해 사도행전에 나오는 고넬료를 가르칠 수 있었을 것이다; 하지만 하나님은 고넬료를 베드로에게 의뢰하셨고, 그와 말하던 천사는 베드로에 관해 "네가 무엇을 해야 할지에 대해 그가 말해주리라"고 했다.

5.006 **내적 조명이 외적 선포를 배제시키지는 않는다.** 왜냐하면 사람에게 성령을 주시어 그를 내적으로 조명하시는 바로 그분이 명령의 형식으로 자기의 제자들에게 "너희는 온 천하에 다니며 만민에게 복음을 전파하라"(막 16:15)고 말씀하셨기 때문이다. 그래서 바울은 빌립보에서 자주 장사인 루디아에게 외적으로 말씀을 설교했다; 그러나 주님께서는 그 여자의 마음을 내적으로 열어 주셨다(행 16:14). 그리고 바로 그 바울이 그의 생각을 아름답게 발전시킨 후에, 로마서 10:17 에서 마침내 다음과 같은 결론에 도달했다-"그러므로 믿음은 들음에서 나며, 들음은 그리스도를 전하는 하나님의 말씀으로 말미암느니라."

5.007 동시에 우리는 하나님은 외적인 사역을 통하지 않고도 그분께서 원하시는 사람에게, 또 원하시는 때에 조명하실 수 있다는 것을 인정한다-그것은 그의 권능에 속한 것이기 때문이다; 그러나 우리는 계명과 실례들을 들어가면서 하나님께서 우리에게 전해 주신 사람들을 가르치는 통상적 방법에 관해서 말하는 것이다.

5.008 **이단들.** 그러므로 우리는 알테몬 Artemon, 마니교도 Manichaeans, 발렌티누스파 Valentinians, 케르돈 Cerdon, 그리고 마르키온파 Marcionites

이단자들의 가르침을 경멸한다: 그들은 성경으로부터 기인 된 것을 부인하거나; 성경의 어떤 부분을 받아들이지 않거나, 또는 어떤 것을 첨가하여 성경을 변질시켰다.

5.009 **외경** Apocrypha. 아직까지 우리는 구약성경의 어떤 책들이 고대 학자들에 의해 외경이라 불렀고 또 다른 학자들에 의해서는 교회서 Ecclesiastical 라고 불렸다는 사실을 숨기지 않는다; 어떤 사람들은 그것을 교회에서 읽을 만큼 읽도록 했으나, 그것에다 믿음의 기초를 둘 수 있을 정도의 권위가 있는 것으로 진척되지는 않았다. 어거스틴 역시 그의 「신국론」 *De Civitate Dei* 18 권 38 장에서 "열왕기에는 어떤 선지자들의 이름과 책들이 인용되었다"고 했다; 그는 또한 말하기를 "하지만 그것들이 정경에는 들어있지 않다"고 했다. 그리고 "우리가 가지고 있는 책들이 깊은 신앙을 위해 충분하다"라고 첨가했다.

제 2 장

성경 해석, 교부, 공의회, 및 전통들에 관하여

5.010 **참된 성경해석.** 사도 베드로는 성경을 사사로이 풀어서는 안된다고 했다 (벧후 1:20); 그래서 우리는 가능한 모든 해석들을 다 허용하지는 않는다. 따라서 우리는 로마 교회의 신념이라고 불리우는 것, 즉 로마교회의 옹호자들이 분명하게 지지하는 것을 모든 사람이 받아들이도록 강요해야 된다는 것이 성경의 참되거나 순수한 해석이라고 인정하지 않는다. 그러나 우리는 성경 자체로부터 얻을 수 있고 (성경이 쓰여진 언어의 속성으로부터, 그리고 마찬가지로 성경이 놓여진 정황에 따라서, 그리고 비슷한 혹은 비슷하지 않은 구절들 및 많은 더 분명한 구절에 비추어 해석되었을 때), 믿음과 사랑의 법칙에 일치하며, 하나님의 영광 및 인간 구원에 크게 기여하는 성경 해석을 정통적이고 순수하다고 주장한다.

5.011 **거룩한 교부들의 해석.** 그러므로 우리는 거룩한 헬라 교부들이나 라틴 교부들의 해석을 멸시하지 않으며, 성스러운 일에 관한 그들의 논쟁이나 조약들도 성경과 일치하는 한 거부하지 않는다. 그러나 우리는 그들이 성경과 다르거나 혹은 전적으로 상치되는 해석으로 간주되었을 때에는 겸허히 그들에게 반대 의사를 표명한다. 그렇게 한다고 해서 우리가 그들에게 어떤 잘못을 하고 있다고 생각하지 않는다; 왜냐하면 그들 모두는 이의없이 그들의 글을 경전과 동등한 위치에 두려 하지 않을 것이며, 오히려 우리에게 그들의 글이 어느 정도로 경전과 일치 혹은 불일치 하는지를 살펴서 일치되는 것은 받아들이고 일치되지 않는 것은 거부하라고 지시할 것을 알기 때문이다.

5.012 **공의회.** 우리는 또한 공의회들의 결의사항들과 법규들을 같은 선상에 둔다.

5.013 따라서 우리는 종교나 믿음에 관한 일로 논쟁을 할 때 교부들의 의견이나 공의회 결정들만 가지고 우리 자신이 우리의 입장을 밀고 나가는 것을 허락하지 않는다; 물려받은 관습이나, 같은 의견을 가진 사람의 수가 많음이나, 또는 오랫동안 해 온 방식들로 밀고 나가려는 것은 더욱더 안 될 일이다. **누가 재판관인가?** 따라서 우리는 하나님 외에는 다른 재판관을 인정하지 않는다—하나님은 성경을 통해 무엇이 참되고, 무엇이 그릇되며, 무엇을 따르고 무엇을 피해야 할 지를 선포하신다. 그러므로 우리는 영적인 사람들이 하나님의 말씀에서 끌어낸 결론들에 동의한다. 분명히 예레미야와 다른 선지자들은 하나님의 율법에 반하는 제사장들의 모임을 격렬하게 비난했으며; 자기들이 창안한 길을 가면서 하나님의 율법에서 이탈한 교부들에게 귀를 기울이거나, 그들의 전철을 밟아서는 안된다고 우리에게 부지런히 충고하였다.

5.014 **인간의 전통.** 마찬가지로 우리는 인간의 전통들을 거부한다—비록 그것들이 마치 신적이고 사도적인 것처럼 거창한 제목들로 치장되어 있다 할지라도, 그리고 사도들의 생생한 음성에 의해 전달되고, 즉 사도들의 손을 통해 뒤따르는 감독들에게 전달되었다 할지라도 성경과 비교할 때에 일치하지 않는다면, 그 불일치 자체가 그것들이 전혀 사도적인 것이 아니라는 것으ㄹ 보여준다. 왜냐하면 사도들이 교리에 있어서 자기 모순에 빠지지 않았던 것과 같이, 사도적인 사람들도 그 사도들과 반대되는 것은 물려주지 않았기 때문이다. 반면에, 사도들이 자신들이 기록한 것들과 상치되는 무엇을 생생한 음성으로 전해 주었다고 주장하는 것은 사악한 일이 될 것이다. 바울은 자신이 모든 교회들에게 꼭 같은 것들을 가르쳤다는 것을 분명하게 표현했다 (고전 4:17). 그는 다시 말하기를 "오직 너희가 읽고 아는 것 외에 우리가 다른 것을 쓰지 않았다"(고후 1:13)고 하였다. 그리고 그는 또 다른 곳에서 자기와 자기 제자들—즉 사도적인 사람들—은 같은 길을 걸었고, 같은 영으로 모든 것을 함께 했다 (고후 12: 18)고 증언했다. 그뿐 아니라 전날의 유대인들은 장로의 전통들을 지니고 있었다; 그러나 주님은 그것들을 지키는 것이 하나님의 율법을 방해하며, 그러한 전통들로 인해 그들이 하나님을 헛되이 예배한다는 것을 지적하시면서 (마 15:1 이하, 막 7:1 이하), 이 전통들을 혹독하게 거부하셨다.

제 3 장*

하나님, 그의 연합과 삼위일체에 관하여

5.015 **하나님은 한분이시다.** 하나님은 본질적으로 또는 본성적으로 한 분이시며, 스스로 존속하시고 subsisting, 스스로 완전히 충족하시며, 보이지 않으시고, 무형이시며, 무한하시며, 영원하시고, 보이는 것과 보이지 않는 것 모두의 창조자이시며, 최고의 선이시고, 살아 계시며, 만물을 살리시고 보전하시며, 전능하시고, 지극히 슬기로우시며, 친절하시고, 자비로우시며, 정의롭고, 참되심을 우리는 믿고 가르친다. 진실로 우리는 많은 신들을 매우 싫어한다 -- 왜냐하면 성경에 아래와 같이 명백하게 기록되어 있기 때문이다: "너희 하나님 여호와는 오직 유일한 여호와이시니"(신 6:4). "나는 네 하나님 여호와니라 너는 나 외에는 다른 신들을 네게 두지 말라"(출 20: 2-3). "나는 여호와라 나 외에 다른 이가 없나니 나 밖에 신이 없느니라. 나 여호와가 아니냐 나 외에 다른 신이 없나니 나는 공의를 행하며 구원을 베푸는 하나님이라 나 외에 다른 이가 없느니라"(사 45:5, 21). "여호와라 여호와라 자비롭고 은혜롭고 노하기를 더디하고 인자와 진실이 많은 하나님이라"(출 34:6).

5.016 **하나님께서는 셋으로 계신다.** 그럼에도 불구하고, 우리는 다음과 같이 믿고 가르친다: 그렇게 광대하시고 유일하시며 분리될 수 없는 바로 그 하나님은 그 위격 person 에 있어서 서로 분리할 수도 없고 혼동됨도 없이 성부, 성자, 성령으로 구별된다 -성부는 영원부터 성자를 낳으셨고 has begotten, 성자는 말로 표현될 수 없는 생성 방식 generation 에 의해 존재케 되었으며 is begotten, 그리고 성령은 참으로 성부와 성자로부터 유래 되었으며, 영원부터 동일하셔서, 성부와 성자와 더불어 예배를 받으셔야 하기 때문이다.

5.017 이와 같이 세 하나님이 계신 것이 아니고, 실체를 같이하고 consubstantial, 영원성을 같이하고 coeternal, 동등성을 같이하는 coequal 세 위격이 있는 것이다; 위격 hypostases 과 서열 order 에 있어서 구별되고, 한 위가 다른 위를 앞서지만 서로 동등하다. 왜냐하면 본성 또는 본질적으로 그들은 밀접하게 연합되어 있으므로 한 하나님이며, 신적 본질은 성부 성자 성령에게 공통된 것이기 때문이다.

5.018 성경이 삼위격의 명백한 구분을 우리에게 가르쳐 주었기 때문이다—다른 것들 중에서 특히 천사가 축복받은 동정녀에게

---

* 그러한 정죄에 대해 현재 우리가 어떻게 이해하고 있는지를 알아보기 위해서는 서문을 참조하라.

다음과 같이 말했다: “성령이 네게 임하시고 지극히 높으신 이의 능력이 너를 덮으시리니 이러므로 나실 바 거룩한 이는 하나님의 아들이라 일컬어지리라”(눅 1:35). 그리고 그리스도가 세례를 받으실 때 그리스도에 관하여 하늘로부터, “이는 내 사랑하는 아들이다”(마 3:17)라고 하는 음성이 들려왔다. 성령 또한 비둘기 모양으로 나타나셨다 (요 1:12). 그리고 주님이 친히 사도들에게 세례 베풀 것을 명령하실 때, “아버지와 아들과 성령의 이름으로”(마 28:19) 세례를 주라고 그들에게 명령하셨다. 복음서의 다른 곳에서는 “아버지께서 내 이름으로 성령을 보내시리라”(요 14:26) 고 말씀하셨고, 또다시 “내가 아버지께로서 너희에게 보낼 보혜사 곧 아버지께로서 나오는 진리의 성령이 오실 때에 그가 나를 증거하시리라” (요 15:26)고 말씀하셨다. 간단히 말해서 우리가 사도신경을 받아 들이는 것은 그것이 우리에게 참 믿음을 전달해 주기 때문이다.

5.019 **이설들.** 그러므로 우리는 유대교인들과 모하메드 교도들 그리고 거룩하고 찬양받기에 합당하신 삼위일체를 모독하는 모든 사람들을 정죄한다. 우리는 성자와 성령은 이름에 있어서만 하나님이고, 삼위일체 안에서 어떤 위격이 창조되거나 덜 중요하며, 서로에게 종속된다고 가르치는 이설들과 이단들을 모두 정죄한다; 또한 우리는 단일신론자 Monarchians, 노바티스주의자 Noëtiani, 푸락세아 Praxeas, 성부수난설자 Patripassians, 사벨리우스 Sabellius, 사모사다 Samosata 의 바울, 아에투스 Aëtius, 마케도니우스 Macedonius, 신인동형론자 Anthropomorphites, 아리우스 Arius 등이 생각했던 것처럼, 삼위일체 안에 더 위대하거나 더 열등한 어떤 것이 있으며, 육체적인 것 혹은 육체적으로 잉태된 것이 있고, 인격이나 뜻에 있어서 다르며, 마치 성자와 성령이 한 하나님 아버지의 감정과 특성들인 것처럼 혼합되거나 고립적인 것이 있다고 가르치는 자들을 모두 정죄한다.

제 4 장
하나님, 그리스도와 성인들의 우상이나 형상에 관하여

5.020 **하나님의 형상.** 하나님은 영이시기 때문에 본질상 사람이 볼 수 없고, 무한하신 분이시므로 어떤 예술 또는 형상으로도 표현될 수 없다. 이런 이유로 우리는 하나님에 대한 형상들은 순전한 거짓이라고 성경과 함께 선언하는데 아무 두려움이 없다. 그러므로 우리는 이방인들의 우상들뿐 아니라, 그리스도인들이 만든 형상들도 거부하는 것이다. **그리스도의 형상**. 그리스도가 인성을 취하셨지만, 그렇다고 해서 조각가나 화가들에게 모델을 제공하시기 위해서 인성을 취하신 것이 아니다. 그는 “율법과 선지자를 폐하기 위해”(마 5:17) 오셨다는 것을 부정했다. 그러나 율법과 선지자들은 형상을

만드는 일을 금했다 (신 4:15, 사 44:9). 그는 그가 몸으로 세상에 계시는 것이 교회를 위해 유익하리라는 것을 부정하셨고, 그의 영으로써 영원토록 우리와 가까이 계시겠다고 약속하셨다 (요 16:7). 그러므로 누가 그의 몸의 그림자나 초상이 성도들에게 어떤 유익을 줄 것이라고 믿겠는가? (고후 5:5). 그분이 그의 영으로 우리 안에 계시기 때문에 우리는 하나님의 전이다 (고전 3:16). 그러나 "하나님의 성전과 우상들이 어찌 일치가 되겠는가" (고후 6:16). **성인들의 형상.** 하늘에 있는 복된 영들과 성인들은 그들이 이곳 땅 위에서 살 때 자기들을 예배하는 것을 일절 거부했고 (행 3:12-13; 14:11 이하; 계 14:7; 22:9) 형상들을 정죄했다; 따라서 하늘의 성인들과 천사들이 그들 자신의 형상 앞에서 사람들이 무릎을 꿇고, 머리에 쓴 것을 벗으며, 그 밖의 존경을 표시할 때, 그 형상들을 기뻐하겠는가?

5.021 오히려 주님은 신앙에 대해 사람들을 가르치고, 그들에게 신령한 것들과 그들의 구원에 대해서 깨닫게 하기 위해— 그림을 그리거나 그림들로 평신도를 가르치는 것이 아니라— 복음의 선포를 명하셨다 (막 16:15). 더욱이 주님께서는 어디에도 형상을 세우지 않으시고 성례전을 제정하셨다. **평신도들의 성경.** 더욱이 우리가 우리의 시선을 돌리는 곳 마다 하나님의 살아 있는 참된 창조물들을 보게 된다: 그것들은 적절히 관찰하면 사람들이 만든 모든 형상들이나 혹은 헛되고 움직임이 없고 무력하고 죽은 그림들—이것들에 대해 선지자는 "그들은 눈이 있어도 보지 못한다"(시 115:5)고 말하였다— 보다 훨씬 더욱 생생한 감동을 관찰자들에게 준다.

5.022 **락탄티우스** Lactantius**.** 그러므로 우리는 "의심할 여지 없이, 형상이 있는 곳에는 결코 종교가 존재하지 않는다"는 고대 문필가 락탄티우스의 견해를 인정했다. **에피파니우스와 제롬.** 우리는 또한 복된 감독 에피파니우스가 어떤 교회의 문에 그리스도 혹은 어떤 성인으로 간주되는 그림이 그려져 있는 가리개가 걸려 있는것을 발견하고는 그것을 찢어 치워 버렸을 때 바른 일을 했다고 주장한다—그리스도의 교회 안에서 어떤 사람의 그림이 걸려 있는 것을 보는 것은 성경의 권위에 위배되는 일이었기 때문이다. 그래서 그는 그후로 우리 종교에 부합하지 않는 그러한 가리개들을 그리스도의 교회 안에 걸지 못하게 했고, 또한 그리스도의 교회와 신실한 자들에게 합당치 않는 오히려 그러한 의심적인 것들을 제거하라고 명령했다. 그뿐 아니라, 우리는 참 종교에 관한 성 어거스틴의 이와 같은 견해를 승인한다: "인간의 작품을 예배하는 일이 우리를 위한 종교적 행위가 되지 않게 하라. 그런 것들을 만드는 예술가들이 그것들보다 낫기 때문이다; 물론 우리는 그들을 예배해서도 안 된다"(*De Vera Religione,* 「참 종교」 제 55 장).

제 5 장

유일한 중보자 예수 그리스도를 통한 하나님 경배, 예배및 기원에 관하여

5.023 **하나님만 홀로 경배와 예배를 받으셔야 한다.** 우리는 참되신 하나님만 경배와 예배를 받으셔야 한다고 가르친다. "너는 주 너의 하나님께 경배하고, 다만 그를 섬기라"(마 4:10)고 하신 주님의 명령을 따라, 우리는 이러한 영광을 다른 어떤 존재에게 주지 않는다. 사실 이스라엘 백성들이 유일하신 참 하나님이 아닌 이방의 신들에게 경배하며 예배를 드릴 때마다, 모든 선지자들은 그들을 엄하게 책망했다. 하지만 우리는 하나님이 친히 우리에게 가르쳐 주신 대로, 즉 "신령과 진정으로"(요 4:23-24) 하나님을 경배하고 예배해야 한다고 가르친다—즉, 미신적인 태도가 아니라, 그의 말씀을 따라 진실되게 예배해야 한다는 말이다; 어느 때에든지 하나님께서 우리에게 "누가 이것들을 너희에게 요구하였느뇨?"(사 1:12, 렘 6:20)라고 물으시는 일이 없도록 하기 위함이다. 바울 또한 "하나님은 무엇이 부족한 것처럼 사람의 손으로 섬김을 받으시는 것이 아니다"(행 7:25)와 같은 말들을 했다.

5.024 **오직 그리스도의 중재를 통해 하나님께만 간구해야 한다.** 우리는 우리의 삶의 위기와 시련을 만날 때마다, 우리의 유일한 중재인이시며 중보자이신 예수 그리스도의 중재를 통해 오직 하나님께만 도움을 구한다. 왜냐하면 우리는 "환난 날에 나를 부르라 내가 너를 건지리니 네가 나를 영화롭게 하리로다"(시 50:15)라고 명백히 명령을 받았기 때문이다. 더욱이, 우리는 주님께로부터 가장 관대한 약속을 받았다: "너희가 무엇이든지 내 이름으로 아버지께 구하는 것을 그가 너희에게 주시리라"(요 16:23); "수고하고 무거운 짐진 자들아 다 내게로 오라 내가 너희를 쉬게 하리라"(마 11:28). "저희가 믿지 아니하는 이를 어찌 부르리요(롬 10:14)라고 기록되어 있고, 또 우리가 하나님만을 믿기 때문에 우리는 확실히 그분만을 부르고, 그리스도를 통해 그렇게 한다. 왜냐하면, 사도 바울이 말했듯이, "하나님은 한 분이시요, 하나님과 사람 사이에 중보도 한 분이시니, 곧 사람이신 그리스도 예수라"(딤전 2:5)이며; "만일 누가 죄를 범하면 아버지 앞에서 우리에게 대언자가 있으니, 곧 의로우신 예수 그리스도시라"(요일 2:1)이기 때문이다.

5.025 **성인들은 경배, 예배, 혹은 간구의 대상이 되어서는 안 된다.** 이 때문에 우리는 하늘에 있는 성인이나 다른 신들을 경배하거나 예배하거나 그들에게 기도하지 않는다; 그리고 그들을 하늘 아버지 앞에 있는 우리의 중보자나 중재자로 인정하지 않는다. 왜냐하면 하나님과 중재자 그리스도가

우리에게 충분하기 때문이다; 우리는 하나님과 그의 아들께만 마땅히 드릴 영광을 다른 존재들에게 주지 않는다—왜냐하면 하나님께서 "내 영광을 다른 자에게 주지 아니하리라"(사 42:8)고 명백히 말씀하셨으며, 또 베드로가 "다른 이로써는 구원을 얻을 수 없으니, 천하 인간이 구원을 얻을 만한 다른 이름을 우리에게 주신 일이 없음이라"(행 4:12), 즉 그리스도의 이름밖에 없다고 말했기 때문이다. 믿음으로 그리스도를 받은 자들은 그리스도 외에 어떤 것도 추구하지 않는다.

5.026 **성인들이 받아 마땅한 영예.** 동시에 우리는 성인들을 멸시하거나 천하게 여기지 않는다. 왜냐하면 우리는 그들이 그리스도의 산 지체들이며 하나님의 친구들로서, 육체와 세상을 영광스럽게 이겨낸 자들이라고 인정하기 때문이다. 따라서 우리는 그들을 형제로서 사랑하며, 또한 그들을 존경한다; 그러나 우리는 어떤 형태로든지 그들을 예배하지 않으며, 그들을 존중하고 칭송할 뿐이다. 그리고 또한 그들의 삶을 모방한다. 우리는 열렬한 갈망과 간구로, 그들의 믿음과 덕행들을 본받는 자가 되고, 그들과 함께 영원한 구원에 동참하며, 하나님 앞에서 영원히 그들과 함께 살고, 그리스도 안에서 그들과 함께 기뻐하기를 열렬히 원하기 때문이다. 그리고 이 점에서, 우리는 「참 종교」(*De Vera Religione*)에 나오는 성 어거스틴의 의견을 인정한다: "우리의 종교가 이미 죽은 사람들을 섬기는 사교가 되지 않도록 하십시오. 왜냐하면 만일 그들이 거룩한 삶을 살았다면, 그들을 그러한 영광을 추구하는 자들로 여겨서는 안됩니다; 오히려 그들은 우리가 그분을 예배하기 원할 것입니다—그들은 그분의 조명에 의해 우리가 그분의 공로들을 함께 누리는 동료들이라는 것을 즐거워할 것입니다. 따라서, 우리는 어떤 종교적 양식으로 그들을 경배하는 대신에, 그들을 본받기 위해 힘씀으로 그들에 대한 존중을 표해야 합니다. . . ."

5.027 **성인들의 유물.** 우리는 성인들의 유물들을 흠모하고 숭배해야 한다고는 더더욱 믿지 않는다. 옛 성인들은 성인들의 영이 위로 올라간 후, 성인들의 유해를 정중히 decently 땅에 묻었을 때 그들의 죽음을 충분히 존대를 한 것으로 보인다. 그리고 그들은 자기 선조들의 가장 고귀한 유물들은 선조들의 덕행과 교리와 믿음이라고 생각했다. 게다가, 그들이 죽은 자들을 칭송할 때 이러한 "유물들"에 대해 칭송한 것처럼, 그들은 이 땅에 사는 동안 죽은 자들을 본받기 위해 열심을 내었다.

5.028 **오직 하나님의 이름으로만 맹세함.** 이 옛 사람들은 하나님의 율법에 규정된대로 유일하신 하나님 야훼의 이름으로 하는 것 외에는 어떤 맹세도 하지 않았다. 따라서 이상한 신들의 이름으로 맹세하는 것이 금지되어 있는 것처럼 (출 23:13; 신

10:20), 우리는 성인들의 이름으로 우리에게 요구되는 맹세를 하지 않는다. 그러므로, 우리는 이 모든 일에 있어서 하늘에 있는 성인들에게많은 것들을 돌리는 교리를 거부한다.

제 6 장
하나님의 섭리에 관하여

5.029 **모든 것이 하나님의 섭리에 의하여 통치되고 있다.** 우리는 하늘과 땅에 있는 모든 것들과 모든 피조물 속에 있는 것들이 지혜롭고 영원하시고 전능하신 이 하나님의 섭리에 의해서 보존되고 통치되고 있음을 믿는다. 왜냐하면 다윗이 다음과 같이 증언하기 때문이다: "여호와는 모든 나라보다 높으시며 그의 영광은 하늘보다 높으시도다 여호와 우리 하나님과 같은 이가 누구리요 높은 곳에 앉으셨으나 스스로 낮추사 천지를 살피시고"(시 113:4 이하). 또한: "당신은 나의 길......을 감찰하시나이다. 여호와여 내 혀의 말을 알지 못하시는 것이 하나도 없으시니이다"(시 139:3-4). 바울도 역시 다음과 같이 증언하며 선포한다: "우리가 그를 힘입어 살며 기동하며 존재하느니라"(행 17:28), 그리고 "만물이 주에게서 나오고 주로 말미암고 주에게로 돌아감이라"(롬 11:36). 따라서 어거스틴은 그의 책 「그리스도의 싸움」(*De Agone Christi*) 제 8 장에서 아주 진실하게 그리고 성경에 근거하여 다음과 같이 선언했다: "주께서 말씀하시기를 '참새 두 마리가 한 앗사리온에 팔리는 것이 아니냐? 그러나 아버지께서 허락지 아니하시면 그 하나라도 땅에 떨어지지 아니하리라'고 하셨다" (마 10:29). 그는 이렇게 말함으로써 사람들이 가장 가치 없는 것으로 여기는 것도 전능하신 하나님에 의해 통치되고 있음을 보여 주기 원했다. 왜냐하면 진리이신 하나님께서 공중의 새들도 그가 먹이시고 들의 백합화도 그가 입히신다고 말씀하셨기 때문이다; 그는 또한 우리의 머리털까지 세신 바 되었다(마 6:26 이하)라고 말씀하신다.

5.030 **쾌락주의자들.** 그러므로 우리는 하나님의 섭리를 부인하는 쾌락주의자들과, 하나님이 하늘의 일에 바쁘셔서 우리들과 우리의 형편들을 보지도 않고 돌보지도 않으신다는 모독적인 말을 하는 모든 사람들을 정죄한다. 왕이며 선지자였던 다윗도 다음과 같이 말했을 때 이것을 정죄했다: "여호와여, 악인이 언제까지 개가를 부르리이까 말하기를 여호와가 보지 못하며 야곱의 하나님이 알아차리지 못하리라 하나이다 백성 중의 어리석은 자들아 너희는 생각하라 무지한 자들아 너희가 언제나 지혜로울까 귀를 지으신 이가 듣지 아니하시랴 눈을 만드신 이가 보지 아니하시랴" (시 94:3, 7-9).

5.031 **무시되서는 안 되는 방편들.** 그렇지만 우리는 하나님께서 자신의 섭리를 이루시기 위해 사용하시는 방편들을 무용하다고 물리치지 않으며, 하나님의 말씀 안에 그것들이 우리에게

천거되어 있는 한, 우리 자신들을 그것들에게 적응시켜야 한다고 가르친다. 그렇게 때문에 우리는 만일 만사가 하나님의 섭리에 의하여 처리된다면 우리의 수고와 노력은 헛것이라고 말하는 사람들의 경솔한 진술을 인정하지 않는다. 만약 우리가 모든 것을 하나님의 섭리에 따라 진행되도록 맡기기만 하면 충분할 것이다. 비록 바울은 "네가 로마에서도 증거하여야 하리라"(행 23:11)고 말씀하시며, 또한 더불어, "너희 중 생명에는 아무 손상이 없겠고...... 머리터럭 하나도 잃을 자가 없으리라"(행 27:22,34)는 약속을 그에게 주신 하나님의 섭리 하에서 자신이 항해를 하고 있다는 것을 이해하고 있었지만, 선원들이 그럼에도 배를 포기할 생각을 하자, 바울은 백부장과 선원들에게 말하였다: "이 사람들이 배에 있지 아니하면 너희가 구원을 얻지 못하리라"(행 27:31). 왜냐하면 모든 것에 목적을 부여하신 하나님께서 그 목적이 완성될 수 있도록 하기 위한 시작과 방편들까지 정해 놓으셨기 때문이다. 이방인들은 모든 것을 맹목적 요행과 우연으로 돌린다. 그러나 야고보 사도는 우리가 다음과 같이 말하는 것을 원치 않는다: "오늘이나 내일이나 우리가 아무 도시에 가서 장사하리라" (약 4:13); 대신에, 그는다음과 같이덧붙였다: "너희가 도리어 말하기를 '주의 뜻이면 우리가 살기도 하고 이것 저것을 하리라' 하라"(약 4:15). 또한 어거스틴은 다음과 같이 말했다: "허망한 사람들에게는 자연 속에서 우연히 일어나는 것처럼 보이는 모든 것들이 오직 하나님의 말씀에 의해서만 일어난다— 왜냐하면 그것은 오직 하나님의 명령에 의해서만 일어나기 때문이다"(*Enarrationes in Psalmos* 148). 마찬가지로, 사울이 자기 아버지의 나귀들을 찾아다니다가 뜻밖에 선지자 사무엘을 만나게 되었을 때, 그 일이 정말 우연히 일어난 것처럼 보였다. 그러나 하나님은 이미 사무엘 선지자에게 다음과 같이 말씀하셨다: "내일 이맘때에 내가 베냐민 땅에서 한 사람을 네게 보내리라"(삼상 9:16).

제 7 장

만물의 창조에 관하여:

천사, 마귀및 인간에 관하여

5.032 **하나님께서 만물을 창조하셨다.** 이 선하시고 전능하신 하나님께서 그와 함께 영원히 공존하시는 말씀에 의해, 만물 곧 보이는 것과 보이지 않는 모든 것을 창조하셨으며, 그와 함께 영원히 공존하시는 성령님에 의해 그것들을 보존하고 계신다: 이것을 다윗은 "여호와의 말씀으로 하늘이 지음이 되었으며 그 만상을 그의 입 기운으로 이루었도다" (시 33:6)라고 말하며 증언하였다. 그리고 성경이 말하는 바와 같이, 하나님께서

지으신 모든 것은 보기에 매우 좋았고, 인간들의 유익을 위해 그리고 그들이 이용할 수 있도록 만들어졌다. 지금 우리는 그러한 모든 것들의 근원이 하나라고 주장한다. **마니교도들과 마르키온주의자들.** 그러므로 우리는 마니교도들과 마르키온주의자들을 정죄한다—그들은 두 가지 실체와 본질이 있어서, 하나는 선하고 하나는 악하며, 두 개의 시작과 서로 상반되는 두 신 god 이 있어서 한 신은 선하고 다른 신은 악하다는 불경한 생각을 하는 자들이다.

5.033 **천사와 마귀에 관하여.** 모든 피조물 중에서 천사와 인간이 가장 탁월하다. 천사에 관해서는 성경이 이렇게 선언한다: "바람을 자기 사신으로 삼으시고 불꽃으로 자기 사역자를 삼으시며"(시 104:4). 성경은 또 다음과 같이 말한다: "모든 천사들은 부리는 영으로서 구원얻을 후사들을 위하여 섬기라고 보내심이 아니뇨"(히 1:14). 마귀에 관하여는 주 예수께서 친히 증언하신다: "저는 처음부터 살인한 자요, 진리가 그 속에 없으므로 진리에 서지 못하고, 거짓을 말할 때마다 다 제 것으로 말하나니, 이는 저가 거짓말장이요, 거짓의 아비가 되었음이니라"(요 8:44). 따라서 우리는 어떤 천사들은 꾸준히 복종하여 하나님과 사람을 충성스럽게 섬기는 종으로 임명되었지만, 반면에 다른 천사들은 자기 자신의 자유의지에 의해 타락하여 파멸로 던져졌고 선하고 신실한 모든 존재들의 원수들이 되었다는 것을 가르친다.

5.034 **인간에 관하여.** 이제 인간에 관하여 성경은 태초에 인간이 하나님의 형상과 모양[2]을 따라 선하게 만들어졌고, 하나님께서 그를 낙원에 두셔서 만물이 그에게 복종케 하셨다고 말한다 (창 2). 이것이 바로 다윗이 시편 8 편에서 위엄있게 진술한 내용이다. 더욱이 하나님께서 그에게 아내를 주어 그들을 축복하셨다. 우리는 또한 사람은 한 인격 안에 두 개의 다른 실체들로 구성되어 있다고 주장한다: 하나는 불멸의 영혼으로서 몸에서 분리 되었을 때 자지도 않고 죽지도 않는 것이고, 다른 하나는 죽을 몸인데, 그럼에도 이것은 최후 심판 때에 죽음으로부터 일으킴을 받아 생명 속에서 혹은 죽음 속에서 전인 the whole man 으로 영원히 거할 것이다.

5.035 **분파 sects.** 우리는 영혼의 불멸을 비웃거나, 교묘한 논쟁으로 그것에 의구심을 제기하거나, 혹은 영혼이 잠을 잔다든가 하나님의 한 부분이라고 말하는 모든 사람들을 정죄한다. 간단히 말해서, 우리는 창조와 천사와 마귀와 사람에 관해서 그리스도의 사도적 교회 안에서 성경이 우리에게 전해 준 바로부터 이탈된 모든 사람들의 의견들—그것들이 아무리 많을지라도—을 정죄한다.

---

[2] *Ad imaginem et simulitudinem Dei*

제 8 장
인간의 타락, 죄 및 죄의 원인에 관하여

5.036 **인간의 타락.** 태초에 사람은 하나님의 형상을 따라 의로움과 참 거룩함안에서 선하고올바르게 지음을 받았다. 그러나 그가 뱀의 선동과 자신의 과실로 인해 선함과 의로움을 버렸을 때, 그는 죄와 죽음과 각종 재난을 겪게 되었다. 그리고 그가 타락함으로 인해 당한 일, 즉 죄와 죽음과 각종 재난을 겪게 되는 일을 그의 모든 후손들도 겪게 되었다.

5.037 **죄.** 죄에 대해서 우리는 다음과 같이 이해한다: 우리의 시조들로부터 우리 모두 속에 파생되거나 전달된 인간의 선천적 부패로 말미암아 우리는 여러 가지 사악한 욕심에 빠져들고 모든 선에 대항하면서, 온갖 악을 저지르는 성향을 갖게 된다. 우리는 모든 사악, 불신, 하나님에 대한 멸시와 미움이 가득해서 우리 스스로가 어떤 선도 행할 능력이 없으며, 심지어 그것들을 생각하는 것조차 불가능하다. 게다가 나이가 들어감에 따라, 우리는 사악한 생각과 말 그리고 하나님의 율법을 어긴 행위들로 말미암아 악한 나무에 맺히는 악한 열매를 맺는다 (마 12:33 이하). 이 때문에, 우리 자신의 응보로 하나님의 저주 아래에 놓이게 되었고, 공의의 심판을 받아야 한다; 그 결과 만약 그리스도 곧 구원자가 우리를 회복시켜주지 않았다면, 우리 모두는 하나님에 의해 버림을 받았을 것이다.

5.038 **죽음.** 죽음에 대해서 우리는 우리 모두가 죄 때문에 한번은 겪어야 하는 육체적 죽음뿐 아니라, 우리의 죄와 부패에 마땅한 영벌이라고 이해한다. 사도 바울은 다음과 같이 말한다: "허물과 죄로 죽었던 우리가...... 다른 이들과 같이 본질상 진노의 자녀이었더니 긍휼이 풍성하신 하나님이 우리를 사랑하신 그 큰 사랑을 인하여 허물로 죽은 우리를 그리스도와 함께 살리셨고"(엡 2:1 이하). 또한 "한사람으로 말미암아 죄가 세상에 들어오고 죄로 말미암아 사망이 왔나니 이와 같이 모든 사람이 죄를 지었으므로 사망이 모든 사람에게 이르렀느니라" (롬 5:12).

5.039 **원죄** Original Sins. 그러므로 모든 사람 속에 원죄가 있다는 것을 우리는 인정한다. **자죄** Actual Sins. 우리는 원죄로부터 일어나는 다른 모든 죄는 어떤 명칭으로 불리든지 간에—죽어 마땅한 죄, 용서 받을 수 있는 죄, 혹은 결코 용서 받을 수 없는 성령 훼방죄(막 3:29, 요일 5:16)—죄라 불리며, 정말 죄라는 것을 인정한다. 우리는 또한 죄가 다 똑같지 않다고 고백한다; 비록 그것들이 부패와 불신앙이라고 하는 같은 바탕에서 생기는 것일지라도, 어떤 것은 다른 것보다 더 심각하다. 주께서 말씀하신 대로 복음의 말씀을 거절하는 도시보다 소돔이 견디기가 더 쉬울 것이다 (마 10:14-15, 11:20 이하).

5.040 **분파들.** 그러므로 우리는 이것과 다르게 가르치는 모든 사람들—특히 펠라기우스와 그의 추종자들, 그리고 스토아 학파들과 더불어 모든 죄를 동등하다고 보는 요비누스주의자들 Jovinians 을 정죄한다. 이러한 모든 문제에 있어서, 우리는 성경에서 그의 견해를 도출하여 방어한 성 어거스틴에게 동의한다. 나아가, 우리는 플로리누스 Florinus 와 블라스투스 Blastus—이레네우스 Irenaeus 가 이들에 반대하는 글을 썼다—그리고 하나님을 죄의 창시자로 여기는 모든 사람을 정죄한다.

5.041 **하나님은 죄의 창시자가 아니다; 하나님께서는 어느 정도까지 인간들을 완악하게 하시는가?** 이 문제에 대해서는 다음과 같이 명백하게 기록되어 있다: "주는 악을 기뻐하시는 이가 아니시니 그는 모든 행악자를 미워하시며, 거짓말하는 자를 멸하시리이다 (시 5:4 이하). 또한 "마귀가 거짓을 말할 때마다 제 것으로 말하나니 이는 저가 거짓말쟁이요 거짓의 아비이기 때문이라"(요 8:44). 더욱이, 우리 속에 충분한 죄악성과 부패가 있으므로 하나님께서 우리에게 어떤 새로운, 혹은 훨씬 더 사악한 마음을 우리 속에 주입하실 필요가 없으시다. 따라서 성경에서 하나님이 완고케 하시고, 어둡게 하시고, 배척하는 마음으로 이끄신다고 말할 때, 그것은 하나님께서 의로운 심판자와 복수자로서 의로운 심판으로 그렇게 하신다고 이해되어야 한다. 끝으로, 성경에서 하나님이 어떤 악을 행하신다고 말하거나 또는 행하는 것처럼 보일 때마다, 사람이 악을 행하는 것이 아니라고 말할 것이 아니라, 하나님께서 그의 의로운 판단에 의해 그것을 허용하고 그것을 막지 않으신다고 해야 한다—왜냐하면 하나님은 원하시기만 하면 죄를 막으실 수 있고 또는 혹은 요셉의 형들이 범한 죄의 경우와 같이 인간의 악을 선으로 바꾸실 수 있으므로 또 죄가 적정선 이상으로 터져 나와 창궐하지 못하도록 죄를 다스리시기 때문이다. 성 어거스틴은 그의 「신앙편람」(*Enchridion*)에서 다음과 같이 썼다: "그 [하나님]의 뜻에 반하여 일어나는 일들이 기이하고 말로 형언할 수 없는 방식으로 일어나지만, 그의 뜻과 동떨어진 것은 아니다. 만약 하나님께서 그것을 허용하지 않으시면 일어날 수 없기 때문이다. 그리고 하나님은 그것을 마지못해 허용하시는 것이 아니라, 기꺼이 허용하신다. 그러나 선하신 그분은 전능하셔서 악으로부터 선을 만들어 내지 못한다면 악이 행해지도록 허용하지 않으실 것이다."

5.042 **호기심에서 나온 질문들.** 하나님께서 아담의 타락을 의도하셨는가? 또는 아담을 선동하여 타락하게 하셨는가? 또는 어찌하여 그의 타락을 막지 않으셨는가? 와 같은 다른 질문들을 우리는 호기심에서 나온 질문들로 간주한다 (아마도 이단자들이나 무례한 자들의 악독이 우리로 하여금 부득불

하나님의 말씀을 가지고 설명할 수 밖에 없게 만드는 그러한 식의 질문이 아니라면—사실 교회의 경건한 교사들이 자주 그렇게 해왔다.) 왜냐하면 사람에게 금단의 열매를 먹지 말라고 금하신 주님께서 사람이 그것을 먹었을 때 그를 벌하셨기 때문이다. 우리는 또한 일어나는 일들은 하나님의 섭리와 뜻과 능력의 관점에서 볼 때 악하지 않지만, 하나님의 뜻에 반하는 사단과 우리의 뜻이라는 관점에서 볼 때는 악한 것이다.

제 9 장
자유의지와 그에 따른 인간의 능력에 관하여

5.043 언제나 교회 안에서 많은 갈등을 일으켜 온 이 문제에 있어서, 우리는 인간의 세가지 상태 혹은 형편을 고려해야 한다고 가르친다. **타락 이전의 인간.** 사람이 처음에 즉 타락하기 전에는 바르고 자유로와서 선함 가운데 존속할 수도 있고, 악을 선택할 수도 있는 그러한 상태가 있었다. 그러나 인간은 죄를 선택하였고, 그 결과 이미 말한 바와 같이 그 자신과 인류 전체를 죄와 죽음에 얽히게 하였다. **타락 이후의 인간.** 그 다음에는 타락 이후의 인간이 어떤 가를 고려해야 한다. 확실한 것은 사람에게서 이성이 인간으로부터 제거된 것은 아니며, 의지가 박탈된 것도 아니고, 인간이 완전히 변하여 돌이나 나무가 된 것도 아니었다. 그러나 인간은 너무도 변하고 약해져서 타락 이전에 그들이 할 수 있었던 것을 더 이상 할 수 없게 되었다. 왜냐하면 이해력이 어두워졌고, 자유로웠던 의지가 노예상태의 의지가 되었기 때문이다. 지금은 의지로 마지 못해서가 아니라 기꺼이 죄를 섬긴다. 참으로 그것은 마지못함 unwill[ing]이 아니라, 의지라고 불린다.[3]

5.044 **인간은 자기 자신의 자유의지로써 악을 행한다.** 그러므로 악이나 죄에 관해서, 인간은 하나님이나 혹은 마귀에게 강요를 당하는 것이 아니라 자기 자신의 자유의지로 악을 행한다; 그런 점에서 인간은 가장 자유로운 의지를 가지고 있다. 그러나 우리는 인간이 구상한 최악의 범죄와 계획이 그 목적에 도달하지 못하도록 하나님께서 막으시는 것을 종종 볼 때 그것은 하나님이 악을 행하는 인간의 자유를 앗아가는 것이 아니라, 그 자신의 능력으로써 사람이 자유롭게 달리 계획한 것을 막으시는 것이다. 그리하여 요셉의 형들이 요셉을 없애 버리려고 자유롭게 결정했지만 그렇게 할 수 없었다; 왜냐하면 하나님께서 그 계획과 다른 어떤 선한 지략을 가지고 계셨기 때문이다.

---

[3] *Etenim voluntas, non noluntas dicitur.*

5.045 **인간은 자체적으로 선을 행할 능력이 없다**. 선이나 덕행에 있어서 인간의 이성은 그 자체로서 신성의 사물에 관하여 옳은 판단을 내리지 못한다. 복음서나 사도들의 글은 우리 중 누구든지 구원을 얻고자 하는 자는 거듭나야 한다고 말한다. 아담으로부터의 첫 태생은 우리의 구원에 대하여 아무런 공헌도 하지 못한다. 바울은 "육에 속한 사람은 하나님의 성령의 일들을 받지 아니하나니"(고전 2:14)라고 말한다. 또 그는 다른 곳에서 우리 스스로는 어떤 선한 것도 생각할 수 없다고 했다 (고후 3:5). 정신 mind 혹은 지성이 우리 의지의 안내자라고 알려져 있다; 만약 그 길잡이가 눈이 멀었다면 의지가 어디까지 갈 수 있을지는 뻔한 것이다. 그러므로 아직 거듭나지 않은 사람은 선을 행할 자유의지가 없으며, 선한 것을 행할 힘도 없다. 주께서 복음서에서 다음과 같이 말씀하셨다: "진실로 진실로 너희에게 이르노니 죄를 범하는 자마다 죄의 종이라"(요 8:34). 그리고 사도 바울은 다음과 같이 말한다 "육신의 생각은 하나님과 원수가 되나니 이는 하나님의 법에 굴복지 아니할 뿐 아니라 할 수도 없음이라"(롬 8:7). 그러나 이 땅의 것들의 관해서는 타락한 사람도 이해력이 전혀 없는 것은 아니다.

5.046 **예술에 대한 이해**. 왜냐하면, 하나님께서 그의 자비로 인간에게 지적 능력이 남아 있도록 허락하셨기 때문이다; 물론, 이것은 타락 이전의 인간에게 있었던 지적 능력과는 크게 다른 것이다. 하나님은 우리에게 타고난 재능을 계발하라고 명령하시면서, 우리에게 은사들과 성공을 더하여 주신다. 그리고 하나님의 축복이 없이는 우리가 어떤 예술 분야에 있어서도 조금도 진보를 이루지 못한다는 것은 분명하다. 어쨌든, 성경은 모든 예술의 유래를 하나님께 돌린다; 사실, 이방인들도 예술의 기원을 그것을 창작한 신들에게까지 추적해 간다.

5.047 **중생한 인간들의 능력에는 어떤 종류들이 있으며, 그들의 의지는 어떤 식으로 자유로운가?** 최종적으로 우리가 반드시 알아야 할 것은, 거듭난 자들이 자유의지를 가지고 있는지, 그리고 어느 정도까지 가지고 있는지에 대한 것이다. 중생에 있어서 이해력은 하나님의 신비와 뜻을 이해하도록 성령에 의하여 조명 받는다. 그리고 의지 자체가 성령에 의하여 변화될 뿐 아니라, 자발적으로 선을 의도하고 행할 수 있도록 능력이 갖추어진다 (롬 8:1 이하). 우리가 이것을 허용하지 않으면 결국 그리스도인의 자유를 부정하게 될 것이며, 법적 속박을 끌어들이게 될 것이다. 그러나 선지자를 통하여 하나님이 말씀하시기를 "내가 나의 법을 그들의 속에 두며 그 마음에 기록하리라"(렘 31:33;겔 36:26-27)고 하셨다. 복음서에서 주님도 말씀 하셨다: "아들이 너희를 자유케 하면 너희가

참으로 자유하리라"(요 8:36). 바울 역시 빌립보인들에게 편지하기를 "그리스도를 위하여 너희에게 은혜를 주신 것은 다만 그를 믿을 뿐 아니라 또한 그를 위하여 고난도 받게 하심이라"(빌 1:29)고 했다. 다시금 그가 말하기를 "너희 속에 착한 일을 시작하신 이가 예수 그리스도의 날 까지 이루실 줄을 확신하노라"(빌 1:6)고 했다. 그리고 "너희 안에서 행하시는 이는 하나님이시니, 자기의 기쁘신 뜻을 위하여 너희로 소원을 두고 행하게 하신다."(빌 2:13)라고 하였다.

5.048 **중생한 자들은 수동적으로만 아니라 능동적으로 일한다**. 이 문제에 있어서 우리는 두 가지를 주목해야 한다고 가르친다: 첫째로 중생한 자들은 선을 택하고 행함에 있어서 수동적으로만 아니라, 능동적으로도 일한다. 그들은 자기들이 하는 것을 스스로 하도록 하나님에 의해 감동을 받기 때문이다. 어거스틴은 "하나님은 우리를 돕는 분이라 일컬어집니다; 그러나 무언가를 하지 않고서는 아무도 도움을 받을 수 없습니다"라고 말함으로 적절하게 인증했다. 마니교도들은 인간에게서 모든 활동을 박탈하여, 인간을 한낱 돌이나 한 조각의 나무와 같이 만들어 버렸다.

5.049 **중생한 자들 속에 있는 자유의지는 약하다.** 둘째로, 중생한 자들 속에도 연약함이 그대로 남아 있다. 죄가 우리 속에 머물러 있고 중생한 자들 속에서 육체가 생의 마지막까지 성령을 거슬러 투쟁하고 있기 때문에, 그들이 계획한 바를 모든 것에서 쉽게 성취하지 못한다. 이것은 로마서 7 장과 갈라디아서 5 장에서 사도에 의하여 확증되었다. 그러므로 우리 생의 마지막까지 우리 안에 남아있는 옛 아담의 잔재들과 인간 타락의 잔재들 때문에, 그 자유의지는 힘이 약한 것이다. 하지만 육체의 힘과 옛 사람의 잔재들은 성령의 역사를 전적으로 소멸시킬 수 있을 만한 효력을 갖고 있지 않기 때문에, 성도들이 자유롭다고 일컬어지는 것이다; 그래도 그들은 자신들의 연약함을 인정하며, 그들의 자유의지를 결코 칭송하지 못한다. 왜냐하면 성도들은 성 어거스틴이 사도 바울의 말을 따라 그렇게도 여러 번 설득했던 것을 항상 마음에 간직해야 하기 때문이다: "너희가 받지 않은 것이 무엇인가? 너희가 그것을 받았다면 그것이 선물이 아닌 것처럼 자랑하는 것은 어찜이냐?" 그는 여기에 우리가 계획한 것들이 즉각적으로 이루어지지는 않는다고 덧붙인다. 모든 것들이 하나님의 손에 달려 있기 때문이다. 이 때문에 바울은 그의 여행이 형통하도록 주님께 기도했던 것이다 (롬 1:10). 그리고 이것 또한 자유의지가 약한 이유이다.

5.050 **외적인 일을 함에 있어서 자유가 있다.** 그뿐 아니라 외적인 일에 있어서는 중생한 사람이나 중생하지 못한 사람이나 다 자유의지를 즐긴다는 것을 부인할 사람은 없다. 사람은 살아있는 다른 피조물들 (사람은 다른 피조물보다 열등하지 않다)과 더불어 어떤 것을 하거나, 하지 않기로 하는 이런 본성을 공통적으로 가지고 있기 때문이다. 따라서 사람은 말을 할 수 있거나, 침묵을 지킬 수 있으며, 집을 나갈 수도 있고, 집에 머무르는 등등의 것을 할 수 있다. 그러나 여기서도 우리는 언제나 하나님의 능력을 주의 깊게 보아야 한다—발람이 그가 원하는 만큼 갈 수 없었고 (민 24 장), 사가랴가 성전에서 돌아왔을 때 자기가 원하는 대로 말을 할 수 없었던 것이(눅 1 장) 바로 하나님의 능력 때문이었다.

5.051 **이단들.** 이 문제에 있어서 우리는 마니교도를 정죄한다: 그들은 선하게 창조된 인간이 자신의 자유의지로 악을 행했다는 것을 부인하기 때문이다. 우리는 또한 펠라기우스파를 정죄한다: 그들은 악한 사람도 하나님께서 명령하신 선을 행할 자유의지를 충분히 가지고 있다고 주장하기 때문이다. 성경은 이 두 가지 이단을 다 공박한다: 전자에 대해서는 "하나님이 사람을 선하게 지으셨다"고 했으며, 후자에 대해서는 "아들이 너희를 자유케 하면 너희가 참으로 자유하리라"(요 8:36)고 했다.

제 10 장

하나님의 예정과 성도의 선택에 관하여

5.052 **하나님께서 은혜로 우리를 선택하셨다.** 사도 바울의 말에 의하면, 하나님은 영원 전부터 값없이 그리고 순전한 그분의 은혜로 인간을 고려하지 않으시고, 그리스도안에서 구원하시기로 의도하신 성도들을 예정 혹은 선택하셨다: "하나님께서 창세 전에 그 안에서 우리를 택하셨다" (엡 1:4). 그리고 다시 말한다: "하나님이 우리를 구원하사 거룩하신 소명으로 부르심은 우리의 행위대로 하심이 아니요 오직 자기의 뜻과 영원 전부터 그리스도 예수 안에서 우리에게 주신 은혜대로 하심이라 이제는 우리 구주 그리스도 예수의 나타나심으로 말미암아 나타났으니" (딤후 1:9-10).

5.053 **우리는 그리스도 안에서 선택 혹은 예정되었다.** 그러므로 하나님은 우리 자신의 어떤 공로때문은 아니지만, 그리스도 안에서 그리스도 때문에 우리를 선택하시어, 현재 믿음으로 그리스도에게 접붙임을 받은 사람들은 또한 선택을 받을 수 있도록 하셨다. 그러나 그리스도 밖에 있는 자들은 사도의 말씀대로 제외되었다: "너희가 믿음에 있는가 너희 자신을

시험하고 너희 자신을 확증하라 예수 그리스도께서 너희 안에 계신 줄을 너희가 스스로 알지 못하느냐? 그렇지 않으면 너희가 버리운 자니라"(고후 13:5).

5.054 **우리는 명확한 목적을 위해서 선택되었다.** 결국 성도들은 명확한 목적을 위해서 하나님으로 말미암아 그리스도 안에서 선택되었다; 그 목적에 대해 사도 바울은 다음과 같이 설명한다: "하나님이 그리스도 안에서 우리를 택하사 우리로 사랑 안에서 그 앞에 거룩하고 흠이 없게 하시려고 우리를 예정하사 예수 그리스도로 말미암아 자기의 아들들이 되게 하셨으니 이는 그의 사랑하시는 자 안에서 우리에게 거저 주시는 바 그의 은총을 찬미하게 하려는 것이라"(엡 1:4 이하).

5.055 **우리는 모든 인간들에 대해 선한 소망을 가져야 한다.** 비록 하나님은 누가 당신의 사람인지를 알고 계시며, 여기저기에 적은 수가 선택된 것을 언급하고 있지만, 그래도 우리는 모든 사람이 잘 될 것을 소망해야 하며, 어떤 사람이 버림을 받았다고 경솔하게 판단해서는 안된다. 왜냐하면 바울이 빌립보인들에게 다음과 같이 말하였기 때문이다: "내가 너희 모두를 생각할 때마다 나의 하나님께 감사 드린다" (여기서 바울은 빌립보에 있는 교회 전체에 대해서 말한다.), "그것은 복음 안에서 너희가 교제함을 인함이라, 너희 속에 착한 일을 시작하신 이가 그리스도 예수의 날까지 이루실 줄을 우리가 확신하노라, 내가 너희 무리를 위하여 이와 같이 생각하는 것이 마땅하니라"(빌 1:3 이하).

5.056 **소수만이 선택되었는가?** 누군가 주님께 구원 받을 자의 수가 적겠습니까? 라고 물었을때, 주님은 소수나 다수가 구원이나 멸망을 받을 것이라는 말씀으로 대답하지 않으셨다; 도리어 그는 모든 사람들에게 "좁은 문으로 들어가도록 힘쓰라" (눅 13:24)고 권고하셨다: 이것은 마치 주님께서 "네가 할 일은 이런 일에 대해 호기심을 품고 질문하는 것이 아니라, 도리어 곧은 길을 통해 천국에 들어가기 위해서 힘쓰는 것이다"라고 말씀하시는 것과 같다.

5.057 **이 일에 있어서 정죄 받아야 할 것이 무엇인가?** 따라서 우리는 다음과 같이 말하는 사람들의 불경건한 말들을 인정하지 않는다: "소수가 선택되었고, 또 나는 내가 그 소수 중에 들어 있는지를 알지 못하기 때문에 나 자신을 즐기며 살 것이다." 다른 이들이 말한다: "만일 내가 하나님에 의해서 예정되고 선택되었다면, 내가 무엇을 하든지 구원은 이미 확정된 것이므로 아무 것도 나를 구원받지 못하게 방해할 수 없다; 그러나 만일 내가 버림받은 자들의 수효 속에 들어

있다면, 하나님의 결정은 변경될 수 없는 것이기에, 어떤 신앙이나 회개도 나에게 도움이 되지 못한다; 그러므로 모든 교리와 권고가 다 소용이 없다." 사도 바울의 말은 이런 자들을 반박한다: "마땅히 주의 종은 가르치기를 잘하며 거역하는 자를 징계할지니, 혹 하나님이 저희에게 회개함을 주사 진리를 알게 하실까 하며, 저희로 깨어 마귀의 올무에서 벗어나 하나님께 사로잡힌 바 되어 그 뜻을 좇게 하실까 함이라"(딤후 2:23 이하).

5.058 **구원이 선택으로부터 나오기 때문에 책망이 소용없는 것은 아니다**. 어거스틴 역시 거저 주시는 선택과 예정의 은혜 및유익한 책망과 교리들은 모두 선포되어야 한다는 것을 보여준다 (*Lib, de Dono Perseverantiae,* "견인의 은사에 관하여," 14 절 이하).

5.059 **우리는 과연 선택 받았는가?** 그러므로 우리는 그리스도 밖에서 자신들이 선택되었는지를[4] 묻는 사람들을 책망한다. 그리고, 하나님은 영원 전부터 그들에 관해 무엇을 결정하셨는가? 왜냐하면 복음이 전하는 바를 듣고 믿어야 하기 때문이다; 그리고 그리스도를 믿고 그 안에 있으면 선택되었다는 것을 의심할 여지가 없는 것으로 여겨야 한다; 왜냐하면 디모데 후서 1:9-10 에 있는 말씀을 통해 내가 방금 보여 준 대로, 아버지 하나님은 그분이 예정하신 영원한 목적을 그리스도 안에서 우리에게 계시해 주셨기 때문이다. 그러므로 무엇보다 우리를 향한 하나님의 위대한 사랑이 그리스도 안에서 우리에게 계시 된것을 가르치고 깊이 생각해야 한다. 우리는 주께서 날마다 우리에게 복음서에서 가르치시는 것, 그리고 그분이 어떻게 부르시고 말씀하시는지를 들어야 한다: "수고하고 무거운 짐진 자들아 다 내게로 오라 내가 너희를 쉬게 하리라"(마 11:28). "하나님이 세상을 이처럼 사랑하사 독생자를 주셨으니 누구든지 저를 믿으면 멸망하지 않고 영생을 얻으리라"(요 3:16). 또한: "이 소자들 중 하나도 멸망하지 않는 것이 내 아버지의 뜻이니라"(마 18:14).

5.060 그러므로 그리스도가 거울이 되게 하자—우리는 그분 안에서 우리의 예정을 묵상할 수 있다. 우리가 그리스도와 교제를 하고 있다면 우리 이름이 생명책에 새겨지고, 참 믿음 안에서 그는 우리의 것이고 우리는 그의 것이라는 충분하고도 명백한 확실한 증거를 가지게 될 것이다.

5.061 **예정과 관련된 유혹.** 예정에 관한 유혹보다 더 위험한 유혹이 별로 없는 이런 유혹 속에서 우리는 하나님의 약속이 모든 신실한 자들에게 적용된다는 사실과 맞서게 된다; 왜냐하면, 그가 "구하라, 구하는 자마다 받을 것이다"(눅

[4] 1568 년 판에는 "그들이 영원 전부터 선택됐는가?"라고 되어 있다.

11:9-10)라고 말씀하시기 때문이다. 결국 우리는 하나님의 전체 교회와 함께 "하늘에 계신 우리 아버지여"(마 6:9)라고 기도한다;

그것은 세례로 인하여 우리가 그리스도의 몸에 접붙임을 받았기 때문이며, 또 그의 교회 안에서 종종 영생을 위해 그의 살과 피를 받아 먹기 때문이다. 이렇게 해서 힘을 얻은 우리는 바울의 교훈대로 두렵고 떨림으로 우리의 구원을 이루라는 명령을 받는다.

제 11 장
참 하나님이시며 참 인간이시며 세상의 유일한 구주이신 예수 그리스도에 관하여

5.062 **그리스도는 참 하나님이시다.** 하나님의 아들 우리 주 예수 그리스도는 성부에 의해서 영원 전부터 세상의 구주로예정되었다고 우리는 믿으며 또 그렇게 가르친다. 그리고 우리는 그가 동정녀 마리아에게서 육신을 입으셨을 때와 세상의 기초가 놓여지기 전 뿐만 아니라, 영원 전부터 말로 표현할 수 없는 방식에 의하여 성부에 의해서 태어나셨음을 믿는다. 왜냐하면, 이사야가 "누가 그의 세대를 말하리오?"(사 53:8)라고 말했기 때문이다. 또 미가는 "그의 근본은 상고에 태초이니라"(미 5:2)고 말했다. 그리고 요한은 복음서에서 "태초에 말씀이 계시니라 이 말씀이 하나님과 함께 계셨으니 이 말씀이 곧 하나님이시니라"(요 1:1)고 말했다. 그러므로 신성으로 말하면 성자는 성부와 동등하며 같은 실체를 지니신다; 사도 요한이 종종 말했듯이 성자는 명칭 name 이나 양자 adoption 로나 어떤 공로 merit 에서 뿐 아니라, 실체와 본성에 있어서도 참 하나님이시다(빌 2:11): "이는 참 하나님이시며 영생이시다" (요일 5:20). 바울 또한 "이 아들을 만유의 후사로 세우시고 또 저로 말미암아 모든 세계를 지으셨느니라 이는 하나님의 영광와 광채시요 그 본체의 형상이시라 그의 능력의 말씀으로 만물을 붙드신다"(히 1:2-3)고 말한다. 복음서에서 주님 자신도 "아버지여, 창세 전에 내가 아버지와 함께 가졌던 영화로써 지금도 아버지와 함께 나를 영화롭게 하옵소서"(요 17:5)라고 하셨다. 또 복음서 다른 곳에는 다음과 같이 기록되어 있다: "그가 하나님을 아버지로 부르며 자기를 하나님과 동등으로 삼으셨기 때문에 유대인들이 더욱더 그를 죽이고자 하였다"(요 5:18).

5.063 **분파들.** 그러므로 우리는 하나님의 아들을 대항하는 아리우스와 아리우스주의자들의 불경건한 교리, 그리고 특히 스페인 사람 미가엘 세르베투스 Servetus 와 그의 모든 추종자들의 신성 모독적 교리를 혐오한다; 사단은 이를 테면 그들을 통해 그러한 교리들을 지옥으로부터 끌어내다가 너무도 대담하고 불경스럽게 세상에 널리 퍼뜨리고 있다.

5.064 **그리스도는 실제 육신을 지니신 참 인간이시다.** 우리는 영원하신 하나님의 영원하신 아들이 에베온파 사람들이 말하는 대로 인간의 성교를 통해서가 아니라, 아브라함과 다윗의 후손으로부터 인자가 되셨으며, 복음의 역사가 주의 깊게 우리에게 설명하는 바와 같이 (마 1 장) 성령에 의해 가장 순결하게 잉태되어 동정녀 마리아에게서 탄생하셨다고 믿고 가르친다. 바울은 "그는 천사의 본성을 취하신 것이 아니라 아브라함의 자손의 본성을 취하셨다"고 말한다. 그리고 사도 요한은 예수 그리스도가 육신을 입고 오셨다는 것을 믿지 않는 자마다 하나님의 사람이 아니라고 말한다. 그러므로 그리스도의 육신은 발렌티누스와 마르키온이 잘못 상상한 것처럼 공상적인 것도 아니고 하늘로부터 끌어내린 것도 아니다.

5.065 **그리스도 안에 있는 이성적 혼** soul. 더구나 우리 주 예수 그리스도는 아폴리나리스 Apollinaris 가 생각한 대로 감각과 이성이 없는 혼을 가지셨던 것도 아니고, 또 유노미우스가 가르친 것처럼 혼이 없는 육신을 가지셨던 것도 아니다; 그는 이성이 있는 혼과 감각이 있는 육신을 지니셨으며, 그렇기에 수난을 당하실 때에 실제로 육체적 고통을 경험하셨다: 예수님 자신이 그것에 대해 다음과 같이 증언하셨다: "내 영혼이 심히 고민하여 죽게 되었다"(마 26:38). 또한: "지금 내 영혼이 괴롭다"(요 12:27).

5.066 **그리스도 안에 있는 두 가지 본성.** 그러므로 우리는 한 분이시며 동일하신 예수 그리스도 우리 주님 안에 두 가지 본성 혹은 두 가지 실체, 즉 신성과 인성이 있음을 고백한다 (히 2 장). 그리고 이 둘은 서로 흡수되거나 혼동되거나 혼합되지 않으면서, 한 위 속에서 함께 연합 혹은 연결되어—그 본성들의 특성들이 손상되지 않고 영구적인 방식으로—서로 얽히고 연합되어 있다.

5.067 **두 분이 아니고 한 분이신 그리스도.** 이렇게 우리는 두 분이 아니라 한 분이신 그리스도 곧 주님을 예배한다. 다시 말하거니와: 그는 한 분이신 참 하나님이시며 또한 인간이시다. 그의 신성으로 말하면 성부와 실체가 같으시고, 인성으로 말하면 우리 인간과 실체가 같으시다; 그리고 죄를 제외하고는 모든 것에 있어서 우리들과 같으시다 (히 4:15).

5.068 **분파들.** 따라서 우리는 한 그리스도를 둘로 만들고 그 위의 통일성을 와해시키는 네스토리안파의 교리를 몹시 싫어한다. 그와 같이 또한 우리는 예수의 인성이라는 특성을 파괴하는 유티쿠스 Eutyches 와 단의론자 Monothelites 들 또는 단신론자 Monophysites 들의 광기를 철저히 저주한다.

5.069 **그리스도의 신성은 느낄 수 없으며** not passible**, 그의 인성은 모든 곳에 존재하는 것이 아니다.** 그러므로 우리는 어떤

식으로든지 그리스도 안에 있는 신성이 고통을 당했다거나, 그리스도가 그의 인성을 따라 아직도 이 세상에 계시고, 따라서 어디에나 계신다고 가르치지 않는다. 왜냐하면 우리는 그리스도께서 영광을 받으신 후에 그의 몸이 참된 몸으로 존재하기를 멈추었다거나, 또는 몸과 혼의 특성들을 버리고 전적으로 신성으로 변화되어 오직 하나의 실체가 되기 시작했다고 생각하지도 않고 가르치지도 않기 때문이다.

5.070 **분파들**. 그래서 우리는 슈뱅크휄트 Schwenkfeldt 와 또 그와 유사한 궤변가들이 억지로 꾸며낸 혼란스럽고 모호하고 교활한 생각들과 그들의 자가당착적인 주장들을 결코 인정하거나 수락하지 않는다; 또한 우리는 슈뱅크휄트 주의자들이 아니다.

5.071 **우리 주님께서는 참으로 고난을 당하셨다**. 그뿐 아니라 우리는 베드로가 말한 것처럼 (벧전 4:1) 우리 주 예수 그리스도가 우리를 위하여 육신으로써 고난을 당하셨고 죽으셨다는 것을 믿는다. 우리는 주님의 수난을 비난하는 야곱주의자 Jacobites 들과 터키 Turks 사람들의 가장 불경건한 광기를 혐오한다. 동시에 우리는 바울의 말대로 (고전 2:8) 영광의 주께서 우리를 위하여 십자가형을 받으셨다는 것을 부인하지 않는다.

5.072 **신성과 인성의 전이** Impartation of Properties. 우리는 그리스도 안에 있는 신성 및 인성이 서로 전이된다는 것을 경건하고 겸허한 자세로 인정한다; 이것은 명백히 상반되는 구절들을 설명하고 논쟁을 조정하는 과정에서 성경에서 도출되고, 모든 고대인들에 의해 사용된 것이다.

5.073 **그리스도는 죽음 가운데서 참으로 살아나셨다**. 우리는 그 동일하신 우리 주 예수 그리스도께서 십자가에 달려 죽으신 그 육체를 가지시고 죽음에서 살아나셨으며, 무덤에 묻혔던 그 육체 말고 다른 육체가 되살림을 받았거나 그 육체 대신 영이 들려 올라온 것이 아니라 그가 그의 진짜 육체를 지니고 계셨다는 것을 믿고 가르친다. 그러므로 그의 제자들이 주님의 영을 본 것으로 생각했을 때, 그는 못 자국 및 상처로 얼룩진 자기 손과 발을 그들에게 보여 주셨고, "내 손과 발을 보고 나인 줄 알라. 또 나를 만져 보라 영은 살과 뼈가 없으되 너희 보는 바와 같이 나는 있느니라"(눅 24:39)고 덧붙여 말씀하셨다.

5.074 **그리스도는 진실로 승천하셨다**. 우리는 우리 주 예수 그리스도께서 동일한 몸을 입고 모든 가시적인 하늘들을 넘어 가장 높은 하늘, 즉 하나님과 축복받은 자들의 거처가 있는 곳에 이르러 하나님 보좌 우편에 계신다고 믿는다. 비록 그것은 영광과 위엄에 동등하게 참여하는 것을 의미하지만, 또한 어떤

장소를 가리키는 것으로 간주된다—그것에 대해서 주님은 복음서에서 "내가 너희를 위하여 장소를 예비하러 가노라"(요 14:2)고 말씀하신다. 사도 베드로 또한 "만유를 회복하실 때까지는 하늘이 그를 받아 두리라"(행 3:21)고 말한다. 그리고 세상에 악이 극에 달하고, 적 그리스도가 참된 종교를 부패케 하여 미신과 불경건으로 가득 채우며, 피 흘리는 일과 화염으로 교회를 잔인하게 폐허로 만들어 버릴 때 (단 11 장), 하늘로부터 그리스도가 다시 이 땅에 오셔서 심판하실 것이다. 그리스도는 다시 오셔서 당신 자신의 것을 도로 찾으시고, 그의 재림으로 적그리스도를 파멸하시며, 산 자와 죽은 자들을 심판하실 것이다 (행 17:31). 죽은 자들은 다시 살아나고 (살전 4:14 이하), 그날에 (그날은 어느 피조물에게도 알려지지 않았음[막 13:32]) 살아 있는 사람들은 '눈 깜박하는 사이에' 변화될 것이며, 믿는 자들은 모두 들려 올라가 공중에서 그리스도를 만나게 될 것이다; 그리하여 그들은 그리스도와 함께 축복된 처소로 들어가 영원히 살게 될 것이다 (고전 15:51-52). 그러나 불신자들과 경건치 못한 자들은 마귀들과 함께 지옥으로 내려가 영원히 불타며 결코 고통으로부터 구속을 받지 못할 것이다 (마 25:46).

5.075 **분파들.** 그러므로 우리는 육체가 실제로 부활한다는 것을 부인하거나 (딤후 2:18), 제롬이 반박하는 글을 쓴 바 있는 예루살렘의 요한처럼 몸의 영화에 대한 정확한 견해를 가지지 못하는 사람들을 모두 정죄한다. 우리는 또한 마귀와 모든 불경건한 자들이 언젠가는 구원을 받는다든가, 벌에도 끝이 있을 것이라고 생각하는 자들을 정죄한다. 왜냐하면 주께서 명백하게 선언하시기를 "거기는 구더기도 죽지 않고 불도 꺼지지 아니 하느니라"(막 9:44)고 하셨기 때문이다. 그뿐 아니라 우리는 그 심판날 전에 땅 위에 황금시대가 올 것이라든가, 경건한 자들이 그들의 모든 불경건한 원수들을 정복한 후 땅의 모든 나라들을 소유하게 되리라고 생각하는 유대인들의 꿈을 정죄한다. 왜냐하면 마태복음 24 장과 25 장, 누가복음 18 장에 있는 복음적 진리와 데살로니가 후서 2 장, 디모데 후서 3 장과 4 장에 있는 사도적 교훈은 아주 다른 것을 제시하기 때문이다.

5.076 **그리스도의 죽음과 부활의 열매.** 더욱이 우리 주님은 그의 수난과 죽음 그리고 육체를 입고 오셔서 우리를 위해 행하시고 인내하신 모든 일들을 통해 모든 믿는 자들을 하늘 아버지께 화해시키셨고, 죄에 대한 속죄를 이루셨으며, 죽음을 무장해제 시키셨고, 저주와 지옥을 정복하셨으며, 죽음에서 부활하심으로 생명과 불멸성을 다시 찾고 회복하셨다. 그분은 우리의 의와 생명과 부활이시며, 한마디로 말해서 모든 믿는 자들의 충만이요, 완전이시며, 구원과 온전한 충족이시다. 왜냐하면 사도 바울이 다음과 같이 말했기 때문이다: "하나님의

모든 충만함이 그 안에 거하기를 기뻐하시고"; "너희도 그 안에서 충만하여 졌느니라" (골 1-2 장).

5.077 **예수 그리스도는 세상의 유일한 구주시며, 기다리던 참 메시야이시다**. 우리는 예수 그리스도께서 인류 및 온 세계의 유일하고 영원하신 구세주이심을 가르치고 믿는다; 율법 이전과 율법 하에서 그리고 복음 하에서 구원받은 자들 그리고 세상 끝날에 구원 받을 자들은 모두 그분을 믿음으로 구원을 받는다. 왜냐하면 주님이 복음서에서 "양의 우리에 문으로 들어가지 아니하고 다른데로 넘어가는 자는 절도며 강도요......나는 양의 문이라" (요 10:1, 7) 고 말씀하시기 때문이다. 그리고 같은 복음 다른 곳에서 주님은 또한 "아브라함은 나의 때를 보고 기뻐하였느니라" (요 8:56)고 말씀하신다. 사도 베드로 또한 "다른 이로써는 구원을 얻을 수 없나니 천하 인간에 구원을 얻을 만한 다른 이름을 우리에게 주신 일이 없음이니라"고 말한다. 그러므로 우리는 우리의 조상들처럼 우리 주 예수 그리스도의 은혜로 말미암아 구원을 얻게 될 것을 믿는다 (행 4:12, 10:43, 15:11). 왜냐하면 바울 또한 " 우리 조상들이 다 같은 신령한 식물을 먹으며 다 같은 신령한 음료를 마셨으니 이는 저희를 따르는 신령한 반석으로부터 마셨으며, 그 반석은 곧 그리스도시라" (고전 10:3-4)고 말하기 때문이다. 요한 또한 다음과 같이 말한 것을 우리는 읽는다: "그리스도는 창세 전에 죽임을 당한 어린 양이다" (계 13:8); 세례 요한은 그리스도가 "세상 죄를 없이 하시는 하나님의 어린 양이시다" (요 1:29)고 증언했다. 그렇기 때문에 우리는 공개적으로 다음과 같이 고백하며 선포한다: 예수 그리스도는 세상의 유일한 구속자요 구주시며, 왕이요 대제사장이시고, 참된 대망의 메시야이시며, 온갖 형태의 율법과 선지자들의 예언이 예시하고 약속한 거룩하고 축복된 분이시다; 하나님께서 미리 그를 정하셨다가 우리에게 보내셔서, 우리로 하여금 다른 존재를 찾지 않아도 되게 하셨다. 그러므로 우리 모두에게 남은 일은 다만 모든 영광을 그리스도에게 드리고, 그를 믿고 오직 그 안에서 쉼을 얻으며, 생활 속에서 다른 모든 도움들을 멸시하고 거부하는 것이다. 왜냐하면 그리스도 외에 어떤 다른 곳에서 구원을 찾는 사람들은 누구나 할 것 없이 하나님의 은혜에서 떨어졌고, 그리스도를 자기들에게 헛되고 공허한 존재로 여기는 자들이기 때문이다 (갈 5:4).

5.078 **네 개의 교회 공의회 신조들을 받아들임**. 그리고 많은 것들을 몇 마디로 간추려 말한다면, 우리 주 예수 그리스도의 성육신의 신비에 관해서 성경으로부터 정의된 것과, 니케아, 콘스탄티노플, 에베소, 칼세돈에서 모였던 가장 탁월한 첫 네

대회의 신조들과 결정들 decrees 과 또 복된 아타나시우스[5]의 신조와 모든 유사한 상징들로서 요약된 것들을 모두 우리는 진지한 마음으로 믿으며, 입을 열어 자유롭게 고백하는 바이다; 그러나 이것들과 반대되는 것은 그 무엇이든지 정죄한다.

5.079 **분파들.** 그리고 이런 식으로 우리는 기독교의 전통적, 보편적 신앙을 온전하게 그리고 손상됨 없이 간직한다; 우리는 위에 언급된 신조들 속에는 하나님의 말씀과 일치하지 않거나, 신앙에 대한 진지한 설명에 전적으로 기여하지 않는 것이 결코 담겨있지 않다는 것을 알고 있기 때문이다.

제 12 장
하나님의 율법에 관하여

5.080 **하나님의 뜻은 우리를 위해 하나님의 율법 안에 설명되어 있다.** 우리는 하나님의 율법 안에 우리를 위해 하나님의 뜻이 무엇인지, 즉 하나님께서 우리에게 하기를 원하시는 것이나 원치 않는 것이 무엇인지, 무엇이 선하고 옳은지, 무엇이 악하고 옳지 않은지가 설명되어 있다고 가르친다. 그러므로 우리는 율법이 선하고 거룩하다고 고백한다.

5.081 **자연법.** 그리고 이 율법이 한때는 하나님의 손가락에 의하여 사람의 마음 속에 기록되어 (롬 2:15) 자연법이라 불린다 (모세의 율법은 두 개의 돌판에 기록되어 있다); 또 다른 때에는 율법이 하나님의 손가락에 의해 두 돌판에 새겨져 모세가 쓴 책들에 설득력있게 해설되어 있다 (출 20:1 이하; 신 5:6 이하). 혼동을 없애기 위해, 우리는 십계명 혹은 두 개의 돌판에 들어 있고 모세의 책에 해설되어 있는 도덕법과, 의식들 ceremonies 및 하나님에 대한 예배를 결정하는 의식법, 그리고 정치 및 가정 문제들과 관련된 재판법을 구분한다.

5.082 **율법은 온전하고 완벽하다.** 우리는 삶의 모든 영역들에 대한 하나님의 전반적인 뜻과 필요한 모든 교훈들을 이 율법 속에서 배울 수 있다고 믿는다. 만약 그렇지 않다면, 주께서 우리에게 이 율법에다 아무것도 더하거나 빼거나 하지 말라고 명령하지 않았을 것이며, 또한 우리에게 이 율법 앞에 놓여 있는 곧은 길을 가며, 우로나 좌로나 치우쳐 그 길에서 벗어나는 일이 없게 하라고 명령하지 않았을 것이기 때문이다 (신 4:2; 12:32).

5.083 **율법은 왜 주어졌는가?** 우리는 사람들이 이 율법을 지킴으로써 의롭다함을 얻게 하시려고 그것이 주어진 것이 아니라, 오히려 그것이 우리에게 가르쳐 주는 것을 통해 우리가 (우리의) 연약함과 죄와 정죄함, 그리고 우리가 얼마나

---

[5] 소위 아타나시우스 신조라고 하는 것은 아타나시우스가 쓴 것이 아니고, 제 9 세기까지 거슬로 올라간다. 이것은 라틴어역의 첫 단어를 취하여 "Quicunque"라 불리기도 한다.

무력한지를 깨닫고 믿음으로 그리스도께 돌이킬 수 있도록 하기 위해 주어졌다고 가르친다. 왜냐하면 사도 바울이 다음과 같이 공개적으로 선언하기 때문이다: “율법은 진노를 이루게 한다,” “율법으로는 죄를 깨달음이라” (롬 4:15, 3:20); “만일 능히 살게 하는 율법을 주셨더라면 의가 반드시 율법으로 말미암았으리라. 성경 (즉, 율법)이 모든 것을 죄 아래 가두었으니, 이는 예수 그리스도를 믿음으로 말미암는 약속을 믿는 자들에게 주려 함이니라. . . 이같이 율법이 우리를 그리스도에게 인도하는 몽학선생이 되어 우리로 하여금 믿음으로 말미암아 의롭다 함을 얻게 하려 함이니라” (갈 3:21 이하).

5.084 **육신은 율법을 성취할 수 없다**. 육신은 결코 하나님의 율법을 만족시키거나 성취할 수 없었고, 또 오늘도 그러하다; 그것은 우리가 숨질 때까지 우리에게 붙어서 남아 있는 육신의 연약성 때문이다. 왜냐하면 사도가 다시 다음과 같이 말하기 때문이다: “율법이 육신으로 말미암아 연약하여 할 수 없는 그것을 하나님이 하셨나니, 곧 죄를 인하여 자기 아들을 죄있는 육신의 모양으로 보내심으로써 하셨도다” (롬 8:3). 그러므로 그리스도는 율법의 완성이며 우리를 위한 율법의 성취이시다(롬 10:4); 그는 율법의 저주를 제거하시기 위해 우리를 위한 저주가 되셨다 (갈 3:13). 따라서 주님은 자신이 이루신 율법의 성취를 우리의 믿음을 통해 우리들에게 전가시켜 주심으로 그의 의와 복종이 우리의 것이 된다.

5.085 **율법은 어느 정도까지 폐기되었는가?** 그러므로 하나님의 율법은 더 이상 우리를 정죄하거나 우리에게 진노를 가져오지 않을 만큼 폐기되었다. 왜냐하면 우리는 율법이 아니라 은혜 아래 있기 때문이다. 그뿐 아니라 그리스도는 율법이 요구하는 것들을 모두 성취하셨다. 따라서 실체가 왔을 때 그림자가 모두 사라졌기에, 우리는 이제 그리스도 안에서 진리와 모든 충만을 지니게 된다. 그러할지라도, 우리는 그것 때문에 율법을 경멸적으로 거부하지 않는다. 왜냐하면 우리는 주님이 “나는 율법과 선지자들을 폐하러 온 것이 아니라 완전케 하러 왔노라”(마 5:17)고 하신 말씀을 기억하기 때문이다. 우리는 율법 안에 덕과 악의 유형들이 우리에게 제시되어 있다는 것을 알고 있다. 우리는 기록된 율법이 복음에 의해 설명될 때 교회에게 유용하다는 것과, 따라서 율법을 읽는 일을 교회에서 없애서는 안된다는 것을 알고 있다. 왜냐하면 비록 모세의 얼굴이 수건으로 가리워졌지만, 사도는 그 수건이 그리스도에 의해 걷혀지고 폐지되었다고 말한다. **분파들.** 우리는 고금의 이단들이 율법에 반하여 가르친 모든 것들을 정죄한다.

제 13 장

예수 그리스도의 복음, 약속, 및 영 Spirit 과 율법조문 Letter 에 관하여

5.086 **고대인들도 복음의 약속들을 지니고 있었다.** 복음은 참으로 율법과 반대이다. 왜냐하면 율법은 진노를 자아내고 저주를 선언하는 반면, 복음은 은혜와 축복을 전하기 때문이다. 요한은 "율법은 모세로 말미암아 주어진 것이요, 은혜와 진리는 예수 그리스도로 말미암아 온 것이라"(요 1:17)고 말한다. 그렇지만 율법 이전에 있던 사람이나 율법 아래 있던 사람들에게도 복음이 전혀 없었던 것은 아니라는 것은 명백하다. 왜냐하면 그들에게도 다음과 같은 특별한 복음의 약속들이 주어졌기 때문이다: "여자의 후손이 뱀의 머리를 상하게 할 것이다"(창 3:15). "네 씨로 말미암아 천하 만민이 복을 얻으리라"(창 22:18). "그가 오실 때까지......홀이 유다를 떠나지 아니하리라"(창 49:10). "여호와께서 너희 형제 중에서 선지자 하나를 일으키시리라"(신 18:15; 행 3:22) 등등.

5.087 **두 종류의 약속.** 그리고 우리는 두 종류의 약속들이 옛 조상들 및 우리들에게 계시된 것을 인정한다. 왜냐하면 어떤 것들은 가나안 땅 및 승리에 대한 약속들, 그리고 오늘 일용할 양식을 주시겠다는 여전한 약속과 같이 현재적이면서 이 땅에 속한 것들이기 때문이다. 다른 약속들은 그 당시나 지금이나 할 것 없이 하늘에 속한 영원한 것들에 대한 약속들로서, 이를테면 하나님의 은혜, 죄사함, 그리고 예수 그리스도를 믿음으로 얻는 영생과 같은 것들이다.

5.088 **조상들도 육신적 약속들뿐만 아니라 영적 약속들도 지니고 있었다.** 그뿐 아니라 조상들도 외적이고 이 땅에 속한 약속들뿐만 아니라, 그리스도 안에서 영적이고 하늘에 속한 약속들도 지니고 있었다. 베드로는 "이 구원에 대하여는 너희에게 임할 은혜를 예언하던 선지자들이 연구하고 부지런히 살폈다"(벧전 1:10)고 말한다. 그래서 사도 바울 역시 "이 복음은 하나님이 선지자들을 통하여 그의 아들에 관하여 성경에 미리 약속하신 것이라"(롬 1:2)고 말했다. 그러므로 고대인들이 온전한 복음을 전혀 가지고 있지 않았던 것은 아니라는 것이 분명하다.

5.089 **복음의 내용은 무엇인가?** 우리 조상들이 이런 식으로 선지자들의 글 속에 복음을 지니고 있었고, 그들이 그것에 의해 믿음을 통해 그리스도 안에서 구원을 얻었지만, 복음은 기쁘고 즐거운 소식이라고 적절히 불린다; 복음 안에는 먼저는 세례 요한에 의해, 다음에는 그리스도 자신에 의해, 그 다음으로는 사도들과 그들의 후계자들에 의해, 하나님께서 태초부터 약속하신 바를 지금 수행하셨고, 독생자를 우리에게 보내시어,

그뿐만 아니라, 우리에게 주시어, 그 안에서 성부와 화해를 이루게 하시고, 죄의 사면과 모든 충만함과 영생을 주셨다는 내용이 세상에 있는 우리들에게 선포되어 있다. 그러므로 네 복음서 기자가 묘사해 놓았고, 이런 일들이 어떻게 그리스도에 의해서 행해지거나 성취되었는지, 그리스도가 무엇을 가르치시고 행하셨는지, 그리고 그를 믿는 자들이 모든 충만함을 지니고 있다는 것을 설명해 놓은 역사가 복음이라 불리는 것이 마땅하다. 성자가 어떻게 성부에 의해 우리에게 주어졌는지, 그리고 성자 안에서 생명 및 영생과 관계되는 모든 것들이 우리에게 어떻게 주어졌는지를 설명해 주는 사도들의 설교와 기록들 또한 복음적 교리라 불리는 것이 적절하다; 그러므로 오늘도 그것이 진지하게 선포되기만 한다면 그 빛나는 제목(복음)을 잃지 않을 것이다.

5.090 **영과 율법 조문 Letter 에 관하여**. 바로 그 복음 선포를 사도는 “영” 및 “영의 사역”이라고 불렀다; 왜냐하면 그것은 성령의 조명을 통해 믿는 자들의 귀에, 아니 믿는 자들의 마음 속에 실제로 살아있는 것이 되기 때문이다 (고후 3:6). 문자란 영과는 대립되는 것으로서 외적인 모든 것, 특별히 살아있는 믿음을 지니지 않은 자들의 정신 mind 속에서 성령 및 믿음과는 무관하게 죄를 부추기고 진노를 가져오는 율법의 교리를 의미한다. 이것으로 인해 사도는 그것을 “죽음의 사역”이라고 부른다. 이것과 관련하여 “문자는 죽이는 것이요 영은 살리는 것이라”는 사도의 말이 꼭 맞는 말이다. 그런데 거짓 사도들은 그리스도가 율법이 없이는 구원할 수 없는 것처럼 복음과 율법을 섞음으로써 오염된 복음을 선포했다.

5.091 **분파들.** 에비온파 Ebionites 가 바로 그런 사람들이었다고 하는데, 그들은 이단자 에비온과 그리고 전에는 미네안파 Mineans 라고 불리던 나사렛주의자들에게서 유래하였다. 우리는 이들을 모두 정죄하며 믿는 자들은 율법에 의해서가 아니라 오직 성령[6]에 의해서 의롭다 함을 얻는다는 순수한 복음과 가르침을 전파한다. 이 일에 대한 좀 더 세밀한 해설은 칭의 justification 라는 제목하에 곧 따라 나오게 될 것이다.

5.092 **복음에 대한 가르침은 새것이 아니라 가장 오랜 교리이다**. 복음에 대한 가르침은 율법에 관한 바리새인들의 가르침과 비교해서 그리스도에 의해서 처음으로 선포되었을 때 (예레미야도 새 언약에 관해서 예언한 바 있음) 새로운 교리처럼 보였지만, 사실 그것은 과거에나 지금이나 오래된 교리일 뿐 아니라 (오늘날도 교황주의자들은 그들이 지금 받아

[6] 원본에는 ‘영’대신에 ‘그리스도’라고 되어 있다.

들이고 있는 가르침과 비교하여 그것을 새로운 것이라고 부르고 있지만), 세상에서 가장 오래된 것이다. 왜냐하면 하나님은 영원 전부터 그리스도를 통해 세상을 구원하실 것을 예정하셨고, 이러한 그의 예정과 영원한 지략을 복음을 통해 세상에 드러내셨기 때문이다 (딤후 2:9-10). 따라서 복음의 종교 및 가르침은 과거에 있었고, 지금 있으며, 장차 있을 모든 것들 중에서 가장 오래된 것이라는 것이 명백하다. 그러므로 우리는 복음의 종교 및 가르침이 근자에 생긴 것이라 하면서 겨우 삼십 년 밖에 안되는 신앙이라고 말하는 사람들은 모두 부끄러운 잘못을 저지르는 것이며, 하나님의 영원한 지략에 대해 수치스럽게 말하는 것이라고 주장한다. 그런 자들에게는 이사야에 나오는 다음의 구절이 적당하다: "악을 선하다 하며 선을 악하다 하며 흑암으로 광명을 삼으며 광명으로 흑암을 삼으며 쓴 것으로 단 것을 삼으며 단 것으로 쓴 것을 삼는 자들은 화 있을진저"(사 5:20).

제 14 장
회개와 인간의 회심에 관하여

5.093 회개의 교리는 복음과 연결되어 있다. 왜냐하면 복음서에서 주님이 이렇게 말씀하셨기 때문이다: "나의 이름으로 죄에 대한 회개와 용서가 모든 족속에게 전파될 것이다" (눅 24:47). **회개란 무엇인가?** 회개란 말에서 우리가 이해하는 것은 (1) 복음의 말씀과 성령으로 말미암아 깨움을 받고, 참된 믿음에 의하여 영접됨으로써, 죄인 속에 올바른 마음이 회복되는 것이며, 그로 인해서 죄인이 즉각 자기의 타고난 부패와 하나님의 말씀에 의해서 고발당하는 자기의 모든 죄를 인정하는 것이다; 그리고 (2) 그 부패와 죄를 마음으로부터 비통히 여기며 하나님 앞에서 부끄러운 감정을 가지고 그것들을 통회하며 솔직하게 고백하는 일이며, (3) 그뿐 아니라 분개하는 마음으로 그것들을 몹시 싫어하고, (4) 이제는 그의 길을 수정할 것을 열심히 고려하고, 온 여생을 성실하게 무흠하고 덕있는 삶을 살려고 항상 노력하는 것이다.

5.094 **참 회개는 하나님께 돌아가는 것이다.** 그리고 이것이 참된 회개인데, 이를테면 하나님과 모든 선으로 진지하게 돌아서는 일, 그리고 악마와 모든 악으로부터 진심으로 돌아서는 것이다. **1. 회개는 하나님의 선물이다**. 이제 우리는 이 회개가 우리의 힘으로 할 수 있는 일이 아니라, 순전히 하나님의 선물이라는 것을 명백히 말한다. 왜냐하면 사도바울이 신실한 사역자에게 명령하기를, "하나님이 저희에게 회개함을 주사 진리를 알게 하실지도 모르니" (딤후 2:25), 진리에 반대하는 자들을 열심히 가르치라고 하였기 때문이다. **2. 범한 죄를 탄식한다**. 자기 눈물로써 주님의 발을 씻은 죄있는 여인과 주님을 부인한 일을 통절히 여기며 울고 통곡한 베드로(눅 7:38, 22:62)는 통회하는 사람의 마음이 그 지은 죄를 어떻게 진지하게 탄식해야 하는

가를 밝히 보여준다. **3. 하나님께 죄를 고백한다**. 그뿐 아니라 복음서에 나오는 탕자와 세리는 바리새인들과 비교해 볼때, 우리가 어떻게 우리 죄를 하나님께 고백해야 하느냐에 대해서 가장 알맞는 모범을 우리에게 제시한다. 탕자가 말하기를 "아버지여내가 하늘과 아버지께 죄를 얻었사오니 지금부터는 아버지의 아들이라 일컬음을 감당치 못하겠나이다나를 품꾼의 하나로 보소서" (눅 15:8 이하)하였다. 그리고 세리는 감히 하늘을 우러러보지도 못하고 가슴을 치며 말하기를, "하나님이여, 나를 불쌍히 여기옵소서" (눅 18:13)라고 했다. 그리고 우리는 그들이 하나님에게 용납되어 은혜를 입게 되었을 것을 의심치 않는다. 왜냐하면 사도 요한이 말하기를, "만일 우리가 우리 죄를 자백하면 저는 미쁘시고 의로우사 우리 죄를 사하시며 모든 불의에서 우리를 깨끗하게 하실 것이요, 만일 우리가 범죄하지 아니하였다고 하면 하나님을 거짓말하는 자로 만드는 것이니, 또한 그의 말씀이 우리 속에 있지 아니 하리라"(요일 1:9-10)고 하였기 때문이다.

5.095 **고해성사와 면죄선언**. 하지만, 우리는 이렇게 하나님께만 드리는 진지한 고백—하나님과 죄인 사이에 은밀히 했든지, 혹은 보편적인 죄의 고백을 하는 교회에서 공적으로 하든지—으로 충분하며, 사죄를 받기 위해 자신의 죄를 사제의 귀에 속삭이며 고백하고, 또 사제가 손을 얹고 선언해 주는 용서를 받을 필요가 없다고 믿는다; 왜냐하면 성경에 그것에 대한 계명이나 실례가 없기 때문이다. 다윗은 "내가 이르기를 내 허물을 여호와께 자복하리라 하고 주께 내 죄를 아뢰고 내 죄악을 숨기지 아니하였더니 곧 주께서 내 죄의 악을 사하셨나이다" (시 32:5)라는 말로 증언한다. 또 우리에게 기도를 가르치시고 동시에 우리의 죄를 고백하라고 가르치신 주께서 친히 "그러나 이렇게 기도하라 하늘에 계신 우리 아버지시여, 우리가 우리에게 죄진 자를 용서하는 것 같이 우리의 죄를 용서하옵소서"(마 6:12)라고 가르쳐 주셨다. 그러므로 우리가 우리 이웃을 화나게 했으면 하나님 아버지께 우리의 죄를 고백하고, 그와 화해하는 것이 필요하다. 이런 종류의 고백에 관해서 사도 야고보는 "너희 죄를 서로 고하라"(약 5:16)고 했다. 그러나 만일 어떤 사람이 자기 죄의 무게와 난처한 유혹에 압도되어 교회의 목사나 하나님의 율법에 정통한 어떤 다른 형제의 조언과 교훈과 위안을 구한다면, 우리는 그것이 잘못되었다고 말하지 않는다; 우리가 교회 및 예배 모임에서 일반적으로 그리고 공개적으로 행하는 죄의 고백도 위에서 말한대로 그것이 성경과 일치하는 한, 우리는 그것을 온전히 인정한다.

5.096 **천국열쇠들에 관하여**. 주께서 사도들에게 주신 천국 열쇠들에 대해, 많은 사람들이 여러 놀라운 말들을 주절대며,

또한 그것들로부터 검과 창과 홀 scepters 과 왕관을 위조하기도 하고, 가장 위대한 왕국들인 혼과 육을 다스리는 완전한 권세까지도 만들어 낸다. 단순히 주님의 말씀을 따라서 판단하면, 우리는 적절하게 부름을 받은 모든 사역자들이복음을 선포할 때, 즉 사역자들이 자기들에게 맡겨진 사람들을 가르치고 권고하고 위안하고 책망하고 훈련시킬 때, 그 열쇠들 혹은 그 열쇠들의 사용권을 소유하고 행사한다고 말한다.

5.097 **(그 나라를) 열고 닫음.** 이런 식으로 그들은 순종하는 자들에게는 천국을 열어 주고, 순종하지 않는 자들에게는 천국을 닫는 것이다. 주님은 마태복음 16 장에서 사도들에게 이 열쇠들을 약속하셨고, 요한복음 20 장, 마가복음 16 장, 그리고 누가복음 24 장에서 그의 제자들을 파송하시고 온 세상에 복음을 전하며 죄를 사해 주라는 명령을 하셨을 때에 그 열쇠들을 주셨다.

5.098 **화해의 사역**. 고린도에 보낸 서신에서, 바울은 주님께서 당신의 사역자들에게 화목의 사역을 주셨다고 말한다 (고후 5:18 이하). 그리고 나서 그것이 무엇인지를 설명한다: 그것은 화목을 설교하거나 가르치는 일이라고 말한다. 그런 후에 그는 자신의 말을 더 분명히 설명하면서 그리스도의 사역자들은 그리스도의 이름으로 대사의 직무를 수행한다고 덧붙인다; 마치 하나님께서 사역자들을 통해 사람들에게 자신과 화목하자고—물론 신실한 순종의 삶을 통해—권면하시는 것처럼 말이다. 그러므로 그들이 [사람들을] 설득하여 믿고 회개케 할 때 그 열쇠들을 사용하는 것이다. 이와 같이 그들은 사람들을 하나님께 화목시킨다.

5.099 **사역자들이 죄를 용서한다**. 이렇게 그들은 죄를 사해준다. 이렇게 그들은 천국을 열고 믿는 자들을 그리로 이끌어 들인다: 그들은 복음서에서 주님이 "화 있을진저 너희 율법교사여 너희가 지식의 열쇠를 가져가서 너희도 들어가지 않고 또 들어가고자 하는 자도 막았느니라"(눅 11:52)고 말씀하신 자들과는 매우 다른 사람들이다.

5.100 **사역자들이 어떻게 사면하는가?** 그러므로 사역자들이 그리스도의 복음을 전파하고 믿는 모든 자들에게 약속된 사죄를 선포할 때—세례를 받을 때와 같이—그리고 사죄가 각 사람에게 적용된다고 증언할 때, 그들은 올바로 그리고 효과적으로 사면하는 것이다. 우리는 이 사면이 어떤 사람의 귀에 대고 소근거린다든가, 혹은 어떤 사람의 머리 위에서 한사람 한사람에게 속삭일 때 더 효과적이라고는 생각하지 않는다. 그렇지만 그리스도의 피로 얻는 사죄는 부지런히 선포되어야 하고, 죄의 용서가 각자에게 직접적으로 적용된다는 것을 매 사람에게 알려줘야 한다는 것이 우리의 견해이다.

5.101 **부지런히 새로운 삶을 추구해야 한다**. 그러나 복음서에 나타난 실례들은 회개한 자들이 얼마나 깨어서 부지런히 새로운 삶을 추구하고, 옛 사람을 죽이고 새 사람을 따라 살아야 하는지를 우리에게 가르켜 준다. 왜냐하면 주님은 중풍병을 치유받은 사람에게 다음과 같이 말씀하셨기 때문이다: "네가 나았으니 더 심한 것이 생기지 않게 다시는 죄를 범치 말라"(요 5:14). 마찬가지로 주님은 간음한 여인을 자유케 하시면서, "가서 다시는 죄를 범치 말라"(요 8:11)고 하셨다. 이렇게 말씀하셨다고 해서 사람이 육신을 입고 사는 동안 죄를 지을 수 없게 되었다고 말씀하신 것은 아니다; 그는 단순히 근면하고 신중한 헌신을 통해 우리가, 이를테면, 살아서 빠져나온 죄로 되돌아가지 않기 위해, 그리고 육신과 세상과 악마에게 정복 당하지 않기 위해 백방으로 노력하고, 또한 기도로써 하나님께 간구하도록 권고하신 것이다. 주님께서 다시 받아들여 은총을 입게 하신 세리 삭개오가 복음서에서 이렇게 소리친다: "주여, 보시옵소서, 내 소유의 절반을 가난한 자들에게 주겠사오며, 만일 뉘 것을 토색한 일이 있으면 사 배나 갚겠나이다"(눅 19:8). 그러므로 마찬가지로 우리도 참으로 회개한 사람들은 손해를 배상하는 일, 동정을 베푸는 일, 그리고 구제하는 일을 하는 것이 필요하다고 설교한다; 그리고 도처에 있는 모든 사람들에게 다음과 같은 사도의 말로 권고한다: "그러므로 너희는 죄로 너희 죽을 몸에 왕노릇하지 못하게 하여, 몸의 사욕을 순종치 말고, 또한 너희 지체를 불의의 병기로 죄에게 드리지 말고, 오직 너희 자신을 죽은 자 가운데서 다시 산 자 같이 하나님게 드리라" (롬 6:12-13).

5.102 **오류.** 그러므로 우리는 복음 전파를 오용하고 하나님께 돌아가는 일이 쉬운 일이라고 말하면서 다음과 같이 말하는사람들의 모든 불경한 말들을 정죄한다. 그리스도께서 모든 죄를 위해 대속 했다. 죄사함을 받는 것은 쉽다. 그러니 죄를 짓는 것이 무슨 해가 되겠는가? 회개에 대해서도 크게 걱정할 필요가 없다 등. 도리어 우리는 하나님께 나아가는 길이 모든 죄인에게 열려 있으며, 성령을 거슬리는 죄 외에는 무슨 죄를 지었든지 용서 받을 수 있다고 (막 3:29) 항상 가르친다.

5.103 **분파들**. 그러므로 우리는 신/구 나바티우스주의자 Navatianos 와 카타리주의자 Catharists 들을 정죄한다.

5.104 **교황의 면죄부**. 우리는 특히 속죄에 대한 교황의 돈벌이 교리를 비판하며, 그의 성직매매 및 성직매매를 위한 면죄부에 대해서는 베드로가 시몬에게 내린 심판의 말을 이용한다: "네가 하나님의 선물을 돈 주고 살 줄로 생각하였으니 네 은과 네가 함께 망할지어다! 하나님 앞에서 네 마음이 바르지 못하니 이 도에는 네가 관계도 없고 분깃될 것도 없느니라" (행 8:20-21).

5.105 **만족설** satisfactions. 우리는 또한 스스로 만족스러운 일을 함으로써 자신들이 범한 죄를 보상할 수 있다고 생각하는 자들을 인정하지 않는다. 왜냐하면 우리는 그리스도만이 그의 죽음이나 수난에 의해 모든 죄에 대한 만족이나 화해나 속죄가 된다고 가르치기 때문이다 (사 53 장; 고전 1:30). 그래도 우리는 이미 말한 대로 육욕을 억제해야 한다는 것을 끊임없이 강조한다. 그러나 이것과 함께 우리가 덧붙여 가르치는 것이 있다: 이러한 육욕을 억제하는 것이 마치 지은 죄를 보상해 주는 것인양 하나님께 자랑스럽게 내놓을 수 없는 것이고, 오히려 하나님의 자녀의 본성에 걸맞게 하나님의 아들이 죽어 충족시켜 준 것으로 얻은 구원 및 온전한 충족에 대한 감사한 마음에서 우러나오는 새로운 순종으로서 겸허히 수행되어야 한다는 것이다.

제 15 장
믿는 자들의 참된 칭의에 관하여

5.106 **칭의란 무엇인가?** 사도 바울의 칭의에 관한 설명에 의하면, 칭의란 죄를 사해주는 것, 죄과와 처벌로부터 용서를 받는 것, 은총을 입는 것, 그리고 어떤 사람이 옳다고 선언하는 것을 의미한다. 왜냐하면 로마서에서 그는 "의롭다 하시는이는 하나님이시니 누가 정죄하리요?"(롬 8:33)라고 말하기 때문이다. 의롭다 하는 것과 정죄하는 것은 정 반대이다. 그리고 사도행전에서 그 사도는 "이 사람을 힘입어 죄 사함을 너희에게 전하는 이것이며 또 모세의 율법으로 너희가 의롭다 하심을 얻지 못하던 모든 일에도 이 사람을 힘입어 믿는 자마다 의롭다 하심을 얻는 이것이라" (행 13:38-39)고 말한다. 왜냐하면 율법 및 예언서에서 우리는 다음과 같은 말씀을 읽기 때문이다: "사람과 사람 사이에 시비가 생겨서 재판을 청하거든...... 재판장은 그들을 재판하여 의인은 의롭다 하고 악인은 정죄할 것이라" (신 25:1). 그리고 이사야 5 장에는 "화 있을 진저...... 뇌물로 인하여 악인을 의롭다 하는 자들이여"라는 말씀이 있다.

5.107 **우리는 그리스도로 말미암아 의롭다 함을 얻는다.** 이제 가장 분명한 것은 우리가 다 본성적으로 죄인이요, 불경건한 자요, 하나님의 심판대 앞에서 불경건한 자라는 판결을 받고 죽어 마땅한 죄인이지만, 우리의 어떤 공로나 우리에 대한 배려 때문이 아니라 오직 그리스도의 은혜로 의롭게 되었다는 것, 즉, 심판자이신 하나님에 의해 죄와 죽음으로부터 사면을 받았다는 것이다. 여기에 대해서 다음과 같이 바울이 말한 것 보다 더 명료한 것은 없다: "모든 사람이 죄를 범하였으매 하나님의 영광에 이르지 못하더니 그리스도 예수 안에 있는 구속으로 말미암아 하나님의 은혜로 값없이 의롭다 하심을 얻은 자 되었느니라" (롬 3:23-24).

5.108 **전가된 의.** 그리스도께서 세상의 죄를 담당하시고 이를 지심으로 하나님의 정의를 만족시켰다. 그러므로 하나님께서는 전적으로 그리스도의 수난과 부활로 말미암아 우리의 죄에 대해서 화를 푸시며 그 죄과를 우리에게 돌리지 않으시고, 그리스도의 의를 우리에게 전가하여 우리의 것이 되게 하신다(고후 5:19 이하; 롬 4: 25); 그러므로 이제는 우리가 죄로부터 씻음을 받아 깨끗하고 거룩할 뿐 아니라, 그리스도의 의를 받고 죄와 죽음과 정죄에서 사면을 받아 마침내 의롭게 되었고 영생의 후사가 되었다. 따라서 오직 하나님만이 우리를 의롭게 하시고, 오직 그리스도 때문에 우리를 의롭게 하시며, 우리에게 죄를 돌리지 않으시고, 그의 의를 우리에게 전가해 주신다고 말하는 것이 옳다.

5.109 **우리는 오직 믿음으로 말미암아 의롭다 함을 얻는다.** 우리가 칭의를 얻는 것은 우리의 어떤 행함이 아니라, 하나님의 자비와 그리스도를 믿는 믿음을 통해서이기 때문에, 사도 바울과 더불어 우리는 죄인이 의롭다 함을 얻는 것은 오직 그리스도에 대한 믿음으로 말미암는 것이고, 율법이나 어떤 행위로 말미암는 것이 아니라고 가르치며 믿는다. 왜냐하면 사도 바울이 다음과 같이 말하기 때문이다: "그러므로 사람이 의롭다 함을 얻는 것은 율법의 행위에 있지 않고 믿음으로 되는 것이다"(롬 3:28). 또한: "만일 아브라함이 행위로써 의롭다 함을 얻었으면 자랑할 것이 있으려니와 하나님 앞에서는 없느니라; 성경이 무엇을 말하느뇨, 아브라함이 하나님을 믿으매 이것이 저에게 의로 여기신 바 되었느니라; 일을 아니할지라도 경건치 아니한 자를 의롭다 하시는 이를 믿는 자에게는 그의 믿음을 의로 여기시느리라" (롬 4:2 이하, 창 15:6); 그리고 또한: "너희가 그 은혜를 인하여 믿음으로 말미암아 구원을 얻었나니 이것이 너희에게서 난 것이 아니요 하나님의 선물이라; 행위에서 난 것이 아니니 이는 누구든지 자랑치 못하게 함이니라"(엡 2:8-9). 그러므로 믿음은 우리의 의이신 그리스도를 영접하고, 모든 것을 그리스도 안에 있는 하나님의 은혜에 돌리기 때문에, 그 이유로 칭의는 결국 믿음으로 말미암는 것이다; 그러므로 이것은 우리의 행함이 아니라, 오로지 그리스도 때문인 것이다. 칭의는 하나님의 선물이기때문이다.

5.110 **우리는 믿음으로 그리스도를 영접한다.** 그뿐 아니라 주님은 요한복음 6 장에 나타난 대로, 우리가 믿음으로 그리스도를 영접한다는 것을 풍족하게 보여 준다; 거기에 보면 주께서 먹는 일을 믿는 일과 대치시키시고, 또는 믿는 일을 먹는 일과 대치시키셨다. 우리가 먹음을 통하여 음식을 받아들이는 것처럼, 믿음으로 그리스도 안에 동참하는 것이다. **칭의의 원인을 부분적으로 그리스도나 믿음에 돌리고, 또 다른 부분을**

우리에게 돌리는 것은 잘못이다. 그러므로 우리가 칭의의 혜택을 누리는 것은 부분적으로는 하나님이나 그리스도의 은혜 때문이고, 또 부분적으로는 우리 자신이나 우리의 사랑이나 우리의 행함이나 공로 때문이 아니다; 우리는 칭의를 전적으로 믿음을 통해 그리스도 안에서 주어지는 하나님의 은혜에 돌린다. 왜냐하면 우리의 사랑과 우리의 행함은 불의한 자들에 의해 행해지면 하나님을 기쁘시게 할 수 없기 때문이다. 그러므로 우리가 사랑하고 선한 일을 하기에 앞서서 우리가 의로워지는 것이 필요하다. 우리가 이미 말한 바와 같이 순전히 하나님의 은혜로 말미암아그리스도를 믿는 믿음에 의해서 우리가 참으로 의롭게 되는 것이다; 하나님께서는 우리 죄를 우리에게 돌리지 않으시고 그리스도의 의를 우리에게 돌리신다 – 달리 말해서, 하나님께서는 의로움을 위해 그리스도를 믿는 믿음을 우리에게 돌리신다. 그뿐 아니라, 사도 바울은 "계명의 목적은 청결한 마음과 선한 양심과 거짓이 없는 믿음으로 나는 사랑이라" (딤전 1:5)고 말하면서 아주 명백하게 믿음으로부터 사랑을 도출해 낸다.

5.111 **바울과 비교된 야고보.** 그러므로 이 문제에 있어서 우리는 하나의 가공적이고 공허하고 게으르고 죽은 믿음을 말하는 것이 아니라, 살아있고 살리는 믿음을 말하고 있는 것이다. 그것이 살아있는 믿음이며, 또한 살아있는 믿음이라고 불리는 것은 그것이 생명이시며 살리시는 그리스도를 이해하고, 살아있는 행위들에 의해 살아 있음을 보여주기 때문이다. 그러므로 야고보는 이 교리에 있어서 우리와 조금도 대립되지 않는다. 왜냐하면 야고보는 믿음으로 그들 안에 살아계신 그리스도가 없는 사람들이 자랑하는 공허하고 죽은 믿음에 대해 말하고 있기 때문이다 (약 2:14 이하). 야고보는 행함으로 의롭게 된다고 말한다; 그러면서도 그는 바울과 대립되지 않는다 (대립된다면 거부를 당해야 할 것이다); 야고보는 아브라함이 행함으로 자신의 산 믿음과 의롭게 하는 믿음을 증명했다는 사실을 보여 준다. 모든 경건한 자들이 이렇게 한다; 그러나 그들은 자신들의 행위를 신뢰하는 것이 아니라 오직 그리스도만을 신뢰한다. 다시금 사도 바울이 말했다: "이제는 내가 산 것이 아니요, 오직 내 안에 그리스도께서 사신 것이라; 이제 내가 육체 가운데 사는 것은 나를 사랑하사 나를 위하여 자기 몸을 버리신 하나님의 아들을 믿는 믿음 안에서 faith in the Son of God[7] 사는 것이라 내가 하나님의 은혜를 폐하지 아니하노니 만일 의롭게 되는 것이 율법으로 말미암으면 그리스도께서 헛되이 죽으셨느니라" (갈 2:20–21).

---

[7] 라틴어에는 "하나님의 아들에 대한 믿음 faith of the Son of God 으로 말미암아"로 되어 있다.

제 16 장

믿음과 선행에 관하여, 그것들의 보상에 관하여, 그리고 인간의 공로에 관하여

5.112 **믿음이란 무엇인가?** 기독교의 믿음은 어떤 의견이나 인간적 신념이 아니라 매우 확고한 신뢰이며, 명확하고 변함없이 생각[mind] 으로 동의하는 것이다; 또한 성경과 사도 신경에 제시된 하나님에 대한 진리와, 최고의 선이신 하나님, 그리고 특별히 하나님의 약속 및 모든 약속들의 성취이신 그리스도를 가장 확실히 이해하는 것을 의미한다.

5.113 **믿음은 하나님의 선물이다.** 그러나 이 믿음은 하나님께서 오직 그의 은혜로 말미암아 그분께서 원하실 때 원하시는 사람에게 원하시는 정도로 주시고자 하는 분량대로 그의 택한 사람에게 주시는 순전한 선물이다. 그리고 그는 복음의 선포와 꾸준한 기도를 방편으로 해서 성령에 의하여 믿음을 주신다. **믿음의 증가.** 이 믿음은 또한 증가하는데, 하나님께서 믿음을 주시지 않는다면 사도들이 “주여, 우리에게 믿음을 더하소서” (눅 17:5)라고 말하지 않았을 것이다. 믿음에 관해서 우리가 여기까지 말한 모든 것은 우리를 앞선 사도 들이 가르쳐 준 것이다. 왜냐하면 바울이 이렇게 말했기 때문이다: “믿음은 바라는 것들의 휘포스타시스(ὑπόστασις), 곧 확실한 실체요, 엘렝코스 (ἔλεγχος), 즉 명확하고 확실한 이해이다” (히 11:1). 다시 그가 말하기를 하나님의 모든 약속은 그리스도를 통하여 ‘예’이며 또 그리스도를 통하여 ‘아멘’ (고후 1:20)이라고 했다. 그리고 빌립보인들에게 그가 말하기를 그리스도를 믿기 위해서 그들에게 믿음이 주어졌다고 했다 (빌 1: 29). 그리고 하나님은 각 사람에게 믿음의 분량을 배정하셨다 (롬 12:3), 또한: “모두가 믿음을 가지는 것이 아니다,” 그리고 “모두가 복음에 복종하는 것이 아니다” (살후 3:2, 롬 10:16). 누가가 역시 증언하여 말하기를, “영생을 주시기로 작정된 자는 다 믿더라” (행 13:48)고했다. 그러므로 바울은 또한 믿음을 ‘하나님의 택하신 자의 믿음’이라고 불렀으며(딛 1:1), 또 “믿음은 들음에서 나며, 들음은 그리스도의 말씀으로 말미암았느니라” (롬 10:17)고도 했다. 다른 곳에서 그는 종종 믿음을 얻기 위해서 기도하라고 사람들에게 명령했다.

5.114 **효과적이고 활동적인 믿음.** 같은 사도가 믿음을 가리켜, 사랑을 통하여 효과를 나타내며 활동하는 것이라고 불렀다 (갈 5:6). 믿음은 또한 양심을 잔잔케 하며 하나님께 자유롭게 나아가는 길을 연다; 그리하여 우리는 자신을 가지고 하나님께 가까이 나아가며, 유용하고 필요한 것을 그로부터 얻게 된다. 바로 그 같은 것 [믿음]이 우리가 하나님께와 우리의 이웃에게

빚진 봉사를 꾸준히 하도록 하며, 역경 속에서 우리의 인내를 강하게 하며, 참된 고백을 형성하고 만든다; 그리고 한마디로 말해서 온갖 선한 열매와 선행을 산출한다.

5.115 **선행에 관하여.** 우리는 참으로 선한 행위는 성령으로 말미암은 산 믿음에서 자라나며 하나님의 말씀의 뜻이나 통치에 따라 믿는 자들에 의해 행해진다고 가르친다. 이제 사도 베드로는 다음과 같이 말한다: "너희가 더욱 힘을 써 너희의 믿음에 덕을, 덕에 지식을, 지식에 절제를 공급하라"(벧전 1:5 이하). 그러나 우리는 이미 위에서 하나님의 뜻인 그의 율법이 우리를 위해 선행의 유형을 규정해 준다고 말했다. 그리고 사도 바울은 "이것이 하나님의 뜻이니 너희의 거룩함이라 곧 음란을 버리라...... 이 일에 분수를 넘어서 형제를 해하지 말라" (살전 4:3 이하)고 말한다.

5.116 **인간이 선택하는 행위**. 우리들이 임의로 택하는 행위나 예배는 사실 하나님을 기쁘시게 하지 못한다. 이런 것을 바울은 에텔로트레스키아 (ἐθελοθρησκίᾳ) (골 2:23-"스스로 고안한 예배)라고 불렀다. 그런 것에 대해서 주님이 복음서에서 말씀하시기를 "사람의 계명으로 교훈을 삼아 가르치니 나를 헛되게 경배하는도다" (마 15:9)라고 하셨다. 그러므로, 우리는 그런 행위를 인정하지 않으며, 하나님의 뜻과 위탁에 의해서 행하는 일들을 인정하고 권장한다.

5.117 **선행의 목적.** 이러한 선행도 우리가 영생을 얻기 위한 목적으로 행해져서는 안된다; 왜냐하면 사도가 말한 대로 영생은 하나님의 선물이기 때문이다. 또한 그것을 남에게 보이기 위하여 해서도 아니 된다—그것을 주님은 마태복음 6 장에서 거부하셨다; 또한 마태복음 23 장에서 역시 거부하신 대로 이득을 위하여 해서도 아니 된다; 다만 하나님의 영광을 위하여, 우리의 소명을 아름답게 하기 위하여, 하나님께 대한 감사를 보이기 위하여, 그리고 이웃의 이익을 위해서 행해야 한다. 왜냐하면주님이 다시 복음서에서 말씀하기시를, "너희 빛을 사람 앞에 비춰게 하여 저희로 너희 착한 행실을 보고 하늘에 계신 너희 아버지께 영광을 돌리게 하라" (마 5:16)고 하시기 때문이다. 그리고 사도 바울은 이렇게 말한다: "너희가 부르심을 입은 부름에 합당하게 행하라" (엡 4:1). 그리고: "또 무엇을 하든지 말에나 일에나 다 주 예수의 이름으로 하고 그를 힘입어 하나님 아버지께 감사하라" (골 3:17); 또 "각각 자기의 이익을 돌아보지 말고 다른 사람의 이익을 돌보라" (빌 2:4); 그리고 "우리 사람들도 열매없는 자가 되지 않고 매우 긴요한 경우들을 돕기 위하여 좋은 일에 힘쓰기를 배우게 하라" (딛 3:14).

5.118 **선행은 거절당하지 않는다.** 그러므로, 우리는 사도 바울과 더불어 사람이 의롭다 함을 얻는 것이 어떤 선행을 통해서가 아니라 그리스도를 믿는 믿음을 통해 은혜로 된다고 가르치지만, 그렇다고 해서 선행이 별 가치가 없다고 생각하거나 그것을 정죄하지 않는다. 우리는 인간은 게으름을 피우기 위해 창조되지도 않았고, 또한 그럴려고 믿음을 통해 중생을 얻은 것이 아니며, 오히려 쉬지 않고 선하고 유용한 일들을 하기 위함이라는 것을 알고 있다. 왜냐하면 주님은 복음서에서 "좋은 나무는 좋은 열매를 맺는다" (마 12:33)고 하셨으며, 또 "내 안에 거하는 자는 많은 열매를 맺는다" (요 15:5)고 하시기 때문이다. 사도 바울은 다음과 같이 말한다: "우리는 그의 만드신 바라 그리스도 예수 안에서 선한 일을 위하여 지으심을 받은 자니 이 일은 하나님이 전에 예비하사 우리로 그 가운데서 행하게 하려 하심이니라"(엡 2:10); 그리고 또한 "그가 우리를 대신하여 자신을 주심은 모든 불법에서 우리를 구속하시고 우리를 깨끗하게 하사 선한 일에 열심하는 친 백성이 되게 하려 하심이니라"(딛 2:14). 그러므로 우리는 선행을 멸시하는 자들과 그것들을 쓸데없다고, 그리고 그것에 주의를 기울일 필요가 없다고 주절거리는 사람들을 모두 정죄한다.

5.119 **선행으로 구원을 얻는 것이 아니다.** 그러나 위에서 말한 바와 같이 우리는 선행에 의하여 구원을 받는다거나, 선행은 구원에 꼭 필요한 것이어서 그것 없이는 아무도 구원을 얻지 못한다고 생각하지는 않는다. 왜냐하면 우리는 오직 그리스도의 은혜와 은총에 의해 구원을 받기 때문이다. 행함은 필연적으로 믿음으로부터 나온다. 그리고 구원을 행위에 돌리는 것은 적절하지 않으며, 은혜에 돌리는 것이 가장 적합하다. 사도 바울이 기록한 다음의 말씀은 우리에게 잘 알려져 있다: "만일 구원이 은혜로 된 것이면 행위로 말미암지 않음이니 그렇지 않으면 은혜가 은혜되지 못하느니라 그러나 만일 그것이 행위로 된것이면 은혜로 말미암지 않음이니 그렇지 않으면 행위가 행위되지 못하기 때문이라"(롬 11:6).

5.120 **선행은 하나님을 기쁘시게 한다.** 우리가 믿음으로 하는 일은 하나님께 기쁨이 되고, 하나님에 의해 승인을 받는다. 그리스도에 대한 믿음 때문에 더욱이 성령을 통해 하나님의 은혜로 행해지는 선한 일을 행하는 자들은 하나님께 기쁨이 된다. 왜냐하면 사도 베드로가 다음과 같이 말했기 때문이다: "각 나라 중 하나님을 경외하며 의를 행하는 사람은 하나님이 받으시느니라"(행 10:35). 또 바울은 말했다: "우리는 너희를 위하여 기도하기를 그치지 아니하고 구하노니...... 주께 합당히 행하며 범사에 기쁘시게 하고 모든 선한 일에 열매를 맺게 하시며 ......"(골 1:9-10).

5.121 **우리는 참된 덕을 가르치지, 거짓되고 철학적인 덕을 가르치는 것이 아니다**. 그래서 우리는 거짓되고 철학적인 덕이 아니라 참된 덕, 즉 참된 선행과 그리스도인의 참된 봉사를 부지런히 가르친다. 우리는 가능한 한 부지런히 그리고 열심히 모든 사람에게 그것들을 권장하는 동시에, 입으로는 복음을 칭송하고 고백하면서 그들의 불미스러운 삶으로 복음을 욕되게 하는 모든 사람들의 태만과 위선을 정죄한다. 이 문제와 관련하여, 우리는 그들 앞에 하나님의 무서운 위협을 제시하며, 그 다음에는 하나님의 풍성한 약속과 관대한 보상—권고와 위로와 책망—을 제시한다.

5.122 **하나님께서는 선행에 대해서 상을 주신다**. "네 소리를 금하여 울지 말라...... 네 일에 갚음을 주실 것이다" (렘 31:16; 사 4 장)라는 선지자의 말대로, 하나님은 선한 일을 하는 자들에게 후한 상을 주신다. 또한 주님은 복음서에 "기뻐하고 즐거워하라, 하늘에서 너희의 상이 큼이라" (마 5:12)고 하셨고, 또 "누구든지 소자 중 하나에게 냉수 한 그릇이라도 주는 자는, 내가 진실로 너희에게 이르노니, 그 사람이 결단코 상을 잃지 아니하리라" (마 10:42)고 말씀하셨다. 그러나 우리는 주께서 주시는 이러한 상을 그것을 받는 사람의 공로로 돌리지 않고 그것을 약속하시고 주시는 하나님, 그리고 누구에게도 빚진 것이 없으시면서도 그의 신실한 예배자들에게 상을 주시겠다고 약속하시는 하나님의 선하심과 관대하심과 신실하심에 돌린다; 그분께서 상을 주시는 것은 또한 그들로 하여금 하나님을 존중하게 하려는 것이다. 게다가, 성도들의 행위 속에도 하나님 보시기에 무가치한 것이 많으며 불완전한 것이 너무도 많다. 그러나 하나님은 그리스도를 위하여 일하는 사람들을 영접하여 은총을 베풀고 포용하시기 때문에 그들에게 약속하신 상을 주신다. 왜냐하면 다른 면에서 볼 때, 우리의 의는 더러운 옷에다 비교할 수 있기 때문이다 (사 64:6). 그리고 주님은 복음서에서 "너희가 명령받은 것을 다 행한 후에 이르기를 '우리는 무익한 종이라, 우리의 하여야 할 일을 한 것뿐이다' 할지니라" (눅 17:10)고 하셨다.

5.123 **인간의 공로는 조금도 없다**. 그러므로 우리는하나님께서 우리의 선행에 대하여 상을 주신다고가르치지만, 동시에 우리는 어거스틴이 말했듯이 하나님께서 우리 안에서 우리의 공로에 왕관을 씌우시는 것이 아니라 그의 선물에다 왕관을 씌운다고 가르친다. 따라서 우리가 받는 상은 어떤 것이든지 그것 역시 은혜이며 상이기보다는 오히려 은혜이다; 왜냐하면 우리가 행하는 선은 우리 자신을 통해서보다 오히려 하나님을 통해서 우리가 행하기 때문이다. 바울은 "네게 있는 것 중에 받지 아니한 것이 무엇이뇨? 네가 받았은즉 어찌하여 받지 아니한 것 같이 자랑하느뇨?" (고전 4:7)라고 말한다. 그리고

축복된 순교자 키프리아누스가 이 구절로부터 내린 결론은 이것이다: 아무것도 우리 자신의 것이 아니니, 우리 속에 있는 아무 것에 대해서도 뽐내서는 안 된다. 그러므로 우리는 하나님의 은혜를 무효화시키는 방식으로 사람의 공로를 비호하는 자들을 정죄한다.

제 17 장
보편적이고 거룩한 하나님의 교회에 관하여 그리고 교회의 유일한 머리에 관하여*

5.124 **교회는 언제나 존재하였으며 또 언제나 존재할 것이다.** 그러나 하나님은 처음부터 사람이 구원을 받고 진리를 아는 데 이르게 하려고 하셨기 때문에 (딤전 2:4), 교회는 언제나 있어야 했고, 지금도 있어야 하며, 세상 끝까지 있어야 한다.

5.125 **교회란 무엇인가?** 교회란 세상으로부터 부름받은, 혹은 모아진 성도들의 모임이다; 다시 말해서 모든 성도의 단체, 이를테면 구주이신 그리스도 안에서 말씀과 성령으로 참 하나님을 알고, 옳게 예배하고 섬기는 자들의 단체, 그리고 그리스도를 통하여 값없이 주어진 모든 혜택에 믿음으로 동참하는 자들의 단체이다. **한 연방** one commonwealth **의 시민들.** 그들은 동일한 주님 아래서 살며, 동일한 법 아래 있으며, 모든 좋은 것을 같이 누리는 한 도시의 모든 시민들이다. 왜냐하면 사도바울은 그들을"성도들과 동일한 시민이요, 하나님의 권속" (엡 2:19)이라고 불렀으며, 하나님의 아들의 피로써 거룩하게 된 이 땅의 사람들을 성도라고 불렀기 때문이다 (고전 4:1). "나는 거룩한 공회와 성도가 서로 교통하는 것을 믿습니다"라는 사도신경의 조항은 전적으로 이 성도들을 두고 하는 말로 이해되어야 한다.

5.126 **모든 시대를 위한 단 하나의 교회.** 언제든지 하나님은 한 분이시고 하나님과 사람 사이에는 중보자가메시야이시며 온 양무리의 유일한 목자이신 예수 한 분이시며, 이 몸의 머리가 하나이며, 또 결론적으로 영이 하나, 구원이 하나, 믿음이 하나, 약속 혹은 언약이 하나이니, 필연적으로 교회도 단 하나인 것이 당연하다. **보편적** catholic **교회.** 그러므로 우리는 이 교회를 보편적 교회라고 부른다; 왜냐하면 그것은 세계적이고 세상 모든 부분에 산재해 있으며, 어느 시대에나 있는 것이어서 어떤 시간이나 장소에 국한되어 있는 것이 아니기 때문이다. 그러므로 우리는 아프리카의 어느 구석에 있는지 나는 알지도 못하는 곳에 교회를 국한해서 말하는 도나티스트들을 정죄한다. 또한 근자에 로마 교회만을 가톨릭(보편적) 이라고 선전하는 로마 교직자들을 우리는 인정하지 않는다.

* 그러한 정죄에 대해 현재 우리가 어떻게 이해하고 있는지를 알아보기 위해서는 서문을 참조하라.

5.127 **교회의 부분 또는 형태**. 교회는 여러 부분 또는 형태로 구분된다; 그것은 그 자체 안에서 구분된다든가 갈라지기 때문이 아니라, 오히려 그 속에 있는 교인들의 다양성으로 인해서 구별이 되기 때문이다. **투쟁하는 교회와 승리한 교회**. 왜냐하면 하나는 투쟁하는 교회라 부르고, 다른 하나는 승리한 교회라 불리기 때문이다. 전자는 지상에서 아직 전투를 하며, 육과 세상과 이 세상 통치자인 마귀를 대항하여 싸우며; 죄와 죽음과 싸운다. 그러나 후자는 임무를 끝낸 후, 즉 그러한 모든 것들을 극복하자마자 하늘에서 개가를 부르며 주 앞에서 즐거워한다. 그러나 그 둘은 서로 교제를 나누며 연합되어 있다.

5.128 **개체 교회**. 그뿐 아니라 세상에 있는 투쟁하는 교회는 언제나 많은 개체 교회들로 구성되어 왔다. 그래도 이 모든 교회들은보편적 교회의 통일체로 여겨져야 한다. 이 [투쟁적] 교회는 율법 이전에는 족장들 사이에 다르게 세워졌었고; 또한 모세 밑에서는 율법에 의하여 다른 모습으로 세워졌으며; 그리스도에 의해서는 복음을 통해 또 다른 형태로 세워졌다.

5.129 **두 백성**. 일반적으로 두 백성, 즉 이스라엘 백성과 이방인 혹은 유대인 및 이방인들로부터 교회로 불러 모아진 자들로 분류된다. 또한 두 언약, 즉 구약과 신약이 있다. **구약과 신약의 백성들을 위한 같은 교회.** 그래도 이 모든 백성들로부터 한 메시야 안에서 한 교제 한 구원이 있었고 또한 현재도 마찬가지이다; 한 메시야 안에서 한 머리 아래 있는 한 몸의 지체들로서 다같이 동일한 믿음 안에서 연합되어 동일한 영적 양식과 음료를 받아 먹는다. 그러면서도 우리는 시대의 다양성을 인정하며, 약속되고 전달된 그리스도에 대한 기호들[signs]의 다양성을 인정한다; 그리고예식들이 폐지된 후로, 빛이 우리에게 더욱 밝게 비추고, 더욱 풍성한 축복들과 더 충만한 자유가 우리에게 주어졌다.

5.130 **살아 계신 하나님의 성전인 교회**. 하나님의 이 거룩한 교회를 살아 계신 하나님의 전이라고 부른다—교회는 살아 있는 신령한 돌로 지어졌고, 확고한 반석 위에 세워졌으며, 그 기초는 다른 누구도 놓을 수 없는 것이어서 '진리의 기둥과 터' (딤전 3:15)라고 불린다. **교회는 과오를 범하지 않는다**. 교회는 반석이신 그리스도 위에 그리고 선지자들과 사도들의 터 위에 머물러 있는 한 과오를 범하지 않는다. 그리고 교회가홀로 진리이신 그리스도를 저버릴 때마다 잘못을 저지르는 것은 이상할 것이 없다. **신부요 처녀인 교회**. 이 교회는 또는 그리스도의 처녀 또는 신부라고 불리고, 심지어 홀로 사랑받는 자라고도 불린다. 왜냐하면 사도가"내가 너희를 정결한 신부로 그리스도께 드리려고 중매함이로다" (고후 11:2)라고 말했기때문이다. **양의 무리로서의 교회**. 교회는 에스겔 34 장과 요한복음 10 장의 말씀대로, 한 목자 그리스도 밑에 있는

양떼라고 불린다. **몸으로서의 교회.** 신자들은 머리이신 그리스도 밑에 있는 그리스도의 산 지체이기 때문에 그리스도의 몸이라고 불린다.

5.131 **그리스도는 교회의 유일한 머리**. 몸에 있어서 으뜸은 머리이며 그것으로부터 온몸이 생명을 받는다; 머리의 영에 의해서 몸은 만사에 있어서 통치를 받는다; 또 그것으로부터 몸은 증식을 얻어 성장한다. 또한 몸에는 머리가 하나이며 그것이 몸에 적합하다. 그러므로 교회는 그리스도 외에 어떤 다른 머리도 가질 수 없다. 왜냐하면 교회가 하나의 영적인 몸인 것같이 그것에 조화가 되도록 또한 하나의 영적인 머리를 가져야만 한다. 교회는 또한 그리스도의 영 외에 어떤 다른 영에 의해서 통치를 받을 수는 없는 것이다. 그래서 바울은 말한다: "그는 몸인 교회의 머리라; 그가 근본이요, 죽은 자들 가운데서 먼저 나신 자니, 이는 친히 만물의 으뜸이 되려 하심이라" (골 1:18). 또 다른 곳에서: "그리스도께서 그의 몸이신 교회의 머리이시며, 친히 몸의 구주시니라" (엡 5:23). 그리고 다시: 그를 "만물 위에 교회의 머리로 삼으셨느니라 교회는 그의 몸이니 만물 안에서 만물을 충만하게 하시는 이의 충만함이니라" (엡 1: 22-23). 그리고: "우리는 범사에 그에게까지 자랄지라. 그는 머리니 곧그리스도라, 그에게서 온몸이 각 마디를 통하여 도움을 얻음으로 연락하고 상합하여 각 지체의 분량대로 역사하여 그 몸을 자라게 하느니라" (엡 4:15-16). 또한 그러므로 우리는 로마 성직자의 교리를 인정하지 않는다—왜냐하면 그들은 로마에 있는 교황을 전세계의 목자로 삼고 여기 지상에 있는 투쟁하는 교회의 최고 우두머리로 삼으며, 따라서 그가 바로 그리스도의 대행자이며 (그들의 말대로 하면) 교회에 있어서 충만한 능력과 주권적 권위를 가진 자라고 말하기 때문이다. **그리스도는 교회의 유일한 목자이시다**. 우리는 주 그리스도가유일하신 세계적 목자요, 성부 하나님 앞에서의 최고의 제사장이시며 또한 변함없이 그러하시다고가르친다; 그리고 교회에 있어서 그분께서 친히 감독이나 목자로서의 모든 의무를 세상 끝날까지 수행하신다고 우리는 가르친다; [대리 vicar]또한 그러므로 지금 여기에 계시지 않는 분의 대리자가 필요하지 않다. 왜냐하면 그리스도가 자기의 교회와 함께 계시고 그분께서 바로 교회에게 생명을 주시는 머리이시기 때문이다. **교회에는 최고권이 없다.** 그리스도는 자기의 사도들과 그들의 후계자들에게 교회 안에서 어떤 최고권이나 지배권을 가지지 말라고 엄격히 명하셨다. 그러므로 누구든지 이 명백한 진리와 상치되고 반대되는 자는 그리스도의 사도들이 예언한 바 있는 그런 자들의 수에 든 사람으로 간주되어야 한다는 것을 누가 모르겠는가? 베드로가 베드로후서 2 장에서, 그리고 바울이 사도행전 20:2, 고린도후서 11:2, 데살로니가 후서 2 장, 그리고 다른 곳에서 예언하지 않았는가?

5.132 **교회 안에서 무질서는 금물**. 그러나 우리가 로마 교회의 수장을 제거하는 일로교회 안에 어떤 혼란이나 무질서를 끌어들이는 것은 아니다 -왜냐하면 우리는 사도들이 전해 준 교회 정치가 교회를 적절한 질서 속에 유지하기에 충분하다는 것을가르치기 때문이다. 교회는 현재와 같은 로마 교회의 수장이 없던 시초에도 무질서하거나 혼란 속에 있지는 않았다. 로마 교회의 수장은 실로 교회 안으로 이끌어 들인 그의 포학과 부패를 그대로 유지하고, 동시에 그가 동원할 수 있는 온갖 힘을 가지고 마땅한 교회 개혁을 방해, 항거, 저지한다.

5.133 **교회 안에 있는 불화와 싸움**. 우리 교회들이 로마 교회에서 분리한 이래 우리 교회들 속에 여러 가지 불화와 다툼이 있어 왔기 때문에 우리는 따라서 참된 교회가 될 수 없다는 비난을 받는다. 마치 로마 교회 안에는 결코 어떤 분파도 없었고, 종교에 관한 어떤 논쟁이나 다툼도 없었던 듯이, 그리고 사실 이런 것들이 사람들 한가운데 있는 강단으로부터 흘러나오는 것만큼 학교에서는 그렇게 많이 나타나지 않았던 듯이. 우리는 사도가 "하나님은 어지러움의 하나님이 아니라 화평의 하나님이시다" (고전 14:33)라고, 그리고 "너희 가운데 시기와 분쟁이 있는 한 너희는 육에서 난 자들이 아니냐?"라고 말한 것을 확실히 알고 있다. 그래도 우리가 부인할 수 없는 것은 하나님이 사도 시대의 교회에 계셨다는 것, 그리고 그 속에 말다툼과 불화가 있었을지라도 그것이 하나의 참된 교회였다는 사실이다. 사도 바울이 사도인 베드로를 힐난했다 (갈 2:11 이하); 그리고 바나바가 바울과 결별했다. 누가가 사도행전 15 장에 기록한 대로, 한분 그리스도를 전하던 안디옥 교회 안에서 그들간에 큰 논쟁이 일어났다. 그리고 교회 안에는 어느 시대에나 큰 논쟁들이 있었고, 교회의 가장 탁월한 선생들도 중대한 일들에 관해서 그들끼리 의견을 달리했지만, 이러한 논쟁 때문에 교회가 교회되기를 멈춘 일은 없었다. 왜냐하면 이와 같이 교회 안에서 일어나는 불화들을 이용하여 하나님의 이름을 영화롭게 하고, 진리를 예증하고, 옳은 사람들 편에 있는 자들을 드러나게 하는 것이 하나님을 기쁘시게 하기 때문이다 (고전 11:19).

5.134 **참 교회의 특징 혹은 표징**. 더욱이, 우리가 그리스도 외에 교회의 다른 머리를 인정하지 않는 것과 같이, 자기가 참 교회라고 떠벌리는 모든 교회를 다 참 교회라고 인정하지는 않는다; 그러나 우리가 가르치는 것은 이것이다: 참 교회는 그 안에서 참 교회의 표징 혹은 표적이 발견되는 것이어야 하는데, 특히 선지자들과 사도들의 책을 통해 우리에게 전해진 대로의 하나님의 말씀이 합법적으로 진지하게 선포되는 일이다 -- 그 모든 것이 우리를 그리스도에게로 인도하기 때문이다; 그리스도가 복음서에서 이렇게 말씀하셨다: "내 양은 내 음성을

들으며, 나는 저희를 알며 저희는 나를 따르느니라 내가 저희에게 영생을 주노라 타인의 음성을 알지 못하는 고로 타인을 따르지 아니하고 도리어 도망하느니라" (요 10:5, 27, 28).

5.135 교회 안에 있는 그러한 사람들은 한 믿음과 한 영을 가진다; 그러므로 그들은 오직 한 하나님을 예배하고 신령과 진정으로 그만을 예배하며, 그들의 마음을 다하고 힘을 다하여 그만을 사랑하며, 유일한 중보자이시며 조정자이신 예수 그리스도를 통하여 그에게만 기도한다; 그리고 그리스도와 그를 믿는 믿음 밖에서는 의와 생명을 구하지 않는다. 왜냐하면 그들은 그리스도를 교회의 유일한 머리와 기초로 인정하고, 그를 의지하며 날마다 회개로써 자신을 새롭게 하고, 그들에게 지워진 십자가를 인내심을 가지고 지기 때문이다. 그뿐 아니라 그들은 거짓없는 사랑으로 그리스도의 모든 지체들과 결합되어 화평과 거룩한 통일의 결속을 유지함으로써 스스로 그리스도의 제자임을 나타낸다. 동시에 그들은 그리스도가 제정해 주시고 그의 사도들에 의해서 우리에게 전해진 성례전에 참여한다; 성례전을 사용하되 그들이 주께로부터 받은 대로 하고 결코 다른 식으로 하지 않는다. 사도 바울이 한 말, 즉 "내가 너희에게전한 것은 주께 받은 것이다"(고전 11:23 이하)라는 것을 모두가 잘 알고 있는 터이다. 따라서 어떤 교회가 감독의 계승, 통일성, 오래됨 등을 아무리 많이 자랑하더라도 우리가 사도에게서 들은 대로의 마땅한 교회가 아닐 때, 그런 교회는 모두 참된 그리스도의 교회와는 동떨어진 수상한 교회로 치고 우리는 그것들을 정죄한다. 그뿐 아니라 우리는 그리스도의 사도들로부터 "우상숭배하는 것을 피하라"(고전 10:14, 요일 5:21), 그리고 "바벨론에서 나오라" 그리고 그들과 함께 하나님의 모든 재앙에 동참하는 자가 되기를 원치 않거든 그들과의 교제를 가지지 말라는 (계 18:4, 고후 6:17) 명령을 받았다.

5.136 **하나님의 교회 밖에서는 결코 구원이 없다.** 그러나 우리는 그리스도의 참된 교회와의 교제를 매우 높이 존중하며, 따라서 하나님의 참된 교회와의 교제를 가지지 않고 그것으로부터 스스로 떠나 있는 자가 하나님 앞에서 살 수 있다는 것을 우리는 부인한다. 왜냐하면 세상이 홍수로 멸망할 때 노아의 방주 바깥에서는 구원이 없었던 것처럼; 교회 안의 선택된자들로 하여금 즐기게 하시려고 자신을 내어 주신 그리스도 외에는 결코 확실한 구원이 없다고 우리는 믿는다; 그래서 우리는 살고자 하는 자는그리스도의 참된 교회로부터 분리되어서는 안 된다고가르친다.

5.137 **교회는 그것의 표징들에 구속된 것은 아니다**. 그렇지만, 우리는 위에서 언급한 [참 교회의] 표징을 가지고 교회를 편협하게 제한하여, 적어도 자진해서가 아니고, 멸시하는 마음에서도 아니고, 다만 불가피하여 어쩔 수 없이 본의 아니게 성례전을 기권하거나 금지를 당한 사람이나; 또는 믿음이 완전히 사라지거나 전적으로 끊어진 것이 아니고 어쩌다가 약해진 사람이나; 또는 연약함 때문에 불완전함이나 과오 등이 발견되는 사람들은 모두 교회 밖에 있다고 가르치지는 않는다. 왜냐하면 하나님은 이스라엘 나라 밖에 있는 세상에도 친구들을 가지고 있다는 사실을 우리가 알고 있기 때문이다. 왜냐하면 우리는 하나님의 백성이 바벨론 포로생활을 하며 거기서 70 년간 제사 드리는 일을 박탈당했을 때그들에게 일어난 일들을 우리가 알고 있기 때문이다. 자기 선생님을 부인한 성 베드로에게 생긴 일과, 하나님의 선민과 믿는 백성이 곁길로 가고 연약할 때 날마다 어떤 일이 일어날 수 있는가를 우리는 알고 있다. 또한 사도 시대의 갈라디아 교회와 고린도 교회가 어떤 교회였는가를 우리는 안다—즉, 사도가 그것들 안에 있는 많은 심각한 잘못에 대해서 흠을 잡았다; 그런데도 그는 그들을 그리스도의 거룩한 교회라고 불렀다 (고전 1:2; 갈 1:2).

5.138 **교회는 때로 사라진 것처럼 보인다**. 실로 하나님은 그의 공의로운 심판 중에 그의 말씀의 진리와보편적 신앙과 하나님께 드리는 올바른 예배가 매우 흐려지고 또는 전복되어 교회가 거의 사라져 마치 우리가 알기에 엘리사 시대와 기타 시대에 생겼던 것처럼 더이상 존재하지 않는 것같이 보이도록 (왕상 19:10,14) 허용하시는 일이 때때로 생긴다. 그런 중에서도 하나님은 이 세상에서, 그리고 이 흑암 중에서도 그의 참 예배자들을 가지고 계신다—그것도 소수가 아니라 칠천 명 이상씩이나 가지고 계신다 (왕상 19:18; 계 7:3 이하). 왜냐하면 사도가 외쳐 말하기를, "하나님의 견고한 터는 섰으니 인침이 있어 일렀으되 '주께서 자기 백성을 아신다.'"(딤후 2:19)고 하셨기 때문이다. 그러니까 하나님의 교회는 보이지 않는다고 말할 수 있는 것이다; 그것은 교회로 소집된 사람들이 보이지 않기 때문이 아니라, 그것이 우리들의 눈에는 보이지 않게 숨겨져 있고 하나님께만 알려져 있어서 때때로 비밀리에 인간의 판단을 피하기 때문이다.

5.139 **교회 안에 있는 사람이 모두 교회에 속한 사람은 아니다**. 다시 말하거니와, 교회의 교인으로 계수되는 사람이라고 해서 다 성도는 아니며, 다 교회의 살아있는 참 회원은 아니다. 왜냐하면 겉으로는 하나님의 말씀을 듣고 공적으로 성찬을 받고 그리스도만을 통하여 하나님께 기도하는 것같이 보이고, 그리스도를 그들의 유일한 의로 고백하는 것 같고, 하나님을

예배하는 것 같고, 자선을 베푸는 의무를 행하는 것 같고, 얼마 동안은 불행을 인내로 견디는 것같이 보이는 위선자들이 많이 있기 때문이다. 그래도 그들은 내적으로는 성령의 진정한 조명과, 믿음과 마음의 진지함과, 끝까지 견디는 참을성이 결핍되어 있다. 그러나 결국에 가서는 이러한 사람들의 성격이 대개의 경우 폭로될 것이다. 왜내하면 사도 요한이 "저희가 우리에게서 나갔으나 우리에게 속하지 아니하였나니, 만일 우리에게 속하였더면 우리와 함께 거하였을 것이다" (요일 2:19)라고 말하기 때문이다. 그리고 비록 그들이 경건한 척하나 교회에 속한 자가 아닐지라도, 그들은 교회 안에 있는 것으로 간주된다—마치 한 국가의 반역자들이 드러나기 전에는 시민으로 계수되는 것처럼; 그리고 가라지나 독보리나 쭉정이가 밀 속에서 발견되는 것처럼, 그리고종기와 종창이참된 지체이기보다는 도리어 병이요, 보기 흉한 것인데도 건전한 신체 속에서 발견되는 것처럼. 또한 그러므로 하나님의 교회를 모든 물고기를 잡는 그물과, 밀과 가라지가 같이 발견되는 밭에다 비교하는 것은 적절하다 (마 13:24 이하, 47 이하).

5.140 **경솔하게 혹은 미숙하게 판단해서는 안된다**. 그러므로 우리는 주께서 제외시키거나 거절하기 원치 않는 자들, 그리고 우리가 제거하다가는 반드시 교회에 손해를 가져올 수 밖에 없는 그러한 자들을 때가 되기 전에 판단한다든가, 제외하거나 거부하거나 잘라내는 일을 하지 않도록 각별히 주의해야 한다. 반면에 또한 경건한 자들이 잠을 자는 동안 악랄한 자들이 지반을 닦고 교회를 해치는 일이 없도록 경계해야 한다.

5.141 **교회의 일치는 외적인 의식에 있는 것이 아니다.** 그뿐 아니라 우리는 경솔하게 교회 안에 분열을 자극하거나 고취하지 않기 위해서, 교회의 진리와 일치가 주로 어디에 있는지에 주의할 것을부지런히 가르친다. 일치는 외적인 의식이나 예식으로 구성되는 것이 아니고 오히려 보편적 신앙의 진리와 일치에 있는 것이다. 보편적 신앙은 사람이 만든 법에 의해서가 아니라 성령에 의해서 우리에게 주어진다; 그리고 그것의 요약이 바로 사도신경이다. 그리고, 따라서 우리는 고대 작가들의 글에서 의식이 형형색색이었다는 것, 그러면서도 그들이 자유로웠고, 또 그것 때문에 교회의 통일이 와해됐다고 생각해 본 사람은 하나도 없었다는 것을 읽고 있다. 그래서 우리는 교회의 참된 조화를 구성하는 것은 교리에 있는 것이며, 그리스도의 복음을 참되고 조화롭게 설교하는데 있으며, 주께서 명백하게 전해 주신 의식에 있다고 가르친다. 그리고 여기서 우리는 특별히사도의 말을 강조한다: "누구든지 우리 온전히 이룬 자들은 이렇게 생각할지니, 만일 무슨 일에 너희가 달리 생각하면 하나님이 이것도 너희에게 나타내시리라오직 우리가 어디까지 이르렀든지 그대로 행할 것이라우리가 같은 마음을 가지자"(빌 3:15-16).

제 18 장

교회의 사역자들과 그들의 제도와 의무에 관하여

5.142 **하나님께서는 교회를 세우기 위해 사역자들을 사용하신다**. 하나님은 자신을 위하여 교회를 모으거나 설립하시기 위해서, 그리고 그것을 다스리고 유지하시기 위해서 언제나 사역자들을 사용하신다. 그리고 또한 교회가 땅위에 남아 있는한 그들을 사용하시고 또 언제나 그렇게 하실 것이다. 그러므로 사역자들을 처음으로 세우고, 그 제도와 직무를 내신 것은 하나님께서 친히 오랜 옛날부터 경영하신 것이고 사람들이 만든 새 것이 아니다. **사역자 제도와 그 기원**. 하나님은 그의 능력에 의해서 어떤 방편이 없어도 사람들 가운데서 교회를 불러 자기에게 연결시킬수 있는 것이 사실이다. 그래도 그분께서는 사람들을 다룸에 있어서 사람들을 통하여 하시기를 더 좋아하셨다. 그러므로 사역자는 하나님께서 그들을 통하여 사람의 구원을 달성하시는 만큼, 그들 자신만에 의한 사역자가 아니라 하나님의 사역자들로 여김을 받아야 한다.

5.143 **사역을 무시해서는 안된다**. 그래서 우리는 우리의 개종과 훈육에 관한 일을 성령의 비밀한 능력에 돌리고, 교회의 사역자는 쓸데없는 것으로 여기는 일이 없도록 주의할 것을 우리는 사람들에게 경고한다. 우리는 언제나 사도의 말을 마음에 간직하는 것이 마땅하다. 그가 말하기를 " 저희가 듣지도 못한 이름을 어찌 믿으리요, 전파하는 자가 없이 어찌 들으리요, 그러므로 믿음은 들음에서 나며 들음은 그리스도의 말씀으로 말미암느니라."(롬 10:14,17)고 했다. 그리고 주께서도 복음서에 말씀하신 것이 있다: "내가 진실로 진실로 너희에게 이르노니 나의 보낸 자를 영접하는 자는 나를 영접하는 것이요, 나를 영접하는 자는 나를 보내신 이를 영접하는 것이라"(요 13:20). 그와 같이 또한 바울이 아시아에 있을 때 환상 중에 그에게 나타난 마게도냐 사람이 은밀하게 권하기를 "마게도냐로 건너와서 우리를 도우라."(행 16:9)고 했다. 그리고 또 다른 곳에서 바울 사도가 말하기를 "우리는 하나님의 동역자들이요, 너희는 하나님의 밭이요, 하나님의 집이니라."(고전 3:9)고 했다.

5.144 그러나 반면에 우리가 유의해야 할 것은 사역자들과 그 사역에 너무 큰 공을 돌려서는 안된다는 것이다. 여기서 기억할 것은 역시 복음서에 나타난 주님의 말씀이다. 그가 말씀하시기를 "아버지께서 이끌지 아니하면 아무도 내게 올 수 없느니라."(요 6:44)고 하셨다. 사도가 한 말도 기억해야 한다. 그가 말하기를 "그런즉 아볼로는 무엇이며 바울은 무엇이뇨, 저희는 주께서 각각 주신 대로 너희로 하여금 믿게 한

사역자들이니라, 나는 심었고 아볼로는 물을 주었으되 오직 하나님께서는 자라나게 하셨느니라."(고전 3:5 이하)라고 했다. **하나님께서는 사람의 마음을 감동케 하신다.** 그러므로 우리는 하나님께서 그의 말씀으로 우리를 가르치셨는데, 외적으로는 그의 사역자들을 통하여, 내적으로는 그의 택하신 자들을 성령에 의하여 감동시켜 믿게 하신다는 것을 믿자. 그러므로 이 모든 은총으로 인하여 모든 영광을 하나님께 돌려야 한다는 것을 믿자. 그러나 이 문제는 이 해설의 제 1 장에서 이미 취급되었다.

5.145 **사역자들은 누구이며 하나님께서 어떤 종류의 사역자들을 세상에 주셨는가?** 하나님은 세상 시초로부터 온 세계를 위하여 가장 탁월한 사람들을 사용하셨다 (비록 그들이 세상적 지혜나 철학에 있어서는 단순하였을지라도 참된 신학에 있어서는 뛰어난 자들이었다). 즉 족장이 그 사람들인데, 하나님께서는 천사들을 통해서 그들과 빈번히 대화하셨다. 족장들은 그들의 시대에 선지자 혹은 교사들로서 이 이유 때문에 하나님은 그들이 여러 세기 동안 사는 것을 원했다. 이를테면 그들이 세상의 족장들이 되고 빛이 되게 하시려는 것이었다. 그들을 뒤이어 온 세상에 잘 알려진 모세와 선지자들이 나타났다.

5.146 **교사이신 그리스도.** 이들 이후에 하늘 아버지께서 그의 외아들을 보내시기까지 하셨는데, 그는 세상에서 가장 완전한 교사이시다. 그 안에 하나님의 지혜가 숨겨져 있으며, 그것이 가장 거룩하고 단순하고 가장 완전한 교리를 통해서 우리에게 임했다. 그는 자신을 위해서 제자들을 택하셨고, 그들을 사도로 삼으셨다. 이들은 온 세상으로 나가 각처에서 복음을 전함으로써 교회들을 모았고, 세상 모든 교회들을 통하여 그리스도의 명령을 따라 목사들 혹은 교사들[8]을 임명했으며, 그들의 후계자들을 통하여 주님은 이 날까지 교회를 가르치고 다스려 오셨다. 그러므로 하나님께서 그의 옛 백성에게 족장들을 주시고 모세와 더불어 선지자들을 주셨던 것과 같이 또한 그의 신약 백성에게 그의 독생자와 그와 더불어 사도들과 교회의 교사들을 보내셨다.

5.147 **신약의 사역자들.** 그뿐 아니라 새 백성의 사역자들은 여러 가지 이름으로 불려진다. 그들을 사도, 선지자, 복음 전도자, 감독, 장로, 목사, 교사라고 불렀다 (고전 12:28, 엡 4:11). **사도.** 사도들은 어떤 특정 장소에 머물러 있지 않고 온 세계에서 여러 다른 교회들을 모아 놓았다. 일단 교회들이 설립되었을 때에는, 거기에는 이제 사도가 사라지고 목사들이그들의자리를

[8] *Ordinarunt pastores, atque docrores 안수목사, 그리고 박사들.*

차지하고 각각 자기 교회를 지키는 것이었다. **선지자.** 옛날에는 선지자들이 선견자였고 미래를 알고 있었다. 그러나 그들은 또한 성경을 해석하였다. 그러한 사람들이 오늘에 이르기까지도 발견된다. **복음 전도자.** 복음의 역사를 쓴 자들을 복음 전도자라 불렀다. 그러나 그들은 또한 그리스도의 복음의 전령 heralds 이었다. 바울도 디모데에게 "전도인의 일을 하라." (딤후 4:5)는 명령을 하지 않았는가? **감독.** 감독은 교회를 돌보고 지키는 사람이며 교회생활의 양식과 요구들을 관리한다. **장로.** 장로들은 연장자들로서 이른바 교회의 원로요, 어버이시며 건전한 권고로써 교회를 다스린다. **목사.** 목사는 주님의 양무리를 지키는 일과 그들의 요구를 공급하는 일을 한다. **교사.** 교사들은 참된 신앙과 경건을 일러주고 가르친다. 그러므로 이제 교회의 사역자들을 감독, 장로, 목사, 교사라고 부를 수 있는 것이다.

5.148 **교황제도**. 그후에 교회 사역자의 더 많은 명칭이 하나님의 교회에 도입되었다. 어떤 사람은 총대주교 patriarchs 로 임명되고, 어떤 사람은 대주교 archbishops 로 임명되고, 또 어떤 이는 보조주교 suffragans 로 임명됐다. 그 밖에 대감독 metropolitans, 부주교 archdeacons, 부제 deacons, 부조제 subdeacons, 시제 acolytes, 축마사 exorcists, 선창자 cantors, 수문 porters 등이 있고 내가 알수 없는 또 다른 것들, 예컨대 추기경 cardinals 이니, 학장 provosts 이니, 소수도원장 priors 이니 하는 것들이 있다. 이렇게 높고 낮은 신부들과 높고 낮은 계습들이 있다. 그러나 그것들이 전에 어떠했고 또 지금 어떠하든지, 우리는 그런 직분들에 대해서 걱정하지 않는다. 우리에게 있어서는 사역자에 관한 사도적 교리로서 충분하다.

5.149 **수도사에 관하여**. 수도사들과 또 수도사의 직제나 분파는 그리스도가 제정한 것도 아니요, 사도가 세운 것도 아니라는 것을 우리가 확실히 알기 때문에, 그들은 하나님의 교회에 있어서 무용지물이요, 아니 오히려 유해한 것이라고 우리는 가르친다. 왜냐하면 비록 전 시대 (그들은 은둔하는 자들로서 자기의 손으로 먹을 것을 벌고 아무에게도 짐이 되지 않았고, 평신도와 마찬가지로 어디서나 교회의 목사에게 복종하던 시대)에는 용납이 되었지만, 지금은 전세계가 그들이 어떠하다는 것을 보고 또 알고 있다. 나는 그들이 무슨 맹세를 하는지 모르지만, 어쨌든 그들은 자기들의 맹세와는 아주 어긋나는 삶을 살고 있어서, 그들 중 최선을 다한 자라 하더라도 사도가 지적하여 "우리가 들은즉 너희 가운데 규모없이 행하여 도무지 일하지 아니하고 일만 만드는 자들이 있다고 한다." (살후 3:11)고 설명한 그런 종류의 사람으로 계수되어야 마땅하다. 그러므로 우리는 그런 사람들을 우리 교회내에 두지 않으며, 그리스도의 교회 안에 그런 사람들이 있어야 한다고 가르치지도 않는다.

5.150 **사역자는 부름을 받고 선택을 받아야 한다**. 그뿐 아니라 아무도 교회사역의 영예를 강탈해서는 안된다. 다시 말해서 뇌물을 바친다든가 어떤 속임수를 쓴다든가, 또는 자기 자신의 자유 선택에 의해서 스스로 그것을 취해서는 안 된다는 말이다. 교회의 사역자들은 합법적이고 교회법인 선거에 의해서 부름을 받고 선택을 받도록 하라. 이를테면 교회나 사역자의 선발의 목적을 위하여 교회가 대표로 세운 자들에 의해서 어떤 소동이나 불화나 적대심이 없이 정당한 질서 가운데서 조심스럽게 선택하도록 하라는 말이다. 아무나 선택되어서는 안되고 헌신적으로 학습하는 마음이 충만하고, 경건한 웅변과 단순한 지혜와 무엇보다도 온건함과 명예스러운 평판으로 출중하고 유능한 사람들이 선택되어야 한다. 즉, 사도가 디모데전서 3 장과 디도서 1 장에 수립해 놓은 사도적 법칙을 따라서 해야 한다.

5.151 **안수.** 선택을 받은 자들은 공개적 기도와 안수를 곁들여 장로들에 의해서 위임되어야 한다. 여기서 우리는 선택되거나 파송을 받지 못하고, 또는 안수를 받지 못한 자로서 자발적으로 나서는 자들을 모두 우리는 정죄한다 (렘 23 장). 우리는 적합지 않은 사역자들과 목사로서 필요한 은사를 갖추지 못한 자들을 정죄한다.

5.152 반면에, 우리는 또한 초대 교회에서 다른 사람들에게 해를 끼치지 않으면서 단순한 어떤 목사들이 다각적이고 세련되고 심오한 자들보다 종종 교회에 더 큰 유익을 끼쳤다는 것을 인정한다. 이러한 이유 때문에 우리는 오늘도 어떤 사람들의 정직한—결코 무지한 것은 아님—단순성을 거부하지 않는다.

5.153 **만인 제사장직**. 그리스도의 사도들이 그리스도를 믿는 자들을 모두 '제사장'이라고 확실히 부른다. 그것은 하나의 직책 때문이 아니라 모든 신자들을 왕과 제사장으로 삼으셨음으로 인해서 우리가 그리스도를 통하여 신령한 희생제사를 하나님께 드릴 수 있기 때문이다 (출 19:6, 벧전 2:9, 계 1:6). 그러므로 제사장직과 사역 [ministry] 의 직분은 각각 매우 다른 것이다. 제사장직은 방금 말한 바와 같이 모든 크리스천이 다같이 갖는 것이지만, 사역의 직분은 그렇지 않다. 우리가 그리스도 교회로부터 교황의 제사장직을 거부했다고 해서 교회의 사역 직분을 폐지한 것은 아니다.

5.154 **제사장과 제사장직**. 그리스도의 새 언약 하에서는 옛 사람들의 시대에 있었던것 같은 제사장 직분이 더 이상 존재하지 않는다. 옛날에는 외적인 기름부음, 거룩한 복장, 그리고 아주 많은 의식들이 있었으나 그것들은 그리스도의 모형들이었고, 그리스도께서 오셔서 그것들을 성취하심으로써 그것들을 모두

폐지하셨다. 이제는 그리스도만이 유일한 제사장으로 영원히 남아 계시며, 우리가 그분의 어느 것도 훼손하지 않기 위해 어떤 사역자에게도 제사장이라는 칭호를 주지 않는다. 주님은 신약 교회에서 제사장을 임명하신 일이 없다. 다시 말해, 주님은 보조 주교로부터 권위를 받아서 산 자들과 죽은 자들을 위해서 날마다 희생 제물, 곧 주님의 진짜 살과 진짜 피를 바칠 수 있는 제사장을 임명한 일이 없고, 단지 성례전을 가르치고 집례할 수 있는 사역자들을 임명하셨을 뿐이다.

5.155 **신약 사역자들의 본질**. 우리가 신약의 혹은 기독교 교회의 사역자들을 어떻게 생각해야 할 것인지, 그리고 그들을 어떻게 성격지어야 하는지를 바울이 단순하게 그리고 간단하게 설명하였다. "사람이 마땅히 우리를 그리스도의 일꾼이요, 하나님의 비밀을 맡은 자로 여길지어다." (고전 4:1)라고 했다. 그러므로 그 사도가 우리에게 원한 것은 사역자를 일꾼으로 여기라는 것이다. 그 사도는 그들을 휘페레타스(ὑπηρέτης), 즉 노젓는 사람들이라고 불렀는데, 그들은 눈을 키잡이에다가 고정시키고 있는 사람들이다. 그러니까 자신을 위해서 살거나 자신의 뜻을 따라서 사는 사람이 아니고 남을 위해서, 이를테면 그들의 주인을 위해서 살며 주인의 명령에 전적으로 의존하는 사람들이다. 그러니까 각 사역자는 자기의 모든 의무를 수행함에 있어서 그의 주님께서 주신 계명 속에서 받은 것만 수행하고 자기 자신의 자유 선택에 빠져들지 않도록 명령을 받았다. 그리고 이 경우에 있어서 주님이 누구인가가 명백히 선포된 것이다. 즉, 그리스도가 주님이시라는 것이다. 사역자들은 모든 일들을 행함에 있어서 그리스도께 복종해야 한다.

5.156 **하나님의 비밀을 맡은 청지기들로서의 사역자들**. 그뿐 아니라 바울은 사역을 좀 더 충분히 설명할 목적으로 교회의 사역자들을 관리자들과 하나님의 비밀을 맡은 청지기들이라고 덧붙였다. 많은 구절들, 특히 에베소서 3 장에서, 바울은 하나님의 비밀들을 그리스도의 복음이라고 불렀다. 그리고 그리스도의 성례전 또한 고대 저자들에 의해 비밀이라 불렸다. 따라서 교회의 사역자들은 이 목적을 위해 부름을 받았다. 즉, 믿는 자들에게 그리스도의 복음을 선포하고 성례전을 집례하기 위해서 말이다. 또한 우리는 복음서의 다른 곳에서 "주께서 이르시되 지혜있고 진실한 청지기가 되어 주인에게 그 집 종들을 맡아 때를 따라 양식을 나누어 줄 자가 누구냐" (눅 12:42)고 하신 말씀을 읽는다. 복음서의 또 다른 곳에서, 우리는 한 사람이 외국으로 여행을 떠나면서, 그의 재산과 그것에 대한 권위를 그의 종들에게 넘겨 주고 각자에게 임무를 맡긴다는 말씀을 읽는다.

5.157 **교회 사역자들의 권한.** 이제, 우리는 또한 교회 사역자들의 권한과 의무에 관해서 어떤 것을 말하려 한다. 어떤 사람들은

이 권위에 대해 열심히 주장하면서, 이 땅의 모든 것, 심지어 가장 큰 문제들까지 그 권위에 복종시켰다. 그들은 제자들에게 지배하는 일을 금하셨고 겸손을 크게 칭찬하셨던 주님의 계명에 반대되는 일을 행한 것이다 (눅 22:24 이하, 마 18:3-4, 20:25 이하). 실로 순수하고 절대적인 또 다른 권위가 있는데, 그것을 올바른 권위 power of right 라고 부른다. 이 권위에 따라 온 세상의 만물이 만유의 주이신 그리스도께 복종한다. 이것에 대해 주께서 다음과 같이 친히 증거하셨다: "하늘과 땅의 모든 권세를 내게 주셨으니"(마 28:18); "나는 처음이요, 나중이니 곧 산 자라, 내가 전에 죽었노라, 볼지어다, 이제 세세토록 살아 있어 사망과 음부의 열쇠를 가졌노라"(계 1:18); "그가 다윗의 열쇠를 가지셨으니 그것으로 열면 닫을 사람이 없고 닫으면 열 사람이 없다"(계 3:7).

5.158 **주님께서는 자신을 위하여 참된 권위를 보유하신다.** 주님께서 스스로 지니시는 이 권위를 어느 누구에게도 넘겨주지 않으시는 것은 그의 사역자들이 일하는 동안 구경꾼처럼 아무 일도 하지 않으시고 방관하기 위함이 아니다. 이사야는 다음과 같이 말한다: "내가 다윗 집의 열쇠를 그의 어깨에 두리라"(사 22:22); "그 어깨에 정사를 메었고"(사 9:6). 그는 정사를 다른 사람의 어깨에 메우지 않으시며, 자기 자신의 권위를 지니고 사용하시어 만물을 다스리신다.

5.159 **직책 및 사역자의 권위.** 온전하고 절대적인 권위를 지니신 분에 의해 제한되는 직임 혹은 사역의 또 다른 권위가 있다. 이 권위는 지배라기보다는 섬김에 더 가깝다. **열쇠들.** 주인은 자기의 권세를 자기집 청지기에게 맡겨 버리고, 그것을 위해서 그에게 열쇠들을 준다. 그리하여 주인이 영접할 사람을 그가 영접하고, 주인이 제거할 사람을 그가 그 집에서 제거해 버린다. 이 권세의 덕택으로 사역자는 그의 직책 때문에 주께서 그에게 하라고 명령하신 것을 행한다. 그리고 주님은 그가 한 일을 확인하고, 그의 종이 한 것이 마치 주께서 친히 하신 것처럼 간주되기를 원하신다. 아래와 같은 복음서의 구절들은 틀림없이 이것을 가리키는 것들이다: "내가 천국 열쇠를 네게 주리니 네가 땅에서 무엇이든지 매면 하늘에서도 매일 것이요, 네가 땅에서 무엇이든지 풀면 하늘에서도 풀리리라."(마 16:19), 그리고 "너희가 뉘 죄든지 사하면 사하여질 것이요, 뉘 죄든지 그대로 두면 그대로 있으리라."(요 20:23). 그러나 만일 사역자가 주께서 그에게 명령하신 대로 매사를 실천하지 않고 믿음의 한계를 범한다면, 주님께서는 확실히 그가 행한 것을 무효화 하신다. 그러므로 교회 사역자들의 교회적 권세란, 그것을 가지고 그들이 참으로 하나님의 교회를 다스리는 기능을 말하는 것인바, 그들이 교회에 무슨 일을 하든지 주께서 그의 말씀에 규정해 주신 대로 하는 것뿐이다. 그 일들을 다 마쳤을때 신자들은그것들을 주님께서 친히 하신 것이라고 여긴다. 그러나 열쇠에 대해서는 위에서 이미 언급한 바가 있다.

5.160 **사역자들의 권한은 하나이고 동일하며 동등하다**. 교회에 있는 모든 사역자들에게 유일하고 동등한 권한 혹은 기능을 주셨다. 틀림없이 맨 처음에는 감독들 혹은 장로들이 공동으로 교회를 다스렸다. 즉, 아무도 자신을 다른 사람보다 높게 올려 세우지 않았으며, 그의 동료 감독을 지배하는 더 큰 권한 혹은 권위를 강조한 일이 없다. 그들은 "너희 중에 다스리는 자는 섬기는 자와 같을지니라."(눅 22:26)는 주님의 말씀을 기억하고 자신을 겸손하게 하고, 서로 섬김으로써 교회를 다스리고 보전하는 일에 있어서 서로 협조하였다.

5.161 **질서를 유지해야 한다**. 그러나 질서를 유지하기 위해서 사역자들 중 어떤 사람이 모임을 소집하고 거기에 문제들을 제기하여 다른 사람들의 의견을 수집했다. 간단히 말해서 아무런 혼란도 일어나지 않게 하려고 사람의 힘이 닿는한 예방조치를 취했다. 우리가 사도행전에서 읽는 바와 같이 성베드로가 바로 그렇게 했다. 그러나 그는 그 일에 있어서 자신이 남보다 낫게 여겨지거나 여타의 사람들보다 더 큰 권세를 받은 것이 아니었다. 그래서 순교자 키푸리아누스가 그의 「사역자의 단순성」(*De Simplicitate Clericorum*)이라는 책에서 한 말은 옳은 것이었다. 그가 말하기를: "다른 사도들도 영예와 권세의 교제를 같이 가지는 권한을 받고, 베드로가 지녔던 신분과 꼭 같은 신분을 가졌던 것이 사실이다. 그러나 베드로의 탁월성은 교회가 하나라는 것을 보여 주기 위한 통일성에서 유래하였다."고 했다.

5.162 **언제 그리고 어떻게 한 사람이 다른 사람들 앞에 세움을 받았는가?** 성제롬도 바울이 디도에게 보낸 서신을 주석하는 가운데 이와 비슷한 말을 했다. "종교에 있어서 사람들에게 애착을 두는 일이 악마의 부축임에 의해서 시작되기 전에는 교회가 장로들의 공동 협의에 의해서 다스려졌다. 그러나 자기가 세례를 베푼 사람들이 그리스도의 사람이 아니라 자기 사람이라고 생각한 후부터 장로들 중 한 사람을 선택하여 나머지 사람들 위에 두고, 그 사람에게 전체 교회를 돌보는 책임을 지우고 모든 분열의 씨앗들을 제거하도록 법령이 만들어졌다." 그러나 성제롬은 이 법을 신적인 것이라고 추천하지는 않았다. 그래서 그는 곧 첨부하여 이렇게 말했다: "장로들은 자기들을 다스리라고 세워진 사람에게 종속한다는 사실을 교회의 풍속을 통하여 알고 있듯이, 감독들은 주님에 의해서 재정된 진리보다는 풍속에 따라서 장로들보다 높은 위치에 있다고 생각했으며, 그들이 장로들과 더불어 공동으로 교회를 통치해야 한다고 생각한다." 성제롬은 지금껏 말했다. 그러니까 아무도 하나님 교회의 옛 법으로 돌아 가는 일과

인간의 풍습에 앞서 그 법에 의존하는 일을 금할 수 없을 것이다.

5.163 **사역자들의 의무**. 사역자들의 의무는 다양하다. 그러나 대체로 그것을 두 가지로 제한할 수 있는 바, 그 둘이 나머지 모든 것들을 포괄한다. 하나는 그리스도의 복음을 가르치는 일이며, 또 하나는 성례전을 바르게 집례하는 일이다. 왜냐하면 예배를 위해서 하나의 무리를 모아 가지고 하나님의 말씀을 해설하고 모든 교리를 교회 돌보는 일과 교회의 용도에 적용함으로써 그 가르친 바가 듣는 자들의 이익이 되게 하고, 신자들을 육성하는 것이 사역자들의 의무이기 때문이다. 무지한 자들을 가르치고 권고하는 일과, 게으른 자들과 방황자들을 강권하여 주께로 가는 길에 발전이 있도록 하는 일이 사역자들에게 맡겨졌다고 나는 생각한다. 그뿐 아니라 그들은 마음 약한 자들을 위로하고 힘을 북돋워 주어야 하고, 사단의 갖가지 유혹에 대항하도록 그들을 무장시키는 일과 범법자들을 책망하고 죄를 범하는 자들을 제 길로 회복시키고, 넘어진 자들을 다시 일으키고, 반대자들을 설득하여 주님의 양우리로부터 이리를 몰아내고, 악과 악인들을 슬기롭게 그리고 가차없이 책망하고, 큰 악에 추파를 던지거나 그것을 간과하지 않아야 하는 것이다. 그뿐 아니라 성례전을 집례하고 그것을 바르게 사용하기를 장려하고, 건전한 교리로써 모든 사람을 가르쳐 성례전을 받는 준비를 시키고, 신자들을 하나의 거룩한 통일체로 보전하며, 분열을 저지하고, 무식한 자들을 학습시키고, 가난한 자의 궁핍을 교회에 의탁하고, 병자와 갖가지 유혹으로 어려움을 당하는 자들을 방문하고, 삶의 길을 꾸준히 가도록 해야 한다. 게다가 사역자들은 곤란한 때마다 공적 기도회나 간구회에 참석하고, 공동금식회 즉 거룩한 금욕행사에도 참석해야 한다. 그리고 가능한 한 부지런히 교회들의 고요함, 화평, 안녕과 관계되는 일들을 돌보아야 한다.

5.164 그리고 사역자가 이 모든 것을 더 잘 수행하고 더 쉽게 수행하기 위해서는 하나님을 두려워하고 항상 기도하고 신령한 독서에 열심을 내며 만사에, 그리고 언제나 깨어있고 생활을 순결하게 가짐으로써 자신의 빛을 모든 사람 앞에 비치게 하는 것이 특히 요구된다.

5.165 **권징**. 그리고 권징이 교회에서 절대적으로 필요하다. 초대 교부 시대에는 한때 출교제도가 사용되었으며, 하나님의 백성 가운데 교회재판이 있었으며, 그 재판에서 현명하고 경건한 사람들이 이 권징을 행사하였다. 그러니까 시대의 환경과 일반 상황과 필요에 따라서 신도를 위한 이 권징을 규정하는 일이 또한 사역자들에게 주어진 책임이다. 어느 때 어느 곳에서나 양육을 위해서 매사 품위있고 명예롭게, 탄압이나 분쟁이 없이

행해져야 한다는 법칙이 준수되어야 한다. 왜냐하면 사도가 증언하기를 교회에 있어서의 권위는 주님이 그에게 주신 것으로서 파괴를 위해서가 아니라 건설을 위해서라고 하였다. (고후 10:8) 그리고 주님은 친히 주님의 밭에서 잡초를 뽑아 버리는 일을 금하셨다. 그것은 잡초와 함께 밀까지도 뽑힐 위험이 있기 때문이다 (마 13:29-30).

5.166 **심지어 악한 사역자들의 말에도 귀를 기울여야 한다.** 도나티스트주의자들은 사역자의 생활이 악하냐 선하냐에 따라서 성례전의 교리와 집례가 유효할 수도 있고 무효할 수도 있다고 생각하는데, 우리는 그들의 잘못을 심히 역겨워한다. 왜냐하면 그리스도의 음성은 비록 악한 사역자의 입에서 나오더라도 들어야 한다고 우리는 알고 있다. 주께서 친히 말씀하시기를 "무엇이든지 저희의 말하는 바는 행하고 지키되 저희의 하는 행위는 본받지 말라."(마 23:3)고 하셨기 때문이다. 성례전은 그리스도께서 재정하심과 말씀에 의해서 거룩하게 되는 것이며, 그것이 무가치한 사역자들에 의해서 집례될지라도 경건한 자들에게 효과가 있다는 것을 우리가 알고 있다. 이 문제에 관해서 하나님의 축복된 종 어거스틴이 여러번 성경을 들어 도나티스트주의자들을 논박했다.

5.167 **대회** Synods. 그러나 사역자들 사이에 적절한 권징이 있어야만 한다. 대회에서 사역자들의 교리와 생활이 주의 깊게 점검되어야 한다. 치유될 수 있는 범법자들은 장로들에 의해서 견책을 받고 옳은 길로 되돌려져야 하며, 만일 치유가 불가능할 때에는 마치 참된 목자들이 이리들을 주인의 양무리로부터 쫓아 버리듯이 물러나게 해야 한다. 만일 그들이 거짓 교사들일 경우 결코 용납되어서는 안 된다. 만일 에큐메니칼 공회 ecumenical councils 가 사도들의 본을 따라서 소집되고 교회의 파멸을 위해서가 아니라 그 안녕을 위한 모임이라면 우리는 그 공회들을 반대하지 않는다.

5.168 **일꾼은 보수를 받아 마땅하다.** 성실한 사역자들은 모두 선한 일꾼들처럼 보수를 받아 마땅하며, 봉급을 받고 자신들과 그들의 가족을 위해서 필요한 모든 것을 받는다고 해서 죄를 짓는 것이 아니다. 고린도 전서 9 장과 디모데 전서 5 장과 또 다른 곳에서 사도가 보여 주기를, 이것들은 의당 교회에 의해서 지급되고 사역자들이 받아야 한다고 했다. 자신의 사역으로 받는 사례로 생활하는 사역자들을 정죄하고 중상하는 재세례파 사람들도 그 사도적 교훈에 의해서 논박을 받는다.

제 19 장

그리스도 교회의 성례전에 관하여

5.169 **말씀에 첨가된 성례전과 그 실체.** 처음부터, 하나님은 그의 교회에서 그의 말씀을 설교하는 일에 성례전 혹은 성례전적 표징들을 첨가하셨다. 성경 전체가 이것을 명백하게 증언해 준다. 성례전은 신비스러운 상징들, 혹은 거룩한 의식들, 또는 거룩한 행위들로서 하나님께서 친히 제정해 주신 것이며, 그의 말씀과 표징들과 상징적인 것들로 구성된다. 성례전을 통해, 하나님은 교회 안에서 사람들에게 보여 주신 그 커다란 혜택들을 마음에 간직하며 때때로 그것들을 회상하신다. 또한 하나님은 성례전을 통해 그의 약속을 인치시고, 그가 내적으로 우리를 위하여 행하시는 것들을 우리 눈앞에 제공하심으로 그것들을 외적으로 나타내신다. 하나님은 그렇게 함으로써 우리 마음 속에서 하나님의 영의 역사를 통해 우리의 믿음을 굳게 하고 증가 시키신다. 끝으로, 하나님은 성례전을 통해 다른 모든 사람들 및 종교들로부터 우리를 구별하고, 우리를 성별하여 전적으로 그에게 묶이게 하시며, 그가 우리에게 요구하는 것이 무엇인지를 나타내신다.

5.170 **어떤 성례전은 구약의 것이고 어떤 것은 신약의 것이다.** 어떤 성례전들은 옛 언약 백성들의 것이고, 또 어떤 것들은 새 언약 백성들의 것이다. 고대 백성들의 성례전은 할례와 제물로 바쳐진 유월절 양이었다. 그 이유 때문에 그것은 태초로부터 시행된 희생제사로 일컬어진다.

5.171 **새 언약 백성의 성례전.** 새 언약 백성의 성례전은 세례와 주님의 만찬이다. 새 언약 백성의 성례전을 일곱 가지로 계산하는 사람들이 있다. 이것들 중에서 우리는 회개와 사역자의 안수 (물론 교황청의 안수가 아니고 사도적 안수를 가리킴)와 혼례는 유익한 하나님이 규례지만 성례전은 아니라고 믿는다. 견신례 confirmation 와 임종 도유식 extreme unction 은 인간이 창안한 것으로서, 교회에 의해 폐지되더라도 아무런 손실이 없는 것들이며, 실로 우리 교회에는 그 예식들이 존재하지 않는다. 왜냐하면 그것들은 우리가 도저히 인정할 수 없는 것들을 내포하고 있기 때문이다. 무엇보다도, 우리는 성례전을 집례할 때 교황 주의자들이 행하는 모든 거래들을 몹시 싫어한다.

5.172 **성례전의 창시자.** 모든 성례전의 창시자는 어떤 사람이 아니라 오직 하나님 한분이시다. 사람들은 성례전을 제정할 수 없다. 왜냐하면 성례전은 하나님을 예배하는 것과 관련된 것으로서, 사람이 할 일은 하나님에 대한 예배를 지정하고

규정하는 일이 아니라, 하나님께로부터 받은 것을 받아 보존하는 일이기 때문이다. 그밖에도 상징들은 성례전에 하나님의 약속들을 결부시키는데, 이것은 믿음을 요구한다. 믿음은 오직 하나님의 말씀에 기초를 두며, 하나님의 말씀은 문서나 편지와 같고, 성례전은 오직 하나님만 편지에 덧붙이시는 인장 seals 과도 같다.

5.173 **그리스도는 아직도 성례전 안에서 역사하신다**. 하나님은 성례전을 제정하신 분임으로 성례전이 바르게 거행되는 교회 안에서 계속해서 역사하신다. 따라서 성도들은 사역자들로부터 성례전을 받을 때 하나님께서 자신이 제정하신 의식 속에서 역사하신다는 것을 알고 있으며, 그렇기 때문에 그것들을 마치 하나님의 손으로부터 받는 것처럼 받는다. 사역자들의 잘못은 (비록 그것이 매우 큰 것이라 할지라도) 그들에게 영향을 미칠 수 없다. 왜냐하면 그들은 성례전의 온전성이 주님께서 그것을 제정하셨다는 사실에 의거한다고 알고 있기 때문이다.

5.174 **성례전의 창시자와 사역자는 구별되어야 한다**. 그럼으로 성례전을 거행할 때, 성도들은 주님 자신과 주의 사역자들을 명백히 구별하고, 성례전의 실체는 주님에 의해 그들에게 주어지고, 외적 표징들은 주의 사역자들에 의해 주어진다고 고백한다.

5.175 **성례전의 실체 혹은 주 요소.** 그러나 하나님께서 모든 성례전에서 약속하시는 주요한 것, 그리고 모든 시대의 모든 경건한 자들이 그들의 주의를 쏟는 주요한 것은 (어떤 이들은 그것을 성례전의 실체 substance 와 사물 matter 이라고 부른다.) 구주이신 그리스도, 즉 유일하신 희생제물과 창세 때부터 도살당한 하나님의 어린 양이시다. 또한 우리의 모든 조상들에게 물을 준 반석, 손으로서가 아니라 성령을 통하여 모든 선민에게 할례를 주고, 그들의 모든 죄를 씻고 그리스도의 참몸과 피로 양육하여 영생에 이르게 하시는 반석이다.

5.176 **옛 언약 백성의 성례전과 새 언약 백성의 성례전 사이의 유사성과 차이**. 이제 성례전에서 주된 것과 주된 요소가 무엇인가에 관련하여 생각해 볼 때, 두 백성의 성례전은 동등하다고 할 수 있다. 왜냐하면 믿는 자들의 유일한 중재자이시며 구주이신 그리스도가 그 두 성례전의 주된 것이요 실체이기 때문이며 하나님이 두 성례전의 창시자이기 때문이다. 그것들은 하나님의 은혜와 약속들의 표시와 인장으로서 그 두 백성들에게 주어졌으며, 하나님의 크신 축복들에 대한 기억을 떠올려 주고 새롭게 해주며, 믿는 자들을 세상의 모든 종교들로부터 구별지어 주고, 끝으로 믿음에 의해 영적으로 받아들여야 하고, 그것을 받는 자들을 교회에 결속시켜 주며, 그들에게 그들의 의무를 깨닫게 해준다. 이렇게 볼 때에, 양 백성들에게 주신 성례전은 서로 다른 것이 아니다.

물론, 외적 표징들에 있어서는 큰 차이가 있다. 물론 표징들에 관하여 우리는 큰 차이를 만들어 낸다. 우리의 성례전은 세상 끝까지 결코 변하지 않을 것들인 만큼 더 확고하고 영구적인 것이다. 그뿐 아니라 우리의 성례전은 그 실체와 약속이 모두 그리스도 안에서 성취되었고 혹은 완성되었음을 증거해 준다. 반면에 이전 것들은 성취되어야 할 것을 예시해 주었다. 우리의 것은 또한 보다 단순하고, 덜 손이 가고, 의식에 있어서 보다 덜 호화스럽고 덜 복잡하다. 게다가 그것은 온 세상에 퍼져 있는 훨씬 많은 사람들의 것이다. 그것은 더 뛰어나고 성령에 의해 보다 더 큰 믿음을 고취시키기 때문에, 성령님을 더욱 풍성히 체험하게 된다.

5.177 **우리의 성례전은 폐지된 옛 성례전을 계승한다**. 그러나 이제 참 메시야이신 그리스도가 우리에게 나타나셨고 은혜가 신약 백성에게 풍성하게 부어졌으니, 옛 언약 백성의 성례전들은 폐지되고 정지된 것이 확실하며, 그 대신에 새 언약의 상징들, 즉 할례 대신 세례, 유월절 양과 희생제사 대신에 주의 만찬으로 대치되었다.

5.178 **성례전의 구성요소.** 이전에, 성례전이 말씀과 표징 sign 과 상징하는 것 thing signified 으로 구성되었듯이, 지금도 그것은 예전과 같이 동일한 부분들로 구성어 있다. 왜냐하면 하나님의 말씀이 전에 성례전이 아니었던 것들을 성례전으로 만들기 때문이다. **성례전의 성별.** 성례전은 말씀에 의해 성별되며, 그것들을 제정하신 이에 의해서 성별되는 것으로 보여진다. 어떤 것을 하나님께 성별해 드린다는 것은 그것이 거룩하게 사용될 수 있도록 드리는 것을 의미한다. 즉, 보통의 일상적 용도에 사용되던 것을 취하여 거룩한 용도를 위해 사용하도록 정하는 것이다. 성례전에 있어서의 표징들은 일반 용도, 곧 외적이고 가견적 사물들로부터 끌어온 것들이다. 세례에 있어서 표징은 물이라는 요소이며, 모든 사람들이 보는 앞에서 사역자가 씻는 행위이다. 그러나 그것이 상징하는 것은 중생과 죄로부터 깨끗해지는 것이다. 그와 마찬가지로 주의 만찬에 있어서 외적인 표징은 떡과 포도주이며, 고기와 음료 대신에 일반적으로 사용되는 것들 중에서 취한 것이다. 그러나 그것이 상징하는 것은 우리에게 주어진 그리스도의 몸과, 우리를 위해서 흘리신 그의 피, 혹은 주님의 몸과 피와의 교통이다. 그러므로 물과 떡과 포도주는 하나님께서 제정하신 것과 거룩한 용도를 떠나 그것들 자체로는 우리가 경험하는 평범한 것에 불과하다. 그러나 하나님의 이름으로 드리는 기원과, 그것들의 첫 번째 제정 및 성별의 재개와 더불어 하나님의 말씀이 그것들에게 첨가될 때, 이 표징들은 성별되고 그리스도에 의해서 성화되는 것으로 보여진다. 그리스도가 처음으로 성례전을 제정하시고 성별하신 일은 하나님의 교회에

있어서 언제나 그대로 유효하며, 따라서 주님께서 친히 처음에 제정하신 것과 같은 방식으로 성례전을 행하는 사람들은 오늘도 여전히 첫 번째로 그리고 최고로 성별된 것에 참여하게 된다. 그래서 성례전을 행할 때 그리스도의 말씀이 되풀이 되는 것이다.

5.179 **표징들은 상징되는 사물들의 이름을 취한다**. 우리가 하나님의 말씀으로부터 이 표징들이 일반 용도와 다른 목적을 위해 제정되었다는 것을 배웠다. 따라서 우리는 이제 그것들이 거룩한 용도에 사용되면서 상징하는 것들의 이름을 취하며, 더 이상 단순히 물이나 떡이나 포도주라고만 불리지 않고, 대신 중생이나 물로 씻음과 주님의 몸과 피, 혹은 주님의 몸과 피에 대한 상징 및 성례전 sacraments 으로 불린다고 가르친다. 그렇다고 표징들이 상징하는 것들로 변하거나, 그것들이 그 자체의 본질을 상실한다는 말은 아니다. 만일 그렇다면 그것들은 성례가 아닐 것이다. 만일 그것들이 단순히 상징하는 것이라면, 그것들은 표징이라 할 수 없을 것이다.

5.180 **성례전적 연합** union. 따라서 성례전의 표징들이 상징하는 것들의 이름을 취하는 것은 그것들이 거룩한 것들에 대한 신비한 표징들이고, 그 표징들 및 그것들이 상징하는 것들이 성례전적으로 함께 연결되기 때문이다. 혹은 신비스러운 표 signification 에 의해 그리고 성례전을 제정하신 분의 목적이나 뜻에 의해서 연결 혹은 연합되기 때문이다. 왜냐하면 성례전에서 쓰이는 물과 떡과 포도주는 통상적인 것이 아니라 거룩한 표징들이기 때문이다. 그리고 세례에서 물을 제정하신 분은 성도들이 단지 세례의 물로 뿌림을 받도록 하려는 뜻이나 의도를 가지고 그것을 제정하지 않았다. 그리고 만찬에 있어서 떡을 먹고 포도주를 마시도록 명령하신 분은 성도들이 자기 집에서 떡을 먹는 것처럼 아무런 신비성도 없이 그냥 떡과 포도주를 받는 것을 원하지 않으신다. 그분은 우리가 그것들이 상징하는 것들에 영적으로 동참하고, 믿음으로 말미암아 그들의 죄로부터 씻음을 받으며, 함께 그리스도에 참여하기를 원하신다.

5.181 **분파들**. 그러므로 우리는 성례전의 성화가 성별된 사람과 성별의 의도를 지닌 자에 의해서 선언된 어떤 알 수 없는 특성과 법칙 혹은 말의 권세에 기인한다거나, 또는 그리스도나 사도들이 말씀이나 실례로써 우리에게 전해 준 일이 없는 다른 돌발적인 것들에 기인한다고 하는 자들을 결코 인정하지 않는다. 또한 성례전에 대해 단순히 평범한 표징들로서 성화되고 실제적인 것으로 보지 않는 자들의 교리를 승인하지 않는다. 또한 메쌀리안 Messalians 파가 주장했다고 하는 것처럼, 성례전의 불가견성 때문에 가견적인 면을 무시하고, 이미 실체를 즐기고 있다고 생각하기 때문에 표징들이 불필요하다고 믿는 사람들도 우리는 인정하지 않는다.

5.182 **상징된 사물은 그 성찬에 내포되거나 매여 있는 것이 아니다.** 은혜와 상징된 사물들은 표징들 속에 매여 있고 포함되어 있으므로, 외적으로 그 표징들에 동참하는 자들은 그들이 어떤 종류의 사람이든지 간에, 내적으로도 그 은혜와 상징된 사물에 동참한다고 가르치는 사람들이 있는데, 우리는 그런 사람들의 교리를 인정하지 않는다.

5.183 그러나 우리가 사역자들의 가치성 혹은 무가치성에 의해서 성례전의 가치를 추정하지 않는 것처럼, 그것들을 받는 자들의 상태에 의해서 그것을 추정하는 일도 하지 않는다. 왜냐하면 성례전의 가치는 믿음에 달려 있고, 하나님의 진실성과 순수한 선하심에 달려 있다는 것을 우리가 알기 때문이다. 하나님의 말씀은 하나님의 참된 말씀으로 남아 있으며, 그것이 설교 될 때 그 말씀 안에서는 단순한 말만이 반복되는 것이 아니라 동시에 말씀 안에서 상징되거나 선포된 사물들이 하나님에 의해서 제시된다. 비록 불경건한 자들과 믿지 않는 자들이 참된 믿음으로 받아들이지 않기 때문에 그 말씀들을 듣고 이해는 하면서도 상징된 사물들을 즐기지는 못한다 해도 말이다. 그와 같이 말씀에 의해서 표징들과 상징된 사물로 구성된 성례전도 참되고 신성한 성례전으로 그냥 남아서 비록 믿지 않는 자들이 그 제시된 사물들을 받아들이지 않을지라도 신성한 사물들을 의미할 뿐만 아니라, 하나님께서 제시하심으로 인해서 상징된 사물들을 의미하기도 한다. 제시된 것들을 사람들이 받지 않는 것은 그것들을 주시고 제시하시는 하나님의 잘못이 아니라 믿음없이 위법적으로 그것들을 받는 인간의 잘못이다. 그러나 그들의 불신앙이 하나님의 성실성을 무효로 하지는 않는다(롬 3:3-4).

5.184 **성례전 제정의 목적.** 성례전이 제정된 목적은 우리가 이 해설을 시작할 때 성례전이 무엇이냐를 보여 주었을 때 지나가면서 설명한 바 있기 때문에 이미 말한 것을 반복함으로 지루하게 말들 필요가 없다. 그러므로 논리상 우리는 이제 새 언약 백성의 성례전을 각각 따로 설명하려 한다.

제 20 장
거룩한 세례*

5.185 **세례 제정.** 세례는 하나님께서 제정하셨고 성별하셨다. 맨 먼저 요한이 세례를 베풀었는데, 그는 그리스도를 요단강 물 속에 담갔다. 세례는 그로부터 사도들에게로 내려왔고 그들 역시 물로써 세례를 주었다. 주께서 그들에게 복음을 전하고

---

* 그러한 정죄에 대해 현재 우리가 어떻게 이해하고 있는지를 알아보기 위해 서문을 참조하라.

'성부와 성자와 성령의 이름으로' 세례를 줄 것을 명백하게 명령하셨다(마 28:19). 그리고 사도행전에서 베드로가 무엇을 해야 하겠는가를 묻는 유대인들에게 "너희는 각각 예수 그리스도의 이름으로 세례를 받고 죄사함을 얻으라. 그리하면 성령을 선물로 받으리라." (행 2:37-38)고 말했다. 세례로 말미암아 하나님의 선민이 하나님께 성별되기 때문에 어떤 사람들은 세례를 가리켜 하나님의 백성이 되기 위한 입문의 표라고 한다.

5.186 **세례는 하나**. 하나님의 교회에 세례는 오직 하나가 있을 뿐이다. 그리고 오직 한 번 세례를 받고 하나님께 봉헌되는 것으로 충분하다. 왜냐하면 한 번 받은 세례는 평생 계속되며, 우리가 양자된 것에 대한 항구적인 확인이기 때문이다.

5.187 **세례받는다는 것은 무엇을 의미하는가?** 그리스도의 이름으로 세례를 받는다는 것은 그 계약과 가족의 명단에 오르고 그리로 들어가며 영입 받는 일, 그러니까 하나님 아들들의 기업으로 영입되는 것이다. 그렇다, 그리고 이 생에 있어서 하나님의 이름을 따라 불리움을 받는다. 즉, 하나님의 아들이라 칭함을 받는 것이다. 또한 죄의 더러움으로부터 씻음을 받는 것, 하나님의 다양한 은총을 받는 것, 그리하여 하나의 새롭고 결백한 삶을 살게 되는 것이다. 그러므로 세례는 썩을 인류에게 하나님께서 보이신 그 위대한 은총을 상기하고 새롭게 한다. 왜냐하면 우리는 모두 죄의 오염 속에서 나고 진노의 자식들이기 때문이다. 그러나 자비가 부요하신 하나님께서 그의 아들의 피로 우리를 우리의 죄로부터 값없이 깨끗이 씻어 주시고, 그 안에서 우리를 입양하여 그의 아들이 되게 하시고, 하나의 거룩한 계약에 의하여 우리를 자신에게 연결시키시며, 다양한 선물로써 우리를 부요하게 하여 우리로 하여금 새 삶을 살도록 하신다. 이 모든 것들이 세례에 의하여 확인된다. 왜냐하면 내적으로는 성령을 통하여 하나님으로 말미암아 거듭나고 순결해지며 새로워지고, 외적으로는 우리가 물 속에서 그 최대의 선물에 대한 확신을 얻으며 세례에 의해 그런 위대한 혜택들이 잘 표현된다. 즉 눈으로 볼 수 있도록 우리 눈 앞에 펼쳐진다.

5.188 **우리는 물로써 세례를 받는다**. 그러므로 우리는 보이는 물로써 세례를 받는다. 즉, 씻김을 받거나 뿌림을 받는다. 왜냐하면 물은 때를 씻어 버리고 덥고 피곤한 신체를 식혀서 상쾌하게 한다. 그리고 하나님의 은혜는 영혼을 위해서 이 일들을 수행하는데 그것을 보이지 않게 혹은 영적으로 행한다.

5.189 **세례 받는자의 의무.** 그뿐 아니라 하나님은 또한 세례의 상징에 의해서 우리를 모든 낯선 종교와 백성으로부터 분리시켜 우리를 자기의 소유로 삼으시고 자신에게로 성별하신다. 그러므로 우리는 세례를 받을 때 우리의 신앙을

고백하고 하나님에게 우리 자신을 복종시키고 육신을 죽이고 삶을 새롭게한다. 그래서 우리는 평생 세상과 사단과 우리 자신의 육신을 대항하여 싸워야 하는 그리스도의 거룩한 병역에 징집되는 것이다. 그뿐 아니라 우리는 세례를 받아 교회의 하나 된 몸에 속하게 된다. 그리하여 우리는 교회의 모든 교인들과 더불어 하나의 종교와 상호적 봉사에 아름답게 협동하려는 것이다.

5.190 **세례의 형식**. 세례의 가장 완전한 형식은 그리스도가 세례를 받은 형식과 사도들이 세례를 베푼 그 형식이라고 우리는 믿는다. 그러므로 우리는 사람의 고안에 의해서 후대에 첨가되어 교회에서 사용되는 것들은 세례를 완성하는데 필요하다고 생각지 않는다. 그 중에는 축마 exorcism 의식, 타는 불, 기름, 소금, 침을 사용하는 일, 기타 많은 의식을 곁들여, 매해 두 번씩 세례식을 거행한다는 따위의 일이 있다. 우리는 교회의 한 세례가 하나님의 첫 번 제정에 있어서 성별되었다고 믿으며, 그것이 말씀에 의해서 성별되었으며, 하나님의 그 첫 축복의 덕으로 그것이 오늘도 유효하다는 것을 우리는 믿는다.

5.191 **세례 집례자**. 우리는 교회에서 여자나 산파가 세례를 집례해서는 안 된다고 가르친다. 왜냐하면 바울이 여인에게서 교회적 의무를 박탈하였고, 세례는 이것들과 상관되는 것이기 때문이다.

5.192 **재세례파**. 우리는 믿는 자들의 갓난 아기들이 세례를 받을 수 있다는 것을 부인하는 재세례파를 정죄한다. 복음서의 가르침에 의하면, 하나님의 나라는 바로 그러한 자들의 것이며 그들은 하나님의 언약 안에 있다. 그렇다면 하나님의 언약의 표가 왜 그들에게 주어져서는 안 되는가? 하나님께 속하고 그의 교회 안에 속한 자들이 어째서 거룩한 세례를 통해 입회 initiated 되어서는 안 되는가? 재세례파들은 또한 하나님의 말씀에 어긋나는 독특한 다른 교리들을 주장하는데, 그 점에서 우리는 또한 그들을 정죄한다. 그러므로 우리는 재세례파가 아니며, 그들과 공통되는 것이 아무 것도 없다.

제 21 장

주님의 만찬에 관하여

5.193 **주님의 만찬**. 그러므로 주님의 성만찬 (주님의 식탁 또는 유카리스트, 즉 감사 드림이라고 불린다)은 보통 하나의 만찬이라고 불리우는 바, 그것은 그리스도께서 그의 마지막 만찬에서 그 자신에 의하여 제정되었고, 아직도 그것을 대표하고 있기 때문이다. 그리고 성만찬에서 신도들이 영적으로 양식과 음료를 먹고 마시기 때문이다.

5.194 **성만찬의 창시자** author **와 성별자** consecrator. 주의 만찬의 창시자는 천사나 어떤 인간이 아니고 하나님의 아들, 즉 우리 주 예수 그리스도이시며, 그가 처음으로 그것을 자기 교회를 위하여 성별하셨다. 그리고 바로 그 성별 또는 복은 주께서 제정하신 바로 그 만찬을 기념하면서 주의 만찬의 말씀을 반복하고, 무엇보다도 참 신앙으로 한 분 그리스도를 바라보며, 그리스도의 손으로부터, 즉 교회의 사역자들의 사역을 통해서 떡과 음료를 받는 모든 자들에게 여전히 유효하다.

5.195 **하나님의 혜택을 기념함**. 이 거룩한 의식에 있어서 주님이 원하시는 것은 그가 죽을 인간에게 보여 주신 그 최대의 혜택, 즉 그의 몸을 주시고 그의 피를 흘리심으로써 우리의 모든 죄를 용서하셨고, 영원한 죽음과 악마의 권세로부터 우리를 구속하셨고, 지금은 그의 살로써 우리를 먹이시고 그의 피를 음료로 주시고, 참신앙으로 신령하게 받으면 우리에게 영생의 양식이 되는 그 혜택을 신선하게 기억하는 일이다. 그리고 주의 만찬이 행해질 때마다 그 위대한 혜택이 소생되는 것이다. 왜냐하면 주께서 "나를 기념하여 이것을 행하라"고 말씀하셨기 때문이다. 이 거룩한 만찬은 또한 우리의 죄를 사면하시려고 그리스도의 몸 자체를 참으로 우리를 위하여 주셨고 그의 피를 흘리셨다는 것을 우리를 위해 확증하고 우리의 신앙이 결코 흔들리지 않도록 하려는 것이다.

5.196 **표징과 뜻깊은 사물**. 성만찬은 사역자들을 통하여 외형적으로 이 성례전에 의해서 가시적으로 나타나는 것이며, 말하자면 우리 눈앞에 보이도록 제시되는 것인 바, 내적으로는 영혼 속에서 성령으로 말미암아 보이지 않게 역사되는 것이다. 사역자가 가시적으로 떡을 내주고 "받아 먹으라, 이것은 내 몸이다."그리고 "받아서 너희가 다 나누어 마셔라, 이것은 나의 피다"라는 주님의 말씀을 전한다. 그러므로 신자들은 주님의 사역자들에 의해서 주어지는 것을 받으며 주님의 떡을 먹고 주님의 잔을 마신다. 동시에 성령을 통한 그리스도의 역사에 의해서 그들은 또한 내적으로 주님의 살과 피를 받으며 그것으로 자양분을 얻어 영생에 이른다. 왜냐하면 그리스도의 살과 피는 영생에 이르게 하는 참양식이며 음료이기 때문이다. 그리고 그리스도 자신은 우리를 위해 자신을 주셨고 우리의 구주이신지라, 그 만찬에 있어서 그가 바로 근본 요소이며 그 자리를 대신할 그 어떤 것도 우리는 허용하지 않는다.

5.197 그러나 그리스도의 살과 피가 어떻게 신자들의 양식과 음료이며 어떻게 신자들이 그것들을 받아서 영생에 이르게 되는지를 더 잘, 더 명확하게 이해하기 위해서 우리는 다음 몇 가지를 더 첨가하려고 한다. 먹는 일은 한 가지 종류만 있는 것이 아니다. 우선 물질적으로 먹는 일이 있는데 그것은 음식을 입에다 넣고 이로 씹고 삼켜서 배로 넣는 일이다. 과거에

가버나움 사람들은 주님의 살을 이런 식으로 먹어야 하는 줄로 생각했다. 그러나 요한복음 6 장에서 그들은 주님에 의해서 공박을 받았다. 왜냐하면 그리스도의 살을 물질적으로 먹는다는 것은 악명 Infamy 과 야만성 savagery 을 드러내는 것이 아닐 수 없기 때문이다. 그러므로 만찬은 배를 위한 양식이 아니다. 모든 사람이 이것을 인정할 수 밖에 없다. 그러므로 우리는 교황의 칙령중에 '*나 베렌가리우스 Ego Berengarious*'라는 법규(성별에 관하여, 제 2 부)를 인정하지 않는다. 왜냐하면 경건한 옛 사람도 그렇고, 또 우리도 그렇고 그리스도의 몸을 물질적으로 먹어야 한다는 것, 그리고 실제로 육체적 입으로 먹어야 한다는 것을 믿지 않기 때문이다.

5.198 **주님을 영적으로 먹음.** 또한 그리스도의 몸을 영적으로 먹는 것이 있다. 영적으로 먹는다는 것은 그 음식 자체가 영으로 변해야 한다고 생각하는 것이 아니라, 주의 몸과 피가 그것들 자체의 본질과 성질대로 남아 있으면서 영적으로 우리에게 전달된다는 것을 의미한다. 그것은 물질적인 방식이 아니라, 성령에 의해 영적인 방식으로 되는 것이다. 성령은 주의 몸과 피의 희생에 의해서 우리를 위해 예비된 것들, 즉 사죄, 구원 및 영생을 우리에게 적용하고 부여하신다. 그리함으로써 그리스도가 우리 안에 사시고, 우리는 그 안에 살게 되는 것이다. 그리고 이 목적을 위해 우리로 하여금 참 믿음을 가지고 그를 받아들이도록 하심으로 그분이 우리를 위한 영의 양식과 음료, 즉 우리의 생명이 되신다.

5.199 **우리의 양식이신 그리스도가 우리를 생명으로 기운을 주신다.** 육체적 양식과 음료가 우리의 몸을 신선하게 하고 힘을 줄 뿐 아니라 또한 생명을 유지하게 하는 것처럼, 우리에게 내어 주신 그리스도의 육체와 우리를 위해 흘리신 그의 피는 우리의 영혼을 신선하게 하고 힘을 줄 뿐 아니라 또한 생명을 유지하게 한다. 그것은 물질적으로 그것들을 먹고 마심으로서가 아니라 그것들이 하나님의 영에 의하여 우리에게 전달되기 때문이다. 그것은 주께서 말씀하신 대로이다: "나의 줄 떡은 곧 세상의 생명을 위한 내 살이로다."(요 6:51), 그리고 "육(즉 육적으로 먹는 것)은 무익하니라, 살리는 것은 영이니라."(요 6:63), 그리고 "내가 너희에게 이른 말이 영이요, 생명이라."고 하셨다.

5.200 **믿음으로 그리스도를 영접함.** 음식이 우리 속에서 작용하기 위해서 우리가 먹음을 통하여 음식을 우리 몸속에 받아들여야만 하고, 우리 속에서 그것이 효과를 내고 있는 것을 증명해야 하는 것처럼—음식이 우리 몸 밖에 있을 때는 그것이 우리에게 아무 유익도 주지 못하기 때문이다—우리가 믿음으로 그리스도를 영접하여 그가 우리의 것이 되고, 또 그가 우리 안에 사시고 우리가 그 안에 살게 되는 것이 필요하다. 왜냐하면

그리스도께서 말씀하시기를 "내가 곧 생명의 떡이니 내게 오는 자는 결코 주리지 아니할 터이요, 나를 믿는 자는 영원히 목마르지 아니하리라."(요 6:35), 그리고 "나를 먹는 그 사람도 나를 인하여 살리라……그는 내 안에 거하고 나도 그 안에 거하리라" (57, 56)고 하셨다.

5.201 **영의 양식**. 이 모든 것에 의해서 명백해지는 것은, 신령한 양식이라고 할 때 어떤 것인지 우리가 알 수 없는 어떤 공상적 음식을 의미하는 것이 아니라 우리에게 주신 주님의 몸자체, 즉 물질적으로가 아니라 신자들이 믿음에 의하여 영적으로 받는 그 몸을 의미한다는 것이다. 이 문제에 있어서 우리는 요한복음 6 장에 근거하여 구주 자신, 즉 그리스도 주님의 가르침을 따른다.

5.202 **먹는 일이 구원을 위하여 필요하다.** 이렇게 주님의 살을 먹고 피를 마시는 일은 구원에 있어서 매우 필요한 것으로서, 그것 없이는 아무도 구원을 얻을 수 없다고 할 정도이다. 그러나 이러한 영적 먹음과 마심은 또한 주님의 만찬을 떠나서도 생기며, 사람이 그리스도를 믿을 때마다, 그리고 어디서든지 일어난다. 여기에 대해서는 성어거스틴의 글귀가 적용될 것이다: "어째서 너는 너의 이 teeth 와 위 stomach 를 위해서 공급하는가? 믿어라, 그리하면 너는 이미 먹었느니라."

5.203 **주님을 성례전적으로 먹음**. 보다 높은 영적 먹음 외에 또한 주님의 몸을 성례전적으로 먹는 일이 있다. 거기서 신자가 영적으로, 그리고 내적으로 주님의 참 몸과 피에 정말로 동참할 뿐 아니라 주님의 식탁에 나옴으로써 외적으로도 주님의 몸과 피로서의 보이는 성례전을 받는 것이다. 분명히 신자가 믿었을 때 그는 먼저 생명을 주는 그 양식을 받았으며 아직도 그것을 즐기고 있다. 그렇다고 해서 지금 그가 성찬을 받을 때, 그가 받는 것이 아무것도 없는 것은 아니다. 왜냐하면 그는 주님의 몸과 피 안에서 교통을 계속하는 중에 발전하며, 따라서 그의 믿음은 점점 더 불이 붙고 자라며, 영적 양식에 의하여 새롭게 되기 때문이다. 우리가 살아 있는 동안은 믿음이 계속해서 증가된다. 그리고 참 신앙으로써 성찬을 외적으로 받는 사람은 그 표징을 받을 뿐 아니라 또한 우리가 이미 말한 대로 상징되는 사물 자체를 즐긴다. 그뿐 아니라 그는 주님의 그 제도와 계명을 복종하며, 기쁜 마음으로 자기의 구속과 또 온 인류의 구속을 감사하고, 주님의 죽으심을 믿음으로 기억하며, 자기가 그 몸의 한 지체로 속해 있는 교회 앞에서 증언을 한다. 또한 성찬을 받는 자들에게는 주의 몸을 주시고 그의 피를 흘리신 것이 사람 일반을 위해서뿐만 아니라 특히 신실히 성찬을 받는 각 사람을 위한 것이며, 그것이 그에게 영생의 양식과 음료라는 확신이 주어진다.

5.204 **불신자는 성찬을 먹음으로 심판을 받는다**. 그러나 믿음없이 주님의 이 거룩한 식탁에 나오는 사람은 단지 성찬을 받을 뿐 생명과 구원을 주는 성찬의 실체는 받지 못한다. 그런 사람들은 주님의 식탁을 무가치하게 먹는 것이다. 누구든지 무가치한 방식으로 주님의 떡을 먹고 잔을 마시는 사람은 주님의 몸과 피를 범하는 죄가 있을 것이며, 자신에게 임할 심판을 먹고 마신다(고전 11:26-29). 왜냐하면 그들이 참된 믿음을 가지고 나오지 않을 때 그들은 그리스도의 죽음을 수치스럽게 하며, 따라서 자신에게 임할 정죄를 먹고 마시는 것이기 때문이다.

5.205 **만찬에 임하는 그리스도의 임재**. 그러므로 우리는 주님의 몸과 피를 말할 때 성례적 방편이 아니라 떡 자체가 그리스도의 몸이라든가, 그리스도의 몸이 물질적으로 떡 아래 숨겨져 있기 때문에 떡속에서 그리스도의 몸이 예배를 받아야 한다든가, 혹은 표징을 받는 사람은 또한 그 표징이 상징하는 것을 받는다고 말할 정도로 떡과 포도주에 연결시키지 않는다. 그리스도의 몸은 성부 하나님의 우편인 하늘 나라에 계신다. 그러므로 우리의 마음은 높은 곳을 향해야지, 떡에 고정되어서는 안 되며 주님이 떡 안에서 예배를 받아서도 안 된다. 교회가 성찬식을 행할 때 주께서 교회에 부재하시는 것은 아니다. 태양은 하늘에 있음으로 우리에게서 떨어져 있음에도 불구하고 우리 가운데 효과를 내고 있다. 정의의 태양이신 그리스도는 비록 몸으로는 우리를 떠나 하늘에 계실지라도 얼마나 더욱 우리와 함께 하시는지 아는가? 그분은 생명을 일으키는 작용을 하심으로 육체적으로가 아니라 영적으로 우리와 함께 하신다. 주님은 최후의 만찬에서 우리와 함께 하실 것이라고 친히 설명해 주셨다 (요 14 장, 15 장, 16 장). 그러므로 우리는 그리스도 없는 성찬식을 행하지 않으며, 동시에 보편적으로 옛 사람들이 부른 대로 피를 흘리지 않는 unbloody 신비한 만찬을 먹게 된다.

5.206 **주님의 만찬의 다른 목적들**. 그뿐 아니라 우리는 주님의 만찬을 행함에 있어서 우리가 누구의 몸의 지체들이 되었는지를 잊지 말 것과, 따라서 우리가 모든 형제들과 한 마음을 갖고, 거룩한 삶을 살며, 악하고 괴이한 종교들로 우리 자신을 더럽히지 않고, 우리 생의 마지막까지 참된 신앙을 견지하며, 거룩한 삶을 사는 일에 뛰어나기 위해 힘쓰라는 권고를 받는다.

5.207 **성만찬을 위한 준비.** 그러므로 우리가 성만찬에 나올 때 먼저 사도의 명령에 따라서 우리 자신을 검토하는 일, 특히 우리가 가진 믿음의 종류에 대해서 검토하는 것이 마땅하다. 즉, 그리스도가 죄인들을 구원하고 그들을 불러 회개시키려고 오신 것을 우리가 믿는지, 또는 각자가 그리스도로 말미암아 해방되고 구원된 자들의 수에 들어 있다는 것을 믿는지, 또는

그가 자기의 악한 생활이 변하여 거룩한 삶을 영위하고 주님의 도우심으로 참된 종교와 형제들과의 조화를 견지하고, 그가 구원받음에 대해서 하나님께 마땅한 감사를 드리려고 결심을 하고 있는지를 검토해야 한다.

5.208 **떡과 포도주 이 둘을 다 가지고 성찬식을 행할 것.** 우리는 떡과 포도주를 가지고 행하는 성찬예식의 방식 혹은 형식이 주님의 맨 처음 제도와 사도의 교리에 가장 가깝게 가는 가장 단순하고도 탁월한 것이라고 생각한다. 그것은 하나님의 말씀을 선포하는 일, 경건한 기도, 주의 몸을 먹고 그의 피를 마시는 일, 즉 주님 자신의 행동과 그것의 반복으로써 구성된다. 그리고 주님의 죽음을 기억하는 일과 신실하게 감사드리는 일과 또는 교회의 지체로서 일치하며 거룩하게 교제하는 일로써 구성된다.

5.209 그러므로 신도들에게 성찬의 한 부분, 즉 주님의 잔을 금하는 자들을 우리는 옳게 보지 않는다. 왜냐하면 이들은 "너희는 다 이것을 마셔라"고 하신 주님의 제도를 몹시 어기고 있으며, 떡에 대해서는 그렇게 명백하게 말씀하시지 않았기 때문이다.

5.210 우리는 지금 우리의 신부들 가운데 어떤 종류의 미사가 존재했는지, 그것이 용납되어야 하는지 아닌지를 토의하고 있는 것이 아니다. 다만 지금은 로마 교회가 사용하는 미사는, 우리가 지금 간단히 줄이기 위해서 그 여러 이유들을 열거하지 않지만 여러가지의 그리고 매우 훌륭한 이유 때문에 우리 교회에서는 폐지되었다는 것을 우리는 서슴지 않고 말하는 것이다. 우리는 하나의 건전한 행동을 하나의 공허한 구경거리가 되게 하고, 공로를 쌓는 수단을 삼고, 값을 받기 위해서 의식을 행하는 것을 승인할 수가 없었던 것이 분명하다. 또한 미사에 있어서 신부는 주님의 몸 자체를 좌우하고 산 자와 죽은 자의 사죄를 위하여, 게다가 하늘에 있는 성인들의 영예와 존경과 기념을 위해서 실제로 주의 몸을 드린다는 말 따위를 우리는 승인할 수 없었다.

제 22 장

종교 및 교회 모임들에 관하여

5.211 **예배를 위한 모임에서 해야 할 일이 무엇인가?** 모든 사람이 개인적으로 가정에서 성경을 읽는 것과 참된 종교 안에서 가르치며 서로 교화 edify 하는 것은 허락된 일이지만, 하나님의 말씀이 백성에게 적절히 선포되고 기도와 간구가 공적으로 이루어지고, 또한 성례전이 바르게 집행되고 가난한 자들을 위해서와 교회의 경상비를 지불하기 위하여 헌금을 거두기 위해서, 그리고 사회적 교제를 유지하기 위해서 종교적 혹은 교회적 화합을 가지는 것이 가장 필요하다. 왜냐하면 사도적

원시 교회에 있어서는 모든 경건한 자들이 그와 같은 모임을 자주 가졌던 것이 확실하기 때문이다.

5.212 **예배를 위한 모임을 등한히 하지 말 것**. 그런 모임들을 뿌리치고 멀리하는 사람마다 참 종교를 멀리한다. 그리고 목사들이나 경건한 행정관들은 그런 사람들이 거룩한 모임에 고집스럽게 결석하는 일을 삼가도록 강하게 권면해야 한다.

5.213 **집회는 공개적이어야 한다**. 그러나 그리스도와 교회의 원수들의 박해 때문에 공개적으로 모이는 일이 허락되지 않으면 몰라도, 그렇지 않는 이상 교회 모임은 비밀히 하거나 숨어서 해서는 안 되고 공개적이어야 하고 잘 참석해야 한다. 왜냐하면 로마 황제들의 포악한 행위 밑에서 원시 교회의 집회들이 어떻게 비밀장소에서 행해졌는가를 우리가 알고 있기 때문이다.

5.214 **적절한 모임장소**. 그뿐 아니라 신도들이 만나는 장소는 품위가 있어야 하며 모든 면에서 하나님의 교회에 적합해야 한다. 그러므로 널찍한 건물 혹은 전당을 택해야하며 교회에 합당치 않는 것은 다 제거되어야 한다. 그리고 예배에 필요한 것과 교회의 필수 사역들에 부족함이 없도록 하나하나 단정하게, 그리고 경건하고 품위있게 배치되어야 한다.

5.215 **모임은 정숙하고 겸손하게 진행되어야 한다**. 우리는 하나님께서 사람의 손으로 지어진 전에 거하시지 않는다는 것을 믿는다. 마찬가지로, 우리는 하나님의 말씀과 거룩한 사용 때문에 하나님 및 그를 예배하기 위해 봉헌된 장소가 속되지 않고 거룩하며, 그 장소에 있는 사람들이 거룩한 장소에서 하나님 및 그의 거룩한 천사들 앞에 있다는 것을 알아 스스로 경건하고 정숙하게 행동해야 한다는 것을 알고 있다.

5.216 **성소를 위한 적절한 장식**. 그러므로, 모든 사치스러운 의상, 모든 자존심, 그리고 기독교적 겸손과 훈육과 단정함에 걸맞지 않는 모든 것은 그리스도인들의 성소 및 기도처에서 사라져야 한다. 왜냐하면 교회의 참된 장식은 상아와 금과 보석 등으로 구성되는 것이 아니라, 교회 안에 있는 자들의 검소함과 경건함과 덕목들로 구성되기 때문이다. 교회에서는 모든 것이 단정하고 질서있게 행해지도록 해야 한다. 그리고 끝으로 모든 것들이 교화 edification 를 위해 행해지도록 해야 한다.

5.217 **통용 언어로 예배할 것.** 그러므로 예배를 위한 모임에서는 모든 낯선 언어를 삼가고, 모든 것이 그곳에 모인 사람들이 이해할 수 있는 통용어로 진행되도록 해야 한다.

제 23 장

교회의 기도, 노래, 그리고 정기 기도시간에 관하여

5.218 **공동 언어**. 사람은 자기가 이해하는 언어로써 사사롭게 기도하도록 허락되어 있는 것이 사실이다. 그러나 예배를 위한 모임에서의 공중기도는 모두가 아는 통용언어로 드려야 하는 법이다. **기도.** 신자들의 모든 기도는 믿음과 사랑에서 나와야 하고, 그리스도의 중보를 통해서 오직 하나님께만 쏟아 놓아야 한다. 주님이신 그리스도의 제사장직과 참 종교는 하늘에 있는 성인들을 부르는 기원이나 그들을 중보로 사용하는 일을 금한다. 기도는 정치인, 왕, 그리고 권위의 자리에 있는 모든 사람과 교회의 사역자들과 교회의 모든 필요한 사항들을 위해서 드려져야 한다. 재난을 당할 때 특히 교회가 재난을 당할 때 사적으로 그리고 공적으로 부단히 기도를 해야 한다.

5.219 **자유 기도**. 그뿐 아니라, 기도는 강요되거나 어떤 보상을 위해서가 아니라 자발적으로 해야한다. 또한 마치 성전 외에 어느 곳에서나 기도하는 것이 허락되지 않은 것처럼, 미신적으로 어떤 한 장소를 기도의 장소로 제한하는 것은 온당치 않다. 공중 기도가 형식과 시간과 관련하여 모든 교회에서 꼭 같아야 할 필요도 없다. 각 교회가 자체적으로 자유롭게 할 수 있다. 소크라테스는 그의 역사서에서 "세상의 모든 종교들 속에서, 당신은 전적으로 wholly 같은 기도를 하는 두 교회를 찾지 못할 것입니다"(「교회사」 제 22 권 57)라고 말했다. 이러한 차이를 만들어 낸 자들은 특정 시대에 교회들을 책임맡고 있던 자들일 것이다. 그래도 만일 그들이 일치한다면, 그것은 높이 추천할 만한 것이며 다른 자들이 따라 할만한 것이다.

5.220 **공중 기도시에 사용되는 방법**. 무슨 일에 있어서도 그렇지만, 공중기도에 있어서도 그것들이 과하게 길거나 지루하지 않기 위해서 하나의 표준이 있어야 한다. 예배를 위한 집회의 제일 많은 부분은 복음적 가르침에 할애되어야 한다. 그리고 너무 긴 기도로 인해서 회중이 싫증을 느끼는 일이 없도록 주의해야 한다. 그리고 회중이 복음 설교를 들어야 할 때 그 모임을 떠나가거나 기진맥진하여 그 모임을 아예 외면하는 일이 없도록 주의해야 한다. 다른 사람에게는 그만하면 간단한 설교인데 그런 사람들에게는 그것이 너무 길어 보인다. 그러니까 설교자들이 하나의 표준을 지키는 것이 마땅하다.

5.221 **노래 부르기**. 예배모임에서 노래부르기가 실시되는 경우 역시 절제를 가져야 한다. 소위 그레고리안 찬트 Gregorian Chant 라고 하는 노래는 그 속에 어리것은 것을 많이 가지고 있다.

그래서 우리의 많은 교회가 그것을 거부한 것은 잘한 일이다. 만일 참되고 적절한 설교[9]가 있고 노래부르는 일이 없는 교회들이 있다면 그 교회들을 정죄해서는 안된다. 왜냐하면 모든 교회가 다 노래부름에서 이익을 얻는 것은 아니기 때문이다. 옛 사람들의 증언에 의해서 잘 알려진 대로 노래부르는 풍속이 동방 교회에서는 매우 오래되었고, 그것이 서방에서 마침내 수용된 것은 뒤늦게 된 일이다.

5.222 **정기 기도시간** Canonical Hours. 옛 사람들은 정기 기도시간에 대해서 아는 바가 없다. 즉 하루의 어떤 시간들을 기도시간으로 배정하여 교황주의자들이 그것들을 노래로 부르고 혹은 암송을 하는데, 거기에 대해서는 성무일과서 breviaries 와 많은 논쟁들에 의해서 증명될 수 있는 것이다. 그러나 그것들 역시 적지 않은 모순이 있는데 거기에 대해서 나는 다른 말을 하지 않겠다. 따라서 교회들이 그대신 하나님의 전교회에게 유익한 것들을 대치하고 그것들을 생략하는 것은 잘한 일이다.

제 24 장
성일, 금식, 및 음식의 선택에 관하여

5.223 **예배를 위해 필요한 시간.** 비록 종교가 시간에 매여 있는 것은 아니지만 시간을 적절하게 분배하고 배열하는 일이 없이는 종교가 촉진되거나 실천될 수가 없다. 그러므로 각 교회는 자체를 위해서 공중기도를 위한 시간, 복음 선포를 위한 시간, 성례전 집행을 위한 시간을 선정한다. 그리고 아무도 자기 자신이 좋아하는 대로 교회가 정한 것을 뒤집어 버리는 일은 허용하지 않는다. 왜냐하면 일정한 시간과 여유가 외적인 종교의 행사로 주어지지 않는 한, 의심할 여지없이 사람들은 자기 일로 인하여 그것으로부터 멀어 질 것이다.

5.224 **주님의 날.** 그래서 우리는 고대 교회들이 한 주간에 어떤 시간들을 모임을 위하여 지정했을 뿐 아니라, 사도 시대 이래 주님의 날 자체도 그들을 위해, 그리고 거룩한 휴식을 위해서 떼어 놓은 것을 볼 수 있다. 이런 제도가 예배와 사랑을 위하여 우리 교회에 의해서 지금도 보존되고 있는데 그것은 올바른 처사이다.

5.225 **미신.** 이 점에 있어서 우리는 유대인들이 지키는 것과 미신에 양보하지 않는다. 왜냐하면 우리는 한 날이 다른 날보다 더 거룩하다고 믿지 않으며, 그 날에 쉬는 것 자체가 하나님께 열납된다고 생각하지 않기 때문이다. 그뿐 아니라 우리는 안식일이 아니라 주님의 날을 지키는데 우리가 자유롭게 지키고 싶어서이다.

---

[9] 라틴어로는 orationem 이며 그것을 '기도'라고 번역하였다. 그러나 문맥으로 보아 통상적이고 고전적인 의미로 "연설 speech"이라고 해석함이 좋을 것이다.

5.226 **그리스도 및 성인들의 축제**. 그뿐 아니라, 기독교인의 자유 속에서 교회들이 주님의 나심, 할례, 수난, 부활, 승천, 그리고 제자들에게 성령을 보내신 일 등을 기념하여 축하한다면, 우리는 그것을 높이 인정한다. 그러나 사람들 및 성인들을 위해 제정된 축제는 인정하지 않는다. 거룩한 날들은 율법의 첫째 돌비와 관계되는 것으로서 하나님께만 속한 것이다. 끝으로 성인들을 위해 제정되었고 우리가 폐지한 성일들은 불합리하고 소용없는 것이 많이 들어 있으며 용납되어서는 안 되는 것들이다. 반면에, 우리는 성인들에 대한 기념이 적당한 때와 장소에서 설교 가운데 백성들에게 장려되어야 하며, 성인들의 거룩한 실례들을 소개함으로서 모두가 그러한 삶을 모방하도록 하는 것이 유익하다고 고백한다.

5.227 **금식**. 이제 그리스도 교회의 과식, 술취함, 그리고 온갖 종류의 탐욕과 방종을 심각하게 비난하는 만큼이나 강력하게 크리스천 금식을 권장한다. 왜냐하면 금식은 경건한 자들의 금욕과 절제이며, 잠시 동안 필요에 의해서 행하는 육신적 훈련과, 돌봄과, 질책으로서 이것에 의해서 우리가 하나님 앞에서 겸비해지며, 육체로부터 정욕의 연료를 박탈함으로써 더욱 기꺼이 그리고 더욱 쉽게 성령께 복종할 수 있기 때문이다. 하지만 그것들에게 조금도 주의를 기울이지 않는 자들은 금식을 하지 않으면서, 하루에 한 번 배를 채우고, 어떤 시간 혹은 지정된 시간에 특정 음식들을 제한하면 금식을 한다고 상상한다. 그리고 그렇게 했기 때문에 그들이 하나님을 기쁘시게 하며 무언가 선을 행했다고 생각한다. 금식은 성도들의 기도 및 모든 덕스러운 일에 도움을 준다. 그러나 선지자들의 책에 나타난 바와 같이, 음식은 먹지 않으면서 악을 금하지 않았던 유대인의 금식은 하나님을 기쁘시게 하지 못했다.

5.228 **공적인 금식과 개인적 금식**. 공적인 금식과 개인적 금식이 있다. 옛날에는 재난이 있을 때와 교회가 어려움을 당할 때 공적인 금식을 행했다. 저녁까지 전혀 음식을 금하고 거룩한 기도와 예배와 참회로 모든 시간을 보냈다. 이것은 애도하는 일과 별로 다름이 없으며, 예언서들 중 특히 요엘 2장에 여러 번 언급되어 있다. 교회가 어려움을 겪을 때는 지금도 그런 금식이 행해져야 한다. 우리 각자는 성령으로부터 멀어졌다고 느낄 때에 개인적으로 금식을 한다. 그렇게 함으로서 자기 육신을 정욕의 연료 fuel 로부터 멀어지게 하는 것이다.

5.229 **금식의 특징**. 모든 금식은 자유롭고 자발적으로 그리고 순전히 겸손한 마음으로 해야 한다. 사람들의 갈채나 총애를 얻고자 해서는 안되며, 금식을 통해 의로움을 얻고자 해서는

더욱 안 된다. 더욱 열심히 하나님을 섬기기 위한 목적으로 육신으로부터 정욕의 연료를 박탈하기 위해 금식을 하게 해야 한다.

5.230 **사순절.** 사순절 금식은 옛날부터 있던 증거가 있기는 하지만 사도들의 글에는 전혀 나타나지 않는다. 그러므로 신자들에게 그것을 강요해서는 안되고 또 할 수도 없다. 옛날에는 금식의 다양한 형식과 습관이 있었던 것이 분명하다. 그래서 가장 오랜 작가 이레네우스 Irenaeus 가 말하기를 "어떤 사람은 금식을 하루만 해야 한다고 하고, 어떤 사람은 이틀, 어떤 사람은 더 오래, 또 어떤 사람은 40 일간 해야 한다고 생각한다. 이렇게 금식에 대한 다양성은 우리 시대에 비로소 시작된 것이 아니고, 내 생각에는 처음부터 전해진 것을 단순하게 그대로 지키지 않고 오히려 후에 태만 혹은 무지함으로 어떤 다른 습관에 빠진 자들에 의해서 시작되었다." (「단편록」 3, Stieren 의 편집, I. 824 이하)고 했다. 그뿐 아니라 역사가 소크라테스는 말하기를 "이 문제에 대해서 옛 기사를 조금도 발견할 수 없기 때문에 내 생각에는, 사도들이 이것을 각자의 판단에 맡겨 각각 두려움이나 강요당함이 없이 좋을대로 하게 한 것이다." (「교회사」 22 권, 40)고 했다.

5.231 **음식의 선택.** 이제 음식의 선택에 관해서는 금식에 있어서 육식은 건방지게 만드는 음식, 육신을 매우 즐겁게 하는 음식, 물고기나 수육이나 양념이나 진미나 고급 포도주 등 욕정을 자극하는 것 따위를 모두 입에 대지 않아야 한다고 우리는 생각한다. 그뿐 아니라 하나님의 모든 창조물이 인간들의 사용과 인간을 봉사하기 위해서 만들어졌다는 것을 우리는 안다. 하나님이 만드신 모든 것은 선하며, 아무것도 차별없이 하나님을 두려워하는 마음과 적절한 절제하에 사용되어야 한다 (창 2:15-16). 사도가 말하기를 "깨끗한 자들에게는 모든 것이 깨끗하다." (딛 1:15)고 했으며, 또한 "무릇 시장에서 파는 것은 양심을 위하여 묻지 말고 먹으라."(고전 10:25)고 했다. 같은 사도가 고기를 먹지 말라고 가르치는 자들의 교리를 가리켜 '악마의 가르침'이라고 했다. 왜냐하면 "식물은 하나님이 지으신 바니 믿는 자들과 진리를 아는 자들이 감사함으로 받으면 버릴것이 없다." (딤전 4:1 이하)는 것이다. 같은 사도가 골로새서에서는 과도한 금욕으로 거룩하다는 평을 받고자 하는 자들을 책망했다 (골 2:18 이하).

5.232 **분파들.** 그러므로 타티안 Tatian 과 엥크라티테스 Encratites 파 사람들과 유스타티우스 Eustathius 의 모든 제자들을 전적으로 인정하지 않는다. 강그리안 Gangrian 대회는 그들이 옳지 않다는 것을 증명하기 위해 소집되었다.

제 25 장
학습 catechizing에 관하여,
환자를 위로하고 심방하는일에 관하여

5.233 **젊은이들을 경건하게 훈육할 것**. 주님은 젊은이들을 심지어 유아기 때부터 적절하게 훈육하도록 최대의 배려를 기울이라고 그의 옛 백성에게 당부하셨다. 그뿐 아니라 그들을 가르칠 것과 성례전의 신비를 설명해 줄 것을 그의 율법 속에 명백히 명령해 놓으셨다. 이제 하나님께서 "어린아이들이 내게 오는 것을 용납하고 금하지 말라 하늘나라가 이런 자의 것이니라"(막 10:14)고 공공연히 증거하여 말씀하셨을 때, 그의 새 백성에 속한 젊은이들에 대해 열등한 관심을 지니고 계시지 않다는 것이 복음서 기자들과 사도들의 글을 통하여 잘 알려졌음으로, 교회의 목사들이 젊은이들을 어려서부터 주의 깊게 문답식으로 가르치며 catechize, 믿음의 첫 기초를 놓고, 십계명과 사도신경과 주기도문과 성례전의 교리 및 기타 우리 종교의 원리들과 주요 강령들을 해설해 줌으로써 우리 종교의 기본 요소들을 성실하게 가르치는 것이 매우 현명한 처사이다. 여기서 교회는 자녀들을 학습시키는 일에 믿음과 열심을 보이고, 자녀들이 잘 훈육받도록 하는 것을 바라고 또 기뻐해야 한다.

5.234 **환자 심방**. 사람들이 연약해서 애를 먹고, 영과 육의 질병으로 앓고 연약해질 때 매우 심각한 유혹에 빠지기 때문에, 교회의 목사들이 그러한 질병과 허약한 상태에 있는 양떼의 안녕을 위해 주의 깊게 돌보는 것 이상 적절한 일은 없을 것이다. 그러므로 목사들이 환자들을 빠른 시간 내에 방문하거나, 환경이 허락하면 환자가 목사로 하여금 좋은 시간에 심방해 달라고 요청할 수 있다. 목사들은 환자를 위로하고 참된 신앙으로 그들의 마음을 다지며, 사탄의 위험한 제안들을 물리칠 수 있도록 무장시켜 주어야 한다. 목사들은 집에서 환자를 위하여 꾸준히 기도하며, 필요하다면 공개적인 모임에서도 환자를 위해 기도할 수 있다. 그리고 목사들은 환자가 행복하게 이 세상을 떠나도록 보아주어야 한다. 교황주의자들은 환자를 방문하여 종부성사를 행하는데, 그것은 터무니없고 정경이 승인하지 않기 때문에, 우리가 그것을 승인하지 않는다고 위에서 말한 바가 있다.

제 26 장

신자의 매장에 관하여, 죽은 자들을 위한 배려에 관하여; 연옥과 영들의 나타남에 관하여

5.235 **매장**. 성도들의 몸은 마지막 날에 부활한다고 진정으로 믿어야 할 성령의 성전이기 때문에, 성경은 그것을 미신적 요소

없이 영예롭게 땅에 묻으라고 명한다. 또한 주 안에서 이미 잠든 성도들에 대해 영예로운 언급을 하며, 죽은 자들의 유족들과 그들의 미망인과 자녀들에게 가족으로서 모든 의무들을 실행하라고 명한다. 우리는 죽은 자들을 위해 그 이상의 다른 배려를 해야 한다고 가르치지 않는다. 그러므로 우리는 죽은 자들에 대해서 일언반구 좋은 말을 하지 않고, 유족들에 대해서 조금도 배려하지 않으며, 죽은 자들의 시체를 멸시하고 아주 경솔하고 경멸스럽게 땅 속에 매장하는 냉소주의자 Cynics 들을 결코 인정하지 않는다.

5.236 **죽은 자들에 대한 배려**. 반면에 죽은 자들에게 과도하게 또는 불합리하게 주의를 쏟는 자들, 이방인들처럼 죽은 자들을 위해서 통곡하는 사람 (데살로니가 전서 4:13 에서 사도가 허용한바 중용적 애도를 우리가 책잡는 것이 아니며 전혀 슬퍼하지 않는 것은 비인간적이라고 판단하지만)이나, 또는 죽은 자들을 위해서 제사를 드리고 돈을 받고 어떤 기도를 중얼거리는 의식을 통해서 그들의 사랑하는 자들이 죽어서 빠져 있는 고통으로부터 구출되고, 그러한 주문에 의해서 그들을 해방시킬 수 있다고 생각하는 사람들을 우리는 승인하지 않는다.

5.237 **몸을 떠난 영혼의 상태.** 우리는 성도들이 육체적으로 죽은 후 직접 그리스도께로 가기 때문에 죽은 자들 및 그들의 봉사에 대한 산 자들의 찬사와 기도가 필요하지 않다고 믿는다. 마찬가지로, 우리는 불신자들이 죽은 후 당장에 지옥에 던져지며, 산 자들이 어떠한 봉사를 하더라도 사악한자가 지옥을 빠져 나올 길이 열리지 않는다고 믿는다.

5.238 **연옥**. 어떤 사람들이 연옥 불에 관해서 가르치는 내용은 "나는 죄사함과 영생을 믿습니다"라는 기독교 신앙과 배치되며, 그리스도를 통해 완전히 깨끗해진다는 신앙 및 "내가 진실로 진실로 너희에게 이르노니 내 말을 듣고 또 나를 보내신 이를 믿는 자는 영생을 얻었고 심판에 이르지 아니하며 사망에서 생명에로 옮겼느니라"(요 5:24)는 우리 주님의 말씀과도 맞지 않는다. 또한 "이미 목욕한 자는 발 밖에 씻을 필요가 없느니라 온 몸이 깨끗하니라 너희가 깨끗하나 다는 아니니라" (요 13:10)고 하신 주님의 말씀과도 상치된다.

5.239 **영들의 출현.** 죽은 자들의 영, 혹은 혼이 종종 살아 있는 사람들에게 나타나고 산 자들에게 어떤 의무를 행하면 자기들이 해방을 받는다고 하며 애걸한다는 이야기가 있는데, 우리는 그러한 혼백의 출현은 마귀의 웃음거리, 술수와 속임수라고 간주한다. 마귀는 자기를 빛의 천사로 변형시킬 수 있는 것처럼 참 신앙을 전복시키든가 회의 속으로 몰아 넣으려고 애를 쓰는 자이다. 구약성경에서는 주님이 죽은 자들로부터 진리를 찾는 것과 혼백들과의 어떤 교통도 금지하셨다 (신 18:11). 실로 복음

진리가 선언하는 대로 고통 중에 있는 그 식탐가 glutton 는 자기 형제들에게 돌아가는 일을 허락받지 못했다. 하나님의 신성한 말씀이 다음과 같이 선포된 바 있지 않는가! "저희에게 모세와 선지자들이 있으니 그들에게 들을지니라. 모세와 선지자들에게 듣지 아니하면, 비록 죽은 자 가운데서 살아나는 자가 있을지라도 권함을 받지 아니하리라." (눅 16:29 이하).

제 27 장

의식, 예식, 및 중립적인 것들에 관하여

5.240 **예식과 의식**. 옛날 사람들에게는 학교 교사나 가정 교사 밑에 있는 사람들에게 하듯이 율법 아래 있는 자들을 위한 일종의 가르침으로서 한동안 어떤 예식들이 주어졌다. 그러나 구원자이신 그리스도가 오셔서 율법이 폐지되었을 때, 믿는 자들은 더 이상 율법 아래 있지 않기에(롬 6:14) 예식들이 사라졌다. 따라서 사도들은 교회에 어떠한 부담도 지우기를 원치 않는다고 공공연히 증언할 정도로 그리스도의 교회 안에 예식들을 붙들어 두거나 회복시키기를 원치 않았다. 그러므로 만일 우리가 옛 교회에 있던 풍습을 따라 그리스도 교회 안에 예식과 의식들을 증가시킨다면, 우리가 유대교를 끌어들이고 회복시키는 것으로 보일 것이다. 따라서, 우리는 그리스도 교회가 어떤 종류의 훈련으로 억제되는 것처럼, 많은 다른 의식들로써 억제를 받아야 한다고 생각하는 사람들의 의견을 결코 승인하지 않는다. 만일 사도들이 하나님께서 지정하신 예식이나 의식을 그리스도인들에게 부과하기를 원치 않았다면, 제정신을 가진 사람이라면 누가 인간에 의해 고안된 것들을 그들에게 강요한단 말인가? 교회 안에 의식의 양이 늘면 늘수록 기독교적 자유로부터 멀어질 뿐 아니라, 그리스도 및 그를 믿는 믿음으로부터 멀어지게 된다. 그것은 사람들이 믿음을 통해 하나님의 독생자이신 예수 그리스도 안에서 구해야 할 것들을 예식에서 찾으려 하기 때문이다. 그러므로 하나님의 말씀에 어긋나지 않는 몇 가지의 수수하고 단순한 의식만 있으면 그것으로 경건한 자들에게 충분하다.

5.241 **의식의 다양성**. 교회들이 다른 의식들을 행하고 있다면, 아무도 그것 때문에 그런 교회들이 서로 합의하지 못한다고 생각해서는 안 된다. 소크라테스가 이렇게 말했다: "여러 도시들과 나라들에 있는 교회들의 모든 의식들을 글로 적는 것은 불가능할 것입니다. 어떤 종교도 같은 의식들에 대해 같은 교리를 품고 있을지라도 같은 의식을 행하지는 않습니다. 왜냐하면 같은 신앙을 가진 사람들도 의식들에 대해서는 자기들끼리 서로 의견을 달리하기 때문입니다"(『교회사』 22권 30, 62). 이렇게까지 소크라테스는 말한 것이다. 그리고 오늘날 우리 교회들 안에서 주의 만찬과 기타 다른 것들을 거행할 때

서로 상이한 의식을 가지고 있지만, 교리와 믿음에 있어서 일치하지 않는 것은 아니다. 또한 우리 교회들의 통일성이나 친교가 그것 때문에 깨어지는 것도 아니다. 왜냐하면 교회들은 언제나 그러한 의식들을 중립적인 것들이라 여기면서 자유롭게 행했기 때문이다. 우리는 오늘날도 똑같이 행한다.

5.242 **중립적인 것들** things indifferent. 그러나 우리는 동시에 중립적이지 아닌 것들을 중립적인 것들 사이에 넣어 간주하는 일이 없도록 조심하라고 경고한다. 어떤 사람들은 예배 대신에 미사와 형상 image 을 사용하면서 그것들을 중립적인 것으로 여기는 버릇이 있다. 제롬은 어거스틴에게 다음과 같이 썼다: "중립적인 것은 좋지도 않고 나쁘지도 않아서 그것을 하든지 안하든지 간에 당신이 의롭거나 불의하지도 않을 것입니다." 그러므로 중립적인 것들이 신앙고백에 끼어들게 되면, 그것들은 더 이상 중립적인 것이 아니다. 바울이 보여준 것과 같이 말이다. 그는 누군가 고기를 먹을 때 그 고기가 우상에게 바쳐진 것이라는 사실을 누가 그에게 일러주지 않는다면 그 고기를 먹는 것이 합법적이지만, 그 사실을 일러준다면 그것을 먹는 것은 불법이라고 말한다. 왜냐하면 그것을 먹는 사람이 그것을 먹음으로써 우상숭배를 승인하는 것으로 보이기 때문이다 (고전 8:9 이하, 10:25 이하).

제 28 장
교회 재산에 관하여

5.243 **교회 재산과 그것의 적절한 사용**. 그리스도의 교회는 군주들의 선심을 통해 그리고 자기가 가진 것들을 교회에 드리는 성도들의 관대함을 통해 재물을 소유하게 된다. 교회는 교회를 위해 필요한 것들을 유지하기 위해서 그러한 자원이 필요하며 옛날부터 자원을 지녀왔다. 교회 재산의 참된 용도는 옛날이나 지금이나 모든 예배와 의식과 교회건물을 포함하여 학교와 종교 집회에서 교육을 유지해 나가는 것이며, 끝으로 교사와 학자와 교역자 및 기타 필요한 것들을 유지하고, 특히 가난한 자들을 돕고 구제하는데 있다. **관리**. 그뿐 아니라 교회 소유를 적절하게 관리하기 위해서 하나님을 경외하고 지혜로운 사람으로서 가사 관리에 저명한 사람을 선발해야 한다.

5.244 **교회 재산의 오용**. 그러나 만일 불행을 통해, 혹은 어떤 사람들의 뻔뻔함과 무지와 탐심을 통해 교회 재산이 남용된다면, 경건하고 현명한 사람들에 의해 그것이 거룩하게 사용되도록 회복되어야 한다. 교회 재산의 남용은 최대의 성물 모독으로서 눈감아 줄 수 없는 일이다. 그러므로 우리는 교리와 예배와 도덕에 있어서 부패한 학교와 기관들은 반드시 개혁되어야 하며, 빈민 구제는 충실하고 슬기롭고 선한 믿음으로 행해져야 한다고 가르친다.

제 29 장
독신제도, 결혼, 가사 관리에 관하여

5.245 **독신자**. 하늘로부터 독신생활의 은사를 받아 마음으로부터, 혹은 온 영혼을 다하여 순결하고 자제심이 있고 정욕이 타오르지 않는 자들은 하나님이 주신 그 은사를 받았다고 느끼는 한 그 소명 가운데서 주님을 섬기도록 하라. 그리고 자기들을 남들보다 높게 추켜 올리지 말고 단순하고 겸손한 마음으로 계속 주님을 섬기라 (고전 7:7 이하). 왜냐하면 그런 사람은 한 가정의 사사로운 일로 인해서 마음이 산만한 사람들보다 그런 사람들이 거룩한 일에 종사하기에 더 적당하기 때문이다. 그러나 만일 다시금 그 은사가 사라지고 계속 불타는 정욕을 느낀다면 "타오르는 정욕을 가지기보다 혼인하는 것이 낫다." (고전 7:9)고 한 사도의 말을 회상하도록 하라.

5.246 **결혼**. 결혼은 (자제하지 못하는 마음을 고치는 약이요, 또한 금욕 자체인바) 주 하나님께서 친히 제정하신 것이다. 하나님은 결혼을 가장 풍성하게 축복하셨고 남자와 여자가 갈라질 수 없도록 결합되어 완전한 사랑과 화합을 가지고 같이 살기를 원하셨다 (마 19:4 이하). 게다가 우리는 "모든 사람은 혼인을 귀히 여기고 침소를 더럽히지 않도록 하라."(히 13:4), 그리고 "처녀가 시집가도 죄짓는 것이 아니다."(고전 7:28)라고 사도가 말한 것을 우리는 알고 있다. **분파들**. 그러므로 우리는 일부다처제를 정죄하며, 또한 재혼을 정죄하는 자들을 정죄한다.

5.247 **결혼 계약.** 결혼은 하나님을 두려워하는 가운데 법적으로 맺어져야 하고, 근친상간이 되지 않기 위해서 몇 촌까지의 혈족은 금한다는 법을 어기지 않아야 한다. 결혼은 부모나 혹은 부모를 대리하는 사람들의 동의 하에서 이루어져야 하며, 무엇보다도 주께서 결혼제도를 내실 때 가지셨던 목적을 위해서 이루어져야 한다. 그뿐 아니라 결혼은 결합된 자들이 극상의 성실성과 경건과 사랑과 순결을 가지고 거룩하게 유지해야 한다. 그러므로 결혼은 다툼, 불화, 색정, 간음을 막아내야 한다.

5.248 **결혼 포럼**. 교회 안에 합법적인 법정을 마련하며, 결혼 관계를 보살피고 모든 부정과 수치스러운 일을 억제하고 결혼에 관한 싸움을 조정할 수 있는 거룩한 판사들을 마련해야 한다.

5.249 **자녀 양육**. 자녀들은 주님을 경외하는 마음으로 부모에 의해서 양육되어야 한다. 그리고 부모는 사도 바울이 "누구든지 자기 친족, 특히 자기 가족을 돌아보지 아니하면 믿음을 배반한 자요, 불신자보다 더 악한 자니라"(딤전 5:8)한 말씀을 기억하면서 자녀들을 뒷바라지해야 한다. 또한 특별히 부모들은 자녀들에게 정직한 거래 또는 직업을 갖도록 가르쳐

자립하도록 해야 한다. 부모는 자녀들이 자신감이 부족해서, 혹은 너무 방심하거나 더러운 욕심 때문에 방종하여 성공을 거두지 못하는 일이 없도록 하기 위해 그들이 게으르지 않게 하며, 이러한 모든 일에 있어서 그들 안에 하나님께 대한 참된 신앙을 심어 주어야 한다.

5.250 그리고 가장 분명한 것은 부모들이 가정의 의무를 행하고 집안을 꾸려나가면서 참된 신앙으로 행한 일들은 하나님 보시기에 거룩하며 참으로 선한 것이라는 사실이다. 그런 일들은 기도와 금식과 구제 못지 않게 하나님을 기쁘시게 한다. 사도 바울은 그것에 대해서 서신서에서, 특히 디모데와 디도에게 보낸 편지에서 그렇게 가르쳤다. 바울과 더불어 우리는 결혼을 금하거나 그것이 거룩하고 순결하지 못한 것처럼 공공연히 혹평하거나 간접적으로 깎아 내리는 자들의 교리를 마귀들의 교리 중의 하나로 간주한다.

5.251 우리는 또한 순결하지 못한 독신생활과 누구보다도 가장 음란하면서도 정숙한 척하는 위선자들의 은밀한, 그리고 때로는 공공연한 육욕과 음란행위를 혐오한다. 이 모든 사람들을 하나님께서 심판하실 것이다. 부자들이 경건하여 그들의 부를 잘만 사용한다면 우리가 부와 부자들을 안 좋게 보지 않는다. 그러나 우리는 아포스톨리칼 Apostolicals 파 등을 거부한다[10].

제 30 장

치안권 magistracy 에 관하여

5.252 **치안권은 하나님이 주신 것.** 모든 종류의 치안권은 인류의 평화와 안정을 위해서 하나님께서 친히 제정하신 것이어서 세상에서 우두머리의 자리를 차지해야 한다. 만일 치안관이 교회와 대립하면 교회를 매우 크게 방해하고 혼란하게 한다. 그러나 그가 교회의 친구요, 또는 회원까지 된다면 가장 유용하고 탁월한 회원이 되며, 교회에게 큰 이익이 될 수 있으며 최고로 도움을 줄 수 있다.

5.253 **치안관의 의무.** 치안관의 주된 의무는 평화와 공중의 안정을 확보하고 유지하는 일이다. 그가 참으로 하나님을 경외하고 경건할 때에, 즉 주님의 백성의 가장 거룩한 왕들과 군주들의 모범을 따라 진리와 진지한 신앙의 선포를 장려하고, 거짓과 모든 미신과 아울러 모든 불경건과 우상숭배를 근절하며, 하나님의 교회를 옹호할 때 이 의무를 가장 성공적으로 수행할

[10] 아포스톨리칼들은 파르마의 Gherardo Segarelli 라는 종교적 광신자의 추종자들이며, Segarelli 는 13 세기에 사도생활의 가난을 회복하려고 했던 사람이다.

수 있을 것이다. 우리는 종교를 돌보는 일이 특히 거룩한 치안관에게 달렸다는 것을 분명히 가르친다.

5.254 그러므로 치안관은 하나님의 말씀을 손에 쥐고 그것과 반대되는 것이 가르쳐지지 않도록 주의해야 한다. 또한 하나님께서 그에게 맡겨 주신 백성을 하나님의 말씀에 따라 만들어진 선한 법률을 가지고 다스려야 한다. 그리고 백성들이 훈련을 받고 의무를 수행하며 순종적인 사람들이 되게 해야 한다. 그는 재판권을 행사할 때 올바르게 판단을 내려야 한다. 사람을 외모로 판단하거나 뇌물을 받는 일이 없도록 해야 한다. 그는 과부, 고아, 고난당하는 자를 보호해야 한다. 죄수와 사기꾼과 야만일들을 벌하며, 심지어 추방까지 해야 한다. 치안관은 공연히 검을 차고 있는 것이 아니다 (롬 13:4).

5.255 그러므로 치안관은 모든 악인, 선동자들, 도둑, 살인자, 압박자, 신성 모독자, 위증자, 그리고 그에게 하나님이 벌하라고 심지어 처형까지 하라고 명령한 자들을 향하여 하나님의 검을 뽑아야 한다. 하나님의 위엄을 끊임없이 모독하고 하나님의 교회에 문제를 일으키고 파괴하기까지 하는 이단자들(그들이 참으로 이단자들일때)을 억제해야 한다.

5.256 **전쟁**. 그리고 전쟁에 의해 백성의 안전을 유지하는 것이 필요하다면 치안관은 하나님의 이름으로 전쟁을 행해야 한다. 우선은 백방으로 평화를 모색하지만, 전쟁 외에 다른 방도로써는 도저히 자기의 백성을 구원할 수 없을 때에만 그렇게 해야 한다. 그리고 치안관이 믿음으로 이 일을 할 때, 그는 참으로 이러한 선한 일들로서 하나님을 섬기고, 주께로부터 축복을 받는다.

5.257 제세례파 사람들은 그리스도인이 치안관의 직분을 맡을 수 있다는 것을 부정하고, 또한 사람이 치안관에 의해서 정당하게 사형받을 수 있거나 혹은 치안관이 전쟁을 수행한다든가 또는 치안관에게 서약을 한다든가 하는 일 등등을 부인하는데, 우리는 이러한 제세례파를 정죄한다.

5.258 **국민의 의무**. 하나님은 치안관을 통해 자기 백성의 안전을 도모하기 원하신다. 하나님께서는 치안관을 이를 테면 아버지 격으로 세상에 주셨다. 그러니 모든 국민은 치안관에게 주어진 하나님의 이러한 은총을 인정해야 한다. 따라서 백성들은 치안관을 하나님의 일꾼으로 칭송하고 존경해야 한다. 그를 자기들의 아버지인 양 사랑하고 호의를 보이며 위하여 기도해야 한다. 그리고 그의 모든 정당하고 공평한 명령들에 복종해야 한다. 끝으로 백성들은 모든 관세와 세금과 기타 모든 부담금을 성실하게, 그리고 기꺼이 지불해야 한다. 또 만일 국가의 공공 안전과 정의가 요구한다면, 그리고 치안관이 부득불 전쟁을

벌이면, 백성들은 공중의 안전과 치안관의 안전을 위해 목숨을 걸고 피를 흘려야 한다. 그리고 백성들은 하나님의 이름으로, 자의로, 용맹스럽게, 그리고 기쁨으로 이렇게 해야 한다. 왜냐하면 치안관을 반대하는 자는 자신에 대해 하나님의 엄중한 심판을 초래하는 것이기 때문이다.

5.259 **분파들과 선동**. 그러므로 우리는 치안관을 멸시하는 자들, 즉 반역자들과 국가의 원수들과 선동하는 자들, 그리고 끝으로 마땅히 져야 할 의무수행을 공공연히, 혹은 교활하게 거절하는 사람들을 모두 정죄한다.

5.260 우리는 하늘에 계시는 우리의 자비로우신 하나님께 우리의 유일하신 주와 구주이신 예수 그리스도를 통해 백성의 통치자들과 우리와 그의 온 백성을 축복해 주시기를 간청한다. 우리 주 예수 그리스도께 찬미와 영광과 감사가 영세무궁토록 있을지어다. 아멘.

웨스트민스터 표준

해설

웨스트민스터 표준(The Westminster Standards)은 영국의 종교개혁이라는 독특한 배경에서 발전되었다. 유럽 대륙에서는 보통 종교개혁을 통해 개신교가 국교가 되었다. 대표적인 사례로 독일의 루터교가 있다. 하지만 영국에서는 양상이 달랐다. 1531년에 헨리 8세는 교황으로부터 자신의 이혼을 인정받지 못하게 되자 일방적으로 영국 성공회를 창설하여 스스로 교회의 최고 수장임을 선포했다. 영국은 종교 개혁없이 국교를 갖게 되었다.

영국의 종교개혁사는 기존의 국교에 충실하면서 내부로부터 그것을 정화하거나 개혁하고자 했다는 것이 주된 특징이다. 그 개혁을 주도한 사람들은 청교도라고 불렸다. 그들은 신학적으로는 칼빈주의적이고, 운영정책면에선(in polity) 좀더 장로교적이며, 그 성격은 뚜렷하게 영국적인 교회를 원했다. 그들은 성경에 충실하면서 또한 세상의 왕에게도 변함없이 충성하기를 바랐다. 비록 헛된 것이 되어버렸지만, 웨스트민스터 신앙고백과 교리문답이 그들의 최종 성취물이었다. 그들은 전 세계적으로 칼빈주의와 장로교를 형성해 준 신학적 문서들을 만들었다. 그러나 영국 성공회는 청교도들의 요구에 따른 개혁을 이루지 못했다.

에드워드 6세의 통치 기간 동안, 켄터베리 대주교였던 토마스 크렌머는 42 개조항의 신학 성명서를 작성했다. 이 조항들은 존 녹스를 포함한 6명으로 구성된 에큐메니컬 위원회에 회부되었다. 로마에 대항하는 한편 재세례파에 반대하는 두 흐름은 후에 39개 조항들과 웨스트민스터 신앙고백으로 이어졌다.

에드워드 사망 후, 메리 1세는 왕좌에 올라 영국에 로마 카톨릭 신앙을 회복시키기로 결심했다. 많은 개신교도들이 순교했고, 일부 개신교도들은 망명했는데, 주로 프랑크푸르트로 망명했다. 거기에서 이 집단은 분열되었다. 성경에 따라 모든 것을 개혁하려고 했던 비순응주의자 청교도들과, 공식 국교의 형태를 유지하려고 했던 순응주의자 국교도 사이의 분쟁이 그 이후 영국 역사의 주된 특징으로 남게 되었다.

개신교도인 엘리자베스 1세가 왕위를 이었다. 그러나 그녀는 자신이 세속적인 문제들뿐만 아니라 영적인 일에서도 "최고 통치자"라고 주장했으며, 성직자의 예복을 요구하는 규례를 포함하여 1552년의 기도서에 순응할 것을 요구했다. 이 당시에 청교도라고 불리던 사람들은 이 예복을 영국 교회에 남아있는 "천주교"의 상징으로 여기면서 거부했다. 교회 질서에 대한 이러한 갈등 속에서, 일부 청교도 지도자들은 서로를 지지하기 위해 초기 초기 형태의 노회들(presbyteries)을 형성했다.

1603년 스코틀랜드의 제임스 6세가 제임스 1세로 영국 왕위에 올랐을 때 청교도들은 큰 소망을 갖게 되었다. 그는 장로교인으로 성장한 왕이었다. 제임스 1세는 1604년 햄프턴 궁에서 청교도들로부터 많은 청원서를 받았다. 그러나 제임스가 승인한 유일한 청원은 후에 그의 이름을 딴 새로운 성경 번역에 관한 것이었다. 제임스는 나머지 탄원서들을 모두 거절함으로서 미래의 갈등을 위한 문을 열어놓았다. 그의 좌우명은 "주교가 없이는 왕도 없다" 였다. 그는 교회 지도자들이 국민에 의해 선출되도록 허용하는 것은 국가의 대의원 제도에 대한 열망을 키울 수 있다고 우려했다. 17세기 영국에서는 이렇게 종교 및 정치개혁을 향한 노력과 저항이 서로 얽혀있었다.

제임스의 아들 찰스 1세가 1625년에 왕위에 올랐다. 그는 왕권신수설(국왕의 권력은 신으로부터 받은 것)을 신봉했고, 그 결과 중산층 의회주의자들과 분개한 청교도들이 함께 그에게 반발하게 되었다. 왕은 의회를 해산하고 비국교도들을 탄압했다. 그가 범한 큰 실수는 스코틀랜드에 주교 제도와 성공회의 공동기도서를 강요하려 했던 것이다. 찰스 국왕은 자신의 의지를 관철시키고자 무력을 동원했지만 스코틀랜드는 영국을 두 번이나 완패시켰다. 찰스는 공격해 오는 스코틀랜드 군대를 막기 위한 전쟁 비용을 마련하기 위해 새로운 의회를 소집할 수 밖에 없었다. 나중에 장기 의회(the Long Parliament)라고 불리게 된 의회가 1640년 11월에 소집되어, 정치 및 종교 개혁을 요구했다. 1642년 여름에 내전이 발생했다. 이것은 국교를 지지하지 않는 중산층 의회주의자들이 전통과 교회의 권위를 강조하는 국교회파에 대항하는 종교 및 계급간의 갈등이었다. 이것이 웨스트민스터 표준(the Westminster Standards)이 등장하게 된 배경이다.

웨스트민스터 총회

하원는 1641년 12월에 왕에게 "대항의서(Great Remonstrance)"를 제출했다. 이 문서는 "우리와 같은 종교의 신앙을 고백하는 외국의 도움을 받아, 이 섬에서 가장 진지하고, 거룩하고, 학식있고, 분별력 있는 성직자들의 총회"를 소집해, 종교 개혁에 대해 의회에 자문을 하겠다는 의도를 표명했다. 대부분이 장로교인이었던 청교도 의원들의 일반적인 견해는 영국 국교회의 교리는 기본적으로 개혁주의적이므로, 다만 그릇된 해석으로부터 보호만 하면 된다는 것이었다. 그러나 영국 국교회의 운영 체제와 예식은 성경 및 다른 개혁주의 교회의 전통과 조화를 이루기 위해 많은 수정이 필요했다.

선출된 의원들은 자신들의 지역구에서 두 명의 목회자(성직자), 즉 옥스포드와 케임브리지 대학에서 각각 한 명씩, 그리고 런던에서 네 명의 목회자를 선출했다. 의회를 소집하기 위해 법안을 왕에게 다섯 번에 걸쳐 보냈지만 왕은 번번이 서명을 거부했다. 여섯 번째 법안은 양원의 동의 하에 통과되었으며 왕의 동의없이 발효되었다. 이 법령을 통해 20명의 하원 의원과 10명의 상원 의원, 그리고 121명의 성직자가 임명되었다. 뉴잉글랜드 교회 대표들도 초청되었지만 참석을 거부했다. 아마도 그들은 개입하지 않음으로써 자신들의 독립교회 혹은 회중교회 운영체제를 보존하려 했을 것이다

총회의 회원들은 교회 운영체제에 관한 네 가지의 다른 이데올로기를 대표했다: 기존의 성공회 국교도, 독립교회파 또는 회중주의자들, 토마스 에라스투스의 영향을 받아 교회 문제에 대한 최종 권위가 국가에 있다고 믿는 국

가 우위론자들, 그리고 장로교도들. 총회가 진행되는 것을 왕이 금지했기 때문에, 국교도들은 거의 참석하지 않았다. 네델란드 망명에서 돌아온 회원들이 소규모의 독립교회파를 이끌었다. 의회 군대와 올리버 크롬웰 장군의 지원으로, 시간이 지남에 따라 그들의 영향력이 커져갔다. 초기에는 장로교도들이 상당수를 차지했다.

교회 운영체제와 관련된 이러한 차이들은 신실한 성공회 성직자 및 회원인 목사들과 평신도들 사이의 내부적인 것이었다. 그들은 일반적으로 개혁주의 혹은 칼빈주의적 신학 성향을 지니고 있었다. 총회에서의 "대토론"은 신학에 관한 것이 아니라, 영국 국교의 운영체제를 회중교회 체제로 할 것인지, 아니면 장로교 체제로 할 것인지에 관한 것이었다. 결국 역사적 상황들이 양측의 노력을 무산시키고 말았다.

성직자들은 1643년 7월 1일 수요일에 웨스트민스터 사원에서 처음 만났고, 웨스트민스터 총회라는 이름이 여기서 유래되었다. 의회가 임명한 총회장이었던 트위스 박사는 양원 의원들과 총회 참석자들이 모인 자리에서 요한복음 14:18절, "너희들을 슬픔에 버려두지 않고 너희에게 오리라"는 말씀으로 설교를 했다. "카톨릭 전쟁과 참화"* 때문에 힘들었던 시절에 적합한 말씀이었다. 총회는 의회와 함께 며칠 동안 계속해서 예배를 드리고 금식을 했다. †매 달 한 번씩 정기적으로 이런 집회를 가졌으며 의회의 군대가 전투에서 패배하거나, 특별히 기뻐할 만한 일이 생겼을 때에도 집회를 가졌다. 예배는 일반적으로 오전 9시부터 오후 4시까지 지속되었는데, 2시간 동안 기도하고 1시간 동안 설교를 했다. 성직자들은 자신들의 개인적인 잘못을 회개하는 일에 충실했고, 또한 성공회의 신실한 교인들로서 모든 이단들, 특히 교회와 국가의 완전한 분리를 원했던 재세례파들과, 그리스도인의 삶에 하나님의 율법이 필요 없다고 믿는 도덕 폐기론자들을 비난하는 설교에도 충실했다.

처음에 의회는 '영국 국교회 39개 조항'을 개정하는 임무를 총회에 맡겼다. 2개월 동안 16개 조항이 개정된 후에 작업은 중단되었으며, 결코 마무리 되지

* *Minutes of the Sessions of the Westminster Assembly of Divines While Engaged in Preparing Their Directory for Church Government, Confession of Faith, and Catechisms (November 1644 to March 1649): from Transcripts of the Originals Procured by a Committee of the General Assembly of the Church of Scotland* (Edinburgh: William Blackwood and Sons, 1874), xi.

못했다. 의회는 스코틀랜드 교회 총회와 스코틀랜드 의회에 군사지원을 요청했다. 스코틀랜드가 협력하는 댓가로 영국과 스코틀랜드와 아일랜드를 공동의 '신앙고백서', '예배 모범', '교회 운영체제', '요리문답'으로 함께 묶어주는 엄숙한 동맹 계약(Solemn League and Covenant)이 맺어졌다. 처음에 영국 의회 대표들이 이에 대해 주저했고 국왕이 이를 비난했지만, 결국 의원들이 공식적으로 이에 동의했을 뿐만 아니라 영국 국민들이 폭넓게 지지했다.

스코틀랜드 국교회는 엄숙한 동맹 계약이 명시하고 있는 종교적 단일성을 이행하는지를 감독하기 위해 영국 의회에 대표단을 파견했다. 의회의 요청에 따라, 스코틀랜드 대표들은 총회에 참석했고 토론에 참여했다. 스코틀랜드 대표들은 비록 회원이 아니었으나, 총회의 위원회에 막대한 영향력을 행사했고, 총회 본회의에서 발언했다. 스코틀랜드인들과의 주요한 차이점은 교회 운영체제에 관한 것이었다. 대다수 영국의 성직자들은 처음에 변형된 장로교 형식을 도입한 일종의 주교제도를 기대했다. 그러나 신학적인 면에서는 이렇다 할 차이가 없어 보였다. 스코틀랜드 대표들은 신앙고백 준비에 전적으로 참여했다.

총회는 그 일을 진행하기 위해 여러 위원회를 조직했다. 39개 조항에 대한 작업 외에도, 총회는 안수, 치리, 운영체제, 예배에 관한 질문들을 다루어야 했다. 스코틀랜드 대표들의 도착과 그들의 촉구에 따라 1644년 8월에, 의회는 신앙고백 작성 안건을 다루었다. 하원은 1645년 4월 17일에, 신앙고백을 준비하라는 공식 명령을 내렸다. 여러 위원회가 신앙고백을 다루었고, 총회는 세 번에 걸쳐서 신앙고백의 각 단어까지 토론했다. 1645년 5월 12일에 초안 작성 위원회가 구성되었다. 그리하여 11명이 신앙고백의 주요 저자가 되었다. 코넬리우스 벅스, 토마스 거테이커, 로버트 해리스, 찰스 헐, 조슈아 호일, 에드워드 레이놀즈, 토마스 템플 등 7명은 영국 신학자였다. 그들은 로버트 베일리에, 조지 길레스피, 알렉산더 헨더슨, 사무엘 러더포드 등 스코틀랜드 신학자 4명의 도움을 받았다.

전체 총회가 신앙고백의 초안을 부분적으로, 또 전체적으로 검토한 후에 위원회가 구성되어, 총회에서 표결된 변경 사항을 통합하고 초안을 다시 수정해 전체 총회가 최종 검토를 준비하도록 했다. 이 모든 과정은 일년 반 동안 계속

되었다. 에드워드 레이놀즈라는 사람은 신앙고백과 관련된 모든 위원회에 참석하여 신앙고백이 일관성있게 작성되도록 했다. 코넬리우스 벅스는 서기로서 모든 과정을 기록으로 남겼다.

1646년 12월 4일, 총회는 신앙고백에 관한 일들이 다 끝난 것으로 간주하고 전체 의견으로 삼아 의회에 제출하기로 결정했다. 사본은 1646년 12월 14일에 의회로 전달되었다. 그러나 의회는 이 신앙고백에 대해 만족하지 못했다. 의회는 성경말씀에서 발췌된 증거를 신앙고백에 첨부하라고 명령했지만, 이는 이루어지지 않았다. 총회는 시간을 끌면서 여러가지 실질적인 이유를 들어 각 조항에 특정 성경문구를 첨부하기를 주저했다. 총회는 총회가 제안한 것들을 모든 (개혁) 교회들이 받아들인 진리로 간주한다고 보고했다. 신앙고백에 대한 논의는 내용의 진의 여부가 아니라, 가장 적절한 표현 방식이 무엇인지에 대해 이루어졌다. 그럼에도 불구하고 하원은 성경에서 그 근거를 제시하도록 했고, 총회는 세 명으로 구성된 위원회를 만들어 성경의 근거를 찾도록 했다. 결과적으로, 이 신앙고백에 제시된 성경구절들은 그 연구 과정에서 신앙고백 자체만큼이나 주의 깊게 다뤄졌다. 예를 들어, 신앙고백 제 1장에 제시된 성경 구절을 놓고 6일 동안 토론하기도 했다. 1647년 4월 29일에 성경 말씀이 포함된 신앙고백이 전달되었다.

이로써 웨스트민스터 표준에 대한 이야기가 마무리되었다. 1647년 말까지 총회가 의회에 전달한 문서들에는 다음과 같은 것들이 있다: 교리에 대한 안내서와 같은 웨스트민스터 신앙고백, 아이들의 신앙 교육을 위한 소요리 문답, 성직자들의 설교를 돕기 위한 대요리 문답, 공예배 지침서, 장로교 교회 운영체제 형식, 그리고 시편을 공예배에 사용할 수 있도록 정리한 시편집. 영국 국교회 소속의 많은 충성스러운 목회자들이 스코틀랜드의 도움을 받아 국교회를 내부적으로 개혁하는데 성공했다. 이 개혁은 신학적으로는 더 칼빈주의적인 방향으로, 교회 운영체제 측면에서는 더 장로교적인 방식으로 이루어졌다. 이는 지난 한 세기 동안 영국 국교회 청교도들의 목표였다. 그러나 역사적 상황들은 총회의 일이 영국에서 온전히 실행되는 것을 방해했다. 웨스트민스터 총회는 1649년 2월 22일의 회의를 끝으로 폐회하였다. 총회는 5년 반의 기간 동안 일주일에 평균 4회 정도 모였다.

웨스트민스터 신앙고백이 완성되고 15년 후에, 장로교는 영국에서 정치와 사회적 세력으로서는 약화되었고 마침내 무력화되기 까지하였다. 크롬웰의 독립군과 종파주의자들은 왕당파 세력을 물리치고 왕을 참수했다. 크롬웰의 섭정은 무정부 상태로 이어졌고, 이는 결국 군주제의 회복으로 이어졌다. 그 후 영국에서는 결국 엘리자베스 여왕 시대의 신학, 정치, 그리고 예배의 표준이 시행되었다.

영국에서 장로교가 무력화되기 전에 스코틀랜드 대표들은 웨스트민스터 총회에서 수고한 열매들을 가지고 귀국했다. 스코틀랜드교회 총회는 1647년 8월 27일에 웨스트민스터 신앙고백을 스코틀랜드교회의 공식 신앙고백으로 채택했다. 따라서 실제로 웨스트민스터 표준이 작성된 이후의 역사를 보면, 이 신앙고백이 다른 나라로 전해지게 된 것은 주로 스코틀랜드의 영향력을 통해서였음을 알 수 있다. 이로 인해 사람들은 이 신앙고백이 영국 교회의 장로교 청교도들의 작품이라기 보다는 스코틀랜드의 산물이라고 오해하고 있다.

16세기 영국의 신학과 철학

16세기 영국에서는 어거스틴과 칼빈의 전통이 매우 강했다. 피터 마터 버미글리(Peter Martyr Vermigl)는 옥스포드에서 신학을 가르쳤고, 마틴 부처(Martin Bucer)는 케임브리지에서 신학을 가르쳤다. 1563년에 39개 조항이 채택되었을 때, 칼빈의 *기독교 강요*는 영국 대학들에서 인정받는 교과서였고, 칼빈의 교리문답을 대학에서 사용하는 것이 공식적으로 의무화되었다. 1548년에서 1600년 사이에 영국에서는 다른 어떤 작가의 작품보다 칼빈의 저서들이 더 많이 출판되었다. 따라서 청교도들은 한편으로는 하나님의 주도적인 역할보다는 인간의 반응을 강조한 알미니안 신학(그 당시 점점 유행하고 있었음)과, 고등교회 왕당파들이 주장하는 아리스토텔레스의 합리론을 바람직하지 않은 혁신으로 간주했다. 다른 한편으로, 장로교 청교도들은 초대교회로의 귀환을 주장하며 오직 성인들에게만 세례를 주었던 재세례파들을 너무 주관적인 열성주의자들로 여기며 거부했다. 그들은 계시적인 내면의 빛을 추구하며 이를 성경말씀보다 우선시했던 퀘이커 교도들 또한 마찬가지로 인정하지 않았다.

현대과학과 사상의 시대는 1660년대 영국에서 시작되었다. 이것은 웨스트민스터 총회의 작업이 마무리 되고 난 후였다. 웨스트민스터 총회는 중세 시대부터 시작해 개신교 종교개혁에 이르는 신앙의 시대가 끝날 무렵에 개최되었다. 웨스트민스터에 모였던 성직자들은 자유 사상가들처럼 회의적이지도 않았으며, 이후 몇십 년에 걸쳐 발달한 개신교 스콜라주의처럼 합리적이지도 않았다. 인간의 이성이 지니는 독자적인 능력에 중점을 둔 이성의 시대는 총회가 할 일을 다 한 직후에 예기치 않게 다가왔다.

아일랜드 신조

웨스트민스터 신앙고백은 그 특정 형식 면에서 대륙의 신조보다는 영국의 독창적인 종교개혁의 배경에 근거한다. 웨스트민스터 신앙고백의 원자료는 1615년의 아일랜드 신조였다. 아일랜드 신조의 주요 저자는 당시 더블린 대학의 신학교수였으며 후에 아르마의 대주교 및 아일랜드의 대주교가 되었던 제임스 어셔였다. 웨스트민스터 신앙고백 각 장의 제목 중 아일랜드 신조에 없는 것은 대개 *A Body of Divinitie*라는 제목으로 어셔가 웨스트민스터 총회 기간에 준비해서 발행한 개혁 신학 모음집에서 찾을 수 있다. 어셔는 "모든 사람들이 특별히 원하는 것이 무엇인가?"라는 질문으로 이 책을 시작하고 있는데, 이 질문은 그 형식 면에서 웨스트민스터 소요리문답의 첫 번째 질문과 비슷하다. 답변 또한 영국 개혁 신학의 특징을 보여주고 있는데, 이는 인간됨의 필수 요건이 이성이 아니라 하나님과의 관계라고 말하고 있기 때문이다.

웨스트민스터 신앙고백의 신학적 구조

1645년 7월 16일 성경론을 필두로 이 신앙고백의 주요 주제들이 3개의 주요 위원회에 배포되었다. 3개의 위원회에 배포된 각 주제는 회의록에 기록되었다.

"지시 사항--첫 번째 위원회는 다음의 제목들로 신앙고백을 검토할 것: 하나님과 삼위일체; 하나님의 작정, 예정, 선택 등; 창조 및 섭리; 인간의 타락. 지시 사항--두 번째 위원회는 다음의 제목들로 신앙고백을 검토할 것: 죄와 그에 따른 형벌; 자유의지; 은혜 언약; 우리의 중보자 그리스도. 지시 사항--세 번째 위원회는 다음의 제목들로 신앙고백을 검토할 것: 유효한 소명(effectual vocation); 칭의; 수양(양자됨); 성화."

웨스트민스터 신앙고백은 35장으로 구성되어 있다. 이 신앙고백의 제 1장은 성경이 모든 진리의 출발점이라고 고백하며 시작한다. 두 번째 부분인 제 2장부터 5장까지는 하나님의 주권을 선포한다. 이 부분은 창조 세계에 계시되어 있고, 또 하나님의 백성을 돌보시는 하나님의 섭리에 나타나 있는 하나님의 결정(decree)이나 계획 혹은 목적을 다루고 있다. 이 신앙고백의 중간 부분인 6장부터 20장까지는 하나님의 목적이 인간 역사 속에서 이루어지는 모습을 보여주고 있다. 6장과 7장은 인류의 죄로 인한 타락과 구속에 대한 하나님의 언약을 설명하고 있다. 8장에서는 하나님의 언약의 중보자이신 예수 그리스도가 인류를 위해 하나님께서 목적을 지니시고 행하시는 사역의 정점으로 소개된다. 이어지는 11장부터 20장까지는 그리스도를 통한 구원의 방법을 설명하며, 또 그 구원이 어떻게 신자들의 삶에 영향을 미치는지를 설명한다. 신앙고백의 네 번째 부분인 21장부터 26장까지는 그리스도인의 삶의 윤리적 측면을 다룬다. 하나님의 율법, 양심의 자유, 교회와 국가, 그리고 결혼 및 이혼과 같은 주제들을 다룬다. 마지막 부분인 27장부터 35장은 교회, 성례, 그리고 종말에 대한 것들을 다룬다.

이 신앙고백은 간결한 신학 체계를 17세기 중반의 영국에서 사용된 형태로 보여준다. 그러나 이들 청교도 신학자들은 신학이 이론적인 분야이기보다는 실천적인 분야여야 한다는 실천적인 관심을 갖고 있었다. 이 신앙고백의 약 2/3가 개인적, 사회적 측면에서 그리스도인의 삶의 실질적인 문제들을 다루고 있다는 사실에서 이 관심이 드러난다.

교리문답

1643년 12월에 총회는 영국 최고의 교리문답 학자로 알려진 허버트 파머(Herbert Palmer)에게 교리문답을 준비하는 임무를 맡겼다. 하지만 몇 달, 심지어 몇 년이 지나도 뚜렷한 진전이 없었다. 조금이라도 교리문답의 완성을 "앞당기기" 위해 여러 의원들이 위원회에 추가되었지만 마찬가지였다. 마침내 총회에서 두 가지의 교리문답, 즉 대요리문답과 소요리문답을 만들자는 의견이 나오면서 돌파구가 마련되었다. 두 신앙고백 모두 당시 완성되어 있던 '신앙고백'의 순서를 따르고 내용을 깊이있게 설명해야 했다.

대요리문답은 신앙고백보다 훨씬 길어졌다. 대요리문답의 목적은 '신앙고백'에 명기된 교리를 쉽게 풀어 설명하고자 하는 설교자들에게 지침을 주기 위한 것이었다. 그리스도인의 삶에 대한 실질적인 관심이 대요리문답에 자세하게 드러나 있다. 1-5번까지의 질문은 성경이 주로 가르치는 내용을 설명하고, 6-90번은 그리스도인이 삶을 살아가면서 실행해야 할 실제적인 의무를 다룬다.

1647년 8월에 대요리문답이 완성될 무렵, 총회는 소요리문답을 작성하기로 결정했다. 파머를 위원장으로 하는 위원회를 구성해 초안을 준비했다. 10월에, 파머는 46세의 나이로 사망했다. 그후 총회는 앤소니 터크니, 스티픈 마샬, 존 워드로 구성되고, 또 남아있는 유일한 스코틀랜드 대표인 러더포드의 조력을 받는 소위원회를 구성했다. 존 왈리스는 의회에 전달할 요리문답을 필사하는 과정의 끝 무렵에 합류했다. 소요리문답이 그의 필적으로 기록되었고, 또 나중에 그가 소요리문답에 대한 주석을 썼기 때문에, 많은 사람들이 소요리문답이 그의 작품이라고 잘못 알고 있다. 전체 총회는 여러 날에 걸쳐 요리문답의 자구(wording)에 대해 토론했고, 이어서 성경 인용 구절들에 대해 토론했다. 이로써 가장 뛰어난 사상(thought)이 소요리문답에 담길 수 있었다.

소요리문답의 역할은 대요리문답과 신앙고백에 포함된 내용을 간략하게 요약해서 젊은이들에게 제공하는 것이었다. 대요리문답이 교회의 방침을 말하고 있다면, 소요리문답은 개인적인 신앙에 대한 진술이다. 신앙고백의 21장부터 마지막 장까지에 있는 대부분의 내용이 생략되었다. 민사 및 종교 문제, 그리고 이혼이나 재혼과 같은 성인 문제들은 대요리문답에서 설명하도록 맡겨져 있다. 그럼에도 소요리문답의 구조는 대요리문답의 구조와 유사하다. 1-38번 질문은 그리스도인들이 무엇을 믿어야 하는지를 다룬다. 39-107번 질문은 그리스도인 생활의 의무에 관한 것이다. 요리문답이 사용되는 방법에 있어서 총회 의원들의 의견이 나뉘었다. 일반적인 견해는 암기를 위한 것이 아니라 단순히 기독교 신앙에 대한 토론을 심화하기 위해 교사와 학생을 위한 지침서로 사용되는 것이 최선이라는 것이었다.

신학과 그리스도인의 삶과 사역에 있어서 여전히 중요한 부분으로 여겨지는 웨스트민스터 표준의 주제들과 특징들

성경

웨스트민스터 총회의 성직자들은 하나님의 살아있는 말씀이신 예수 그리스도를 계시해 주는 성경, 즉 기록된 하나님의 말씀에 대한 신학적 연구를 시작했다. 신앙고백의 제 1장은 10개의 부분들로 나뉘어져 있다. 처음 다섯 부분에서는 성령과 성경의 관계에 관한 주제가 점차적으로 발전되고 있다. 나머지 다섯 부분은 그리스도를 통한 우리의 구원의 관점에서 성경을 해석하고 있다.

1장은 "자연의 빛"(the light of nature)이라는 문구로 시작한다. 영국 개혁신학의 맥락에서 생각해 보고, 웨스트민스터 성직자들의 저서들에 비추어 볼 때, 이는 계시에 대한 어거스틴적/칼빈주의적 이해에 따른 것이다. "자연"은 다음 장에서 언급되는 "창조 및 섭리의 작품들"을 말하는 것이 아니라, 인간의 마음 속에 하나님의 지식을 심는 것을 의미한다. 하나님에 대한 이러한 감각은 인간의 죄로 인하여 억압되지만 결코 완전히 제거되지는 않는다. "창조 및 섭리의 작품들"은 사람들이 이미 그들의 마음 속에 알고 있는 것을 더욱 공고하게 해줄 뿐이다. 하나님의 말씀은 전에는 흐릿하게 보이던 것을 선명하게 볼 수 있도록 하는 안경과 같다. 웨스트민스터 총회의 성직자들에게는 계시의 근원이 두 가지 즉, 자연과 성경이 아니라 오직 한 가지, 즉 하나님의 말씀이었다.

성직자들은 그리스도와 성경 모두를 하나님의 말씀으로 인식했다. 에드워드 레이놀즈는 다음과 같이 단언했다: "하나님의 말씀을 선포하는 것은 그리스도를 선포하는 것이다."

이 신앙고백서에서 성경에 대해 다루는 마지막 부분은 다음의 말로 결론짓는다: "모든 종교적 논쟁들에 결론을 내리시는 최고의 재판장은…성경 안에서 말씀하시는 성령님 뿐이시다." 이것은 웨스트민스터 성직자들이 보여준 말씀과 성령 간의 개혁주의적 균형에 따른 것이다. 이들은 로마 카톨릭과 고교회 성공회에서 받아들인 이성과 교회 전통의 독립적인 역할을 거부했다. 다른 한편으로 그들은 다른 여러 종파들과 퀘이커 교도들이 주장하는 경험과 내면의 빛에 주어진 독립적인 역할에 저항했다. 웨스트민스터 성직자들은 최후의 재판장이 그리스도에 대한 성경의 핵심 증언을 통해 사람들을 진리로 이끄는 살아있는 하나님의 말씀이신 그리스도의 영이라고 생각했다.

하나님의 주권

많은 사람들은 개혁 신학, 특히 웨스트민스터 성직자들 신학의 핵심 주제가 하나님의 주권이라고 주장해 왔다. 현대인들에게 그 주장은 무엇인가 불편하게 느껴진다. 그것은 가혹함, 임의성, 그리고 불의를 함축하고 있다. 우리는 이것들이 자신의 행동에 대한 신적 권리를 부여받았다고 주장한 국왕에게 웨스트민스터 성직자들이 항의했던 바로 그러한 속성들이었다는 것을 기억해야 한다.

웨스트민스터의 성직자들은 현대 과학이 도래하기 전의 세계에 살았다. 그들은 궁극적 인과관계를 정의하려고 하지 않았다. 그들은 하나님의 지고한 애정에 대한 그들의 신뢰를 진심 어린 마음으로 표현했다. 하나님의 주권에 담긴 의미는 인간은 삶의 매 순간마다 살아계신 하나님과의 관계 속에서 존재한다는 것이다. 개혁 신학이 강조하는 것은 순종의 삶을 통해서 우리가 하나님을 영화롭게 한다는 것이다. 이 개념은 웨스트민스터 소요리 문답의 첫머리에 잘 표현되어 있다: 인간의 "최우선적 목표," 즉 목적은 "하나님을 영화롭게 하고 영원토록 그를 즐거워하는 것이다." 그리스도의 영 안에서 하나님께 순종하는 삶을 살아감으로써, 우리는 암울한 노예의 삶이 아닌 즐거움을 얻게 될 것이다.

선택과 예정

어떤 사람들은 장로교라는 단어를 들으면 바로 "예정"이라는 단어를 떠올린다. 우리는 하나님께서 인간의 자유의지를 부인하는 방식으로 인간의 모든 행동을 임의로 예정하신다는 식의 개념을 거부한다. 웨스트민스터의 성직자들도 마찬가지였다. 다시 말하지만, 그들은 과학이 발달되기 이전의 세계에서 살고 있었다는 점을 감안해야 한다.

예정(predestination)은 선택(election)의 개념에서 비롯된다. 선택은 우리가 오직 은혜로 구원받는다는 것을 개혁주의 방식으로 표현하는 것이다. 선택은 고른다는 것을 의미한다. 웨스트민스터 성직자들의 신학에 의하면, 하나님은 우리가 선택 받을만한 어떤 일을 하기 전에 우리를 선택하신다. 이것은 신자들에게 위안이 되는 교리이다. 하나님께서 우리를 선택하셨다면, 최악의 날에도 우리는 하나님의 돌보심에서 벗어날 수 없다.

예정은 하나님께서 선택하셨다는 명제를 17세기식으로 표현한 것이다. 이는 하나님께서 항상 우리와 함께하시고, 우리를 돌보시고, 우리에게 능력을 주신다고 말하는 표현 방식이다. 누구도 우리가 결정하는 선택에 있어서 유전과 환경이 끼치는 영향을 완전히 이해할 수 없는 것처럼, 우리는 하나님의 택하심과 우리 자유 사이의 정확한 관계를 파악할 수 없다. 우리가 자유롭고 또 도덕적 책임이 있다는 것을 분명히 인식할 수 있는 반면에, 또한 하나님께서 선한 의도를 가지시고 역사와 우리의 삶 가운데 일하고 계심을 아는 것은 우리에게 큰 위로가 된다.

20세기 미국 장로교인들은 웨스트민스터 신앙고백에 한 장을 추가해서 이 문제를 다루었다. "성령에 관하여"와 "하나님의 사랑의 복음과 선교에 대하여"라는 제목의 장을 1903년에 북장로교회가, 1942년에는 남장로교회가 신앙고백에 추가했다. 그들의 목적은 하나님의 주권과 모든 인간에 대한 하나님의 무한한 사랑이 서로 모순되는 것이 아니라, 오히려 이 둘은 서로 상응하는 두 개의 개혁신앙 원리임을 보여주고자 함이었다. 1903년에 미국 장로교(the Presbyterian Church in the U.S.A)는 선언문을 추가해, "신앙고백(the Confession of Faith)의 문장들에서 기인한 일부 추론"들을 공식적으로 거부했다. 이 선언문은 그리스도께서 단지 일부 사람들을 위해서만 돌아가셨고 그 외의 사람들은 저주를 받을 것이라는 암시와 반대로, 죄로 인한 그리스도의 희생이 모든 사람에게 충분하고 모두를 위해 드려졌다는 것을 분명하게 밝혔다. 두 번째 선언문은 유아 때에 죽는 아이들이 "성령을 통해 그리스도에 의해 구원 받는다"고 단언했다.

개혁에의 의지

"하나님의 말씀과 성령의 부르심에 따라" 더욱 개혁하려는 의지는 아메리카 장로교의 특징이 되어왔다. 1729년의 수용안(the Adopting Act of 1729)을 통해서, 첫 번째 시노드는 모든 목사들이 웨스트민스터 신앙고백과 교리문답의 "모든 본질적이고 필수적인 교리"를 받아들여야 한다고 표명했다. 또 같은 날에, 그들은 국가 위정자들에게 교회 위에 군림하는 권위를 주거나 또는, 종교 때문에 백성들을 핍박하는 권한을 주는 신앙고백의 20장과 23장의 일부분은 미국의 교회들에게 필수적인 것에 해당되지 않는다고 결정했다. 1950년대에는 미국의 북장로교와 남장로교 모두 간음이나 유기로 인한 사유를 제외하고 금지했던 이혼과 재혼의 금지조항을 없애기 위해 웨스트민스터 신앙고백을 개정했다. 대신 장로교인들은 "이혼자의 재혼은 죄에 대한 회개와 실패에 대한 충분한 참회가 분명하게 보이고 그리스도인의 결혼에 대한 확고한 목적과 열망이 증명이 된다면 교회에서 인정받을 수 있다"는 진술을 통해 인간의 연약함과 하나님의 용서를 강조하였다.

장로교 운영체제(Polity)

웨스트민스터 총회에서의 주요 논쟁은 교회의 운영체제에 관한 것이었다. 이는 매우 중요했던 사안인데, 당시 영국 의회와 시민사회는 한편으로는 개인의 자유와 양심의 자유를 보장하고, 다른 한편으로는 인간 문제의 질서와 책임을 보장하는 대의 민주주의 발전을 위해 노력하고 있었기 때문이다. 장로교 운영체제 또한 같은 목적을 가지고 있었다. 그리하여 총회 정서기들 중의 한 사람의 표현을 빌리자면, 장로교 총회는 서구 세계에 여전히 남아있는 가장 위대한 의회 기구들 중 하나다. 의사진행 절차는 이에 대한 많은 비아냥거림에도 불구하고 공개 토론을 할 때에 자유로운 의사 표현을 보장하고, 다수와 소수 모두의 권리를 보장하는 방법으로서 여전히 유용하고 필요한 도구로 존속하고 있다. 그러나 의사진행 절차와 장로교 운영체제는 사람들 사이에 신뢰가 있고 교회 제도를 인정할 때에만 제대로 작동한다. 웨스트민스터 성직자들은 극심한 스트레스 속에서도, 인간의 복지를 위하고 하나님을 섬기는데 있어서 가장 필수적인 것으로서 민주주의 제도와 절차를 인정하는 사람들의 좋은 본보기가 되었다

우리는 역사적 맥락에서 웨스트민스터 성직자들의 업적을 이해하고, 현재 우리의 상황에 맞게 잘 활용하으로써 그들의 놀라운 업적을 기리게 된다. 우리는 신앙고백이 성경에 종속되는 기준이라는 그들의 주의사항을 온전히 존중해야 한다. “사도시대 이래 모든 대회와 공의회는 전체회의나 특별회의를 막론하고 과오를 범할 수 있으며, 그 전례가 많이 있다. 그러므로 그것들이 신앙이나 행위의 법칙이 되어서는 안되며, 신앙과 행위를 돕는 것으로 사용 되어야 한다”(6.175).

학습문제

1. 웨스트민스터 총회의 사회적 맥락은 그들의 과업에 어떤 영향을 미쳤으며, 오늘날 우리의 사회적 맥락은 교회에 어떤 영향을 미치는가?
2. 영국 국교회에서 청교도 운동의 특징들은 무엇인가? 그것은 현대 교회의 개혁을 위한 다양한 운동들과 어떻게 비교가 되는가?

3. 웨스트민스터 표준의 독특한 신학적 강조점은 21 세기 그리스도인들에게 어떤 잠재적 가치가 있는가?

웨스트민스터 신앙고백

남장로교회(PCUS) 북장로교회(UPCUSA)

웨스트민스터 신앙고백[a]

제 1 장 제 1 장

성경

6.001 1. 자연의 빛과 창조 및 섭리의 사역은 인간들이 핑계할 수 없을만큼 하나님의 선하심과 지혜와 능력을 나타내지만,[1] 아직 그것들이[b] 구원에 이르는데 필요한 하나님과 그분의 뜻에 대한 지식을 주기에는 부족하다.[2] 그러므로 주님께서는 여러 시대에 여러 방법으로 자신을 계시하여 자기 교회를 향한 뜻을 선포하심을 기쁘게 여기셨다.[3] 그 후에는 그 진리를 보다 더 잘 보전하고 전파하기 위하여, 그리고 육체의 부패, 사탄과 세상의 악에 대항하여 교회를 보다 더욱 확실하게 세우고 위로하기 위하여 전적으로 동일한 계시를 전부 기록하는 것을 기뻐하셨다.[4] 그리하여 성경이 가장 필요하게 되었다.[5] 하나님께서 자기 백성에게 그분의 뜻을 계시하시던 이전의 방법들이 이제 중지되었다.[6]

6.002 2. 성경 또는 기록된 하나님의 말씀이라는 이름으로 현재 구약과 신약의 모든 책들이 포함되어 있는데 그 책들은 다음과 같다:

구 약

창세기	사무엘 하	잠언	아모스
출애굽기	열왕기 상	전도서	오바야
레위기	열왕기 하	아가	요나
민수기	역대 상	이사야	미가
신명기	역대 하	예레미야	나훔
여호수아	에스라	예레미야 애가	하박국
사사기	느헤미야	에스겔	스바냐
룻기	에스더	다니엘	학개
사무엘 상	욥기	호세아	스가랴
	시편	요엘	말라기

---

[a] 이 웨스트민스터 신앙고백 본문은 1958 년 UPCUSA 에 의해서 채택된 것이다. 각주가 첨가된 것은 1958 년 본문이 1647 년 판의 본문과 어떻게 다른가를 보여 주기 위한 것이다. 1647 년판 고백은 다음과 같은 표제하에 발표된 것이다: "*신앙고백에 관해서 성직자들의 회합이 현재 웨스트민스터에 자리잡은 국회의 권위에 의하여 겸손히 드리는 조언, 성경 인용구와 본문 첨가, 국회 양 의원에게 근자에 그들에 의해서 제출된 것.*" 1958 년 본문에 이르기까지의 여러 가지 수정은 추적하려 하지 않았다. 각주는 1647 년 판의 구두점, 철자, 대문자 사용 등을 그대로 따랐다. 1861 년에 PCUS 가 조직되면서 그들이 탈퇴한 PCUSA 의 '표준'을 채택했다. 이 교회가 1861 년 이래 그 고백을 수정한 것은 단지 제 24 장 제 4 절에 있는 구절을 삭제한 것뿐이다. 즉 자기의 죽은 아내의 자매와 결혼하는 것은 위법이라고 만든 것뿐이다.

[b] 북장로교회 UPCUSA 는 "그들"이라고 읽음.

신 약

마태복음	에베소서	히브리서
마가복음	빌립보서	야고보서
누가복음	골로새서	베드로 전서
요한복음	데살로니가 전서	베드로 후서
사도행전	데살로니가 후서	요한일서
로마서	디모데 전서	요한이서
고린도 전서	디모데 후서	요한삼서
고린도 후서	디도서	유다서
갈라디아서	빌레몬서	계시록[c]

이 모든 책들은 하나님의 영감으로 주신 것으로서 신앙과 생활의 규범이 된다.

6.003 3. 보통 외경이라고 불리우는 책들은 하나님의 영감으로 된 것들이 아니어서, 정경의 일부가 아니다. 그러므로 하나님의 교회 안에서 아무런 권위도 가지지 못하는 것이며, 어떤 방식으로든 인간의 다른 저작물과 다르게 인정되거나 사용될 수 없다.[7]

6.004 4. 성경은 권위가 있어서 인간이 믿고 순종해야 하는 것인데 그 권위는 어떤 인간이나 교회의 증언이 아니라 전적으로 그 저자이신 하나님께 (그분은 진리 자체이시다) 의존한다. 그러므로 우리는 그것을 받아들여야 한다. 그 이유는 하나님의 말씀이기 때문이다.[8]

6.005 5. 우리는 교회의 증언에 의하여 감동을 받고 설득을 받아 성경을 높이 그리고 경건하게[d] 존중한다. 그리고 내용의 거룩함, 교리의 효능, 문체의 위엄, 모든 부분의 조화, (하나님께 모든 영광을 드리기 위한) 전체의 범위, 인간 구원의 유일한 길에 관한 충분한 발견, 기타 비교할 수 없는 많은 탁월함들, 그리고 그 전적인 완전성은 그야말로 하나님의 말씀이라는 것을 풍성하게 입증해 주는 논거들이다. 그러나 성경의 무오한 진리와 신적인 권위에 대한 우리의 충만한 신념과 확신은 성령의 내적 사역으로부터 나오는 것이며, 성령이 우리의 마음속에서 말씀에 의해, 그리고 그 말씀으로 증거해 주시는 것이다.[9]

6.006 6. 하나님 자신의 영광과 인간 구원과 믿음과 생명을 위해 필요한 모든 것에 관한 하나님의 전체적인 계획은 성경 속에 명백하게 기록되어 있거나, 또는 선하고 필연적인 결론에 의하여 성경으로부터 추론될 deduced 수 있다.[10] 그러므로 성령의 새로운 계시로든지 혹은 인간의 전통에 의해서든지 아무것도 어느 때를 막론하고 성경에

[c] 1947 년 판에는 "요한"이 첨부 됨.

[d] UPCUSA 판에는 "of"라고 기록 됨.

추가될 수 없다.[11] 그러나 말씀에 계시된 그러한 것들에 대하여 이해하고 구원을 얻기 위해서는 성령의 내적 조명이 필요하다는 것을 우리는 인정한다.[12] 그리고 하나님을 예배하는 일에 관해서,[e] 그리고 인간적인 활동과 생활양식에 공통된 교회를 치리하는 일에 관해서는 여러 상황들이 있으며, 그것들은 자연의 빛과 그리스도인의 사려 분별에 의하여, 그리고 언제나 준수 되어야 하는 말씀의 일반법칙에 따라서 제정되어야 한다는 것을 우리는 인정한다.[13]

6.007 7. 성경에 있는 모든 것들은 그 자체로 동일하게 평범하거나 모든 인간에게 다같이 명백한 것은 아니다.[14] 그러나 구원을 위해서 필수적으로 알아야 하고, 믿어야 하고, 지켜야 할 것들은 성경의 어떤 부분에 아주 명확하게 제시되어 있고 공개되어 있어서, 배운 인간만 아니라 배우지 못한 인간들도 통상적인 방법을 적절하게 사용하면 그것들을 충분히 이해할 수 있다.[15]

6.008 8. (고대 하나님 백성의 모국어였던) 히브리어로 기록된 구약과 (기록 당시 전세계에 가장 일반적으로 알려져 있던) 헬라어로 기록된 신약은 하나님의 영감을 직접 받았고,[16] 그분의 특별한 돌보심과 섭리에 의하여 모든 세대에 걸쳐 순수하게 보전된 것이며 따라서 믿을만 하다. 그러므로 모든 종교적 논쟁에 있어서 교회는 최종적으로 그것들에 호소해야 한다.[17] 그러나 성경에 대한 권리와 관심을 가지고 있으며, 하나님을 경외하는 마음으로 성경을 읽고 탐구하도록 명령받은 하나님의 모든 백성들이 이러한 원어들을 아는 것은 아니기 때문에,[18] 성경은 그들이 살고있는 각 나라의 언어[f]로 번역되어야 한다. 그리하여 하나님의 말씀이 모든 인간들 가운데 풍족하게 임하고 그들이 하나님께서 받으실 만한 방식으로 예배하고, 또한 성경의 인내와 위로를 통하여 소망을 가질 수 있다.[19]

6.009 9. 성경해석의 무오한 원칙은 성경 그 자체이다. 그러므로 성경 어떤 부분에 대한 참되고 완전한 의미에 대한 의문이 있을 때(그 의미는 다양하지 않고 유일이다.), 그 의미는 반드시 더명확하게 말씀하고 있는 다른 부분에 의해 탐구되고 분별되어야 한다.[20]

6.010 10. 모든 종교적 논쟁을 결정지어 주고,[g] 모든 종교회의의 결의, 고대 저자들의 소견, 인간들의 교의, 그리고 개인적인 생각을 감찰하시며, 우리가 의지할 만한 판결을 내시는 최고의 재판장은 어떤 누구도 될 수 없고 오직 성경 안에서 말씀하시는 성령이시다.[21]

[e] UPCUSA 판에는 "and there are"라고 기록 됨.
[f] 1947 년 판에는 "각 나라의 통속언어"라고 기록 됨.
[g] UPCUSA 판에는 "whom"이라고 기록 됨.

남장로교회(PCUS) 북장로교회(UPCUSA)

제 2 장 제 2 장

하나님과 성 삼위일체

6.011 1. 살아 계신 참 하나님은 오직 한 분이시다.[1] 그분은 존재와 완전성에 있어서 무한하시며,[2] 가장 순수한 영이시며,[3] 보이지 않으시며,[4] 몸도 지체도 욕정도 없으시며,[5] 변치 않으시며,[6] 광대하시고,[7] 영원하시고,[8] 측량할 수 없으며,[9] 전능하시다.[10] 그는 가장 지혜로우시며,[11] 가장 거룩하시며,[12] 가장 자유하시고,[13] 가장 절대적이시며,[14] 그 자신의 영광을 위하여 [15] 자신의 불변하고 가장 옳은 뜻의 계획을 따라서 만사를 처리 하신다.[16] 그는 사랑이 지극하시며,[17] 은혜롭고 자비롭고 오래 참으시고 선과 진리가 풍성하시고 악과 허물과 죄를 용서하신다.[18] 그는 부지런히 그를 찾는 자들에게 상주시는 분이시다.[19] 그럼에도 불구하고[h] 그는 심판에 있어서 가장 공의로우시고 두려운 분이시다.[20] 그는 모든 죄를 미워하시며,[21] 죄있는 자들을 결코 죄없다 하지 않으신다.[22]

6.012 2. 하나님은 자신 안에 그리고 그 자신으로 말미암아 모든 생명과 영광과 선함과 복됨을 소유하신다.[23] 그는 홀로 자신 안에서 그리고 자신에게 완전히 충족하신 분으로서, 그가 만드신 어떤 피조물을 필요로 하는 입장에 있거나 그들로부터 어떤 영광을 얻어내는 분이 아니고, 자기 자신의 영광을 그들 안에서, 그들에 의하여, 그리고 그들에게 나타내시는 것뿐이다.[24] 그가 홀로 모든 존재의 기초이며 만물이 그의 것이며 그를 통하여 생겼으며 그를 위해 존재한다.[25] 그는 만물에 대하여 지극히 높으신 주권을 가지신 분으로, 그가 친히 기뻐하시는 바를 그들에 의하여, 그들을 위하여, 혹은[i] 그들 위에 행하신다.[26] 그의 눈앞에 만물은 공개되고 드러나 있다.[27] 그의 지식은 무한하고 무오하며 피조물에게 의존하는 바가 없다.[28] 그래서 그에게는 우연하거나 불확실한 것이 하나도 없다.[29] 그는 그의 모든 계획과 모든 역사와 모든 명령에 있어서 지극히 거룩하시다.[30] 천사를 위시하여 인간과 기타 어떤 피조물도 다 그가 기뻐 요구하시는 예배와 봉사와 순종을 그에게 드려야 한다.[31]

6.013 3. 신성은 통일된 것이어서 한 실체와 권세와 영원성을 지니신 세 위격이 계신다. 즉 성부 하나님, 성자 하나님, 성령 하나님이시다. [32] 아버지는 어느 누구에게도 속하지 않으시며, 누구에게서 나거나 나오지 않으셨고, 아들은 아버지에게서 영원히 나셨고,[33] 성령은 아버지와 아들로부터 영원히 나오셨다.[34]

---

[h] Ed. 1647 reads: "with all"

[i] UPCUSA 판에는 "그리고"로 되어 있음.

남장로교회(PCUS) 북장로교회(UPCUSA)

제 3 장 제 3 장[j]

하나님의 영원한 법령들[k]

6.014 1. 하나님은 영원 전부터, 자기 자신의 뜻으로 세우신 가장 지혜롭고 거룩한 계획에 의하여 앞으로 생길 일을 자유롭게 그리고 불변하게 정하셨다.[1] 그렇다고 해서 하나님이 죄의 창시자라는것이 아니며,[2] 피조물의 의지가 강압되는 것은 아니고, 제 2 원인들의 자유나 우발성은 제거되지 않고, 오히려 보장된다.[3]

6.015 2. 물론 하나님은 모든 가능한 조건에서 일어날 수 있는 모든 일을 아신다.[4] 그러나 그분이 어떤 일을 예견하셨기 때문에 그것을 미래로, 또는 어떤 조건에서 일어날 것으로 작정하신 것은 아니다.[5]

6.016 3. 하나님의 법령에 의하여 그분의 영광을 나타내기 위해서 어떤 인간들과 천사들은 영원한 생명에 들어가도록 예정되었고,[6] 또 다른 이들은 영원한 사망에 들어가도록 미리 운명이 정해졌다.[7]

6.017 4. 이렇게 예정되고 미리 운명지어진 천사들과 인간들은 특별하게 그리고 변치 않게 계획되었고, 그들의 수는 매우 확실하고 확정적이어서 더하거나 감소될 수 없다.[8]

6.018 5. 인류 중 생명으로 예정된 자들은 하나님께서 창세전에 [9] 그분의 영원하고 변치않는 목적 [10] 과 감추인 계획과 그분의 뜻의 기쁘심에 따라 [11] 그리스도 안에서 택하신 것으로서 [12] 영원한 영광을 위한 것이며,[13] 오직 그분의 값없는 은혜와 사랑에서 [m] 우러나오는 것이다. 그것은 예정된 자들이나 다른 피조물 중에서 예정의 조건이나 원인이 될 만한 믿음이나 선행이나 인내력을 예견하셨기 때문이 아니다.[14] 모든 자들로 다 그분의 영광스러운 은혜를 찬미하게 하려는 것이다.[15]

6.019 6. 하나님께서 영광에 이르도록 선택된 자들을 지명하신 것처럼 그분의 뜻의 영원하고도 가장 자유로운 목적에 의하여, 거기에 이르는 모든 방편도 미리 정해 놓으셨다.[16] 그러므로 선택된 자들은 아담 안에서 타락했으나 그리스도로 말미암아 구속을 받으며 [17] 알맞은 때에 역사하시는 성령에 의하여 효과적인 부르심을 받아 그리스도를 믿게 되며 [18] 의롭다 함을 얻고 [19] 양자가 되고 [20] 성화되며 [21] 그의 능력에 의하여 믿음을 통해서 보호를 받아 마침내 구원을 얻는다.[22] 선택된 자 외에는 그 어느 누구도 그리스도로 말미암아 구속을 받고, 효과적으로 부르심을 받고, 의롭다 하심을 얻고, 양자가 되고, 거룩하게 되거나, 구원받지 못한다.[23]

---

[j] 신앙고백 끝에 있는 선언문을 보라. 그 선언문은 제 3 장에 대한 권위적 해석이다.
[k] UPCUSA 판에는 '법령 decree', 즉 단수명사로 되어 있다.
[m] 1647 년 판에는 '그의 오로지 은혜와 사랑'으로 되어 있다.

6.020 7. 그 나머지 인간은 하나님께서 내버려두셨는데 [24] 그들의 죄 때문에 치욕과 진노를 받도록 정하셨다. 하나님은 자신이 기뻐하시는 대로 은혜를 베푸시기도 하시고 보류하시기도 하시는 지라 그가 기꺼이 그렇게 하신 것은 그 자신의 뜻의 헤아릴 수 없는 계획을 따른 것이며 당신의 피조물을 다스리시는 그의 주권적 권세의 영광을 위해서이며 [25] 그의 영광스러운 공의를 찬미하게 하려는 것이다.[26]

6.021 8. 예정이라는 이 매우 신비스러운 교리는 특별히 사려깊은 주의를 가지고 취급되어야 한다. 그래야만 하나님의 말씀 속에 계시된 하나님의 뜻을 따르고 거기에 순종하는 인간들이 자기들의 효과적인 소명에 대한 확실성을 가지고 그들의 영원한 선택에 대해서 확신을 가지게 될 것이다. 이렇게 이 교리는 하나님께 대한 찬양, 경외, 감탄을 불러일으키며, 또한 진정으로 복음에 순종하는 모든 인간에게 겸손, 근면, 풍성한 위로를 베풀 것이다.[27]

제 4 장 제 4 장

창조

6.022 1. 성부, 성자, 성령 하나님께서는 그의 영원한 능력과 지혜와 선하심의 영광을 나타내시기 위해서, 태초에 세상과 그 속에 있는 만물을, 즉 보이는 것이든지 보이지 않는 것이든지, 엿새 동안에 모든 것을 지극히 선하게 창조, 즉 무로부터 만드심을 기뻐하셨다.[1]

6.023 2. 하나님께서 다른 모든 피조물을 만드신 후에 인간을 남자와 여자 [2] 로 창조하셨는데, 그들은 이성적이고 소멸하지 않는 영혼,[3] 하나님 자신의 형상을 따라 지식과 의와 참된 거룩함을 부여하시고,[4] 그들의 마음에 하나님의 율법이 새겨지게 하셨고 [5] 그것을 수행할 수 있는 능력을 주셨다. 그러나 그들은 범죄의 가능성 아래에 있었으며, 그들 자신의 뜻인 자유에 맡겨져 있었다. 인간의 뜻은 변할 수 있는 [6] 것이었다. 그들의 마음에 새겨진 법 외에 그들은 선악을 알게하는 나무의 실과를 먹지 말라는 한 명령을 받았다.[7] 그들이 이 명령을 지키는 동안은 하나님과의 교제 안에서 행복을 누렸고 피조물을 다스리는 통치권을 가지고 있었다.[8]

제 5 장 제 5 장

섭리

6.024 1. 만물의 위대한 창조자이신 하나님은 모든 피조물과 행동과 사물을 가장 큰 것으로부터 지극히 작은 것까지 [1] 그의 가장 슬기롭고 거룩한 섭리에 의하여 [2] 그의 무오한 예지와 [3] 그 자신의 뜻의 자유롭고 변하지 않는 계획에 따라 [4] 붙드시고, 지도하시고, 처리하시고, 다스리신다. 그리하여 그의 지혜와 능력과 정의와 선과 자비의 영광을 찬송하게 하신다.[5]

6.025 2. 제 1 원인이신 하나님의 예지와 법령에 관계하여 만물이 불변하게 그리고 무오하게[6] 생겨나지만 그 동일한 섭리에 의해서 그는 그것들이 제 2 원인의 본성에 따라서 필연적이든지[7] 자유롭게든지 아니면 우연하게[8] 떨어지도록 명령하신다.

6.026 3. 하나님은 그분의 통상적 섭리에 있어서 방법을 사용하신다.[9] 그러나 임의대로 그것 없이,[10] 그것을 초월하여,[11] 그리고 그것을 반대하여 자유롭게 사역하신다.[12]

6.027 4. 하나님의 전능하신 능력, 헤아릴 수 없는 지혜, 무한한 선하심은 그분의 섭리 속에 너무도 분명하게 나타나 있어서, 그의 섭리는 심지어 그 첫번 타락과[13] 또는 천사들과 인간의 모든 다른 죄에까지[14] 관여한다. 그것도 단순한 허락에 의해서가 아니고, 거기에다 다양한 제도 안에서 가장 현명하고 강력한 억제를 가하고,[15] 때로는 그들을 명령하고 다스리는 일로써 하되 결국 자신의 거룩한 목적을 이루신다.[16] 이렇게 하더라도 그들의 죄는 단지 피조물에서 나오는 것이고 하나님에게서 나오는 것이 아니다. 하나님은 가장 거룩하고 의로우셔서 죄의 창시자나 승인자가 아닐 뿐 아니라 또한 될 수도 없다.[17]

6.028 5. 가장 지혜로우시고, 의로우시고, 은혜로우신 하나님께서 때때로 그 자신의 자녀들을 얼마 동안 여러 가지 유혹과 그들 마음에 감추어진 부패에 내어버려 두신다. 그것은 그들이[n] 전에 지은 죄값으로 그들을 징벌하거나, 그들의 마음의 부패와 사기성의 숨은 힘을 발견하도록 하시기 위해서, 그리고 그들로 하여금 겸손하게 하려는 것이다.[18] 그리고 그들의 생존을 위하여 좀더 친밀하고 지속적으로 하나님을 의지하도록 그들을 끌어올리려는 것이다. 그리고 미래에 있는 모든 죄의 기회에 대비하며, 그들이 더욱 경계하도록 하려는 것이며, 기타 여러 가지 정의롭고 거룩한 목적을 이루기 위해서이다.[19]

6.029 6. 의로우신 재판관이신 하나님께서 악하고 불경건한 인간들이 전에 지은 죄 때문에 그들의 눈을 어둡게 하시고 마음을 완고하게 하셨는데[20] 하나님은 그들의 이해력을 밝히고 그들의 마음속에서 역사를 일으킬 그의 은혜를 그들로부터 보류하실 뿐 아니라[21] 때로는 그들이 가졌던 은사를 거두어 가신다.[22] 그리고 그들이 부패하여 죄의 기회를 만들 수 있는 그러한 사물에다 그들을 노출시키신다.[23] 그뿐 아니라 그들을 자신의 정욕, 세상의 유혹, 사탄의 권세에 내어 주신다.[24][o] 하나님께서는 그런 수단들을 이용하셔서[p] 다른 인간들을 부드럽게 하시는데, 같은 수단 하에서 그들은 자신들을 스스로 완고하게 만든다.[25]

---

[n] UPCUSA 판에는 "they may be" 이라고 기록 됨.

[o] UPCUSA 판에는 "gives" 이라고 기록 됨.

[p] UPCUSA 판에는 "comes" 이라고 기록 됨.

남장로교회(PCUS) 북장로교회(UPCUSA)

6.030 7. 하나님의 섭리는 일반적으로 모든 피조물에게 영향을 미친다. 그러므로 그 섭리는 가장 특별한 방식으로 그의 교회를 돌보시며, 그에 대하여 모든 것으로 처리하신다.[26]

제 6 장 제 6 장

인간의 타락, 죄, 그 형벌

6.031 1. 우리의 첫 부모는 사탄의 간교와 유혹에 꾀임을 받아 금지된 열매를 먹음으로 죄를 지었다.[1] 하나님은 그의 지혜롭고 거룩한 계획에 따라 그들의 죄를 허용하시기를 기꺼이 하셨다. 그것은 그 자신의 영광이 되도록 목적을 세우시고 하신 일이다.[2]

6.032 2. 이 죄로 말미암아 그들이 원래 가지고 있던 의와 하나님과의 교제로부터 떨어졌으며 [3] 따라서 죄 가운데 죽게 되었고 [4] 영혼과 육체의 모든 기능과 부분이 완전히 더러워졌다.[5]

6.033 3. 그들은 모든 인류의 뿌리인지라 이 죄의 책임은 전가되었으며 [6] 그들로부터 일반적인 출산에 의해 내려오는 모든 자손들에게 죄로 인한 동일한 죽음과 타락한 본성도 전달되었다.[7]

6.034 4. 우리는 이 최초의 타락으로 말미암아 모든 선에 전혀 무관심하고, 무능력하고, 대립하는 입장에 서게 되었고 온갖 악에 완전히 기울게 되었다.[8] 이러한 타락으로부터 온갖 실제적 범행들이 파생한다.[9]

6.035 5. 이러한 본성의 타락은 이생에서 중생한 자들 안에 남아 있다.[10] 그리고 그것이 그리스도를 통하여 용서를 받고 억제되기는 하지만, 그 자체와 그로 인한 모든 행동은 사실상, 당영히 죄이다.[11]

6.036 6. 모든 죄, 즉 원죄와 자죄는 모두 하나님의 공의로운 법에 대한 위반이고 거역이기에 그 자체의 본성에 입각하여 그 죄인에게 죄의식을 가져온다.[12] 그것으로 인해서 그는 하나님의 진노 [13] 와 율법의 저주 [14] 를 받을 수 밖에 없으며, 따라서 모든 영적, 세속적, 그리고 영원한 비참함 속에서 [15] 죽음의 지배를 받는다.[16]

제 7 장 제 7 장

인간과 맺으신 하나님의 언약

6.037 1. 하나님과 피조물의 거리는 너무도 커서, 이성적인 피조물들은 하나님을 그들의 창조자로 받들어 그에게 순종할 의무가 있으면서도, 그들은 하나님의 어떤 성과를 자기들의 축복과 보상으로 삼을 수가 결코 없었다. 오히려 하나님 편에서 그분이 기뻐하신 언약의 방식으로 표현한 자발적 자기 비하에 의해 나타내셨다. [1]

남장로교회(PCUS) 북장로교회(UPCUSA)

6.038 2. 인간과 맺으신 첫 언약은 하나의 행위 언약이었다.[2] 그 언약은 아담이 완전하고 개인적인 순종을 한다면 그와 또 그의 안에서 그의 자손에게 생명을 주시겠다는 약속이다.[3]

6.039 3. 인간은 그의 타락으로 말미암아 그 언약에 의한 생명을 얻을 수 없는 자로 자신을 만들었기 때문에 주님은 두번째 언약, 즉 일반적으로 은혜의 언약이라고 하는 언약을 맺으심을 기뻐하셨다.[4] 그 언약에 의하면 [q] 죄인들이 구원을 받기 위해 [5] 주님은 예수 그리스도로 말미암은 생명과 구원을 죄인들에게 아낌없이 베푸시고 예수 그리스도에 대한 믿음을 그들에게 요구하셨다. 그리고 영생하도록 정하여진 모든 자에게 기꺼이 믿게 하시고 또 믿을 수 있도록 그분의 성령을 주실 것을 약속하셨다.[6]

6.040 4. 이 은혜의 언약은 성경에 자주 유언 testament 이라는 이름으로 언급되어 있다. 이는 유언자이신 예수 그리스도의 죽음과 또는 그 유언에 의하여 남겨진 영원한 유산과 거기에 속하는 모든 것과의 관계에서 생긴 이름이다.

6.041 5. 이 언약이 율법 시대와 복음 시대에는 다르게 시행되었다.[7] 율법 하에서는 그것이 약속, 예언, 희생제사, 할례, 유월절 양과 유대 백성에게 주어진 다른 양식과 의식, 즉 후에 오실 그리스도를 예표하는 모든 것에 의해서 시행되었다.[8] 그것이 그 시대에 있어서는 성령의 역사를 통하여, 약속된 메시야에 대한 믿음으로 [9] 선민을 가르치고 육성하기에 충분했고 또 효과적이었다. 그 메시야로 말미암아 그들은 완전한 죄사함과 영원한 구원을 얻었던 것이다. 그 언약을 구약이라고 부른다.[10]

6.042 6. 본체이신 그리스도가 나타나신 복음 아래서, 이 언약이 시행되는 의식은 말씀을 설교하는 일과 세례와 주님의 만찬의 성례전을 집행하는 일이다.[11] 그것들이 비록 수가 적고 더 단순하고 외형적인 화려함이 보다 덜 하지만, 그것들로써 그 언약이 만방에, 즉 유대인과 이방인에게 [12] 더 충만하게, 더 분명하고, 영적으로 효력있게 제시된다.[13] 그리고 그것을 신약이라고 부른다. 그러므로 본질적으로 다른 두 개의 은혜 언약이 있는 것이 아니라, 다양한 제도하에 있는 하나와 같은 언약이 있을 뿐이다.[14]

제 8 장 제 8 장

중보자 그리스도

6.043 1. 하나님은 그의 영원하신 목적 안에서 그의 독생자 주 예수를 택하시어 하나님과 인간 사이의 중보자,[1] 선지자,[2] 제사장,[3] 왕,[4] 교회의 머리와 구주,[5] 만물의 상속자,[6] 세상의 심판자 [7] 를 삼으시고 그에게 영원 전부터 한 백성을 주시어

[q] UPCUSA 판에는 "offereth"라고 기록 됨.

그의 씨가 되게 하셨으며 [8] 때가 이르러 그로 말미암아 구속함을 얻고, 부르심을 받고, 의롭다 하심을 얻고, 거룩하게 하심을 입고, 영화롭게 되도록 하심을 기뻐하셨다.[9]

6.044 2. 삼위일체의 둘째 위격이신 하나님의 아들은 참으로 하나님이시며 영원한 하나님이시며 성부와 한 실체이시며 동등하신 분으로서, 때가 찼을때 인성을 취하셨고 [10] 인간의 모든 본질적 특성과 공통적 유약성을 지니셨다. 그러나 죄는 없으셨다. [11] 그는 성령의 능력에 의해서 동정녀 마리아의 태중에서 실질적으로 [12] 잉태되셨다. 그러므로 모자람이 없이 완전한, 그러면서도 별개의 두 본성 즉 신성과 인성이 한 인격 안에서 분리될 수 없게 함께 결합되었다. 그러나 서로 전환되지 않으며, 합성되지 않고, 혼동되지 않는다. [13] 그분은 참하나님이시고 참인간이시지만 한 그리스도시며 하나님과 인간 사이의 유일한 중보자이시다.[14]

6.045 3. 인성을 입으신 주 예수는 이렇게 신성과 연합된 분으로서 성화되시고 성령으로 한량없이 기름부음을 받으셨다.[15] 그는 지혜와 지식의 모든 보화를 그 속에 가지셨으며,[16] 그 안에 모든 충만이 깃드는 것을 [17] 아버지는 기뻐하셨다. 그것은 그가 거룩하시고, 악이 없으시고, 더러움이 없으시고, 은혜와 진리가 충만하신 분으로서 중보자와 보증인의 직무를 수행할 수 있도록 [18] 철저히 갖추어지기 위한 것이다. 이 직책은 그가 스스로 취한 것이 아니라 아버지에 의해 그것에 부르심을 입으신 것이다. [19] 성부는 모든 권세와 심판을 그분의 손에 맡기시고 그일을 실행하라는 계명을 그에게 주셨다.[20]

6.046 4. 주 예수는 이 직책을 아주 흔쾌히 담당하셨으며 [21] 그가 그 직무를 이행하시기 위해서 율법 아래 [22] 있는 존재가 되시고, 또 그것을 완전하게 성취하셨다.[23] 그는 가장 비통한 고통을 직접 그의 영혼으로 [24] 겪으셨고, 가장 쓰라린 고난을 그의 몸으로 당하셨다.[25] 그는 십자가에 못박히셨고, 죽으셨고,[26] 장사되시어, 사망의 권세 아래 머무르셨다. 그러나 썩음을 당하지 않으셨다. [27] 그는 삼일 만에 죽은 자들로부터, 그가 고난 받으셨던 동일한 육체로 [28] 다시 살아나셨으며 [29] 그 몸을 가지시고 또한 그대로 하늘에 오르셔서 그의 아버지 우편에 앉으시며 [30] 중보의 역할을 하고 계신다. [31] 그리고 세상 마지막에 인간과 천사들을 심판하러 다시 오실 것이다.[32]

6.047 5. 주 예수는 영원하신 성령을 통하여 완전한 순종과 자신을 드리는 희생을 하나님께 단번에 제물로 드리셨는데, 주님은 그것으로 인해서 그의 아버지의 공의를 완전히 만족시키셨으며 [33] 아버지께서 그에게 주신 모든 인간들을 위해서 화해 뿐 아니라 하늘 나라에서의 영원한 유산을 획득하셨다.[34]

6.048 6. 비록 구속 사역이 실제로 그리스도에 의해서 이루어진 것은 그의 성육신 후의 일이지만, 그로 인한 덕, 효능, 및 혜택은 창세로부터 모든 시대에 속하여 택하심을 입은 자들에게 계속하여 전달되었다. 그것은 그리스도를 계시하고 그가 뱀의 머리를 상할 여인의 후손이며 세상 처음부터 죽음을 당한 어린 양, 즉 어제나 오늘이나 동일하고, 또 영원하신 분임을 표시해 주는 그 약속들과 모형들과 희생제물로, 그리고 그것들로 말미암아 전달되었다. [35]

6.049 7. 그리스도는 중보 사역에 있어서 두 가지 본성에 따라 행동하신다. 즉 각 본성에 의해서 그것에게 적합한 것을 행하신다. [36] 그러나 위격이 통일되어 있기에 한 본성에 적합한 것이 성경에서는 때때로 다른 본성의 이름을 가진 위격의 행위로 돌려진다. [37]

6.050 8. 그리스도께서 구속을 이루어 주신 모든 인간들에게, 그리스도는 확실하고 효과적으로 동일하게 적용하며 전달해 주신다.[38] 그리고 그들을 위해 간구 하시고 [39] 말씀 안에서 또한 말씀에 의해서 구원의 신비들을 그들에게 계시하신다.[40] 그들이 믿고 순종하도록 그의 성령에 의해서 효과적으로 그들을 확신시킨다. 또한 그의 말씀과 성령에 의하여 그들의 마음을 다스리시며 [41] 전능하신 능력과 지혜로 그들의 모든 적들을 물리치는데, 기이하고 측량할 수 없는 경륜에 가장 합당한 방식과 수단으로 하신다. [42]

제 9 장

성령

6.051 1. 삼위일체의 제3위이신 성령은 성부와 성자에게서 나오고 동일한 실체요, 능력과 영광에 있어서 동등하신 분으로서, 성부 성자와 함께 모든 시대에 믿음, 사랑, 순종, 및 예배의 대상이시다.[1]

6.052 2. 그는 주님이시고 생명을 주시는 분이시며 어디에나 계신다. 그는 모든 선한 생각과 순결한 소원과 인간들 속에 있는 거룩한 계획의 원천이시다. 그로 말미암아 예언자들이 감동을 받아 하나님의 말씀을 말하였고, 성경 저자들이 모두 영감을 받아 하나님의 마음과 뜻을 무오하게

남장로교회(PCUS) 북장로교회(UPCUSA)

기록하였다. 복음의 섭리가 특별히 그에게 위탁되었다. 그는 복음을 위해 길을 예비하고 그의 설득력 있는 능력으로 복음을 동반하며, 인간의 이성과 양심에다 복음의 메세지를 권장한다. 그래서 자비롭게 제공되는 복음을 거절하는 자들은 핑계할 수 없을 뿐 아니라 성령을 거스르는 죄를 짓게 된다.[2]

6.053 3. 아버지는 언제나 그에게 구하는 자들 모두에게 성령 주시기를 기뻐하시는데, 이 성령은 구속의 적용에 있어서 능률적인 유일한 행위자이시다. 그는 그의 은혜에 의해서 인간들을 중생시키고, 죄를 깨닫게 하고, 회개하도록 감동시키며, 믿음으로 예수 그리스도를 모시도록 설득하며 가능케 한다. 그는 모든 신자들을 그리스도에게 연합시키며, 그들을 위로하며 성화시키는 이로써 그들 속에 머물며, 입양과 기도의 영을 그들에게 주며, 그 모든 은혜로운 직무를 수행하여 그들이 구속의 날에 이르도록 성화하며 봉인을 찍어 주신다.[3]

6.054 4. 성령의 내재하심으로 말미암아 모든 신자는 머리이신 그리스도와 확실히 연합함으로써 그의 몸인 교회에서 서로 연합하게 된다. 성령은 목사들을 불러 그들의 성직을 위하여 기름을 부으며, 교회 안의 다른 모든 직분자들에게 특별한 사역을 행하도록 자격을 부여한다. 또한 교회의 교인들에게 다양한 은사와 은혜를 나누어

주신다. 성령은 말씀과 복음의 제반 예식을 유효케 하신다. 그에 의해서 교회는 보전되고, 증가되고, 순화하고, 마침내 하나님의 임재안에서 온전히 거룩하게 된다.[4]

제 10 장 복음

6.055 1. 하나님은 무한하고 완전한 사랑 안에서 주 예수 그리스도의 중보와 희생을 통한 은혜의 언약을 제공함으로, 잃어버린 모든 인종의 사람들에게 충족하고 적응될 삶과 구원의 길을 마련하시고, 복음 안에서 모든 인간에게 값없이 이 구원을 주신다.[1]

6.056 2. 복음안에서 하나님은 세계를 위한 그의 사랑과 모든 인간이 구원 받기 원하는 그의 소원을 선언하시며, 구원의 그 유일한 길을 충분히 그리고 명백히 계시하고, 참으로 회개하고 그리스도를 믿는 모든 인간에게 영생을 약속하며, 모든 사람에게 주어진 자비를 기꺼이 받아드리도록 초대하고 명하시며, 말씀과 동반하는 그리스도의 영에 의해서 그의 은혜로운 초대를 영접하도록 인간들에게 호소한다.[2]

6.057 3. 그 자비로히 공급해 주심을 수락하는 것이 복음을 듣는 각자의 의무요 특권이다. 그리고 계속 회개하지 않고 불신앙을 고집하는 자들은 가중죄를 받고 자기들 자신의 허물로 인해서 망하게 된다.[3]

남장로교회(PCUS) 북장로교회(UPCUSA)

6.058 4. 복음에 계시된 구원의 길밖에 다른 길이 없기 때문에, 그리고 하나님이 세우신 통상적 은혜의 방법에 있어서는 믿음이 하나님의 말씀을 들음으로써 오기 때문에, 그리스도는 그의 교회에 사명을 주시며 온 세상으로 가서 만백성을 제자로 삼게 하신다. 그러므로 모든 신자는 이미 제정된 그리스도교의 규례를 유지할 의무를 가지고 있으며, 또한 그들의 기도와 헌금과 개인적 노력에 의해서 그리스도의 왕국을 온 땅에 확대하는 일에 공헌할 의무가 있다.[4]

제 11 장 제 9 장

자유의지

6.059 1. 하나님은 인간의 의지에 자연적인 자유를 주셨는데, 그것은 강요된 것이 아니며, 어떤 절대적인 자연적 필요성에 의해서, 선악간에 [r] 결정되는 그러한 것도 아니다. [1]

6.060 2. 인간은 무죄한 상태에 있을때 선하고 [s] 하나님을 기쁘시게 할만 한 일을 할 수 있는 자유와 능력을 가졌었다.[2] 그러나 그것은 변할 수 있어서 그로부터 타락할 수도 있었다.[3]

6.061 3. 인간은 죄의 상태로 타락했기 때문에 구원을 동반하는 어떤 영적인 선을 행하고자 하는 모든 능력을 완전히 잃어버렸다.[4] 그래서 하나의 자연적 인간으로서는 그 선 [5] 을 전혀 싫어하고 죄로 죽어있기 때문에 [6] 자기 자신의 힘으로는 회개하거나 자신을 회개하도록 준비할 수 없다.[7]

---

[r] 1647 년 판에는 “do”가 포함되어 있음.

[s] 1647 년 판에는 “was”라고 기록 됨.

6.062 4. 하나님께서 한 죄인을 회개시키시고 [t] 그를 은혜의 상태로 옮기실 때 [u] 그분은 그 인간을 자연적 죄의 속박으로부터 [v] 자유케 하시고 오직 그분의 은혜로만 그가 자유롭게 영적으로 선한 일을 할 수 있도록 하신다.[8] 그러나 그에게 남은 부패 때문에 그는 선한 일을 온전히 원하지 않을 뿐만 아니라, 또한 악한 일을 원하기도 한다.[9]

6.063 5. 인간의 의지는 오직 영광의 상태에서만 [10] 오로지 선을 행할 수 있는 완전하고도 변함없는 자유를 가지도록 만들어졌다.[11]

제 12 장 제 10 장

효과적인 부르심

6.064 1. 하나님께서 생명에 이르도록 예정된 모든 사람들, 오직 그들만을 하나님이 지정하시고 정하신 때에, 그의 말씀과 성령으로, 그들이 본질상 속해 있던 죄와 죽음의 상태로부터 효과적으로 부르시어, 예수 그리스도로 말미암은 은혜와 구원에 이르게 하심이 하나님의 기뻐하시는 바이다.[1] 그들을 영적으로 그리고 구원할 작정으로 그들의 마음을 밝혀 주시고, 하나님의 관한 일들을 이해하게 하시고,[2] 그들의 굳은 마음을 제거하시고, 그들에게 부드러운 마음을 주시며,[3] 그들의 의지를 새롭게 하시고, 전능하신 능력으로 그들이 선한 일을 하도록 결심하게 하시고,[4] 효과적으로 그들을 예수 그리스도에게로 이끄신다.[5] 그러나 그들이 가장 자유롭게 나아옴과 같이 그분의 은혜로 기꺼이 하도록 만드신다.[6]

6.065 2. 이 효과적인 부르심은 오직 하나님의 값없이 주시는 특별한 은혜에 속한 것이고, 사람 안에서 예견된 어떤 것으로부터 오는 것은 전혀 아니다.[7] 인간은 거기에 있어서 전적으로 수동적이며, 마침내 성령에 의하여 되살아나고 새로워져서 [8] 이 부름에 응답할 수 있게 되며, 그 안에서 제공되고 전달되는 은혜를 받아들일 수 있게 된다.[9]

---

[t] UPCUSA 판에는 "converts" 이라고 기록 됨.
[u] UPCUSA 판에는 "translates" 이라고 기록 됨.
[v] UPCUSA 판에는 "enables" 이라고 기록 됨.

남장로교회(PCUS) 북장로교회(UPCUSA)

6.066 [a]3. 선택받은 유아들은 어려서 죽을지라도 성령을 통하여 그리스도로 말미암아 거듭나고 구원을 받는다. 성령은 그가 기뻐하는 때에, 기뻐하시는 장소에서, 기뻐하시는 방법으로 역사하신다. 또한 말씀의 사역에 의해서 외적으로 부르심을 받을 가능성이 없는 기타의 모든 선택된 자들도 마찬가지이다.[10]

6.067 4. 선택받지 못한 다른 사람들은 비록 그들이 말씀의 사역에 의해서 부르심을 받고 성령의 어떤 일반적인 활동을 경험할지라도, 그들이 결코 참으로 그리스도에게로 나아오지 못하며, 따라서 구원을 받지 못한다.[b][11] 더구나 기독교를 고백하지 않는 사람들은 제 아무리 부지런히 자연의 빛을 따르고, 그들이 고백하는 종교의 법을 따라서 그들의 삶을 영위한다 하더라도 다른 방도로써는 더욱 구원을 얻지 못한다.[12] 그런데도 그들이 구원을 얻을 수 있다고 주장하고 지지하는 것은[c] 하나님의 말씀에 충분한 근거를 두고있지 않다.[13]

제 13 장 제 11 장

의롭다 하심

6.068 1. 하나님께서 효과적으로 부르시는 자들을 또한 값없이 의롭다 하시는데,[1] 그들 속에 의를 불어넣음으로써가 아니라 그들의 죄를 용서하고 그들의 인격을 의로운 것으로 간주하고 받아들임으로써 하는 것이다. 그들 속에서 행해지거나 그들로 말미암아 행해진 어떤 것 때문이 아니라 오로지 그리스도 때문이다.[d] 믿음 자체나 믿는 행동이나 다른 어떤 복음적 순종을 그들의 의로 그들에게 전가함으로써가 아니라, 그리스도의 순종과 만족케 함을 그들에게 전가함으로써 되었다.[2] 그들은 믿음으로 그리스도와 그의 의를 받아들이고 의지하는 것이다. 그 믿음은 그들 자신에게서 나오는 것이 아니고, 하나님의 선물이다.[3]

6.069 2. 믿음은 이렇게 그리스도와 그의 의를 받아 들이고 의지하는 것인데, 이 믿음만이 칭의의 도구이다.[4] 그러나 믿음이 그 의롭다함을 얻은 인간 속에 홀로 있는 것이 아니고 다른 모든 구원적 은혜가 언제나 동반한다. 그리고 그것은 결코 죽은 믿음이 아니라 사랑으로 역사한다.[5]

---

[a] 신앙고백 끝에 있는 선언문을 보라. 그 선언문은 UPCUSA 판에 있는 제 10 장 제 3 절에 대한 권위적 해석이다.

[b] UPCUSA 판에는 '그리스도 외에'라는 말이 첨가되어 있다. 1647 년 판에는 '그리스도 외에'라는 말이 없다.

[c] 1647 년 판에는 "매우 유해하고 혐오할 만하다."라고 되어 있다.

[d] 1647 년 판에는 '그리고……아니'(nor)로 되어 있다.

6.070 3. 그리스도는 그의 순종과 죽음에 의해서, 의롭다 함을 받은 모든 인간의 빚을 완전히 갚으시고, 그들 대신에 그분 아버지의 공의를 정당하게 실제적으로 그리고 완전하게 만족시키셨다.[6] 그러나 그분은 성부에 의하여 그들에게 주신 바 되었고 [7] 그의 순종과 만족케 함이 그들 대신에 용인되었으며 [8] 그 순종과 만족케 함이 모두 무상으로 이루어졌고, 칭의가 그들 속에 있는 어떤 것 때문이 아니니, 그들의 칭의는 오로지 값없는 은혜로 된 것이다.[9] 그것은 하나님의 가차없는 공의와 풍성한 은혜, 그 두 가지가 다 죄인의 칭의 안에서 영광을 받도록 하려는 것이다.[10]

6.071 4. 하나님은 영원 전부터 모든 선민을 의롭게 하시기로 결정하셨고 [11] 그리스도는 때가 찼을 때 그들의 죄 때문에 죽으시고 그들의 칭의를 위해서 다시 살아나셨다.[12] 그러나 성령이 적시에 실제로 그리스도를 그들에게 적용하시기까지는 그들이 칭의를 받지 못한다.[13]

6.072 5. 하나님은 의롭다함을 받은 자들의 죄를 계속 용서해 주신다.[14] 그리고 그들이 의인의 상태에서 결코 떨어질 수 없지만 [15] 그래도 그들의 죄로 말미암아 타락하여 하나님의 아버지같은 분노 아래 처할 수 있는데, 그들이 자신을 낮추고, 자신의 죄들을 고백하고, 용서를 빌고, 그들의 믿음과 회개를 새롭게 하기까지는, 하나님 얼굴의 광채를 그들에게 되돌리게 할 수 없다.[16]

6.073 6. 구약 아래 있는 신자의 칭의는 이 모든 점에 있어서 신약 아래 있는 신자들의 칭의와 하나이며 동일하다.[17]

제 14 장 제 12 장

자녀로 삼으심

6.074 1. 하나님은 의롭다 함을 받은 자들을 모두 그의 독생자 예수 그리스도 안에서 혹은 그로 인하여 양자가 되는 은혜에 참여하는 자들로 삼아 주신다.[1] 그 은혜로 말미암아 그들은 하나님 자녀들의 수에 들어가고 자유와 특권을 누린다.[2] 그리고 하나님의 이름을 소유하고 [3] 양자의 영을 받으며,[4] 담대한 마음으로 은혜의 보좌로 나아가며,[5] 아바 아버지라고 부르짖을 수 있다.[6] 또한 불쌍히 여김을 받고 [7] 보호를 받으며 [8] 공급함을 받고 [9] 아버지로서 그분에게 징계를 받는다.[10] 그러나 결코 버림을 받지는 않으며 [11] 구속의 날을 위하여 인치심을 받으며 [12] 영원한 구원의 상속자로서 [13] 약속들을 기업으로 받는다.[14]

제 15 장 제 13 장

거룩하게 하심

6.075 1. 효과적으로 부르심을 받고 거듭난 자들은 그들 속에 창조된 새 마음과 새 영을 소유하며, 그리스도의 죽음과 부활의 덕택으로 그의 말씀과 또 그들 속에 거하시는 그의 영으로 말미암아 실제로, 그리고 인격적으로 더욱 성화된다.[1] 온몸에 대한 죄의 지배가 소멸되고[2] 몸의 여러 가지 욕정이 점점 약해지고 없어지며[3] 모든 구원적 은혜 가운데서[4] 그들이 점점 더 생기를 얻고 힘을 얻어 참된 거룩함을 실천하기에 이른다. 이 거룩하게 하심이 없이는 아무도 주를 볼 수 없다.[5]

6.076 2. 이 성화는 철저하게 전인적으로 일어난다.[6] 그러나 이생에 있어서는 불완전하며, 여전히 모든 부분에 일부 부패의 잔재가 그대로 남아 있으며, 따라서 계속적이고 양립할 수 없는 싸움이 일어난다. 육체의 소욕은 성령을 거스리고, 성령은 육체를 거스리신다.[7]

6.077 3. 이 싸움에서 비록 남아있는 부패가 한동안 훨씬 우세할 수 있겠지만[8] 그래도 성화하게 하시는 그리스도의 영으로부터 지속적인 힘의 공급으로 인하여 거듭난 부분이 이기고 만다.[9] 그래서 성도는 은혜 안에서 성장하며,[10] 하나님을 경외함으로 거룩함을 온전히 이룬다.[11]

제 16 장 제 14 장

구원하는 믿음

6.078 1. 믿음의 은혜는 택하심을 받은 자들이 그들 영혼의 구원함을 믿도록 하는데, 그 은혜는 그들의 마음 안에서 행하시는 그리스도 영의 사역이며,[1] 통상적으로 말씀 사역으로 이루어지며,[2] 또한 성례전 시행과 기도에 의해서 증가되고 강화된다.[3]

6.079 2. 이 믿음에 의해서 그리스도인은 말씀에 계시된 모든 것이 참되다고 믿는다.[4] 그것은 그 말씀 안에서 이야기 하시는 하나님 자신의 권위 때문이다. 그리고 이 믿음에 의해서 그리스도인은 말씀의 각 구절이 함축하는 것에 기초하여 행동이 달라진다. 즉 그 명령에 순종하고, 두려움에 떨고, 현재의 삶과 앞으로의 삶에 대한 하나님의 약속들을 반긴다. 그러나 구원하는 믿음의 주된 작용은 은혜 언약의 효력에 의한 칭의, 성화, 영생에 대하여 오직 그리스도만을 인정하고, 영접하고, 의지하는 일이다.

남장로교회(PCUS) 북장로교회(UPCUSA)

6.080 3. 이 믿음은 약하거나 강하거나 그 정도가 다르다.[5] 믿음은 자주 여러 모양으로 공격받으며 약화되기도 하지만, 승리를 얻는다.[6] 우리 믿음의 창시자이시며 완성자이신 [7] 그리스도를 통하여 [8] 완전한 확신에 이르도록 믿음은 여러 면에서 성장한다.

제 17 장 제 15 장

생명에 이르는 회개

6.081 1. 생명에 이르는 회개는 복음적인 은혜로서 [1] 그 교리는 그리스도를 믿는 신앙의 교리와 마찬가지로 복음의 모든 사역자에 의해서 선포되어야 한다.[2]

6.082 2. 회개로 말미암아 죄인은 자기 죄의 위험성뿐 아니라 더럽고 냄새남을 보고 느끼고, 하나님의 거룩한 본성과 의로운 율법에 반대된다는 것을 깨닫고, 또 그리스도 안에 있는 하나님의 은혜를 깨달아 참회하는 나머지 자기 죄를 슬퍼하고 미워하며, 그 모든 죄로부터 돌이켜 하나님께로 향하며 [3] 하나님의 계명이 말하는 모든 길을 따라 하나님과 함께 걷기로 목적을 세우고 노력한다.[4]

6.083 3. 회개는 그리스도 안에서 값없이 주시는 하나님 은혜의 사역이기에,[5] 죄에 대한 어떤 배상이나 그에 대한 용서의 어떤 근거가 되지 않는다. [6] 그러나 회개는 모든 죄인에게 너무나 필요하며, 그것 없이는 아무도 용서를 기대할 수 없다.[7]

6.084 4. 저주받지 않아도 좋을 만큼 작은 죄란 없다.[8] 마찬가지로 진실하게 회개하는 자를 저주할 만큼 큰 죄도 없다.[9]

6.085 5. 인간은 막연한 회개를 가지고 스스로 만족해서는 안 된다. 자기가 지은 죄 하나하나에 대해서 특별히 회개하려고 노력하는 것이 각자의 의무이다.[10]

6.086 6. 모든 사람은 자기의 죄를 개인적으로 하나님께 고백해야 하고, 그것의 용서를 빌어야 하며,[11] 그렇게 하고 그 죄들을 버리면 자비를 얻게 된다.[12] 그러므로 자기 형제나 그리스도의 교회를 노엽게 한 자는 자기 죄를 사적 및 공적으로 고백하고 슬퍼함으로써, 상처입은 자들에게 기꺼이 자기의 회개를 선언해야 한다.[13] 그리고 상처입은 자들은 그와 화해하고 사랑으로 그를 받아들여야 한다.[14]

제 18 장 제 16 장

선행

6.087 1. 선행이란 오직 하나님께서 그분의 거룩한 말씀으로 명령하신 것들만을 가리키고,[1] 그런 근거없이, 맹목적인 열심 혹은 선한 의도라는 핑계로 사람들이 고안한 것들이 아니다. [2]

6.088 2. 하나님의 명령에 순종하여 행한 선행은 참되고 살아있는 신앙의 열매이며 증거이다.[3] 선행에 의해서 신자들은 자기들의 감사를 나타내며,[4] 그들의 확신을 강화하며,[5] 그들의 형제를 육성하며,[6] 복음의 선언을 빛나게 하고,[7] 원수들의 입을 막으며,[8] 하나님을 영화롭게 한다.[9] 신자들은 하나님의 솜씨요, 그리스도 예수 안에서 선행을 위하여 창조되었으며,[10] 그들은 거룩함에 이르는 열매를 맺음으로서, 결국에는 그 종말 즉 영생을 얻게 된다.[11]

6.089 3. 선행을 할 수 있는 힘은 결코 그들 자신에게서 나오는 것이 아니고, 오직 그리스도의 영으로부터 전부 나온다.[12] 그들이 선행을 하기 위해서는 이미 받은 은혜 외에도 그들이 뜻을 가지고 행동하도록 기쁜 마음으로 그들 속에서 역사하시는 그 동일한 성령의 실제적 영향이 요구된다.[13] 그렇다고 해서 성령의 특별한 운동이 없이는 아무 의무도 수행할 필요가 없는 것처럼, 그들이 점점 태만해져서는 안 되고, 오히려 그들 안에 있는 하나님의 은혜가 분기하도록 부지런해야 한다.[14]

6.090 4. 순종하는 마음으로 이생에서 가능한 최고의 경지에 이른 자들도 하나님이 요구하시는 것 이상으로 할 수 없고, 오히려 그들이 해야 할 의무에도 많이 부족하다.[15]

6.091 5. 우리가 아무리 최선을 다해도 하나님의 손에 있는 죄사함이나 영생을 공로로 얻을 수 없다. 그 이유는 우리의 선행과 장차 올 영광 사이에 있는 엄청난 불균형 때문이며,[e] 우리와 하나님 사이의 무한한 차이 때문인 바, 우리는 우리의 선행으로써 하나님께 이익을 드릴 수 없으며 우리 옛 죄의 빚을 만족스럽게 갚을 수 없기 때문이다.[16] 다만 우리가 할 수 있는 모든 것을 했을지라도 우리의 의무를 행한 것에 불과하며 우리는 무익한 종일 뿐이다.[17] 그것들이 선하다면, 하나님의 영으로부터 나왔기 때문이고,[18] 그리고 그것들이 우리에 의해서 행해질 때, 더러워지고 너무 많은 약점과 결함이 섞이기 때문에 하나님 심판의 엄중함을 견딜 수 없다.[19]

6.092 6. 그럼에도 불구하고, 신자들의 인격이 그리스도를 통하여 용납되었기 때문에, 그들의 선행도 또한 그분 안에서 용납된다.[20] 그렇더라도 그 선행이 이 삶에서 하나님 보시기에 전적으로 흠할 것이나 책망받을 것이 없는 것처럼 용납되는 것은 아니다.[21] 다만 하나님께서 자기 아들 안에서 그 선행을 보시면서, 비록 많은 약점과 결함을 동반할지라도 진실한 행동일 때 그것을 기뻐 받으시고 상을 주신다.[22]

---

[e] UPCUSA 판에는 " by reason."

남장로교회(PCUS)

6.093 7. 거듭나지 못한 자들이 행한 행위는 그 일들이 하나님의 명령이요 자신과 남에게 유용한 것일지라도 [23] 그것들은 믿음으로 순결해진 마음에서 나오는 것이 아니고 [24] 또는 말씀을 따라 [25] 옳은 방식으로 행해진 것이 아니고, 또 옳은 목적 즉 하나님의 영광을 위한 것이 아니기 때문에 [26] 그것들은 죄악이고 하나님을 기쁘시게 할 수 없으며, 또한 인간으로 하여금 하나님께로부터 오는 은혜를 받기에 합당하도록 만들지는 못한다.[27] 그러나 그들이 선행에 태만하면 더 죄가 있고 하나님을 더 불쾌하게 만든다.[28]

북장로교회(UPCUSA)

7. [f] 거듭나지 못한 자들이 행한 행위는 그 일들이 하나님의 명령이요 그것들 자체가 칭찬받을 만하고 유용하다 하더라도, 그리고 그런 일을 태만히 하는 것이 죄요 하나님을 불쾌하게 만드는 것일지라도 그것들이 믿음으로 순결해진 마음에서 나오지 않고 하나님의 말씀을 따라 옳은 방법으로 행해진 것이 아니며, 옳은 목적 곧 하나님의 영광을 위한 것이 아니기 때문에 그것들은 하나님이 요구하시는 바에 도달하지 못하며, 그 어느 누구도 하나님의 은혜를 받기에 합당한 인간으로 만들지는 못한다.

제 19 장 제 17 장

성도의 인내

6.094 1. 하나님께서 그의 사랑하시는 자 안에서 용납하시고, 그의 성령에 의하여 효과적으로 부르시고, 성화하신 자들은 은혜의 상태에서 완전히 떨어져 나가거나 영영 떨어져 나갈 수는 없다. 분명히 그들은 끝까지 은혜의 상태에 남아 있고 영원히 구원을 얻을 것이다.[1]

6.095 2. 성도의 이러한 인내 perseverance 는 그들 자신의 자유의지에 달린 것이 아니라 선택의 불변적 섭리에 달려 있으며 하나님 아버지의 자유롭고 불변하는 사랑으로부터 흘러나오는 것이다.[2] 그리고 예수 그리스도의 공로와 중보기도의 유효성에 달려 있으며 [3] 또한 그들 속에 성령과 하나님의 씨가 거하시기 때문이며 [4] 은혜 언약의 본질에

---

[f] 1647 년 판에는 다음과 같이 되어 있다: "VII. 거듭나지 못한 자들이 행한 행위는 그 일들이 하나님의 명령이요, 자신과 남에게 유용한 것일지라도 그것들은 믿음으로 순결해진 마음에서 나오는 것이 아니고, 또한 말씀을 따라 옳은 방식으로 행해진 것이 아니고, 또 옳은 목적 즉 하나님의 영광을 위한 것이 아니기 때문에, 그것들은 죄악이고 하나님을 기쁘시게 할 수 없으며, 또한 사람으로 하여금 하나님께로부터 오는 은혜를 받기에 합당하도록 만들지는 못한다. 그러나 그들이 선행에 태만하면 더 죄가 있고 하나님을 더 불쾌하게 만든다."

기인하며 [5] 또한 은혜 언약의 확실성과 정확 무오성을 일으키는 그 모든 것으로부터 유래한다.[6]

6.096 3. 그럼에도 불구하고 사탄과 세상의 유혹과 그들 속에 남아 있는 부패의 만연함과 자기를 보호하시는 방편들에 대한 게으름으로 말미암아 그들은 중한 죄에 빠지기도 하고, 얼마동안 그 안에 머물러 있기도 한다.[7] 그 때문에 그들은 하나님의 진노를 사고,[8] 성령을 근심하게 하고 [9] 그들의 은혜와 위로를 어느 정도 빼앗기게 되고,[10] 자기 마음이 굳어지고,[11] 자기 양심이 훼손되며,[12] 다른 사람에게 상처를 주고 모욕하며,[13] 자신들에게 일시적인 징계를 초래한다.[14]

제 20 장 제 18 장

은혜와 구원의 확신

6.097 1. 비록 위선자들과 다른 거듭나지 못한 인간들이 거짓된 희망과 육적인 억측을 가지고 자신을 공연히 속이고 하나님의 총애를 받아 구원받은 신분을 가졌다고 [1] 스스로 속이기도 하지만 그런 희망은 사라지고 말 것이다.[2] 그러나 주 예수를 진실로 믿고 신실하게 그분을 사랑하고, 그분 앞에서 모든 선한 양심을 가지고 살아가기를 힘쓰는 사람들은, 그들이 은혜의 상태에 있다는 [3] 확신을 이 세상에서 분명히 가질 것이며 하나님의 영광을 바라는 중에 기뻐하게 될 것이다. 그 희망은 결코 그들을 부끄럽게 하지 않을 것이다.[4]

6.098 2. 이 확신은 불확실한 소망에 근거한 추측과 그럴지도 모른다는 신념이 아니라, 신앙의 무오한 확신으로서 [5] 구원의 약속을 주는 하나님의 진리에 터를 두었으며 [6] 약속을 준 은혜들의 내적 확증과 [7] 우리가 하나님의 자녀라는 것을 우리의 영과 더불어 증언하는 양육자의 영의 증언 [8] 에 근거한 것이다. 그 성령은 구속의 날을 위하여 우리를 인봉해 주시는 분이시며 우리가 받은 유산에 대한 보증이시다.[9]

6.099 3. 이 절대적인 확신은 믿음의 본질에 속한다고는 할 수 없다. 다만 참된 신자는 그 확신을 가지기까지 오래 기다려야 하고 많은 어려움과 싸워야 한다는 것이다.[10] 그러나 하나님께서 그에게 값없이 주신 것들을 성령에 의해서 알 수 있게 되면서, 비상한 계시가 없더라도 일상적인 방편을 바로 사용함으로써 그 확신에 도달한다.[11] 그러므로 각자는 자기의 소명과 선택을 확실한 것으로 만들기 위해서 최고의 근면을 나타낼 의무가 있다. 그래야만 그 확신에 의해서 그의 마음이 성령이 주시는 평안과 기쁨에 있어서, 하나님께 대한 사랑과 감사에 있어서, 순종의 의무를 수행함으로써 얻는 힘과 환희에 있어서, 즉 확신의 정당한 열매에 있어서 확대될 수 있는 것이다. 확신은 결코 인간을 방종에 기울게 하지 않는다.[12]

6.100 4. 참된 신자들이 여러 자기 모양으로 그들 구원의 확신이 흔들리고 약해지고 중단될 경우가 있을 수 있다. 즉, 그 확신을 유지하는데 태만함으로써 양심을 상하게 하고 성령을 슬프게 하는 어떤 특수한 죄에 빠지거나 어떤 돌연적 아니면 격심한 시험으로 인해서 하나님께서 당신의 얼굴 빛을 그들에게 비추지 않기 때문에, 그리고 흑암 속에서 걷고 빛이 없다는 것으로 하나님이 무서워져서 확신에 변동이 올 수 있다.[13] 그래도 그들은 하나님의 씨와 믿음으로 말미암은 생명과 그리스도와 형제들의 사랑과 마음의 진실성과 의무에 대한 양심이 완전히 없어지는 것이 결코 아니다. 이런 것들로부터 성령의 작용에 의해서 이 확신은 제 때에 되살아날것이며 [14] 그러는 중에 그 확신으로 인해서 힘을 얻어 극한 절망으로부터 보호를 받는다.[15]

제 21 장 제 19 장

하나님의 율법

6.101 1. 하나님께서 아담에게 일의 언약으로서 율법을 주셨다. 그는 그와 모든 후손을 개인적이고, 완전하며, 정확하고, 끊임없는 순종에 묶어주셨다. 성취할 때 생명을 약속하시고, 그것을 위반했을 때 죽음을 위협하셨다. 그것을 지킬 수 있는 힘과 능력으로 그를 붙잡았다.

6.102 2. 그의 타락 이후 이 율법은 계속해서 의의 완전한 법칙이 되었다. 하나님은 그 의의 법칙을 십계명으로 그리고 두 개의 돌판에 기록하여 시내산에서 전해 주셨다.[1] 처음 네 계명은 하나님에 대한 우리의 의무를 포함하고, 나머지 여섯개는 인간에 대한 우리의 의무이다.[2]

6.103 3. 이 법칙, 일반적으로 도덕적이라고 불려지는 이 율법 외에, 하나님은 어린 교회로서의 이스라엘 백성에게 의식법을 주심을 기뻐하셨다. 거기에는 여러 가지 상징적인 의식들을 포함하는데, 일부는 예배에 관한여, 그리스도와 그분의 은혜, 행동, 고난, 유익들을 예표하고,[3] 잠정적으로 도덕적 의무에 대한 여러 가지 지시 사항을 들고있다.[4] 그 모든 의식적 율법은 신약 아래에서 지금은 폐지 되었다.[5]

6.104 4. 그들에게도 정치 체제로서 여러 가지 사법법을 제정했다. 그 백성의 상태와 함께 만료되었지만, 지금은 그 일반적 형평법이 요구하는 것 이상으로 다른 어떠한 의무도 지지 않는다.[6]

6.105 5. 도덕적인 법은 모든 사람을 의로운 사람으로, 다른 사람들처럼 영원히 묶어 그 복종에 이른다. 또한 그것에 포함된 문제뿐만 아니라 창조주 하나님의 권위와 관련하여 그것을 주었다.[7] 또한 그리스도도 복음 안에서 어떤 방식으로든 해소시키지 않고 이 의무를 훨씬 강화시키신다.[8]

남장로교회(PCUS) 북장로교회(UPCUSA)

6.106 6. 비록 참된 신자들은 일의 언약으로서 율법 아래 있지 않지만, 그것에 의해서 의롭다 함을 얻거나 정죄를 받는 것이 아닐지라도 [9] 율법은 다른 사람들과 마찬가지로 그들에게도 대단히 유익하다. 그것은 율법이 생명의 규례로서 하나님의 뜻과 그들의 의무를 그들에게 알려 주며, 그것을 따라 살도록 안내하며 의무를 지워 주기 때문이다.[10] 또한 그들의 본성, 마음, 생활의 죄로 더러워져 있음을 발견하게 하며,[11] 그것에 의하여 자신들을 시험하여 죄를 더 깊이 자각하고, 부끄러워하고, 미워하게 되며,[12] 결국 그리스도와 그의 순종의 완성이 필요하다는 것을 보다 더 분명히 보게 된다.[13] 율법은 거듭난 자들에게도 마찬가지로 유용하다. 즉 율법은 죄를 금하고 [14] 율법이 주는 협박은 비록 율법에서 위협한 죄의 대가로서의 저주에서는 풀려났을지라도 그들의 죄가 어떤 벌을 받아 마땅한지, 그 죄 때문에 이 세상에서 기대해야 할 환난이 어떤 것인지를 보여 주는 역할을 한다는 점에서 [15] 그들의 부패를 견제해 주기 때문이다. 율법이 주는 약속도 마찬가지로 순종에 대한 하나님의 승인과 그것을 수행함으로써 기대되는 축복이 무엇인가를 보여 준다.[16] 그 축복이 일의 언약으로서의 율법을 지켰기 때문에 마땅히 받는 보상은 아니지만 율법이 선을 장려하고 악을 막기 때문에 인간이 선을 행하고 악을 멀리하는 것은, 그가 율법 아래 있고 은혜 아래 있지 않다는 증거는 결코 아니다.[17]

6.107 7. 또한 앞에서 언급한 율법의 사용은 복음의 은혜와 상반되지 않고, 다만 그것에 순종하여 훌륭하게 따르는 것이다.[18] 그리스도의 영이 인간의 의지를 순종시키고 능력을 주어 율법 속에 계시된 하나님의 뜻이 요구하는 바를 자유롭게 그리고 기쁘게 행하도록 하는 것이다.[19]

제 22 장 제 20 장

그리스도인의 자유와 양심의 자유

6.108 1. 그리스도께서 복음 아래서 신자들을 위하여 값주고 사신 자유는 죄의 허물과 하나님의 정죄의 진노와 도덕적인 율법의 저주로부터 해방이다.[1] 현재의 악한 세상에서 그들이 구출되는 것, 사탄의 속박, 죄의 지배,[2] 환난의 악과 사망의 쏘는 것과 무덤의 승리와 영원한 저주로부터의 구원이다.[3] 또한 그들이 자유롭게 하나님께 나아가는 것과,[4] 노예적 공포에서가 아니라 어린이 같은 사랑과 자발적인 마음으로 하나님께 복종하는 일이다.[5] 그것들이 모두 율법 아래 있는 신자들에게 공통적으로 있었다.[6] 그러나 신약 아래서는 그리스도인들이 유대교회가 지키고있던 의식법의 멍에로부터 자유를 얻었다는 점에서 그들의 자유가 확대되었다.[7] 또한

은혜의 보좌에 나아가기를 보다 더 담대하게 한다는 것과 [8] 율법 아래 있던 자들이 통상적으로 가지던 것보다 더 충만하게 [g] 하나님의 자유의 영과 교제하는 것이다.[9]

6.109 2. 하나님만이 양심의 주님이시며, 무슨 일에 있어서나 그분의 말씀에 반대되거나 그밖에 신앙이나 예배의 문제에 있어서 말씀에 반대되는 인간의 교리와 계명으로부터 양심을 자유롭게 하셨다.[10] 그러므로 양심을 어기면서 그런 교리를 믿거나 그런 계명에 순종하는 것은 양심의 참된 자유를 배반하는 일이다.[11] 그리고 맹목적 신앙이나 절대적으로 맹목적인 순종을 요구하는 것은 양심의 자유, 또는 이성을 파괴하는 일이다.[12]

6.110 3. 그리스도인의 자유라는 핑계로 어떤 죄를 행하고, 혹은 어떤 정욕을 품는 자들은 그런 일로 인해서 그리스도인의 자유의 목적을 파괴한다. 그 목적은 바로 우리가 우리의 원수들의 손에서 벗어나서 두려움 없이 주 앞에서 거룩함과 의로움으로 평생 주를 섬기는 것이다.[13]

6.111 4. 그리고 하나님께서 정하신 권능과 그리스도께서 사신 자유는 멸망시키려는 의도가 아니고, 오히려 상호간에 서로를 지지하고 보전하는 것이다. 그리스도인의 자유를 가장하는 자들에게 합법적인 권력에 반대하거나, 시민 혹은 교회에 관계없이 그 권력을 합법적으로 행사하는 일에 반대하는 자들은 하나님의 법령을 어기는 것이다.[14] 그들이 그러한 의견을 발표하거나 그러한 행동을 유지한다고 하면, 이는 자연의 빛에 반대되고 신앙이나 예배나 대화에 관한 기독교의 기존 원칙에 반대되며 경건의 능력에 반대되는 일이다. 그러한 그릇된 의견이나 행동이 그것들 자체의 성격에 있어서든지 아니면 그것들을 발표하거나 유지하는 양상에 있어서든지, 그리스도가 교회 안에서 세우신 외적 평화와 진리를 파괴하는 것이며 그들은 마땅히 소환되어 해명해야 하며 교회의 처벌에 의하여 책별 받을 수 있다.[h 15]

제 23 장 제 21 장

종교적 예배와 안식일

6.112 1. 자연의 빛은 하나님이 계시다는 것을 보여 준다. 하나님은 만물의 주님이시요 주권을 가지신 분으로서 선하시며, 모두에게 선을 행하시며 따라서 경외, 사랑, 찬양, 호소, 신뢰, 및 마음과 혼과 힘을 다한 섬김을 받으셔야 할 분이시다.[1] 그러나 그 참 하나님을 예배하는 만족스러운

---

[g] UPCUSA 판에는 그냥 '충만하게'로 되어 있다.

[h] 1647 년 판에는 '그리고 위정자의 권세'라는 말이 들어 있다.

방법은 하나님 자신에 의해서 제정되었으며, 그 자신의 계시된 뜻에 의해서 매우 제한되어 있기 때문에 인간들의 상상과 고안이나 사탄의 제안에 따라서 어떤 가시적인 묘사나 성경에 제시되어 있지 않는 어떤 다른 방도로써 그를 예배해서는 안 된다.[2]

6.113 2. 종교적 예배는 성부, 성자, 성령 하나님께 드려져야 한다. 오직 그분에게만 드려져야 하며,[3] 천사나 성인이나 어떤 다른 피조물에게 예배해서는 안 된다.[4] 그리고 타락 이후에는 중보자 없이 예배할 수 없고, 오직 그리스도 외에 다른 중보를 통해서도 예배할 수 없다.[5]

6.114 3. 감사로 하는 기도는 종교적 예배의 특별한 부분으로서,[6] 하나님께서 모든 인간에게 요구하시는 것이다.[7] 그리고 받으실만한 기도는 성자의 이름으로 [8] 그의 성령의 도우심에 의해서 [9] 하나님의 뜻을 따라 [10] 이해, 존경, 겸손, 열심, 믿음, 사랑, 인내를 가지고 [11] 해야하고, 소리를 내서 하는 경우에는 알아 들을 수 있는 언어로 해야 한다.[12]

6.115 4. 기도는 합법적인 것들을 위해서 드려져야 한다.[13] 그리고 살아있거나 장차 살아갈 모든 부류의 사람들을 위해서 해야한다.[14] 그러나 죽은 자들을 위해서는 아니다.[i] [15]

6.116 5. 경외하는 마음으로 성경을 봉독하는 일,[17] 건전한 설교,[18] 이해와 믿음과 존경심을 가지고 하나님께 순종하는 마음으로 말씀을 양심적으로 듣는 일,[19] 마음에 은혜를 가지고 시편을 노래함,[20] 또한 그리스도가 제정하신 성례전을 바르게 집행하고 가치 있게 성찬을 받는 일 등은 모두 하나님께 대한 일반적 종교예배의 부분들이다.[21] 그밖에 종교적 맹서,[22] 서약,[23] 및 [j] 엄숙한 금식,[24] 특수한 경우에 대한 감사가 [25] 있는데 그것들은 여러 절기에 따라 거룩하고 종교적인 방식으로 사용해야 한다.[26]

6.117 6. 기도나 종교적 예배의 어떤 부분도 지금 복음 아래서 그것이 행해지는 장소나 방향에 얽매이거나, 또는 그것에 의해 잘 받아지지 않는다.[27] 다만 하나님께서는 어디서나,[28] 신령과 진리로 [k] 드리는 예배를 받으신다.[29] 각 가정에서 [30] 매일,[31] 각 사람이 홀로 은밀하게 하는 것과 마찬가지로,[32] 대중 집회에서는 더욱 엄숙하게 예배해야 하는데, 하나님께서 그분의 말씀이나 섭리에 의해 집회로 부르시는 때에는 부주의하거나 고의로 그것을 경시하거나 외면하지 않아야 한다.[33]

---

[i] 1647 년 판에는 "그리고 죽을 죄를 졌다는 것이 알려진 자들을 위해서도"라는 말이 들어있다.

[j] 1647 년 판에는 "and"가 없음.

[k] 1647 년 판에는 "in"이 없음.

남장로교회(PCUS) 북장로교회(UPCUSA)

6.118 7. 일반적으로 하나님께 예배하기 위하여 시간의 적당한 부분을 구별하는 것은 자연의 법칙이다. 마찬가지로 그분의 말씀에 있어서 그리고 모든 시대 모든 사람들이 지켜야 할 적극적이고 도덕적이며 영구적인 계명에 의해서, 하나님은 칠일 중의 하루를 안식일로 특별히 정하셔서 그분을 위해 거룩히 지키게 하셨다.[34] 그것은 세상 처음부터 그리스도의 부활까지 한 주간의 마지막 날이었다. 그리고 그리스도의 부활 이후로는 한 주간의 첫 날로 바뀌었으니, 성경에서는 그것이 주님의 날이라고 불리어지며 세상 끝날까지 그리스도인의 안식일로서 계속되어야 한다.[35]

6.119 8. 이 안식일은 인간들이 주님을 위해서 거룩하게 지켜야 하며 그날에는 그들이 마음을 충분히 준비하고 그들의 일상적인 일들을 정리한 후에 그들의 세상적 일과 유흥에 관한 생각을 떠나서 하루 종일 거룩한 휴식을 취할 뿐 아니라,[36] 또한 그날은 전적으로 하나님 예배를 위한 공적, 사적 행사, 및 불가피한 의무와 자선에 모든 시간을 사용해야 한다.[37]

제 24 장 제 22 장

합법적 서약과 맹세

6.120 1. 합법적 서약은 종교적 예배의 한 부분이다.[1] 거기에서 바로 기회가 주어질 때 엄숙하게 서약한 그 사람은 자신이 주장하거나 약속한 것을 증언하기 위해 그리고 그가 서약한 진리나 거짓에 따라서 자신을 판단하려고 하나님을 부른다.[2]

6.121 2. 하나님의 이름만이 인간들이 걸고 서약해야 할 유일한 이름이다. 서약에 있어서 극진히 거룩한 경외와 존경을 가지고 그 이름을 사용해야 한다.[3] 그러므로 그 영광스럽고 무서운 이름으로 헛되이 또는 경솔히 서약을 한다거나 어떤 딴 것을 걸고 서약하는 것은 죄가 되며 혐오해야 할 일이다.[4] 그러나 중하고 요긴한 일에 있어서 맹세는 구약에서와 마찬가지로 신약에서도 하나님의 말씀에 의해 보증되며 따라서 서약은, 시행되어야 할 때, 합법적 권위에 의해 부과 된다.[5]

6.122 3. 서약하는 사람이라면 누구든지 그렇게 엄숙한 행위의 중요성을 마땅히 고려해야 하며, 또한 거기서 참이라도 완전히 설득되는 것 외에는 공언하지 않아야 한다. 아무도 선하고 정당한것, 또는 그렇다고 믿는 것, 그리고

3. 서약하는 사람이라면 누구든지 그렇게 엄숙한 행위의 중요성을 마땅히 고려해야 하며, 또한 거기서 참이라도 완전히 설득되는 것 외에는 공언하지 않아야 한다. 아무도 선하고 정당한것, 또는 그렇다고 믿는 것, 그리고

남장로교회(PCUS)	북장로교회(UPCUSA)
그가 수행할 수 있고 또 수행하겠다고 결심한 것 외에 아무것에도 서약에 의해서 자신에게 의무를 지우지 못한다. 그러나 선하고 정당한 것, 그리고 합법적 권위에 의해서 부과되는 것에 관한 서약을 거절함은 죄이다. [6]	그가 수행할 수 있고 또 수행하겠다고 결심한 것 외에 아무것에도 서약에 의해서 자신에게 의무를 지우지 못한다.[m]

6.123 4. 서약은 평범하고 상식적인 말로 해야하며 애매함이나 마음속에 숨김이 없어야 한다.[7] 서약은 강제로 죄를 짓게 할 수 없다. 그러나 죄가 아닌 것이라면 비록 자신에게 해가 될지라도 그것을 이행할 의무가 있다. [8] 그리고 이교도나 불신자에게 서약한 것일지라도, 그것을 어겨서는 안 된다. [9]

6.124 5. 맹세는 하나의 약속을 맺는 서약과 같은 성격의 것이며 종교적 배려를 갖고 행해져야 하며 또한 마찬가지로 성실성을 갖고 수행되어야 한다.[10]

6.125 6. 맹세는 하나님 한 분밖에 어떤 피조물에게도 해서는 안 된다.[11] 그리고 그것이 수납되기 위해서는 믿음과 의무적인 양심으로부터 받은바 은혜에 대한 감사의 방도로, 혹은 우리가 원하는 바를 얻기 위해서 자원적으로 해야 한다. 우리는 맹세로 인해서 필요한 의무나 기타의 일에 대해서 우리 자신에게 더 엄격한 의무를 지워 준다. 우리가 의무를 수행하는 것이 그 맹세에 부합되는 한 그리고 부합되는 만큼 말이다. [12]

6.126 7. 아무것도 하나님의 말씀에 금지된 것이나, 성경에서 명령된 어떤 의무를 방해하는 일이나, 자기 자신의 능력 범위에 있지 않는 일이나, 그런 것을 수행하도록 하나님으로부터 약속이나 역량을 받지 않은 일을 하겠다고 맹세해서는 안 된다.[13] 이런 점에서 볼 때 영구적 독신생활, 직업적 빈곤, 규칙적 순종 [n] 을 수도사적으로 맹세하는 것은 보다 높은 완전의 상태가 되기는 커녕 미신적이고 죄악적인 올무이며, 그리스도인은 결코 거기에 걸려들지 않아야 한다.

---

[m] 1647 년 판에는 "그러나 선하고 정당한 것, 그리고 합법적 권위에 의해서 부과되는 것에 관한 서약을 거절하는 것은 죄이다."가 들어 있다.

[n] 1647 년 판에는 '가톨릭교적으로'가 들어 있다.

제 25 장 제 23 장

위정자

6.127 1. 온 세상의 최고 주인이시며 왕이신 하나님은 그분 아래서 백성들을 다스리도록, 하나님 자신의 영광과 공공의 선을 위해서 위정자를 세우셨다. 그리고 이 목적을 위해서 그들에게 칼의 권세를 부여하여 선한 자들을 보호하고 격려하며 행악자들을 벌하게 하셨다.[1]

6.128 2. 그리스도인이 국가 공직에 부름을 받아 그것을 수락하고 수행하는 것은 합법적이다.[2] 그 직분을 이행함에 있어서 그들은 특별히 각 나라의 건전한 법률을 따라 경건, 정의, 평화를 유지해야 한다.[3] 그처럼 또한 그 목적을 위해서 이제 신약 아래서, 그들은 정의롭고 필수적인 경우에 전쟁을 행할 수 있으며 그것은 합법적인 일이다.[4]

6.129 3. [o]위정자는 말씀과 성례전 집행 또는 천국 열쇠의 권리, 더구나 신앙에 관한 일에 간섭하는 일을 스스로 떠맡지 않아야 한다.[5] 그러나 양육하는 아버지로서의 위정자는 우리 공동의 주님의 교회를 폭력이나 위험이 없이 보호하는 것이 그의 의무이며, 그리스도인들의 어느 한 교단을 다른 교단보다 더 우대하지 않는다. 그리고 교회에 속한 모든 인간들이 누구를 막론하고 그들의 거룩한 기능의 각부분을 수행하는 충실하고 자유롭고 의심의 여지가 없는 자유를 즐기도록 해야 한다. 그리고 예수 그리스도가 그의 교회 안에 정규적 치리와 권징을 제정하셨으므로 어떤 국가의 법도 그리스도인들이 자기들 자신의 고백과 신앙에 따라, 어떤 교단의 자원적 회원들로서 치리하고 권징하는 정당한 행사에 개입하거나 방해하거나 훼방을 해서는 안 된다. 위정자의 의무는 한 인간도 종교나 불신앙을 이유로 다른 인간으로부터 경멸, 폭행, 능욕, 상해를 당하는 일이 없도록 선량한 시민의 인격과 명예를 보호하는 일이다. 그리고 모든 종교적 교회적 집회가 방해와 교란 없이 모일 수 있도록 질서를 유지하는 일이다.[6]

---

[o] 1647 년 판에는 "III. 위정자는 말씀과 성례전 집행이나 천국 열쇠의 권리를 스스로 떠맡지 않아야 한다. 그러나 그가 가진 권위와 의무는 교회 안에 통일과 평화가 유지되도록 하고, 하나님의 진리가 순수하고 완전하게 보존 되도록 하며, 모든 신성모독과 이단이 억제되기 위하여, 예배와 권징의 온갖 부패와 남용이 방지되거나 개혁되도록 하며, 하나님의 모든 의식을 제대로 조정하고 집행하며 준수하도록 질서를 잡는 일이다. 그런 효과를 더 잘 나타내기 위해서 모든 대회를 소집할 권한을 가지고 거기에 참석하여, 거기서 처리하는 것이 무엇이든지 하나님의 마음을 따라 되도록 규정하는 권한을 가진다."라고 되어 있다.

남장로교회(PCUS) 북장로교회(UPCUSA)

6.130 4. 백성의 의무는 위정자를 위해 기도하고[7] 그들의 인격을 존중하고[8] 그들에게 공물이나 기타 세금을 지불하고[9] 그들의 합법적 명령에 순종하고, 그들의 권위에 양심적으로 순응하는 일이다.[10] 불신앙이나 종교의 차이는 위정자의 공의롭고 법적인 권위를 무효화하지 못하며 그에 대한 마땅한 순종으로부터 백성을 해방시켜 주지 않는다.[11] 그리고 교회에 속한 사람이라 해서 그런 의무가 면제될 수 없다.[12] 더구나 교황은 통치권을 가진 위정자나 그들의 어떤 백성을 지배할 권한이나[p] 사법권을 가지지 못하며, 특히 교황이 위정자들을 이단이라고 판단하더라도, 그리고 어떤 다른 구실로서든지 그들의 통치권이나 생명을 박탈할 권한이 없는 것이다.[13]

---

[p] 1647 년 판에는 "and"라고 기록 됨.

남장로교회(PCUS) 북장로교회(UPCUSA)

제 24 장[q]

결혼과 이혼

6.131

1. 그리스도인의 결혼은 하나님께서 정하시고 우리 주 예수 그리스도께서 축복하신 바이며 인류의 행복과 안녕을 위해서 세워진 신성한 제도이다. 한 남자와 한 여자가 영적이며 육적인 연합에로 들어가, 상호간에 존경과 사랑을 즐기며 서로 상대의 허약과 연약을 참으며, 어려울 때 서로 위로하고, 정직과 근면으로써 서로 그리고 그들의 가족을 위하여

[q] 1647 년 판의 제 24 장은 아래와 같이 되어있다:
"I. 결혼은 한 남자와 한 여자 사이에 이루어지는 것으로, 어떤 남자도 같은 시간에 아내를 하나 이상 가지는 것이나 어떤 여자도 남편을 하나 이상 가지는 것은 합법하지 않다."
"II. 결혼은 남편과 아내의 상호적 도움을 위한 것이며 적법적 생식으로 인류가 증가하고 거룩한 씨로서 교회가 증가하기 위함이며, 부정을 방지하기 위함이다."
"III. 어떤 종류의 인간이든지 판단력을 가지고 자기들의 찬성을 표할 수 있는 인간이 결혼하는 것은 합법적이다. 그러나 그리스도인들은 오직 주 안에서 결혼하는 것이 의무이다. 그리고 참으로 개혁종교를 고백하는 자들은 불신자나 로마카톨릭 신자나 기타 우상 숭배자와 결혼해서는 안 된다. 또한 경건한 자가 삶에 있어서 악하기로 이름난 자들이나 벌 받아 마땅한 이단을 지지하는 자들과 결혼함으로써 균등지 못한 '멍에'를 메어서는 안 된다."
"IV. 결혼은 말씀에서 금지된 혈족 혹은 친족의 항렬내에서 맺어져서는 안 된다. 또한 인간의 어떤 법이나 파당에 의해서 그러한 근친상간의 결혼이 이루어져 부부로서 같이 산다는 것은 어디까지나 불법이다. 남자가 자기의 아내의 가까운 혈족과 결혼해서는 안 된다. 그렇게 되면 자기 자신의 혈족과도 결혼하게 될 것이다. 또 여자는 자기 남편의 가까운 혈족과 결혼해서는 안 된다. 그렇게되면 자기 자신의 혈족과도 결혼하게 될 것이다."
"V. 약혼 후에 범한 간음 혹은 음란은 결혼 전에 발각되었을 때, 무죄한 편에게 그 언약을 파해도 마땅한 근거를 준다. 결혼 후에 범한 간음의 경우 무죄한 편에서 이혼 소송을 거는 것은 합법하다. 그리고 이혼 후에는 그 범죄한 편이 죽은 것이나 마찬가지로 다른 인간과 결혼하는 것은 합법하다."
"VI. 인간의 부패는 논점들을 따지고, 하나님이 결혼으로써 결합시킨 자들을 갈라 놓기 쉬운 지경에 있지만, 간음 외에는 혹은 무슨 방도로도 치유 될 수 없는 고의적 유기가 아닌이상, 교회에 의해서나 위정자에 의해서나 결혼의 결속을 와해시킬 만큼 충분한 이유는 없는 것이다. 결혼에 있어서는 공적이면서 질서있는 길로 수속을 밟아야 한다. 즉 결혼 당사자들은 그들 자신의 사건에 있어서 그들 자신의 뜻과 재량대로 해서는 안 된다."

남장로교회(PCUS) | 북장로교회(UPCUSA)

공급하며, 서로를 위하여 기도하며 그들이 사는 동안 생명의 은혜의 상속자들로서 같이 산다.

6.132 2. 하나님이 결혼으로써 묶어 놓은 자들을 인간의 부패가 부당하게 갈라 놓기 쉽기 때문에, 그리고 교회는 성경이 정해 준 대로 주 안에서의 결혼을 성립시키는 데 관심을 두고, 또는 결혼이 깨어진 자들의 과거의 무죄 혹은 죄와 아울러 현재의 참회에 관심을 두기 때문에 그 거룩한 관계의 파탄이 이혼을 야기 시키게 될 때, 이혼 후의 재결혼은 성경에 명백하게 진술됐거나 그리스도의 복음에 함축된 근거들에 의해서 허락된 것으로서, 죄와 실패에 대한 충분한 참회가 확실하게 있고, 기독교적 결혼이 되게 하려는 확고한 목적과 노력이 분명히 있을 때 그리스도의 구속적 복음에 걸맞는 범위에서 승인되어야 할 것이다.

제 26 장

결혼과 이혼

6.133 1. 결혼은 한 남자와 한 여자의 결합으로서 그들 둘이 사는 날 동안 계속 가지도록 하나님이 고안하신 것이다.[1]

6.134 2. 결혼은 남편과 아내의 상호적 도움을 위해서 고안된 것이며 [2] 그들의 도덕적 영적 성격을 보호하고 견지하고 발전시키기 위함이요 [3] 자녀들을 번식하고 주님의 훈계와 가르침 안에서 그들을 양육하기 위해서이다.[4]

6.135 3. 판단력을 가지고 찬성을 표시 할 수 있는 인간은 다 결혼 할 수 있다.[5] 그러나 성경이 금하는 혈연관계의 한계 안에서는 안되며 [6] 그러한 결혼은 교회가 보기에 하나님 앞에서 유효한 것이 아니다.[7] 그러나 결혼 당사자 둘이 다 통상적인 기독교 신앙에 전념하고 기독교 가정을 세우려는 의도에 깊이 동참하지 않는다면, 그 결혼은 정신에 있어서나 목적에 있어서 완전히 그리고 안전하게 기독교 결혼이 될 수는 없다. 복음적 그리스도인들은 복음적 신앙의 건전한 기초를 공통적으로 가진 인간들만을 결혼 베필로 찾아야 한다.[8]

6.136 4. 그리스도인에게 있어서 결혼은 종교적인 의미와 아울러 민사적인 의의를 가진다.[9] 결혼예식을 행하는데 있어서 교회의 특수한 공헌은 결혼이 하나님께서 정하신 제도임을 언명하는 일이며 [10] 하나님의 말씀에 따라 결혼관계로 들어가는 자들에게 하나님의 축복을 비는 일이며 [11] 결혼하기를 원하는 자들의 서약을 듣는 일과 결혼 당사자들이 그들의 새로운 관계 속에서 가질 하나님의 은혜를 확신시키는 일이다.[12]

6.137 5. 결혼은 결혼의 언약을 맺은 인간들이 나뉠 수 없도록 결합되는 것이 하나님의 뜻이며, 따라서 남편이나 아내가 죽음으로써 나누는 것 외에는 결혼의 와해를

남장로교회(PCUS) 북장로교회(UPCUSA)

허락하지 않는 것이다.[13] 그러나 결혼 당사자 중 하나 혹은 양쪽이 연약하여 결혼 서약을 심하게, 그리고 끈덕지게 부인하는 데 이르게 하여, 결혼이 마음에서 죽고 결혼이 견딜 수 없는 것이 되어 버릴 수 있다. 그래도(육적으로 혹은 영적으로) 불성실함이 극도에 달하고 참회가 없고 치유가 불가능할 경우에만 분리 혹은 이혼이 고려될 수 있는 것이다. 그러한 분리 혹은 이혼은 그 당사자들의 한쪽이나 양쪽의 실패 때문에만 허용되는 것으로 나뉠 수 없는 결합이 되기를 원하시는 하나님의 의도를 조금도 감소하는 것이 아니다.[14]

6.138 6. 이혼한 사람들의 재혼은 죄와 실패에 대한 충분한 참회가 분명히 있고, 기독교적 결혼이 되게 하려는 굳은 목적과 노력이 밝히 나타날 때, 그리스도의 구속적 복음에 걸맞도록 교회가 이것을 승인할 수 있다.[15]

6.139 7. 이혼한 사람들은 이 영역에 있어서 한 번의 실패는 또 다른 결합을 할만한 권리와 지혜가 자기들에게 있는지에 대하여 심각한 의문을 제기하는 것이기 때문에, 그들에게 대한 하나님의 소명은 결혼하지 않은 채 남아 있으라는 것이 아닐까를 발견하기 위해서 기도하며 생각 해야 한다.[16]

제 27 장 제 25 장

교회

6.140 1. 보편적 교회 혹은 우주적 교회는 보이지 않는 것으로서, 선택받은 자들 전체로서 구성된다. 선민들이 전에도 그랬고 지금도 그렇고, 또 장차도 교회의 머리이신 그리스도 아래 하나로 모인다. 교회는 그리스도의 신부요 몸이요 만물 안에서 만물을 충만케 하시는 분의 충만이시다.[1]

6.141 2. 보이는 교회는 복음 아래에서 역시 보편적 혹은 우주적인 것으로서 (전에처럼 율법 아래에서 한 국가에 국한된 것이 아니라) 전세계에서 참종교를 고백하는 모든 인간들과[2] [r] 그들의 자녀들로서[3] 구성된다. 교회는 주 예수 그리스도의 왕국이며[4] 하나님의 집이요 권속이다.[5] [s] 교회를 통해서 인간들이 일반적으로 구원을 받으며 교회에 연결되는 것이, 인간들이 최선으로 자라고 봉사함에 매우 필요하다.[6]

6.142 3. 이 보편적인 보이는 교회에게 그리스도는 이생에 있어서 세상 끝까지 성도들을 모으고 완전케 하시기 위하여 하나님의 사역과 신탁과 의식들을 주셨다. 그리고 그의 약속을 따라 자신의 임재와 성령에 의해서 그것들이 효과를 내도록 작용하신다.[7]

6.143 4. 이 보편적인 교회가 때로는 더 잘 보이고 때로는 덜 보인다.[8] 개 교회들은 보편적 교회의 지체들로서, 그것들 안에서 복음의 교리가 가르쳐지고, 수용되고, 의식이 행해지고, 공중예배가 그런대로 순수하게 행해짐으로써, 어느 정도 순수성을 가진다.[9]

6.144 5. 하늘 아래서 가장 순결한 교회들도 혼합과 과오가 있게 마련이다.[10] 어떤 교회는 너무도 타락해서 분명히[t] 그리스도의 교회[11] 가 아닌 정도가 된다. 그래도 지상에는 언제나 하나님의 뜻을 따라 하나님을 예배하는 교회가 있을 것이다.[12]

---

[r] 1647 년 판에는 "and of their children"(그리고 자녀들의)로 되어 있음.

[s] 1647 년 판에는 "그것 바깥에는 구원의 통상적 가능성이 전혀 없다."라고 되어 있다.

[t] 1647 년 판에는 " 그리스도의 교회가 아니라 사단의 회가 된다."라고 되어 있다.

남장로교회(PCUS)		북장로교회(UPCUSA)
6.145	6. 주 예수 그리스도는 교회의 유일한 머리이시다.[13] 그리고 어떤 인간이 그리스도의 대리인과 교회의 머리라고 하는 주장을 실제로나 성경적으로 근거를 얻지 못한다. 오히려 그것은 반기독교적이며 주예수 그리스도를 욕되게 하는 권리침해이다.	6. [u]주 예수 그리스도는 교회의 유일한 머리이시다. 그리고 어떤 인간이 그리스도의 대리인과 교회의 머리라고 하는 주장은 비성경적이며, 실제로 근거가 없으며, 주 예수 그리스도를 욕되게 하는 권리침해이다.

제 28 장 / 제 26 장

성도의 교제

6.146 1. 모든 성도는 그리스도의 영과 믿음으로써[v] 그들의 머리이신 예수 그리스도에게 연합되어서 그의 은혜와 고난과 죽음과 부활과 영광에 있어서 그와 친교를 가진다.[1] 그리고 사랑으로 서로에게 연결됨으로써 서로의 은사와 은혜에 있어서 교제를 가지고[2] 내적인 인간과 외적인 인간에 있어서 공적으로나 사적으로 그들 상호간의 선을 도모하는 의무를 수행해야만 한다.[3]

6.147 2. 성도들은[w] 직책상 하나님을 예배함에 있어서와 그들 상호간의 육성을 보살피는 등의 다른 영적 봉사를 수행함에 있어서와[4] 또한 그들이 가진 여러 가지 역량과 필요성에 따라 외적인 일에서 서로 구제하는 일에 거룩한 친교와 교제를 유지해야 한다. 이 교통은 하나님께서 기회를 주시는 대로 어느 곳에서나 주 예수의 이름을 부르는 모든 인간들에게 확대되어야 한다.[5]

6.148 3. 성도들이 그리스도와 함께 가지는 이 교제는 그들로 하여금 어떤 식으로든지 그리스도 신성의 실체의 분담자가 되게 하는 것이 아니거나 어떤 면에서 그리스도와 동등한 자가 되게 하는 것이 아니다. 그런 말을 하는 것은 경건치 못하고 모독적인 일이다.[6] 또한 그들이 성도로서 서로 가지는 교제는 각자가 물건과 소유에 대해서 가지는 권리나 소유권을 빼앗아 가거나 침해하지 않는다.[7]

---

[u] 1647 년 판에는 "VI. 교회의 머리는 주 예수 그리스도밖에 없다. 로마 교황은 어떤 의미에서도 교회의 머리일 수 없다. 그는 적그리스도, 죄의 인간, 멸망의 자식이며, 교회 안에서 그리스도를 대항하여 자신을 높이는 자요, 하나님이라 불리우는 모든 것들이다."라고 되어 있다.

[v] UPCUSA 판에는 " that are" 이라고 기록 됨.

[w] UPCUSA 판에는 "by profession" 이라고 기록 됨.

제 29 장 제 27 장

성례전

6.149 1. 성례전은 은혜언약의 거룩한 표징과 확인으로서 하나님이 직접 제정하신 것이다.[1] 그것은 그리스도와 그의 혜택들을 표시하고 그에 대한 우리의 관심을 확인하기 위한 것이다.[2] 또한 교회에 속한 자들과 세상의 나머지 인간들과의 가견적 차이를 나타내려는 것이며 [3] 그것을 실시함으로써 하나님의 말씀을 따라 그리스도 안에서 하나님께 엄숙히 봉사하기 위한 것이다.[4]

6.150 2. 각 성례전에는 표징과 그리고 상징되는 사물 사이에 영적인 관계 혹은 성례전적 연합이 있다. 그러므로 한 쪽의 이름들과 효과들은 다른 쪽에 달려 있는 것이다.[5]

6.151 3. 성례전들이 올바르게 사용될 때 그것들에게서 혹은 그것들로 말미암아 전시되는 은혜는, 그 예전들 속에 있는 어떤 힘에 의해서 주어지는 것이 아니다. 그리고 한 성례전의 효과는 그것을 집례하는 인간의 경건이나 의도에 달려 있는 것이 아니라 성령의 역사와 [6] 성례전 제정의 말씀에 달려 있다. 그 제정의 말씀은 그것의 사용을 허가하는 지침과 아울러 그것을 가치있게 받는 자가 받는 혜택에 대한 약속이 포함되어 있다.[7]

6.152 4. 복음서에서 그리스도 우리 주에 의해서 정해진 성례전은 두 가지인데 즉 세례와 주님의 만찬이다.[8] 그 어느 것도 합법적으로 안수를 받은 말씀의 사역자 외에는 어느 누구에 의해서도 집행될 수 없는 것이다.[9]

6.153 5. 구약의 성례전들은 그것들에 의해서 상징되고 전시되는 영적인 것을 놓고 볼 때 그 실체에 있어서 신약의 것들과 동일하다.[10]

제 30 장 제 28 장

세례

6.154 1. 세례는 신약의 한 성례전으로서 예수 그리스도에 의하여 제정된 것이다.[1] 그것은 세례받은 인간을 가견 visible 교회에 엄숙히 가입시키기 위한 것뿐 아니라 [2] 그것이 그 인간에게 은혜언약과 [3] 그가 그리스도에게 접목되었다는 것과 [4] 중생과 [5] 사죄와 [6] 새로운 삶을 살기 위해서 예수 그리스도를 통하여 자신을 하나님께 바쳤다는 것 [7] 의 표징과 확인이 되기 위한 것이다. 이 성례전을 그리스도 자신의 지시에 의해서 세상끝까지 그리스도 교회에서 계속되어야 하는 것이다.[8]

6.155 2. 이 성례전에서 사용되어야 할 외적 요소는 물이다. 물로써 성부 성자 성령의 이름으로 세례 주되 [9] 합법적으로 복음을 위해서 부름을 받은 복음의 사역자에 의해서 행해져야 한다.[10]

6.156 3. 인간을 물 속에 담갔다 내는 것은 필요하지 않다. 세례는 인간에게 물을 붓거나 뿌림으로써 행하는 것이 적당하다.[11]

6.157 4. 그리스도를 믿고 순종한다는 것을 실제로 고백하는 자들에게만 아니라 [12] 양부모나 혹은 한쪽만이라도 믿을 때 그의 아기도 세례를 받을 수 있다.[13]

6.158 5. 이 의식을 멸시하거나 소홀히 하는 것은 하나의 큰 죄이지만 [14] 세례받지 않으며 아무도 중생할 수 없거나 구원받지 못한다든가 [15] 세례받은 인간은 다 의심할 여지 없이 거듭난다고 할 정도로 [16] 은혜와 구원이 불가분리적으로 그것에게 달려 있는 것은 아니다.

6.159 6. 세례의 효과는 그것이 집행되는 그 순간에 매어 있는 것이 아니다.[17] 이 의식을 바르게 사용함으로써 약속된 은혜가 주어질 뿐 아니라 (성인이든지 유아든지) 그 은혜가 속한 인간에게 성령에 의해서 하나님 자신의 뜻의 계획을 따라 그가 정하신 시간에 실제로 나타나며 수여된다.[18]

6.160 7. 세례의 예전은 어느 인간에게든지 단 한번 시행되어야 한다.[19]

제 31 장 제 29 장

주님의 만찬

6.161 1. 우리 주 예수께서 잡히시던 밤에 자기의 몸과 피의 예전, 즉 주의 만찬이라는 예전을 제정하시고 그의 교회에서 세상끝까지 지키도록 하셨다. 그것은 그의 죽음으로 행하신 그의 희생을 영구적으로 기념하기 위함이며, 참된 신자들에게 그 희생의 모든 혜택과 그 안에서 얻는 그들의 영적 양육과 성장, 그리고 그들이 그에게마땅히 해야 할 모든 의무를 더욱 수행하고 또 그러기로 약속하는 것을 확증하기 위함이다. 그리고 그리스도의 신비한 몸의 지체로서 그들이 그와 더불어 또는 그들 상호간에 교통할 것을 약속하고 서약하는 것이다. [1]

6.162 2. 이 성례전에서 그리스도가 그의 아버지에게 바쳐지는 것이 아니며, 또한 산 자와 죽은 자의 죄를 사하기 위해서 어떤 실제적 희생제사를 드리는 것도 결코 아니다. 다만 [x]

---

[x] 1647 년 판에는 다음과 같이 되어 있다: "그리스도께서 독자적으로 십자가에 단번에 자신을 드리신 그 한 번의 일을 기념하는 것이며, 그 사건에 대해서 하나님께 모든 가능한 찬미를 신령하게 받들어 드리는 것이다. 그러므로 (속칭)

그리스도께서 독자적으로 십자가에서 단번에[y] 자신을 드리신 그 한 번의 일을 기념하는 것이며, 그 사건에 대해서 하나님께 모든 가능한 찬미를 신령하게 받들어 드리는 것이다. 그러므로 소위 미사의 제사라는 것은 그리스도의 일회적[z] 희생제사 즉 선택된 자들의 모든 죄에 대한 유일한 속죄에 대해서 완전히 반대되는 것이다.[2]

	남장로교회(PCUS)	북장로교회(UPCUSA)
6.163	3. 주 예수 그리스도는 이 예식에 있어서 그의 사역자들을 임명하여 그가 예전을 제정하신 말씀을 백성에게 선포하게 하고, 기도하고, 떡과 포도주를 축복하고, 또 그렇게 함으로써 그것들을 일반적 용도에서 거룩한 용도로 구별하며, 떡을 들어 떼며, 잔을 들어 (자기들끼리도 서로 주고 받으면서) 수찬자들에게 떡과 잔을 주게 하셨다.[3]	3. 주 예수 그리스도는 이 예식에 있어서 그의 사역자들을 임명하여 그가 예전을 제정하신 말씀을 백성에게 선포하게 하고, 기도하고, 떡과 포도주를 축복하고, 또 그렇게 함으로써 그것들을 일반적 용도에서 거룩한 용도로 구별하며, 떡을 들어 떼며, 잔을 들어 (자기들끼리도 서로 주고 받으면서) 수찬자들에게 떡과 잔을 주게 하셨다. 그러나 회중 가운데 그때 출석하지 않은 인간에게는 누구에게도 주지 않는다.

6.164 4. 신부나 어떤 다른 인간 혼자서 드리는 사적 미사나 혹은 그러한 성찬을 받는 일, 백성에게는 잔을 주지 않는 일, 성찬떡과 포도주를 예배하거나, 그것을 높이 쳐드는 일, 공경하는 의미에서 그것들을 가지고 돌아다니는 일, 거짓된 종교적 용도를 위해서 그것들을 남겨 두는 일 등은 다 이 성례전의 본질에 위배되며 그리스도가 정하신 제도에 위배된다.[4]

6.165 5. 그리스도가 정하신 용도를 위해서 합당하게 구별해 놓은 이 성찬의 외적 요소들은 십자가에 달려 죽으신 그분과 관계된 것으로서, 그것들이 대표하는 물건들의 이름, 즉 그리스도의 몸과 피라는 이름으로 불리우는 것이 사실인데, 그것은 다만 성례전의 의미에서 그러는 것뿐이다.[5] 사실 실체와 본질에 있어서는 종전과 같이 그대로 떡이요 포도주인 것이 사실이며 그 이상은 아니다.[6]

6.166 6. 떡과 포도주의 실체가 신부의 봉헌이나 어떤 다른 방도에 의해서 그리스도의 몸과 피의 실체로 변한다는 (소위 화체설)을 주장하는 교리는 성령에 대해서 뿐 아니라 상식과 이성에게도 혐오스러운 것이며, 그 성례전의 본성을 뒤엎어

로마 카톨릭교회의 미사제사는 그리스도가 드리신 제사, 즉 한 번의 제사, 선민의 모든 죄를 위한 유일한 속죄에 대해서 가장 혐오할 만하고 해로운 것이다."

[y] UPCUSA 판에는 "once" 이라고 기록 됨.

[z] 1647 년 판에는 '자신의 '라고 되어 있다.

버리는 것이며, 갖가지 미신 아니 우상숭배의 원인이 되어 왔으며 지금도 그렇다.[7]

6.167 7. 이 성례전에서 그 가시적 요소들에 외적으로 동참하는 정당한 수찬자들은 믿음으로 말미암아 내적으로도 실제로 그리고 참으로 십자가에 달려 죽으신 그리스도와 그의 죽음의 혜택들을 받으며 양식을 삼는다. 그것은 육적으로 신체적으로 받는다는 것이 아니라 영적으로 받는다는 말이다. 즉 그리스도의 몸과 피가 신체적으로 혹은 육적으로 그 떡과 포도주 속에 있거나, 같이 있거나, 아래에 있다는 것이 아니라, 그 요소들 자체가 그들의 외적인 감각에 임하는 것처럼 이 예식에 있어서 신자들의 믿음에 실제로 그러나 영적으로 임재하는 것이다.[8]

6.168

남장로교회(PCUS)	북장로교회(UPCUSA)
8. 비록 무지하고 악한 인간들이 이 성례전에 있어서 그 외적 요소들을 받을지라도 그것들이 상징하는 사물을 그들이 받는 것이 아니며, 그들이 합당치 않게 그것들에게 접근함으로써 주님의 몸과 피를 먹는 죄를 가지게 되면 그들 자신에게 심판을 가져온다.[9]	8. 비록 무지하고 악한 인간들이 이 성례전에 있어서 그 외적 요소들을 받을지라도 그것들이 상징하는 사물을 그들이 받는 것이 아니며, 그들이 합당치 않게 그것들에게 접근함으로써 주님의 몸과 피를 먹는 죄를 가지게 되면 그들 자신에게 심판을 가져온다.[a] 그러므로 모든 무식하고 불경건한 자들은 주님과의 교통을 즐기기에 합당치 않기 때문에 주님의 식탁에 참가할 자격이 없으며, 그 상태에 그대로 있는한 그리스도를 대항하는 큰 죄가 없다 하더라도 이 거룩한 신비에 동참할 수는 없으며 그 자리에 용납될 수 없다.

[a] 1647 년 판에는 "......그들 자신의 파멸에 이른다."로 되어 있다.

제 32 장 제 30 장

교회의 책벌

6.169 1. 주 예수는 그의 교회의 왕과 머리로서 교회를 하나의 통치기구로 제정하시어, 위정자와는 상관없이 교회 제직들의 손에 붙이셨다.[1]

6.170 2. 이 제직들에게 하늘나라의 열쇠들이 위임되었으며, 그 덕택으로 그들은 말씀과 권징에 의해서 죄를 보류하는 권한과 용서하는 권한을 가지며, 참회하지 않는 자들에게는 그 나라를 닫아 버리는 권한을 가진다. 그러나 참회하는 죄인들에게는 복음의 사역에 의해서, 그리고 책벌을 면제하는 일에 의해서 기회가 요구하는 대로 그 나라를 열어 주는 권한을 가진다.[2]

6.171 3. 교회 책벌은 범죄하는 형제들을 되찾고 건지는데 필요하다. 그리고 다른 인간들로 하여금 같은 범죄를 범하지 않도록 방지하는데 필요하다. 그리고 온 덩어리를 부풀게 할지도 모르는 누룩을 숙청하기 위해서, 그리스도의 영예를 입중하고 복음을 거룩하게 선언하기 위해서, 그리고 악명높은 완고한 범법자들에 의해서 하나님의 언약과 그것에 대한 확인이 모독당하는 일이 생기는 경우 교회에게 응당 떨어질 하나님의 진노를 방지하기 위해서 필요하다.[3]

6.172 4. 이 목적을 보다 잘 성취하기 위해서 교회의 제직들은 범죄의 성격과 그 인간의 과실에 따라서 경고하고, 얼마동안 성만찬예식에 참석지 못하게 하고 교회에서 출교함으로써 처리해야 한다.[4]

제 33 장 제 31 장

대회와 공의회

6.173 1. 교회의 보다 나은 정치와 앞으로의 교화 edification 를 위하여 일반적으로 대회 Synods 혹은 공의회 Council 라고 부르는 기관들이 있어야 한다.[b] 그리고 그러한 민생위원을 정하고 교회의 이익을 위하여 편리하다고 생각 될 때 회집하도록 하는 것은 특정 교회들의 감독들과 기타 통치자들에게 속하는 일로서, 그들의 제직들로, 그리고 교회의 파괴를 위해서가 아니라 육성을 위하여 그리스도가 그들에게 주신 권한을 가지고 하는 것이다.[1]

---

[b] 이 절의 이하 부분은 1788 년에 첨가되었다.

남장로교회(PCUS) 북장로교회(UPCUSA)

6.174 2.[c] 목회적으로 대회와 공의회가 할 일은 신앙 논쟁과 양심에 관한 사건들을 결정하는 일, 하나님께 드리는 공중예배의 보다 나은 순서와 그의 교회를 치리하는 데 대한 법과 방향을 정하는 일, 행정착오 사건들에 대한 불평을 받아들여 권위적으로 결정하는 일들이다. 그 교령과 결정들이 하나님의 말씀에 부합되는 경우 그것들은 하나님의 법령이며, 그의 말씀 안에서 그렇게 정해진 것으로 알아 경의와 순종하는 마음으로 수락되어야 한다. 그것은 그 결정들이 하나님의 말씀과 일치하기 때문만 아니라 그것들을 만든 권위 때문이기도 하다.[2]

6.175 3. 사도시대 이래 모든 대회와 공의회는 전체회의든지 특별회의든지를 막론하고 과오를 범할 수 있으며 그 전례가 많이 있다. 그러므로 그것들이 신앙이나 행위의 법칙이 되어서는 안 되며, 신앙과 행위를 돕는 것으로 사용 되어야 한다.[3]

6.176 4. 대회와 공의회는 교회에 관한 일만 논의하고 결의해야 한다. 특수한 경우에 있어서 겸손히 탄원하는 방식으로 하든지 아니면 위정자가 요구하는 경우에 양심의 만족을 위해서 충고하는 방식으로 하는 것이 아니라면, 국가에 관한 세상적인 일에 간섭하지 말아야 한다.[4]

제 34 장 제 32 장

사후 인간의 상태와 죽은 자의 부활

6.177 1. 인간의 신체는 죽은 후에 흙으로 돌아가 썩는다.[1] 그러나 (죽지도 않고 자지도 않는) 영혼은 불멸의 실체를 가진 것으로서 그것들을 주신 하나님께로 곧 돌아간다.[2] 의인들의 영혼은 그 때에 완전히 거룩하게 되어 지극히 높은 곳으로 영접되며, 거기서 빛과 영광 중에 계시는 하나님의 얼굴을 보게 되며, 그들의 신체의 완전한 구속을 기다린다.[3] 그러나 악인들의 영혼은 지옥에 던져져 거기서 그 위대한 날의 심판을 위해 보전된 괴롭힘과 흑암 속에 머문다.[4] 몸에서 분리된 영혼들을 위한 이 두 장소 외에 다른 곳을 성경은 인정하지 않는다.

---

[c] 1647 년 판에는 다음과 같이 되어 있다: "II. 위정자가 목사들과 기타 적합한 사람들을 대회로 불러 종교에 관한 일들에 대해서 협의하고 상의하는 것은 합법하다. 그와 같이 또한 만일 위정자가 공공연히 교회의 원수가 되어 있는 경우 그리스도의 사역자들은 자진해서 그들의 직권으로, 혹은 그들이 다른 적합한 사람들과 더불어 그들 교회의 파송을 받아서 그러한 회합을 같이 모일 수 있다."

섹션 3-5 는 1788 년에 2-4 로 번호가 변경되었다.

남장로교회(PCUS) 북장로교회(UPCUSA)

6.178 2. 마지막 날에 산 자로 나타난 자들은 죽지 않고 변화를 받을 것이다.[5] 그리고 죽은 자들이 모두 비록 질은 다르더라도 다른 몸이 아닌 바로 같은 몸을 가지고 살아나게 될 것이며 영원토록 그들의 영혼과 다시금 연합될 것이다.[6]

6.179 3. 불의한 인간들의 신체는 그리스도의 권세에 의하여 되살림을 받아 욕된 상태에 들어가고, 의로운 자의 신체는 그리스도의 영으로 말미암아 영화롭게 되고 그분 자신의 영광스러운 몸을 닮은 것이 된다.[7]

제 35 장 제 33 장

최후 심판

6.180 1. 하나님은 예수 그리스도에 의해서 의롭게 세상을 심판하실 날을 정하셨으며 [1] 모든 권세와 심판을 성부께서 예수 그리스도에게 부여하셨다.[2] 그 날에는 반역한 천사들이 심판을 받을 뿐 아니라 그와 마찬가지로 지상에서 살던 인간 전체가 그리스도의 법정에 나타나 그들의 생각과 말과 행위에 대한 보고를 드리고, 선악간에 몸을 가지고 있는 동안에 행한 바를 따라서 갚음을 받을 것이다.[3]

6.181 2. 하나님이 이 날을 정하신 목적은 택함받은 자들의 영원한 구원에서 그의 자비의 영광을 나타내시려는 것이며 [4] 악하고 불순종하는 타락자들에 대한 처벌에서 그의 공의를 나타내기 위한 것이다.[5] 그때에 비로소 의인들은 영생에로 들어가 주님의 어전으로부터 오는 충만한 기쁨과 상쾌함을 받을 것이며 [6] 하나님을 알지 못하고 예수 그리스도의 복음에 순종하지 않은 악인들은 영원한 괴롭힘 속에 던져질 것이며, 주님의 어전과 그의 권능의 영광으로부터 오는 영원한 파멸로서 벌을 받을 것이다.[7]

6.182 3. 그리스도는 모든 인간을 막아 죄를 짓지 않게 하시려고, 그리고 경건한 자들이 역경 속에서도 보다 큰 위안을 얻게 하시려고, 심판의 날이 있다는 확실한 신념을 우리들로 하여금 가지도록 원하신다.[8] 그러나 그 날을 인간들에게 알리지 않는 것이 그의 뜻이다. 그것은 그들이 주님이 어느 때에 오실는지 알지 못하기 때문에 모든 육적인 안전을 떨쳐 버리고 항상 깨어 있게 하시려는 것이며, 언제나 준비된 마음으로 주 예수여 오시옵소서, 속히 오시옵소서. 아멘. 이라 말하도록 하시려는 것이다.[9]

남장로교회(PCUS)	북장로교회(UPCUSA)
	제 34 장[d]
	성령
6.183	1. 삼위일체 하나님의 제 3 위이신 성령은 성부와 성자에게서 나오며, 동일한 실체요 능력과 영광에 있어서 동등한 분으로서, 성부와 성자와 함께 모든 시대에 믿음과 사랑과 순종의 대상이시다.
6.184	2. 그는 주님이시고 생명을 주시는 분이시며 어디에나 계신다. 그는 모든 선한 생각과 순결한 소원과 인간들 속에 있는 거룩한 계획의 원천이다. 그로 말미암아 선지자들이 감동을 받아 하나님의 말씀을 말하였고 성경 저자들이 모두 영감을 받아 하나님의 마음과 뜻을 무오하게 기록하였다. 복음의 섭리가 특별히 그에게 위탁되었다. 그는 복음을 위해 길을 예지하고 그의 설득력 있는 능력으로 복음을 동반하며 인간의 이성과 양심에다 복음의 메시지를 권장한다. 그래서 자비롭게 제공되는 복음을 거절하는 자들은 핑계할 수 없을 뿐 아니라 성령을 거스르는 죄를 짓게 된다.
6.185	3. 성부는 언제나 당신에게 구하는 자들에게 모두 성령을 주시기를 기뻐하시는데 이 성령은 구속을 실시하는데 있어서 능률적인 유일한 행위자이시다. 그는 그의 은혜에 의해서

[d] 1903 년에 첨가됨.

남장로교회(PCUS) 북장로교회(UPCUSA)

인간들을 중생하게 하고 죄를 깨닫게 하고 회개하도록 감동하며, 믿음으로 예수 그리스도를 모시도록 설득하며 가능케 한다. 그는 모든 신자들을 그리스도께로 연합시키며 그들을 위로하고 성화시키는 이로서 그들 속에 머물며, 입양과 기도의 영을 그들에게 주며, 그 모든 은혜로운 직무를 수행하여 그들이 구속의 날에 이르도록 성화하며 확인을 찍어 주신다.

6.186 4. 성령의 내주로 말미암아 모든 신자는 머리이신 그리스도에게 결정적으로 연합되어 있으며 이렇게 해서 그리스도의 몸인 교회에 서로 연합되어 있다. 성령은 목사들을 불러 그들의 성직을 위하여 기름을 부으며 교회 안의 다른 모든 직분들에게 자격을 주어 그들의 특수업무를 하게 한다. 그리고 교회의 회원들에게 다양한 은사와 은혜를 나누어 주신다. 성령은 말씀에게 그리고 복음의 의식들에게 유효성을 주신다. 그에 의해서 교회가 보전되고 증가되고 순화하고 마침내 하나님 어전에서 완전히 거룩하게 된다.

제 35 장[e]

하나님 사랑의 복음과 선교

6.187 1. 하나님은 무한하고 완전한 사랑 가운데서 주 예수 그리스도의 중보와 희생을 통하여, 은혜의 언약 안에서 잃어버린 인류 전체에게 충족하고 적응될 삶과 구원의

[e] 1903 년에 첨가됨.

남장로교회(PCUS) | 북장로교회(UPCUSA)

길을 마련하시고, 복음 안에서 모든 인간에게 값없이 이 구원을 제시하신다.

6.188 2. 복음 안에서 하나님은 세계를 위한 그의 사랑과 모든 인간이 구원받았으면 하는 그의 소원을 선언하시며, 구원의 그 유일한 길을 충분히 그리고 명백히 계시하시고, 참으로 회개하고 그리스도를 믿는 모든 인간에게 영생을 약속하며, 이미 제공해 주신 자비를 수용하도록 모든 사람을 초청하고 명령하시며, 말씀과 동반하는 그리스도의 영으로 말미암아 그의 은혜로운 초대를 받아들이도록 인간들에게 호소한다.

6.189 3. 복음이 자유롭게 마련한 것들을 수락하는 것이 각자의 의무요 특권이다. 그리고 계속 회개하지 않고 불신앙을 고집하는 자들은 가중죄를 받고 자기들 자신의 허물로 인해서 망하게 된다.

6.190 4. 복음에서 계시된 구원의 길 밖에 다른 것이 없기 때문에, 그리고 하나님이 세우신 통상적 은혜의 방법에 있어서는 믿음이 하나님의 말씀을 들음으로써 오기 때문에, 그리스도는 그의 교회에게 사명을 주시며 모든 세상으로 가서 만백성을 제자로 삼게 하신다. 그러므로 모든 신자는 자기들이 이미 서 있는 그리스도교의 율례를 유지할 의무를 가지고 있으며, 또한 그들의 기도와 헌금과 개인적 노력에 의해서 그리스도의 왕국을 온 땅에 확대하는 일에 공헌할 의무가 있다.

남장로교회(PCUS) 북장로교회(UPCUSA)

선언서[f]

6.191 정치형태에서 제시된 대로 목사, 시무장로, 집사의 안수서약은 오직 성경에서 가르친 교리 체계를 담은 신앙고백을 수락하고 채용할 것을 요구한다. 그러나 신앙고백의 진술들 중에서 끌어 낸 어떤 추론들에 대하여 그것을 거부하고자 하는 생각과 또한 현재에 있어서 보다 더 명백한 진술을 요구하는 것으로 보이는, 계시된 진리의 어떤 면들을 선언하면 좋겠다는 생각이 공적으로 표시된 것을 알기에 미국연합장로교회는 다음과 같이 권위있게 선언하는 바이다:

6.192 *첫째*, 신앙고백 제 3 장에 관해서: 그리스도 안에서 구원받은 자들에 관해서는 하나님의 영원한 섭리의 교리가, 모든 인류에 대한 하나님의 사랑의 교리와, 온 세계의 죄에 대한 속죄의 제물로 그의 아들을 거저 주신 교리와, 구하는 모든 자들에게 그의 구원의 은혜 주시기를 기뻐하신다는 교리와 조화를 이룬다는 것, 멸망할 자에 관해서는 하나님의 영원한 섭리의 교리가, 하나님은 어떤 죄인의 죽음도 원치 않으시고 그리스도 안에서 모두에게 충족할 만한 구원을 제공하셨고 그것을 모두에게 적용하셨으며, 복음 안에서 값없이 모두에게 제시하셨다는 교리와 조화를 이룬다는 것,

[f] 1903 년에 첨가됨.

남장로교회(PCUS)	북장로교회(UPCUSA)
	하나님의 은혜로운 제시를 어떻게 취급하느냐 하는 책임이 전적으로 인간에게 있다는 것, 하나님의 섭리는 인간이 그 제시를 받아들이는데 조금도 방해하지 않는다는 것, 그리고 아무 인간도 자기 죄를 근거로 하지 않고는 정죄를 받지 않는다는 것을 선언한다.
6.193	*둘째*, 신앙고백 제 10 장 제 3 부에 관해서: 이 조항이 애기 때에 죽은 자는 멸망한다고 가르치는 것으로 여겨져서는 안 된다. 애기 때에 죽은 자들도 다 은혜의 선택 속에 포함되며 그가 기뻐하시는 때와 장소와 방법으로 역사하시는 성령을 통하여 그리스도에 의해서 거듭남을 받고 구원을 받는다고 우리는 믿는다.

총괄적 주: 이 신앙고백은 어떤 점에서는 그 진술에 있어서 성경보다도 더 자세하다. 이 진술들은 성경으로부터 끌어 온 추리들이며, 혹은 성경을 토대로 한 진술로부터 또는 교회의 경험과 관찰로부터 끌어 낸 추리들이다. 그런 경우에는 성경분문이 지적되지 않았고, 단지 이 총괄적 주를 참고하도록 하였다.

제 1 장

1. 롬 1:19, 20, 2: 14, 15, 1:32.
2. 고전 1:21. 2:13, 14, 2:9-12, 행 4:12, 롬 10:13,14.
3. 히 1:1, 2, 갈 1:11, 12, 신 4:12-14.
4. 눅 24:27, 딤후 3:16, 롬 15:4, 벧후 3:15, 16.
5. 눅 16:19-31, 히 2:1-3, 딤후 3:15, 16, 벧후 1:10.
6. 총괄적 주를 보라.
7. 성경 정경이 확정된 것은 뚜렷한 구절들에 의해서가 아니라 예수와 그의 사도들의 증언과 고대 사본들과 역본들의 증언과 고대 기독교 저술가들과 교회회의의 증언에 의해서이며, 또는 각 책에서 나타난 내증에 의한 것이다.
8. 살전 2:13, 딤후 3:16, 벧후 1:21, 갈 1:11, 12.
9. 고전 2:10, 11, 요 16:13, 14, 고전 2:6-9.
10. 막 7:5-7.
11. 이진술은성경의 충족성으로부터의 추리이다.
12. 요 6:45, 고전 2:9, 10, 12.
13. 고전 14:26, 40, 11:13, 14.
14. 벧후 3:16, 요 16:17, 6:60.
15. 시 119:105, 130, 행 17:11, 12.
16. 위의 9 번 제 3 부의 주를 보라.
17. 사 8:20, 행 15:14-18.
18. 요 5:39, 딤후 3:14, 15, 벧후 1:19.
19. 고전 14:6, 9, 11, 12, 24, 27, 28, 마 28:19, 20, 골 3:16, 롬 15:4.
20. 마 4:5-7, 12:1-7.
21. 마 22:29, 31, 행 28:25, 눅 10:26.

제 2 장

1. 신 6:4, 고전 8:4, 6, 살전 1:9. 렘 10:10.
2. 렘 23:24, 시 147:5, 왕상 8:27 시 139.
3. 요 4:24.
4. 딤전 1:17.
5. 눅 24:39, 신 4:15, 16.
6. 약 1:17, 말 3:6.
7. 왕상 8:27, 렘 23:23, 24.
8. 시 90:2, 딤전 1:17.
9. 롬 11:33, 시 145:3.
10. 계 4:8.
11. 롬 16:27.
12. 사 6:3, 계 4:8.
13. 시 115:3.
14. 사 44:6, 행 17:24, 25.
15. 엡 1:11.
16. 롬 11:36, 계 4:11.
17. 요일 4:8-10.
18. 출 34:6, 7.
19. 히 11:6.
20. 느 9:32, 33.
21. 합 1:13, 시 5:5, 6.
22. 출 34:7, 훔 1:2, 3.
23. 요 5:26, 행 7:2, 시 119:68 딤전 6:15, 롬 9:5.
24. 행 17:24, 25.
25. 롬 11:36, 사 40:12-17.
26. 단 4:25, 엡 1:11.
27. 히 4:13.
28. 롬 11:33, 시 147:5.
29. 사 46: 9-11, 행 15:18, 겔 11:5.
30. 시 145:17, 롬 7:12.
31. 계 7:11, 12, 5: 12-14.

32. 마 28:19, 고후 13:14, 마 3:16, 17.
33. 요 1:14, 18, 17:24.
34. 갈 4:6, 요 15:26.

제 3 장

1. 엡 1:11. 행 4:27,28, 마 10:29,30 엡 2:10.
2. 약 1:13, 요일 1:5.
3. 행 2:23, 마 17:12, 행 4:27, 28, 요 19:11, 잠 16:33, 행 27:23, 24, 34, 44.
4. 삼상 23:11, 12, 마 11:21, 23, 시 139:1-4.
5. 롬 9:11, 13, 16, 18, 딤후 1:9 엡 1:4,5.
6. 딤전 5:21, 행 13:48, 롬 8:29, 30. 요 10:27-29.
7. 마 25:41, 롬 9:22, 23, 유 4.
8. 요 10:14-16, 27-29, 6:37-39, 13:18, 행 13:48, 딤후 2:19.
9. 엡 1:4.
10. 엡 1:11.
11. 엡 1:9.
12. 딤후 1:9.
13. 롬 8:30, 벧전 5:10.
14. 딤후 1:9, 엡 1:6, 2:8, 9.
15. 엡 1:5, 6, 12.
16. 엡 2:10, 살후 2:13, 벧전 1:2 엡 1:4.
17. 롬 5:19, 살전 5:9-10, 딛 2:14.
18. 롬 9:11, 살후 2:13, 14, 고전 1:9.
19. 롬 8:30.
20. 엡 1:5.
21. 엡 1:4, 살전 4:3, 살후 2:13.
22. 벧전 1:5, 요 10:28.
23. 요 17:9, 6:64, 65, 8:47, 10:26, 행 13:48, 요일 2:19.
24. 마 11:24, 25.
25. 롬 2:8, 9, 살후 2:10-12, 롬 9:14-22.
26. 계 15:3, 4.
27. 총괄적 주를 보라.

제 4 장

1. 창 1:1-3, 출 20:11, 렘 10:12, 골 1:16, 요 1:2,3, 히 1:2, 11:3, 시 104:24, 창 1.
2. 창 1:27.
3. 시 8:5, 6, 창 2:19, 20, 눅 23:43, 마 10:28.
4. 창 1:26, 골 3:10, 엡 4:24.
5. 롬 2:14, 15.
6. 창 2:16, 17, 3: 6, 17.
7. 창 2:16, 17.
8. 창 2:17, 3:8-11, 23.
9. 창 1:28, 시 8:6-8.

제 5 장

1. 느 9:6, 히 1:3, 시 135:6, 마 10:29-31, 행 17:25, 28, 마 6:26, 30, 욥 38-41 장.
2. 잠 15:3, 대하 16:9, 시 145:17, 104:24.
3. 행 15:18.
4. 엡 1:11, 시 33:11.
5. 엡 3:10, 롬 9:17, 시 145.
6. 행 2:23, 위의 3,4 번을 보라.
7. 창 8:22, 렘 31-35 장.
8. 출 21:13, 창 50:19, 20, 왕상 22:34 사 10:6, 7.
9. 행 27:24, 31, 44, 사 55:10, 11.
10. 호 1:7.
11. 롬 4:19-21.
12. 왕하 6:6, 단 3:27.
13. 이 진술은 하나님의 섭리와 경륜의 교리에 의해서 지지된다. 제 3 장, 제 5 장 1,2,3 절과 관련된 성구들을 보라.
14. 롬 11:32, 33, 삼하 24:1, 행 4:27, 28, 제 3 장, 제 5 장의 1, 2, 3 절에 관한 구절들을 보라.
15. 왕하 19:28, 사 10:5-7, 12, 15.
16. 창 50:20, 위의 15 번을 보라.
17. 요일 2:16, 시 50:21, 약 1:13, 14.
18. 신 8:2, 대하 32:25, 26, 31.
19. 고후 12:7-9, 시 73, 77:1-2, 막 14:66-72, 요 21:15-17.

20. 롬 1:24, 26, 28, 11:7, 8, 살후 2:11, 12.
21. 신 29:4, 막 4:11, 12.
22. 마 13:12, 25:29.
23. 왕하 8:12, 13.
24. 시 81:11, 12, 살후 2:10-12.
25. 출 8:15,32, 고후 2:15, 16, 사 8:14, 출 7:3, 벧전 2:7, 8, 사 6:9, 10, 행 28:26, 27.
26. 암 9:8, 9, 롬 8:28, 엡 1:22.

제 6 장

1. 창 3:13, 고후 11:3, 창 3:1-14.
2. 롬 5:19-21.
3. 창 3:7, 8, 2:17.
4. 롬 5:12, 엡 2:3.
5. 창 6:5, 렘 17:9, 롬 3:10-19, 8:6-8, 시 58:1-5.
6. 행 17:26, 창 2:16,17 을 롬 5:12, 15-19 와 비교하라, 고전 15:21, 22, 45, 49.
7. 시 51:5, 창 5:3, 요 3:6, 롬 3:10-18.
8. 롬 5:6, 8:7, 요 3:6, 롬 7:18, 창 8:21, 롬 8:7.
9. 약 1:14, 15, 마 15:19.
10. 롬 7:14, 17, 18, 23.
11. 롬 7:5, 7, 8, 25.
12. 롬 3:19, 2:15, 요일 3:4.
13. 엡 2:3, 롬 5:12.
14. 갈 3:10.
15. 엡 4:18, 마 25:41, 살후 1:9, 롬 1:21-28, 레 26:14 이하, 신 28:15 이하.
16. 롬 6:23, 창 2:17.

제 7 장

1. 총괄적 주를 보라.
2. 창 2:16, 17, 갈 3:10, 호 6:7, 롬 5:12, 19, 고전 15:22, 47.
3. 창 2:16, 27 과 롬 5:12-14, 롬 10:5, 눅 10:25-28, 그리고 노아와 아브라함과 맺은 언약과 비교하라.
4. 마 26:28, 갈 3:21, 롬 8:3, 사 42:6, 창 3:15, 히 10:5-10.
5. 요 3:16, 행 16:30, 31.
6. 요 3:5-8, 6:37-44, 겔 36:26, 27.
7. 히 1:1, 2, 고후 3:6-9.
8. 롬 4:11, 히 8, 9, 10 장.
9. 히 11:13, 요 8:56, 갈 3:6-8.
10. 행 15:11, 롬 3:30, 갈 3:8, 9, 14.
11. 마 28:19, 20, 고전 11:23-25.
12. 히 8:6-13, 고후 3:9-11.
13. 엡 2:15-19, 위의 11 번을 보라.
14. 갈 3:17, 29. 위의 10 번의성구 들과 맥락을 보라.

제 8 장

1. 사 42:1, 벧전 1:19-20, 딤전 2:5, 요 3:16.
2. 행 3:22, 신 18:15.
3. 히 5:5, 6.
4. 시 2:6, 눅 1:33, 사 9:6, 7.
5. 엡 5:23.
6. 히 1:2.
7. 행 17:31, 고후 5:10.
8. 요 17:6, 엡 1:4, 요 6:37, 39, 사 53:10.
9. 딤전 2:5,6, 막 10:45, 고전 1:30, 롬 8:30.
10. 요 1:1, 14, 요일 5:20, 빌 2:6, 갈 4:4, 히 2:14.
11. 히 2:17, 4:15.
12. 눅 1:27, 31, 35, 갈 4:4, 위의 10 번을 보라.
13. 골 2:9, 롬 9:5, 위의 12 번을 보라.
14. 롬 1:3, 4, 딤전 2:5.
15. 눅 4:18, 19, 21. 행 10:38.
16. 골 2:3.
17. 골 1:19.
18. 히 7:26, 요 1:14, 눅 4:18-21.
19. 히 5:4, 5.
20. 요 5:22, 27, 마 28:18.
21. 시 40:7, 8, 빌 2:5-8.
22. 갈 4:4.
23. 마 3:15, 요 17:4.

24. 마 26:37, 38, 눅 22:44, 마 27:46.
25. 마 26, 27 장.
26. 빌 2:8.
27. 행 2:24, 27, 13:37.
28. 고전 15:4.
29. 요 20:25, 27.
30. 눅 24:50, 51, 행 1:9, 행 2:33-36.
31. 롬 8:34, 히 7:25.
32. 행 10:42, 마 13:40-42, 16:27, 25:31-33, 딤후 4:1.
33. 롬 5:19, 히 9:14, 롬 3:25, 26, 10:14, 엡 5:2.
34. 엡 1:11, 14, 요 17:2, 롬 5:10, 11, 히 9:12, 15.
35. 창 3:15, 계 13:8, 히 13:8.
36. 벧전 3:18, 히 9:14, 요 10:17, 18.
37. 행 20:28, 요 3:13, 요일 3:16.
38. 요 6:37, 39, 10:16.
39. 요일 2:1, 롬 8:34.
40. 요 15:15, 17:6, 갈 1:11, 12, 엡 1:7-9.
41. 롬 8:9, 14, 딛 3:4, 5, 롬 15:18, 19, 요 17:17.
42. 시 110:1, 고전 15:25, 26, 말 4:2, 3, 골 2:15.

제 9 장(PCUS)

1. 문단 1. 고후 13:14, 요 15:26,마 28:19, 3:16, 눅 1:35, 엡 4:30, 히 10:29, 고전 10:10,11, 계 22:17, 엡 2:18-20, 22, 요 14:26, 16:7, 갈 4:6, 행 5:3, 4, 16:6, 7, 막 3:29, 롬 8:26, 27, 요일 2:20-27.
2. 문단 2. 엡 4:30, 5:9, 창 1:2, 요 3:5, 행 2:1-21, 갈 5:22-25, 요 16:8-11, 벧후 1:21, 딤후 3:16, 고전 2:10, 벧전 1:11, 요 16:13-15, 행 7:51, 살전 5:19, 엡 4:30, 시 104:30.
3. 문단 3. 요 3:1-8, 행 2:38, 눅 11:13, 고전 12:3, 요 7:37-39, 16:13, 16:7-11, 계 22:17, 딛 3:5-7, 살후 2:13, 갈 4:6, 요일 4:2, 롬 8:14,17, 26, 27, 엡 4:30, 고전 2:13, 14.
4. 문단 4. 엡 2:14-18, 4:1-6, 5:18, 행 2:4, 13:2, 고전 12, 벧후 1:19-21, 살전 1:5, 6, 요 20:22, 23, 마 28:19, 20.

제 10 장(PCUS)

1. 문단 1. 계 22:17, 요 3:16, 요일 2:1, 2, 행 2:38, 39, 마 11:28-30, 고후 5:14-19, 딛 2:11, 히 2:9,눅 24:46, 47.
2. 문단 2. 마 28:19-20, 행 4:12, 요 6:37-40, 17:3, 행 16:31, 2:38, 갈 2:16-20, 롬 1:16, 17, 4:5, 행 13:38, 39, 48, 벧후 3:9, 마 11:28-30, 막 1:14,15, 행 17:30, 계 22:17, 겔 33:11, 사 1:18, 눅 13:34.
3. 문단 3. 히 2:3, 12:25, 행 12:46, 마 10:32,33, 눅 12:47, 48, 히 10:29.
4. 문단 4. 행 4:12, 마 28:19,20, 행 1:8, 롬 10:13-15, 히 10:19-25, 갈 3:28, 고전 16:1, 2, 마 9:36-38, 행 13:2-4, 골 3:16, 계 22:17, 골 1:28, 29.

제 11 장(PCUS)

1. 신 30:19, 요 7:17, 계 22:17, 약 1:14, 요 5:40.
2. 창 1:26, 위의 1 번을 보라.
3. 창 2:16, 17, 3:6.
4. 롬 5:6, 8:7, 요 15:5.
5. 롬 3:10, 12, 8:7.
6. 엡 2:1, 5, 골 2:13.
7. 요 6:44, 65, 고전 2:14, 롬 8:8, 엡 2:2-5, 딛 3:3-5.
8. 골 1:13, 요 8:34, 36, 빌 2:13, 롬 6:18, 22.
9. 갈 5:17, 롬 7:15.
10. 요일 3:2, 계 22:3, 4.

11. 대하 6:36, 요일 1:8-10, 2:1-6, 시 17:15.

제 12 장(PCUS)

1. 롬 11:7, 8:30, 살후 2:13, 14, 롬 8:2, 딤후 1:9, 10.
2. 행 26:18, 고전 2:10, 12.
3. 겔 36:26.
4. 겔 11:19, 36:27, 빌 2:13, 4:13, 신 30:6.
5. 요 6:44, 45.
6. 요 6:37, 위의 5 번을 참조하라.
7. 딤후 1:9, 딛 3:4, 5, 롬 9:11, 엡 2:4, 5, 8, 9.
8. 고전 2:14, 롬 8:7, 엡 2:5.
9. 요 6:37, 겔 36:27, 요 5:25.
10. 행 4:12, 요 3:8.
11. 마 22:14, 13:20, 21, 요 6:64-66, 8:24, 요일 2:19, 히 6:4-6.
12. 행 4:12, 요 14:6, 17:3.
13. 요이 9-11, 갈 1:8.

제 13 장(PCUS)

1. 롬 8:30, 3:24.
2. 롬 4:5-8, 고후 5:19, 21, 딛 3:5, 7, 엡 1:7, 렘 23:6, 롬 3:22, 24, 25, 27, 28, 고전 1:30, 31, 롬 5:17-19.
3. 빌 3:9, 엡 2:8, 행 13:38, 39.
4. 요 1:12, 롬 3:28, 5:1.
5. 약 2:17, 22, 26, 갈 5:6.
6. 롬 5:8-10, 19, 고전 15:3, 고후 5:21, 벧전 2:24, 3:18, 히 10:10, 14, 사 53 장.
7. 롬 8:32, 요 3:16.
8. 고후 5:21, 사 53:6.
9. 롬 3:24, 6:23, 엡 1:7, 2:6-9.
10. 롬 3:26, 엡 2:7.
11. 벧전 1:2, 19, 20, 롬 8:30.
12. 갈 4:4, 딤전 2:6, 롬 4:25.
13. 요 3:5, 18, 36, 갈 2:16, 딛 3:4-7.
14. 마 6:12, 요일 1:9, 2:1.
15. 눅 22:32, 요 10:28, 히 10:14, 빌 1:6, 요일 2:19.
16. 시 89:31-33, 32:5, 마 26:75, 시 51:7-12, 고전 11:30, 32.
17. 히 11:13, 요 8:56, 갈 3:6-8, 행 15:11, 롬 3:30, 갈 3:8, 9, 14.

제 14 장(PCUS)

1. 엡 1:5, 갈 4:4, 5.
2. 요 1:12, 롬 8:17.
3. 계 3:12.
4. 롬 8:15.
5. 엡 3:12, 히 4:16, 롬 5:2.
6. 갈 4:6.
7. 시 103:13.
8. 잠 14:26, 시 27:1-3.
9. 마 6:30, 32, 벧전 5:7.
10. 히 12:6.
11. 애 3:31, 히 13:5.
12. 엡 4:30.
13. 히 6:12.
14. 벧전 1:4, 히 1:14.

제 15 장(PCUS)

1. 행 20:32, 롬 6:5, 6, 요 17:17, 엡 5:26, 살후 2:13.
2. 롬 6:6, 14.
3. 롬 8:13, 갈 5:24, 골 3:5.
4. 골 1:11, 벧후 3:13, 1 4, 엡 3:16-19.
5. 고후 7:1, 히 12:14.
6. 살전 5:23.
7. 요일 1:10, 빌 3:12, 갈 5:17, 롬 7:18, 23.
8. 롬 7:23.
9. 롬 6:14, 요일 5:4, 엡 4:16.
10. 벧후 3:18, 고후 3:18.
11. 고후 7:1.

제 16 장(PCUS)

1. 고전 12:3, 엡 2:8, 히 12:2.
2. 롬 10:14, 17.
3. 벧전 2:2. 행 20:32, 마 28:19, 고전 11:23-29, 고후 12:8-10.
4. 살전 2:13, 요일 5:10, 행 24:14.
5. 마 6:30, 8:10, 롬 4:19, 20.
6. 눅 22:31, 32, 고전 10:13.

7. 히 6:11, 12, 10:22, 딤후 1:12.
8. 히 12:2.

제 17 장(PCUS)

1. 행 11:18.
2. 눅 24:47, 막 1:15, 행 20:21.
3. 겔 18:30, 31, 36:31, 시 51:4, 렘 31:18, 19, 고후 7:11.
4. 시 119:59, 106, 요 14:23.
5. 딛 3:5, 행 5:31.
6. 롬 3:24, 엡 1:7.
7. 눅 13:3, 행 17:30.
8. 롬 6:23, 마 12:36, 약 2:10.
9. 사 55:7, 롬 8:1, 사 1:18.
10. 시 19:13, 눅 19:8, 딤전 1:13,15, 단 9 장, 느 9 장.
11. 시 32:5, 6, 시 51:4, 5, 7, 9, 14.
12. 잠 28:13, 요일 1:9.
13. 약 5:16, 눅 17:3,4, 수 7:19, 시 51 장.
14. 고후 2:7, 8, 갈 6:1, 2. 14. 고후 2:7, 8, 갈 6:1, 2.

제 18 장(PCUS)

1. 신 12:32, 시 119:9, 마 28:20, 눅 10:25, 26, 벧후 1:19.
2. 마 15:9, 사 29:13, 요 16:2, 삼상 15:22, 23, 골 2:20-23.
3. 약 2:18, 22.
4. 시 116:12, 13, 골 3:17, 대상 29:6-9.
5. 요일 2:3, 5, 벧후 1:5-10.
6. 고후 9:2, 마 5:16.
7. 딛 2:5, 딤전 6:1, 딛 2:9-12.
8. 벧전 2:15.
9. 벧전 2:12, 빌 1:11, 요 15:8.
10. 엡 2:10.
11. 롬 6:22.
12. 요 15:5,6, 겔 36:26-27.
13. 빌 2:13, 4:13, 고후 3:5.
14. 빌 2:12, 히 6:11, 12, 사 64:7, 벧후 1:3, 5, 10, 11, 딤후 1:6, 유 20, 21.
15. 눅 17:10, 갈 5:17.
16. 롬 3:20, 4:2, 4, 6, 엡 2:8, 9, 딛 3:5-7, 롬 8:18.
17. 위의 15 번의 성구들을 보라.
18. 갈 5:22, 23.
19. 사 64:6, 시 143:2, 130:3, 갈 5:17, 롬 7:15, 18.
20. 엡 1:6, 벧전 2:5, 창 4:4, 히 11:4.
21. 고전 4:3, 4, 시 143:2.
22. 고후 8:12, 히 6:10.
23. 왕하 10:30, 31, 빌 1:15, 16, 18.
24. 히 11:4, 6, 창 4:3-5.
25. 고전 13:3, 사 1:12.
26. 마 6:2, 5, 16, 롬 14:23.
27. 딛 1:15, 잠 15:8, 28:9.
28. 마 25:24-28, 25:41-45, 23:23.

제 19 장 (PCUS)

1. 빌 1:6, 요 10:28,29, 렘 32:40, 요일 3:9, 벧전 1:5, 9.
2. 딤후 2:19, 렘 31:3, 엡 1:4, 5, 요 13:1, 롬 8:35-39.
3. 히 10:10, 14, 요 17:11, 24, 히 7:25, 9:12-15, 롬 8:32-39, 눅 22:32.
4. 요 14:16, 17, 요일 2:27, 3:9.
5. 렘 32:40, 히 8:10-12.
6. 살후 3:3, 요일 2:19, 요 10:28, 살전 5:23, 24, 히 6:17-20.
7. 마 26:70, 72, 74, 삼하 12:9,13.
8. 사 64:7, 9, 삼하 11:27.
9. 엡 4:30.
10. 시 51:8, 10, 12 계 2:4.
11. 막 6:52, 시 95:8.
12. 시 32:3, 4, 51:8.
13. 삼하 12:14, 겔 16:54.
14. 삼하 12:10, 시 89:31, 32, 고전 11:32.

제 20 장(PCUS)

1. 신 29:19, 요 8:41.
2. 마 7:22, 23.
3. 딤후 1:12, 요일 2:3, 5:13, 3:14, 18, 19, 21, 24.

4. 롬 5:2, 5, 위의 3 번의 성구들을 보라.
5. 히 6:11, 12, 위의 4 번의 성구들을 보라.
6. 히 6:17, 18, 벧후 1:4, 5.
7. 벧후 1:10, 11, 요일 3:14.
8. 롬 8:15, 16.
9. 엡 1:13, 14, 고후 1:21, 22.
10. 사 50:10, 요일 5:13, 시 73, 77, 88 장.
11. 고전 2:12, 요일 4:13, 시 77:10-20, 시 73 장, 위의 2 번의 성구들을 보라.
12. 벧후 1:10, 롬 6:1, 2, 딛 2:11, 12, 14.
13. 시 51:8, 12, 14, 엡 4:30, 시 77:1-10, 마 26:69-72, 시 31:32, 시 88 장 사 50:10.
14. 요일 3:9, 눅 22:32, 시 73:15, 시 51:8, 12, 사 50:10.
15. 미 7:7-9.

제 21 장(PCUS)

1. 갈 3:12, 호 6:7, 창 2:16, 17, 롬 5:12-14, 고전 15:22, 눅 10:26-28 을 노아와 아브라함과 맺은 언약들과 비교하라. 창 1:26, 신 30:19, 요 7:17, 계 22:17, 약 1:14, 1:25, 2:8, 10, 롬 3:19, 신 5:32, 신 10:4, 출 34:1, 롬 13:8, 9.
2. 마 22:37-40, 출 20:3-18.
3. 히 10:1, 갈 4:1-3, 골 2:17, 히 9 장.
4. 레 5:1-6, 6:1-7 과 유사한 구절들을 보라.
5. 막 7:18, 19, 갈 2:4, 골 2:17, 엡 2:15, 16.
6. 마 5:38, 39, 고전 9:8-10,출 21, 22 장.
7. 롬 13:8, 9, 요일 2:3, 4, 7, 롬 3:31, 롬 6:15, 위의 2 번의 성구들을 보라.
8. 마 5:18, 19, 약 2:8, 롬 3:31.
9. 롬 6:14, 8:1, 갈 4:4, 5, 행 13:39.
10. 롬 7:12, 시 119:5, 고전 7:19, 갈 5:14, 18, 23.
11. 롬 7:7, 3:20.
12. 롬 7:9, 14, 24.
13. 갈 3:24, 롬 8:3, 4, 7:24, 25.
14. 약 2:11, 시 119:128.
15. 스 9:13, 14, 시 89:30-34.
16. 시 37:11, 19:11, 레 26:3-13, 엡 6:2, 마 5:5.
17. 롬 6:12, 14, 히 12:28, 29, 벧전 3: 8-12, 시 34:12-16.
18. 위의 6 번 성구들을 보라.
19. 제 10 장 1 절의 성구들을 보라. 갈 3:13.

제 22 장(PCUS)

1. 딛 2:14, 살전 1:10.
2. 갈 1:4, 행 26:18, 골 1:13, 롬 6:14.
3. 시 119:71, 고전 15:56, 57, 롬 8:1.
4. 롬 5:2.
5. 롬 8:14, 15, 엡 2:18, 갈 4:6, 히 10:19, 요일 4:18.
6. 갈 3:9, 14, 제 8 장 6 절의 성구들을 보라.
7. 갈 5:1, 행 15:10, 갈 4:1-3, 6.
8. 히 4:14, 16, 10:19, 20.
9. 요 7:38, 39, 고후 3:13, 17, 18.
10. 롬 14:4, 행 4:19, 5:29, 고전 7:23, 마 23:8-10, 고후 1:24, 미 15:19.
11. 갈 2:3, 4, 골 2:20, 22, 23, 갈 5:1.
12. 호 5:11, 계 13:12, 16, 17.
13. 갈 5:13, 벧전 2:16, 눅 1:74, 75, 벧후 2:19, 요 8:34.
14. 벧전 2:13, 14, 16, 히 13:17, 롬 13:1-8.
15. 고전 5:1, 5, 11, 13, 딛 1:13, 마 18:17, 18, 살후 3:14, 딛 3:10.

제 23 장(PCUS)

1. 롬 1:19, 20, 렘 10:7, 시 19:1-6.

2. 신 12:32, 마 15:9, 4:9-10, 행 17:24, 25, 출 20:4-6, 신 4:15-20, 골 2:20-23.
3. 요 5:23, 고후 13:14, 마 4:10, 계 5:11-13.
4. 골 2:18, 계 19:10, 롬 1:25.
5. 요 14:6, 딤전 2:5, 엡 2:18.
6. 빌 4:6.
7. 눅 18:1, 딤전 2:8.
8. 요 14:13, 14.
9. 롬 8:26.
10. 요일 5:14.
11. 시 47:7, 히 12:28, 창 18:27, 약 5:16, 엡 6:18, 약 1:6, 7, 막 11:24, 마 6:12, 14, 15, 골 4:2.
12. 고전 14:14.
13. 요일 5:14.
14. 딤전 2:1, 2, 요 17:20, 삼하 7:29.
15. 이 진술은 죽은 자들을 위해서 기도하라는 명령이 전혀 없고 또 그러한 기도의 실례가 성경에 전혀 없기 때문에 생긴 것이다. 요일 5:14.
16. 원래의 주 16 은 1939 년 총회에 의하여 채택된 개정안에 의해서 제거되었다.
17. 행 15:21, 17:11, 계 1:3.
18. 딤후 4:2.
19. 약 1:22, 행 10:33, 히 4:2, 마 13:19, 사 66:2.
20. 골 3:16, 엡 5:19, 약 5:13.
21. 마 28:19, 행 2:42, 고전 11:23-29.
22. 신 6:13.
23. 시 116:14, 사 19:21, 느 10:29.
24. 욜 2:12, 마 9:15, 고전 7:5, 에 4:16.
25. 시 107 장.
26. 요 4:24, 히 10:22.
27. 요 4:21.
28. 말 1:11, 딤전 2:8.
29. 요 4:23, 24.
30. 신 6:7, 욥 1:5, 행 10:2.
31. 마 6:11.
32. 마 6:6, 엡 6:18.
33. 사 56:7, 히 10:25, 행 2:42, 눅 4:16, 행 13:42.
34. 출 20:8-11, 사 56:2, 4, 6.
35. 고전 16:1, 2, 행 20:7, 이 본문들은 사도들과 초대교회의 실례와의 관련에서 인용되었다.
36. 출 16:23, 25, 26, 29, 30, 출 31:15, 16, 사 58:13, 느 13:15-22, 눅 23:56.
37. 사 58:13, 마 12:1-13.

제 24 장(PCUS)

1. 신 10:20.
2. 고후 1:23, 대하 6:22, 23, 출 20:7.
3. 신 6:13.
4. 렘 5:7, 약 5:12, 마 5:37, 출 20:7.
5. 왕상 8:31, 스 10:5, 마 26:63, 64.
6. 위의 2 번의 성구를 보라.
7. 시 24:4, 렘 4:2.
8. 시 15:4.
9. 겔 17:16, 18, 수 9:18, 19, 삼하 21:1.
10. 시 66:13, 14, 61:8, 신 23:21, 23.
11. 시 76:11, 렘 44:25, 26.
12. 시 50:14, 창 28:20-22, 위의 것을 삼상 1:11, 시 132:2-5 와 비교하라.
13. 민 30:5, 8, 12, 13.

제 25 장(PCUS)

1. 롬 13:1, 3, 4, 벧전 2:13, 14.
2. 잠 8:15, 16, 위의 1 번의 성구들을 보라.
3. 시 82:3, 4, 벧전 2:13, 위의 1 번의 성구들을 보라.
4. 롬 13:1-4, 눅 3:14, 마 8:9, 행 10:1, 2.
5. 마 16:19, 고전 4:1, 요 18:36, 엡 4:11, 12, 대하 26:18.
6. 총괄적 주를 보라.
7. 딤전 2:1, 2.
8. 벧전 2:17.
9. 롬 13:6, 7.
10. 롬 13:5, 딛 3:1.

11. 이것은 방금 말한 의무들로부터 추리한 것이다.
12. 롬 13:1, 행 25:10, 11.
13. 이것은 악한 위정자에 관한 교리와, 또 위정자에대해서신자들이마땅히 져야 할 의무에서 온 추리이다.

제 26 장(PCUS)

1. 창 2:23, 24, 고전 7:2, 39, 마 19:4-6, 엡 5:28, 31, 33, 고전 13:8, 13, 마 5:31, 32, 막 10:5-9, 롬 7:2, 3.
2. 창 2:18, 24.
3. 창 1:27, 28, 엡 5:22, 23, 골 3:18, 19, 창 2:18-25, 고전 7:3-5, 9, 36.
4. 창 1:27, 28, 9:1, 말 2:15, 마 18:5, 6, 10, 14, 마 19:14, 엡 6:1-4, 골 3:20, 21, 막 10:13-16, 눅 18:15-17.
5. 창 1:27, 28.
6. 막 6:18, 고전 5:1, 레 18:6-18.
7. 막 1:30, 요 2:1, 2, 딤전 5:14, 히 13:4, 고전 7:7, 36, 고전 9:5, 딤전 4:3.
8. 고전 7 장 특히 39 절, 고후 6:14, 15.
9 잠 18:22, 마 19:6, 엡 5:29, 30, 32, 막 10:9, 11, 12.
10. 창 1:27, 28.
11. 막 10:9.
12. 엡 5:22, 23.
13. 창 2:23, 24, 마 5:31, 32, 막 10:5-9, 롬 7:2, 3, 고전 7:2, 10, 11, 39, 엡 5:28, 31, 33, 마 19:4-9, 고전 13:4-13.
14. 막 10:4-9, 고전 7:12, 13, 15, 마 19:7-9.
15. 삼하 12:13, 느 9:17, 시 32:5, 시 130:4, 마 12:31a, 마 21:31, 32, 요 8:3, 11, 롬 3:23, 갈 6:1, 딤전 2:4, 히 7:25, 요일 1:9, 요일 2:1, 2, 눅 7:36-50, 눅 15:11-32, 요 3:16, 17, 롬 10:9, 10.
16. 마 5:31, 32; 고전 7:10, 11, 20, 32-35; 막 10:11; 눅 16:18.

제 27 장(PCUS)

1. 엡 1:22, 23, 골 1:18, 엡 5:23, 27, 32.
2. 고전 1:2, 고전 12:12, 13, 롬 15:9-12.
3. 창 17:7 문맥을 보라. 갈 3:7, 9, 14, 롬 4 장, 행 2:39, 고전 7:14, 막 10:13-16 을 비교하라.
4. 마 13:47, 골 1:13, 사 9:7.
5. 엡 2:19.
6. 마 28:19, 행 2:38, 고전 12:13, 마 26:26-28.
7. 엡 4:11-13, 사 59:21, 마 28:19, 20.
8. 롬 11:3, 4, 행 9:31.
9. 고전 5:6, 7, 계 2, 3 장.
10. 마 13:24-30, 47, 48.
11. 롬 11:18-22, 계 18:2.
12. 마 16:18, 시 102:28, 마 28:19, 20.
13. 골 1:18.

제 28 장(PCUS)

1. 요일 1:3, 엡 3:16-19, 요 1:16, 빌 3:10, 롬 6:5, 6, 롬 8:17.
2. 엡 4:15, 16, 요일 1:3,7.
3. 살전 5:11, 14, 갈 6:10, 요일 3:16-18.
4. 히 10:24, 25, 행 2:42, 46, 고전 11:20.
5. 요일 3:17, 행 11:29, 30, 고후 8, 9 장.
6. 골 1:18, 고전 8:6, 시 14:7.
7. 행 5:4.

제 29 장(PCUS)

1. 창 17:9-11, 출 13:9, 10, 롬 4:11, 출 12:3-20.
2. 고전 10:16, 고전 11:25, 26, 갈 3:27.
3. 출 12:48, 히 13:10, 고전 11:27-29.
4. 롬 6:3, 4, 고전 10:14-16, 문맥을 보라. .

5. 창 17:10, 마 26:27, 28, 딛 3:5.
6. 롬 2:28, 29, 고전 3:7, 고전 6:11, 요 3:5, 행 8:13-23.
7. 요 6:63.
8. 마 28:19, 고전 11:20, 23.
9. 총괄적 주를 보라.
10. 골 2:11, 12, 고전 5:7, 8.

제 30 장 (PCUS)

1. 마 28:19.
2. 행 2:41, 행 10:47.
3. 롬 4:11, 갈 3:29, 골 2:11, 12 와 비교하라.
4. 갈 3:27, 롬 6:3, 4.
5. 딛 3:5.
6. 행 2:38, 막 1:4, 행 22:16.
7. 롬 6:3, 4.
8. 마 28:19, 20.
9. 행 10:47, 행 8:36, 38, 마 28:19, 엡 4:11-13.
10. 총괄적 주를 보라.
11. 막 7:4, 행 1:5, 행 2:3, 4, 17, 행 11:15, 16, 히 9:10, 19-21.
12. 위의 1 번 성구들을 보라.
13. 창 17:7, 9-10, 갈 3:9,14, 롬 4:11, 12, 행 2:38, 39, 행 16:14, 15, 33, 골 2:11, 12, 고전 7:14, 막 10:13-16, 눅 18:15, 16.
14. 눅 7:30, 창 17:14.
15. 롬 4:11, 눅 23:40-43, 행 10:45-47.
16. 행 8:13, 23.
17. 요 3:5, 8, 롬 4:11.
18. 갈 3:27, 엡 1:4, 5, 엡 5:25, 26, 행 2:38-41, 행 16:31, 33.
19. 세례의 반복에 대해서는 명령이 없고 충분한 실례가 없다.

제 31 장(PCUS)

1. 고전 11:23-26, 마 26:26, 27, 눅 22:19, 20, 고전 10:16, 17, 21, 고전 12:13.
2. 히 9:22, 25, 26, 28, 마 26:26, 27, 눅 22:19, 20, 히 10:11, 12, 14, 18.
3. 1, 2 번의 성구들을 보라.
4. 마 15:9, 주-하나님의 말씀의 어느 부분에도 계율로나 실례로서 이것들 어느 것에 대해 보증해 주는것이 조금도 나타나지 않는다. 그 의식(儀式)이 언급된 모든 곳을 보라.
5. 마 26:26-28.
6. 고전 11:26, 27.
7. 이 진술들은 성례교리에서 오는 추리들이며, 어떤 특수한 성경 증거를 필요로 하지 않는다.
8. 고전 10:16, 요 6:53-58, 위의 6 번의 주를 보라.
9. 고전 11:27, 29, 고전 10:21, 5:6, 7, 13, 살후 3:6, 14, 15.

제 32 장(PCUS)

1. 요 18:36, 사 9:6, 7, 고전 12:28, 딤전 5:17.
2. 마 16:19, 마 18:17, 18, 요 20:21-23, 고후 2:6-8.
3. 딤전 5:20, 딤전 1:20, 유 23, 고전 5 장, 고전 11:27-34, 삼하 12:14.
4. 살전 5:12, 살후 3:6, 14, 고전 5:4,5,13, 마 18:17, 딛 3:10.

제 33 장 (PCUS)

1. 행 15 장.
2. 행 16:4, 행 15:15, 19, 24, 27-31, 마 18:17-20.
3. 총괄적 주를 보라.
4. 눅 12:13, 14, 요 18:36, 마 22:21.

제 34 장(PCUS)

1. 창 3:19, 행 13:36.
2. 눅 23:43, 빌 1:23, 고후 5:6-8.
3. 눅 16:23, 롬 8:23, 위의 2 번 성구들을 보라.
4. 눅 16:23, 24, 벧후 2:9.
5. 살전 4:17, 고전 15:51, 52.
6. 고전 15:42-44, 앞에 있는 문맥을 보라.
7. 행 24:15, 요 5:28, 29, 빌 3:21.

제 35 장(PCUS)

1. 행 17:31, 마 25:31-34.
2. 요 5:22, 27.
3. 유 6, 벧후 2:4, 고후 5:10, 롬 2:16, 롬 14:10, 12, 마 12:36, 37, 고전 3:13-15.
4. 롬 9:23, 엡 2:4-7.
5. 롬 2:5, 6, 살후 1:7, 8.
6. 마 25:31-34, 살후 1:7, 시 16:11.
7. 마 25:41, 46, 살후 1:9, 막 9:47, 48.
8. 고후 5:11, 살전 1:5-7, 눅 21:27, 28, 벧후 3:11, 14.
9. 막 13:35-37, 눅 12:35, 36, 계 22:20, 마 24:36, 42-44 를 보라.

소요리문답

소요리문답

7.001 **문 1. 사람의 제일 큰 목적은 무엇입니까?**

답. 사람의 제일 큰 목적은 하나님을 영화롭게 하고 [1] 영원토록 그를 즐거워하는 것입니다. [2]

7.002 **문 2. 하나님을 영화롭게 하며 그를 즐기는 방법을 우리에게 지시하려고 하나님께서 우리에게 주신 법칙이 무엇입니까?**

답. 하나님을 영화롭게 하며 그를 즐기는 방법을 우리에게 지시해 주는 유일한 법칙은 구약성경과 신약성경에 들어있는 하나님의 말씀입니다. [1]

7.003 **문 3. 성경이 주로 가르치는 것이 무엇입니까?**

답. 성경은 사람이 하나님께 대해서 무엇을 믿어야 하며, 하나님께서 사람에게 요구하시는 것이 무엇인가 하는 것을 주로 가르칩니다. [1]

7.004 **문 4. 하나님은 어떤 분이십니까?**

답. 하나님은 영 [1] 으로서 그의 존재 [2], 지혜,[3] 힘,[4] 거룩,[5] 정의,[6] 선하심,[7] 그리고 진리에 [8] 있어서 무한, 영원, 불변하십니다.

7.005 **문 5. 하나님은 한 분 이상 여러 분이 계십니까?**

답. 하나님은 오직 그 살아 계신 참 하나님 한 분밖에 계시지 않습니다. [1]

7.006 **문 6. 하나님의 신격에는 몇 위 persons 가 있습니까?**

답. 하나님의 신격에는 아버지, 아들, 성령, 이렇게 세 위가 있는데 이 셋이 한 하나님이시며 실체에 있어서 동일하고 힘과 영광이 동등합니다. [1]

7.007 **문 7. 하나님의 경륜이란 무엇입니까?**

답. 하나님의 경륜이란 그가 뜻하시는 의견을 좇아 정하신 그의 영원한 목적이며, 이 목적에 의하여 하나님은 자기의 영광을 위해서 장차 일어날 모든 것을 미리 정해 놓으셨습니다. [1]

7.008 **문 8. 하나님께서 그의 경륜을 어떻게 실행하십니까?**

답. 하나님은 창조와 섭리의 사역으로써 그의 경륜을 실행하십니다. [1]

7.009 **문 9. 창조의 사역이 무엇입니까?**

답. 창조의 사역이란 하나님께서 그의 권능의 말씀에 의하여 엿새 동안에 무에서 만물을 만드시고 그 모두를 매우 좋게 지으신 일입니다. [1]

7.010 **문 10. 하나님께서 사람을 어떻게 만드셨습니까?**

답. 하나님께서 사람을 만드시되 남자와 여자를 내셨고 당신의 형상대로 만들어 [1] 지식과 의와 거룩함을 지니게 하셨고 [2] 피조물들을 다스리게 하셨습니다. [3]

7.011 **문 11. 하나님의 섭리의 사역이 무엇입니까?**

답. 하나님의 섭리의 사역이란 그의 모든 창조물과 그들의

일체 행동을 그가 가장 거룩하게,[1] 슬기롭게,[2] 힘있게,[3] 보존하고, 다스리는 일입니다.[4]

7.012 **문 12. 사람이 창조될 때의 타고난 신분을 그대로 가지고 있을 때 하나님은 어떤 특수한 섭리 행동을 그에게 하셨습니까?**

답. 하나님이 사람을 창조하셨을 때 완전 복종을 조건으로 하여 그와 더불어 생명의 계약을 맺으셨으며 [1] 선악을 알게하는 나무의 열매를 먹지 말도록 금하셨고, 먹으면 죽음의 고통이 있을 것이라고 하셨습니다.[2]

7.013 **문 13. 우리의 첫 조상들이 창조 때 타고난 신분을 계속 유지했습니까?**

답. 우리의 첫 조상들은 자기들 자신의 의지의 자유를 누릴 수 있었으나 하나님께 죄를 범함으로써, 그들의 창조 때 타고난 신분에서 타락했습니다.[1]

7.014 **문 14. 죄가 무엇입니까?**

답. 죄는 하나님의 율법에 순응하지 못하거나 어기는 것입니다.[1]

7.015 **문 15. 우리의 첫 조상들이 창조될 때 타고난 신분에서 타락하게 한 죄가 무엇입니까?**

답. 우리의 첫 조상들이 창조될 때 타고난 신분에서 타락하게 한 죄는 곧 그들이 금지된 열매를 먹은 일입니다.[1]

7.016 **문 16. 아담의 첫 범죄에서 온 인류가 타락했습니까?**

답. 아담과 맺은 계약은 아담 자신만을 위한 것이 아니라 그의 후손을 위한 것도 되기 때문에 [1] 일반적 출산으로 그에게서 내려오는 모든 인류는 그가 처음 범죄할 때 그의 안에서 함께 죄를 지었고 그와 함께 타락하였습니다.[2]

7.017 **문 17. 그 타락은 인류를 어떤 신분에 이끌어 넣었습니까?**

답. 그 타락은 인류를 죄와 비참의 신분에 이끌어 넣었습니다.[1]

7.018 **문 18. 사람이 타락하여 빠져들어 간 그 신분의 죄성은 어떤 것입니까?**

답. 사람이 타락하여 빠져들어 간 그 신분의 죄성은 다음과 같은 것들로 구성되어 있습니다. 아담의 첫 죄의 허물,[1] 원래 가졌던 의의 결핍, 그의 성격 전체의 부패, 곧 일반적으로 원죄라고 부른것,[2] 그리고 그것으로부터 나오는 모든 실제적 범죄까지입니다.[3]

7.019 **문 19. 사람이 타락하여 빠져들어 간 신분의 비참은 어떤 것입니까?**

답. 온 인류는 그들의 타락으로 말미암아 하나님과의 교제를 잃었으며,[1] 그의 진노와 저주 아래 있으며,[2] 따라서 이생의 온갖 비참과 죽음 그 자체와 그리고 지옥의 영원한 고통을 당해야만 하는 것입니다.[3]

7.020 **문 20. 온 인류가 죄와 비참한 신분에서 멸망하도록 하나님께서 버려 두셨습니까?**

답. 하나님께서 그의 순전한 선의로 영원 전부터 얼마를 영생으로 선택하시고[1] 한 구속자에 의하여 그들을 죄와 비참한 신분에서 건져내어 구원의 신분에 이끌어 들이기로 하는 은혜의 계약을 그들과 맺으셨습니다.[2]

7.021 **문 21. 하나님께서 택하신 자들의 구속자가 누구입니까?**

답. 하나님께서 택하신 자들의 유일한 구속자는 주 예수 그리스도이십니다.[1] 그는 영원하신 하나님의 아들로서 사람이 되셨으며[2] 따라서 그는 하나님이시면서 사람이셨고, 계속 그러하실 것입니다. 그는 두 가지 별개의 본성을 지니면서도 영원히 한 위 Person 이십니다.[3]

7.022 **문 22. 그리스도는 하나님의 아들이신데 어떻게 사람이 되셨습니까?**

답. 하나님의 아들이신 그리스도가 참 몸과 지각있는 영혼을 스스로 가지심으로써 사람이 되셨으며,[1] 성령의 힘에 의하여 동정녀 마리아의 태내에 임신되어 그에게서 나셨으나,[2] 죄는 없으십니다.[3]

7.023 **문 23. 그리스도께서 우리의 구속자로서 하시는 직무가 무엇입니까?**

답. 우리의 구속자이신 그리스도는 그의 굴욕과 높임의 신분에서 모두 예언자[1] 제사장[2] 왕[3]의 직무를 집행하십니다.

7.024 **문 24. 그리스도께서 예언자의 직무를 어떻게 실행하십니까?**

답: 그리스도는 그의 말씀과 영에 의하여 우리의 구원을 위한 하나님의 뜻을[2] 우리에게 계시하심으로써[1] 예언자의 직무를 실행하십니다.

7.025 **문 25. 그리스도께서 제사장의 직무를 어떻게 실행하십니까?**

답: 그리스도께서 하나님의 정의를 만족시키고[1] 우리를 하나님께 화해시키시기 위하여[2] 단번에 자신을 희생의 제물로 바치신 일과 우리를 위하여 계속 중재하시는 일로써[3] 제사장의 직무를 실행하십니다.

7.026 **문 26. 그리스도께서 왕의 직무를 어떻게 실행하십니까?**

답. 그리스도께서 우리를 자기에게 굴복시키시는 일과[1] 우리를 다스리시고 지켜 주시는 일과[2] 그와 우리의 모든 원수들을 제재하시고 정복하시는 일로써 왕의 직무를 실행하십니다.[3]

7.027 **문 27. 그리스도의 굴욕의 내용이 무엇입니까?**

답. 그리스도의 굴욕의 내용은 그가 출생하시되 비천한 상태에 태어나시고,[1] 율법 아래 있으며,[2] 이 생의 비참함과,[3] 하나님의 진노와,[4] 십자가 저주의 죽음을 당하신 일과,[5] 매장되어 얼마 동안 죽음의 권세 아래 남아 있었던 일입니다.[6]

7.028 **문 28. 그리스도의 높임 exaltation 의 내용은 무엇입니까?**

답. 그리스도의 높임의 내용은 사흘 만에 죽은 자들 가운데서 다시 살아나신 일과 [1] 하늘에 오르신 일과 하나님 아버지 우편에 앉으신 일과 [2] 마지막 날에 세상을 심판하시려고 오시는 일입니다. [3]

7.029 **문 29. 우리가 어떻게 그리스도께서 값 주고 사신 그 구속의 참여자가 됩니까?**

답. 우리가 그리스도께서 값 주고 사신 그 구속의 참여자가 되는 것은 그리스도의 성령께서 효과적으로 우리에게 그것을 적용하시기 때문입니다. [1]

7.030 **문 30. 성령은 그리스도께서 값 주고 사신 구속을 어떻게 우리에게 적용하십니까?**

답. 성령은 그리스도께서 값 주고 사신 구속을, 우리 안에서 역사하는 믿음에 의하여 우리에게 적용시키며,[1] 그리하여 우리를 효과적으로 불러 그리스도와 연합하게 하십니다.[2]

7.031 **문 31. 효과적 부르심이란 무엇입니까?**

답. 효과적 부르심은 하나님의 영의 사역인 바,[1] 그 사역은 우리에게 우리의 죄와 비참함을 확실히 알게 하고,[2] 그리스도에 대한 지식으로 우리의 마음을 계몽하며 [3] 우리의 뜻을 새롭게 하여 [4] 복음에서 우리에게 값없이 제공된 예수 그리스도를 받아들이도록 우리를 설득하며 또한 그렇게 할 힘을 줍니다.[5]

7.032 **문 32. 효과적으로 부르심을 받은 자들이 이 삶에서 같이 누리는 혜택이 무엇입니까?**

답. 효과적으로 부르심을 받은 자들은 이 삶에서 칭의 Justification,[1] 입양 Adoption,[2] 성화 Sanctification, 그리고 이 삶에서 그것들과 동반하거나 그것들로부터 나오는 여러 가지 혜택을 같이 누립니다.[3]

7.033 **문 33. 칭의란 무엇입니까?**

답. 칭의란 하나님께서 값없이 베푸시는 은혜의 행동으로서, 그것에 의하여 하나님께서 우리의 모든 죄를 용서하시고 [1] 그가 보시기에 의로운 자로 우리를 받아 주십니다. [2] 그것은 오로지 우리에게 전가된 그리스도의 의 때문입니다 [3] 그 의는 오직 믿음으로써만 받을 수 있습니다. [4]

7.034 **문 34. 입양이란 무엇입니까?**

답. 입양이란 하나님께서 값없이 베푸시는 은혜의 행동으로서, [1] 그것에 의하여 우리가 하나님의 아들들의 수효에 들게되며 그 모든 특권에 대한 권리를 가지게 됩니다. [2]

7.035 **문 35. 성화란 무엇입니까?**

답. 성화는 하나님께서 값없이 베푸시는 은혜의 사역으로서 [1] 그것에 의하여 우리가 하나님의 형상을 닮아 온 사람이 새로워지며 [2] 점점 더 죄에 대하여 죽고 의에 대하여 살 수 있게 됩니다. [3]

7.036 **문 36. 이 삶에 있어서 칭의, 입양, 및 성화에 동반하거나 그것들로부터 유래하는 혜택들이 무엇입니까?**

답. 이 삶에 있어서 칭의, 입양, 및 성화에 동반하거나 그것들로부터 유래하는 혜택들은 하나님의 사랑에 대한 확신, 양심의 평온, 성령 안에서의 기쁨,[1] 은혜의 더함,[2] 그리고 인내로 끝까지 견디는 일입니다.[3]

7.037 **문 37. 신자들이 죽을 때 그리스도로부터 받는 혜택은 무엇입니까?**

답. 신자들이 죽을 때 그들의 영혼은 완전히 거룩하여지며, 그 즉시 영광으로 옮겨 가고,[1] 육체는 그리스도와 연합되어 있으면서,[2] 부활 때까지 그들의 무덤에서 쉽니다.[3]

7.038 **문 38. 신자들의 부활에서 그리스도로부터 받는 혜택은 무엇입니까?**

답. 부활에서 신자들은 영광 중에 일으킴을 받으며 [1] 심판 날에 공개적으로 인정을 받고 무죄 판결을 받으며,[2] 영원토록 [4] 하나님을 충만히 즐기는 온전한 축복을 받게 됩니다.[3]

7.039 **문 39. 하나님께서 사람에게 요구하시는 의무는 무엇입니까?**

답. 하나님께서 사람에게 요구하시는 의무는 계시된 그의 뜻에 복종하는 일입니다. [1]

7.040 **문 40. 하나님께서 사람에게 복종의 법칙을 삼으시려고 처음으로 그에게 계시하신 것은 무엇입니까?**

답. 하나님께서 사람에게 복종의 법칙을 삼으시려고 처음으로 그에게 계시하신 것은 도덕 법이었습니다. [1]

7.041 **문 41. 그 도덕법이 요약되어 담겨 있는 곳은 어디입니까?**

답. 그 도덕법은 십계명 속에 요약되어 담겨 있습니다. [1]

7.042 **문 42. 십계명의 요약은 무엇입니까?**

답. 십계명의 요약은 우리의 온 마음과, 온 영혼과, 온 힘과, 온 뜻을 가지고 주 우리 하나님을 사랑하고, 또 이웃을 자기처럼 사랑하라는 것입니다. [1]

7.043 **문 43. 십계명의 머리말은 어떤 것입니까?**

답. 십계명의 머리말은 이러합니다: "나는 너를 애굽 땅, 종 되었던 집에서 인도하여 낸 네 하나님 여호와니라."[1]

7.044 **문 44. 십계명의 머리말이 우리에게 가르치는 것은 무엇입니까?**

답. 십계명의 머리말이 우리에게 가르치는 것은 이것입니다: 즉 하나님은 주님이시요, 우리의 하나님이시며 구속자이시니, 우리는 그의 모든 계명을 지켜야 한다는 것입니다.

7.045 **문 45. 첫째 계명은 무엇입니까?**

답. 첫째 계명은 "너는 나 외에는 다른 신들을 네게 두지 말라," 입니다. [1]

7.046 **문 46. 첫째 계명이 요구하는 것은 무엇입니까?**

답. 첫째 계명이 요구하는 것은 [1] 하나님을 유일하신 참 하나님, 그리고 우리의 하나님으로 알고 인정하며 [2] 따라서 그를 예배하고 영화롭게 하라는 것입니다. [3]

7.047. **문 47. 첫째 계명에서 금지된 것은 무엇입니까?**

답. 첫째 계명에서 금지된 것은, 참 하나님을 하나님으로 [1] 그리고 우리의 하나님으로 [2] 인정하지 않거나 [3] 예배하고 영광을 돌리지 않는 일이며, 또한 하나님께만 드려야 할 예배와 영광을 다른 신에게 드리는 일입니다. [4]

7.048 **문 48. 첫째 계명에 있는 '나 외에는'라는 말이 우리에게 특별히 가르치는 것이 무엇입니까?**

답. 첫째 계명에 있는 '나 외에는'이라는 말이 우리에게 가르치는 것은, 모든 것을 보시는 하나님께서 다른 신을 두는 죄를 주목하시며 또 그것을 매우 불쾌하게 여기신다는 사실입니다. [1]

7.049 **문 49. 둘째 계명은 무엇입니까?**

답. 둘째 계명은 이것입니다: "너를 위하여 새긴 우상을 만들지 말고, 또 위로 하늘에 있는 것이나, 아래로 땅에 있는 것이나, 땅아래 물속에 있는 것의 어떤 형상도 만들지 말며, 그것들에게 절하지 말며, 그것들을 섬기지 말라. 네 하나님 여호와는 질투하는 하나님인즉, 나를 미워하는 자의 죄를 갚되, 아버지로부터 아들에게로 삼사 대까지 이르게 하거니와, 나를 사랑하고 내 계명을 지키는 자에게는 천 대까지 은혜를 베푸느니라."[1]

7.050 **문 50. 둘째 계명에서 요구하시는 것은 무엇입니까?**

답. 둘째 계명에서 요구하시는 것은 하나님께서 그의 말씀 가운데서 지정하신 대로의 모든 종교적 예배와 규례들을 받아들이고 준수하고 지키는 일입니다. [1]

7.051 **문 51. 둘째 계명에서 금지된 것은 무엇입니까?**

답. 둘째 계명은 형상으로 하나님을 예배하는 일이나,[1] 그의 말씀에 지정되어 있지 않는 어떤 다른 방법에 의해서 예배하는 일을 금합니다.[2]

7.052 **문 52. 둘째 계명에 첨부된 이유들은 무엇입니까?**

답. 둘째 계명에 첨부된 이유들은, 하나님이 우리를 지배할 주권이 있다는 것,[1] 그가 우리의 소유주라는 것,[2] 그리고 그에 대한 예배를 열망하신다는 것입니다.[3]

7.053 **문 53. 셋째 계명은 무엇입니까?**

답. 셋째 계명은 이것입니다: "너는 네 하나님 여호와의 이름을 망령되게 부르지 말라. 여호와는 그의 이름을 망령되게 부르는 자를 죄 없다 하지 아니하리라."

7.054 **문 54. 셋째 계명에서 요구하는 것은 무엇입니까?**

답. 셋째 계명에서 요구하는 것은 하나님의 이름,[1] 칭호, 속성,[2] 규례,[3] 말씀,[4] 사역을 [5] 거룩하게 그리고 존경심을 가지고 사용하라는 것입니다.

7.055 **문 55. 셋째 계명에서 금지된 것은 무엇입니까?**

답. 셋째 계명에서 금지된 것은, 하나님이 당신 자신을 알게 하시는데 쓰시는 것은 무엇이든지 그것을 일체 모독하거나 남용하지 말라는 것입니다.[1]

7.056 **문 56. 셋째 계명에 첨부된 이유는 무엇입니까?**

답. 셋째 계명에 첨부된 이유는, 이 계명을 어기는 자들이 사람에게서 받을 벌을 피한다 하더라도 주 우리 하나님은 그들이 그의 의로운 심판을 피하도록 버려 두시지 않으리라는 것입니다.[1]

7.057 **문 57. 넷째 계명은 무엇입니까?**

답. 넷째 계명은 이것입니다: "안식일을 기억하여 거룩하게 지키라. 엿새 동안은 힘써 네 모든 일을 행할 것이나, 일곱째 날은 네 하나님 여호와의 안식일인즉, 너나 네 아들이나, 네 딸이나, 네 남종이나, 네 여종이나, 네 육축이나, 네 문안에 머무는 객이라도 아무 일도 하지 말라. 이는 엿새 동안에 나 여호와가 하늘과 땅과 바다와, 그 가운데 모든 것을 만들고 일곱째 날에 쉬었음이라, 그러므로 나 여호와가 안식일을 복되게 하여, 그 날을 거룩하게 하였느니라.[1]

7.058 **문 58. 넷째 계명에서 요구하는 것이 무엇입니까?**

답. 넷째 계명에서 요구하는 것은, 하나님이 그의 말씀으로 지정하신 일정한 시간들을 하나님께 거룩히 지키고, 확실이 칠일 중 하루를 온전히 하나님의 거룩한 안식일로 삼으라는 것입니다.[1]

7.059 **문 59. 칠일 중 어느 날을 하나님께서 정하셔서 매 주간의 안식일로 삼으셨습니까?**

답. 세상 처음부터 그리스도의 부활까지 하나님께서 한 주간의 일곱째 날을 정하시어 매 주간의 안식일을 삼으셨으며,[1] 그 이후부터 세상 마지막까지는 한 주간의 첫 날을 안식일로 삼으셨습니다. 이 날은 그리스도인의 안식일입니다.[2]

7.060 **문 60. 안식일을 거룩하게 하는 방법은 무엇입니까?**

답. 안식일을 거룩하게 하려면 다른 날에는 할 수 있는 세상적 업무와 오락들을 이 날에는 끊고 종일 거룩하게 쉬며[1] 공적으로나 사적으로 하나님께 예배드리는 일로 그 모든 시간을 보내야 합니다.[2] 다만 부득이한 일이나 자비를 베푸는 일에 드려야 할 시간만큼은 예외입니다.[3]

7.061 **문 61. 넷째 계명에서 금지된 것은 무엇입니까?**

답. 넷째 계명에서 금지된 것은, 필요로 하는 의무들을 생략하거나 소홀히 이행하는 일과[1] 게으름으로서나 또는 본질적으로 죄가 되는 일을 행하거나[2] 우리의 세상적 업무나 오락에 관한 필요치 않은 생각이나 말이나 일로써 그 날을 더럽히는 일입니다.[3]

7.062 **문 62. 넷째 계명에 첨부된 이유들은 무엇입니까?**
답. 넷째 계명에 첨부된 이유들은, 하나님께서 우리 자신의 업무를 위하여 한 주간의 엿새를 우리에게 허락하신 일과,[1] 그가 일곱째 날에 대한 특별한 소유권을 주장하신 일과[2] 자기 자신이 보이신 본보기와[3] 그가 안식일을 축복하신 일입니다.[4]

7.063 **문 63. 다섯째 계명은 무엇입니까?**
답. 다섯째 계명은, "네 부모를 공경하라. 그리하면 네 하나님 여호와가 네게 준 땅에서 네 생명이 길리라,"입니다.[1]

7.064 **문 64. 다섯째 계명에서 요구하는 것은 무엇입니까?**
답. 다섯째 계명에서 요구하는 것은 윗사람이나 아랫사람이나 동등한 사람이지만 여러 가지 위치와 관계에 있는 각 사람에게 마땅히 드릴 존경을 드리고 의무를 수행하라는 것입니다.[1]

7.065 **문 65. 다섯째 계명이 금지하는 것은 무엇입니까?**
답. 다섯째 계명이 금지하는 것은 여러 가지 지위와 관계에 있는 각 사람에게 마땅히 드릴 존경과 행할 의무를 소홀히 하거나 그것에 배치되는 일을 하지 말라는 것입니다.[1]

7.066 **문 66. 다섯째 계명에 첨부된 이유가 무엇입니까?**
답. 다섯째 계명에 첨부된 이유는, 이 계명을 지키는 모든 사람들에게 장수와 번영이 있으리라는 약속입니다 (이것이 하나님께는 영광이 되고, 그들 자신에게는 선이 되는 한에 있어서입니다).[1]

7.067 **문 67. 여섯째 계명은 무엇입니까?**
답. 여섯째 계명은 "살인하지 말라,"입니다.

7.068 **문 68. 여섯째 계명이 요구하는 것은 무엇입니까?**
답. 여섯째 계명이 요구하는 것은 정당한 노력을 다해서 우리 자신의 생명과[1] 다른 사람들의 생명을 보존하라는 것입니다.[2]

7.069 **문 69. 여섯째 계명에서 금지된 것은 무엇입니까?**
답. 여섯째 계명에서 금지된 것은 우리 자신의 생명을 끊어버리거나[1] 부당하게 우리 이웃의 생명을 끊거나[2] 또는 그러한 결과로 이끄는 모든 일들입니다.[3]

7.070 **문 70. 일곱째 계명은 무엇입니까?**
답. 일곱째 계명은 "간음하지 말라,"입니다.[1]

7.071 **문 71. 일곱째 계명에서 요구하는 것은 무엇입니까?**
답. 일곱째 계명에서 요구하는 것은 마음,[3] 말,[4] 및 행동에 있어서[5] 우리 자신과[1] 우리 이웃의 정절을[2] 보존하는 일입니다.

7.072 **문 72. 일곱째 계명에서 금지된 것은 무엇입니까?**
답. 일곱째 계명은 모든 정숙치 못한 생각과[1] 말과[2] 행동을[3] 금합니다.

7.073 **문 73. 여덟째 계명은 무엇입니까?**
답. 여덟째 계명은 "도적질 하지 말라,"입니다.[1]

7.074 **문 74. 여덟째 계명에서 요구하는 것은 무엇입니까?**

답. 여덟째 계명이 요구하는 것은 우리 자신과 [1] 남들의 [2] 부와 외적재산을 정당하게 얻고 또 증가시키는 일입니다.

7.075 **문 75. 여덟째 계명에서 금지된 것은 무엇입니까?**

답. 여덟째 계명에서 금지된 것은 우리 자신이나 [1] 우리 이웃의 부나 외적 재산을 부당하게 방해하거나 또는 그렇게 할지도 모르는 일들입니다. [2]

7.076 **문 76. 아홉째 계명은 무엇입니까?**

답. 아홉째 계명은 "네 이웃에 대하여 거짓 증거하지 말라,"입니다. [1]

7.077 **문 77. 아홉째 계명에서 요구하는 것은 무엇입니까?**

답. 아홉째 계명에서 요구하는 것은 사람과 사람 사이의 진실,[1] 그리고 우리 자신과 [2] 우리 이웃의 좋은 평판,[3] 특히 증언을 하는 일에 있어서의 진실과 호평을 [4] 유지하고 증진시키는 일입니다.

7.078 **문 78. 아홉째 계명에서 금지된 것은 무엇입니까?**

답. 아홉째 계명에서 금지된 것은 진실에 어긋나는 일이나,[1] 우리 자신이나 우리 이웃의 좋은 평판을 해치는 모든 일입니다.[2]

7.079 **문 79. 열째 계명은 무엇입니까?**

답. 열째 계명은 이것입니다: "네 이웃의 집을 탐내지 말라. 네 이웃의 아내나, 그의 남종이나 그의 여종이나, 그의 소나 그의 나귀나, 무릇 네 이웃의 소유를 탐내지 말라."[1]

7.080 **문 80. 열째 계명에서 요구하는 것은 무엇입니까?**

답. 열째 계명에서 요구하는 것은 우리 이웃과 그에게 속한 모든 것에 대하여 옳고 자비로운 마음씨를 가지고 [2] 우리 자신의 상태를 완전히 만족하는 일입니다. [1]

7.081 **문 81. 열째 계명에서 금지된 것은 무엇입니까?**

답. 열째 계명이 금하는 것은 우리 이웃이 잘 되는 것을 시기하고 걱정하면서 [2] 우리 자신의 상태에 불만을 가지는 일과 [1] 이웃의 소유에 대하여 터무니없는 행동이나 애착을 가지는 모든 일입니다. [3]

7.082 **문 82. 사람이 하나님의 계명을 완전히 지킬 수 있습니까?**

답. 인간 타락 이래 이생에서 하나님의 계명을 완전히 지킬 수 있는 사람은 하나도 없습니다. [1] 오히려 생각과 [2] 말과 [3] 행위 [4] 에 있어서 날마다 계명을 어깁니다.

7.083 **문 83. 율법을 어기는 일이 모두 하나같이 흉악합니까?**

답. 어떤 죄는 그 자체로서, 또는 여러 가지로 더 악화시키는 일 때문에 하나님 보시기에 다른 것들보다 더 흉악합니다. [1]

7.084 **문 84. 모든 죄가 마땅히 당해야 할 것은 무엇입니까?**

답. 모든 죄는 이 삶에서와 또 오는 세상에서 하나님의 진노와 저주를 받아 마땅합니다. [1]

7.085 **문 85. 죄 때문에 마땅히 당해야 할 하나님의 진노와 저주를 피하게 하시려고 하나님께서 우리에게 요구하시는 것은 무엇입니까?**

답. 죄 때문에 마땅히 당할 하나님의 진노와 저주를 피하도록 하시려고 하나님께서는 우리에게 요구하시는 것은, 그리스도께서 구속의 혜택을 우리에게 전달하는 데 사용되는 모든 외적 수단을 열심히 사용하면서 예수 그리스도를 믿고, 생명에 이르는 회개를 하는 일입니다.[1]

7.086 **문 86. 예수 그리스도를 믿는다는 것은 무엇입니까?**

답. 예수 그리스도를 믿는 믿음은 하나의 구원적 은총입니다.[1] 믿음에 의하여 우리는 복음에서 우리에게 나타난 대로[4] 그분만을 영접하고[2] 의지하여 구원을 얻습니다.[3]

7.087 **문 87. 생명에 이르는 회개란 무엇입니까?**

답. 생명에 이르는 회개는 하나의 구원적 은총입니다.[1] 그것에 의하여 죄인이 자기 죄를 참으로 느끼고,[2] 그리스도 안에서 베푸신 하나님의 자비를 이해하는 가운데,[3] 자기의 죄를 슬퍼하고 미워하며 그의 죄에서 돌이켜 하나님을 향하고[4] 새로운 복종을 최고의 목적으로 삼고 그것을 위하여 노력합니다.[5]

7.088 **문 88. 그리스도께서 구속의 혜택을 우리에게 전달하시는 데 쓰신 외적 수단들은 무엇입니까?**

답. 그리스도께서 구속의 혜택을 우리에게 전달하시는 데 쓰신 외적인 통상수단은 그의 규례들, 특별히 말씀, 성례전, 및 기도인 바,[1] 이것들은 모두 택함받은 자들을 구원에 이르게 하는 효력이 있습니다.

7.089 **문 89. 말씀이 어떻게 구원에 이르게 하는 효력을 가지게 됩니까?**

답. 하나님의 영이 말씀을 읽게 하고, 특히 설교로서, 하나의 효과적 방편으로 삼아 죄인들을 설득하여 회개케 하며,[1] 거룩함과 위안으로 그들을 육성합니다. 이것들은 믿음을 통하여 이루어지며 마침내 구원에 이르게 합니다.[2]

7.090 **문 90. 구원에 이르게 하는 효과를 가진 말씀이 되게 하려면 우리가 말씀을 어떻게 읽고 들어야 합니까?**

답. 구원에 이르게 하는 효과를 가진 말씀이 되게 하려면 우리가 부지런함과,[1] 준비와,[2] 기도로써,[3] 거기에 열중하고, 믿음과[4] 사랑으로[5] 받아들이고, 우리 마음에 간직하며,[6] 우리 생활에서 그것을 실천해야 합니다.[7]

7.091 **문 91. 성례전이 어떻게 구원에 대한 효과적 수단이 됩니까?**

답. 성례전이 구원의 효과적 수단이 되는 것은 그 자체가 가지는 어떤 효능이나 그것들을 집행하는 사람이 가진 어떤 덕에서 오는 것이 아니라, 그리스도의 축복과 그것들을 믿음으로 받아들이는 사람들 속에서 활동하시는 그의 영의 활동에 의한 것입니다.[1]

7.092 **문 92. 성례전은 무엇입니까?**

답. 성례전은 그리스도께서 세우신 거룩한 규례입니다. 이 규례에 있어서, 감지할 수 있는 표징에 의하여, 그리스도와 새 계약의 혜택들이 신자들에게 표시되고[1] 확인되고 적용됩니다.[2]

7.093 **문 93. 신약성경의 성례전들은 어느 것들입니까?**

답. 신약성경의 성례전은 세례와[1] 주님의 만찬입니다.[2]

7.094 **문 94. 세례는 무엇입니까?**

답. 세례는 성례전의 하나로서 아버지와 아들과 성령의 이름으로 물로서 씻는 일입니다.[1] 그것은 우리가 그리스도 안으로 접붙임을 받았다는 것, 은혜의 계약의[2] 혜택에 참여한다는 것, 우리가 주님의 것이 된다는 계약을 표시하고 확인합니다.[3]

7.095 **문 95. 세례는 누구에게 베풀 수 있습니까?**

답. 눈에 보이는 교회 밖에 있는 사람들에게는 그들이 그리스도에 대한 자기의 믿음과 복종을 고백하기 전에 세례를 베풀어서는 안 됩니다.[1] 그러나 교회 교인의 유아들은 세례를 받을 수 있습니다.[2]

7.096 **문 96. 주님의 만찬은 무엇입니까?**

답. 주님의 만찬은 성례전의 하나로서, 그리스도께서 정하신 대로 빵과 포도주를 주고 받음으로써 그리스도의 죽으심을 나타내 보이는 성례전입니다.[1] 그것을 합당하게 받는 자들은, 물질적이고 육적인 방식으로 하지 않고 믿음으로 하는 바, 그리스도의 몸과 피에 참여하는 자가 되며 그의 모든 혜택을 받고 은혜 가운데서 영적 양육과 성장을 얻게 됩니다.[2]

7.097 **문 97. 주님의 만찬을 합당하게 받으려면 무엇을 필요로 합니까?**

답. 주님의 만찬을 합당하게 참여하고자 하는 자들에게 요구되는 것은, 주님의 몸을 분별하는 지식에 대해서,[1] 그리스도를 양식으로 삼는 그들의 믿음에 대해서,[2] 그들의 회개와[3] 사랑과[4] 새 복종에 대해서,[5] 스스로를 살펴보는 일입니다. 합당하지 않은 채로 나옴으로써 스스로의 심판을 먹고 마셔서는 안 되겠기 때문입니다.[6]

7.098 **문 98. 기도는 무엇입니까?**

답. 기도는 우리의 소원을 하나님께 아뢰어 드리는 일입니다.[1] 우리의 죄를 고백하며[4] 그리스도의 자비를 감사하는 마음으로 인정하면서[5] 하나님의 뜻에 맞는 것들을[2] 그리스도의 이름으로[3] 아뢰는 것입니다.

7.099 **문 99. 하나님께서 우리 기도의 지침을 삼으시려고 주신 법칙이 무엇입니까?**

답. 하나님의 말씀 전체는 우리가 기도할 때 지침으로 사용될 만 합니다.[1] 그러나 그리스도께서 당신의 제자들에게 가르치신 기도의 형식, 곧 보통 '주님의 기도'라고 불리우는 것이 기도의 특수한 지침입니다.[2]

7.100 **문 100. 주님의 기도의 머리말이 우리에게 가르치는 것이 무엇입니까?**

답. 주님의 기도의 머리말 곧 "하늘에 계신 우리 아버지"가 우리에게 가르치는 것은, 자식들이 아버지에게 하는 것처럼 우리를 도울 수 있고 또 언제나 그렇게 하실 마음을 가지고 계시는 하나님께 [1] 거룩한 존경심과 확신을 다하여 가까이 하라는 것이며, 또 우리는 다른 사람들과 함께, 그리고 그들을 위하여 기도해야 한다는 것입니다. [2]

7.101 **문 101. 첫째 간구에서 우리가 기원하는 것은 무엇입니까?**

답. "아버지의 이름을 거룩하게 하시며,"라는 첫 간구에서 우리는 하나님의 자신을 알게 하시는 방편으로 쓰시는 모든 일에 있어서 우리와 또 다른 이들에게 힘을 주시어 그를 영화롭게 할 수 있도록 기도하는 것이며,[1] 만사가 그 자신의 영광을 위하여 처리되기를 기원하는 것입니다.[2]

7.102 **문 102. 둘째 간구에서 우리가 기원하는 것은 무엇입니까?**

답. "아버지의 나라가 오게 하시며"라는 둘째 간구에서 우리가 기도하는 것은 사탄의 왕국이 파괴되는 것과,[1] 은혜의 왕국이 발전되어 우리들과 또 다른 사람들이 그리로 인도되어 그 안에 있게 되는 것과 영광의 왕국이 속히 임하는 것입니다.[2]

7.103 **문 103. 셋째 간구에서 우리가 기도하는 것이 무엇입니까?**

답. "아버지의 뜻이 하늘에서와 같이 땅에서도 이루어지게 하소서." 라는 셋째 간구에서 우리가 기원하는 것은, 하나님이 그의 은혜로써 우리에게 능력과 의지를 주셔서 천사들이 하늘에서 하는 것처럼 [2] 만사에 하나님의 뜻을 알고 복종하여 거기에 굴복하도록 해 주시라는 것입니다. [1]

7.104 **문 104. 넷째 간구에서 우리가 기원하는 것이 무엇입니까?**

답. "오늘 우리에게 일용할 양식을 주시고"라는 넷째 간구에서 우리가 기원하는 것은, 하나님이 거저 주시는 선물 가운데서 우리가 이생의 좋은 것들을 충족할 만큼 받으며 [1] 그것들과 아울러 그의 축복을 즐기게 해 주시라는 것입니다. [2]

7.105 **문 105. 다섯째 간구에서 우리가 기원하는 것이 무엇입니까?**

답. "우리가 우리에게 잘못한 사람을 용서하여 준 것같이 우리 죄를 용서하여 주시고,"라는 다섯째 간구에서 기원하는 것은, 하나님께서 그리스도를 보시고 우리의 모든 죄를 용서해 주소서 하는 것입니다. [1] 그의 은혜로 인하여 우리가 진심으로 다른 사람들을 용서할 수 있게 되기에 우리가 오히려 격려를 받아 이런 간구를 하게 됩니다. [2]

7.106 **문 106. 여섯째 간구에서 우리가 기원하는 것은 무엇입니까?**

답. "우리를 시험에 빠지지 않게 하시고 악에서 구하소서"라는 여섯째 간구에서 우리가 기원하는 것은 하나님께서 우리를 막으셔서 죄짓는 유혹에 빠지지 않도록 하시고 [1] 우리가 유혹에 빠졌을 때에는 우리를 붙들어 구원해 주시라는 것입니다. [2]

7.107 **문 107. 주님의 기도를 맺는 말이 우리에게 가르치는 것이 무엇입니까?**

답. 주님의 기도를 맺는 말 곧 "나라와 권능과 영광이 영원히 아버지의 것입니다. 아멘"이 우리에게 가르치는 것은, 우리가 오로지 하나님께로부터만 기도의 용기를 얻고,[1] 우리의 기도에 있어서 나라와 권능과 영광을 하나님께로 돌리며 그를 찬양해야 한다는 것이며,[2] 우리의 기도가 상달되기를 바라는 소원과 확신을 증거하기 위해서 '아멘.'하고 말해야 한다는 것입니다.[3]

7.108

십 계명

출애굽기 제 20 장

하나님이 이 모든 말씀으로 말씀하여 이르시되 나는 너를 애굽 땅, 종 되었던 집에서 인도하여 낸 네 하나님 여호와니라.

I. 너는 나 외에는 다른 신들을 네게 두지 말라.

II. 너를 위하여 새긴 우상을 만들지 말고, 또 위로 하늘에 있는 것이나, 아래로 땅에 있는 것이나, 땅 아래 물 속에 있는 것의 어떤 형상도 만들지 말며, 그것들에게 절하지 말며, 그것들을 섬기지 말라. 네 하나님 여호와는 질투하는 하나님인즉 나를 미워하는 자의 죄를 갚되, 아버지로부터 아들에게로 삼사 대까지 이르게 하거니와, 나를 사랑하고 내 계명을 지키는 자에게는 천 대까지 은혜를 베푸느니라.

III. 너는 네 하나님 여호와의 이름을 망령되게 부르지 말라. 여호와는 그의 이름을 망령되게 부르는 자를 죄 없다 하지 아니하리라.

IV. 안식일을 기억하여 거룩하게 지키라. 엿새 동안은 힘써 네 모든 일을 행할 것이나, 일곱째 날은 네 하나님 여호와의 안식일인즉, 너나 네 아들이나 딸이나, 네 남종이나 네 여종이나, 네 가축이나, 네 문안에 머무는 객이라도 아무 일도 하지 말라. 이는 엿새 동안에 나 여호와가 하늘과 땅과 바다와, 그 가운데 모든 것을 만들고 일곱째 날에 쉬었음이라, 그러므로 나 여호와가 안식일을 복되게 하여, 그날을 거룩하게 하였느니라.

V. 네 부모를 공경하라. 그리하면 네 하나님 여호와가 네게 준 땅에서 네 생명이 길리라.

VI. 살인하지 말라.

VII. 간음하지 말라.

VIII. 도둑질 하지 말라.

IX. 네 이웃에 대하여 거짓 증거하지 말라.

X. 네 이웃의 집을 탐내지 말라. 네 이웃의 아내나, 그의 남종이나 그의 여종이나, 그의 소나 그의 나귀나, 무릇 네 이웃의 소유를 탐내지 말라.

7.109 **주기도문**

마태복음 6장

하늘에 계신 우리 아버지여,
이름이 거룩히 여김을 받으시오며,
나라가 임하시오며, 뜻이 하늘에서 이루어진 것같이
땅에서도 이루어지이다.
오늘 우리에게 일용할 양식을 주시옵고,
우리가 우리에게 죄 지은 자를 사하여 준 것같이
우리 죄를 사하여 주시옵고,
우리를 시험에 들게 하지 마시옵고,
다만 악에서 구하시옵소서.
나라와 권세와 영광이
아버지께 영원히 있사옵나이다. 아멘

7.110 **사도신경**

나는 전능하신 아버지 하나님, 천지의 창조주를 믿습니다.
나는 그의 유일하신 아들, 우리 주 예수 그리스도를 믿습니다.
그는 성령으로 잉태되어 동정녀 마리아에게서 나시고,
본디오 빌라도에게 고난을 받아 십자가에 못 박혀 죽으시고,
장사된 지 사흘 만에 죽은 자 가운데서 다시 살아나셨으며,
하늘에 오르시어 전능하신 아버지 하나님 우편에 앉아 계시다가,
거기로부터 살아있는 자와 죽은 자를 심판하러 오십니다.
나는 성령을 믿으며, 거룩한 공교회와 성도의 교제와
죄를 용서 받는 것과 몸의 부활과 영생을 믿습니다. 아멘.

주 7.001–.021 소요리 문답

문 1.

1. 고전 10:31, 롬 11:36.
2. 2. 시 73:24–26, 요 17:22, 24.

문 2.

1. 갈 1:8, 9, 사 8:20, 눅 16:29, 31, 딤후 3:15–17.

문 3.

1. 미 6:8, 요 20:31, 요 3:16.

문 4.

1. 요 4:24.
2. 시 90:2, 말 3:6, 약 1:17, 왕상 8:27, 렘 23:24, 사 40:22.
3. 시 147:5, 롬 16:27.
4. 창 17:1, 계 19:16.
5. 사 57:15, 요 17:11, 계 4:8.
6. 신 32:4.
7. 시 100:5, 롬 2:4.
8. 출 34:6, 시 117:2.

문 5.

1. 신 6:4, 렘 10:10.

문 6.

1. 고후 13:14, 마 28:19, 마 3:16, 17.

문 7.

1. 엡 1:11, 행 4:27, 28, 시 33:11, 엡 2:10, 롬 9:22, 23, 11:33.

문 8.

1. 계 4:11, 엡 1:11.

문 9.

1. 히 11:3, 계 4:11, 창 1:1–31.

문 10.

1. 창 1:27.
2. 골 3:10, 엡 4:24.
3. 창 1:28.

문 11.

1. 시 145:17.
2. 시 104:24.
3. 히 1:3.
4. 시 103:19. 마 10:29, 30, 욥 38–41 장

문 12.

1. 창 2:16 을 롬 5:12–14, 롬 10:5, 눅 10:25–28, 그리고 노아와 아브라함과 맺은 계약과 비교하라.
2. 창 2:17.

문 13.

1. 창 3:6–8, 13, 고후 11:3.

문 14.

1. 요일 3:4, 약 4:17, 롬 3:23.

문 15.

1. 답 13 의 증거를 보라. 창 3:6.

문 16.

1. 행 17:26, 문 12 를 보라.
2. 창 2:17, 롬 5:12–20, 고전 15:21, 22 와 비교하라.

문 17.

1. 롬 5:12, 갈 3:10.

문 18.

1. 롬 5:12,19, 고전 12:22.
2. 롬 5:6, 엡 2:1–3, 롬 8:7, 8, 창 6:5, 롬 3:10–20, 시 51:5, 58:3.
3. 약 1:14, 15, 마 15:19.

문 19.

1. 창 3:8, 24.
2. 엡 2:3
3. 롬 5:14, 롬 6:23.

문 20.

1. 엡 1:4–7.
2. 딛 3:4–7, 딛 1:2, 갈 3:21, 롬 3:20–22.

문 21.

1. 딤전 2:5.
2. 요 1:1, 14, 요 10:30, 빌 2:6, 창 4:4.

3. 바로 위의 본문들을 보라. 빌 2:5–11.

문 22.

1. 요 1:14, 히 2:14, 마 26:38.
2. 눅 1:31, 35, 41, 42, 갈 4:4.
3. 히 4:15, 히 7:26.

문 23.

1. 행 3:22, 눅 4:18, 21.
2. 히 5:5, 6, 히 4:14, 15.
3. 계 19:16, 사 9:6, 7, 시 2:6.

문 24.

1. 요 1:1, 4.
2. 요 15:15, 요 20:31, 벧후 1:21, 요 14:26.

문 25.

1. 히 9:14, 28, 롬 3:26, 롬 10:4.
2. 히 2:17.
3. 히 7:25.

문 26.

1. 시 110:3.
2. 사 32:22.
3. 고전 15:25, 행 12:17, 18:9, 10.

문 27.

1. 눅 2:7, 빌 2:6–8, 고후 8:9
2. 갈 4:4
3. 사 53:3.
4. 마 27:46, 눅 22:41–44.
5. 갈 3:13, 빌 2:8.
6. 고전 15:3,4.

문 28.

1. 바로 위의 성구를 보라.
2. 행 1:9, 엡 1:19, 20.
3. 행 1:11, 행 17:31.

문 29.

1. 요 1:12, 13, 요 3:5, 6, 딛 3:5, 6.

문 30.

1. 엡 2:8.
2. 요 15:5, 고전 6:17, 고전 1:9, 벧전 5:10.

문 31.

1. 딤후 1:8,9, 엡 1:18–20.
2. 행 2:37.
3. 행 26:18.
4. 겔 11:19, 겔 36:26, 27.
5. 요 6:44, 45, 빌 2:13, 신 30:6, 엡 2:5.

문 32.

1. 롬 8:30.
2. 엡 1:5.
3. 고전 1:30.

문 33.

1. 엡 1:7.
2. 고후 5:19, 21, 롬 4:5, 롬 3:22, 24, 25.
3. 롬 5:17–19, 롬 4:6–8.
4. 롬 5:1, 행 10:43, 갈 2:16, 빌 3:9.

문 34.

1. 요일 3:1.
2. 요 1:12, 롬 8:17.

문 35.

1. 살후 2:13.
2. 엡 4:23, 24.
3. 롬 6:4, 6, 14, 롬 8:4.

문 36.

1. 롬 5:1, 2, 5, 롬 14:17.
2. 골 1:10, 11, 잠 4:18, 엡 3:16–18, 벧후 3:18.
3. 렘 32:40, 요일 2:19, 27, 계 14:12, 벧전 1:5, 요일 5:13.

문 37.

1. 눅 23:43, 눅 16:23, 빌 1:23, 고후 5:6–8.
2. 살전 4:14.
3. 롬 8:23, 살전 4:14.

문 38.

1. 고전 15:42, 43.
2. 마 25:33, 34, 마 10:32.
3. 시 16:11, 고전 2:9.
4. 살전 4:17 앞의 맥락을 보라.

문 39.

1. 신 29:29, 미 6:8, 삼상 15:22.

문 40.

1. 롬 2:14, 15, 롬 10:5.

문 41.

1. 마 19:17–19.

문 42.

1. 마 22:37–40.

문 43.

1. 출 20:2.

문 45.

1. 출 20:3.

문 46.

1. 제 46-81 문에 대한 대답에서 발견되는 십계명 해설은 그 계명들 자체와 대요리문답 제 99 문에서 제시된 법칙들로부터 연역된 것이다. 각 조항에 붙인 본문들은 성경의 일반적 가르침과 일치하기 때문에 제시되었다.
2. 대상 28:9, 신 26:17.
3. 마 4:10, 시 95:6, 7, 시 29:2.

문 47.

1. 시 14:1.
2. 롬 1:20–21.
3. 시 81:11.
4. 롬 1:25.

문 48.

1. 대하 28:9, 시 44:20, 21.

문 49.

1. 출 20:4–6.

문 50.

1. 신 12:32, 신 32:46, 마 28:20.

문 51.

1. 신 4:15, 16, 17–19 을 보라. 행 17:29.
2. 신 12:30–32.

문 52.

1. 시 95:2, 3.
2. 시 45:11.
3. 출 34:14.

문 53.

1. 출 20:7.

문 54.

1. 시 29:2, 마 6:9.
2. 계 15:3, 4.
3. 말 1:14.
4. 시 138:2.
5. 시 107:21, 22.

문 55.

1. 말 2:2, 사 5:12.

문 56.

1. 신 28:58, 59.

문 57.

1. 출 20:8–11.

문 58.

1. 레 19:30, 신 5:12, 사 56:2–7.

문 59.

1. 창 2:3, 눅 23:56.
2. 행 20:7, 고전 16:1, 2, 요 20:19–26.

문 60.

1. 레 23:3, 출 16:25–29, 렘 17:21,22.
2. 시 92:1,2(안식일을 위한 시 혹은 노래), 눅 4:16, 사 58:13, 행 20:7.
3. 마 12:11, 12 맥락을 보라.

문 61.
1. 겔 23:26, 말 1:13, 암 8:5.
2. 겔 23:38.
3. 사 58:13, 렘 17:24, 27.

문 62.
1. 출 31:15, 16.
2. 레 23:3.
3. 출 31:17.
4. 창 2:3.

문 63.
1. 출 20:12.

문 64.
1. 엡 5:21, 22, 엡 6:1, 5,9, 롬 13:1, 롬 12:10.

문 65.
1. 롬 13:7, 8.

문 66.
1. 엡 6:2, 3.

문 67.
1. 출 20:13.

문 68.
1. 엡 5:29, 마 10:23.
2. 시 82:3, 4, 욥 29:13, 왕상 18:4.

문 69.
1. 행 16:28.
2. 창 9:6.
3. 마 5:22, 요일 3:15, 갈 5:15, 잠 24:11, 12, 출 21:18–32.

문 70.
1. 출 20:14.

문 71.
1. 살전 4:4, 5.
2. 고전 7:2, 엡 5:11, 12.
3. 마 5:28.
4. 엡 4:29, 골 4:6.
5. 벧전 3:2.

문 72.
1. 마 5:28.
2. 엡 5:4
3. 엡 5:3.

문 73.
1. 출 20:15.

문 74.
1. 살후 3:10–12, 롬 12:17, 잠 27:23.
2. 레 25:35, 빌 2:4, 잠 13:4, 잠 20:4, 잠 24:30–34.

문 75.
1. 딤전 5:8.
2. 엡 4:28, 잠 21:16, 살후 3:7–10.

문 76.
1. 출 20:16.

문 77.
1. 슥 8:16.
2. 벧후 3:16, 행 25:10.
3. 요삼 12.
4. 잠 14:5, 25.

문 78.
1. 잠 19:5, 잠 6:16–19.
2. 눅 3:14, 시 15:3.

문 79.
1. 출 20:17.

문 80.
1. 히 13:5.
2. 롬 12:15, 빌 2:4, 고전 13:4–5.

문 81.
1. 고전 10:10.
2. 갈 5:26.
3. 골 3:5.

문 82.
1. 왕상 8:46, 요일 1:8-2:6.
2. 창 8:21.
3. 약 3:8.
4. 약 3:2.

문 83.

1. 시 19:13, 요 19:11.

문 84.

1. 갈 3:10, 마 25:41.

문 85.

1. 행 20:21, 막 1:15, 요 3:18.
2. 아래 88 문을 보라.

문 86.

1. 히 10:39.
2. 요 1:12.
3. 빌 3:9.
4. 요 6:40.

문 87.

1. 행 11:18.
2. 행 2:37.
3. 욜 2:13.
4. 고후 7:11, 렘 31:18,19, 행 26:18.
5. 시 119:59.

문 88.

1. 마 28:19, 20, 행 2:41, 42.

문 89.

1. 시 19:7, 시 119:130, 히 4:12.
2. 살전 1:6, 롬 1:16, 롬 16:25, 행 20:32.

문 90.

1. 잠 8:34.
2. 눅 8:18, 벧전 2:1,2.
3. 시 119:18.
4. 히 4:2.
5. 살후 2:10.
6. 시 119:11.
7. 눅 8:15, 약 1:25.

문 91.

1. 벧전 3:21, 행 8:13, 23 중간의 맥락을 보라. 고전 3:7, 고전 6:11, 고전 12:13.

문 92.

1. 마 28:19, 마 26:26–28.
2. 롬 4:11.

문 93.

1. 마 28:19.
2. 고전 11:23.

문 94.

1. 위의 93 문에서 취급된 마 28:19 를 보라.
2. 갈 3:27, 롬 6:3.
3. 롬 6:4.

문 95.

1. 행 2:41.
2. 창 17:7, 10, 갈 3:17,18, 29, 행 2:38, 39.

문 96.

1. 마 26:26, 27, 고전 11:26.
2. 고전 10:16, 엡 3:17.

문 97.

1. 고전 11:28,29.
2. 요 6:53–56.
3. 슥 12:10.
4. 요일 4:19, 갈 5:6.
5. 롬 6:4, 롬 6:17–22.
6. 고전 11:27.

문 98.

1. 시 62:8, 시 10:17.
2. 요일 5:14, 마 26:39, 요 6:38.
3. 요 16:23.
4. 단 9:4.
5. 빌 4:6.

문 99.

1. 딤후 3:16, 17, 요일 5:14.
2. 마 6:9.

문 100.

1. 사 64:9, 눅 11:13, 롬 8:15.
2. 엡 6:18, 행 12:5, 슥 8:21.

주 7.101–.110 소요리 문답

문 101.

1. 시 67:1–3, 살후 3:1, 시 145.
2. 사 64:1, 2, 롬 11:36.

문 102.

1. 시 68:1.
2. 살후 3:1, 시 51:18, 67:1–3, 롬 10:1.
3. 계 22:20, 벧후 3:11–13.

문 103.

1. 시 119:34–36, 행 21:14.
2. 시 103:20–22.

문 104.

1. 잠 30:8.
2. 딤전 4:4, 5, 잠 10:22.

문 105.

1. 시 51:1, 롬 3:24, 25.
2. 눅 11:4, 마 18:35, 마 6:14, 15.

문 106.

1. 마 26:41, 시 19:13.
2. 고전 10:13, 시 51:10, 12.

문 107.

1. 단 9:18, 19.
2. 대상 29:11–13.
3. 계 22:20, 21, 고전 14:16.

문 110.

1. 즉 셋째 날까지 계속 죽음의 상태에서, 그리고 사망의 권세 아래 계셨다. 대요리문답 제 50 문에 대한 답을 보라.

대요리문답

대요리문답

7.111 **문 1. 사람의 가장 크고 높은 목적은 무엇입니까?**

답. 사람의 가장 크고 높은 목적은 하나님을 영화롭게 하고[1] 영원토록 온전하게 그를 즐거워하는 것입니다.[2]

7.112 **문 2. 하나님이 계시다는 것이 어떻게 드러납니까?**

답. 사람에게 있는 본성의 빛과 하나님이 하신 일들은, 하나님이 계신다는 것을 명백하게 선포합니다.[1] 그러나 하나님의 말씀과 성령만이 사람들의 구원을 위하여 충분하고 유효하게 하나님을 사람들에게 계시하십니다.[2]

7.113 **문 3. 하나님의 말씀은 무엇입니까?**

답. 구약과 신약으로 된 성경이 하나님의 말씀이며, 믿음과 순종의 유일한 규범입니다.[1]

7.114 **문 4. 성경이 하나님의 말씀이라는 것이 어떻게 드러납니까?**

답. 성경 자체가 하나님의 말씀임을 스스로 보여줍니다. 성경의 존엄성과 순수성, 모든 영광을 하나님께 돌리게 되어 있는 모든 부분들의 일치와 그 전체적 관점에서 그것들이 죄인들에게 확신을 주고 개심케 하며 신자들을 위로하고 육성하며 구원에 이르게 하는 빛과 능력을 가졌기 때문입니다. 그러나 사람의 마음속에 성경에 의하여 그리고 성경과 함께 증언하시는 하나님의 영만이 그것들이 바로 하나님의 말씀이라는 것을 충분히 설득할 수 있습니다.[2]

7.115 **문 5. 성경이 주로 가르치는 것은 무엇입니까?**

답. 성경이 주로 가르치는 것은, 사람이 하나님께 대하여 믿어야 할 것이 무엇이며, 하나님이 사람에게 요구하시는 의무가 무엇이냐 하는 것입니다.[1]

사람이 하나님께 대하여 마땅히 믿어야 하는 것

7.116 **문 6. 성경은 하나님에 관하여 알려 주는 것이 무엇입니까?**

답. 성경은 하나님이 어떤 분이신지,[1] 신격 안에 계신 위격 persons 에 대해서,[2] 그의 경륜에 대해서,[3] 그 경륜의 집행에 대해서 알려 줍니다.

7.117 **문 7. 하나님은 어떤 분이십니까?**

답. 하나님은 영이시며,[1] 그 자신 속에 그리고 그의 본질에 있어서 존재,[2] 영광, 복됨, 완전하심[3] 이 무한하십니다. 그는 완전히 충족하시며,[4] 영원하시며,[5] 불변하시며,[6] 사람의 이해를 초월하시며,[7] 어디든지 계시며,[8] 전능하십니다.[9] 그는 모든 것을 아시며,[10] 가장 지혜로우시고,[11] 가장 거룩하시고,[12] 가장 정의로우시고,[13] 가장 자비롭고 은혜로우시며, 오래 참으시고 선과 진리가 풍성하십니다.[14]

7.118 **문 8. 하나님 한 분 외에 다른 신들이 있습니까?**

답. 살아 계신 참 하나님 오직 그 한 분이 계실 뿐입니다.[1]

7.119 **문 9. 하나님은 몇 위 persons 로 계십니까?**

답. 신격에는 세 위가 계시는데 성부, 성자, 그리고 성령이십니다. 그리고 이 셋은 하나의 참되고 영원하신 하나님으로서 실체에 있어서 동일하고 권능과 영광에 있어서 동등하나, 그들의 개별적 특성들에 있어서는 구별되십니다.[1]

7.120 **문 10. 하나님 삼위의 개별적 특성들은 무엇입니까?**

답. 영원 전부터 성부는 당신의 성자를 나으시고,[1] 성자는 성부로부터 출생하시고,[2] 성령은 성부와 성자로부터 나오시는 것이 타당합니다.[3]

7.121 **문 11. 성자와 성령이 성부와 더불어 동등한 하나님이시라는 것이 어떻게 나타나십니까?**

답. 성경은 성자와 성령이 성부와 더불어 동등하신 하나님이시라는 것을 밝혀 주며, 하나님께만 해당하는 이름,[1] 속성,[2] 사역,[3] 예배[4] 를 그분께 돌립니다.

7.122 **문 12. 하나님의 경륜 decrees 은 무엇입니까?**

답. 하나님의 경륜이란 그의 뜻으로 분별하여 행하시는 슬기롭고 자유롭고 거룩한 행동을 말하며, 그것에 의하여 하나님은 시간 속에서 일어날 모든 것,[1] 특히 천사와 사람에 관한 일을 영원 전부터 당신 자신의 영광을 위하여 예정하셨으며 따라서 변경될 수 없는 것입니다.

7.123 **문 13. 하나님께서 특별히 천사와 사람에 관한 경륜 decree 은 무엇입니까?**

답. 하나님은 영원 불변의 경륜에 의하여 오직 그의 사랑으로 인해서 그의 영광스러운 은혜를 찬미하게 하시고, 마땅한 시간에 나타나게 하시려고 어떤 천사들을 영광으로 택하셨으며,[1] 그리스도 안에서 어떤 사람들을 영생에 이르게 하시려고 택하셨으며, 또 그렇게 하실 방도를 선택하셨습니다.[2] 또한 주권자의 권세와 그의 뜻에 대한 헤아릴 수 없는 권고에 따라 (그가 기뻐하시는 대로 은총을 내리시거나 보류하심으로써) 남은 사람들을 버려 두시고 또는 불명예와 진노를 받도록 예정하시어 자기들의 죄값을 받게 하셨으며, 결국 그의 공의의 영광을 찬양하게 하셨습니다.[3]

7.124 **문 14. 하나님은 당신의 경륜을 어떻게 집행하십니까?**

답. 하나님은 그의 틀림없는 예지와 자신의 뜻에 대한 자유롭고 변치 않는 권고에 따라 창조와 섭리의 역사에서 그의 경륜을 집행 하십니다.[1]

7.125 **문 15. 창조의 사역이란 무엇입니까?**

답. 창조의 사역이란 하나님께서 태초에 그의 권능의 말씀으로 아무것도 없는 것에서부터 세상과 만물을 그 자신을 위해 엿새 동안의 공간에서, 그리고 모든 것을 매우 좋게 만드신 것입니다.[1]

7.126 **문 16. 하나님이 천사를 어떻게 창조하셨습니까?**

답. 하나님이 모든 천사들을, 영으로,[1] 죽지 않고,[2] 거룩하며,[3] 지식이 뛰어나고,[4] 힘이 강한[5] 존재로 창조하시어 당신의 계명을 이행하며 그 이름을 찬미하게 하셨습니다.[6] 그러나 변할 수 있는 존재입니다.[7]

7.127 **문 17. 하나님이 사람을 어떻게 창조하셨습니까?**

답. 하나님이 다른 모든 피조물을 만드신 후에 사람을 남자와 여자로[1] 창조하셨습니다. 땅의 흙으로 사람의 몸을 빚으셨고,[2] 남자의 갈비뼈로 여자를 만드셨습니다.[3] 생기와, 이성과, 불멸의 영혼을 부여하셨습니다.[4] 지식과,[6] 의와, 거룩함에 있어서[7] 하나님 자신의 형상을 닮게 하시고,[5] 그들의 마음에 하나님의 율법을 새겨 주셨으며,[8] 그것을 성취할 힘과 피조물을 다스리는 권세를 주셨습니다.[9] 그러나 타락할 수 있는 존재였습니다.[10]

7.128 **문 18. 하나님 섭리의 사역이 무엇입니까?**

답. 하나님의 섭리의 사역이란 그의 모든 피조물을 가장 거룩하고,[1] 슬기롭고,[2] 능력있게 보존하고,[3] 다스리시는 일입니다.[4] 그것들과 그들의 모든 행동을[5] 당신 자신의 영광을 위해서[6] 지시하시는 일입니다.

7.129 **문 19. 천사들에 대한 하나님의 섭리는 무엇입니까?**

답. 하나님은 당신의 섭리에 의해서 천사들 중 얼마가 죄와 파멸에 떨어지는 것을 허락하셨는데,[1] 그것은 그들의 의지로 한 일이기 때문에 돌이킬 수 없는 일입니다. 하나님이 그 일과 또 그들의 모든 죄를 제한하시고 지시하셨으며 당신 자신의 영광이 되게 하셨습니다.[2] 남은 천사들은 거룩함과 행복 속에 두셨으며[3] 그들을 모두 고용하셔서 그가 기뻐하시는 대로 그의 권능과 자비와 공의를 실시하시는 일에 사용하십니다.[4]

7.130 **문 20. 창조된 원 상태의 인간에 대한 하나님의 섭리는 무엇입니까?**

답. 그가 창조 된 곳에서 사람을 향한 하나님의 섭리는, 그에게 낙원을 세우고, 그것을 가꾸게 하시고, 땅의 열매를 먹을 자유를 주시며,[1] 피조물을 그의 지배하에 두며,[2] 그를 돕기 위하여 결혼 제도를 제정하시고,[3] 서로가 교제할 수 있게 하시고,[4] 안식일을 제정해 주신 일입니다.[5] 개인적이고 완전하며, 그리고 끊임없는 순종의 조건으로 그와 함께한 삶을 누린다는 언약을 하나님과 더불어 맺었으며,[6] 그 보증이 바로 생명나무였습니다. 그리고 선악에 대한 지식의 나무를 먹는 것을 금지하고 사망의 고통에 굴하지 않게 하십니다.[7]

7.131 **문 21. 모든 인간이 하나님께서 창조하신 원래의 상태를 유지했습니까?**

답. 우리의 첫 조상들은 그들 자신의 의지와 자유에 내맡겨, 사탄의 유혹을 받고, 금지된 열매를 먹음으로써, 하나님의 계명을 어겼습니다. 그리고 그것으로 인해서 그들이 창조될 때 가졌던 무죄의 상태에서 떨어져 버렸습니다.[1]

7.132 **문 22. 인류가 모두 그 첫 범죄에서 타락했습니까?**

답. 아담과 맺은 언약은 하나의 공인 public 으로서 맺은 것이어서 오직 그 자신만을 위한 것이 아니라 그의 후손을 위한 것이므로, 일반적 출산에 의해서 그로부터 계승되는 모든 인류가[1] 그 안에서 타락했으며 그 첫 번째 범죄에서 그와 더불어 타락한 것입니다.[2]

7.133 **문 23. 그 타락이 인간을 어떤 상태에 이르게 했습니까?**

답. 그 타락은 인간을 죄와 비참의 상태에 이르게 했습니다.[1]

7.134 **문 24. 죄란 무엇입니까?**

답. 죄란 사리를 아는 피조물에게 법칙으로 주신 하나님의 율법에 순응하지 못하거나 그것을 어기는 것을 의미합니다.[1]

7.135 **문 25. 사람이 타락하여 빠져든 상태의 죄는 무엇으로 구성됩니까?**

답. 사람이 타락하여 빠져든 상태의 죄는 아담이 처음으로 저지른 죄와[1] 하나님께서 사람을 창조하실 때 지니게 하셨던 그의 의의 결핍, 그리고 그의 본성의 부패로서 구성됩니다. 그런 것들로 말미암아 인간은 영적으로 선한 모든 것을 아주 싫어하게 되었고 반대하는 자가 되었으며 온갖 악에 전적으로 기울어지고 계속적으로 악을 일삼습니다.[2] 그것을 보통 원죄라고 하며, 그것으로부터 모든 실제적 범죄가 생겨납니다.

7.136 **문 26. 어떻게 원죄가 우리의 첫 조상으로부터 그들의 후손에게로 전달됩니까?**

답. 원죄가 우리의 첫 조상으로부터 그들의 후손에게로 전달되는 것은 자연적 출산으로 말미암으며, 따라서 그들로부터 생겨나는 사람은 다 죄 가운데서 잉태되고 출생됩니다.[1]

7.137 **문 27. 그 타락이 인류에게 가져다 준 비참함은 무엇입니까?**

답. 그 타락이 인류에게 가져다 준 것은, 하나님과의 친교를 잃은 것,[1] 하나님이 화를 내시고 저주하게 되신 것입니다. 그리하여 우리는 나면서부터 진노의 자식,[2] 사탄의 노예이며,[3] 이 세상과 오는 세상에서 온갖 벌을 받아 마땅합니다.[4]

7.138 **문 28. 이 세상에서 죄의 징계는 무엇입니까?**

답. 이 세상에서 죄의 대가로 받는 벌은, 마음의 눈이 가려짐,[1] 사악한 감정,[2] 강한 망상,[3] 마음의 경직,[4] 양심의 공포,[5] 악의적인 애정[6]등 내면의 것이거나, 혹은 외적으로 우리 때문에 피조물에게 내리시는 하나님의 저주,[7] 및 우리의 몸, 이름, 신분, 관계, 고용[8] 등에 있어서 우리에게 일어나는 다른 모든 악, 아울러 죽음 자체가 곧 형벌입니다.[9]

7.139 **문 29. 오는 세상에서 받을 죄의 징계는 무엇입니까?**

답. 오는 세상에서 죄의 대가로 받을 벌은 하나님의 안락한 현존으로부터 영원히 분리되는 일과, 영원한 지옥불에서 영과 육이 끊임없이 가장 심한 고통을 겪는 일입니다.[1]

7.140 **문 30. 하나님은 모든 사람을 죄와 비참의 상태에서 멸망하도록 버려 두십니까?**

답. 하나님은 사람들이 보통 행위의 언약이라고 부르는 첫 번째 언약을 어김으로써 죄와 비참의 상태 속에 모두를 버려두시는 것이 아니라,[1] 오직 그의 사랑과 자비에 의하여 그의 선택된 자들을 거기서 건져 내시고, 일반적으로 은혜의 언약이라고 부르는 두 번째 언약으로써 구원의 상태로 이끄십니다.[2]

7.141 **문 31. 은혜의 언약은 누구와 맺었습니까?**

답. 은혜의 언약은 둘째 아담이신 그리스도와 그리고 그 안에 있는 모든 선택된 자 즉 그의 자손들과 맺었습니다.[1]

7.142 **문 32. 하나님의 은혜가 그 두 번째 언약 속에서 어떻게 나타나셨습니까?**

답. 하나님의 은혜가 그 두 번째 언약 속에서 나타난 것은, 하나님이 죄인들에게 값없이 하나의 중재자를 마련하시고 제공하시며,[1] 그로 말미암아 생명과 구원을 주시며,[2] 그와 관계를 맺는 조건으로 신앙을 요구하시며,[3] 그가 선택하신 모든 사람에게 성령을 약속하시고 또 주셔서, 그들 속에 그 믿음을 일으키시고 그밖의 모든 구원의 은혜들을 함께 주시는 일이며,[4] 그들로 하여금 모든 거룩한 순종을 할 수 있게 하는 일입니다.[5] 거룩한 순종은 그들 신앙의 진리와[6] 하나님께 감사하는 증거로,[7] 그들을 구원에 이르게 하는 방법이기도 합니다.[8]

7.143 **문 33. 은혜의 언약이 항상 같은 방식으로 집행되었습니까?**

답. 은혜언약이 언제나 동일한 방식으로 집행된 것은 아닙니다. 즉 구약시대의 집행은 신약시대의 것과 다릅니다.[1]

7.144 **문 34. 은혜의 언약이 구약시대에는 어떻게 집행되었습니까?**

답. 은혜의 언약이 구약시대에는 약속,[1] 예언,[2] 제사,[3] 할례,[4] 유월절,[5] 및 다른 유형과 규례들로 집행되었는데, 그 모든 것은 장차 오실 그리스도를 예표하였으며, 그때로서는 약속된 메시야에 대한 신앙을 가지고 선택된 자들을 세우기에 충분하였습니다.[6] 즉 그로 말미암아 그때 그들은 완전한 죄사함을 받고 영원한 구원을 얻었습니다.[7]

7.145 **문 35. 은혜의 언약이 신약시대에는 어떻게 집행됩니까?**

답. 신약시대 즉 실체이신 그리스도가 나타난 때에는 그 동일한 은혜의 언약이 말씀의 선포,[1] 세례,[2] 및 성만찬[3] 집례로 지켜졌으며 또 앞으로도 계속될 것입니다. 그것들로 은혜와 구원이 모든 나라에 더 충만하고, 확실하게, 효율적으로 발휘합니다.[4]

7.146 **문 36. 은혜의 언약의 중보자는 누구십니까?**

답. 은혜의 언약의 유일한 중보자는 주 예수 그리스도이십니다.

[1] 그는 하나님의 영원한 아들이시며 아버지와 한 실체요 그와 동등하시고, 시간이 충만하여 사람이 되셨고, 계속하여 하나님이시고 사람이십니다. 그는 완전히 구별되는 두 본성을 가지셨으며, 동시에 영원히 한 분이십니다. [2]

7.147 **문 37. 하나님의 아들이신 그리스도가 어떻게 사람이 되셨습니까?**

답. 하나님의 아들이신 그리스도께서 사람이 되신 것은 진정한 몸과 합당한 reasonable 영혼을 지니시고,[1] 성령의 권능으로 동정녀 마리아의 자궁에서 그녀의 본성 substance 으로 잉태되어 그녀로부터 태어났습니다.[2] 그래도 죄는 없으십니다.[3]

7.148 **문 38. 중보자가 하나님이 되셔야 하는 이유는 무엇입니까?**

답. 중보자가 하나님이 되셔야 하는 이유는 필수적입니다. 그가 인간의 본성을 무한한 하나님의 진노와 죽음의 권세 아래에 침몰되지 않도록 지탱하고 유지할 것입니다. 그의 고난, 순종, 및 중보 기도에 가치와 효력을 줍니다. 하나님의 공의를 충족시키고, 은혜를 얻고, 특별한 사람들을 사귀고, 그의 성령을 그들에게 주시고, 모든 원수를 물리 치시고, 영원한 구원에 이르게 합니다. [1]

7.149 **문 39. 중보자는 왜 사람이셔야 합니까?**

답. 그 중보자가 사람이셔야 함은 필수적입니다. 그가 우리의 본성을 향상시키시고 율법에 순종하시며,[1] 우리의 본성으로 우리를 위해 고난 당하시고 중보하시며,[2] 우리의 연약함을 불쌍히 여기시기 위한 것입니다.[3] 그리하여 우리는 입양을 받고,[4] 위로를 받으며 담대한 마음으로 은혜의 보좌에 나아갈 수 있습니다.[5]

7.150 **문 40. 중보자가 왜 한 분 안에서 하나님이신 동시에 사람이셔야 합니까?**

답. 그 중보자는 하나님과 사람을 화해시키는 자로서 자신이 하나님이면서 사람도 되는 한 분이어야만 하는 것은 필수적입니다. 각 성품의 합당한 사역이 우리를 위해 하나님께 받아 들여질 수 있고, 또 우리에 의해 모든 사람의 사역에 의존하게 될 것입니다. [1]

7.151 **문 41. 우리의 중보자를 왜 예수님이라 부릅니까?**

답. 우리의 중보자를 예수님이라 부르는 것은, 그가 그의 백성을 그들의 죄로부터 구원하시기 때문입니다.

7.152 **문 42. 우리의 중보자를 왜 그리스도라고 부릅니까?**

답. 우리의 중보자를 그리스도라고 부르는 것은 그가 한량없이 성령으로 기름부음을 받으셨기 때문입니다. [1] 그렇게 해서 성별되고, 모든 권세와 능력을 갖추었고,[2] 그의 굴욕과 높으심의 두 상태에서 [5] 교회의 선지자,[3] 제사장,[4] 그리고 왕의 직분을 수행하십니다.

7.153 **문 43. 그리스도는 선지자의 직분을 어떻게 행하십니까?**

답. 그리스도가 선지자직을 행하는 것은, 모든 시대의 교회에게,[1] 그의 영과 말씀으로,[2] 그리고 여러가지 행정적 방법으로, 모든 면에서 그들의 덕성과 구원에 관한 모든 것에 하나님의 뜻을 전하십니다.[3]

7.154 **문 44. 그리스도는 제사장의 직분을 어떻게 행하십니까?**

답. 그리스도가 제사장직을 행하시는 것은 자기 자신을 단번에 흠없이 하나님께 희생제물로 바쳐 [1] 그의 백성의 죄를 위한 화해가 되신 일과 [2] 그들을 위해 계속적으로 중재하시는 일로서 하십니다. [3]

7.155 **문 45. 그리스도는 왕의 직분을 어떻게 행하십니까?**

답. 그리스도께서 왕의 직분을 행하시는 것은, 세상으로부터 백성을 불러내어 자기 백성을 삼으시는 일입니다. [1] 그들에게 직분자들,[2] 율법,[3] 및 징계를 주어 그것으로 그들을 통치하십니다.[4] 택함받은 자에게 구원의 은총을 베푸시고,[5] 그들의 순종에 상을 주시며,[6] 그들의 죄를 교정하시고,[7] 그들이 온갖 유혹과 고난을 겪을 때 그들을 보존하시고 지지하시며, [8]그들의 모든 원수를 억제하시고 극복하시며,[9] 모든 일을 자신의 영광을 위해 강력하게 처리하시고,[10] 또한 그들의 유익을 위해,[11] 하나님을 알지 못하거나 복음에 순종하지 않는 남은 사람들에게는 복수하십니다.[12]

7.156 **문 46. 그리스도의 낮아지심의 상태는 무엇이었습니까?**

답. 그리스도의 낮아지심의 상태는 그가 우리를 위해서 그의 영광을 스스로 비우시고 그의 잉태, 출생, 삶, 죽음, 그리고 죽으신 후 부활까지 종의 형태를 취하신 그 낮은 모습을 말합니다.

7.157 **문 47. 그리스도가 잉태되어 나실 때에 어떻게 자기를 낮추셨습니까?**

답. 그리스도가 그의 잉태와 출생에서 자신을 낮추신 것은, 그가 영원전부터 아버지의 품에 안기신 하나님의 아들이면서도 때가 찼을 때 기쁜 마음으로 사람의 아들이 되셨고, 낮은 신분의 한 여인에게서 생겨 그녀에게서 탄생되셨으며, 보통 이상의 굴욕적 환경들을 여러 가지로 겪으셨습니다. [1]

7.158 **문 48. 그리스도는 그의 지상 생활에서 어떻게 자기를 낮추셨습니까?**

답. 그리스도께서는 그 자신을 율법에 순종시키시어,[1] 율법을 완전히 이루시고,[2] 또 세상의 모든 모욕,[3] 사탄의 유혹,[4] 그리고 그의 육신적 약함과 충돌 함으로서—공통된 인간 본성에서 온 것이든지, 혹은 그의 낮은 상태에 특별히 수반된 것이든지—자신의 삶을 겸손하게 하셨습니다.[5]

7.159 **문 49. 그리스도는 그의 죽음에서 어떻게 자기를 낮추셨습니까?**

답. 그리스도가 그의 죽음에서 자신을 낮추신 것은, 유다에게 배반 당하시고,[1] 제자들에게 버림 받고,[2] 세상에게 조롱과 거절을 당하시고,[3] 빌라도에게 정죄를 받고 박해자들에게 고문은 당하셨습니다.[4] 또한 죽음의 공포와 암흑의 권세와 싸우며 무거운 하나님의 진노를 느끼고 짓눌리면서도,[5] 그는 자신의 생명을 죄에 대한 제물로 내어 놓으시고,[6] 고통스럽고 수치스럽고 저주스러운 십자가의 죽음을 참아내신 일입니다.[7]

7.160 **문 50. 그리스도께서 자신의 죽음 이후에 가지신 낮아지심은 무엇입니까?**

답. 그리스도가 자신의 죽음 이후에 가지신 낮아지심은 그가 매장되시고,[1] 삼일 째 되는 날까지 죽은 자들의 상태에 그리고 죽음의 권세 아래 남아 계신 것을 말합니다.[2] 그것은 다른 말로 "그가 지옥에 내려 가셨다."라고 표현 되었습니다.

7.161 **문 51. 그리스도의 높아지심의 상태는 무엇입니까?**

답. 그리스도의 높아지심 exaltation 의 상태는 그의 부활,[1] 승천,[2] 아버지의 오른편에 앉으심,[3] 세상 심판을 위해서 재림하시는 일을 포함합니다.[4]

7.162 **문 52. 그리스도는 그의 부활에서 어떻게 높아지셨습니까?**

답. 그리스도가 부활에서 높아지심은 죽으셨으나 썩지 않으셨고(그로 하여금 그를 붙잡을 수 없으셨다), 그가 고난당하신 바로 그 몸을 가지시고 그것의 본질적 특성과 함께,[2] (그러나 이 삶에서 죽음을 면치 못함과 다른 일반적인 연약성은 없이) 그의 영혼과 실제로 연합된 상태에서,[3] 자신의 능력으로 삼일 만에,[4] 죽은 자 가운데서 다시 살아나신 일입니다. 그 사실에 의해서 그는 당신이 하나님의 아들이심과,[5] 신성한 공의를 만족시키셨다는 것과,[6] 사망과 또 죽음의 권세 가진 자를 정복하셨다는 것과,[7] 자신이 산 자와 죽은 자의 주님이시라는 것을 선포 하셨습니다.[8] 그가 하나의 공인,[9] 즉 그의 교회의 머리로서,[10] 하신 모든 것은 그들의 칭의를 위한 것이며,[11] 은혜로 그들을 깨어나게 하고,[12] 그들을 붙들어 원수들을 대항하게 하며,[13] 그리고 마지막 날에 죽은 자들로부터 부활을 확신 시켜 줄 것입니다.[14]

7.163 **문 53. 그리스도는 그의 승천에서 어떻게 높아지셨습니까?**

답. 그리스도가 그의 승천에서 높아지심은 부활하신 후에 자주 나타나셔서 사도들과 대화하여 하나님의 왕국에 관한 일을 그들에게 말씀하셨으며,[1] 만방에 복음을 전하는 위임을 베푸셨습니다.[2] 그리고 나서 그의 부활 후 40 일이 지난 뒤 그는 우리들의 본성을 지닌 채 우리의 머리 되심으로서 모든 원수들을 이기시고 가장 높은 하늘로 올라가심을 보이셨습니다.[3] 거기서 그는 사람들을 위한 은사를 받으시고,[4] 우리의 애정을 높이기 위해,[5] 자신이 있는 곳에 우리를 위한 장소를 준비하시고,[6] 세상 끝날에 재림 하실 때까지 거기에 계속 머무실 것입니다.[7]

7.164 **문 54. 그리스도는 하나님 우편에 앉아 계심으로 어떻게 높아지셨습니까?**

답. 그리스도는 하나님 우편에 앉아 계심으로 높임을 받으십니다. 즉 그리스도가 하나님이며 사람으로서 하나님 아버지와 함께 가장 큰 은혜를 얻고,[1] 모든 충만한 기쁨,[2] 영광,[3] 또한 하늘과 땅의 만물을 지배하시는 권능을 차지하셨습니다.[4] 그리고 그의 교회를 모으시고, 지키시며, 원수들을 굴복시키십니다. 또한 그의 종들과 백성에게 은사와 은혜를 공급해 주시고,[5] 그들을 위해 중보의 사역을 하십니다.[6]

7.165 **문 55. 그리스도는 어떻게 중보의 사역을 하십니까?**

답. 그리스도께서는 중보의 사역으로 다음과 같은 일을 하십니다: 즉 그가 하늘에 계신 아버지 앞에 계속적으로 우리의 본성을 가지시고 나타나시되 [1] 지상에서 그가 순종과 희생으로 이루신 공로를 가지시고 나타나십니다. [2] 그리고 그 공로를 모든 믿는 자에게 적용하시겠다는 자신의 뜻을 선언하십니다.[3] 동시에 그들에 대한 모든 고발을 답변하시며,[4] 그들이 날마다 실패를 거듭하는 데도 불구하고 [5] 양심의 평정과 담대한 마음으로 은혜의 보좌에 가까이 나아감을 얻게 하시며,[6] 그들의 존재와 [7] 봉사가 [8] 하나님께 받아들여질 수 있게 하십니다.

7.166 **문 56. 세상을 심판하러 다시 오심으로 그리스도께서 어떻게 높아지실 것입니까?**

답. 그리스도는 세상을 심판하러 다시 오심으로 높아지십니다. 즉 악인들에게 부당하게 재판을 받고 정죄당한 그리스도는, 마지막 날에 큰 권능을 가지시고, 자기 자신과 그 아버지의 영광을 완전히 드러내시면서, 그의 모든 거룩한 천사들과 함께, 큰 외침과 천사장의 음성과 하나님의 나팔소리와 함께 다시 오셔서 세상을 의로 심판하십니다. [1]

7.167 **문 57. 그리스도께서 그의 중보하심으로 무슨 유익을 획득하셨습니까?**

답. 그리스도께서는 그의 중보하심으로 은혜의 언약의 다른 모든 유익들과 함께 구속을 획득하셨습니다. [1]

7.168 **문 58. 우리는 어떻게 그리스도께서 획득하신 유익들에 참여할 수 있게 될 것입니까?**

답. 우리는 그리스도께서 획득하신 유익들을 우리에게 적용함으로써 그 유익에 참여할 수 있게 됩니다. 이루어진 바, 특별히 성령 하나님의 사역입니다. [1]

7.169 **문 59. 그리스도를 통하여 구속에 참여하게 되는 자는 누구입니까?**

답. 그리스도께서 특정한 사람들을 위하여 구속을 이루셨으므로, 그 사람들 모두에게 특별히 그 구속이 적용되며 또 효과적으로 전달됩니다. [1] 그들은 복음을 따라 때가 되면 성령으로 말미암아 그리스도를 믿을 수 있게 됩니다.[2]

7.170 **문 60. 복음을 한 번도 들어 본 일이 없고 따라서 예수 그리스도를 알지도 못하고, 또 그를 믿지도 않는 사람들이 본성의 빛에 따라 사는 것으로 구원을 얻을 수 있습니까?**

답. 복음을 들어 본 일이 없고 따라서 예수 그리스도를 알지도 못하고 믿지도 않은 사람들은 아무리 열심히 본성의 빛에 맞추거나,[2] 그들이 고백하는 종교의 법에 맞추어 살려고 애쓸지라도,[3] 구원받을 수 없습니다.[1] 그리스도는 자신의 몸인 교회의 유일한 구주가 되시며,[5] 그리스도 안에가 아니면 [4] 다른 어떤 곳에도 구원은 없습니다.

7.171 **문 61. 복음을 듣고 교회 안에서 생활하는 사람들은 다 구원을 얻습니까?**

답. 복음을 듣고 보이는 교회 안에서 생활하는 사람들이라고 다 구원을 얻는 것은 아닙니다. 다만 보이지 않는 교회의 진정한 교인들만이 구원을 얻습니다. [1]

7.172 **문 62. 보이는 교회란 무엇입니까?**

답. 보이는 교회는 모든 시대와 장소에서 참 종교를 고백하는 모든 사람들과 [1] 그들의 자녀들로 [2] 구성된 하나의 공동체입니다.

7.173 **문 63. 보이는 교회의 특권은 무엇입니까?**

답. 보이는 교회는 하나님의 특별하신 보살핌과 통치 아래 있는 특권을 가지고 있으며,[1] 모든 시대에 있어서 모든 원수의 대항에도 불구하고 보호를 받고 보존되며,[2] 성도의 교제와 평범한 구원의 수단을 얻으며,[3] 또 누구든지 그리스도를 믿으며 구원을 얻는다는 것과,[4] 그에게 나아오는 자는 한 사람도 그 구원에서 제외되지 않는다고 [5] 증언하는 복음사역에 있어서, 교회의 모든 구성원들에게 그리스도로 말미암아 제공되는 은총을 즐길 수 있는 특권을 가집니다.

7.174 **문 64. 보이지 않는 교회란 무엇입니까?**

답. 보이지 않는 교회란 선택된 자들의 수 전체를 가리키는 것으로서, 머리되시는 그리스도 아래 하나로 모였으며, 지금도 모이고 있으며, 또 장차 모아질 사람들을 말합니다. [1]

7.175 **문 65. 보이지 않는 교회의 교인들은 그리스도로 말미암아 어떤 특별한 유익을 누립니까?**

답. 보이지 않는 교회의 구성원들은 그리스도로 말미암아 은혜와 영광 가운데 그와 더불어 연합과 교제를 누립니다. [1]

7.176 **문 66. 선택받은 자들이 그리스도와 더불어 가지는 연합은 무엇입니까?**

답. 선택받은 자들이 그리스도와 더불어 가지는 연합은 하나님의 은혜의 사역인바,[1] 그 은혜로 말미암아 그들은 영적으로 신비스럽게 그러나 실제적으로 분리될 수 없도록 그들의 머리이시며 남편이신 그리스도에게 결합됩니다.[2] 이는 그들의 효력있는 부르심 안에서 이루어집니다.[3]

7.177 **문 67. 효력있는 부르심은 무엇입니까?**

답. 효력있게 부르신다는 것은 하나님의 전능하신 권능과 은혜의 사역인 바,[1] (하나님께서 택함 받은 자들에 대한 자유롭고도 특별한 사랑 때문에 하시는 일이지, 그들 속에 있는 어떤 것이 하나님을 그렇게 하시도록 만드는 것은 아니다.)[2] 하나님께서 그의 권능과 은혜에 의해서 당신의 합당한 시간에 그의 말씀과 영에 의하여 그들을 초대하시어 예수 그리스도에게로 인도하십니다.[3] 그리고 그들의 마음을 되살리시고 밝히시며,[4] 그들의 의지를 새롭게 하시고 강력한 결심을 일으켜서,[5] (비록 그들 자체는 죄로 말미암아 죽었지만) 하나님의 부르심에 응답하고, 또 그 속에서 제공되고 전달되는 은혜를 수락하고 포용할 의지와 가능성과 자유를 가지도록 만드십니다.[6]

7.178 **문 68. 선택받은 자들만이 효력있게 부르심을 받습니까?**

답. 선택받은 자 모두, 그리고 오직 그들만이 효력하게 부르심을 받습니다.[1] 다른 사람들도 말씀의 사역으로 말미암아 [2] 외적으로 부르심을 받을 수도 있고, 성령의 어떤 일반적인 작용을 경험할 수도 있습니다.[3] 그러나 이들은 자신들에게 제공된 은혜를 짐짓 소홀히 하거나 멸시함으로 인해서 이들이 불신앙에 버려둠을 당하는 것은 정당합니다. 이들은 예수 그리스도께 진정으로 나아오지 못합니다. [4]

7.179 **문 69. 보이지 않는 교회 교인들이 그리스도와 더불어 가지는 은혜의 교제란 무엇입니까?**

답. 불가견 교회의 교인들이 그리스도와 더불어 가지는 은혜의 교제란그리스도의 중재로 말미암아 생기는 칭의,[1] 입양,[2] 성화의 은덕과 그밖에 무엇이든지 이 세상에서 그들과 그와의 연합을 나타내 주는 것들에 [3] 참여하는 것입니다.

7.180 **문 70. 칭의 justification 란 무엇입니까?**

답. 칭의란 죄인들에 대한 하나님의 값없는 은혜의 행위로서, 하나님이 그들의 모든 죄를 용서하시고 그들 개개인을 당신 보시기에 의롭다고 용납하시고 간주하여 주심입니다.[1] 그것은 그들 속에서 작용되거나 그들로 말미암아 되어진 어떤 것 때문이 아니라,[2] 오직 그리스도의 완전하신 순종과 희생으로 말미암으며, 하나님께서 그들에게 전가해 주시고,[3] 또 그들이 오직 믿음으로 수락함으로써 되는 일입니다.[4]

7.181 **문 71. 칭의는 어떻게 하나님의 값없는 은혜의 행위입니까?**

답. 그리스도께서는 순종과 죽음으로, 칭의받을 자들을 대신하여 하나님의 공의에 대해 충분하고, 진실하며, 온전한 만족을 나타내셨지만, 하나님께서는 그들에게 요구할 수도 있었던 하나의 보증을, 하나님 당신의 아들로써 그 보증을 삼으시고, 그 보증 의무의 만족한 이행을 수납하셨으며, 그 아들의 의를 그들에게 돌리시고, 그들의 칭의를 위하여 믿음

외에는 아무것도 요구하시지 않으셨고, 그 믿음조차도 하나님의 선물로서, 그들의 칭의는 그들에게 있어서 값없는 은혜로 말미암은 것입니다.[1]

7.182 **문 72. 의롭다 하는 믿음이란 무엇입니까?**

답. 의롭다 하는 믿음은 곧 구원에 이르게 하는 은혜로서,[1] 성령과 하나님의 말씀에 의하여,[2] 죄인의 마음속에서 이루어지는 것입니다. 죄인이 자신의 죄와 비참함을 확실히 깨닫고, 자기의 멸망할 상태로부터 자신을 회복시켜 줄 능력이 자기 자신과 다른 모든 피조물 속에는 없다는 사실을 확실히 깨닫는 가운데,[3] 믿음에 의하여 복음의 약속의 진실성을 승인할 뿐 아니라,[4] 그리스도와 그 안에 있는 그의 의를 받아 들이고 의지합니다. 그리하여 죄사함을 받으며,[5] 하나님 앞에서 받아들여지고, 의로운 자로 인정되어 구원을 받는 것입니다.[6]

7.183 **문 73. 믿음이 어떻게 하나님 앞에서 죄인을 의로운 자로 만듭니까?**

답. 죄인을 하나님 앞에서 의로운 자로 만드는 것은 믿음입니다. 그것은 언제나 믿음과 동반하는 다른 은혜들이나, 또는 그것의 열매인 선한 행위 때문이 아닙니다.[1] 그리고 마치 믿음의 은혜나 그것에서 유래하는 어떤 행동이 칭의를 위한 공로로서 그에게 전가된 것처럼 보아서는 안 됩니다.[2] 믿음은 오직 방편으로서, 그것에 의하여 그리스도와 그의 의를 받아들이고 적용합니다.[3]

7.184 **문 74. 입양 adoption 이란 무엇입니까?**

답. 입양이란 하나님의 값없는 은혜의 행위로서,[1] 그의 독생자 예수 그리스도 안에서 그리고 그를 위하여 하신 일입니다.[2] 그 행동으로 말미암아, 칭의를 받은 자들은 모두 하나님의 자녀의 수에 포함되며,[3] 그의 이름이 그들에게 붙여지며,[4] 그 아들의 영이 그들에게 주어지며,[5] 아버지의 보호와 다스림을 받으며,[6] 하나님의 아들들의 모든 자유와 특권을 누리게 되며, 모든 약속의 상속자가 되는 바, 영광 중에 계시는 그리스도와 더불어 공동 상속자가 됩니다.[7]

7.185 **문 75. 성화 sanctification 란 무엇입니까?**

답. 성화란 하나님 은혜의 사역인 바, 하나님께서 창세 전에 거룩하게 하시려고 택하신 자들이 때가 되면 성령의 강력한 역사를 통해 그리스도의 죽음과 부활을 그들에게 적용함으로, 하나님의 형상을 닮아 온전하게 새로워집니다.[1] 생명에 이르게 하는 회개의 씨앗들과, 다른 모든 구원의 은혜가 그들의 마음에 담겨졌으며,[2] 이 은혜들이 끓어 오르고, 증진되고 강화되어,[3] 죄에 대해서는 점점 더 죽어 가고, 삶의 새로움 속으로 향상하게 됩니다.[4]

7.186 **문 76. 생명에 이르게 하는 회개란 무엇입니까?**

답. 생명에 이르는 회개는 구원의 은혜로서,[1] 성령과 말씀으로 죄인의 마음에 일구어 낸 것입니다.[2] 이는 위험뿐만 아니라 [3] 그의 죄의 더러운 것과 악취를 보고 느끼는 가운데,[4] 그리스도 안에서 나타난 하나님의 자비를 깨닫고 뉘우치면서,[5] 자기의 죄를 슬퍼하고 미워하는 나머지,[6] 그 모든 것들로부터 하나님께로 돌이키며,[7] 계속 하나님과 더불어 살면서, 백방으로 새로운 순종의 길을 가려는 목적을 세우고 노력하게 합니다.[8]

7.187 **문 77. 칭의와 성화는 어느 점에서 다릅니까?**

답. 성화는 칭의와 분리 할 수 없을 정도로 연결되어 있지만,[1] 그들은 다음과 같은 점에서 서로 차이가 있습니다: 칭의에 있어서는 하나님께서 그리스도의 의를 전가시키고,[2] 성화에 있어서는 그의 영이 은혜를 주입하시고 그것을 사용할 수 있게 하십니다.[3] 전자에 있어서는 죄가 사면되고,[4] 후자에 있어서는 죄가 억제를 받습니다.[5] 칭의는 모든 신자들을 하나님의 복수하시는 진노로부터 동등하게 해방시키시되, 이 세상에서 그것을 완전하게 하시므로 결코 정죄를 받지 않습니다.[6] 그러나 성화는 모든 사람에게 결코 동등하지 않으며 [7] 이 삶에서 어느 누구의 경우에도 완전하지 않으며, 다만 완전을 향하여 자라갈 뿐입니다.[8]

7.188 **문 78. 신자들에게 있어서 성화의 불완전성은 무엇 때문입니까?**

답. 신자들에게 있어서 성화의 불완전성은 그들의 모든 지체에 남아 있는 죄의 잔재와 성령과 거슬러 싸우는 끊임없는 육신의 정욕 때문입니다. 그들은 종종 유혹 속에서 살며 많은 죄에 빠져듭니다. [1] 그리고 그들의 모든 영적 봉사에 있어서 방해를 받으며,[2] 따라서 그들이 최선을 다하여 행한 일들도 하나님 보시기에는 불완전하고 더러운 것입니다.[3]

7.189 **문 79. 참된 신자들은 자신들의 불완전성과 그들이 빠져 있는 여러가지 시험과 죄 때문에 은혜의 상태로부터 떨어질 수 있지 않습니까?**

답. 참된 신자들은 하나님의 변하지 않는 사랑 때문에,[1] 그리고 그들을 견인해 주시려는 하나님의 경륜과 언약 때문에,[2] 그리고 그들이 그리스도와 나뉠 수 없는 연합,[3] 그들을 위한 그리스도의 계속되는 중보,[4] 그리고 그들 안에 거하시는 하나님의 영과 씨가 머물러 있기 때문에,[5] 은혜의 상태로부터 전적으로나 최종적으로 떨어져 나가는 일은 없을 것입니다. 오히려 하나님의 능력에 의해서 믿음으로 구원에 이릅니다. [6]

7.190 **문 80. 참된 신자들은 자신들이 은혜의 상태에 있음과 이 상태 안에서 구원에 이르기까지 그 안에서 인내로 참아낼 것을 틀림없이 확신할 수 있습니까?**

답. 그리스도를 참되게 믿고 그 앞에서 참으로 선한 양심을 가지고 살기를 힘쓰는 사람은 비상한 계시 없이도 하나님 약속의 진실성 위에 근거한 믿음으로 말미암아, 그리고 생명이 약속된 그 은혜들을 스스로 분별해 내고, 또한 자신들이 하나님의 자녀인 것을 그들의 영과 더불어 증언하시는 성령으로 말미암아, 자신들이 은혜의 상태에 있다는 것과, 그 안에서 견디어 내고 마침내 구원에 이르게 된다는 것을 틀림없이 확신할 수 있습니다.[1]

7.191 **문 81. 모든 참된 신자들은 자신들이 은혜의 상태에 있다는 것과 장차 구원 받을 것임을 언제나 확신할 수 있습니까?**

답. 은혜와 구원의 확신은 믿음의 본질에 속한 것은 아닙니다.[1] 참된 신자들이 그 확신을 얻기까지는 오랜 세월이 걸릴 수 있습니다. 그리고 이러한 확신을 누리다가도 다양한 혼란, 죄, 유혹, 탈선을 통해서 그것이 약해지고 중단되기도 합니다.[2] 그러나 그들이 결코 하나님 영의 임재와 지지가 없는 상태에 혼자 버려지는 일은 없을 것입니다. 성령께서 그들을 지키시며 심한 절망에 빠지지 않도록 하십니다.[3]

7.192 **문 82. 보이지 않는 교회의 교인들이 그리스도와 더불어 가지는 영광의 교제함은 무엇입니까?**

답. 보이지 않는 교회의 구성원들이 그리스도와 더불어 가지는 영광의 교제함은 이 삶에서도 있고,[1] 죽음 직후에도 있으며,[2] 마침내 부활과 심판의 날에 완성되는 것입니다.[3]

7.193 **문 83. 보이지 않는 교회의 교인들이 이 삶에서 즐기는, 그리스도와 더불어 갖는 영광의 교제란 무엇입니까?**

답. 보이지 않는 교회의 교인들은 그들의 머리이신 그리스도의 지체들이므로, 그리스도와 더불어 갖는 영광의 첫 열매들을 이 삶에서 전달해 받으며, 따라서 그가 충만히 소유하시는 그 영광에 대하여 그리스도 안에서 관심을 가집니다.[1] 그리고 그 징조로서 하나님의 사랑에 대한 느낌과[2] 양심의 평안과 성령 안에서의 기쁨과 영광의 희망을[3] 즐깁니다. 그 반대로 악인들은 하나님의 복수하시는 진노에 대한 인식, 양심의 공포, 심판에 대한 두려운 기대 등을 경험합니다. 그러나 이런 것들은 그들이 죽음 이후에 받을 고통의 시작에 지나지 않습니다.[4]

7.194 **문 84. 사람은 모두가 다 죽어야 합니까?**

답. 죽음은 죄의 삯으로 주어지는 위협으로서,[1] 모두가 죄를 지었기 때문에 누구나 한 번은 죽게 마련입니다.[2]

7.195 **문 85. 죽음이 죄의 값이라면, 왜 의인들은 그들의 모든 죄가 그리스도 안에서 용서함을 받았는데도 죽음으로부터 구원 받지 못합니까?**

답. 의인들은 마지막 날에 죽음 자체로부터 구원 받을 것이며, 죽음에 있어서도 그 쏘는 것과 저주로부터 건짐을 받을 것입니다.[1] 그러므로 그들이 죽을지라도 하나님의 사랑이 그들을 죄와 비참에서 완전히 해방시키시고, 장차 그들이 경험하게 될 영광의 그리스도와 함께 더 깊은 교제를 가능케 하십니다. 의인들은 죽으면 이 영광에 들어갑니다.[2]

7.196 **문 86. 보이지 않는 교회의 교인들이 죽음 직후에 그리스도와 더불어 누리게 되는 영광의 교제란 무엇입니까?**

답. 보이지 않는 교회의 구성원들이 죽음 직후에 그리스도와 더불어 누리게 되는 영광의 교제함은 다음과 같은 것들입니다: 즉 그들은 영혼이 그 때에는 거룩함에 있어서 완전해지고, 지극히 높은 하늘로 영접되어 광채와 영광중에 계신 하나님의 얼굴을 보게 됩니다.[1] 그리고 그들은 육체의 완전한 구속을 기다립니다.[2] 그들의 육체는 죽어서도 계속 그리스도와 연합되어 있으며,[3] 그것들이 마지막 날에 그들의 영혼과 다시 연합되기까지 [4] 그들의 무덤에서 마치 그들의 침대에 누운 것 같이 휴식을 가집니다. 그런데 악인들의 영혼은 죽자마자 지옥에 던져지며, 거기서 계속 고통과 극심한 흑암 속에 머물러 있게 되며, 그들의 육체는 마치 감옥에 갇힌 것과 같이 무덤에 보존되어 있다가 그 위대한 날의 부활과 심판을 맞이합니다.

7.197 **문 87. 부활에 관해서 우리는 무엇을 믿어야 합니까?**

답. 우리가 부활에 관해서 믿어야 할 것은 다음과 같습니다: 마지막 날에 이미 죽은 자들은 의로운 자와 불의한 자가 다같이 [1] 부활할 것이며, 그 때에 살아 남아 있는 자들은 순식간에 변화될 것입니다. 무덤에 누어있던 죽은 자들의 신체는 영원토록 다시 그들의 영혼과 연합되어, 그리스도의 능력으로 말미암아 일으킴을 받을 것입니다.[2] 의인들의 몸은 그리스도의 영과 그들의 머리이신 그리스도의 부활의 효능으로써 능력 가운데 영적이고 썩지 않는 몸으로 일으킴을 받아 그리스도의 영광스러운 몸과 같이 되어질 것입니다.[3] 반면에 악인들의 몸은 대적하는 심판자이신 그에 의하여 불명예로 일으킴을 받을 것입니다.[4]

7.198 **문 88. 부활 직후에 어떠한 일이 따를 것입니까?**

답. 부활 직후에는 천사들과 사람들의 일반적인 최후 심판이 뒤따를 것입니다.[1] 그날과 시간은 아무도 모릅니다. 이 때문에 모두는 깨어 기도하면서 주님의 오심을 항상 준비해야 합니다.[2]

7.199 **문 89. 심판 날에 악인에게는 어떤 일이 생길 것입니까?**

답. 심판 날에 악인들은 그리스도의 왼편에 놓이게 될 것이며,[1] 명백한 증거를 바탕으로 그리고 그들 자신의 양심이 충분히 설득하는 가운데,[2] 무서우면서도 정의로운 정죄 선고가 그들에게 내려질 것입니다.[3] 그리고 그것에 의하여 그들은 하나님의 총애의 임재로부터 쫓겨나며, 그리스도와 그의 성도들과 그의 모든 거룩한 천사들과의 영광스러운 교제함에서 단절되어 지옥으로 떨어져, 몸과 영혼이 악마와 그의 천사들과 더불어 영원토록 형언할 수 없는 고통을 당하는 벌을 받게 될 것입니다.[4]

7.200 **문 90. 심판 날에 의인들에게는 어떤 일이 생길 것입니까?**

답. 심판날에 의인들은 구름에 싸여 그리스도에게로 들려 올라가 [1] 그의 우편에 놓이게 될 것이며, 거기서 공개적으로 인정을 받고 무죄선언을 받을 것이며,[2] 타락한 천사들과 인간들을 심판하시는 그리스도의 심판에 동참할 것이며,[3] 하늘로 영접되어 [4] 거기서 모든 죄와 비참에서 완전히 그리고 영원히 해방을 받을 것이며,[5] 상상할 수 없는 기쁨으로 충만하고,[6] 몸과 영혼이 완전히 거룩하고 행복하게 되어 무수한 성도 및 천사들과 함께 있게 될 것이며,[7] 특히 하나님 아버지와 우리 주 예수 그리스도와 성령을 영원토록 직접 뵙고 즐기게 됩니다.[8] 그리고 이것은 보이지 않는 교회 교인들이 부활과 심판의 날에 영광중에 계신 그리스도와 함께 즐기게 될 완전하고 충만한 교제입니다.

하나님께 대하여 우리가 믿어야 하는 내용에 대해서
성경이 중요하게 가르치는 것을 알았으므로,
이어서 성경이 요구하는 사람의 의무가 무엇인지 고찰한다

7.201 **문 91. 하나님께서 사람에게 요구하시는 의무는 무엇입니까?**

답. 하나님께서 사람에게 요구하시는 의무는 그가 계시하신 뜻에 순종하는 것입니다.[1]

7.202 **문 92. 하나님께서 순종하는 법칙으로 사람들에게 처음 계시하신 것이 무엇입니까?**

답. 아담이 무죄한 상태에 있을 때 그리고 그 안에 있는 모든 인간에게 계시된 순종의 법칙은 선악을 알게하는 나무 열매를 먹지 말라는 특별한 명령 외에 도덕법이었습니다.[1]

7.203 **문 93. 도덕법 Moral Law 이란 무엇입니까?**

답. 도덕법은 인간에게 선포된 하나님의 뜻으로서, 각자가 영과 육으로 된 전인적인 구조와 기질로써, 그리고 그가 하나님과 사람에게 빚진 바 거룩함과 의의 모든 의무를 수행함으로써, 개개인이 완전하게 그리고 영구적으로 그것에게 순응하고 순종할 것을 지시하시고, 또 의무를 부여하셨습니다.[1] 그 뜻을 성취할 때 생명을 주시기로 약속하셨으며, 그것을 어기는 자에게는 사망의 위협이 따릅니다.[2]

7.204 **문 94. 타락 이후 그 도덕법이 사람에게 어떤 소용이 있습니까?**

답. 타락 이후에는 아무도 그 도덕법에 의해서 의와 생명에 이를 수 없지만,[1] 그것은 매우 유용한 것으로서 모든 사람에게, 특히 중생하지 못한 사람이나 중생한 자에게 유용합니다.[2]

7.205 **문 95. 도덕법은 모든 사람에게 어떤 유익이 있습니까?**

답. 도덕법은 모든 사람에게 유용한 바, 그들에게 하나님의 거룩한 본성과 뜻을 알려 주며 [1] 그것을 따라 살아야 할 의무가 있음을 알려 줍니다.[2] 그리고 그들이 그것을 지킬 능력이 없다는 사실과 그들의 본성과 마음과 삶이 죄로 말미암아 더러워졌다는 것을 확신시키며,[3] 그들의 죄와 비참을 느끼는 가운데 자신을 낮추고 [4] 따라서 그들이 그리스도와 그의 완전한 순종을 필요로 한다는 것을 더욱 명백히 깨닫도록 도와 줍니다.[5]

7.206 **문 96. 도덕법은 중생하지 못한 자들에게 무슨 특별한 소용이 있습니까?**

답. 도덕법은 중생하지 못한 자들에게도 유용한 것은, 그들의 양심을 깨우쳐 장차 임할 진노를 피하게 하며,[1] 그들을 그리스도께로 인도하기 때문이며,[2] 반대로 그들이 죄의 상태와 그 길에 계속 머물러 있는 경우에는, 그들로 하여금 핑계할 수 없게 하며,[3] 죄의 저주 아래 있게 하기 때문입니다.[4]

7.207 **문 97. 도덕법은 중생한 자들에게 어떤 특별한 소용이 있습니까?**

답. 중생하고 그리스도를 믿는 사람들은 행위 언약으로서의 도덕법에서 해방되었으므로, 그것에 의해서 의롭다 함을 얻거나 정죄를 받는 일이 없지만, 모든 인간과 더불어 그들이 공통적으로 가지는 일반적 용도 외에 특수한 용도가 있는데, 그것은 그들 대신에 그리고 그들의 이익을 위하여 그 법을 성취하시고 그 법의 저주를 겪어 내신 그리스도와 얼마나 밀접하게 연결되어 있는가를 그들에게 보여 줍니다.[1] 또 그렇게 함으로써 그들로 하여금 더욱 감사하는 마음을 가지도록 자극하고, 그 법을 그들이 순종해야 할 법으로 알아 자신들을 그것에 순응시키려고 더 크게 마음을 쓰면서 감사를 표시하게 합니다.[2]

7.208 **문 98. 도덕법의 핵심은 어디에 요약되어 있습니까?**

답. 도덕법의 핵심은 십계명에 요약되어 있습니다.[1] 그것은 시내산에서 하나님의 음성에 의하여 전달되고, 두 개의 돌 판에 하나님이 친히 쓰신 것입니다.[2] 출애굽기 20 장에 기록되어 있으며, 첫 네 계명은 하나님께 대한 우리의 의무, 다른 여섯 계명은 사람에 대한 우리의 의무를 규정하고 있습니다.

7.209 **문 99. 십계명을 바로 이해하기 위해서 지켜야 할 법칙들은 무엇입니까?**

답. 십계명을 바르게 이해하기 위해서는 다음의 법칙들을 지켜야 합니다:

1. 율법은 완전하며, 그래서 모든 사람이 전인적으로 그것의 의를 온전히 따르고, 영원히 전적으로 순종할 것을 요구합니다. 모든 의무는 끝까지 철저히 완수하여야 하며, 아무리 작은 죄라도 금하여야 합니다.[1]

2. 율법은 영적이며, 그래서 이해와 의지와 애정과 영혼의 다른 모든 능력에 다가옵니다. 마찬가지로 말과 행위와 동작에도 다가옵니다.[1]

3. 몇몇 계명에서 한 가지 즉 동일한 것이 여러 가지 면에서 요구되고 혹은 금지됩니다.[1]

4. 의무가 명령된 곳에서는 반대되는 죄가 금지됩니다.[1] 죄가 금지된 곳에서는 반대되는 의무가 명령됩니다.[2] 이와 같이 어떤 약속이 동반된 곳에서는 반대되는 위협이 내포됩니다.[3] 그리고 위협이 동반된 곳에서는 반대되는 약속이 내포됩니다.[4]

5. 하나님께서 금하신 것은 어느 때에도 해서는 안 됩니다.[1] 그가 명하신 것은 언제나 우리의 의무입니다.[2] 그러나 모든 특정 의무가 항상 행해져야 하는 것은 아닙니다.[3]

6. 한 가지 죄 혹은 의무 아래 있는 같은 종류는 전부 금했거나 명령되었습니다. 그것의 원인, 수단, 용무, 외관, 그리고 자극 행위를 모두 포함하여 금하거나 명하시는 것입니다.[1]

7. 우리에게 금지되거나 명령 된 것은 우리의 처소에 따라 다른 사람들이 피하거나 행할 수 있도록, 그리고 그들 장소의 의무에 따라 피하거나 행할 수 있도록 노력해야 합니다.[1]

8. 우리는 다른 사람들이 자신들에게 명령된 일들을 행할 때 우리가 처한 장소와 소명에 따라 그들에게 도움이 되어야 할 의무가 있습니다.[1] 그리고 다른 사람들에게 금지된 바에 있어서도 그들과 동참함에 주의하여야 합니다.[2]

7.210 **문 100. 십계명에서 우리가 고려해야 할 특별한 것들은 무엇입니까?**

답. 십계명에 있어서 우리가 고려해야 할 것들은 서문, 십계명 자체의 내용, 및 계명들을 더욱 강화하기 위하여 부가된 몇 가지 이유들입니다.

7.211 **문 101. 십계명의 서문은 무엇입니까?**

답. 십계명의 서문은 "나는 너를 애굽 땅 종 되었던 집에서 인도하여 낸 네 하나님 여호와니라."[1] 는 말에 내포되어 있습니다. 그 말씀으로써 하나님은 여호와이시며, 영원하시고, 불변하시고, 전능하신 하나님으로서의 주권을 나타내십니다. 그는 자기의 존재를 스스로 소유하고 계시고, 자기의 모든 말씀과 하시는 일에 존재를 부여하십니다. 그는 옛 이스라엘과 언약을 맺으신 것처럼, 그의 모든 백성과 언약을 맺으신 하나님이십니다. 그는 옛 이스라엘을 애굽의 종살이에서 건져 내신 것처럼, 우리를 우리의 영적인 속박에서 건져 주셨습니다. 그러므로 우리는 그분만을 우리의 하나님으로 모셔야 하며, 그의 모든 계명을 지켜야만 합니다.

7.212 **문 102. 하나님에 대한 우리의 의무를 담고 있는 네 계명의 요점은 무엇입니까?**

답. 하나님께 대한 우리의 의무를 담고 있는 네 계명의 요점은 우리의 마음과, 영혼과, 힘과, 뜻을 다하여 주님이신 우리의 하나님을 사랑하라는 것입니다.[1]

7.213 **문 103. 첫째 계명은 무엇입니까?**

답. 첫째 계명은 "너는 나 외에는 다른 신들을 네게 두지 말라." 입니다.[1]

7.214 **문 104. 첫째 계명이 요구하는 의무는 무엇입니까?**

답. 첫째 계명이 요구하는 의무는 다음과 같습니다:[1] 하나님을 유일하신 참 하나님 곧 우리들의 하나님으로 알고 인정하는 것입니다.[2] 그리고 그를 합당하게 예배하고 영화롭게 하는 것입니다.[3] 그를 생각하고,[4] 묵상하고,[5] 기억하고,[6] 높이고,[7] 존경하고,[8] 경배하고,[9] 선택하고,[10] 사랑하고,[11] 원하고 [12] 경외하고,[13] 믿고,[14] 의지하고,[15] 소망하고,[16] 즐기고,[17] 기뻐하고,[18] 그를 위하여 열심을 내며,[19] 모든 찬송과 감사를 드리며 그에게 부르짖고,[20] 전인적으로 그에게 순종과 복종을 바치며,[21] 무슨 일에서든지 조심하여 그를 기쁘시게 하며,[22] 그의 마음을 상하게 할 때 슬퍼하며,[23] 그리고 그와 겸손히 동행하는 것입니다.[24]

7.215 **문 105. 첫째 계명이 금하는 죄는 무엇입니까?**

답. 첫째 계명이 금하는 죄는 다음과 같습니다. 무신론, 즉 하나님을 부정하고 혹은 하나님을 모시지 않는 일입니다.[1] 우상숭배, 즉 유일하신 하나님 외에 다른 신들이나, 참 하나님과 함께, 또는 참된 하나님 대신에 다른 신을 모시고 섬기는 일입니다.[2] 하나님을 하나님으로, 또는 우리의 하나님으로 모시지 않고 인정하지 않는 일입니다.[3] 이 계명이 요구하는 하나님께 대한 의무를 생략하거나 소홀히 하는 일입니다.[4] 하나님에 대한 무지,[5] 망각,[6] 오해, 거짓 견해,[7] 무가치하고 악한 사상,[8] 하나님의 비밀을 무모하게 호기심을 가지고 탐색하는 일,[9] 하나님께 대한 온갖 모독 [10] 과 혐오,[11] 자신을 사랑하는 일,[12] 자기 추구,[13] 우리의 마음과 의지 또는 애정을 지나치고 무절제하게 다른 사물에다 쏟게 하고, 전적으로 혹은 부분적으로 그것들을 하나님에게서 끊어 버리는 모든 일,[14] 헛된 맹신,[15] 불신앙,[16] 이단,[17] 그릇된 신앙,[18] 불신,[19] 절망,[20] 교정불능, 심판에 대한 무감각,[21] 마음의 완악,[22] 자랑,[23] 주제넘음,[24] 육신적 안보,[25] 하나님을 시험하는 일입니다.[26] 불법적 수단을 사용하고,[27] 또는 법적인 수단을 의지하는 일입니다.[28] 육적 향락과 기쁨,[29] 부패, 눈의 어두움, 지각없는 열정입니다.[30] 하나님의 일에 대하여 뜨뜻 미지근함과,[31] 죽은 상태입니다.[32] 하나님께로부터 우리 자신을 소외시키고 배신하는 일입니다.[33] 성자, 천사, 또는 기타의 어떤 피조물에게 기도를 하거나 종교적 예배를 드리는 일입니다.[34] 마귀와의 모든 맹약과 의논,[35] 그리고 마귀의 제의에 순응하는 일입니다.[36] 인간을 우리 신앙과 양심의 주인으로 삼는 일입니다.[37] 하나님과 그의 명령을 얕보거나 멸시하는 일입니다.[38] 하나님의 영을 거스르고 슬프게 하며,[39] 하나님께서 우리에게 고통을 주실 때 어리석게 그를 공격하면서 그의 섭리에 불만을 품거나 참을성 없이 구는 일입니다.[40] 우리의 됨됨이나 소유나 능력의 어떤 선함을 칭송함에 있어서 그것을 행운이나, 우상이나,[41] 우리 자신이나,[42] 어떤 다른 피조물의 [43] 덕택이라고 여기는 일 등입니다.

7.216 **문 106. 첫째 계명에 있어서 '내 앞에는'(우리 말은 '나 외에는')이란 말이 특별히 우리에게 주는 교훈은 무엇입니까?**

답. 첫째 계명에 있는 '내 앞에는' 혹은 '내 면전에서'라는 말은 다음과 같은 것을 우리에게 가르칩니다. 즉 모든 것을 보시는 하나님은 어떤 다른 신을 두는 죄를 특별히 주목하시며 매우 불쾌하게 여기신다는 것, 그런 행동을 말리고 그런 행동은 가장 건방진 도발이라는 것을 강조하십니다.[1] 우리가 하나님을 섬기는 데 있어서 무엇을 하든지 그의 목전에서 하는 것처럼 하라고[2] 우리를 설득하십니다.

7.217 **문 107. 둘째 계명은 무엇입니까?**

답. 둘째 계명은 "너를 위하여 새긴 우상을 만들지 말고, 또 위로 하늘에 있는 것이나, 아래로 땅에 있는 것이나, 땅 아래 물 속에 있는 것의 어떤 형상도 만들지 말며, 그것들에게 절하지 말며, 그것들을 섬기지 말라. 나 네 하나님 여호와는 질투하는 하나님인즉 나를 미워하는 자의 죄를 갚되, 아버지로부터 아들에게로 삼사 대까지 이르게 하거니와, 나를 사랑하고 내 계명을 지키는 자에게는 천 대까지 은혜를 베푸느니라"입니다.[1]

7.218 **문 108. 둘째 계명이 요구하는 의무들은 무엇입니까?**

답. 둘째 계명이 요구하는 의무들은 다음과 같습니다: 하나님께서 당신의 말씀으로 제정하신 대로의 모든 종교적 예배와 규례들을 순수히 그리고 온전히 받아들이고 준수하고 지킬 일,[1] 특히 그리스도의 이름으로 기도하고 감사드리는 일,[2] 말씀을 읽고 설교하고 경청하는 일,[3] 성례를 집행하고 받는 일,[4] 교회를 치리하고 권징하는 일,[5] 교회를 섬기고 유지하는 일,[6] 종교적 금식,[7] 하나님의 이름으로 맹서하는 일,[8] 하나님께 서약하는 일,[9] 동시에 모든 거짓된 예배를 부정하고 미워하고 반대하는 일, 각자의 장소와 소명에 따라 거짓 예배와 모든 우상숭배의 기념물들을 제거하는 일 등입니다.[10]

7.219 **문 109. 둘째 계명에서 금지하는 죄는 어떤 것들입니까?**

답. 둘째 계명에서 금지하는 죄는 다음과 같은 것들입니다: 하나님이 친히 제정하시지 않은 어떤 종교적 예배든지, 이를 고안하고,[1] 상의하고,[2] 명령하고,[3] 사용하는[4] 모든 행동과 그것을 교묘하게 승인하는 행동입니다.[5] 하나님의 삼위의 전부 또는 어느 한 위라도, 내적으로 우리 마음 속에 두거나, 혹은 외적으로 무엇이든지 피조물의 모양이나 형상의 어떤 종류로서 표현하는 일입니다.[6] 그 표현, 혹은 그 표현속이나, 그 표현을 통해 드러낸 신을 경배하는 모든 행위,[8] 및 예배하는 일을 말합니다.[7] 거짓된 신성의 어떤 상을 만드는 일,[9] 및 그것들을 예배하고 섬기는 모든 일입니다.[10] 모든 미신적 고안들,[11] 즉 하나님께 대한 예배를 타락시키고,[12] 거기에 첨가하거나, 그것으로부터 빼거나 하는 일,[13] 즉 우리 스스로가 발명하고 수용하거나,[14] 다른 이로부터 받아들인 전통,[15] 또는 유물,[16] 풍속,[17] 헌신 devotion,[18] 선한 의도, 혹은 다른 모든 구실들을 말합니다.[19] 성직 매매,[20] 및 신성모독입니다.[21] 이는 하나님께서 지정하신 예배와 규례들을 경홀히 여기고,[22] 멸시하고,[23] 방해하고,[24] 반대하는 [25] 모든 일들 입니다.

7.220 **문 110. 둘째 계명을 더 힘있게 하기 위해서 첨부한 이유들은 무엇입니까?**

답. 둘째 계명을 더 힘있게 하기 위해서 첨가한 이유들은 다음과 같은 말씀 속에 담겨 있습니다: "나 네 하나님 여호와는 질투하는 하나님인즉 나를 미워하는 자의 죄를 갚되, 아비로부터 아들에게로 삼사 대까지 이르게 하거니와, 나를 사랑하고 내 계명을 지키는 자에게는 천 대까지 은혜를 베푸느니라."[1] 그 이유들이란 우리에 대한 하나님의 주권과 소유권 이외에, 모든 거짓 예배는 [2] 하나의 영적인 음행 [3] 이기 때문에 하나님은 진노하시고 보복하신다는 것입니다. 이 계명을 어기는 자들을 따지시고 여러 세대에 걸쳐 벌하시겠다고 위협하시며,[4] 이 계명을 준수하는 사람들은 하나님을 사랑하며 그의 계명을 지키는 자로 간주하셔서 수많은 세대에 이르기까지 자비를 베푸시기로 약속하시는 것입니다.[5]

7.221 **문 111. 셋째 계명은 무엇입니까?**

답. 셋째 계명은 "너는 네 하나님 여호와의 이름을 망령되게 부르지 말라. 여호와는 그의 이름을 망령되게 부르는 자를 죄 없다 하지 아니하리라"입니다. [1]

7.222 **문 112. 셋째 계명이 요구하는 것은 무엇입니까?**

답. 셋째 계명이 요구하는 것은 다음과 같습니다: 하나님의 이름, 그의 칭호, 속성,[1] 규례,[2] 말씀,[3] 성례전,[4] 기도,[5] 맹세,[6] 서약,[7] 제비뽑기,[8] 그의 사역,[9] 그리고 기타 하나님이 자기 자신을 나타내시는 것은 무엇이든지 거룩하고 경건한 생각,[10] 묵상,[11] 말,[12] 및 글 [13] 이 사용되어져야 합니다. 거룩한 고백과 [14] 책임 있는 대화는,[15] 하나님의 영광과,[16] 우리들 자신과,[17] 다른 사람들의 [18] 이익을 도모하라는 것입니다.

7.223 **문 113. 셋째 계명이 금지하는 죄는 무엇입니까?**

답. 셋째 계명이 금지하는 죄는 다음과 같은 것들입니다: 하나님의 이름을 하나님이 요구하시는 대로 사용하지 않는 일입니다. [1] 하나님의 이름을 무지하게,[2] 헛되게,[3] 존경심 없이, 속되게,[4] 미신적으로,[5] 혹은 그 칭호들이나, 속성들이나,[6] 규례들이나,[7] 사역들을남용하는 일입니다.[8] 신성 모독적인 농담,[9] 및 위증으로,[10] 모든 죄악적 저주,[11] 서약,[12] 맹세,[13] 및 제비뽑음을 말합니다.[14] 합법적으로 우리의 서약과 맹세를 깨뜨리는 일입니다.[15] 불법으로 저지르는 일입니다.[16] 하나님의 법령과 [19] 섭리 [20] 를 놓고 불평하고, 말다툼하고,[17] 호기심으로 반항하고,[18] 잘못 적용하는 일입니다. 말씀 혹은 그것의 어떤 부분을 [23] 그릇 해석하고,[21] 그릇 적용하거나,[22] 어딘지 모르게 왜곡하여 속된 희롱이나,[24] 괴이한 질문이나 헛된 말다툼을 자아내거나, 거짓된 교리들을 지지하는 일입니다.[25] 하나님의 이름이나 피조물이나 혹은 하나님의 이름 아래 포함되는 그 어떤 것을 부적이나 주문으로 [26] 악용하든가, 혹은 죄악된 욕망이나 책략을 위해 악용하는 일입니다.[27] 중상,[28] 조소,[29] 욕설,[30] 기타 무엇이든지 하나님의 진리와 은혜와 도리 [31] 를 거스르는 일입니다. 가식으로 혹은 사악한 목적을 가지고 종교적 공언을 하는 일,[32] 하나님의 이름을 부끄럽게 여기거나,[33] 불쾌하고,[34] 슬기롭지 못하고,[35] 열매없고,[36] 무례한 행동이나, [37] 혹은 타락생활로 [38] 인해서 하나님의 이름을 수치스럽게 하는 일입니다.

7.224 **문 114. 셋째 계명에 첨부된 이유들이 무엇입니까?**

답. 셋째 계명에 '네 하나님 여호와'와 '여호와는 그의 이름을 망령되게 부르는 자를 죄 없다 하지 아니하리라.'[1] 가 부가 된 이유는, 그가 여호와요 우리의 하나님이시기 때문이고, 따라서 그의 이름이 우리에 의해서 더럽혀지거나 어떤 것으로든지 남용되어서는 안 된다는 것입니다. [2] 특히 하나님은 계명을 어기는 자들을 무죄로 하거나 아끼는 일을 결코 하지 않을 것이고 따라서 많은 그런 사람들이 사람들의 질책이나 심판을 피할지는 몰라도,[4] 그의 의의 심판을 피하도록 허락하시지는 않으실 [3] 것이기 때문입니다.

7.225 **문 115. 넷째 계명은 무엇입니까?**

답. 넷째 계명은 "안식일을 기억하여 거룩히 지키라. 엿새 동안은 힘써 네 모든 일을 행할 것이나, 일곱째 날은 네 하나님 여호와의 안식일인즉, 너나 네 아들이나 네 딸이나 네 남종이나 네 여종이나, 네 가축이나, 네 문안에 머무는 객이라도 아무 일도 하지 말라. 이는 엿새 동안에 나 여호와가 하늘과 땅과 바다와, 그 가운데 모든 것을 만들고 일곱째 날에 쉬었음이라. 그러므로 나 여호와가 안식일을 복되게 하여, 그날을 거룩하게 하였느니라." 입니다. [1]

7.226 **문 116. 넷째 계명이 요구하는 것은 무엇입니까?**

답. 넷째 계명이 모든 사람에게 요구하는 것은, 하나님께서 당신의 말씀으로 지정하신 일정한 시간들, 특히 칠일 중의 하루를 거룩하게 하는 일, 혹은 하나님께 거룩하게 지키는 일입니다. [1] 이 날은 창세로부터 그리스도의 부활까지는 일곱째 날이고,[2] 그 후부터는 한 주간의 첫 날이며, 세상 끝 날까지 그렇게 계속될 것입니다. 이 날은 그리스도인의 안식일이며,[3] 신약성경에서는 '주님의 날'(주일)이라고 불리웁니다.

7.227 **문 117. 안식일 혹은 주일을 어떻게 거룩하게 지킵니까?**

답. 안식일 혹은 주일은 그 날을 온종일 거룩하게 쉬는 것으로서 구별해야 합니다. [1] 어느 때를 막론하고 죄악스럽던 일들을 멈추고 쉴 뿐아니라, 다른 날에는 합법한 세상 일이나 오락도 하지 말라는 것입니다.[2] 그리고 공적으로나 사적으로 하나님을 예배하는 일에(불가피하고 자선적인 일에 소요되는 시간을 제외한)[3] 모든 시간을 갖는 것을 우리의 기쁨으로 삼아야 합니다.[4] 그리고 우리는 그러한 목적으로 마음을 준비해야 하며,

미리 바라보며, 근면과 절제로써 우리의 세상적 일들을 정리하고 적절하게 처리하여, 그 날의 의무를 수행하기에 보다 자유롭고 적절하게 행해야 합니다.[5]

7.228 **문 118. 어째서 안식일을 지키라는 명령이 가정을 다스리는 자들과 기타 윗사람들을 향하여 더욱 특별하게 주어집니까?**

답. 안식일을 지키라는 명령이 가정을 다스리는 자들과 윗사람들에게 더욱 특별하게 주어지는 이유는, 그것을 그들 자신이 지켜야 할 뿐 아니라 그들의 책임 하에 있는 모든 사람들이 안식일을 지키는지 감시해야 하기 때문이며, 그들은 그들에게 속한 사람들에게 일을 시킴으로써 안식일을 지키지 못하게 하는 경향이 종종 있기 때문입니다.[1]

7.229 **문 119. 넷째 계명이 금지하는 죄들은 무엇입니까?**

답. 넷째 계명에 있어서 죄는 요구된 의무를 행하지 않는 모든 일,[1] 그것들을 부주의하고, 태만하게, 마지못해 이행하고, 이 의무들을 이행하는 것을 피곤해 하는 것입니다.[2] 모든 게으름으로 인해서 그날의 거룩함을 더럽히고, 그 자체로서 죄가 되는 일을 행하는 것입니다.[3] 우리들의 세상적 일과 오락에 대해서 쓸데없는 일과, 말과, 생각을 함으로써 그날을 더럽히는 일입니다.[4]

7.230 **문 120. 넷째 계명을 더욱 힘있게 하려고 첨부한 이유들은 무엇입니까?**

답. 넷째 계명을 더욱 힘있게 하려고 첨부한 이유들은, 우선 그것의 형평에 근거한 것으로 '엿새 동안은 힘써 네 모든 일을 행할 것'이라는 말씀 안에서 하나님은 우리 자신의 사무를 위해서는 칠일 중 엿새를 우리에게 허락하시고, 당신 자신을 위해서는 하루를 떼 놓으셨다는 것입니다.[1] 다음은 하나님께서 그날에 대하여 특별한 준수를 촉구하시며 "일곱째 날은 네 하나님 여호와의 안식일인즉"이라고 하신 것입니다.[2] 그 다음은 "엿새 동안에 하늘과 땅과 바다와, 그 가운데 모든 것을 만들고 일곱째 날에 쉬신"하나님을 본받아야 한다는 것입니다. 그리고 하나님께서 당신을 섬기는 일을 위하여 그것을 거룩한 날로 성별하셨을 뿐 아니라 우리가 그날을 거룩하게 할 때 우리를 축복하시는 하나의 수단이 되게 하시려고 "그러므로 나 여호와가 안식일을 복되게 하여, 그날을 거룩하게 하였느니라." 하시며 그날을 제정하신 것입니다.[3]

7.231 **문 121. 왜 넷째 계명의 시작에 단어 '기억'이 나옵니까?**

답. 넷째 계명에 '기억하여'라는 말이 나오는 이유는,[1] 우선 그것을 기억하면 큰 유익이 있기에, 우리가 그것을 기억함으로 그날을 지킬 준비를 하는 데 도움을 받게 됩니다.[2] 또 그것을 지킴으로써 나머지 모든 계명을 더 잘 지키게 되며,[3] 종교의 짧은 요약을 함축하는 창조와 구원의 큰 두 혜택에 대하여 감사의 마음으로 계속하여 기억하게 됩니다.[4] 또 다른 이유는 우리가 손쉽게 그것을 잊어버리기 때문입니다.[5] 왜냐하면 그것에 대한 자연의 빛은 보다 희미하며, 그것은 합법적인 다른 시간에 있어서 사물에 대하여 가지는 우리의 자연적 자유를 억제하기 때문입니다.[6] 안식일은 칠일 만에 오고, 그 사이에 많은 세상사가 끼어 있어서 우리 마음으로 하여금 안식일을 준비하거나 그것을 거룩하게 하기 위해서 그것을 생각하는 일을 방해하는 일이 너무 자주 있습니다.[7] 또한 사탄은 그의 여러 가지 도구를 가지고 그 영광과 심지어 그것에 대한 기억마저 지워 버리려고 하며, 또한 모든 비종교성과 불경건함을 끌어들이려고 크게 힘을 쓰기 때문입니다.[8]

7.232 **문 122. 사람에 대한 우리의 의무를 담고 있는 여섯 계명들의 개요는 무엇입니까?**

답. 사람에 대한 우리의 의무를 담고 있는 여섯 계명들의 개요는 우리 이웃을 우리 자신같이 사랑하며,[1] 남에게 대접을 받고자 하는 대로 우리도 남을 대접하는 것입니다.[2]

7.233 **문 123. 다섯째 계명은 무엇입니까?**

답. 다섯째 계명은 "네 부모를 공경하라. 그리하면 네 하나님 여호와가 네게 준 땅에서 네 생명이 길리라."입니다.[1]

7.234 **문 124. 다섯째 계명에 있는 '부모'는 누구를 의미합니까?**

답. 다섯째 계명에 있는 '부모'는 육신의 부모만을 뜻하는 것이 아니라 연령과[1] 은사에 있어서[2] 우위에 있는 모든 사람을 의미합니다. 그리고 특히 하나님의 규례에 의하여 가정,[3] 교회,[4] 혹은 국가를 막론하고[5] 우리를 다스리는 권위의 자리에 있는 자들을 의미합니다.

7.235 **문 125. 윗사람들을 왜 '부모'라고 칭합니까?**

답. 윗사람들을 부모라고 칭하는 것은 그들의 아랫사람들에게 대한 모든 의무를 이행함에 있어서, 그들 사이의 여러 가지 관계에 따라 마치 자연적 부모가 하듯이, 그들에게 사랑과 유순함을 나타낼 것을 가르치려는 것이며,[1] 또 아랫사람들에게는 그들의 윗사람들에게 대한 의무를 수행함에 있어서, 마치 그들의 부모에게 하듯이 보다 더 흔쾌히 그리고 기쁜 마음으로 하게 하려는 것입니다.[2]

7.236 **문 126. 다섯째 계명의 일반적 범위는 무엇입니까?**

답. 다섯째 계명의 일반적 범위는 몇몇 상호 관계에 있어서 우리가 아랫사람, 혹은 윗사람, 혹은 동료들에 대하여 서로 지고 있는 의무들을 수행하는 일입니다.[1]

7.237 **문 127. 아랫사람들이 윗사람들에게 해야 할 공경이란 무엇입니까?**

답. 아랫사람들이 윗사람들에게 해야 할 공경은 다음과 같습니다. 마음,[1] 말,[2] 행동으로[3] 마땅히 드릴 모든 존경, 그들을 위한 기도와 감사,[4] 그들의 덕과 장점을 모방하는 일입니다.[5] 그들의 합법적 명령과 조언을 기꺼이 순종하고,[6] 그들의 권징에 마땅히 따르는 것입니다.[7] 그들의 여러 신분 및 지위의 성격에 따라,[9] 그들의 인격과 권위에 충성합니다.[8] 그들을 옹호 또는 지지하며, 그들의 연약함을 용서해 주고 사랑으로 감싸 주어,[10] 그들로 하여금 그들 자신들과 그들의 통치권에 영예가 되도록 하는 일입니다.[11]

7.238 **문 128. 아랫사람들이 윗사람들에게 짓는 죄는 무엇입니까?**

답. 아랫사람들이 윗사람들에게 짓는 죄는 다음과 같습니다. 그들에게 요구된 의무를 소홀히 하는 모든 일입니다.[1] 윗사람들이 합법적으로 조언,[7] 명령, 권징 [8] 할 때 그들의 인격과 [5] 지위들을 [6] 시기하고,[2] 경멸하고,[3] 반역하는 일입니다.[4] 윗사람 자신과 그들의 통치권에 치욕과 불명예가 되도록 저주하고, 조롱하고,[9] 완고함과, 비열한 태도로 대함입니다.[10]

7.239 **문 129. 윗사람들이 아랫사람들에게 해야 할 일은 무엇입니까?**

답. 윗사람들은 그들이 하나님께로부터 받은 권위와 그들이 처한 관계에 따라 다음과 같은 일을 해야 합니다. 아랫사람들을 사랑하고,[1] 위해 기도하고,[2] 축복해야 합니다.[3] 그들을 가르치고,[4] 조언하고, 견책해야 합니다.[5] 잘하는 사람을 장려하고,[6] 칭찬하고, 포상합니다.[7] 잘못하는 사람은 무안을 주고,[8] 책망하고, 징계합니다.[9] 아랫사람들을 보호하며, 그들의 영혼과 육체에 필요한 모든 것을 공급해 줍니다.[10] 그리고 정중하고, 지혜롭고, 거룩하고, 모범적인 태도로 하나님께 영광이 되도록 격려하여,[11] 자신들에게 영예가 있게 하고,[12] 하나님께서 그들에게 주신 권위를 보존하도록 합니다.[13]

7.240 **문 130. 윗사람들의 죄는 무엇입니까?**

답. 윗사람들의 죄는 자신들에게 요구된 의무를 소홀히 하는 일 외에,[1] 자기 이익,[2] 자기 영광,[3] 안일함, 유익, 혹은 쾌락을 지나치게 추구하는 일입니다.[4] 합법하지 않는 것을 명령하거나,[5] 아랫사람이 수행할 권한이 없는 것을 명령하는 일입니다.[6] 악한 일을 조언하거나,[7] 권장하거나,[8] 찬성하는 일입니다.[9] 선한 일을 못하게 말리며, 방해하거나, 반대하는 일입니다.[10] 부당하게 권징하는 일입니다.[11] 잘못된 일, 유혹, 또는 위험한 일에 아랫사람들을 부주의하게 노출시키거나 방치하는 일입니다.[12] 그들을 분노하도록 자극하는 일입니다.[13] 어떤 방법으로든 부당하고, 경솔하고, 가혹하고, 혹은 태만한 행동으로 그들의 명예를 실추시키거나 그들의 권위를 떨어뜨리는 일입니다.[14]

7.241 **문 131. 동료들의 의무는 무엇입니까?**

답. 동료들의 의무는 다음과 같습니다. 서로의 존엄과 가치를 인정하고,[1] 서로에게 경의를 표하며,[2] 서로의 은사와 성공을 자기 자신의 일처럼 기뻐하는 것입니다.[3]

7.242 **문 132. 동료들 사이에서 범하는 죄는 무엇입니까?**

답. 동료들 사이에서 범하는 죄는 그들에게 요구된 의무를 소홀히 하는 일 외에,[1] 서로 가치를 과소 평가하고,[2] 서로의 은사를 질투하고,[3] 다른 사람의 높아짐과 번영을 배 아파하고,[4] 부당한 방법으로 동료를 짓누르고 올라서는 일입니다.[5]

7.243 **문 133. 다섯째 계명을 더욱 강화하기 위해서 첨부한 이유는 무엇입니까?**

답. 다섯째 계명에 "그리하면 네 하나님 여호와가 네게 준 땅에서 네 생명이 길리라."[1] 는 말을 첨부한 이유는, 하나님의 영광과 그들 자신의 선을 이룰 수 있는 한에서, 이 계명을 지키는 모든 사람들에게 장수함과 번영함을 주시겠다고 분명히 약속하신 것입니다.[2]

7.244 **문 134. 여섯째 계명은 무엇입니까?**

답. 여섯째 계명은 "살인하지 말라."입니다.[1]

7.245 **문 135. 여섯째 계명이 요구하는 의무들은 무엇입니까?**

답. 여섯째 계명이 요구하는 의무는 다음과 같습니다. 주의 깊은 연구와 합법적인 노력을 통하여 우리 자신들과 [1] 다른 사람들의 생명을 보존하기 위해 [2] 부당하게 어떤 사람의 생명을 빼앗고자 하는 온갖 생각과 의도를 [3] 제어하고,[4] 그렇게 하고자 하는 모든 격정을 [5] 굴복시키며,[6] 모든 기회, 유혹, 관행을 피하는 것입니다.[7] 폭력에 대항하여 인간의 생명을 정당하게 보호하는 일입니다.[8] 하나님의 손길을 참아 견디고,[9] 마음의 평정을 유지하고,[10] 유쾌한 정신을 가지고,[11] 고기,[12] 음료,[13] 의약품,[14] 수면,[15] 노동,[16] 및 오락을 [17] 사려 깊은 태도로 사용하는 것입니다. 자비로운 생각,[18] 사랑,[19] 긍휼,[20] 온유, 우아함과, 친절함을 유지하는 것입니다.[21] 화평하고,[22] 부드럽고, 예의바른 말과 언행,[23] 관용, 기꺼이 화해함, 손해를 참아 주고 용서해 주는 것, 악을 선으로 갚는 것입니다.[24] 곤궁에 빠진 자들을 위로하고 구제하며, 무죄한 자를 보호하고 옹호하는 것입니다.[25]

7.246 **문 136. 여섯째 계명이 금지하는 죄들은 무엇입니까?**

답. 여섯째 계명이 금하는 죄들은 다음과 같습니다. 공적 재판,[3] 합법적인 전쟁,[4] 혹은 필요한 정당방위의 [5] 경우 외에, 우리 자신들이나 [1] 혹은 남의 생명을 [2] 앗아가는 모든 행동을 말합니다. 생명을 보전하기 위한 합법적 혹은 필요한 수단을 소홀히 하거나 거부하는 일입니다.[6] 죄악 된 분노,[7] 증오심,[8] 질투,[9] 복수의 욕망,[10] 일체의 과도한 격분,[11] 산만한 걱정,[12] 육류, 음료,[13] 노동,[14] 오락의 [15] 무제한적 사용, 도발적인 언사,[16] 압박,[17] 언쟁,[18] 구타, 상해,[19] 및 다른 사람의 생명을 파괴할 수 있는 그 밖의 모든 일 등입니다.[20]

7.247 **문 137. 일곱째 계명은 무엇입니까?**

답. 일곱째 계명은 "간음하지 말라."입니다.[1]

7.248 **문 138. 일곱째 계명이 요구하는 의무들은 무엇입니까?**

답. 일곱째 계명이 요구하는 의무들은 다음과 같습니다. 몸, 마음, 감정,[1] 말,[2] 행위에서 [3] 우리 자신과 타인에게 정절을 보전하는 일입니다.[4] 눈과 모든 감각들에 대하여 방심하지 않고 주의를 깊이 하는 일입니다.[5] 절제,[6] 순결한 교제를 유지하는 일,[7]

복장을 단정하게 하는 일,[8] 금욕의 은사를 받지 않은 자들이 결혼하는 일,[9] 부부 사이의 사랑,[10] 및 함께 사는 것을 말합니다.[11] 우리의 소명에 대해서 부지런히 힘쓸 것입니다.[12] 모든 경우의 부정을 피하고, 유혹들을 저항하는 것입니다.[13]

7.249 **문 139. 일곱째 계명이 금지하는 죄들이 무엇입니까?**

답. 일곱째 계명이 금지하는 죄는 요구되는 의무들을 소홀히 하는 것 외에,[1] 다음과 같은 것들이 있습니다. 간통, 음행,[2] 강간, 근친상간,[3] 남색, 기타 모든 부자연스러운 정욕들입니다.[4] 모든 부정한 상상, 생각, 의사, 및 애정입니다.[5] 부패하거나 추잡한 모든 통신 혹은 그것을 청취하는 일입니다.[6] 음탕한 표정,[7] 건방지거나 경홀한 행동, 야비한 복장,[8] 합법적인 결혼을 금지하고,[9] 불법적인 결혼을 시행하는 일입니다.[10] 매춘을 허락하고, 관용하며, 유지하고, 또는 거기에 출입하는 일입니다.[11] 잘못된 독신생활의 사역과 [12] 부당하게 결혼을 지연시키는 일입니다.[13] 동시에 한 아내나 한 남편 이상을 두는 일입니다.[14] 정당하지 못한 이혼,[15] 또는 배우자를 유기하는 것입니다.[16] 게으름, 폭식, 술 취함,[17] 부정한 교제입니다.[18] 음란한 노래, 서적, 그림, 춤, 연극,[19] 기타 우리 자신이나 다른 사람들에게 부정한 것을 자극하는 일들 혹은 행동들입니다.[20]

7.250 **문 140. 여덟째 계명은 무엇입니까?**

답. 여덟째 계명은 "도둑질하지 말라."입니다.[1]

7.251 **문 141. 여덟째 계명이 요구하는 의무들은 무엇입니까?**

답. 여덟째 계명이 요구하는 의무들은 다음과 같습니다. 사람과 사람 사이의 언약과 거래를 진실하고, 성실하게, 그리고 정의롭게 하는 것입니다.[1] 각 사람에게 당연히 주어야 할 것을 주는 것입니다.[2] 정당한 소유주로부터 부당하게 빼앗았던 물건들을 배상하는 것입니다.[3] 우리의 역량과 남들의 필요에 따라 아낌없이 주고 또는 빌려 주는 것입니다.[4] 이 세상 물건에 대한 우리의 판단, 의지, 및 집착을 절제하는 것입니다.[5] 우리 본성의 생활을 유지하기 위하여 필요하고, 편리하며, 또한 우리의 상황에 적합한 것들을 얻고,[6] 지키고, 사용하고, 처리하기 위하여 조심성 있는 배려와 연구를 하여야 합니다.[7] 합법적인 직업을 선택하고,[8] 그 일에 근면할 것입니다.[9] 검소하여야 합니다.[10] 불필요한 소송,[11] 보증을 서는 일, 혹은 그와 같은 거래를 피할 것입니다.[12] 다른 사람과 또한 우리 자신들의 부와 외형적 재산을 구하고, 보전하고, 증진시키는 일을 모두 공정하고 합법적인 수단으로 힘쓸 것입니다.[13]

7.252 **문 142. 여덟째 계명이 금지하는 죄들은 무엇입니까?**

답. 여덟째 계명이 금지하는 죄는 그 계명이 요구하는 의무를 소홀히 하는 일 외에,[1] 절도,[2] 강도,[3] 사람 납치,[4] 및 장물 취득입니다.[5] 사기 거래,[6] 속이는 저울질과 치수재기,[7] 땅 경계표 마음대로 옮기는 일,[8] 사람들 사이의 계약,[9] 혹은 신탁 업무에 있어서 [10] 공정하지 못하거나 신용이 없는 일입니다. 탄압,[11] 강요, 고리대금,[12] 뇌물 수수,[13] 성가신 소송,[14] 불의한 토지 점거, 및 주민줄이기 등입니다.[15] 가격을 올리려고 물건을 독점하는 일,[16] 불법적 직업들,[17] 우리 이웃에게 속하는 것을 그에게서 부당한 방법 또는 죄악된 방법으로 빼앗거나 보류하거나 또는 우리 자신을 부유하게 하는 기타의 모든 행동들 입니다.[18] 탐심과 [19] 세상적 물건을 무절제하게 존중하고 좋아하는 일입니다.[20] 세상 물건을 얻고 지키고 사용하는 일에 있어서의 의심스럽고 심란한 걱정과 노력입니다.[21] 남의 소유를 샘내는 일입니다.[22] 게다가 게으르고,[23] 방탕하고, 허비성 노름을 하고, 우리 자신의 외적 소유를 부당하게 헤치는 기타의 모든 일입니다.[24] 그리고 하나님께서 우리에게 주신 소유를 정당하게 사용하고 즐기지 못하도록 우리를 막는 것들입니다.[25]

7.253 **문 143. 아홉째 계명은 무엇입니까?**

답. 아홉째 계명은 "네 이웃에 대하여 거짓 증거하지 말라."입니다.[1]

7.254 **문 144. 아홉째 계명이 요구하는 의무는 무엇입니까?**

답. 아홉째 계명이 요구하는 의무는 다음과 같습니다. 사람과 사람사이의 진실,[1] 그리고 우리 이웃의 명예와 우리 자신의 명예를 [2] 보전하고 향상시킬 것입니다. 진실을 위해서 나서고 지지할 것입니다.[3] 판가름을 하는 일과 재판 사건에 있어서,[8] 그리고 기타의 모든 일에 있어서도,[9] 진심으로 성실하게,[4] 자유롭게,[5] 명백하게,[6] 그리고 충분히 [7] 진실만을 말할 것입니다. 우리의 이웃들을 자비로운 마음으로 존중하며,[10] 그들의 명성을 사랑하고, 바라고, 기뻐할 것입니다.[11] 그들의 약한 점들을 위해서 슬퍼하고,[12] 감싸 줄 것입니다.[13] 그들의 재질과 은사를 아낌없이 인정해 주고,[14] 그들의 무죄함을 변호할 것입니다.[15] 그들에 대한 좋은 평을 기꺼이 수락하며,[16] 그들에 관한 나쁜 소문을 즐겨하지 않을 것입니다.[17] 소문 퍼뜨리는 자,[18] 아첨하는 자, [19] 비방하는 자들을 [20] 막아 단념시킬 것입니다. 우리들 자신의 좋은 평판을 사랑하고 보호하며, 필요시에는 변호해 줄 것입니다.[21] 합법적 약속들을 지킬 것입니다.[22] 무엇이든지 참되고, 정직하고, 사랑스럽고, 평판이 있는 것을 연구하고 실천하는 것입니다.[23]

7.255 **문 145. 아홉째 계명이 금지하는 죄들은 무엇입니까?**

답. 아홉째 계명이 금지하는 죄들은 다음과 같습니다. 진실을 손상하는 모든 일, 그리고 우리 이웃의 명예, 그리고 또는 우리 자신의 명예를 손상하는 일로서,[1] 특히 공적 재판에 있어서 그렇습니다.[2] 거짓 증거를 내 놓는 일,[3] 거짓 증인들을 매수하는 일,[4] 악한 사유를 위하여 고의로 나타나 변호하는 일, 진실을 맞서고 뭉개 버리는 일입니다.[5] 불공정한 언도를 내려 [6] 악을 선이라, 선을 악이라 하는 일입니다. 악한 자에게 의로운 자의 행위에 해당하는 보상을 하고, 의인에게 악한 자의 행위에 해당하는 보상을 하는 일입니다.[7] 위조하는 일,[8] 진실을 감추는 일, 정당한 소송에서 부당하게 침묵을 지키는 일,[9] 불법이 우리 자신으로부터의 책망이나 [10] 남에 대한 항의를 [11] 요구할 때 침묵을 지키는 일입니다. 철 늦게 진실을 말하거나,[12] 악의를 갖고 말하여 옳지 않는 결과를 가져오게 하는 일입니다.[13] 그것을 그릇된 의미로 왜곡하거나,[14] 의심스럽고 애매한 표현으로 말하여 진실이나 정의에 손해를 끼치는 일입니다.[15] 비진실을 말하는 일,[16] 거짓말,[17] 비방,[18] 험담,[19] 헐뜯기,[20] 고자질,[21] 수군거리기,[22] 조롱,[23] 욕하기,[24] 경솔하고,[25] 사납고,[26] 편파적인 질책인 것입니다.[27] 사람의 의도, 말, 행동을 잘못 이해하는 일입니다.[28] 아첨,[29] 허영스러운 자랑,[30] 우리 자신이나 혹은 남을 너무 높이 또는 너무 천하게 생각하거나 말하는 일입니다. 하나님이 주신 재질과 은사를 부정하는 일입니다.[31] 보다 작은 허물들을 확대하여 악화시키는 일입니다.[32] 자유롭게 고백하라고 호출되었을 때 죄를 숨기거나, 변명하거나, 감소하는 일입니다.[33] 약점을 불필요하게 밝히는 일입니다.[34] 거짓소문을 일으키는 일입니다.[35] 악한 소문을 받아들이거나 찬성하는 일,[36] 또는 적당한 변명에 대해서 우리의 귀를 막는 일입니다.[37] 악한 의심입니다.[38] 어떤 사람이 마땅히 받을 평판에 대해서 샘을 내거나 배 아파하는 일입니다.[39] 그것을 손상시키려는 노력 혹은 욕망,[40] 그들이 망신당하고 명예를 잃는 것을 기뻐하는 일입니다.[41] 남을 조소하고 멸시하는 일,[42] 칭찬 받기를 좋아하고,[43] 합법적인 약속을 깨는 일입니다.[44] 사람들이 좋다고 보는 일들을 등한히 여기는 것입니다.[45] 악명을 얻게 하는 일들을 행하거나, 스스로 피하지 않거나, 남들이 그런 자리에 있을 때 그것을 말릴 수 있는 데도 말리지 않는 일 등입니다.[46]

7.256 **문 146. 열째 계명은 무엇입니까?**

답. 열째 계명은 "네 이웃의 집을 탐내지 말라. 네 이웃의 아내나, 그의 남종이나 그의 여종이나, 그의 소나 그의 나귀나, 무릇 네 이웃의 소유를 탐내지 말라."입니다.[1]

7.257 **문 147. 열째 계명이 요구하는 의무들은 무엇입니까?**

답. 열째 계명이 요구하는 의무는 다음과 같습니다. 우리들 자신이 가진 처지에 온전히 만족하고,[1] 우리의 이웃을 긍휼히 여기는 방식으로 마음씨를 가져, 그를 향한 우리의 내부적 움직임과 애정이 그 이웃의 선을 증진시켜 주는 것입니다.[2]

7.258 **문 148. 열째 계명이 금지하는 죄들은 무엇입니까?**

답. 열째 계명이 금지하는 죄들은 다음과 같습니다. 우리 자신의 재산에 만족치 않는 것,[1] 우리 이웃의 물건에 샘을 내고 [2] 배 아파하며,[3] 이웃에게 속한 어떤 것에 대해서라도 지나친 행동을 하거나 애착을 가지는 일 등입니다.[4]

7.259 **문 149. 누구든지 하나님의 계명을 완전히 지킬 수 있습니까?**

답. 어느 누구도 자기의 힘으로나,[1] 혹은 이 생에서 받은 어떤 은총에 의해서 하나님의 계명을 완전히 지킬 수는 없습니다.[2] 오직 생각과,[3] 말과, 행동으로 [4] 계명들을 매일 범합니다.

7.260 **문 150. 하나님의 율법을 어기는 모든 것은 모두 그 자체로서 그리고 하나님 보시기에 동등히 가증스러운 heinous 것입니까?**

답. 하나님의 율법을 어기는 것이라 해서 모두가 동등히 가증스러운 것은 아닙니다. 어떤 죄는 그 자체로서, 또는 여러가지로 더 악화 aggravations 시키는 일 때문에 하나님 보시기에 다른 죄들보다 더 가증스럽습니다. [1]

7.261 **문 151. 어떤 죄를 다른 죄보다 더 가증스럽게 heinous 만드는 것은 무엇입니까?**

답. 다음과 같은 것들로 인해서 죄는 더 가증스러워집니다.

1. 범죄 하는 사람들 때문에:[1] 즉 그들의 나이, 경험, 및 은사가 더 많은 경우;[2] 직업,[3] 재능,[4] 지위, 직무,[5] 지도력,[6] 및 그들의 본보기가 다른 사람들에게 영향을 주는 경우.[7]

2. 피해를 입은 당사자들 때문에:[8] 즉 직접 하나님을 대항하거나,[9] 그의 속성과 [10] 예배를 [11] 범하는 경우; 그리스도와 그의 은혜를 거스르는 경우;[12] 성령과 그의 증언 및 사역을 거스르는 경우;[13] 윗사람, 저명 인사,[14] 및 우리가 특별한 관계와 언약을 맺고 있는 사람들을 대항할 때;[15] 어떤 성도들,[16] 특히 연약한 형제들, 혹은 다른 사람들의 영혼을 거스리는 경우;[17] 모든 사람들 혹은 많은 사람들의 공동 이익을 거스르는 경우.[18]

3. 범죄의 성격과 특질 때문에:[19] 즉 그것이 율법의 명백한 문구를 어기거나,[20] 많은 계명들을 어기거나, 그 속에 많은 죄가 포함되는 경우;[21] 마음에 범죄할 생각을 품을 뿐 아니라 말과 행동으로 터져 나오고,[22] 남들을 아연케 하며,[23] 고칠 생각을 전혀 하지 않는 경우;[24] 수단,[25] 자비,[26] 심판,[27] 본성의 빛,[28] 양심의 확신,[29] 공적 또는 사적 훈계,[30] 교회의 권징,[31] 사회의 징벌들을 거스르는 경우;[32] 우리의 기도, 목적, 약속, 서약, 언약, 하나님 혹은 사람과의 언약들을 거스르는 경우;[33] 고의로, 자의로,[34] 뻔뻔스럽게, 건방지게, 거만하게,[35] 악의를 가지고,[36] 빈번하게,[37] 완고하게,[38] 경솔하게,[39] 계속적으로 저지르며, [40] 혹은 회개 후에 다시 되풀이하는 경우.[41]

4. 때,[42] 장소,[43] 및 상황 때문에: 주일이나 [44] 혹은 다른 예배 시간에 [45] 범죄했을 경우; 혹은 예배 직전이나,[46] 직후,[47] 또는 그러한 과오를 방지하거나 혹은 고칠 수 있는 다른 도움들이 있는 경우;[48] 대중 속에서나 다른 사람들 앞에서 그들이 그 일로 인하여 자극을 받거나 오염이 될 수 있는 경우.[49]

7.262 **문 152. 죄가 하나님의 손에서 마땅히 받아야 하는 것은 무엇입니까?**

답. 죄는 비록 가장 작은 것일지라도,[1] 하나님의 주권과,[2] 선하심과,[3] 거룩하심에 어긋나고,[4] 그의 의로우신 법에 상치되는 것으로서,[5] 이생과 [7] 오는 세상에서 [8] 하나님의 진노와 저주를 받아 마땅합니다.[6] 그리고 그리스도의 피로 말미암지 않고는 속죄를 받을 수가 없습니다.[9]

7.263 **문 153. 우리가 율법을 어김으로 인해서 마땅히 받아야 할 하나님의 진노와 저주를 피하게 하시려고 하나님께서 우리에게 요구하시는 바는 무엇입니까?**

답. 율법을 어긴 일로 인해서 우리가 마땅히 받아야 할 하나님의 진노와 저주를 피하게 하시려고 하나님은 우리더러 당신을 향하여 회개할 것과, 우리 주 예수 그리스도를 향한 믿음을 가질 것과,[1] 그리스도께서 당신의 중재의 혜택들을 우리에게 전달하시려고 사용하시는 외적 방편들을 부지런히 사용할 것을 요구하십니다.[2]

7.264 **문 154. 그리스도께서 자기의 중보의 혜택을 우리에게 전달하시는 외적 수단은 무엇입니까?**

답. 그리스도께서 자기의 중보의 유익을 그의 교회에 전달하시는 외적 또는 일반적인 도구는 그의 모든 규례들, 특별히 말씀, 성례전, 및 기도로서 이 모든 것은 선택받은 자들의 구원에 유효합니다.[1]

7.265 **문 155. 말씀이 어떻게 구원에 효력이 있게 합니까?**

답. 하나님의 영이 말씀을 읽는 것, 특히 말씀을 설교하는 일로 하여금 죄인을 계몽시키고, 확신시키며, 겸허하게 하는 [1] 효과적 방편이 되게 하며, 그들 자신들로부터 몰아내어 그리스도에게 이끌어 가고,[2] 그들을 그리스도의 형상을 닮게 하고,[3] 그들을 그의 뜻에 복종하게 합니다.[4] 하나님의 영은 그들을 강건케 하셔서 시험과 부패에 빠지지 않게 하십니다.[5] 하나님의 영은 은혜 안에서 그들을 육성하시고,[6] 거룩함 안에서 그들의 마음을 확립시키시며, 구원에 이르는 믿음을 통하여 그들을 위로하십니다.[7]

7.266 **문 156. 하나님의 말씀은 누구나 다 읽어야 하는 것입니까?**

답. 하나님의 말씀을 공적으로 회중에게 읽는 일은 누구에게나 다 허락된 것이 아니지만, 어떤 부류의 사람일지라도 혼자서 [1] 또는 그들의 가족들과 함께 [2] 말씀을 읽어야 합니다. 그런 목적으로 성경은 원어에서 각 백성의 자국어로 번역되어야 합니다.[3]

7.267 **문 157. 하나님의 말씀을 어떻게 읽어야 합니까?**

답. 성경은 높고 경건한 존경심을 가지고 읽어야 하며,[1] 그것이 바로 하나님의 말씀이라는 것과 [2] 하나님만이 그것을 우리에게 이해시킬 수 있다는 굳은 신념을 가지고 읽어야 합니다.[3] 성경은 그 속에서 계시된 하나님의 뜻을 알고, 믿고 순종하려는 욕망을 가지고 읽어야 합니다.[4] 성경은 부지런히 [5] 그리고 그 속의 내용과 범위를 주목하며 읽어야 합니다.[6] 성경은 명상과 [7] 적용과 [8] 자기 부정 [9] 과 기도로써 [10] 읽어야 합니다.

7.268 **문 158. 하나님의 말씀은 누가 설교할 수 있습니까?**

답. 하나님의 말씀은 충분한 은사를 받고,[1] 정식으로 공인을 받고, 말씀의 직분으로 부름을 받은 사람만이 설교할 수 있습니다.[2]

7.269 **문 159. 그 직분에 부름받은 사람들은 하나님의 말씀을 어떻게 설교해야 합니까?**

답. 말씀의 사역을 위해서 수고하도록 부름받은 사람들은 때를 얻든지 못 얻든지 부지런히 [2] 건전한 교리 [1] 를 설교해야 하며, 명백하게 할 것이며,[3] 사람을 꾀는 인간적인 지혜로서가 아니라 성령과 능력을 나타내도록 하여야 합니다.[4] 하나님의 전체적 의도를 알게 하는 [6] 성실한 [5] 설교여야 하며, 슬기롭게 [7] 청중의 필요와 눈높이에 알맞아야 합니다.[8] 하나님과 그의 백성의 영혼에 대한 [11] 뜨거운 사랑을 가지고,[10] 열심히 해야 합니다. [9] 하나님의 영광,[13] 그들의 개종,[14] 육성,[15] 및 구원을 [16] 목표로 하고 진지하게 [12] 설교해야 합니다.

7.270 **문 160. 설교의 말씀을 듣는 자들에게 요구되는 것은 무엇입니까?**

답. 설교의 말씀을 듣는 자들에게 요구되는 것은, 그들이 열심으로 [1] 준비된 마음 [2] 과 기도 [3] 로써 경청하는 일입니다. 듣는 것을 성경에 비추어 검토합니다.[4] 믿음,[5] 사랑,[6] 온유,[7] 그리고 준비된 마음으로 [8] 진리를 하나님의 말씀으로 받아들여야 합니다.[9] 그것을 묵상하며 [10] 논의하는 일입니다.[11] 그것을 마음에 간직하고,[12] 그들의 삶에서 그것을 열매 맺게 하는 일입니다.[13]

7.271 **문 161. 성례전이 어떻게 유효한 구원의 수단이 됩니까?**

답. 성례전이 구원의 유효한 수단이 되는 것은, 그것들 자체가 지닌 어떤 능력이나, 그것을 집전하는 사람의 경건이나 혹은 의도에서 파생되는 어떤 공덕에 의한 것이 아니라, 단지 성령의 역사와 그것들을 제정하신 그리스도의 축복으로 말미암는 것입니다.[1]

7.272 **문 162. 성례전이란 무엇입니까?**

답. 성례전이란 그리스도께서 자기 교회 안에 제정하신 하나의 거룩한 규례로서,[1] 확인하고 보여주며,[2] 은혜의 언약 안에 있는 자들에게,[3] 그의 중보의 여러 가지 유익을 표명하기 위함입니다.[4] 그들의 믿음과 다른 모든 은혜들을 강화시켜 줍니다.[5] 그들로 하여금 반드시 순종하도록 합니다.[6] 그들의 사랑과 상호간의 교제를 증거하고 소중히 여기며,[7] 그들을 언약 밖에 있는 사람들로부터 구별하기 위한 것입니다.[8]

7.273 **문 163. 성례전은 어떤 부분들로 되어 있습니까?**

답. 성례전은 두 부분으로 구성되는데, 하나는 그리스도께서 친히 지정하신 대로 사용되는 외적이고 감각적인 표징 signs 입니다. 다른 하나는 그 표징으로써 내적이며 영적인 은혜입니다.[1]

7.274 **문 164. 그리스도께서 신약에서 제정하신 성례전은 몇 가지입니까?**

답. 그리스도께서 신약에서 제정하신 성례전은 단 둘, 즉 세례와 주님의 만찬 입니다.[1]

7.275 **문 165. 세례는 무엇입니까?**

답. 세례는 신약의 한 성례로서, 그리스도께서 성부, 성자, 성령의 이름으로제정하신 물로 씻는 예식입니다.[1] 세례는 세례 받는 자가 그리스도 자신에게 접붙임을 받았고,[2] 그의 피로 죄 사함을 받고,[3] 그의 영으로 거듭났음을 보여 주는 상징이자 표입니다.[4] 세례는 양자가 되고,[5] 부활하여 영생을 얻는 표입니다.[6] 세례받은 자들은 이 세례를 통하여, 보이는 교회 속에 엄숙히 영접되고,[7] 전적으로 주님의 것이 되며, 오직 주님께만 속함을 위해서 공개적이며 고백적인 언약관계에 들어갑니다.[8]

7.276 **문 166. 세례는 누구에게 베푸는 것입니까?**

답. 세례는 그리스도에 대한 신앙을 고백하고 그에게 순종하기 전의 사람, 즉 보이는 교회 밖에 있는 자들, 따라서 약속의 언약과 무관한 자들에게는 베풀어질 수 없는 것입니다.[1] 그러나 부모 혹은 그들 중 어느 한 쪽만이라도 그리스도에 대한 신앙을 고백하고 그에게 순종하고 있는 경우, 그들에게 태어난 어린 유아들은 그 점에서 언약 안에 있는 것이며, 세례를 받을 수 있습니다.[2]

7.277 **문 167. 우리가 우리의 세례를 어떻게 향상시킬 것입니까?**

답. 우리는 세례를 향상시켜야 하는 필수적 의무를 가지고 있으면서도 그것을 소홀히 여겼습니다. 그 의무를 우리는 평생 수행해야 하는 바, 특히 시험을 당할 때와, 또 다른 사람들이 세례를 받는 자리에 참석할 때 그리해야 합니다.[1] 즉 세례의 본질에 대해서 그리고 그리스도께서 그것을 제정하신 목적과 그것에 의해서 주어지고 확인되는 특권, 혜택, 또 세례에서 우리가 한 엄숙한 서약을 진지하게, 감사하는 마음으로, 고려함으로써 수행해야 합니다.[2] 그리고 우리가 죄 때문에 더러워진 것과, 세례의 은총과, 우리의 언약에 충성스럽지 못하고, 도리어 반대로 걷고 있음에 겸손하여야 합니다.[3] 그리고 사죄의 확신과 성례전으로써 우리에게 확인해 주신 기타의 모든 축복에 대한 확신으로 성장하여야 합니다.[4] 죄를 다스리고, 은혜를 소생시키려고 그리스도 안에서 세례를 받은 자들로서 그의 죽음과 부활로부터 힘을 얻어야 합니다.[5] 세례 받을 때 자신의 이름을 그리스도에게 바친 자로서 믿음으로 살고,[6] 거룩함과 의로 대화하고,[7] 같은 영에 의하여 한 몸으로 세례를 받은 자로서 형제애를 가지고 살아가도록 노력하여야 합니다.[8]

7.278 **문 168. 주님의 만찬이란 무엇입니까?**

답. 주님의 만찬이란 신약에 속한 한 성례전으로서, 예수 그리스도가 정해주신 대로 빵과 포도주를 주고 받는 일로써 그의 죽으심을 나타내 보이는 것입니다.[1] 그리고 가치있게 그 성만찬을 받는 자들은 그의 몸과 피를 양식으로 먹어 그들의 영적 자양분을 삼으며 은혜 안에서 성장합니다.[2] 그리고 그들이 예수 그리스도와의 연합과 교제를 확인합니다. 하나님께 대한 그들의 감사와 결연을 확증하고 새롭게 하며,[3] 같은 신비한 지체의 일원이 된 그들은 상호간의 사랑과 친교를 확증하고, 또 새롭게 합니다.[4]

7.279 **문 169. 그리스도께서 어떻게 주님의 만찬 성례전에서 빵과 포도주를 주고 받도록 지정하셨습니까?**

답. 그리스도는 이 주님의 만찬 성례전 집행에 있어서 당신 말씀의 사역자들을 지목하시어, 성만찬 제정의 말씀과 감사와 기도로서 빵과 포도주를 통상적 사용에서 구별하도록 하셨습니다. 빵을 들어 떼고 빵과 포도주 두 가지를 다 수찬자들에게 주도록 하셨습니다. 수찬자들은 그 동일한 지시에 의하여 빵을 받아 먹고, 포도주를 마시도록 되어 있으며, 그리스도의 몸이 상하고 그들에게 주신 바 된 것과, 그의 피가 그들을 위해 흘린 바 되었음을 감사한 마음으로 기억하도록 하셨습니다.[1]

7.280 **문 170. 주님의 만찬에 합당하게 참여하는 자는 어떻게 거기에서 그리스도의 몸과 피를 먹고 마십니까?**

답. 그리스도의 몸과 피가 주님의 만찬 에 나오는 빵과 포도주 안에, 혹은 그것들과 함께, 혹은 그것들 밑에 실체적, 혹은 육적으로 임재하는 것이 아닙니다.[1] 그것들을 받는 자들의 신앙에서 영적으로 현존하는 것으로서, 그 빵과 포도주 자체가 그들의 외적 감각에 틀림없이 참되며 사실인 것과 같습니다.[2] 그러므로 주님의 만찬 을 가치있게 받는 자들은 신체적으로 혹은 육적으로가 아니라 영적으로 그리스도의 몸과 피를 그 성만찬에서 양식으로 먹게 됩니다. 그들이 십자가에 달려 죽으신 그리스도와 그의 죽음의 모든 혜택을 신앙으로 받아 자기들에게 적용하는 것이지만,[4] 그래도 그것은 참된 것이며 사실입니다.[3]

7.281 **문 171. 성례전의 성만찬에서 성찬을 받는 자들은 받으러 오기 전에 어떻게 스스로 준비해야 합니까?**

답. 주님의 만찬 에서 성찬을 받는 자들이 그것을 받으러 오기 전에 스스로 준비해야 할 것은 다음과 같습니다: 자기를 스스로 돌아보고,[1] 자신이 그리스도 안에 있는지,[2] 그리고 자기들의 죄와 부족함이 무엇인지를 검토합니다.[3] 그들의 지식,[4] 믿음,[5] 회개,[6] 하나님과 형제들에 대한 사랑,[7] 모든 사람에 대한 자선,[8] 자기들에게 잘못한 자들을 용서하는 것 [9] 등이 얼마나 참되며 그 정도가 어떠한 지를 검토합니다. 그리스도를 따르고자 하는 그들의 욕망과,[10] 새로운 순종에 대해서 검토합니다.[11] 이러한 은혜들의 실행을 새롭게 하고,[12] 진지하게 명상하며,[13] 열심히 기도하는 일입니다.[14]

7.282 **문 172. 자기가 그리스도 안에 있든지, 혹은 마땅히 할 준비를 했는지에 대해서 의심스러운 자가 주님의 만찬 에 나올 수 있습니까?**

답. 자기가 그리스도 안에 있는지, 혹은 주님의 만찬 예식을 위해서 마땅히 할 준비를 했는지에 대해서 의심스러운 자도, 그것에 대하여 아직 확신은 없을지라도 그리스도에 대한 참된 관심은 가질 수 있습니다.[1] 그리고 만일 그가 그 관심의 부족함을 염려하는 마음을 정상적으로 가졌고,[2] 그리스도 안에서 발견되기를 진심으로 바라며,[3] 악으로부터 떠난다면,[4] 하나님 보시기에는 그가 그 관심을 가진 셈이 됩니다. 그런 경우에는 (연약하고 의심하는 그리스도인들까지라도 구조하시려고 약속이 되어 있고 이 성례전이 제정되어 있기 때문에)[5] 그가 자기의 불신앙을 비탄하고,[6] 자신의 의심들을 해소하려고 노력해야 합니다.[7] 그리고 그렇게 하는 가운데, 주님의 만찬 에 나올 수 있고 또 나와야 합니다. 그리함으로써 더욱 힘을 얻게 되는 것입니다.[8]

7.283 **문 173. 자기의 신앙을 고백하고, 주님의 만찬에 참석하기를 원하는 사람을 그렇게 하지 못하도록 막을 수 있습니까?**

답. 신앙을 고백하고 주님의 만찬에 참석하기를 원할지라도 무지하거나 혹은 평이 좋지 않다고 판명된 사람들은, 그들이 교육을 받고 그들의 개선을 명시하기까지,[2] 그리스도께서 당신의 교회에게 남겨 주신 권세에 의하여 [1] 성례전에 참석하지 못하게 할 수 있으며, 또는 못하게 해야 합니다.

7.284 **문 174. 주님의 만찬 예식이 거행될 때 성찬을 받는 자들에게 요구되는 것은 무엇입니까?**

답. 주님의 만찬에서 성찬을 받는 사람들에게 요구되는 것은, 그것을 거행하는 동안 그들은 모든 거룩한 경의와 주목을 가지고 그 의식에서 하나님을 모시는 것입니다. 성만찬의 빵과 포도주와 그 의식의 행위들을 열심히 관찰할 것입니다.[1] 주님의 몸을 주의 깊게 식별하고,[2] 주님의 죽음과 고난을 애정을 가지고 명상하며,[3] 스스로를 분발시켜 그것들의 은총을 활발히 적용하되, 스스로를 검토하고,[4] 죄에 대한 슬픔을 갖습니다.[5] 그리스도를 주리고 목마름같이 열심히 사모하고,[6] 믿음으로 그를 양식으로 삼으며,[7] 그의 충족함으로부터 받으며,[8] 그의 공로를 신뢰하고 [9] 그의 사랑 안에서 즐거워하며 [10] 그의 은혜에 대하여 감사합니다.[11] 하나님과 그들 간의 언약과,[12] 모든 성도들에 대한 사랑을 [13] 새롭게 해야 하는 것입니다.

7.285 **문 175. 그리스도인들이 주님의 만찬에서 성찬을 받은 후에 가지는 의무는 무엇입니까?**

답. 그리스도인들이 주님의 만찬에서 성찬을 받은 후에 가지는 의무는, 성찬을 받을 때 어떻게 행동했으며 성공한 것이 무엇인지를 진지하게 생각해야 하는 일입니다. [1] 만일 그들이 소생함과 위로를 얻었다면, 그것으로 인해서 하나님을 칭송할 것이며,[2] 그것이 계속되기를 간구하며, 헤이해지지 않도록 경성하며,[3] 그들의 서원을 성취하며,[4] 그 예식에 자주 참여하도록 자신을 독려해야 하는 것입니다.[5] 만일 현재적 이익을 조금도 발견하지 못했다면, 그 성례전을 위한 그들의 준비와, 그 예식에서 가진 몸가짐을 보다 정확하게 점검해야 합니다.[6] 그 두 가지에 있어서 하나님께와 자신의 양심에 비추어 자신을 가질 수 있다면, 적시에 그것의 열매를 얻게 될 것을 기다려야 합니다.[7] 그러나 만일 그 어느 하나에서 그들이 실패했다는 것을 아는 경우에는 겸손해야 하며,[8] 이후로는 더욱 주의하고 근면한 마음으로 그 예전에 참여해야 합니다.[9]

7.286 **문 176. 세례와 주님의 만찬 두 성례전은 어디에 그 일치점이 있습니까?**

답. 세례와 주님의 만찬 두 성례전은 그 두 가지를 만드신 이가 하나님이시라는 것입니다.[1] 그 둘의 영적 부분이 그리스도와 또 그로부터 오는 여러 가지 유익이라는 것입니다.[2] 둘은 동일한 언약에 대한 확인이며,[3] 반드시 복음사역자에 의해서 집행되어야 하고, 다른 사람은 아무도 집행할 수 없으며,[4] 그리스도의 재림까지 그리스도의 교회에서 계속 되어야 할 예전이라는 점입니다.[5]

7.287 **문 177. 세례와 주님의 만찬 두 성례전은 어떤 점에서 다릅니까?**

답. 세례와 주님의 만찬 두 성례전이 서로 다른 것은, 세례는 단 한 번 물을 가지고 집행되며, 우리가 중생하여 그리스도에게 접붙임을 받은 표요 확인이 되는 것으로서,[1] 유아들에게도 시행되는 것입니다.[2] 반면에 주님의 만찬 은 빵과 포도주를 가지고 자주 집행되어야 하는 것으로서 그리스도를 영혼에 대한 영적 양식으로 여기고 나타내려는 것이며,[3] 우리가 그리스도 안에 계속 머물고 자라는 것을 확인하는 것으로서,[4] 그것은 자신을 점검할 수 있는 연령과 능력을 가진 사람들에게만 집행된다는 점입니다.[5]

7.288 **문 178. 기도는 무엇입니까?**

답. 기도는 그리스도의 이름으로,[2] 그의 성령의 도우심을 힘입어,[3] 우리의 죄를 고백하고,[4] 그의 모든 자비를 감사하면서,[5] 우리의 소원을 하나님께 아뢰는 일입니다.[1]

7.289 **문 179. 우리가 오직 하나님께만 기도해야 합니까?**

답. 하나님만이 마음을 살펴보실 수 있으시며,[1] 요구하는 것을 들으시고,[2] 죄를 용서하시고,[3] 모두의 소원을 이루어 주시고, [4] 그분만이 믿음의 대상이 되시고,[5] 예배를 받으실 분이십니다.[6] 기도는 예배에 있어서 하나의 특수한 부분인 바,[7] 모두가 하나님께만 드릴 수 있는 것이고, 다른 누구에게도 드려서는 안 되는 것입니다.[8]

7.290 **문 180. 그리스도의 이름으로 기도한다는 것은 무엇입니까?**

답. 그리스도의 이름으로 기도한다는 것은, 그의 명령에 순종하는 마음으로 그의 약속들에 대한 확신을 가지고, 그분을 위하여 자비를 구하는 일입니다.[1] 그렇다고 단지 그의 이름을 언급하는 것만은 아닙니다.[2] 그리스도와 그의 중보 사역으로부터 기도할 용기, 담력과 힘, 그리고 기도응답에 대한 희망으로 하라는 것입니다.[3]

7.291 **문 181. 우리가 왜 그리스도의 이름으로 기도해야 합니까?**

답. 사람들은 죄를 지었고, 그것 때문에 하나님 사이에 너무 큰 거리가 생겼기에, 중보자 없이는 그 앞에 결코 가까이 나아갈 수 없으며, 또한 천상천하에 그리스도 한 분 밖에는 그 영광스러운 사역을 위하여 지목된 자가 없고, 또 그 일에 합당한 자가 없기에, 우리는 다른 어떤 이름도 아니고 오직 그리스도의 이름으로 기도해야 하는 것입니다.[1]

7.292 **문 182. 성령께서는 우리의 기도를 어떻게 돕습니까?**

답. 우리는 마땅히 구해야 할 것이 무엇인지를 모르기에, 성령은 우리가 누구를 위하여, 무엇을, 어떻게 기도해야 하는가를 깨달을 수 있도록 우리의 연약함을 도와 주십니다. 그리고 우리의 마음속에 (모든 사람에게 그리고 모든 시대에 동일한 방법으로 사역하시는 것은 아니지만) 그 의무를 바르게 수행하는데 요구되는 그러한 이해, 감정, 및 은혜를 되살려 주십니다.[1]

7.293 **문 183. 누구를 위해서 우리가 기도해야 합니까?**

답. 우리는 지상에 있는 그리스도의 교회 전체를 위해서 기도해야 하며,[1] 공직자,[2] 교역자,[3] 우리 자신,[4] 우리 형제 자매,[5] 심지어는 우리의 원수들,[6] 살아있는 모든 유형의 사람,[7] 혹은 이후에 살게 될 사람들을 위해서 [8] 기도해야 합니다. 그러나 죽은 자들을 위해서는 기도하지 않습니다.[9]

7.294 **문 184. 우리가 무엇을 위하여 기도할 것입니까?**

답. 우리는 하나님께 영광, 교회의 안녕, 우리들 자신, 혹은 다른 사람들의 행복을 지향하는 모든 것들을 위하여 기도해야 합니다. 그러나 불법적인 것들을 위해서 기도할 수 없습니다.

7.295 **문 185. 우리는 어떻게 기도해야 합니까?**

답. 우리는 하나님의 위엄에 대한 엄숙한 이해,[1] 우리 자신의 무가치함,[2] 궁핍함,[3] 및 죄악성을 [4] 깊이 느끼면서 기도해야 합니다. 회개하는 마음,[5] 감사함,[6] 넓은 마음으로 [7] 기도하며, 이해,[8] 믿음,[9] 진지함,[10] 열정,[11] 사랑,[12] 인내,[13] 및 하나님의 뜻에 겸손히 순종하여,[15] 그를 섬기는 마음으로 [14] 기도해야 합니다.

7.296 **문 186. 하나님께서 기도의 의무를 행하기 위하여 어떤 법칙을 주셨습니까?**

답. 하나님의 말씀 전체는 기도의 의무를 수행함에 있어서 우리를 지도하는데 유익합니다.[1] 그러나 그 방향을 안내하는 특별한 법칙은 우리 구주 그리스도께서 그의 제자들에게 가르쳐 주신, 일반적으로 '주기도문'이라고 부르는, 바로 그 기도의 형식이 있습니다.[2]

7.297 **문 187. 주기도문은 어떻게 사용되어야 합니까?**

답. 주기도문은 우리가 다른 기도를 할 때 따라야 할 양식으로서 지침이 될 뿐 아니라, 기도의 의무를 바르게 수행하기에 필요한 이해, 믿음, 경외, 그리고 다른 은혜들과 함께 기도를 드림에 사용할 수 있습니다.[1]

7.298 **문 188. 주기도문은 몇 부분으로 구성되어 있습니까?**

답. 주기도문은 세 부분으로 곧 머리말, 간구, 및 결론으로 구성되어 있습니다.

7.299 **문 189. 주기도문의 머리말이 우리에게 무엇을 가르칩니까?**

답. 주기도문의 머리말은 ("하늘에 계신 우리 아버지여"라는 말로 되어 있는데) [1] 우리가 기도할 때 하나님 아버지의 선하심에 대한 확신과, 그 선하심에 대한 관심을 가지고,[2] 그에게 나아갈 것을 우리에게 가르칩니다. 그리고 존경심, 어린이와 같은 다른 모든 성품들,[3] 거룩한 애정,[4] 그의 주권적 능력, 위엄, 그리고 은혜로우신 겸비에 대한 바른 이해를 가지고,[5] 하나님께 나아갈 것을 가르칩니다. 그것은 또한 다른 사람들과 함께, 및 다른 사람을 위해서 기도하라고 가르칩니다.[6]

7.300 **문 190. 첫째 간구에서 우리는 무엇을 위하여 기도합니까?**

답. 첫째 간구 ("이름이 거룩히 여김을 받으시오며"[1] 라는 말)에서 우리 자신들과 모든 인간 속에는 하나님을 올바르게 존경할 능력이 전혀 없고 그런 마음 조차 없음을 인정하면서,[2] 하나님께서 당신의 은총에 의하여 우리와 다른 사람들로 하여금 그와 그의 직함,[4] 속성,[5] 율례, 말씀,[6] 및 사역들을 알리시기 위해서 기쁘게 사용하신 그 무엇이든지 [7] 그것들을 알고, 인정하고, 높이 존중할 [3] 능력과 성향을 주옵소서 하고 기도하는 것입니다. 그리고 생각, 말,[8] 행위로 [9] 그를 영화롭게 할 수 있는 힘과 성향을 주옵소서 하고 기도하는 것입니다. 그리고 하나님께서 무신론,[10] 무지,[11] 우상숭배,[12] 신성을 더럽히는 일과,[13] 또 그에게 불명예가 되는 그 무엇이든지 다 [14] 방어하시고 제거해 주실 것을 기원하며, 그의 지배적인 섭리에 의하여 모든 것이 그분 자신의 영광을 나타내는 방향으로 이끄시고 처리해 주시기를 기도하는 것입니다.[15]

7.301 **문 191. 둘째 간구에서 우리는 무엇을 위하여 기도합니까?**

답. 둘째 간구("나라가 임하시오며")에서는 [1] 우리 자신과 모든 인간이 본질상 죄와 사탄의 지배하에 있다는 것을 인정하면서,[2] 죄와 사탄의 왕국이 파멸되고,[3] 복음이 전세계에 전파되어,[4] 유대인들이 부름을 받고,[5] 충만한 숫자의 이방인들이 영입되기를 우리는 기도합니다.[6] 교회는 모든 복음의 사역자들과 규례들이 갖춰지고,[7] 부패로부터 정화되고,[8] 국가의 공직자들에 의해서 장려와 지지를 받기를 기도하며, 그리스도께서 주신 율례들이 깨끗하게 실시되고, 아직도 죄 가운데 있는 자들을 개종시키고, 이미 개종한 사람들에게 확신을 주고 위로하고 양육하는 일에 유효하기를 기도합니다.[9] 그리스도께서 여기서 우리의 마음을 통치하시고,[10] 그의 재림과 우리가 그와 더불어 영원히 다스릴 때가 어서 오기를 기도합니다.[11] 그리고 하나님께서 온 세상에서 그의 능력의 통치를 기꺼이 시행함으로써 그러한 결과들이 최선으로 이루어지기를 기도합니다.[12]

7.302 **문 192. 셋째 간구에서 우리는 무엇을 위하여 기도합니까?**

답. 셋째 간구("뜻이 하늘에서 이루어진 것같이 땅에서도 이루어지이다")에서 [1] 우리와 모든 인간은 본질상 하나님의 뜻을 알거나 행하기에 무능하고 또한 원치 않을 뿐 아니라,[2] 그의 말씀을 반역하고,[3] 그의 섭리에 대항하여 불평하고 수군거리는 성향을 가지고 있으며,[4] 전적으로 육체와 마귀의 뜻을 행하려는 경향을 가졌다는 사실을 인정합니다.[5] 하나님께서는 그의 성령으로서 우리들 자신과 다른 사람들로부터 모든 우매함,[6] 연약함,[7] 불쾌,[8] 및 사악한 마음을 [9] 제거하시고, 그의 은혜로 천사들이 하늘에서 하는 것처럼,[18] 모든 일에서 [10] 겸손,[11] 기쁜 마음,[12] 충성,[13] 근면,[14] 열심,[15] 신실,[16] 및 한결같음으로 [17] 범사에 그의 뜻을 알고, 행하고, 순종할 수 있는 능력과 의지를 주시기를 기도합니다.

7.303 **문 193. 넷째 간구에서 우리는 무엇을 위하여 기도합니까?**

답. 넷째 간구("오늘 우리에게 일용할 양식을 주시옵고")에서 [1] 우리는 아담 안에서와 우리 자신의 죄로 말미암아 이 세상에서의 모든 외적 축복에 대한 우리의 권리를 상실함, 하나님에 의해서 그것들을 전부 박탈 당하기에 합당한 자가 됨, 그것들을 사용함에 있어서 그것들이 우리에게 저주거리가 됨이 마땅하다는 것을 인정하며,[2] 또한 그것들이 그 자체로서 우리를 지탱할 능력이 없으며,[3] 우리가 지탱을 받을 만한 가치도 없으며,[4] 혹은 우리 자신의 노고에 의해서 그것을 차지할 공로도 없고,[5] 오히려 그것들을 불법적으로 원하고,[6] 얻고,[7] 사용하려는 [8] 경향이 있다는 사실을 인정하면서 우리는 우리 자신과 다른 사람들을 위해 기도합니다. 즉 그들과 우리가 모두 합법적 방편을 사용하며 날마다 하나님의 섭리를 기다리며 행하는 중에, 그의 거저 주시는 은사에 따라, 그리고 하나님 아버지로서의 지혜를 최선으로 여김으로, 그것들의 충족한 분량을 즐기고,[9] 또 그 동일한 것을 우리가 거룩하고 안전하게 사용하며 그것을 계속 누리고 우리에게 축복이 되며,[10] 그것들로 만족을 얻게 되기를 기도합니다.[11] 그리고 이 세상에서 우리를 유지하고 안위에 반대가 되는 모든 것에서 우리를 보호해 주시길 기도합니다.[12]

7.304 **문 194. 다섯째 간구에서 우리는 무엇을 위하여 기도합니까?**

답. 다섯째 간구("우리가 우리에게 죄 지은 자를 사하여 준 것같이 우리 죄를 사하여 주시옵고")에서,[1] 우리와 모든 사람은 원죄와 자죄, 이 두 가지의 허물을 가지고 있어서, 그것들로 인하여 하나님의 공의에 빚진 자가 되었다는 것과, 또한 우리나 다른 어떤 피조물도 그 빚을 조금도 갚을 수 없다는 것을 인정하면서,[2] 우리는 우리들 자신과 다른 사람들을 위하여 기도합니다. 즉 하나님께서 그가 거저 주시는 은총에 의하여, 믿음으로 감지되고 적용되는 그리스도의 순종과 사죄를 통하여, 우리를 죄의 허물과 형벌로부터 풀어 주시고,[3] 그의 사랑하시는 자 안에서 우리를 용납하시고,[4] 당신의 총애와 은혜를 우리에게 계속 주시며,[5] 우리들이 매일 범하는 실수를 용서하시며,[6] 우리에게 날마다 더욱 더 사죄의 확신을 주심으로,[7] 화평과 기쁨이 가득 차게 하시기를 간구합니다. 우리가 진심으로 다른 사람의 잘못을 용서한다는 증거가 우리에게 있을 때, 우리는 담대히 구하게 되고, 기대할 용기가 생깁니다.[8]

7.305 **문 195. 여섯째 간구에서 우리는 무엇을 위하여 기도합니까?**

답. 여섯째 간구("우리를 시험에 들게 하지 마시옵고, 다만 악에서 구하시옵소서")에서,[1] 우리는 가장 지혜로우시고, 의로우시고, 은혜로우신 하나님께서 거룩하고도 의로운 여러 가지 목적을 위하여, 우리가 여러 가지 유혹의 공격을 받고, 당황하며, 잠시 동안 포로가 되도록 사물을 정하신다는 것,[2] 그리고 사탄,[3] 세상,[4] 그리고 육신은 우리를 강력하게 곁길로 유인하여 올무에 걸리게 할 준비가 되어 있다는 것,[5] 또한 우리는 우리 죄가 용서된 후에도 우리의 부패와 [6] 연약함과, 경각심의 결핍으로 인해서 [7] 유혹을 받기 쉽고, 우리 자신을 유혹에다 노출하도록 조성할 뿐 아니라,[8] 그 유혹들을 저항하고, 그것들로부터 빠져 나와 회복하고 또는 그것을 개선할 만한 [9] 능력이 우리 자신 속에는 없고, 또 그렇게 하기를 원치도 않는 다는 사실과 그것들의 세력 아래 남아 있어 마땅하다는 사실을 [10] 인정하면서 우리는 기도합니다. 즉 하나님께서 세상과 그 속의 모든 것을 지배하시고,[11] 육신을 제어하시고,[12] 사단을 억제하시고 [13] 모든 것을 명하시고,[14] 모든 은혜의 방편을 부여하시고, 축복하시어,[15] 우리들로 하여금 그것들을 사용함에 있어서 경각심을 가지도록 우리를 경성시킴으로써, 우리와 그의 모든 백성이 그의 섭리에 의해서 죄짓는 유혹에 빠지지 않도록 지켜달라고 기도합니다.[16] 만일 우리가 유혹에 빠졌으면 그의 영에 의하여 우리가 강력하게 후원을 받아 유혹의 시간에 능히 이겨낼 수 있게 되기를 기도합니다.[17] 또는 우리가 넘어졌을 경우 다시 일으킴을 받고, 그것에서 빠져 나와 회복되고,[18] 그것을 거룩한 용도에 쓰고 또 개선할 수 있기를 기원합니다.[19] 그리고 우리의 성화와 구원이 완성되고,[20] 사탄은 우리의 발에 밟히고,[21] 우리는 완전히 죄와 유혹과 모든 악으로부터 영원히 해방되기를 기도합니다.[22]

7.306 **문 196. 주기도문의 결론이 우리에게 무엇을 가르칩니까?**

답. 주기도문의 결론("나라와 권세와 영광이 아버지께 영원히 있사옵나이다. 아멘.")[1] 은 우리 자신이나 어떤 다른 피조물 속에 있는 어떤 가치로부터가 아니라 하나님께로부터 얻어지는 논증들을 가지고,[3] 우리의 간구들을 더욱 강화할 것을 우리에게 가르칩니다.[2] 그리고 우리의 기도와 함께 찬양에 참여하여,[4] 하나님께만 영원한 주권과, 전능성과, 영광의 탁월성을 [5] 돌릴것을 가르칩니다. 그 점에 있어서 하나님이 우리를 도우실 능력이 있고, 또 그러할 의사를 가지셨으니,[6] 우리도 믿음으로 담력을 얻어 그가 그렇게 해 주시기를 탄원하고,[7] 또 그가 그렇게 해주실 것, 즉 우리의 요구들을 이루어 주실 것을 조용히 그에게 의뢰합니다.[8] 그리고 이것이 우리의 소원이며 확신임을 증언하기 위하여 우리는 "아멘" 하는 것입니다.[9]

문 1. 총괄적 주—어떤 점에 있어서는 대요리문답이 그 진술에 있어서 성경에 있는 것보다도 상세하다. 이 진술들은 성령으로부터 오는 추론들이거나, 또는 성경에 기초한 진술로부터 온 추론이거나, 혹은 교회의 경험과 관찰에서부터 오는 추론들이다. 그런 경우에는 성경구절을 제시하지 못한다. 다만 이 총괄적 주를 참고하라고 하였다.
1. 롬 11:36, 고전 10:31
2. 시 73:24-26, 요 17:22,24.

문 2.
1. 롬 1:19,20, 시 19:1-4.
2. 고전 1:21, 고전 2:9,10.

문 3.
1. 갈 1:8,9, 사 8:20, 눅 16:29,31, 딤후 3:15-17.

문 4.
1. 총괄적 주를 보라
2. 요 16:13,14, 고전 2:6-9.

문 5.
1. 총괄적 주를 보라.

문 6.
1. 요 4:24, 출 34:6,7.
2. 마 28:19, 고후 13:14.
3. 엡 1:11. 문맥을 보라.
4. 행 4:27,28, 사 42:9.

문 7.
1. 요 4:24.
2. 왕상 8:27, 사 40:20.
3. 총괄적 주를 보라.
4. 행 17:24,25.
5. 시 90:2.
6. 말 3:6, 약 1:17.
7. 롬 11:33.
8. 렘 23:24, 시 139 장
9. 계 4:8.
10. 히 4:13, 시 147:5.
11. 롬 16:27.
12. 사 6:3, 계 15:4.
13. 신 32:4.
14. 출 34:6.

문 8.
1. 신 6:4, 고전 8:4, 6, 행 10:10.

문 9.
1. 마 3:16, 17, 마 28:19, 고후 13:14.

문 10.
1. 히 1:5.
2. 요 1:14.
3. 갈 4:6, 요 15:26.

문 11.
1. 렘 23:6, 요일 5:20, 시 45:6, 행 5:3, 4.
2. 요 1:1, 사 9:6, 요 2:24, 25, 고전 2:10, 11, 히 9:14.
3. 골 1:16, 창 1:2, 시 104:30, 요 1:3.
4. 마 28:19, 고후 13:14.

문 12.
1. 엡 1:4, 11, 행 4:27,28, 시 33:11.

문 13.
1. 딤전 5:21.
2. 엡 1:4-6, 살후 2:13,14, 벧전 1:2.
3. 롬 9:17,18,21,22, 유 4, 마 11:25,26, 딤후 2:20.

문 14.
1. 엡 1:11, 벧전 1:1,2.

문 15.
1. 히 11:3, 계 4:11, 창 1 장

문 16.
1. 시 104:4, 골 1:16.
2. 눅 20:36.
3. 창 1:31.
4. 마 24:36.
5. 살후 1:7.
6. 시 103:20,21.
7. 벧후 2:4.

문 17.
1. 창 1:27.
2. 창 2:7.
3. 창 2:22.
4. 창 2:7, 마 10:28, 눅 23:43.
5. 창 1:27.

6. 골 3:10, 창 2:19, 20.
7. 엡 4:24.
8. 롬 2:14,15.
9. 롬 1:28.
10. 창 2:16, 17, 창 3:6.

문 18.
1. 시 145:17.
2. 시 104:24, 사 28:29.
3. 히 1:3.
4. 시 103:19, 욥 38-41 장.
5. 마 10:29-30, 창 45:7, 시 135:6.
6. 롬 11:36, 사 63:14.

문 19.
1. 유 6, 벧후 2:4.
2. 욥 1:12, 눅 10:17, 마 8:31.
3. 딤전 5:21, 막 8:38, 히 12:22.
4. 시 104:4, 히 1:14.

문 20.
1. 창 2:8, 창 2:15,16.
2. 창 1:28.
3. 창 2:28.
4. 창 1:27,28.
5. 창 2:3.
6. 창 2:16,17 을 롬 5:12-14, 10:5, 눅 10:25-28, 그리고 노아와 아브라함과 맺은 언약들과 비교하라.
7. 창 2:17.

문 21.
1. 창 3:6-8, 13, 고후 11:3.

문 22.
1. 행 17:26, 위의 6 번을 보라.
2. 창 2:17, 롬 5:12-20, 그리고 고전 15:21,22 와 비교하라.

문 23.
1. 롬 5:12, 갈 3:10.

문 24.
1. 롬 3:23, 요일 3:4, 약 4:17.

문 25.
1. 롬 5:12,19, 고전 15:22.
2. 롬 5:6, 엡 2:1-3, 롬 8:7,8, 창 6:5, 롬 3:10-20, 시 51:5, 58:3.
3. 약 1:14,15, 마 15:19.

문 26.
1. 시 51:5, 요 3:6.

문 27.
1. 창 3:8,24.
2. 엡 2:2,3.
3. 딤후 2:26, 눅 11:21,22, 히 2:14.
4. 롬 6:23, 롬 5:14.

문 28.
1. 엡 4:18.
2. 롬 1:28.
3. 살후 2:11.
4. 롬 2:5.
5. 사 33:14, 창 4:13, 마 27:4, 히 10:27.
6. 롬 1:26.
7. 창 3:17.
8. 신 28:15-68.
9. 롬 6:21,23.

문 29.
1. 살후 1:9, 약 9:43, 44, 눅 16:24, 26, 마 25:41, 46, 계 14:11, 요 3:36.

문 30.
1. 살전 5:9
2. 딛 3:4-7, 딛 1:2, 갈 3:21, 롬 3:20-22.

문 31.
1. 고전 15:22, 45, 엡 1:4, 딤후 1:9, 사 53:10,11, 히 2:10,11,14.

문 32.
1. 딤전 2:5.
2. 요일 5:11,12.
3. 요 3:16, 요 1:12, 요 3:36.
4. 요 1:12,13, 요 3:5,6,8, 갈 5:22,28.
5. 겔 36:27.
6. 약 2:18,22.
7. 고후 5:14,15.
8. 엡 2:10, 딛 2:24, 3:8.

문 33.
1. 고후 3:6, 히 1:1,2, 8:7,8 이하.

문 34.
1. 롬 15:8, 행 3:20.

2. 행 3:20,24.
3. 히 10:1.
4. 롬 4:11.
5. 고전 5:7, 출 12:14, 17,24.
6. 히 11:13.
7. 갈 3:7-9, 히 11 장.

문 35.
1. 마 28:19,20.
2. 마 28:19.
3. 고전 11:23-26.
4. 히 8:6,7.

문 36.
1. 딤전 2:5.
2. 요 1:1, 요 10:30, 빌 2:6, 갈 4:4, 골 2:9, 빌 2:5-11.

문 37.
1. 요 1:14, 마 26:38.
2. 눅 1:31,35,42, 갈 4:4.
3. 히 4:15.

문 38.
1. 총괄적 주를 보라.

문 39.
1. 롬 5:19, 갈 4:4,5.
2. 히 2:14,히 7:24,25.
3. 히 4:15.
4. 갈 4:5.
5. 히 4:14-16.

문 40.
1. 총괄적 주를 보라.

문 41.
1. 마 1:21.

문 42.
1. 요 3:34, 눅 4:18-21.
2. 눅 4:14, 히 9:14, 마 28:18-20.
3. 행 3:22, 눅 4:18,21.
4. 히 5:5,6, 히 4:14,15.
5. 계 19:16, 사 9:6,7, 시 2:6.

문 43.
1. 요 1:1,4.
2. 벧후 1:21, 고후 2:9,10.
3. 엡 4:11-13, 요 20:31.

문 44.
1. 히 9:14,28.
2. 히 2:17.
3. 히 7:25.

문 45.
1. 요 10:16, 27, 사 55:5.
2. 고전 12:28, 엡 4:11,12.
3. 마 28:19,20.
4. 마 18:17,18, 고전 5:4,5, 딤전 5:20, 딛 3:10.
5. 행 5:31.
6. 계 22:12, 마 25:34-36, 롬 2:7.
7. 계 3:19, 히 12:6,7.
8. 고후 12:9,10, 롬 8:35-39.
9. 고전 15:25, 행 12:17, 행 18:9,10.
10. 롬 14:11, 골 1:18, 마 28:19,20.
11. 롬 8:28.
12. 살후 1:8, 시 2:9.

문 46.
1. 빌 2:6-8, 고후 8:9, 갈 4:4.

문 47.
1. 요 1:18, 위의 46 문의 성구들을 보라.

문 48.
1. 갈 4:4.
2. 마 3:15, 요 19:30, 롬 5:19.
3. 히 12:2,3, 사 53:2,3, 시 22:6.
4. 마 4:1,2, 2:12, 눅 4:1-14 를 보라.
5. 히 2:17,18, 히 4:15, 사 52:13,14.

문 49.
1. 마 27:4.
2. 마 26:56.
3. 눅 18:32, 33, 사 53:3.
4. 마 27:26, 요 19:34, 눅 22:63-64.
5. 눅 22:44, 마 27:46, 롬 8:32.
6. 롬 4:25, 고전 15:3,4, 사 53:10.
7. 빌 2:8, 히 12:2, 갈 3:13.

문 50.
1. 고전 15:3,4.
2. 마 12:40, 눅 18:33.

문 51.
1. 고전 15:4.
2. 눅 24:51, 행 1:9-11.
3. 엡 1:20.
4. 행 1:11, 행 17:31.

문 52.
1. 행 2:24, 시 16:10.
2. 눅 24:39.
3. 계 1:18.
4. 요 10:18.
5. 롬 1:4.
6. 롬 4:25, 고전 15:17.
7. 히 2:14, 계 1:18. 롬 14:9
8. 고전 15:21,22
9. 엡 1:22,23, 골 1:18.
10. 롬 4:25.
11. 엡 2:5,6, 골 2:12.
12. 고전 15:25,26, 행 12:17, 행 18:9,10.
13. 고전 15:20, 살전 4:13-18.

문 53.
1. 행 1:2,3.
2. 마 28:19,20, 행 1:8.
3. 히 6:20, 엡 4:8, 행 1:9.
4. 시 68:18.
5. 골 3:1,2.
6. 요 14:2.
7. 행 3:21.

문 54.
1. 빌 2:9.
2. 행 2:28, 시 16:11 과 비교하라.
3. 요 17:5.
4. 엡 1:22, 벧전 3:22.
5. 엡 4:11, 12, 문 45 의 성구들을 보라.
6. 롬 8:34, 문 44 의 성구들을 보라.

문 55.
1. 히 9:24.
2. 히 1:3.
3. 요 17:9,20,24.
4. 롬 8:33,34.
5. 롬 5:1,2.
6. 히 4:16.
7. 엡 1:6.
8. 벧전 2:5, 계 8:3,4.

문 56.
1. 마 24:30, 눅 9:26, 살전 4:16, 행 17:31, 마 25:31.

문 57.
1. 히 9:12, 고전 1:30, 롬 8:32, 고후 1:20.

문 58.
1. 요 1:12,13, 요 3:5,6, 딛 3:5,6.

문 59.
1. 요 6:37,39, 요 10:15, 16, 롬 8:29-30.
2. 벧전 1:2, 살후 2:13.

문 60.
1. 롬 10:14, 살후 1:8,9, 행 4:12,롬 1:18-32.
2. 고전 1:21, 롬 1:18-32, 롬 3:9-19.
3. 요 4:22, 빌 3:4-10.
4. 행 4:12.
5. 요 6:39,44, 요 17:9.

문 61.
1. 롬 9:6, 마 7:21, 마 13:41,42.

문 62.
1. 고전 1:2, 고전 12:12,13, 롬 15:1-12.
2. 창 17:7,(문맥을 보라.) 갈 3:7,9,14, 롬 4 장, 행 2:39, 고전 7:14, 막 10:13-16 을 비교하라.

문 63.
1. 고전 12:28, 엡 4:11,12, 행 13:1,2, 사 49:14-16.
2. 마 16:18, 사 31:4,5, 시 115: 9-18.
3. 행 2:42, 롬 3:1,2.
4. 시 147:19,20, 롬 9:4, 행 16:31, 계 22:17.
5. 요 6:37.

문 64.
1. 요 11:52, 요 10:16, 엡 1:10,22,23.

문 65.
1. 요 17:21, 엡 2:5,6, 요일 1:3, 요 17:24.

문 66.
1. 엡 2:8(문맥을 보라)
2. 고전 6:17, 요 10:28, 엡 5:23,30, 요 15:1-5.
3. 고전 1:9,벧전 5:10.

문 67.
1. 엡 1:18-20, 딤후 1:9.
2. 딛 3:4,5, 롬 9-11 장, 엡 2:4-10.
3. 고후 5:20, 요 6:44, 살후 2:13,14.
4. 행 26:18.
5. 겔 11:19, 겔 36:26,27.
6. 요 6:45, 빌 2:13, 신 30:6, 엡 2:5.

문 68.
1. 행 13:48, 요 6:39,44, 요 17:9.
2. 마 22:14.
3. 마 13:20,21, 히 6:4-6.
4. 시 81:11,12, 요 12:38-40, 행 28:25-27, 요 6:64, 65, 잠 1:24-32, 시 95:9-11.

문 69.
1. 롬 8:30.
2. 엡 1:5.
3. 고전 1:30.

문 70.
1. 고후 5:19,21, 롬 3:22,24,25, 롬 4:5.
2. 엡 1:6,7, 롬 3:28.
3. 롬 3:24,25, 롬 5:17-19, 롬 4:6-8.
4. 롬 5:1, 행 10:43, 갈 2:16, 빌 3:9, 롬 3:25,26.

문 71.
1. 문 70 의 성구들을 보라.

문 72.
1. 히 10:39.
2. 롬 10:14,17, 살후 2:13.
3. 요 16:8,9, 행 16:30, 행 2:37, 엡 2:1, 행 4:12, 롬 7:9.
4. 롬 10:8-10.
5. 행 10:43, 갈 2:15,16, 행 16:31.
6. 빌 3:9,행 15:11.

문 73.
1. 갈 3:11, 롬 3:28.
2. 딛 3:5-7, 롬 4:5-8.
3. 빌 3:9.

문 74.
1. 요일 3:1.
2. 엡 1:5, 갈 4:4,5.
3. 요 1:12.
4. 계 3:12, 고후 6:18.
5. 갈 4:6.
6. 시 103:13, 잠 14:26, 마 6:32.
7. 롬 8:17, 히 6:12.

문 75.
1. 엡 1:4, 고전 6:11, 살후 2:13, 롬 6:4-6, 엡 4:23,24, 빌 3:10.
2. 행 11:18, 요일 3:9.
3. 유 20, 엡 3:16-18, 골 1:10,11.
4. 롬 6:4,6,14.

문 76.
1. 딤후 2:25, 눅 24:47.
2. 행 11:18,20,21, 슥 12:10, 행 2:37.
3. 겔 18:30,32, 눅 15:17,18, 호 2:6,7.
4. 겔 36:31, 겔 16:61,63, 사 30:22.
5. 눅 22:61,62, 슥 12:10.
6. 고후 7:11, 행 2:37.
7. 행 26:18, 겔 14:6, 왕상 8:47,48, 삼상 7:3.
8. 시 119:59,128.

문 77.

1. 고전 6:11, 고전 1:30, 롬 8:30.
2. 롬 4:6,8, 빌 3:8,9, 고후 5:21.
3. 겔 36:27.
4. 롬 3:24,25.
5. 롬 6:6,14.
6. 롬 8:1,33,34.
7. 고전 3:1,2, 막 4:8,28.
8. 요일 1:8,10.
9. 고후 7:1, 빌 3:12-14, 엡 4:11-15.

문 78.

1. 롬 7:18,23.
2. 갈 5:17, 히 12:1.
3. 출 28:38, 롬 7:18,23.

문 79.

1. 렘 31:3, 요 13:1.
2. 고전 1:8, 히 6:17, 히 13:20,21, 사 54:10.
3. 고전 12:27, 롬 8:35-39 와 비교하라.
4. 히 7:25, 눅 22:32.
5. 요일 3:9, 요일 2:27.
6. 렘 32:40, 요 10:28, 벧전 1:5, 빌 1:6.

문 80.

1. 요일 2:3, 고전 2:12, 요일 4:13,16, 요일 3:14,18,19,21,24, 롬 8:16, 요일 5:13.

문 81.

1. 사 50:10, 시 88 장.
2. 시 32:22, 시 77:1-12, 시 30:6,7, 시 51:8-12.
3. 욥 13:15, 시 73:13-15, 23, 요일 3:9, 사 54:7-11.

문 82.

1. 고후 3:18.
2. 눅 23:43.
3. 요일 3:2, 살전 4:17, 계 22:3-5.

문 83.

1. 엡 2:4-6.
2. 롬 5:5, 고후 1:22.
3. 롬 5:1,2, 롬 14:17.
4. 창 4:13, 마 27:3-5, 히 10:27, 막 9:44, 롬 2:9.

문 84.

1. 롬 6:23.
2. 히 9:27.
3. 롬 5:12.

문 85.

1. 고전 15:26, 55-57, 히 2:15.
2. 사 57:1,2, 왕하 22:20.
3. 눅 16:25, 고후 5:1-8.
4. 눅 23:43, 빌 1:23.

문 86.

1. 눅 16:23, 눅 23:43, 빌 1:23, 고후 5:6-8.
2. 롬 8:23, 시 16:9.
3. 살전 4:14.
4. 롬 8:23.
5. 눅 16:23,24, 행 1:25, 유 6.

문 87.

1. 행 24:15.
2. 고전 15:51-53, 살전 4:15-17, 요 5:28,29.
3. 고전 15:21-23, 42-44(이 구절에서 사도가 논의하는 확실한 견해는, 언약의 머리인 아담의 자연적 자손들이 아담의 범죄에 의하여 죽음에 굴복한 것처럼 그들의 새 언약의 머리이신 그리스도의 모든 영적 후손들이 그의 부활의 덕택으로 죽음에서 일으킴을 받고 영광과 축복의 불후의 생명에 이르게 된다는 것을 증명하려는 것이다. 그러므로 이 본문을 보편적 구속의 증거 구절로 사용하는 것은 성경을 왜곡하는 일이다.) 빌 3:21.
4. 요 5:28,29, 단 12:2, 마 25:33.

문 88.

1. 벧후 2:4, 계 20:11-13.
2. 마 24:36,42,44, 눅 21:35,36.

문 89.

1. 마 25:33.
2. 롬 2:15,16.(문맥을 보라.)
3. 마 25:41,42.
4. 마 25:46, 살후 1:8,9, 눅 16:26,막 9:43,44, 막 14:21.

문 90.

1. 살전 4:17.
2. 마 25:33, 마 10:32.
3. 고전 6:2,3.
4. 마 25:34,46.
5. 엡 5:27, 계 7:17.
6. 시 16:11, 고전 2:9.
7. 히 12:22,23.
8. 요일 3:2, 고전 13:12, 살전 4:17,18, 계 22:3-5.

문 91.

1. 신 29:29, 미 6:8, 삼상 15:22.

문 92.

1. 롬 10:5, 롬 2:14,15, 창 2:17.

문 93.

1. 약 2:10, 신 5:1,31,33, 눅 10:26,27, 살전 5:23.
2. 롬 10:5, 갈 3:10.

문 94.

1. 롬 8:3, 갈 2:16.
2. 딤전 1:8, 갈 3:19,24.

문 95.

1. 롬 7:12.
2. 미 6:8, 눅 10:26,28,37.
3. 시 19:11,12, 롬 3:20, 롬 7:7.
4. 롬 3:9,23, 롬 7:19,13.
5. 갈 3:21,22.

문 96.

1. 롬 7:9, 딤전 1:9,10.
2. 갈 3:24.
3. 롬 1:20(롬 2:15 와 비교하라).
4. 갈 3:10.

문 97.

1. 롬 7:4,6, 롬 6:14, 롬 3:20, 롬 8:1,34, 갈 3:13,14, 롬 8:3,4, 고후 5:21.
2. 골 1:12-14, 롬 7:22, 딛 2:11-14.

문 98.

1. 마 19:17-19.
2. 신 10:4, 출 34:1-4.

문 99.

법 1.

1. 시 19:7, 약 2:10, 마 5:22,28,37,44.

법 2.

1. 롬 7:14, 신 6:5, 마 22:37-39, 마 12:36,37, 위의 법 1 의 성구들을 보라.

법 3.

1. 골 3:5, 딤전 6:10, 출 20:3-5, 암 8:5.

법 4.

1. 사 58:13, 마 15:4-6, 신 6:12, 마 4:9,10 과 비교하라.
2. 엡 4:18.
3. 출 20:12, 잠 30:17 과 비교하라.
4. 렘 18:7,8, 출 20:7, 시 15:1,4,5, 시 24:4,5 와 비교하라.

법 5.

1. 롬 3:8, 히 11:25.
2. 신 4:9.
3. 마 12:7, 막 14:7.

법 6.

1. 살전 5:22, 갈 5:26, 히 10:24, 골 3:21.

법 7.
1. 출 20:10, 신 6:6,7, 수 24:15.

법 8.
1. 히 10:24.
2. 딤전 5:22, 엡 5:11.

문 101.
1. 출 20:2.

문 102.
1. 눅 10:27.

문 103.
1. 출 20:3.

문 104.
1. 문 104-문 148 에 대한 대답들 속에 내포된 십계명 해설은 그 계명 자체와 문 99 에 제출된 '법'으로부터 연역된 것이다. 세밀한 설명들이 성경의 일반적 가르침과 일치한다는 것을 보여 주기 위해서, 상세한 설명 밑에 성경구절들을 밝힌 것이다.
2. 대상 28:9, 신 26:17, 사 43:10, 렘 14:22.
3. 시 95:6,7, 마 4:10, 시 29:2.
4. 말 3:16.
5. 시 63:6.
6. 전 12:1.
7. 시 18:1.2.
8. 말 1:6.
9. 사 45:23, 시 96 장.
10. 수 24:22.
11. 신 6:5.
12. 시 73:25.
13. 사 8:13.
14. 출 14:31, 롬 10:11, 행 10:43.
15. 사 26:4, 시 40:4.
16. 시 130:7.
17. 시 37:4.
18. 시 32:11.
19. 롬 12:11, 계 3:19, 민 25:11.
20. 빌 4:6.
21. 렘 7:23, 약 4:7, 롬 12:1.
22. 요일 3:22.
23. 느 13:8, 시 73:21, 시 119:136, 렘 31:18,19.
24. 미 6:8.

문 105.
1. 시 14:1.
2. 렘 2:27,28, 살전 1:9 와 비교.
3. 시 81:11.
4. 사 43:22,23.
5. 렘 4:22, 호 4:1,6.
6. 렘 2:32, 시 50:22.
7. 행 17:23, 29.
8. 시 50:21.
9. 신 29:29.
10. 딛 1:16, 히 12:16.
11. 롬 1:30.
12. 딤후 3:2.
13. 빌 2:21.
14. 요일 2:15, 삼상 2:29, 골 3:2,5.
15. 요일 4:1.
16. 히 3:12.
17. 갈 5:20, 딛 3:10.
18. 행 26:9.
19. 시 78:22.
20. 렘 37:11.
21. 렘 5:3.
22. 롬 2:5.
23. 렘 13:15.
24. 시 19:13.
25. 습 1:12.
26. 마 4:7.
27. 롬 3:8.
28. 렘 17:5.
29. 딤후 3:4.
30. 갈 4:17, 롬 10:2, 요 16:2, 눅 9:54,55.
31. 계 3:16.
32. 계 3:1
33. 겔 14:5, 사 1:4,5. 호 4:12, 계 19:10, 골 2:18, 롬 1:25.

34. 레 20:6, 삼상 28:7-11, 대상 10:13,14 비교.
35. 행 5:3.
36. 마 23:9.
37. 신 32:15, 잠 13:13, 삼하 12:9.
38. 행 7:51, 엡 4:30.
39. 시 73:2,3,13-15,22 을 보라.
40. 단 5:23.
41. 신 8:17, 단 4:30.
42. 합 1:16.

문 106.

1. 시 44:20,21, 겔 8:15-18.
2. 대상 28:9.

문 107.

1. 출 20:4-6.

문 108.

1. 신 32:46, 마 28:20, 딤전 6:13,14, 행 2:42.
2. 빌 4:6, 엡 5:20.
3. 신 17:18,19, 행 15:21, 딤후 4:2, 약 1:21, 행 10:33.
4. 마 28:19, 고전 11:23-30.
5. 마 16:19, 마 18:17, 고전 5 장, 고전 12:28, 요 20:23.
6. 엡 4:11,12, 딤전 5:17,18, 고전 9:1-15.
7. 욜 2:12, 고전 7:5.
8. 신 6:13.
9. 시 76:11. 사 19:21, 시 116:14,18.
10. 행 17:16,17, 시 16:4.
11. 신 7:5, 사 30:22.

문 109.

1. 민 15:39.
2. 신 13:6,8.
3. 호 5:11, 미 6:16.
4. 왕상 11:33, 왕상 12:33.
5. 신 12:30,32.
6. 신 4:15,16, 행 17:29, 롬 1:21-25.
7. 갈 4:8, 단 3:18.
8. 출 32:5.
9. 출 32:8.
10. 왕상 18:26,28, 사 65:11.
11. 행 19:19.
12. 말 1:7,8,14.
13. 신 4:2.
14. 시 106:39.
15. 마 15:9.
16. 벧전 1:18.
17. 렘 44:17.
18. 사 65:3-5, 갈 1:13,14.
19. 삼상 13:12, 삼상 15:21.
20. 행 8:18.
21. 롬 2:22, 말 3:8.
22. 출 4:24-26.
23. 마 22:25, 말 1:7, 12,13.
24. 마 23:13.
25. 행 13:45, 살전 2:15,16.

문 110.

1. 출 20:5,6.
2. 출 34:13,14.
3. 고전 10:20-22, 신 32:16-19, 렘 7:18-20, 겔 16:26,27.
4. 호 2:2-4.
5. 신 5:29.

문 111.

1. 출 20:7.

문 112.

1. 마 6:9, 신 28:58, 시 68:4, 시 29:2, 계 15:3,4.
2. 말 1:14.
3. 시 138:2.
4. 고전 11:28,29 문맥을 보라. 딤전 2:8.
5. 렘 4:2.
6. 시 76:11.
7. 행 1:24,26.
8. 시 107:21,22.
9. 말 3:16.
10. 시 8 장.
11. 시 105:2,5, 골 3:17.
12. 시 102:18.
13. 벧전 3:15, 미 4:5.
14. 빌 1:27.

15. 고전 10:31.
16. 렘 32:39.
17. 벧전 2:12.

문 113.

1. 말 2:2.
2. 행 17:23.
3. 잠 30:9.
4. 말 1:6,7,12 말 3:14.
5. 렘 7:4, 문맥을 보라. 골 2:20-22.
6. 출 5:2, 시 139:20.
7. 시 50:16,17.
8. 사 5:12.
9. 왕하 19:22, 레 24:11.
10. 슥 5:4.
11. 롬 12:14, 삼상 17:43, 삼하 16:5.
12. 렘 5:7, 렘 23:10.
13. 신 23:18, 행 23:12.
14. 에 3:7, 에 9:24.
15. 시 24:4, 겔 17:19, 문맥을 보라.
16. 막 6:26, 삼상 25:22, 32-34.
17. 롬 9:14,19,20.
18. 신 29:29.
19. 롬 3:5,5, 문맥을 보라.
20. 시 73:12,13.
21. 마 5:21-48.
22. 겔 13:22.
23. 벧후 3:16, 마 22:29, 23-32 절의 문맥을 보라.
24. 엡 5:4.
25. 딤전 6:4,5,20, 딤후 2:14, 딛 3:9.
26. 신 18:10,11,문맥을 보라. 행 19:13.
27. 딤후 4:3,4, 유 4, 롬 13:13,14, 왕상 21:9,10.
28. 행 13:45.
29. 벧후 3:3, 시 1:1.
30. 벧전 4:4.
31. 행 13:50,45,46 을 보라. 행 4:18, 행 19:9, 살전 2:16, 히 10:29.
32. 딤후 3:5, 마 23:14, 마 6:1-3,5,16.
33. 막 8:38.
34. 시 73:14,15.
35. 엡 5:15,17, 고전 6:5,6.
36. 사 5:4, 벧후 1:8,9.
37. 롬 2:23,24.
38. 갈 3:1,3, 히 6:6.

문 114.

1. 출 20:7.
2. 레 19:12.
3. 신 28:58,59, 슥 5:2-4, 겔 36:21-23.
4. 삼상 2:12, 17,22.

문 115.

1. 출 20:8-11.

문 116.

1. 사 56:2,4,6,7.
2. 창 2:3, 눅 23:56.
3. 고전 16:2, 행 20:7, 요 20:19-27.

문 117.

1. 출 20:8,10.
2. 렘 17:21,22, 출 16:25-29, 느 13:15-22.
3. 마 12:1-4. 레 23:3, 사 58:13, 눅 4:16, 행 20:7.
4. 출 20:8, 눅 23:54, 56, 느 13:19.

문 118.

1. 이 진술들은 통치자와 피통치자 사이에 존재하는 관계에서 얻는 필요한 추측들이다.

문 119.

1. 겔 22:26.
2. 겔 33:31,32, 말 1:13, 암 8:5.
3. 겔 23:38.
4. 렘 17:27 문맥을 보라. 사 58:13,14.

문 120.

1. 출 20:9.
2. 출 20:10.
3. 출 20:11.

문 121.
1. 출 20:8.
2. 출 16:23, 눅 23:54, 막 15:42, 느 13:19 을 비교하라.
3. 겔 20:12,20.
4. 창 2:2,3, 시 118:22,24, 히 4:9.
5. 민 15:37,38,40, 문맥을 보라.
6. 출 34:21.
7. 위 5 번의 성구들을 보라.
8. 에 1:7, 느 13:15-23, 렘 17:21-23.

문 122.
1. 마 22:39.
2. 마 7:12.

문 123.
1. 출 20:12.

문 124.
1. 딤전 5:1,2.
2. 창 4:20,21, 창 45:8.
3. 왕하 5:13.
4. 갈 4:19, 왕하 2:12, 왕하 13:14.
2. 사 49:23.

문 125.
1. 엡 6:4, 살전 2:7,8,11, 민 11:11,12,16.
2. 고전 4:14-16.

문 126.
1. 엡 5:21, 벧전 2:17, 롬 12:10.

문 127.
1. 말 1:6, 레 19:3.
2. 잠 31:28, 벧전 3:6.
3. 레 19:32, 왕상 2:19.
4. 딤전 2:1,2.
5. 히 13:7, 빌 3:17.
6. 엡 6:1,5-7, 벧전 2:13,14, 롬 13:1-6, 히 13:17, 잠 4:3,4, 잠 23:22.
7. 히 12:9, 벧전 2:18-20.
8. 마 22:21, 롬 13:6,7, 딤전 5:17,18, 갈 6:6, 창 45:11, 창 47:12.
9. 창 9:23, 벧전 2:18, 잠 23:22.
10. 시 127:3,5, 잠 31:23.

문 128.
1. 마 15:5,6.
2. 시 106:16.
3. 삼상 8:7, 사 3:5.
4. 삼하 15:1-12.
5. 출 21:15.
6. 삼상 10:27.
7. 삼상 2:25.
8. 신 21:18,20,21.
9. 잠 30:11,17.
10. 잠 19:26.

문 129.
1. 골 3:19, 딛 2:4.
2. 삼상 12:23, 욥 1:5.
3. 왕상 8:55,56, 창 49:28.
4. 신 6:6,7.
5. 엡 6:4.
6. 벧전 3:7.
7. 롬 13:3, 벧전 2:14.
8. 롬 13:4.
9. 잠 29:15, 롬 13:4.
10. 딤전 5:8, 사 1:10,17, 엡 6:4.
11. 딤전 4:12, 딛 2:2-14.
12. 왕상 3:28.
13. 딛 2:15.

문 130.
1. 겔 34:2,4.
2. 빌 2:21.
3. 요 5:44, 요 7:18.
4. 사 56:10,11, 신 17:17.
5. 행 4:18, 단 3:4-6.
6. 출 5:10-19, 마 23:2,4.
7. 마 14:8, 막 6:24 와 비교하라.
8. 렘 5:30,32, 삼하 13:28.
9. 렘 6:13,14, 겔 13:9,10.
10. 요 7:46-49, 요 9:28.

11. 벧전 2:19,20, 히 12:10, 신 25:3.
12. 레 19:29, 사 58:7, 창 38:11,26.
13. 엡 6:4.
14. 창 9:21, 왕상 12:13,14, 왕상 1:6, 삼상 3:13.

문 131.

1. 벧전 2:17.
2. 롬 12:10, 빌 2:3.
3. 롬 12:15,16, 빌 2:4.

문 132.

1. 롬 13:8.
2. 잠 14:21, 사 65:5, 딤후 3:3.
3. 행 7:9, 갈 5:26.
4. 요일 3:12, 마 20:15, 민 12:2, 눅 15:28,29.
5. 마 20:25-27, 요삼 9, 눅 22:24-26.

문 133.

1. 출 20:12.
2. 엡 6:2,3, 신 5:16, 왕상 8:25.

문 134.

1. 출 20:13.

문 135.

1. 엡 5:29, 마 10:23.
2. 시 82:4, 신 22:8.
3. 마 5:22, 렘 26:15,16.
4. 엡 4:26.
5. 잠 22:24,25, 삼상 25:32,33, 신 22:8.
6. 잠 1:10,11,15, 마 4:6,7.
7. 왕상 21:9,10,19, 창 37:21,22, 삼상 24:12, 26:9-11.
8. 잠 24:11,12, 삼상 14:45.
9. 눅 21:19, 약 5;8, 히 12:5.
10. 시 37:8,11, 벧전 3:3,4.
11. 잠 17:22, 살전 5:16.
12. 잠 23:20, 잠 25:16.
13. 잠 23:29,30, 딤전 5:23.
14. 마 9:12, 사 38:21.
15. 시 127:2.
16. 살후 3:10,12.
17. 막 6:31, 딤전 4:8.
18. 고전 13:4,5, 삼상 19:4,5.
19. 롬 13:10, 잠 10:12.
20. 슥 7:9, 눅 10:33,34.
21. 골 3:12.
22. 롬 12:18.
23. 벧전 3:8,9, 고전 4:12,13.
24. 골 3:13, 약 3:17, 벧전 2:20, 롬 12:20,21, 마 5:24.
25. 살전 5:14, 마 25:35,36, 잠 31:8,9, 사 58:7.

문 136.

1. 행 16:28, 잠 1:18.
2. 창 9:6.
3. 출 21:14, 민 35:31,33. 신 20:1, 히 11:32-34, 렘 48:10.
4. 출 22:2.
5. 마 25:42,43, 약 2:15,16.
6. 마 5:22.
7. 요일 3:15, 잠 10:12, 레 19:17.
8. 잠 14:30.
9. 롬 12:19.
10. 약 4:1, 엡 4:31.
11. 마 6:34.
12. 눅 21:34.
13. 출 20:9,10.
14. 벧전 4:3,4.
15. 잠 15:1, 잠 12:18.
16. 사 3:15, 출 1:14.
17. 갈 5:15.
18. 민 35:16.
19. 잠 28:17, 출 21:18-36.

문 137.

1. 출 20:14.

문 138.

1. 살전 4:4,5.
2. 엡 4:29, 골 4:6.
3. 벧전 3:2.
4. 고전 7:2, 딛 2:4,5.

5. 마 5:28.
6. 잠 23:31,33, 렘 5:7.
7. 잠 2:16,20, 고전 5:9.
8. 딤전 2:9.
9. 고전 7:9.
10. 잠 5:18-19.
11. 벧전 3:7, 고전 7:5.
12. 딤전 5:13,14, 잠 31:27.
13. 잠 5:8.

문 139.

1. 잠 5:7, 잠 4:23,27.
2. 히 13:4, 엡 5:5, 갈 5:19.
3. 삼하 13:14, 막 6:18, 고전 5:1,13.
4. 롬 1:26,27, 레 20:15,16.
5. 마 15:19, 골 3:5, 마 5:28.
6. 엡 5:3,4, 잠 7;5, 21, 잠 19:27.
7. 사 3:16, 벧후 2:14.
8. 잠 7:10,13.
9. 딤전 4:3.
10. 레 18:1-21.
11. 왕하 23:7, 레 19:29, 렘 5:7.
12. 마 19:10-12.
13. 딤전 5:14,15, 창 38:26.
14. 마 19:5, 고전 7:2.
15. 마 5:32, 말 2:16.
16. 문 138 의 성구들을 보라. 고전 7:12,13.
17. 겔 16:49, 렘 5:7
18. 엡 5:11, 잠 5:8.
19. 롬 13:13, 벧전 4:3, 약 6:22.
20. 롬 13:14, 벧후 2:17,18.

문 140.

1. 출 20:15.

문 141.

1. 시 15:2,4, 미 6:8, 슥 8:16.
2. 롬 13:7.
3. 레 6:4,5, 눅 19:8.
4. 신 15:7,8,10, 갈 6:10, 눅 6:30,38.
5. 딤전 6:8,9.
6. 딤전 5;8.
7. 잠 27:23,24, 딤전 6:17,18.
8. 엡 4:28, 롬 12:5-8.
9. 잠 10:4, 롬 12:11.
10. 잠 12:27, 잠 21:20, 요 6:12.
11. 고전 6:7.
12. 잠 11:15, 잠 6:1-5.
13. 레 25:35, 빌 2:4, 신 22:1-4, 출 23:4,5.

문 142.

1. 잠 23:21, 요일 3:17, 약 2:15,16.
2. 엡 4:28.
3. 시 62:10.
4. 딤전 1:10, 출 21:16.
5. 잠 29:24, 시 50:18.
6. 살전 4:6.
7. 잠 11:1, 잠 20:10.
8. 신 19:14, 잠 23:10.
9. 암 8:5, 시 37:21.
10. 눅 16:11.
11. 겔 22:29, 레 25:17.
12. 마 23:25, 겔 22:12.
13. 사 33:15.
14. 잠 3:30, 고전 6:7.
15. 사 5:8, 미 2:2.
16. 잠 11:26.
17. 행 19:19, 문맥을 보라.
18. 약 5:4, 잠 21:6.
19. 눅 12:15, 잠 1:19.
20. 요일 2:15,16, 잠 23:5, 시 62:10.
21. 마 6:25,34.
22. 시 73:3, 약 5:9.
23. 살후 3:11, 잠 18:9.
24. 잠 21:17, 잠 23:20,21, 잠 28:19.
25. 신 12:7, 신 16:14.

문 143.

1. 출 20:16.

문 144.

1. 엡 4:25.
2. 요삼 12.

3. 잠 31:9.
4. 시 15:2.
5. 렘 9:3.
6. 렘 42:4, 행 20:20.
7. 행 20:27.
8. 레 19:15, 잠 14:15.
9. 사 63:8, 골 3:9, 고후 1:17.
10. 히 6:9, 고전 13:4,5.
11. 요삼 4, 롬 1:8.
12. 고후 12:21, 시 119:158.
13. 잠 17:9, 벧전 4:8.
14. 고전 1:4,5, 딤후 1:4,5.
15. 시 82:3.
16. 고전 13:4,6,7.
17. 시 15:3.
18. 잠 25:23.
19. 잠 26:24,25.
20. 시 101:5.
21. 고후 11:18,23, 잠 22:1, 요 8:49.
22. 시 15:4.
23. 빌 4:8.

문 145.

1. 눅 3:14.
2. 레 19:15, 합 1:4.
3. 잠 19:5, 잠 6:16,19.
4. 행 6:13.
5. 렘 9:3, 시 12:3,4, 시 52:1-4.
6. 잠 17:15.
7. 사 5:23.
8. 왕상 21:8.
9. 레 5:1, 행 5:3.
10. 레 19:17, 사 58:1.
11. 사 59:4.
12. 잠 29:11.
13. 삼상 22:9,10, 시 52:1.
14. 시 56:5, 마 26:60,61, 요 2:19 비교.
15. 창 3:5, 창 26:7,9.
16. 사 59:13.
17. 골 3:9, 레 19:11.
18. 시 50:20.
19. 시 15:3, 롬 1:30.
20. 약 4:11, 딛 3:2.
21. 레 19:16.
22. 롬 1:29, 잠 16:28.
23. 사 28:22, 창 21:9, 갈 4:29.고전 6:10.
24. 마 7:1.
25. 약 2:13.
26. 요 7:24, 롬 2:1.
27. 롬 3:8, 시 69:10.
28. 시 12:2,3.
29. 딤후 3:2.
30. 눅 18:11, 갈 5:26, 출 4:10,14, 행 12:22.
31. 사 29:20,21, 마 7:3.
32. 창 3:12,13, 잠 28:13, 창 4:9.
33. 잠 25:9, 창 9:22.
34. 출 23:1.
35. 렘 20:10, 잠 29:12.
36. 행 7:57.
37. 고전 13:4,5, 딤전 6:4.
38. 마 21:15, 민 11:29.
39. 단 6:3,4, 스 4:12,13.
40. 렘 48:27.
41. 마 27:28,29, 시 35:15,16.
42. 고전 3:21, 유 16, 행 12:22.
43. 롬 1:31, 딤후 3:3.
44. 삼하 12:14, 삼상 2:24.
45. 빌 3:18,19, 벧후 2:2, 삼하 12:13,14.

문 146.

1. 출 20:17.

문 147.

1. 히 13:5, 딤전 6:6.
2. 롬 12:15, 빌 2:4, 딤전 1:5.

문 148.

1. 고전 10:10.
2. 갈 5:26, 약 3:14,16.
3. 시 112:9,10, 느 2:10.
4. 롬 7:7, 신 5:21, 골 3:5, 롬 13:9.

문 149.

1. 약 3:2, 요 15:5.

2. 왕상 8:46, 시 17:15, 요일 1:8-2:6.
3. 창 8:21, 약 1:14, 창 6:5, 위 2 번의 성구들을 보라.
4. 시 19:12, 약 3:2,8.

문 150.

1. 히 2:2,3, 스 9:14, 시 78:17,32,56.

문 151.

1. 렘 2:8.
2. 왕상 11:9.
3. 삼하 12:14, 고전 5:1.
4. 약 4:17, 눅 12:47.
5. 요 3:10, 렘 5:4,5, 삼하 12:7-9, 겔 8:11,12.
6. 롬 2:21, 23,24.
7. 갈 2:14, 벧후 2:2.
8. 요일 5:10, 마 21:38,39.
9. 삼상 2:25, 행 5:4.
10. 롬 2:4.
11. 말 1:14, 고전 10:21,22.
12. 요 3:18,36, 히 12:25.
13. 히 6:4-6, 히 10:29, 마 12:31,32, 엡 4:30.
14. 민 12:8, 유 8.
15. 잠 30:17, 시 41:9, 시 55:12-14
16. 슥 2:8.
17. 고전 8:11,12, 롬 14:13,15,21.
18. 살전 2:15,16, 마 23:34-38.
19. 사 3:9.
20. 겔 20:12,13.
21. 골 3:5, 딤전 6:10.
22. 미 2:1,2.
23. 롬 2:23,24, 마 18:7.
24. 잠 6:32-35, 마 16:26.
25. 마 11:21-24, 요 15:22.
26. 신 32:6, 사 1:2,3, 스 9:13,14.
27. 렘 5:3, 암 4:8-11. 롬 1:20,21.
28. 롬 1:32, 단 5:22.
29. 잠 29:1.
30. 마 18:17, 딛 3:10.
31. 롬 13:1-5.
32. 시 78:34,36,37, 렘 42:5,6,20-22, 잠 20:25, 레 26:25, 렘 31:32, 잠 2:17, 겔 17:18.
33. 시 36:4, 렘 6:16.
34. 민 15:30, 렘 6:15, 시 52:1.
35. 겔 35:5,6, 요삼 10.
36. 민 14:22.
37. 슥 7:11,12.
38. 잠 2:14.
39. 렘 9:3,5, 사 57:17.
40. 벧후 2:20,21, 히 6:4,6.
41. 사 22:12-14, 왕하 5:26.
42. 렘 7:10,11.
43. 겔 23:38.
44. 사 58:3,4.
45. 고전 11:20,21, 렘 7:9,10.
46. 잠 7:14,15.
47. 느 9:13-16, 대하 36:15,16.
48. 사 3:9, 왕상 2:22-24.

문 152.

1. 약 2:10,11.
2. 말 1:14.
3. 신 32:6.
4. 합 1:13, 벧전 1:15,16, 레 11:45.
5. 요일 3:4, 롬 7:12
6. 갈 3:10, 엡 5:6.
7. 신 28:15, 잠 13:21.
8. 마 25:41, 롬 6:21,23.
9. 히 9:22, 요일 1:7, 벧전 1:18,19.

문 153.

1. 행 20:21, 막 1:15, 요 3:18.
2. 문 154 의 본문들을 보라.

문 154.

1. 마 28:19,20, 행 2:42,46, 딤전 4:16, 고전 1:21, 엡 5:19,20, 엡 6:17,18.

문 155.

1. 렘 23:28,29, 히 4:12, 행 17:11,12, 행 26:18.

2. 행 2:37,41, 행 8:27-38.
3. 고후 3:18, 골 1:27.
4. 고후 10:4,5, 롬 6:17.
5. 시 19:11, 골 1:28, 엡 6:16,17, 마 4:7,10.
6. 엡 4:11,12, 행 20:32, 딤후 3:15, 16, 고전 3:9-11.
7. 롬 16:25, 살전 3:2,13, 롬 10:14-17.

문 156.

1. 신 17:18,19, 사 34:16, 요 5:39, 계 1:3.
2. 신 6:6,7, 시 78:5,6.
3. 고전 14:18,19, 문맥을 보라.

문 157.

1. 시 119:97, 느 8:5, 사 66:2.
2. 살전 2:13, 벧후 1:16-21.
3. 시 119:18, 눅 24:44-48.
4. 약 1:21,22, 벧전 2:2, 막 4:20.
5. 행 17:11, 신 11:13.
6. 행 8:30,34, 마 13:23.
7. 시 1:2, 시 119:97.
8. 행 2:38,39, 삼하 12:7, 대하 34:21.
9. 갈 1:15,16, 잠 3:5.
10. 시 119:18, 눅 24:45.

문 158.

1. 딤전 3:2,6, 딤후 2:2, 말 2:7.
2. 롬 10:15, 딤전 4:14.

문 159.

1. 딛 2:1,8.
2. 행 18:25, 딤후 4:2. 고전 14:9.
3. 고전 2:4.
4. 렘 23:28, 고전 4:1,2, 마 24:45-47.
5. 행 20:27
6. 골 1:28, 딤후 2:15.
7. 고전 3:2, 히 5:12-14, 살전 2:7, 눅 12:42.
8. 행 18:25, 딤후 4:5.
9. 고후 5:13,14, 빌 1:15-17.
10. 고후 12:15, 살전 3:12.
11. 고후 4:2, 고후 2:17.
12. 요 7:18, 살전 2:4-6.
13. 고전 9:19-22.
14. 고후 12:19, 엡 4:12.
15. 딤전 4:16, 딤후 2:10, 행 26:16-18.

문 160.

1. 시 84:1,2,4, 시 27:4, 잠 8:34.
2. 눅 8:18, 벧전 2:1,2, 약 1:21.
3. 시 119:18, 엡 6:18,19.
4. 행 17:11.
5. 히 4:2.
6. 살후 2:10.
7. 약 1:21, 시 25:9.
8. 행 17;11, 행 2:41.
9. 살전 2:13.
10. 히 2:1.
11. 신 6:6,7.
12. 시 119:11, 잠 2:1-5.
13. 눅 8:15, 약 1:25.

문 161.

1. 벧전 3:21, 행 8:13,23, 고전 3:7, 고전 6:11.

문 162.

1. 마 28:19, 마 26:26,27.
2. 롬 4:11, 고전 11:24,25.
3. 롬 9:8, 갈 3:27,29, 갈 5:6, 갈 6:15.
4. 행 2:38, 고전 10:16, 행 22:16.
5. 고전 11:24-26.
6. 롬 6:4, 고전 10:21.
7. 고전 12:13, 고전 10:17, 엡 4:3-5.
8. 고전 10:21.

문 163.

1. 신앙고백 제 29 장 제 2 절과 거기 나오는 구절들을 보라.

문 164.

1. 마 28:19, 마 26:26,27, 고전 11:23-26.

문 165.

1. 마 28:19.
2. 갈 3:27, 롬 6:3.
3. 행 22:16, 막 1:4, 계 1:5.
4. 요 3:5, 딛 3:5.
5. 갈 3:26,27.
6. 고전 15:29.
7. 행 2:41
8. 롬 6:4.

문 166.

1. 행 2:41.
2. 행 2:38,39, 고전 7:14, 눅 18:16, 롬 11:16, 창 17:7-9, 골 2:11,12, 갈 3:17,18,29 와 비교하라.

문 167.

1. 시 22:10,11.
2. 롬 6:3-5.
3. 롬 6:2,3, 고전 1;11-13.
4. 벧전 3:21, 롬 4:11,12.
5. 롬 6:2-4.
6. 갈 3:26,27.
7. 롬 6:22.
8. 고전 12:13,25,26, 문맥을 보라.

문 168.

1. 고전 11:26. 마 26:26,27, 고전 11:23-27.
2. 고전 10:16,21.
3. 고전 10:17.

문 169.

1. 총괄적 주를 보라.

문 170.

1. 문 170-175 에 대한 대답속에 열거된 상세한 설명들은 신약성경에 제시된 대로의 주님의 만찬 의 성격에서 연역되었다. 제시된 분문들은 이 설명들이 성경의 전반적 요지와 일치한다는 것을 보여 준다. 행 3:21.
2. 갈 3:1, 히 11:1.
3. 요 6:51,53, 문맥을 보라.
4. 고전 10:16.

문 171.

1. 고전 11:28.
2. 고후 13:5.
3. 고전 5:7, 출 12:15 와 비교하라.
4. 고전 11:29.
5. 고후 13:5, 위의 2 변의 성구를 보라.
6. 고전 11:31.
7. 고전 10:17.
8. 고전 5:8, 고전 11:18,20.
9. 마 5:23,24.
10. 요 7:37, 눅 1:53, 사 55:1.
11. 고전 5:8.
12. 히 10:21,22,24, 시 26:6.
13. 고전 11:24.
14. 마 26:26, 대하 30:18,19.

문 172.

1. 사 50:10.
2. 사 54:7,8,10, 마 5:3,4, 시 31:22.
3. 시 42:11.
4. 딤후 2:19, 롬 7:24,25.
5. 마 26:28, 마 11:28, 사 4:11,29,31.
6. 막 9:24.
7. 행 16:30, 행 9:6.
8. 고전 11:28, 마 11:28.

문 173.

1. 고전 11:29, 고전 5:11, 마 7:6.
2. 고전 5:4,5, 고후 2:5-8.

문 174.

1. 갈 3:1.
2. 고전 11:29.
3. 눅 22:19.
4. 고전 11:31.

5. 슥 12:10.
6. 시 63:1,2.
7. 갈 2:20, 요 6:35.
8. 요 1:16, 골 1:19.
9. 빌 3:9.
10. 벧전 1:8, 대상 30:21.
11. 시 22:26.
12. 렘 50:5, 시 50:5.
13. 고전 10:17, 행 2:42.

문 175.
1. 고전 11:17,30,31.
2. 고후 2:14, 행 2:42,46,47.
3. 고전 10:12, 롬 11:20.
4. 시 50:14.
5. 고전 11:25,26, 시 27:4, 행 2:42.
6. 시 77:6, 시 139:23,24.
7. 시 123:1,2, 사 8:17.
8. 호 14:2, 호 6:1,2.
9. 고후 7:11, 대상 15:12-14.

문 176.
1. 마 28:19, 고전 11:23.
2. 롬 6:3,4, 고전 10:16.
3. 골 2:11,12, 롬 4:11, 마 26:27,28 과 비교하라.
4. 총괄적 주를 보라.
5. 마 28:20, 고전 11:26.

문 177.
1. 마 3:11, 갈 3:27, 딛 3:5.
2. 행 2:38,39, 고전 7:14, 문 166 2 번의 성구들을 보라.
3. 고전 11:26, 골 2:19.
4. 고전 10:16, 요 6:51-53.
5. 고전 11:28.

문 178.
1. 시 62:8.
2. 요 16:23,24.
3. 롬 8:26.
4. 단 9:4, 시 32:5,6.
5. 빌 4:6.

문 179.
1. 왕상 8:39, 행 1:24, 롬 8:27.
2. 시 65:2.
3. 미 7:18.
4. 시 145:16,19.
5. 삼하 22:32, 요 14:1.
6. 마 4:10.
7. 고전 1:2.
8. 눅 4:8, 사 42:8, 렘 2:23.

문 180.
1. 요 14:13,14, 단 9:17.
2. 눅 6:46, 마 7:21.
3. 히 4:14-16, 요일 5:13-15.

문 181.
1. 요 14:6, 엡 3:12, 딤전 2:5, 요 6:27, 골 3:17, 히 7:25-27, 13:15.

문 182.
1. 롬 8:26, 시 80:18, 시 10:17, 슥 12:10.

문 183.
1. 엡 6:18, 시 28:9.
2. 딤전 2:1,2.
3. 살후 3:1, 골 4:3.
4. 창 32:11.
5. 약 5:16, 살후 1:11.
6. 마 5:44.
7. 딤전 2:1,2, 위의 2 번을 보라.
8. 요 17:20, 삼하 7:29.
9. 이 진술은 죽은 자들을 위하여 기도하라는 명령이 그러한 기도에 대한 성경의 실례가 도무지 없기 때문에 한 말이다.

문 184.
1. 마 6:9.
2. 시 51:18, 시 122:6.
3. 마 7:11.
4. 시 125:4, 살전 5:23, 살후 3:16.
5. 요일 5:14, 약 4:3.

문 185.
1. 시 33:8, 시 95:6.
2. 창 18:27, 시 144:3.
3. 시 86:1, 눅 15:17-19.

4. 시 130:3, 눅 18:13.
5. 시 51:17, 슥 12:10-14.
6. 빌 4:6, 살전 5:18.
7. 시 81:10, 엡 3:20,21.
8. 고전 14:15.
9. 히 10:22, 약 1:6.
10. 히 10:22, 시 145:18, 시 17:1, 요 4:24.
11. 약 5:16.
12. 딤전 2:8, 마 5:23,24.
13. 엡 6:18.
14. 미 7:7.
15. 마 26:39

문 186.

1. 딤후 3:16,17, 요일 5:14.
2. 마 6:9-13, 눅 11:2-4.

문 187.

1. 마 6:9, 눅 11:2.

문 189.

1. 마 6:9.
2. 눅 11:13, 롬 8:15.
3. 시 95:6,7, 사 64:9. 시 123:1, 애 3:41.
4. 시 104:1, 사 63:15, 시 113:4-6.
5. 행 12:5, 슥 8:21.

문 190.

1. 마 6:9.
2. 고후 3:5, 시 51:15.
3. 시 67:2,3, 시 72:19, 엡 3:20,21.
4. 시 83:18.
5. 시 145:6-8, 시 86:10-15.
6. 살후 3:1, 시 107:32, 고후 2:14.
7. 시 8 장과 145 장과 전체.
8. 시 19:14.
9. 빌 1:11.
10. 시 79:10, 시 67:1-4.
11. 엡 1:17,18.
12. 시 97:7.
13. 시 74:18,22.
14. 렘 14:21, 왕하 19:16.
15. 사 64:1,2, 대하 20:6, 10-12.

문 191.

1. 마 6:10.
2. 엡 2:2,3.
3. 시 68:1, 계 12:9.
4. 살후 3:1.
5. 롬 10:1, 시 67:2.
6. 롬 11:25, 시 67:1-7.
7. 마 9:38.
8. 엡 5:26,27, 말 1:11.
9. 고후 4:2, 행 26:18, 살후 2:16,17.
10. 엡 3:14,17.
11. 계 22:20.
12. 사 64:1,1, 대하 20:6,10-12.

문 192.

1. 마 6:10.
2. 고전 2:14, 롬 8:5,8.
3. 롬 8:7.
4. 마 20:11,12, 시 73:3.
5. 딛 3:3, 엡 2:2,3, 문 191 의 2 번을 보라.
6. 엡 1:17,18.
7. 엡 3:16.
8. 마 26:40,41, 롬 7:24,25.
9. 겔 11:19, 렘 31:18.
10. 시 119:35, 행 21:14, 삼상 3:18.
11. 시 123:2, 시 131:2, 미 6:8.
12. 시 100:2.
13. 사 38:3, 엡 6:6.
14. 시 119:4.
15. 롬 12:11.
16. 고후 1:12.
17. 시 119:112, 롬 2:7.
18. 시 103:20-22, 단 7:10.

문 193.

1. 마 6:11.
2. 창 3:17, 애 3:22, 신 28:15-68.
3. 신 8:3.
4. 창 32:10.

5. 신 8:18, 잠 10:22.
6. 눅 12:15, 렘 6:13.
7. 호 12:7.
8. 약 4:3.
9. 창 28:20,21, 약 4:13,15,
   시 90:17, 시 144:12-15.
10. 딤전 4:4,5, 잠 10:22.
11. 딤전 6:6,8.
12. 잠 30:8,9.

문 194.

1. 마 6:12.
2. 마 18:24, 롬 5:19,
   롬 3:9,19, 문맥을 보라,
   시 130:3, 미 6:6,7.
3. 롬 5:19, 롬 3:24,25,
   행 13:39.
4. 엡 1:6.
5. 벧후 1:2. 호 14:2,
   시 143:2, 시 130:3.
6. 롬 15:13, 롬 5:1,2,
   시 51:7-12.
7. 눅 11:4, 마 18:35,
   마 6:14,15.

문 195.

1. 마 6:13.
2. 대하 32:31, 욥 2:6.
3. 벧전 5:8, 욥 2:2.
4. 눅 21:34, 막 4:19.
5. 약 1:14.
6. 갈 5:17, 롬 7:18.
7. 마 26:41.
8. 딤전 6:9, 잠 7:22.
9. 롬 7:18,19.
10. 시 81:11,12.
11. 요 17:15, 롬 8:28
12. 시 51:10, 시 119:133.
13. 히 2:18, 고전 10:13,
    고후 12:8.
14. 롬 8:28.
15. 히 13:20,21, 엡 4:11,12.
16. 마 26:41, 시 19:13.
17. 고전 10:13, 엡 3:14-16.
18. 시 51:12.
19. 벧전 5:10, 벧전 1:6,7.
20. 살전 3:13.
21. 롬 16:20.
22. 살전 5:23.

문 196.

1. 마 6:13.
2. 요 123:3,4, 렘 14:20,21.
3. 단 9:4, 7-9, 16,19.
4. 빌 4:6.
5. 대상 29:10-13.
6. 엡 3:20,21, 눅 11:13,
   시 84:11.
7. 엡 3:12, 히 10:19-22.
8. 요일 5:14, 롬 8:32.
9. 고전 14:16, 계:20,21.

바르멘 신학선언

해설

1934년 5월, 독일 전역의 18개 루터교(Lutheran Church)와 개혁교회(Reformed Church)와 연합교회(United Church)에 속한 139명의 대표들이 바르멘-부퍼탈에서 모여 예수 그리스도의 복음에 대한 그들의 공통된 믿음을 재확인했다. 이를 통해 그들은 아돌프 히틀러의 국가사회주의 정당의 의도가 독일 교회에 가져온 적폐를 떨쳐버리고자 했다. 바르멘 선언의 중요성을 이해하고자 한다면, 우리는 1934년 당시 나치에 반대하는 것은 많은 독일인들에 의해 비애국적이고, 최악의 경우 반역행위로 여겨졌다는 것을 기억해야 한다.

국가 사회주의의 권력 장악은 1933년 1월 30일 아돌프 히틀러가 독일 공화국의 총리로 선출되면서 확고해졌다. 초기에 히틀러의 나치당은 기독교와 양립하는 척했지만, 시간이 지나면서 그들의 기본적 방향이 기독교와는 전혀 상관이 없다는 것이 명백해졌다. 나치의 권력이 강해지면서, 교회 내에 존재하던 나치의 열렬한 지지자들의 세력도 커졌다. 이들은 소위 독일 그리스도인들(German Christians)이라고 불렸다. 1932년 6월 6일에 공식적인 조직을 갖춘 이 독일 그리스도인들은 인종적 순결의 필요성을 옹호했고, 독일 "민족(Volk)"의 인종적 우월성을 주장했으며, 마르크스주의자, 유대인, 타민족을 격렬히 배척했던 초기의 운동들로부터 힘을 결집했다. 이러한 신념은 일반인들로부터 뿐만 아니라 독보적인 신학자들인 프리드리히 고가르텐과 파울 알트하우스,

교회사가인 엠마누엘 히르쉬와 라인홀드 세베르히, 철학자인 마르틴 하이데거와 같은 독일 학계의 많은 주요 지식인들로부터 지지를 받았다.

히틀러가 권력을 장악한 후, 나치는 교회 사안들에 강제적으로 개입하기 시작했다. 이 기간 동안 나치가 제정한 가장 악명 높은 법률 중에는 소위 아리안 조항 (Aryan paragraph)이 있었다. 이 조항은 유대인의 혈통을 가진 모든 그리스도인을 교회에서 축출하라는 법령으로서, 인종을 교회 성도 자격의 직접적인 기준으로 삼는 엄청난 결과를 가져왔다.

이 모든 것에 반발하여 자유롭고 신앙고백적인 교회를 요구하는 반대 운동이 확산되었다. 1932년 10월 20일 마르틴 니묄러는 목회자 비상연맹(Pastor's Emergency League)을 조직했다. 이것은 수천 명의 교회 지도자들이 동참한 저항운동이었다. 니묄러는 나중에 작센하우젠의 독방에서, 다시 다하우에서 히틀러의 개인 포로로 7년간 수감되었다. 니묄러가 저항 운동을 시작한 지 얼마 지나지 않아, 한스 아스무센 루터교 목사가 이끄는 일련의 목사들이 알토나(Altona) 선언문을 공포했다. 이는 피의 주일(Bloody Sunday)이라고 알려진 1932년 7월 17일의 사건에 대한 반응이었다. 히틀러의 승리 몇달 전에, 나치는 국가사회주의에 반대하는 자들을 법과 질서의 이름으로 알토나 거리에서 무자비하게 진압했다. 알토나 선언문은 세상 권력자들이 시민 사회의 유익 추구라는 의무를 위반할 때, 그리스도인들은 인간의 권력에 복종할 것인지 아니면 하나님께 복종할 것인지를 결정해야 한다고 주장했다. 바르멘 선언 이전의 저항들에는 1933년 5월에 칼 바르트를 포함한 개혁 신학자들이 발행한 뒤셀도르프 반박문(Dusseldorf Theses), 아리안 조항에 대항하여 디트리히 본회퍼가 작성한 중요한 단락을 포함하고 있는 1933년 8월의 베델 신앙고백(Bethel Confession of August 1933), 그리고 나치 군대가 독일 복음주의 교회의 본부를 점령한 하루 후인 1933년 6월 29일에 빌레펠트 시노드(Synod of Bielefeld)가 발표한 신앙고백 등이 있다.

바로 이와 같은 일촉즉발의 상황 속에서 고백교회(the Confessing Church)는 독일 교회의 자유로운 전국 시노드를 바르멘에서 개최할 것을 촉구했다. 고백교회는 1월에 이미 바르멘에서 소집된 개혁교회의 시노드와 함께 1934년 5월 2일에 전국 시노드를 준비하기 위해 신학위원회를 임명했다. 루터교 측의 한스 아스무센과 토마스 브라이트, 그리고 개혁파 측의 칼 바르트가 위원회를 구성했다.

이 위원회는 바르멘 총회가 개막되기 2주 전에 5월 15일부터 16일까지 프랑크푸르트 암 마인에서 만났다. 바르트가 저항운동과 관련하여 그가 이전에 행했던 작업을 바탕으로, 그리고 "진한 커피와 한 두 개의 브라질 담배(cigars)의 힘을 얻어" 선언문의 핵심 부분을 작성한 것은 프랭크푸르트에서 5월 15일의 오후였다.

바르트는 선언문의 주요 저자였지만, 5월 29일 저녁에 열린 시노드에서는 공개적으로 연설하지 않았다. 대신 그는 신학위원회의 일원으로서 막후에서 활동했다. 이 위원회에는 바르트와 한스 아스무센 외에 요아힘 베크만, 게오르그 메르츠, 빌헬름 니젤, 하만누스 오벤디크, 에두아르트 푸츠, 헤르만 사세(Hermann Sasse)가 소속되어 있었다. 시노드가 끝날 무렵, 에를랑겐(Erlangen)에서 신학 교수였던 사세는 루터교 시노드만이 루터교인들에 대해 구속력있는 권위를 가지고 말을 할 수 있다는--오늘날 시각으로 보면--지나치게 편협한 의견을 제시하면서 항의의 표시로 노회를 떠나려 했다. 이러한 우려를 무마하기 위해서 선언문은 5월 31일에 승인되었지만, 한스 아스무센의 개회 강의를 본문에 대한 루터교의 적합한 해석으로 첨부했다.

장로교의 *신앙 고백서*에 채택된 바르멘 선언문은 두 부분으로 구성되어 있다. 첫 번째 부분, "독일의 복음적 교회들과 그리스도인을 향한 호소"는 성령의 능력으로 하나님의 말씀에 순종하여 교회를 연합시키는 것이 선언문의 목적임을 명시하고 있다. 두 번째 부분, "독일 복음주의 교회의 현 상황과 관련된 신학 선언"은 이른바 '독일 그리스도인들'에 의해 파급된 배타적 사상으로 말미암아 교회의 통합이 위태롭게 되었다고 주장한다. 시노드에 의해 제정된 여러 법적 결의안 및 기타 결의안들은 우리 *신앙 고백서*에는 포함되어 있지 않다.

선언문의 핵심은 두 번째 부분에 열거된 6개의 논지들(theses)에 담겨 있다. 각 논지들은 하나 이상의 성경구절을 인용하면서 교회의 신앙고백은 항상 특정한 상황 속에서 성경을 해석하고 적용한 것임을 강조한다. 또한 바르멘의 6가지 확언문(affirmation) 뒤에는 "우리는 거짓 교리(false doctrine)를 거부한다"라는 문구를 사용하여 그에 상응하는 부정문이 따른다. 다시 말해, 복음의 "예"는 필연적으로 "아니오"를 항상 수반한다. 이 말은 그리스도인의 믿음과 신념(conviction)이라는 테두리를 넘어서는 특정한 신앙관들(beliefs)이 있다는 것이다.

바르멘의 선언의 모든 것은 첫 번째 논지에 집약되어 있다. 이 논지는 기독교 교회의 생사를 결정짓는 한 가지 전제와 관련된 것이다. 단순하게 표현되어 오해의 소지가 있으나, 이 전제는 예수 그리스도가 교회가 선포하는 것의 유일한 원천이라는 것이다. 그분의 존재와 행위를 통해서 예수 그리스도는 길이요 진리요 생명이시다. 따라서 예수님은 교회가 반드시 들어야 하는 유일한 말씀이자 교회가 반드시 순종해야 할 유일한 말씀이시다.

첫 번째 논지는 종교개혁의 일부 핵심 교리(tenets)를 전통적인 방법으로 다시 쓴 것이다. 첫째, 그것은 처음부터 교회의 신앙고백에 암묵적으로 남아 있던 것, 즉 예수 그리스도 자신이 하나님의 말씀이라는 것을 명백히 했다. 이는 "오직 그리스도(solus Christus)"라는 종교개혁의 주장을 강조한다. 선교사들이 세상에 나가 순교자가 되는 것은 하나님의 선하심에 대한 기독교의 어떤 원칙이나 추상적인 메시지가 아니다. 오히려 교회에 믿음이 생겨나게 하는 것은 예수 그리스도의 고유한 특징—참 하나님이시면서 동시에 참 인간이심과 육화된 말씀--이었고 지금도 마찬가지이다.

바르멘 선언은 "오직 그리스도"(*solus Christus*)라는 역사적인 종교개혁의 원칙을 반복하고 강화하면서 종교 개혁의 두 번째 신념(conviction)을 또한 재확인했다. 이 두 번째 신념은 예수 그리스도가 누구인지에 대해 본질적이고 필적할 수 없는 증거를 해주는 "오직 성경"(*Sola Scriptura*)이다. 이런 식으로, "오직 예수" 와 "오직 성경"이라는 교회의 고백은 상호적으로 함축된 두 가지 신념을 전달해 준다. 교회는 예수 그리스도가 누구인지 알기 위해서 성경 본문에 매달려야 한다. 그러나 동시에 교회가 성경이 증언하는 것이 무엇인지를 듣기 위해서는 부활하셔서 살아계신 그리스도 자신의 증언을 의존해야 한다.

세 번째, 교회가 구원을 받을 수 있는 것은 말씀을 들음으로써, 즉 말씀을 믿고 이에 순종함을 통해서이다. 또 여기에서 바르멘 선언은 우리가 기억해야 할 다른 두 가지 종교개혁 원칙, 즉 오직 은혜(*sola gratia*)와 오직 믿음(*sola fide*)을—적어도 함축적이라도—강조하고 있다. 복음에 진정으로 순종할 수 있는 것은 오직 예수 그리스도 안에서 주시는 하나님의 은혜를 통해서만 가능한데, 이 은혜는 오직 믿음을 통해서만 받을 수 있다.

첫 번째 논지에서 예수 그리스도를 주님으로 고백한 것은 유일하신 말씀이신 예수 그리스도 외에 "다른 사건들이나 권력들이나 인물들들이나 진리들이 하나님의 계시가 될 수 있다는 거짓 교리를 자연스럽게 부인하게 한다. 바르멘 선언은 그리스도인들이 자신을 둘러싼 문화를 통해서 들려오는 여러 말들을 들을 수 있고 또 들어야만 한다는 사실을 부인하지 않는다. 바르멘 선언이 부인하는 것은 이러한 다른 말들 자체가 복음 선포의 원천이 될 수 있다는 것이다.

바르멘의 두 번째 논지는 구원에 관한 중대한 종교개혁의 신념을 윤리의 영역으로 확장해 준다. 예수 그리스도는 우리의 구원을 위해 필요한 죄사함에 대한 하나님의 확증이시기 때문에, 하나님은 예수 그리스도를 통해 "우리의 삶 전체를 강력히 주장하실 수 있는 것이다." 이 말의 첫 번째 의미는 "우리의 지혜와 의로움과 거룩함(sanctification)과 구원함(redemption)이 되어 주신"(고전 1:30) 예수 그리스도께서 복음과 율법으로 우리를 대면하신다는 것이다. 예수 그리스도는 복음으로 우리를 화목하게 하시고, 율법으로는 우리를 구속하신다. 그리고 이 말의 두 번째 의미는 율법에 대한 하나님의 강력한 의지는 포괄적이어서 삶의 어느 영역도 그 율법의 범주 밖에 있지 않다는 것이다. 따라서 이는 최상의 자유를 가능케 하며, 또한 모든 형태의 악으로부터 즐거운 해방에 이르게 한다.

두 번째 논지에 나타난 율법과 복음의 상호작용을 같은 시노드에 참석한 루터교 그리스도인과 개혁주의 그리스도인은 서로 다르게 이해했다. 루터교 그리스도인들은 죄를 깨닫게 하는 율법의 고발적 성격을 항상 더 강조해 왔다면, 개혁주의 그리스도인들은 사람을 새롭게 하는 율법의 변화적 성격을 강조해 왔다. 바르멘의 원문이 이 논쟁을 해결한 것은 아니지만, 하나님의 율법을 자연이나 생물학이나 정치에서 발생할 수 있는 정언과 혼동해서는 안된다는 것을 명확히 하고 있다. 하나님의 참된 율법은 그 전제와 목표로서 예수 그리스도의 복음을 지니고 있어야 한다. 따라서 이에 상응하는 부정문은 "마치 우리 삶의 영역들 중에 예수 그리스도께 속하지 않은 영역이 있는 것처럼" 언급하는 거짓 교리에 의문을 제기한다.

이들 첫 번째와 두 번째 논지에서 예수 그리스도의 중심성을 다루었다면, 세 번째와 네 번째 논지들은 교회의 본질과 사역에 대해 설명한다. 세 번째 논지에 따르면, 교회는 형제 자매 공동체로서 예수 그리스도께서 성령의 능력에 의해 말씀과 성례전을 통해 살아계신 주님으로 활동하시는 곳이다. 바르멘 선언은 이 견해를 에베소서 4:15-16에 기초를 두고 있다. 이 말씀은 공동체를 각 지체가 모여 이룬 한 몸으로 비유하면서, 공동체는 교회의 머리이신 그리스도 안에서 성장한다고 말한다. 이와 동일하게, 공동체는 죄악된 세상에 증언을 할 책임이 있다. 따라서 교회로 하여금 메시지나 규례의 형식을 당대에 성행하는 이데올로기적 신념들에 맞추라고 요구하는 것은 거짓 교리이다.

"말씀과 성례전"에 대한 언급은 루터교가 추가한 것으로서, 말씀이 바르게 선포되고 성례전이 올바로 집행되는 곳에 참된 교회가 존재한다는 전통적인 종교개혁의 주장에서 나온 것이다. 개혁주의 신학자들은 루터교에서 추가한 이 부분과 상대적인 균형을 맞추기 위해 성령에 관해 언급했다. 이것은 성례전 자체를 목적으로 간주하지 않는 개혁주의 사고와, 성례전의 역할을 성령의 역동적인 사역에 종속시키는 바르트의 사고 성향과 일치한다.

네 번째 논지에 따르면, 교회의 사역은 전체 공동체에 속하기 때문에 교회의 지도자들은 "다른 이들을 지배하려 하지 말아야 한다." 대신에 지도자들은 마태복음의 위대한 가르침에 따라야 한다: "너희 중에 누구든지 크고자 하는 자는 너희를 섬기는 자가 되고"(마 20:26). 따라서 교회를 다른 사람들 위에 군림하는 "특별한 지도자"(문자적으로 "Führer")에게 종속시키는 것은 거짓 교리이다.

다섯 번째 논지는 교회와 국가의 올바른 역할을 다루고 있다. 바르멘 선언은 베드로전서 2:17의 "하나님을 두려워하며 왕을 존대하라"라는 단도직입적인 가르침을 시작으로 해서 정부의 임무가 아직 구속받지 못한 세상의 죄악 가운데에서 정의와 평화를 유지하는 것임을 인정한다. 또한 이러한 임무를 다하기 위해서 무력을 동원할 수 있다는 것도 인정한다. 무력 사용이 정부의 주요 임무라는 것이 아니라, 때때로 정의와 평화를 구현하기 위해 무력을 사용할 수 있다는 것이다. 이 다섯 번째 논지는 국가에 충실하고자 하는 교회의 의지를 표명하면서도, 또한 정부의 기능은 역동적이고 신성한 "질서"를 지키는 것이지, 의문을 제기할 수 없을 정도로 고정적이고 변하지 않는 "질서"를 유지하는 것이 아니라고 주장한다. 이 역할을 수행함에 있어 정부의 노력은 교회에 혜택이 된다고 할 수 있다. 그러나 더 크고, 더 포괄적인 하나님의 통치에 정부가 관심을 갖게 하는 것은 여전히 교회의 역할이다. 베드로 전서에서 말했듯이 정부는 "존중"을 받아야 하지만, 오직 하나님만이 "두려움"의 대상이시다.

이 다섯 번째 논지 뒤에 두 가지 부정문이 이어진다. 첫째, 바르멘 선언은 정부가 그 한계를 넘어 삶의 모든 영역에 전체주의적 힘을 행사하도록 하는 이데올로기는 그 어떤 것이라도 거짓 교리이므로 이를 거부한다. 정부가 이렇게 하는 것은 모든 세상 만물을 유지하시는 하나님, 그리고 교회가 신뢰하고 순종해야 하는 오직 한 분이신 하나님을 거역하는 것이다. 둘째, 교회를 정부의 한 기관으로 축소시키는 것은 거짓 교리이다. 이것은 교회의 자유를 침해하는 것이며, 온 세상을 하나님의 통치에 순종하도록 초청하는 교회의 두드러진 소명을 침해하는 것이다.

여섯 번째 논지에 따르면, 이 고유한 소명을 수행하는 수단은 하나님께서 거저 주시는 은혜를 설교와 성례전을 통해 선포하는 것이다. 값없이 주시는 하나님의 은혜는 고난 받는 교회에 대한 위로("볼지어다 내가 세상 끝날까지 너희와 항상 함께 있으리라"-마 28:20)이며, 또한 교회의 자유에 대한 보증이다("하나님의 말씀은 매이지 아니하니라" 딤후 2:9). 그러므로 하나님의 말씀과 하나님의 역사를 "자의적인 욕망, 목적, 계획들"에 복종시키려는 것은 오만하고 거짓된 교리이다

바르멘 선언문의 일부 측면은 논란의 여지가 있다. 예를 들어, 일부 사람들은 바르멘 선언이 소위 자연주의 신학(Natural theology)을 완전히 거부한 것에 대해 의아해 왔다. 자연주의 신학은 예수 그리스도를 통한 하나님의 계시에 기인하지 않고 자연에 대한 해석에 기초한 신학이다. 일부 사람들이 비난하는 것처럼, 자연주의 신학에 대한 바르멘 선언의 거부를 창조된 자연에

대한 거부로 이해하면 안된다. 요점은 자연 세계 안의 그 어떤 것도 하나님을 이해하거나 하나님을 찾을 수 있는 그 자체의 내재적 능력을 소유하지 않았다는 것이다. 하나님은 오직 하나님의 행위를 통해서만 인식될 수 있다. 그렇다고 해서 하나님께서 예수 그리스도 안에서 주어지는 하나님의 은혜에 대한 진리를 이해시키기 위해 바르트가 때로 "진리에 대한 세속적 비유들"이라고 부른 것이나, 비그리스도인의 입에서 나온 하나님의 진리의 말씀을 사용할 수 없다는 것은 결코 아니다.

또한 어떤 이들은 바르멘 선언이 나치의 잔학 행위를 구체적으로 밝히고 책망하는데 있어서 좀 더 적극적으로 나섰어야 한다고 생각했다. 디트리히 본회퍼는 비록 바르멘 시노드의 회원은 아니었지만, 유대인에 대한 나치의 박해를 비난하는 더욱 강력한 성명서가 필요하다고 생각했다. 바르트 자신은 유대인 문제가 바르멘의 "결정적인 특징"이 되지 못한 점에 있어서 이를 "실패"한 것으로 간주했다. 비록 바르트는 "1934년에는 내가 어떤 문서를 작성했더라도 심지어 고백 교회에게 조차도 받아들여지지 않았을 것이다. . . . 하지만 이것은 적어도 싸워보려는 시도조차 하지 못한 나의 변명 거리가 되지 못한다"* 라고 생각했지만 말이다. 전쟁이 끝난 후, 고백 교회 운동에 참여했던 마르틴 니묄러와 그 외의 사람들은 나치의 악에 대항하기 위해 더 많은 일들을 할 수 있었다고 믿었고, 1945년 10월에 전쟁 중에 자행된 죄에 대한 책임을 함께 지며 받아들이겠다는 슈투트가르트 죄책고백(the Stuttgart Confession of Guilt)이라는 선언문에 서명했다. 우리는 전쟁 기간에 행해진 나치의 잔학행위에 대해 보다 명백한 입장이 필요했다고 생각할 수 있으나, 고백교회의 공로를 여전히 인정해야 한다. 바르트를 포함한 많은 사람들이 교수나 목회자의 자격을 박탈당하는 대가를 치러야 했고, 특히 본회퍼와 몇몇은 바르멘의 신학적인 신념을 지키기 위하여 목숨을 잃었다.

바르멘 선언은 복음 자체가 위기에 처할 때에 교회가 어떻게 분별해야 하는 지에 대해 아마도 우리 시대의 다른 어떤 신학 성명서보다 더 많이 제기하고 있다. 바르멘 선언은 예수 그리스도만을 신뢰하고 순종하며 아돌프 히

* Letter to Eberhard Bethge (1968), cited in Eberhard Busch, *Karl Barth: His Life from Letters and Autobiographical Texts*, trans. John Bowden (Philadelphia: Fortress Press, 1976), 247–48.

틀러를 따르지 말 것을 교회에 촉구함으로써 신앙 고백의 절대적 필요성, 즉 이제 더 이상은 간과할 수 없기에(enough is enough) 신앙 고백이 작성되어야 한다는 심각한 상황을 암묵적으로 선언하고 있었다. 몇 년 후, 바르트는 *신앙고백이 필요한 상태(status confessionis)*의 개념을 확대해 핵위협을 여기에 포함시켰다. 그는 1958년 선언에서 교회의 신앙고백에는 대량살상 무기에 대한 명백한 거부가 있어야 한다고 주장했다. 보다 최근에는 세계 개혁교회 연맹(World Alliance of Reformed Churches)이 비슷한 이론적 근거를 사용하여, 남아프리카 공화국의 인종차별정책을 이단(heresy)의 문제로 그리고 *신앙고백이 필요한 상태(status confessionis)*의 문제로 선언했다. 이 선언문은 남아프리카 공화국 네덜란드 개혁 선교 교회 지도자들로 하여금 벨하 신앙고백을 작성하도록 영향을 미쳤는데, 이 벨하 고백은 상당 부분이 바르멘 선언이 제시한 모델에 기반을 두고 있다.

결론적으로, 바르멘의 유산은 어떤 인간이나 기관도 살아계신 하나님의 자리를 대신할 수 없다는 사실을 그리스도인들에게 상기시켜 주었다. 그러므로 교회는 교리 신학이나 도덕 및 정치적 증언의 진실성이 위태로워질 때마다 반드시 확고한 입장을 취해야 한다. 복음의 자유 안에서 교회는 예수 그리스도에 대한 신앙을 고백해야 하며, 어떤 대가를 치르더라도 그렇게 해야 한다.

학습문제

1. 예수 그리스도가 그리스도인이 선포하는 것의 유일한 근원이라는 것, 즉 살든지 죽든지 우리가 믿고 순종해야 하는 유일한 말씀이라는 것은 무엇을 의미하는가?
2. 예수 그리스도께서 "용서의 보증"이 된다는 것이 어떻게 하나님께서 "우리의 삶 전체를 강력하게 주장"하게 하는가?
3. 교회의 본질, 교회 지도자의 본질, 그리고 교회 사명의 본질에 대한 바르멘 선언문의 관점은 무엇인가?

4. 바르멘의 관점에서 볼 때, 당신은 교회와 세상 사이의 관계를 어떻게 이해하는가?

바르멘 신학선언[1]

I. 독일 복음주의 교회와 그리스도인을 향한 호소

8.01 독일 복음주의 교회의 고백 대회가 1934 년 5 월 29-31 일 바르멘에서 모였다. 여기에 모든 독일 고백교회의 대표들이 하나이고 거룩한 사도적 교회의 유일하신 주를 고백하면서 한마음으로 모였다. 루터교회와 개혁교회와 연합교회의 교인들은 그들의 신앙고백에 충실하기 위하여 우리시대 교회의 요구와 유혹에 대한 공동 메시지를 모색하였다. 그들은 외쳐야 할 공동의 말씀을 받았다는 것을 확신하며 하나님께 감사 드린다. 그들의 의도는 어떤 새 교회를 세우거나 연합체를 형성하려는 것이 아니었다. 그들의 마음에는 우리 교회들의 신앙고백적 신분을 말살하려는 생각은 추호도 없었기 때문이다. 그들의 의도는 오히려 신앙고백의 파괴와 그로 말미암는 독일 복음주의 교회의 파괴를 믿음과 일치로써 항거하려는 것이었다. 거짓 교리를 방편으로 하여 강제로, 그리고 불성실한 관행으로 독일 복음주의 교회의 통합을 수립하려는 시도에 대항하여, 고백대회는 독일의 복음주의 교회들의 하나됨이 믿음으로 말미암아 성령을 통하여 오직 하나님의 말씀으로부터만 온다는 것을 주장한다. 오직 이렇게 함으로써 교회가 새로워지는 것이다.

8.02 그러므로 고백대회는 교회들이 기도로써 본회를 뒷받침할 것과 소속 교회의 신앙고백에 충성스러운 목사들과 교사들을 중심하여 단결할 것을 호소한다.

8.03 마치 우리가 독일 국가의 하나됨을 반대하려는 것처럼 선전하는 거짓말에 속지 마시오! 마치 우리가 독일 복음주의 교회의 통일을 부수고, 또는 교부들의 신앙고백들을 버리려는 것처럼 우리의 의도를 왜곡하는 유혹자들의 말을 듣지 마시오!

8.04 영들을 시험하여 그들이 하나님께로부터 났는지를 알아보시오! 그리고 독일 복음주의 교회의 고백대회의 말들이 성령과 교부들의 신앙고백과 일치하는가 알아보시오. 만일 우리가 성경에 위반되는 말을 하고 있다고 생각하시면 우리의 말을 듣지 마시오! 그러나 우리가 성경에 기초하고 있다고 생각한다면 우리와 더불어 모든 두려움과 유혹을 무릅쓰고 하나님의 말씀을 믿고 순종하는 길을 밟도록 하시오. 그리함으로써 하나님의 백성은 땅 위에서 한마음이 되고 또 우리는 주께서 친히 하신 말씀—"내가 결코 너희를 떠나지 않고 버리지 않으리라"—을 믿음으로 체험하게 됩니다. 그러므로 "작은 무리여! 두려워 마십시오. 그대들에게 왕국을 주는 것이 그대들 아버지의 기뻐하시는 바입니다."

---

[1] 아더 C. 코크레인(Arthur C. Cochrane)이 쓴 「히틀러 치하의 교회의 고백」으로부터 재판한 것. 웨스트민스터 출판사의 허락을 받음 (1962 년판 pp. 237-242).

II. 독일 복음주의 교회의 현황에 관한 신학적 선언

8.05 1933 년 7 월 11 일자 독일 복음주의 교회 헌장 서두에 의하면 그 교회는 종교개혁에서 자라나와 동등한 권리들을 누리는 고백교회들의 연맹이다. 이 교회들의 통합에 대한 신학적 기초는 1933 년 7 월 14 일에 라이흐 Reich 정부에 의해서 승인된 독일 복음주의 교회 헌장 제 1 조와 제 2 조 1 항에 기재되어 있다:

> 제 1 조. 독일 복음주의 교회의 범할 수 없는 기초는 예수 그리스도의 복음이며, 이 복음은 우리를 위하여 성경 안에 확증되어 있고, 또한 종교개혁의 여러 신앙고백 가운데 다시 천명된 바 있다. 따라서 교회가 그 사명을 위하여 필요한 온전한 능력이 여기에서 결정되며 또 한정된다.
>
> 제 2 조, 제 1 항. 독일 복음주의 교회는 여러 회원교회로 나뉘어 진다.

8.06 우리 독일 복음주의 교회의 고백대회에 가맹된 루터교회, 개혁교회, 연합교회, 여러 자유 대회들, 교회 총회들, 교구조직들의 대표들은 독일 고백교회들의 한 연맹으로서 독일 복음주의 교회의 터 위에 같이 서 있음을 선언한다. 우리는 하나인, 거룩한, 보편적, 사도교회의 유일하신 주를 고백함으로 결속되어 있다.

8.07 우리는 독일에 있는 모든 복음주의 교회들 앞에서 공적으로 선언한다: 그들이 이 신앙고백에서 공통으로 주장하는 바가 비참하게도 위태로워졌고 그와 더불어 독일 복음주의 교회의 하나됨도 같이 위험에 직면하였다. 그것은 '독일 그리스도인들'의 산하교회 치리회와 그들이 운영하는 교회 행정부의 교육방법과 행동들로 말미암아 위협을 받고 있다. 이런 일들은 독일 복음주의 교회가 생겨난 첫 일 년 동안에 점점 더 명백 해졌다. 독일 복음주의 교회의 연합을 이루는 신학적 기초가 '독일 그리스도인들'의 지도자들과 대변인들 측, 또한 교회 행정부 측에서 취한 이질적 alien 원리 principles 로 말미암아 계속적으로, 그리고 조직적으로 방해를 받고 무력한 것이 되어 버렸다. 그 원리들이 유효한 것이라고 주장되는 때에는 우리 가운데 시행되고 있는 모든 신앙고백들에 비추어 교회가 교회로서의 자격을 잃는 것이며, 독일 복음주의 교회는 고백교회들의 한 연맹으로의 본질을 보유할 수 없게 된다.

8.08 루터교회, 개혁교회, 연합교회의 회원인 우리들은 오늘 이 일에 대하여 입을 모아 외칠 수 있고, 또 그래야만 할 것이다. 우리는 우리들의 고유한 신앙고백에 충실하고 계속 충성하기를 원한다는 바로 그 이유 때문에 침묵을 지키고 있을 수 없는 것이다. 그것은 우리가 공동적 요구와 유혹의 시기에 외쳐야 할 공동적 메시지를 받았다고 믿기 때문이다. 고백교회들의 상호관계를 위하여 이것이 의미하는 것이 무엇이겠는지에 대해서는 우리는 하나님께 위임한다.

8.09 교회를 황폐하게 하고 따라서 독일 복음주의 교회의 하나됨을 파괴하고 있는 현 라이흐 Reich 교회 본부의 '독일 그리스도인들'의 여러 과오를 생각하여 우리는 다음과 같은 복음적 진리들을 고백한다:

8.10 1. "내가 곧 길이요 진리요 생명이니 나로 말미암지 않고는 아버지께로 올 자가 없느니라" (요 14:6). "내가 진실로 진실로 너희에게 이르노니 문을 통하여 양의 우리에 들어가지 아니하고 다른 데로 넘어가는 자는 절도며 강도요…내가 문이니, 누구든지 나로 말미암아 들어가면 구원을 얻을 것이다" (요 10:1, 9).

8.11 예수 그리스도는 성경에서 우리에게 확증된 바와 같이 우리가 들어야 하고 사나 죽으나 신뢰하고 복종해야 할 하나님의 유일한 말씀이시다.

8.12 교회가 하나님의 이 유일한 말씀을 떠나서 또는 그것 외에 또 다른 사건들과 세력들, 형상들과 진리들을 하나님의 계시인 양 교회의 선포의 자료로 인정할 수 있다고 또는 그렇게 해야 한다고 말하는 거짓 교리를 우리는 거부한다.

8.13 2. "예수는 하나님으로부터 나와서 우리에게 지혜와 의로움과 거룩함과 구원함이 되셨으니" (고전 1:30).

8.14 예수 그리스도가 우리의 모든 죄에 대한 하나님의 용서의 보증인 것처럼 그는 또한 꼭 같은 방식으로, 그리고 같은 진지한 의미에서 우리 생활 전체에 대한 하나님의 강력한 주장이기도 하다. 그를 통하여 우리가 이 세상의 불신앙적 족쇄로부터 기쁘게 구출되어 그의 피조물들을 위하여 자유롭게, 그리고 감사한 마음으로 봉사하게 된다.

8.15 우리 생의 영역들 중에 우리가 예수 그리스도에게 속하지 않고 다른 주인들에게 속하는 영역, 곧 우리가 그리스도를 통한 칭의나 성화를 필요로 하지 않는 영역들이 있는 듯이 말하는 거짓 교리를 우리는 거부한다.

8.16 3. "오직 사랑 안에서 참된 것을 하여 범사에 그에게까지 자랄지라; 그는 머리니 곧 그리스도라; 그에게서 온몸이……연결되고 결합되어"(엡 4: 15-16).

8.17 그리스도교회는 형제들의 모임인 바 예수 그리스도가 성령을 통하여 말씀과 성례전 안에서 현재의 주님으로 역사하신다. 교회는 용서 받은 죄인들의 모임으로서 죄가 가득 찬 세상 가운데서 믿음과 복종을 가지고, 메시지와 규례를 가지고 증언해야 하는 바, 곧 교회는 오로지 그의 소유라는 사실과, 오로지 그가 주시는 위안과 그의 나타나심을 기다리면서 그의 지시를 따르며 살고 있으며, 또 그렇게 살기를 원한다는 사실을 증언해야 한다.

8.18 교회가 마치 교회의 메시지와 규례의 형태를 포기하고 자기 자신의 향락을 도모하거나 또는 유행하는 이념과 정치적 신념들에 맞추어 변화하는 것을 허락받은 것처럼 생각하는 거짓 교리를 우리는 거부한다.

8.19 4. "이방인의 집권자들이 그들을 임의로 주관하고 그 고관들이 그들에게 권세를 부리는 줄을 너희가 알거니와, 너희 중에는 그렇지 않아야 하나니 너희 중에 누구든지 크고자 하는 자는 너희를 섬기는 자가 되어야 한다" (마 20:25, 26).

8.20 교회 안에 있는 여러 가지 직분은 어떤 직분이 다른 직분을 지배하기 위하여 있는 것이 아니라, 반대로 전 회중에게 위임되고 부과된 봉사를 실시하기 위한 것이다.

8.21 교회가 이 봉사는 하지 않고, 마치 어떤 지배권을 부여 받은 특별한 지도자들을 세울 수 있고, 또는 허가 받은 것처럼, 혹은 그런 지도자들을 받는 것이 허락된 것처럼 생각하는 거짓교리를 우리는 거부한다.

8.22 5. "하나님을 두려워하며 왕을 존대하라" (벧전 2:17).

아직 구속받지 못한 세상에서 교회가 그 안에 같이 존재하는데, 여기서 정부는 하나님의 지명에 의하여 정의와 평화를 공급하는 임무를 가지고 있다고 성경은 우리에게 말해 준다. 정부는 인간의 판단과 인간의 능력의 분량에 따라 위협과 권력을 통해서 [이 임무를 수행한다]. 교회는 하나님 앞에서 감사와 존경심을 가지고 이러한 신적 위임의 혜택을 인정한다. 교회는 하나님의 나라와 하나님의 계명과 의를 마음에 상기시키며, 따라서 통치자와 피통치자 양편의 의무를 상기시킨다. 교회는 하나님께서 만물을 붙드시는데 쓰시는 말씀의 능력을 신뢰하고 복종한다.

8.23 정부가 그 특수한 사명을 넘고 지나쳐 마치 인간생활의 유일하고도 전제적인 제도가 되어야 하고, 또는 그렇게 될 수 있다고 생각하며, 또한 교회의 사명을 대신 성취한다고 생각하는 거짓 교리를 우리는 거부한다.

8.24 교회가 그 특수한 사명을 넘고 지나쳐 마치 정부의 특성과 임무와 위엄을 자기 것으로 삼고 스스로 정부의 한 기관이 되어야 하고, 또 될 수 있는 것처럼 생각하는 거짓 교리를 우리는 거부한다.

8.25 6. "볼지어다, 내가 세상 끝날까지 너희와 항상 함께 있으리라" (마 28:20). "하나님의 말씀은 매이지 아니하니라" (딤후 2: 9).

8.26 교회의 사명은 그리스도를 대신하여 만민에게 하나님의 거저 주시는 은혜의 메시지를 전달하는 일이며, 따라서 설교와 성례전을 통하여 그리스도 자신의 말씀과 사업을 받들어 섬기는 일이다; 교회의 자유는 이 사명 위에 기초하고 있다.

8.27 교회가 인간의 오만함을 가지고 주님의 말씀과 사업 대신에 임의로 택한 어떤 욕망, 목적, 계획들을 위하여 봉사할 수 있는 것처럼 말하는 거짓 교리를 우리는 거부한다.

8.28 독일 복음주의 교회의 고백적 대회는 이 진리들을 인정하고, 이 과오들을 거부하는 일에서 고백교회들의 연맹으로서의 독일 복음주의 교회의 불가결의 신학적 기초를 본다고 선언한다. 본 대회는 이 선언을 수락할 수 있는 모든 사람들이 그들의 교회 정치에 있어서 어떤 결정을 할 때마다 이 신학적 원리들을 명심할 것을 권유한다. 본 대회는 관련된 모든 사람들이 믿음과 사랑과 소망의 하나됨으로 되돌아가기를 간청한다.

1967년 신앙고백

해설

대부분의 장로교 역사에서, 아메리카 대륙의 장로교인들은 웨스트민스터 신앙고백(그리고 대요리 문답, 소요리 문답)을 자신들의 신학적 기준으로 삼았다. 1967년 신앙고백(the Confession of 1967, 흔히 C67 이라고 불림)은 이러한 과거를 단절시켰고, 교회로 하여금 신앙 고백들의 권위와 역할에 대해 새롭게 생각하도록 도전했다.

C67를 채택했을 때, 교회는 웨스트민스터 표준을 없애지 않았고, 초대교회 시기와 종교개혁, 그리고 20세기의 주요 신조와 고백을 담은 신앙고백서에 포함시켰다. (하지만 대요리 문답은 1983년에 북부와 남부의 교회들이 재결합하기 전까지는 신앙 고백서에 포함되지 못했다.) 또한 C67은 "신앙 고백들과 선언문들은 교회에서 하위 표준들로서 성경이 예수님에 대해 증언하는대로 하나님의 말씀이신 예수 그리스도의 권위에 종속된다"(9.03)고 명확히 했다.

1967년 신앙고백은 칼 바르트의 사상을 바탕으로 개신교 종교개혁의 중요한 핵심 내용을 회복시켰다. 20세기의 위대한 스위스 신학자인 칼 바르트는 그 핵심 내용의 의미를 오늘날에 맞게 아주 명료하게 풀어냈다. 신앙은 신학 체계를 숙지하는 것 보다 우선적으로 성경이 증거하는 그리스도에 대한 신뢰로 이해되어야 했다. 동시에 C67은 오늘날 교회가 복음을 이해하는 데 있어서 신앙고백적 표준들이 도움을 주고 안내서가 되어야 한다고 제대로 주장했다(9.04). 그것들은 무관한 것도 아니고 불필요한 것도 아니다.

또 C67를 준비했던 위원회는 안수 시 받는 질문을 새로 제안했다. 이전에는 안수 후보자들이 "이 교회의 신앙고백, 즉 웨스트민스터 신앙고백을 성경이 가르치는 교리 체계로 진심으로 받아들이고 수용할 것"을 약속했다. C67에 기록된 새로운 서약은 후보자들에게 "예수 그리스도께 순종하고, 성경의 권위 아래에서 지속적으로 우리 신앙 고백서에 의해 인도를 받으면서" 그들의 직무를 수행하도록 요구했다

신앙고백이 바뀌게 된 계기

웨스트민스터 신앙고백을 개정하려는 결정은 한 세기가 걸렸다. 19세기 말 무렵에, 장로교인들은 웨스트민스터 신앙고백의 적합성에 대해 공개적으로 논의했다. 웨스트민스터 신앙고백은 성경을 하나님이 계시하신 영원한 진리들의 집합체로 여겼다. 더 광범위한 지적 세계에서 진리와 권위에 대한 이해가 바뀌면서 웨스트민스터의 입장이 도전을 받게 되었다. 성서 신학자들--그리고 점점 더 많은 목사와 평신도들--이 고대문화의 특정 상황과 사고방식을 반영한 역사적인 문서로 성경을 읽는 법을 배우고 있었다.

변화에 대한 또 다른 계기는 19세기 말과 20세기 초의 위대한 선교운동에서 비롯되었다. 웨스트민스터 신앙고백은 하나님께서 "선택한 자들을 영광에 이르도록 지정하셨다. . . 그 나머지 인간은. . . 그들의 죄 때문에 치욕과 진노를 받게 되었다"(6.019-.020)라고 선언한 반면, 교회는 누구나 하나님의 사랑을 받을 수 있다는 것을 강조했다. 이에 대한 우려를 고려해, 북장로교는 1903년에 마침내 웨스트민스터 신앙고백을 개정했다. 비록 웨스트민스터 신앙고백의 기본적인 신학을 상당 부분 재확인했지만 말이다.

웨스트민스터 신앙고백의 적합성에 대한 의문이 1950년대에 다시 제기되었다. 북아메리카 연합장로교회(United Presbyterian Church of North America)와 미국 장로교회(Presbyterian Church in the U.S.A.)가 1958년에 연합해 미합중국 연합장로교회(United Presbyterian Church in the United

States of America)가 되면서, 총회는 '동시대 신앙 요약문 특별위원회'를 구성했고, 이 위원회의 위원장에 프린스톤 신학교 교수인 에드워드 다우이(Edward Dowey)를 임명했다.

이 특별 위원회는 웨스트민스터 신앙고백을 포기해서는 안되지만 개정 이상의 조치가 필요하다고 주장했다. 위원회는 1965년에 새로운 신앙고백의 초안을 교회에 제출했고, 반응을 살핀 후에 여러 번 개정했다. 1년 후에 '15명의 특별 위원회'가 소폭의 변경을 제안했고, 총회는 신앙고백 개정안을 각 노회로 보내 검토하게 했다. 이 신앙고백은 목사와 회중들 모두에게 큰 관심을 끌었다. 위원회는 학습 자료에 대한 14만건 이상의 요청을 받았으며, *뉴욕 타임즈*와 *타임지* 같은 주요 전국 간행물은 교회의 토론에 대해 보도했다. 최종적으로 노회의 90퍼센트 이상이 이 개정안에 찬성했다.

구조 및 주요 주제

이 신앙고백(1967년 신앙고백)의 명칭에 채택 연도 이외에 다른 명칭이 없다는 사실은 부주의한 편집이나 창의력 부족의 결과가 아니었다. C67은 그 시대에 대한 신앙고백이었지, 모든 시대를 위한 고백이 아니었다. ("C67"이라는 용어조차도 1960년대에 유행하기 시작한 약어를 연상시킨다.) C67이 기록한 바와 같이, 교회는 각 시대마다 신앙을 고백하되 말 뿐만 아니라 행동으로 고백하도록 부름받았다. 신앙고백은 "각 시대의 필요에 따라"(9.02) 그 내용 뿐만 아니라 그 형식도 각기 다르다.

C67은 기독교 신앙의 전통적인 신학적 가르침을 바탕으로 하고 있지만, 모든 것들을 다루려고 하지는 않는다. 화목(Reconciliation)이라는 주제에 초점을 맞추고 있다. 화목은 항상 복음의 핵심에 자리하고 있으며, "우리 세대는 그리스도 안에서 화목해야 할 특별한 필요가 있기" 때문이다(9.06).

"화목"이라는 단어의 선택이 주목할 만하다(이것은 곧 바르트의 영향을 의미한다. 그는 자신의 저서 *교회 교의학*[*Church Dogmatics*]의 네 번째와 마지막 부분에서 "화목의 교리"를 다루고 있다). 종교개혁의 핵심은 하나님께서 우리의 죄를 용서해 주시겠다고 약속하신 은혜의 하나님이심을 깨닫는 것이다. C67은 "화목"이라는 용어가 20세기 후반의 사람들에게 하나님의 용서에 담긴 온전한 의미를 가장 잘 설명할 수 있다고 제안한다. 용서는 단지 말의 문제가 아니다. 이는 우리에게 새로운 삶의 방식을 열어준다. 용서는 단지 하나님과 개별 사람들 사이의 법적 거래에 머물지 않는다. 오히려 용서는 하나님과 사람들 사이의 공동체 그리고 서로 소외된 개인들과 집단들 사이의 공동체를 회복시켜준다.

이러한 기본적인 이해들은 C67의 서문에 요약되어 있는데, 그 안에는 "하나님께서 그리스도 안에 계시사 세상을 자기와 화목하게 하시며"(고후 5:19)라고 한 바울의 말이 인용되어 있다. 하나님께서는 성령을 통해 교회 안에서 이 화목의 사역을 지속하고 계시며, 교회는 이에 화답하여 "사람들에게 하나님과 및 인간 상호 간에 화해하라고 촉구한다"(9.07).

C67의 구조는 또한 화목의 의미와 사역에 대한 이러한 이해를 반영해 준다. C67은 종교개혁의 강조점과 맥락을 같이 하고, 또한 (종교개혁가 칼빈으로부터 이어져 온) 개혁주의 전통으로 알려진 특정 흐름에 따라, 인간의 필요들과 깨달음에 대한 설명보다는 하나님과 하나님의 화목의 사역(제1부)으로 시작한다. 교회의 화목사역(제2부)은 우리 자신들로부터 비롯되는 선행이 아니라, 예수 그리스도 안에서 하나님께서 베푸시는 은혜로운 활동에 대한 즐거운 화답이다.

교회는 하나님께서 이미 그리스도 안에서 행하신 것에 따라 그리고 하나님께서 성령을 통해 그리스도 안에서 여전히 행하고 계신 일들을 따라 살아가는 것처럼, 또한 하나님의 최후 승리를 기대하며 살아간다. 따라서 C67은 하나님(제1부)에서 교회와 세상(제2부)으로 나아가고, 또 이 땅에 임할 하나님 나라에 대한 소망(제3부)으로 이어진다. 그러면서 또 C67은 우리가 믿는 것(신학)에서 우리가 행할 것(윤리)으로, 더 나아가 이미 이루어지고 있고 또 하나님께서 완성하실 새로운 질서에 대한 비전(종말론)으로 나아간다.

각 부분의 구조는 신학적으로도 중요하다. 고린도후서를 마무리하는 삼위일체의 축복 (13:13)을 바탕으로 제 1부는 다시 세 부분으로 나뉘어진다: "우리 주 예수 그리스도의 은혜," "하나님의 사랑," "성령의 교통하심." 삼위일체 위격에 대한 이러한 순서는 초기 고백문들에 나오는 순서(성부, 성자, 성령)와는 다르지만, 우리가 예수 그리스도 안에 있는 하나님의 계시를 통하여 하나님을 가장 명확하고 완전하게 알 수 있음을 상기시켜준다. 예수 그리스도를 통해 우리를 구속하시려는 하나님의 의지를 이해할 때에만, 우리는 "모든 만물이 그의 사랑의 목적을 섬기도록 하시고,"(9.15) 또 "교회를 공동체로 만드시고 새롭게 하셔서 그 안에서 사람들이 하나님과 또 사람들끼리 화목하게 하신"(9.20) 주와 창조주되신 하나님의 목적을 이해할 수 있다. 그리스도, 하나님, 성령으로 이루어진 이러한 순서--'간추린 신앙고백'도 비슷한 순서를 사용함--는 신앙고백 자체의 순서와 맥을 같이한다: 하나님의 은혜가 맨 처음에 있다; 우리와 관계를 맺고 축복하시려는 하나님의 소망은 그리스도인의 신앙과 삶에 대해 성찰할 때에 적절한 출발점이 된다.

또 다른 측면에서 살펴봐도 제 1부가 셋으로 나뉜 것은 상당히 중요하다. 이는 성령의 사역을 더 돋보이게 한다. 초대 교회의 신앙고백들은 예수 그리스도의 인격과 사역에 초점을 둔다. 종교개혁의 신앙고백들은 창조주이신 하나님의 사역과 교회의 삶으로 확장된다. 반면에 C67은 삼위일체 모두에게 큰 관심을 기울이며, 공동체의 삶이 성령의 선물이자 사역이라는 점을 분명하게 밝힌다

제 2부의 구조는 이 공동체의 특성에 관한 중요한 요점들을 강조한다. 개혁주의 신앙고백은 전통적으로 참된 교회의 핵심적인 "표지들"을 복음의 순전한 선포와 성례전의 올바른 집행, 그리고 (때로는) 권징으로 보았다. 그러나 C67은 이와 대조적으로 먼저 교회의 사명(제 2부 섹션 A)에 대해 말한다. 그 후에야 C67은 설교와 기도와 성례전에 관해 논의한다(제 2부 섹션 B). 교회를 "교회"답게 만드는 것은 무엇보다도 교회가 세상에 전하는 메시지라는 것이다.

신앙고백 내의 순서는 교회의 예배가 하나님께 드리는 인간들의 말로만 끝나는 것이 아님을 시사한다. 오히려 예배는 세상을 향한 교회의 증언을 뒷받침해 준다. 예배는 "사람들 가운데서 [교회가] 하나님을 온전히 섬기는 방법들"(9.48)을 제공해 준다. 예배는 도덕적으로 책임있는 삶을 살아가도록 영향을 미친다(9.36-.37 참조).

교회: 그때와 지금

교회에 대한 이러한 이해는 당대의 독특한 특징들을 반영해 준다. C67은 교회가 사회와 지도자들에게 영향을 끼칠 수 있다고 믿을만큼 충분한 사회적 지위와 자신감을 지니고 있던 교회를 향한 것이었다. 대중시위(행진과 연좌 데모와 시민 불복종의 행위를 포함)가 만연하던 시대에, C67은 교회가 하나님의 화해의 사역을 세상에 증언하기 위해서는 교회의 형식과 구조가 위태로워질 수 있는 부담도 얼마든지 감수해야 한다고 요구했다(9.40). C67은 인종들 사이의 화해("모든 민족 차별의 폐지"[9.44]), 국가 간의 화해("국가 안보의 위험을 무릅쓰더라도"[9.45]), 경제 계층 간의 화해("풍요로운 세상에서 노예와 같이 궁핍한 삶을 사는 것은 하나님의 선한 창조를 침해하는 용납할 수 없는 것이다"[9.46]), 그리고 성적 관계 안에서의 화해("남자들과 여자들이 함께 충분히 의미있는 삶을 살아가도록 이끄는 것"[9.47])에 대해 구체적으로 언급했다.

1967년 이래로, 주류 교단에 속한 교회들의 사회적 영향력이 전보다 약화된 것처럼 보인다. 한편으로, 교인 수와 예산의 감소로 인해 교회는 제도적 생존 문제에 초점을 맞추게 되었다. 다른 한편으로는, 미국 사회의 근본적인 변화가 기독교 전통과 연관되어 있던 가치들에 도전을 가해왔다. 장로교인들은 교회가 문화를 어떻게 대해야 하는지에 대해 그리고 복음을 이질적인 가치들에 맞출 때의 위험성에 대하여 새롭게 생각하고 있다.

우리는 또한 C67이 그 시대의 한계들과 문화적 가치들을 얼마나 많이 반영해주고 있는지를 인식하고 있다. 현대 독자는 C67이 사회에서의 여성들의 지위 변화를 인식하지 못한 것에 특별히 충격을 받기 쉽다. 이 신앙 고백을 위한 위원회 자체의 구성원은 모두 남성들이었고, 신앙고백은 일반적인 사람을 언급할 때에 가차없이 "남자(단수형)"과 "남자들(복수형)"과 같은 남성 대명사를 사용한다.

그럼에도 불구하고 C67은 우리 시대의 교회에 도움이 되는 내용을 담고 있다. 우리는 이 신앙 고백이 쓰여졌던 당시의 문화와 역사를 상대적으로 잘 알고 있기 때문에, 이 신앙 고백이 어떻게 역사의 특정한 순간을 반영하고 있는지를 분명히 알 수 있다. 하지만, 교회는 여전히 다음과 같은 모든 문제들에 대해 진보를 이루어야 한다: 인종 문제--거의 모든 회중이 같은 인종으로 구성되었을 때; 평화 증진의 문제--전쟁 도구 생산자에 대한 투자를 교회가 철회하는 것에 대해 어떤 이들이 너무 급진적인 것이라고 생각할 때; 빈곤 문제-- 소득과 부의 격차가 커질 때; 성적 관계의 문제-성희롱과 성폭력이 교회 내에서 흔한 일이 될 때.

성경

변화와 문화적 혼란의 시대에 삶의 방향을 찾기 위해, 교회는 여러 시대에 걸쳐 성경으로 나아갔다. 교회의 권위에 대한 로마 카톨릭의 주장에 맞서기 위해, (제 2 헬베틱 신앙고백과 마찬가지로) 웨스트민스터 신앙고백도 성경의 권위에 대한 선포로 시작한다. 나치의 위협에 대응하여, 바르멘 선언은 각각의 명제 앞에 성경을 인용하고 있다.

C67의 성경에 대한 이해도 마찬가지로 중요하다. 성경에 대한 논의는 신앙고백의 시작 부분이 아니라, "성령의 교제"라는 부분에서 이루어진다. 여기서 다시 한번 C67은 종교개혁의 통찰력을 되살려내고 있다. 첫째, 성령께서 우리를 인도해 주시고 조명해 주실 때에만, 우리는 성경을 올바르게 읽을 수 있다. 그리스도에 대한 우리의 보증이 되신 성령을 통하여 성경은 예수 그리스도에 대한 "유일하고 권위 있는 증언"(9.27)이 된다. 둘째, 성경은 교회의 책이다. 우리를 그리스도께 묶어 주시는 성령은 또한 그리스도의 몸의 각 부분이 되는 우리를 서로 묶어주신다. 하나님께서는 새 삶의 소명을 받고 "[성경의] 진리와 방향을 받아들일" 준비가 된 공동체에게 그 무엇보다도 성경으로 말씀하신다(9.30).

바르트의 신학에 영향을 받아, C67은 예수 그리스도 안에서 보여진 하나님의 계시로서의 하나님의 말씀(the Word of God)과 성경 말씀인 하나님의 말씀(the Word of God)을 구별한다. C67이 언급하고 있는 것처럼, 성경은 "성령의 인도 아래서 주어진 것이지만, 이는 사람들의 말이며, 기록된 장소와 시간의 제약을 받는다"(9.29). C67은 성경의 역사적, 문학적 맥락을 연구하는 학문에 주의를 기울일 것을 교회에 촉구하고 있다.

1967년 이래로, 성경의 권위와 해석에 관한 문제가 지속적으로 주목을 받아 왔다. 우리는 한 개인 (또는 한 공동체)의 성경읽기를 형성하는 데 있어서 사회적 위치(인종, 민족, 계급, 성별, 성적 취향 및 기타 사회적 요인)의 중요성에 대하여 잘 알게 되었다. 북미 사회에서 다원주의가 성장함에 따라, 우리는 다른 종교와 그들의 경전의 권위에 대한 주장에 대해서도 더 많이 알게 되었다.

C67은 또한 성경의 실제 사용과 관련해 성경적 권위와 해석의 문제에 대해 언급한다. C67은 성경이 제시하는 명제 진술에 덜 의존하고 있으며, 우리의 상상력을 발휘하게 만드는 성경의 핵심적인 이미지에 더 의존하고 있다. 이러한 이미지들은 우리의 시간과 장소에 대한 제한과 암묵적인 가정을 벗어나, 하나님께서 예수 그리스도와 교회를 통하여 이미 행하셨고 지금도 계속해서 행하고 계신 새로운 것들을 바라보도록 도전한다. 예수님의 생애, 사역, 죽음, 부활은 우리를 새로운 삶의 "방향"으로 보낸다(9.24). 그것들은 교회의 사명을 위한 "양식"(pattern)이 되었다(9.32). C67은 성경의 권위가 추상적인 선언에 근거하지 않고, 교회를 그리스도 안의 삶으로 초대하는 성경의 지속적인 능력에 최종적으로 근거한다고 제안하고 있다.

끝맺는 말

화목의 문제는 그 어느 때보다 더 시급한 문제가 되었다. 최근 수십 년 동안, 전 세계의 곳곳에서 인종 학살이 증가하고, 미국에선 인종 불평등을 둘러싼 시위와 긴장이 다시 고조되고, 인간의 성적 취향과 같은 문제를 둘러싸고 교회의 갈등이 심화되었다. C67은 교회가 계속해서 스스로를 돌아보고, 필요한 경우 그 구조를 개혁하며, 더 큰 사회적 맥락을 주의 깊게 읽음으로써 예수 그리스도 안에 있는 하나님의 좋은 소식을 전하도록 도전한다.

교회의 신학적 기초가 때때로 흔들리는 것처럼 보이는 시대에, C67은 하나의 신학적 주제일 뿐인 화목이 사회의 특정 필요들과 악들에 대해 어떻게 강력하게 말할 수 있는지를 보여준다. C67은 세상 속에서 하나님의 능동적인

임재를 찾고, 구체적인 사랑과 정의의 행위를 통하여 다가오는 하나님의 나라에 응답하라고 우리를 초청한다

학습문제

1. 교회가 단 하나의 신앙고백을 가지기 보다는 책으로 된 신앙고백서를 가지는 것이 어떻게 유익한가? 잠재적인 문제는 무엇인가?
2. 오늘날 교회의 필요들과 기회들에 대해 생각할 때, 당신은 어떤 교회의 표지를 먼저 강조하겠는가?: 선교, 설교, 성례전, 교회 치리 또는 다른 것.
3. C67의 어떤 부분이 시대에 뒤떨어진 것처럼 보이는가? 어느 부분이 그 어느 때보다 더 시급한 것 같은가? 만약 교회가 현재에 맞게 그것을 수정한다면, 무엇을 추가하거나 삭제해야 하는가?

1967 년 신앙고백

머리말

9.01 교회는 예수 그리스도 안에서 주신 하나님의 은총에 대한 현재적 증언을 할 때 그 신앙을 고백한다.

9.02 시대마다 교회는 그때의 필요에 의하여 말과 행동으로써 그 증언을 표현해 왔다. 신앙고백의 최초의 실례는 성경 안에서 발견된다. 신앙고백적 진술들은 찬미, 예배의식, 교리적 정의, 문답, 신학체계 요약, 위협적 악에 대항하는 목적선언들 같은 여러 가지 형태를 가지고 나타났다.

9.03 신앙고백과 선언문들은 교회에 있어서 종속적인 표준들이다. 그것은 성경이 증언하는 바와 같이 하나님의 말씀이신 예수 그리스도의 권위에 종속한다. 그 어느 형태의 신앙고백도 그것만이 배타적으로 유효할 수는 없는 것이며, 그 어느 진술도 변경할 수 없는 것일 수는 없다. 예수 그리스도에 대한 복종만이 하나인 우주적 교회의 정체를 입증하며 그 전통의 계속성을 유지하게 한다. 이 복종은 하나님의 섭리 가운데서 새로운 기회가 요구할 때마다 생활과 교리면에서 교회가 자신을 개혁할 의무와 자유의 기초가 된다.

9.04 미국 연합장로교회는 복음을 이해하는 일에 있어서 이때까지의 여러 시대와 여러 나라 교회의 증언으로 말미암아 도움을 받았다는 사실을 스스로 인정한다. 그 중에서도 특별히 초대교회 시대부터 내려오는 신조와 사도신경, 종교개혁 시대부터 내려오는 스코틀랜드 신앙고백, 하이델베르크 요리문답, 제 2 헬베틱 신앙고백, 17 세기 이래의 웨스트민스터 신앙고백과 소요리문답, 그리고 20 세기 이래 바르멘 신학선언에 의하여 인도를 받는다.

9.05 1967 년 신앙고백의 목적은 오늘의 제자들에게 요구되는 고백과 선교에 있어서의 통일을 가지도록 환기시키는 데 있다. 이 신앙고백은 어떤 '교리의 체계'가 아니며 신학의 전통적 논제들을 전부 포함하는 것도 아니다. 예를 들면 삼위일체와 그리스도의 위격에 대해서는 다시 정의를 내리지 않고 기독교 신앙의 기초를 형성하며 그 구조를 결정하는 것으로 인정하고 재천명하였다.

9.06 예수 그리스도 안에서 행하시는 하나님의 화목의 역사와 그의 교회를 불러서 맡기신 화목의 사명은 어느 시대를 막론하고 복음의 핵심이 된다. 우리 세대는 그리스도 안에서의 화목들을 특별히 필요로 하는 입장에 있다. 따라서 1967 년 신앙고백은 이 주제를 토대로 하여 형성되었다.

신앙고백

9.07 예수 그리스도 안에서 하나님은 세상을 자신과 화목케 하고 계셨다. 예수 그리스도는 사람과 함께 계시는 하나님이시다. 그는 아버지의 영원하신 아들로서 화목의 역사를 성취하시려고 사람이 되시어 우리 가운데 사신 분이시다. 그는 자기 사명을 계속하시고 완성하시려고 성령의 힘에 의하여 교회 안에 계신다. 아버지 하나님과 아들과 성령의 이 역사는 하나님과 사람과 세상에 관한 모든 고백적 진술의 기초가 된다. 그러므로 교회는 사람들이 하나님과 또 인간 상호 간의 화목을 이루도록 촉구한다.

제I부
하나님의 화목 역사

섹션 A. 우리 주 예수 그리스도의 은총

1. 예수 그리스도

9.08 나사렛 예수 안에서 참된 인간성이 단번에 실현되었다. 팔레스타인의 한 유대인이었던 예수는 자기 백성 가운데서 사셨고 그들의 궁핍과 유혹과 기쁨과 슬픔을 같이 나누셨다. 그는 말과 행동으로 하나님의 사랑을 나타내셨고 온갖 죄인들의 형제가 되셨다. 그러나 그의 온전한 복종은 마침내 자기 백성과 충돌하는 데까지 이르게 되었다. 그의 생활과 가르침이 그들의 선과 종교적 열망과 국가적 희망들을 심판하였다. 다수가 그를 거부하고 그의 죽음을 요구하였다. 그들을 위하여 자신을 거저 내어 주심으로써 그는 만민이 당해야 할 심판을 스스로 짊어지셨다. 하나님께서 그를 죽은 자들 가운데서 다시 살리시고 그가 메시야와 주가 되심을 입증하셨다. 이렇게 죄의 희생자가 승리자가 되셨고 만민을 위하여 죄와 죽음을 이기는 승리를 거두셨다.

9.09 예수 그리스도 안에서의 하나님의 화목 역사는 하나의 신비로서 성경은 이것을 여러 가지 방식으로 묘사한다. 그것을 어린 양의 희생, 자기 양을 위하여 바친 목자의 생명, 제사장에 의한 속죄라고 부른다; 또는 노예를 위한 속전, 부채의 상환, 법적 벌에 대한 대리적 배상, 악의 세력에 대한 승리라고도 부른다. 이것들은 한 진리에 대한 여러 가지 표현이며, 그 진리는 곧 사람을 위한 하나님의 사랑이 너무도 깊어서 어떤 이론으로도 규명할 수 없다는 것이다. 이 표현들은 하나님의 화목 역사의 중대성과 대가와, 그리고 그것의 확실한 성취를 나타내 준다.

9.10 부활하신 그리스도는 만민을 위한 구주이시다. 믿음으로 그와 연합한 자들은 하나님과 바른 관계를 가지게 되었으며, 하나님의 화목의 공동체로서 봉사하도록 위임을 받았다. 그리스도는 이 공동체 곧 교회의 머리이시다; 이 교회는 사도들로부터 시작하여 모든 세대를 통하여 존속한다.

9.11 바로 그 예수 그리스도가 만민의 심판자이시다. 그의 심판은 생의 궁극적 진지성을 드러내며 죄와 죽음의 세력에 대한 하나님의 최종 승리를 약속해 준다. 부활하신 주께로부터 생명을 받는다는 것은 곧 영생을 얻는 것이다; 그에게서 오는 생명을 거절하는 것은 하나님께로부터의 분리 곧 죽음을 택하는 것이다. 그리스도를 신뢰하는 사람은 누구나 두려움이 없이 하나님의 심판을 맞이한다—그 심판자가 곧 그들의 구속자이시기 때문이다.

2. 인간의 죄

9.12 예수 그리스도 안에서의 하나님의 화목 역사는 사람들 속에 있는 악을 폭로하여 하나님 안전에 죄로 드러낸다. 죄 가운데서 사람들은 자기들 자신을 생의 지배자로 자처하며 하나님과 그들의 동료 인간을 배반하고 세상의 착취자와 약탈자가 된다. 그들은 무익한 노력을 하면서 그들의 인간성을 잃으며 마침내 반역과 절망과 고립 상태에 빠지게 된다.

9.13 슬기롭고 덕스러운 사람들은 옛날부터 자유, 정의, 평화, 진리, 아름다움을 위하여 헌신하며 최고의 선을 추구하여 왔다. 그러나 예수 그리스도 안에서 나타난 하나님의 사랑에 비추어 볼 때 모든 인간적 덕은 자기 이익과 적의에 감염되어 있다는 사실이 판명된다. 사람은 선하든지 악하든지 다 한 가지로 하나님 앞에 잘못이 있고 그의 용서가 없으면 가망이 없다. 이리하여 모든 사람은 하나님의 심판을 받게 된다. 하나님 앞에서 무죄하다든가 남보다 도덕적으로 우수하다고 생각하는 사람이야말로 누구보다도 더 심판을 받을 만한 사람이다.

9.14 하나님의 사랑은 결코 변하지 않는다. 하나님을 반대하는 모든 사람에게 하나님은 진노 가운데서 그의 사랑을 나타내신다. 하나님께서는 사람을 이끌어 회개와 새 생활에 이르게 하시려고 동일한 사랑을 가지시고 예수 그리스도 안에서 스스로 심판과 굴욕적 죽음을 당하셨다.

섹션 B. 하나님의 사랑

9.15 하나님의 절대적 사랑은 사람의 마음으로 헤아릴 수 없으리만큼 신비로운 것이다. 사람의 생각은 최고의 권세와 지혜와 선을 하나님께 돌린다. 그러나 하나님은 예수 그리스도 안에서 종의 형상으로서 권세를, 십자가의 어리석음으로써 지혜를, 죄인을 용납하심으로고 선을 보이심으로 당신의 사랑을 계시하신다. 그리스도 안에 나타난 하나님의 사랑은 세상을 변화시키는 힘이 있다—이 힘은 구속자는 만물로 하여금 그의 사랑의 목적에 봉사하도록 하시는 주님이시요, 또 창조자이심을 드러내 보인다.

9.16 하나님께서 공간과 시간의 세계를 창조하시어 인간을 다루시는 영역으로 삼으셨다. 세계는 그 아름다움과 광대성에 있어서, 장엄성과 엄위함에 있어서, 질서와 무질서에 있어서 믿음의 눈앞에 그 창조자의 위엄과 신비를 반영해 준다.

9.17 하나님께서 사람을 창조하시되 자기와의 인격적 관계를 가지게 하시고 창조자의 사랑에 응답할 수 있도록 만드셨다. 그는 남자와 여자를 창조하시고 그들에게 생명을 주셨다—이 생명은 출생에서 시작하여 죽음에까지 이르고 대를 계속하여 나아가며 여러 가지 사회관계의 광범위한 복합성을 지니고 있다. 하나님께서 사람에게 여러 가지 역량을 부여하셔서 그의 필요를 위하여 세상을 부릴 수 있게 하셨고, 또 세상의 좋은 것들을 즐길 수 있게 하셨다. 생명은 곧 감사한 마음으로 받아야 할 선물이요, 용기를 가지고 추구해야 할 과업이다. 사람은 하나님의 목적 한도 내에서 자기 생명을 추구할 자유가 있다: 이를테면 공동의 복지를 위하여 자연 자원을 개발 보호하며, 사회의 정의와 평화를 위하여 일하며, 그 밖의 길들을 통하여 인간 생활의 성취를 위하여 자신의 창조력을 사용할 자유를 가지고 있다.

9.18 하나님은 이스라엘을 통하여 온 인류에 대한 그의 사랑을 나타내셨다—그가 이스라엘을 택하신 것은 그들이 언약의 백성이 되어 사랑과 성실로 그를 섬기도록 하시려는 것이었다. 이스라엘이 성실치 못하였을 때 그는 자기의 심판으로 그 나라를 징계하셨고, 선지자와 제사장과 교사와 참된 신도들을 통하여 자신의 목표를 계속 달성해 나가셨다. 이 증인들은 모든 이스라엘 백성을 환기시켜 그들이 성실하게 하나님을 섬기고 만방에 빛이 되어야 하는 운명을 깨닫게 하였다. 동일한 증인들이 새 시대가 올 것을 선포하고, 하나님의 참된 종이 오셔서 이스라엘과 인류에 대한 하나님의 목적을 성취하시리라는 것을 선포하였다.

9.19 정한 때에 하나님은 이스라엘 중에서 예수를 일으키셨다. 그의 믿음과 복종은 하나님의 완전한 자녀로서의 응답이었다. 그는 이스라엘에 대한 하나님의 약속의 성취요, 새 창조의 시작이요, 새 인류의 선구자이셨다. 그는 역사에 의미와 방향을 주셨고 교회를 불러 세상의 화목을 위한 그의 종이 되게 하셨다.

섹션 C. 성령의 교제

9.20 성령이신 하나님은 사람 속에서 화목의 역사를 성취하신다. 성령은 교회를 창조하시며 새롭게 하시어 그 안에서 사람들이 하나님과 또 자기들 상호 간에 화목을 이루게 하신다. 사람들이 서로 용서할 때 성령은 그들로 하여금 용서를 받을 수 있게 하시며, 그들이 자기들 사이에 화평을 이룰 때 하나님의 화평을 그들도 즐길 수 있도록 하여 주신다. 그들에게 죄가 있을지라도 성령은 그들에게 힘을 주시어 예수 그리스도의 대리가 되고, 모든 사람들에게 그의 화목의 복음이 되게 하신다.

1. 새 생활

9.21 예수의 화목작업은 인류 생활에 있어서 최고의 위기였다. 복음이 선포되고 사람들이 그것을 믿을 때 예수의 십자가와 부활은 사람들에게 개인적 위기와 현재적 희망이 된다. 이 경험 가운데서 성령은 사람들에게 하나님의 용서를 가져다주며, 그들을 감동시켜 믿음과 회개와 복종으로 응답하게 하시고 그리스도 안에서 새 생활을 시작하게 하신다.

9.22 하나님께서는 사람들의 됨됨이를 아시면서도 그들을 사랑하시고 용납하신다는 것을 아는 사람들의 공동체 안에서 새로운 생활이 형성된다. 그러므로 그들은 아무도 하나님의 은총 이외에 발붙이고 설 곳이 없다는 것을 알고 자신들을 용납하며 남들을 사랑한다.

9.23 새 생활이 불신앙, 교만, 정욕, 공포 등과의 마찰에서 해방시켜 주는 것은 아니다. 그는 여전히 낙담케 하는 여러 가지 곤란과 문제들을 가지고 투쟁해야만 한다. 그러나 그리스도와 같이하는 생활에서 그가 사랑과 성실로 성숙해질 때 그는 새 생활이 하나님을 기쁘시게 하고 남들에게 이익이 된다는 확신을 가지고 좋은 날이나 궂은 날이나 증거하면서 자유롭고 유쾌하게 산다.

9.24 새 생활은 예수의 생애, 곧 그의 행위와 말씀, 유혹에 대한 그의 투쟁, 동정심, 분노, 죽음을 달게 받으시려는 마음 등에서 그 방향을 발견한다. 사도들과 선지자들의 교훈이 이런 생활에 지침이 되며, 또 그리스도인의 공동체는 사람들을 양육하고 준비시켜 봉사의 임무를 감당하게 한다.

9.25 교회의 성도들은 화평의 사절들이며, 정치, 문화, 경제면에서 세력있는 자들이나 집권자들과 협력하여 인간의 행복을 추구한다. 그러나 바로 이 세력들이 인간의 복지를 위태롭게 하는 경우에는 허세와 부정에 대항하여 싸워야 한다. 교회 성도들의 힘은 사람의 지략보다 하나님의 목적이 궁극에 승리하리라고 믿는 그들의 확신이다.

9.26 그리스도 안에 있는 생명은 영원한 생명이다. 예수의 부활은 하나님께서 죽음을 극복하시고 그의 창조와 화목의 역사를 완성하시리라는 것과, 그리스도 안에서 시작된 새 생활을 성취시키리라는 것을 암시하는 하나님의 신호이다.

2. 성경

9.27 하나님의 유일하고도 충족한 계시는 성육신하신 하나님의 말씀, 곧 예수 그리스도이시다—그에 대하여 성령은 사람들이 하나님의 말씀으로 수락하고 복종하는 성경을 통하여 유일하고 권위있는 증언을 한다. 성경은 다른 여러 증거들 중의 하나가 아니라 비길 데가 없는 증거이다. 교회는 구약성경과 신약성경의

책들을 예언적이며 사도적인 증언으로 수락하였고, 그 안에서 하나님의 말씀을 들으며, 그것에 의하여 교회의 믿음과 복종이 함양되고 규정된다.

9.28 신약성경은 나사렛 예수 곧 메시야의 오심과 교회에 성령을 보내신 일에 대하여 증언한 사도들의 증언의 기록이다. 구약성경은 이스라엘과의 계약에 있어서 하나님께서 신실하셨다는 것을 증언하며, 그리스도 안에서 하나님의 목적이 성취될 것을 지적해 준다. 구약성경은 신약성경을 이해하는 데 없어서는 안 될 책이며, 또 그 자체는 신약성경이 없으면 충분히 이해될 수 없는 책이다.

9.29 성경은 그리스도 안에서의 하나님의 화목 역사에 대한 증언에 비추어서 해석되어야 한다. 성경은 성령의 인도 아래서 주어진 것이지만 역시 사람들의 말이며, 그것들이 기록된 장소와 시대의 언어, 사상형식, 문학형태들의 지배를 받는다. 성경은 그 당시에 유행하던 인생관, 역사관, 우주관을 반영한다. 그러므로 교회는 문화적 역사적 이해를 가지고 성경에 접근할 의무가 있다. 하나님께서는 여러 가지로 다른 문화적 정황 속에서 그의 말씀을 하셨기 때문에 그가 또한 변천하는 세계에서, 그리고 인간 문화의 각 형태 속에서 성경을 통하여 계속 말씀하시리라는 것을 교회는 확신한다.

9.30 성령의 조명에 의지해서, 그리고 그것의 진리와 지시를 받아들이려는 채비를 가지고 성경이 신실하게 설교되고 주의깊게 읽혀지는 하나님의 교회에서는 그의 말씀이 오늘도 선포된다.

제 II 부
화목 사역

섹션 A. 교회의 사명

1. 방향

9.31 하나님과 화목케 되었다는 것은 곧 하나님의 화목의 공동체로서 세상에 보냄을 받는 것이다. 이 공동체 곧 보편적 교회는 하나님의 화목의 메시지를 위탁받았으며 하나님과 사람 사이를, 그리고 사람과 사람 사이를 분리시키는 적의를 고치시려는 하나님의 노력에 참여한다. 그리스도는 이 사명을 위하여 교회를 부르시고 교회에게 성령을 선물로 주셨다. 교회는 이 부르심에 성실히 복종함으로써 사도들과의, 그리고 이스라엘과의 연속성을 유지한다.

9.32 예수 그리스도의 삶, 죽음, 부활, 약속된 재림은 교회의 사명에 대한 본보기가 되었다. 사람으로서의 그의 생활은 인간의 일반 생활과 교회를 연결시킨다. 인간을 향한 그의 봉사는 교회가 모든 형태의 인간 복리를 위하여 일할 것을 위탁한다. 그의 수난은 교회가 인류의 모든 고통에 대해서 민감해지고, 각종 궁핍에 시달리는 사람들의 얼굴에서 그리스도의 얼굴을 보도록 만든다. 그가 십자가에 못 박히심은 사람을 향하여 가진 사람의 잔인성에 대한 하나님의 심판과 부정 가운데서 꾸민 잔인한 공모의 무서운 결과들을 교회에게 드러내 보인다. 부활하신 그리스도의 권능과 그의 재림에 대한 희망 속에서, 교회는 하나님이 사회에서 사람의 생활을 새롭게 하시고 모든 잘못을 극복하시겠다는 하나님의 약속을 발견한다.

9.33 교회는 그 생활 형식과 행동 방법에 있어서 이 본보기를 따른다. 그러므로 살고 또 봉사하는 것이 곧 그리스도를 주로 고백하는 일이다.

2. 형식과 직제

9.34 하나님의 백성의 제도들은 각기 다른 시간과 다른 장소에서 그들의 사명이 요구하는 데 따라 변하며 달라진다. 교회의 통일성은 형태의 다양성과 양립할 수 있는 것이지만, 여러 가지 형태들이 굳어져서 종파적인 분파들과 배타적 교단들과 경쟁적 당파들이 되도록 허용될 때에는 통일성은 잠적하거나 또는 왜곡된다.

9.35 교회가 어느 곳에 존재하든지 그 성도들은 모여서 단체생활을 하고 또한 세상에서 선교하기 위하여 사회 안에 흩어지기도 한다.

9.36 교회는 모여서 하나님을 찬양하고, 인류를 위한 그의 말씀을 듣고, 세례를 베풀고 주의 만찬에 참여하고 예배하면서 세상을 위하여 기도하며, 그것을 위하여 하나님께 아뢰고, 교제를 즐기고, 지시와 능력과 위안을 받고, 그 자체의 단체 생할을 정하고 조직하며 시험을 받고, 새로워지고, 개혁되고, 시대의 요구를 따라 적합하게 세상의 사건에 대하여 발언하며 행동한다.

9.37 교회는 흩어져서 그 성도들이 어디에 있든지, 일을 하든지 놀든지, 사사롭게나 사회 생활에서나 하나님을 섬긴다. 그들의 기도와 성경연구는 교회의 예배와 신학적 성찰의 한 부분이다. 그들의 증언은 교회의 복음전도이다. 세상에서의 그들의 일상 행동은 곧 세상에 대하여 선교하는 교회이다. 다른 사람들과 가지는 그들의 관계의 질이 곧 교회의 충실성 fidelity 의 척도가 된다.

9.38 각 성도는 곧 세상에 있는 교회이며 성령으로부터 봉사의 적합한 은사를 부여받고, 자기의 특수한 정황 속에서 자기의

증언의 완전을 기할 책임을 가지고 있다. 그는 그리스도인 공동체의 지도와 후원을 받을 자격이 있고, 또 그 공동체의 충고와 교정을 받아야 한다. 반면에 그는 자기 자신의 능력을 따라 교회를 지도하는 일에 도움을 준다.

9.39 교회는 성령의 특수한 은사들을 인정하고 한 공동체로서의 생활을 처리하기 위해서 특정 회원들을 부르고 훈련시키고 권위를 주어 지도자와 감독을 삼는다. 이런 임무에 자격이 있는 사람들은 교회정치에 준하여 위임식 혹은 기타 적절한 행동에 의하여 구별함을 받으며, 또 이리하여 그들의 특수 봉사를 위한 책임을 지게 된다.

9.40 이와 같이 교회는 그 생활을 헌장과 기구와 직원들과 재정과 행정규칙들을 가진 하나의 기구로서 영위한다. 이것들은 선교를 위한 방편들이고 그 자체에 목적이 있는 것은 아니다. 다른 직제들도 복음을 섬겨왔으며, 그 어느 것도 배타적인 유효성을 주장할 수는 없다. 장로회 정치는 교역에 대한 각 회원의 책임을 인정하며 교회 안에 있는 모든 회중들의 유기적 관계를 주장한다. 장로회 정치는 교회나 세속 사회의 세력과 야심으로 말미암은 착취로부터 교회를 보호하려고 노력한다. 모든 교회 직제는 화목의 사명을 위한 보다 효과적인 도구가 되기 위하여 요구되는 개혁을 달게 수행할 수 있어야 한다.

3. 계시와 종교

9.41 교회는 그 선교에 있어서 사람들의 여러 종교와 마주치며, 이 만남에서 교회도 종교로서의 자신의 인간적 성격을 의식하게 된다. 이스라엘에 대한 하나님의 계시는 셈 종족의 문화 속에서 표현된 것으로 히브리 백성의 종교를 일으켰다. 예수 그리스도 안에 나타난 하나님의 계시는 유대인들과 헬라인들의 응답을 환기시켰고, 유대 사상과 헬라 사상 안에서 그리스도 종교로 나타나게 되었다. 그리스도 종교는 하나님의 자기 계시와는 별개의 것으로 그 온 역사를 통하여 주위에 있던 문화 형태들에 의하여 형성되어 내려 왔다.

9.42 그리스도인은 다른 종교들과 자기 자신의 종교 사이의 유사점들을 발견하며, 개방된 마음과 존경심을 가지고 모든 종교에 접근해야 한다. 하나님은 거듭거듭 비기독교인들의 통찰력을 이용하여 교회 쇄신을 촉구하셨다. 그러나 복음의 화목의 말씀은 그리스도 종교를 포함한 모든 형태의 종교에 대한 하나님의 심판이다. 그리스도 안에서 주시는 하나님의 은사는 만민을 위한 것이다. 그러므로 교회는 사람들이 어떤 종교를 가졌든지 또는 그들이 아무 종교도 표명하지 않는다 하더라도 그 모든 사람에게 복음을 전할 사명을 맡고 있다.

4. 사회에서의 화목

9.43 어느 때 어느 곳에나 특정한 문제들과 위기들이 있으며 그것들을 통하여 하나님은 교회의 행동을 환기시킨다. 교회는 성령의 인도를 받고, 공범자로서의 겸손을 가지며, 얻을 수 있는 모든 지식으로 가르침을 받아서 하나님의 뜻을 분별하도록 노력하고, 이러한 구체적 정황들 속에서 어떻게 복종해야 하는가를 배우려고 힘쓴다. 다음과 같은 것들이 현재에 있어서 특히 긴급한 일들이다.

9.44 a. 하나님께서는 땅에 있는 여러 백성들을 창조하시고 하나의 보편적 가족이 되게 하셨다. 그의 화목의 사랑으로써 형제들 간의 장벽들을 극복하며, 사실 또는 상상의 민족적 또는 인종적 차이에 기초한 모든 형태의 차별을 깨뜨려 버리신다. 교회는 만민을 이끌어 생의 모든 관계에 있어서 서로 인격적으로 받아들이고 붙들어 주도록 하려고 부름을 받았다: 즉 고용, 주거, 교육, 여가, 결혼, 가정, 교회, 정치적 권리행사 등에서 그리해야 한다. 그러므로 교회는 모든 민족 차별의 폐지를 위하여 노력하며 그것으로 인해서 상해를 받는 자들을 위하여 봉사한다. 동료 인간을 미묘하게라도 배척하거나, 지배하거나, 그들의 후견인이 되어 있는 회중이나 개인이나, 또는 그리스도인들의 집단은 하나님의 영을 거역하며 그들이 표명하는 신앙에 대하여 모욕을 가져다 준다.

9.45 b. 예수 그리스도 안에서의 하나님의 화목은 나라들 사이의 화평과 정의와 자유의 기반이 되며 정부의 모든 권력들은 이 평화와 정의와 자유를 위해 봉사하며 수호하기 위하여 부름을 받았다. 교회는 그 자체의 생활에 있어서 원수에 대한 용서를 실천하며, 국가들에 대해서는 협력과 평화의 추구를 실제 정책으로 추천하기 위해서 부름을 받았다. 이것은 분쟁의 영역들을 감소시키고 국제적 이해를 넓히기 위해서 모든 충돌선을 넘어, 아니 국가 안전의 위험을 무릅쓰고까지라도, 참신하고 책임적인 관계들을 추구하도록 요구한다. 국가들이 그들의 인력과 자원을 건설적 용도에서 돌려 인류 멸절의 위험을 무릅쓰면서 핵 무기, 화학 무기, 생물학적 무기들을 발전시키고 있을 때 국가들 간의 화목이야말로 특히 긴요하다. 국가들이 역사에 있어서 하나님의 목적을 달성할런지는 모르지만 어느 한 국가의 주권이나 어느 하나의 생활방도를 하나님의 목표와 동일시하는 교회는 그리스도의 주권을 부인하고 자신의 소명을 배신하는 것이다.

9.46 c. 예수 그리스도를 통한 인간의 화목은 부요한 세계 안에 있는 노예적 궁핍이야말로 하나님의 선한 창조에 대한 용납할 수 없는 침해라는 사실을 명백히 보여준다. 예수께서 자신을 궁핍한 사람이나 착취당한 사람들과 동일시하셨기 때문에 세계의

가난한 사람들의 목표가 곧 그의 제자들의 목표이다. 궁핍이 부정한 사회 구조나, 방비책을 못 가진 자들에 대한 착취나, 국가 자원의 결핍이나, 기술적 지식의 결여나, 인구의 신속한 증가나, 그 어느 것의 산물이든지를 막론하고 교회는 이것을 간과할 수 없다. 교회는 각 사람이 자기 가족의 부양과 공통복지의 증진을 위하여 자기 역량과 소유와 기술의 결실들을 하나님이 자기에게 위탁하신 선물로 알고 사용할 것을 촉구한다. 교회는 보다 나은 상태에 대한 인간의 희망을 일으켜 주고 그들에게 남부럽잖은 생활을 할 수 있는 기회를 공급하는 인간 사회의 여러 세력들을 격려한다. 빈곤에 대하여 무관심하거나, 경제적 사건들에 있어서 책임을 회피하거나, 어느 한 사회 계급에게만 열려있거나, 자기가 베푼 자선에 대하여 사의를 기대하는 교회는 화목을 하나의 조소거리로 만들며, 하나님께 용납될 만한 예배를 드리지 못한다.

9.47 d. 남자와 여자 사이의 관계는 하나님께서 인류를 창조하실 때 목적하신 대인생활의 질서를 기본적으로 예증해 준다. 성관계의 무질서는 사람이 하나님과 자기 이웃과, 그리고 자기 자신에게서 소외된 징후이다. 피임의 새 방법과 전염병 치료가 효능을 발하게 되고, 도시화 경향의 압력이 강해지고, 매스 커뮤니케이션에서 성적 상징들이 오용되고, 세계의 인구가 과잉 상태에 이르게 됨으로 인해 성의 의미에 대한 인간의 끊임없는 혼동은 우리 시대에 이르러 더욱 악화되었다. 하나님 가족으로서의 교회는 이런 소외 상태에서 사람을 이끌어 내어, 그리스도 안에서의 새 삶을 누리는 책임적 자유에로 인도하기 위하여 부름을 받았다. 하나님과 화목하게 되면 각 사람은 자기 자신의 인간성과 다른 사람의 인간성에서 기쁨을 가지며, 또 그것을 존경하게 된다; 한 남자와 여자가 결혼하여 서로 나누는 삶에 헌신하고, 민감하게 그리고 평생토록 관심을 가지고 서로 응답하며 살 수 있게 된다; 그리고 부모된 자들은 사랑으로 자녀를 보살피고 그들의 개성을 양육하는 은혜를 받는다. 교회가 남자들과 여자들을 인도하여 그들이 같이 사는 생활의 충분한 의의를 깨닫게 해주지 못하거나, 우리 시대의 도덕적 혼돈에 사로잡혀 있는 사람들에게 동정심을 베풀지 못할 때에 교회는 하나님의 심판을 받게 되며 사람에게 거절을 당하게 된다.

섹션 B. 교회의 장비

9.48 예수 그리스도는 교회에게 설교와 가르침, 찬양과 기도, 세례와 주의 만찬을 주시어 사람들 가운데서 하나님께 대한 섬김을 성취하는 방편으로 삼게 하셨다. 이 은사들은 언제나 남아 있지만 교회는 다른 세대와 문화에 처할 때 거기에 적합한 양식으로 그 섬김의 형태를 바꿀 수 밖에 없다.

1. 설교와 가르침

9.49 하나님께서는 설교와 가르침을 통해서 자신의 교회를 가르치시고 선교를 위하여 준비시키신다. 설교와 가르침이 성경에 충실하고 성령을 의뢰하는 가운데서 시행될 때, 그것들로 말미암아 사람들은 하나님의 말씀을 들으며 그리스도를 받아들이고 그를 따르게 된다. 메시지는 각각 고유한 정황에 처한 사람들을 상대로 하고 전해진다. 그러므로 효과적인 설교와 가르침과 개인적 증언은 성경과 현대 세계인들에 대한 훈련된 연구를 필요로 한다. 공적 예배의 모든 행동은 특정 시간과 장소에서 사람들이 복음을 듣고 적합한 복종으로 응답하는 데 도움을 주는 것이어야 한다.

2. 찬양과 기도

9.50 교회는 찬양과 기도로써 화목의 메시지에 응답한다. 이 응답으로 교회는 그 사명에 대하여 새롭게 헌신을 다짐하며, 믿음과 복종이 깊어짐을 체험하고, 복음에 대한 공개적 증언을 한다. 하나님께 대한 송축은 창조자에 대한 피조물의 사례이다. 죄의 고백은 만민이 하나님 앞에 유죄하다는 것과 하나님의 용서를 필요로 한다는 것을 시인하는 일이다. 감사는 곧 만민을 향한 하나님의 선하심을 즐거워하고, 또 남의 궁핍을 위하여 주는 일을 기뻐하는 일이다. 간구와 중보의 기도는 하나님의 선하심이 계속될 것과 사람들의 병을 고쳐 주실 것과 각종 형태의 압박으로부터 그들을 건져 주실 것을 위해서 하나님을 향하여 아뢰는 기도이다. 예술 특히 음악과 건축은 그들이 사람으로 하여금 그것들 자체를 넘어서 하나님을 보게 하고, 또 하나님의 사랑의 대상인 세상을 보게 할 때에 그리스도인 회중의 찬양과 기도에 이바지한다.

3. 세례

9.51 그리스도는 요한의 세례에 겸손히 복종함으로써 궁핍한 인간의 대열에 스스로 끼셨고, 성령의 힘으로 그의 화목의 사역에 들어가셨다. 그리스도인의 세례는 그리스도의 모든 백성이 동일한 성령을 받는다는 것을 표시한다. 물 세례는 죄로부터의 정결뿐만 아니라 그리스도와 같이 죽는 죽음과 그와 더불어 기쁘게 다시 살아나 새 생활을 하는 것을 표시한다. 그것은 모든 그리스도인들로 하여금 날마다 죄에 대해서 죽고 의를 위해서 살도록 당부한다. 하나님께서 계약을 가지시고 그의 백성을 자기에게 매어 놓으셨는데, 이제 교회는 세례에서 그 계약의 갱신을 축하한다. 세례를 통하여 개인들은 공적으로 교회에 영접되어 교회생활과 사역에 참여하며, 교회는 그들이 그리스도인의 제자직을 감당하도록 훈련시키고 또 지지해 줄 책임을 가지게 된다. 세례받은 사람들이 유아일 때에는 그들의 부모와 더불어 회중은 그리스도인의 생활 가운데서 그들을

양육하며, 그들의 세례에서 나타난 하나님의 사랑에 대하여 공개적 고백을 통하여 개인적 응답을 할 수 있도록 인도할 특수한 임무를 가진다.

4. 주님의 만찬

9.52 주님의 만찬은 사람과 하나님의 화목과 사람들끼리의 화목을 축하하는 것이며, 그들은 구주의 식탁에서 즐겁게 같이 먹고 마신다. 예수 그리스도는 죄인들을 위한 그의 죽음을 기념하는 이 기념식을 자기 교회에게 주셨고, 거기에 참여함으로 사람들은 그와 더불어 또는 그에게 모여 올 모든 사람들과 더불어 교제를 가진다. 그리스도께서 지정하신 대로 빵을 먹고 포도주를 마시며 주 안에 참여함으로 그들은 부활하시고 살아 계시는 주께로부터 그의 죽음과 부활로 말미암은 혜택들을 받는다. 그들은 약속된 그의 재림 때에 완성하시려는 왕국을 미리 맛보며 즐거워하고, 주께서 그들을 불러서 맡기신 봉사를 위하여 용기와 희망을 가지고 주의 식탁을 떠나간다.

제 III 부
화목의 성취

9.53 예수 그리스도 안에서의 하나님의 구속사업은 인간 생활 전체, 곧 사회와 문화, 경제와 정치, 과학과 기술, 개인과 단체 전부를 포괄한다. 그것은 또한 죄로 말미암아 착취를 당하고 약탈을 당한 인간의 자연환경을 포함한다. 인간 생활에 대한 하나님의 목적이 그리스도의 통치하에서 성취되고, 모든 악이 그의 피조물에게서부터 사라져 버리는 것이 하나님의 뜻이다.

9.54 하늘의 도시, 아버지의 집, 새 하늘과 새 땅, 혼인 잔치, 그리고 끝없는 날 등 그리스도의 통치에 대한 성경적 환상들과 형상들은 왕국의 형상에서 절정을 이룬다. 왕국은 곧 하나님의 뜻에 항거하고 그의 창조물을 망가뜨리는 모든 것에 대한 하나님의 개선을 표시한다. 하나님의 통치는 이미 세상에 누룩처럼 존재하며 사람들 속에 희망을 불러일으키고 세상으로 하여금 자신의 궁극적 심판과 구속을 받도록 준비시킨다.

9.55 이 희망이 주는 긴박감을 가지고 교회는 현재의 여러 과업에 열중하며 보다 나은 세계를 위하여 노력한다. 교회는 제한된 발전을 지상의 하나님의 왕국과 동일시하지 않으며 낙심과 패배를 당하여도 절망하지 않는다. 교회는 꾸준한 희망을 가지고 모든 부분적 성취를 넘어서 있는 하나님의 궁극적 승리를 바라본다.

9.56 "이제 우리들 속에서 역사하시는 힘에 의하여 우리가 구하거나 생각하는 모든 것보다도 훨씬 더 풍성하게 행하실 수 있는 그에게 교회와 그리스도 예수 안에서 영세 무궁토록 영광이 있을지어다. 아멘."

벨하 신앙고백

해설

벨하 신앙고백은 20세기 남아프리카 인종차별정책(Apartheid)이라는 시련의 상황 속에서 나왔다. 아파르트헤이트는 아프리칸스 어(Afrikaans; 네덜란드어에서 발달한 언어로 남아프리카 공화국에서 사용됨-역자 주)로 "분리된 상태"를 뜻하는데, 1948년에 처음 도입된 남아프리카 공화국의 국가정책을 의미한다. 이 정책은 국민당(National Party) 공약의 일부였다. 국민당은 도시로 들어와 백인들로부터 일자리를 빼앗고 범죄율을 높이는 흑인에 대한 백인들의 두려움을 선거운동에 이용하여 정권을 잡았다. 국민당은 사회의 일부분에만 자원을 집중적으로 사용하고 국민 생활의 모든 영역에서 엄격한 인종 분리를 실행함으로써 국력을 강화시키고자 했다.

*아파르트헤이트*는 먼저 별도의 인종 구분 목록을 언급했으며, 인종 구분 문서를 모든 시민들이 소지해야 한다는 강제 조항을 언급했다. 이후 10년간, 강제 분리를 강화하기 위한 법령이 통과되었다. 흑인은 시민권이 박탈되었고 토지 소유권 또한 박탈당했다. 흑인과 유색인종 (흑인과 백인의 혼혈) 학생들에게는 대부분의 학교에 입학하는 것이 금지되었다. 다른 인종 간의 결혼도 불법화되었다. 백인이 아니면 한 지역에서 다른 지역으로 여행을 가는 것도 어렵도록 하는 법적인 장벽이 세워졌다. 국가의 법은 잔혹한 폭력과 국가의 지원을 받는 테러를 통해 시행되었다. 이러한 정책들은 인종에 상관없이

모든 남아프리카 공화국민을 비인간화했다. 유색인종들은 희생당하고, 억압당하고, 감금되고, 고문당하고, 살해되거나 실종되었다. 백인들은 남아프리카 수비대에서 의무적으로 복무해야 했다. 이것은 모든 백인들이 백인이 아닌 대다수의 주민들을 통제하는 임무를 맡게 함으로써 백인들은 국가의 구조적 죄악에 연루되지 않을 수 없게 만들었다.

신자들의 경우, 국가의 만행보다 더 힘든 문제는 교회 내에서의 인종의 분리를 지지하는 것이었다. 1948년도에 국민당의 당수는 네덜란드 개혁교회(DRC)의 목사였다. 그러나 오래 전부터 인종차별은 DRC 내에 자리를 잡고 있었다. 유럽 사람들이 정착하기 시작하던 초기부터 인종차별 이데올로기는 식민지 정책의 이상과 엮여 있었다. 1652년에 얀 반 리베크는 아프리카 남단에 최초의 백인 공동체와 최초의 DRC 회중을 정착시켰다. 두 공동체는 모두 토착민들 사이에서의 백인 기독교인의 역할에 대한 우월주의를 바탕으로 삼아 세워졌다. 시간이 지남에 따라, 이러한 백인 우월주의를 지지하고 인종 분리가 하나님의 뜻이라는 의식을 조장하기 위한 신학적/이념적 논리가 만들어졌다. 이러한 논리적 근거에 기초한 신학 교육은 구조적인 죄악이 만연하게 했다. 이 잘못된 전제에 기초한 설교, 성경공부 및 사역은 여러 세대에 걸쳐 신자들의 교육에 활용되었고, 교회 생활 및 사역과 예수님의 부르심 사이의 간극을 넓혔다.

19세기 초부터, 인종 간의 갈등은 성찬식을 인종별로 나누어서 할 수 있게 해달라고 DRC 시노드에 청원하는 사태로까지 이어졌다. 이는 서로 다른 인종으로 분류된 사람들이 함께 주의 만찬 식탁에 참여할 권리를 거부하는 것이다. 일부 백인 회중과 교회 지도자들의 지속적인 압력으로 인해, 1857년에 인종별 성만찬이 허용되었다. 시노드는 만찬 식탁에서의 분열이 하나님의 뜻이 아니라는 점을 지적하면서도 "연약한 일부 사람들"(the weakness of some)*을 수용하는 쪽으로 움직였다.이러한 역설적인 타협책은 연약한 자들로 간주된 지배층 사람들에게

* http://www.vgksa.org.za/documents/BelharHistory.doc. http://www.vgksa.org.za/documents/BelharHistory.doc. 아프리칸스어에서 번역된 1857년도 DRC 시노드 회의록은 이렇게 기록하고 있다: "본 시노드는 여건이 되는 교회들이 우리의 이교도 회원들을 자기 교회들로 받아들이는 것이 바람직하고 성경에 합당하다고 간주한다. 그러나 연약한 일부 사람들이 있기 때문에 이러한 조치가 이교도인들 사이에서 그리스도의 사역을 진작시키는 것에 방해가 된다면, 이교도 사이에 세워졌거나 세워질 교회들은 분리된 건물이나 기관에서 그들에게 주어진 그리스도인의 특권을 누려야 한다." 여기에서의 "이교도"는 백인이 아닌 자들을 지칭한다.

더욱 큰 힘을 실어주었다. 1857년의 DRC 총회는 교회의 연합을 위해 힘썼지만, 성만찬과 예배와 사역에서의 강제적 분리를 초래케 했으며, 새로운 선교 전략을 낳게 한 씨앗들을 뿌렸다. 여기에서 나온 새로운 선교 전략으로 인해 인종별로 분리된 세 개의 교단이 만들어졌다. 이를 통해 DRC는 교회의 "보이지 않는 영적" 연합에 대한 이데올로기적 이해를 설교하면서 백인성(whiteness)의 개념을 강화하고 고양시킬 수 있었다.

"개별적 발전(separate development)이라 불리는 DRC의 새로운 선교 전략 하에서 설립된 최초의 교단은 1881년에 "유색"인종을 섬기기 위해 설립된 네덜란드 개혁선교교회(Dutch Reformed Mission Church; DRMC)이다. DRC는 새로운 교단이 내린 모든 결정을 거부할 수 있는 권리와 모든 재산에 대한 소유권을 가지고 있었다. DRC와 DRMC 사이의 관계에 존재하는 식민지적 특성은 DRMC의 설립 시부터 교회생활과 사역에 영향을 미쳤고, 점점 두 교단 사이의 관계에 해악을 끼쳤다

아파르트헤이트에 대한 국제사회와 세계교회의 반응

유엔(UN)은 아파르트헤이트 정책에 대한 우려를 표명하면서도, 남아프리카 공화국에 대해 어떠한 공동 조치도 취하지 않았다. 1960년 3월 샤프빌 대학살(Sharpeville Massacre) 사건이 발생해서야 조치를 취했다. 경찰은 통행법에 대항하는 시위 중에 군중을 향해 총격을 가했고, 그로 인해 69명이 사망했다. 국제 언론 보도에는 땅 위에 흩어져 있는 시체들의 사진이 그대로 실렸다. 이것으로 인해 유엔은 불안하면서도 아무 일도 하지 않는 그들의 관행을 지속할 수 없었다. 1960년에 유엔은 인종차별을 종식시키라고 요구했고, 1962년에는 아파르트헤이트 정책을 비난했다. 자발적인(후에는 의무화됨) 무기 수입 금지 및 무역 제한 조치가 뒤따랐다. 남아프리카 공화국 스포츠 팀은 국제 대회에 참가하는 것이 점점 금지되었다.

아파르트헤이트에 대한 전 세계 교회의 반응은 국제사회의 반응만큼 느렸으며, 때로는 더 느렸다. 세계 교회협의회(WCC)는 유엔과 마찬가지로 샤프빌 사건에 대응할 수밖에 없었다. 1960년 12월에, 요하네스버그 근교의

코테슬로에서 자문회의가 소집되었다. WCC 대표들은 8개의 남아프리카 공화국 교단 회원들을 만났다. 그 결과로 나온 코테슬로 자문회의 선언문은 인종 분리를 복음에 반대되는 것으로 명명했다. 두 개의 남아프리카 교단이 이에 반발하여 WCC 회원자격을 포기했다. 이것이 첫 번째 탈퇴였다. 이 후에 사회와 교회 내의 인종 분리를 끊임없이 지지하는 여러 백인 교단들이 국제 교회 조직에서 탈퇴되거나 자격이 박탈되었다.

아파르트헤이트에 대해 무엇을 할 수 있는 지에 대한 회담이 국제 사회와 세계 교회들 사이에서 계속되는 동안, 남아프리카 공화국 전역의 도시와 마을에서는 사회적 격변이 지속되었다. 탄압과 박해가 증가했고, 때로는 대규모 유혈사태가 발생하기도 했다. 1967년에, 소웨토(요하네스버그 외곽의 남서쪽에 위치한 마을, 또는 흑인들의 고향)의 학생들은 정부가 강제로 아프리칸스어로 수업하게 하는 것에 항의하기 위해 모였다. 1만 명에서 1만 5천명의 학생들이 시위에 참여했고, 경찰은 그들을 향해 발포했다. 700여명이 사망하고 1000명이 넘는 부상자가 발생했다. 이 사건은 국제적 회담을 촉진시켰고, 남아프리카 안팎의 사람들을 행동에 나서게 했다.

1977년, 루터교 세계연맹(LWF)은 아파르트헤이트를 이단으로 규정하고 거부하기로 결정했다. 세계 개혁교회 연맹(WARC)은 1982년에 남아프리카 공화국 백인 교회들의 회원자격을 정지시켰으며, 아파르트헤이트의 폐지를 회원 자격의 조건으로 정했다. LWF와 WARC 모두 아파르트헤이트를 *신앙고백이 필요한 상태*(*status confessionis*), 즉 복음 선포의 진실성이 위태로워지는 순간이라고 선언했다.

같은 해, 백인 DRC가 만든 "유색인" 교단 DRMC의 지도자들이 남아프리카 공화국의 게이프타운 인근 마을인 벨하에서 연례 시노드를 위해 모였다. LWF와 WARC의 결정에 따라, 시노드는 아파르트헤이트를 신앙고백이 필요한 상태로 선언했고, 이 선언을 담을 신학적 성명서를 작성하기 위한 태스크포스를 구성했다. 분리와 분열이 강제되고 있는 상황에서, 성명서의 초안은 교회를 모으시고 보살피시는 분을 하나님으로 명시했고, 교회가 해야 할 일을 연합이라고 명시했다. 1986년에 벨하 신앙고백으로 채택될 첫 번째 초안은 교회로 하여금 연합과 화해와 정의를 위해 힘쓰도록 촉구했다.

신앙고백의 구조

벨하 신앙고백은 대부분의 개혁주의 신앙고백보다 짧다. 이는 다섯 부분으로 구성되어 있다: 삼위일체와 교회와의 관계를 확인해 주는 삼위일체적 도입 부분(10.1); 벨하 신앙고백의 세 가지 주제(연합, 화해, 정의)를 설명하는 세 부분(10.3, 10.5, 10.7); 그리고 예수님을 주님으로 고백하는 부분과 삼위일체 축복의 결론 부분(10.9).

벨하의 초안 작성자들에게 영감을 준 바르멘 신학선언과 마찬가지로, 이 주제들에 대한 확증과 거짓 믿음 및 이데올로기들에 대한 거부는 모두 세 개의 주요 항목들 각각에 포함되어 있다. 이러한 확증과 거부의 사용은 신앙고백에서 제기된 논쟁을 강화시켰고, 교회가 아파르트헤이트와 공조한 것에 대해 날카로운 비판을 가하게 해주었다

첨부문

벨하 신앙고백은 선교지의 교단(본국의 모교단에 의해 선교지에 세워진 교단-역자 주)에서 만들어졌고, 또 그 교단을 설립한 모교단을 비판한다는 점에서 다른 개혁주의 신앙고백과는 다른 독특함이 있다. 이 고백은 참 하기 어려운 일이다. 이것은 감사함과 불편함, 이 두 마음에서 일어나는 특별한 담대함이 요구된다. 이러한 감사와 불편한 마음은 고백을 하지 않으면 복음의 진리를 부인하는 것이 될 것이라는 확신으로 발전했다.

벨하 신앙고백에 첨부된 첫 번째 편지는 이와 같은 담대함과 감사함과 불편함, 그리고 확신에서 비롯되었다. 이는 네덜란드 개혁교회 가족을 향해 "마음 깊은 곳에서 솟아난 외침"이다. "이 신앙 고백은 특정한 사람들이나 단체들 혹은 특정한 교회나 교회들을 겨냥한 것이 아니라," "거짓 교리에 대항하여" 선포하는 것이

분명하다. 이 편지는 이 신앙고백에 동의하지 않는 사람들의 "기독교 신앙을 의심하지 않는다." 중요한 시기에 고백해야 하는 고통과 필요를 함께 나누는 과정에는 진통이 따른다. 그것은 신앙고백으로 통하는 길의 험난함과 그 길을 가야만 한다는 필요성을 인정하는 것이다.

2013년에 미국장로교총회 벨하 신앙고백 특별 위원회는 신앙고백과 첫 번째 첨부문을 입안한 자들의 작업에 의해 영감을 받았다. 특별위원회는 그들의 작업에 새로운 첨부문을 추가하기로 결정했다. 새로운 첨부문은 미국 교회와 사회의 특정 문제를 다루고 있는데, 그것들은 벨하 신앙고백과 맥을 같이하며 서로 관련성이 있는 것들이다. 예를 들어, 현대 많은 장로교인들의 유럽계 조상들에 의한 "신대륙" "발견"과 그에 따른 식민지화, 학살 및 원주민 격리 및 통제 시도; 북 아메리카 노예 무역에 참여함과 아프리카 노예들을 하위 인간으로 이해하도록 구조화함; 인종 분리와 아프리카 사람들의 노예화를 의로운 것이라고 설명하는 장로교 학교들에서 가르쳐지고, 장로교 지도자들에 의해 작성된 신학/이데올로기; 인종 관계를 둘러싼 북아메리카 장로교 가족의 분열. 이러한 이슈들과 더불어, 인종 관계의 고통스런 역사와 인종 평등 투쟁과 관련된 더 많은 이슈들이 특별 위원회가 작성한 첨부문에서 다루어진다.

이 책에는 두 가지 첨부문이 모두 포함되어 있다. 둘 다 신앙 고백문은 아니다.

신앙고백의 주제들: 교회론, 연합, 화해, 정의

벨하 신앙고백을 만들면서 저자들은 아파르트헤이트를 구성하는 잔인한 강제적 분리, 불화 및 불의에 대하여 명확하게 밝히려고 했다. 서문은 "말씀과 성령을 통하여 모으시고 보호하시고 보살피시는"* 삼위일체 하나님의 역사를 언급한 하이델베르크 요리문답의 교회론적 이해를 바탕으로 한다. 초안의 저자들은 당시 위험에 처한 세 가지 신학적 주제를 파악했다. 구체적인 주제들을 찾아낸 후, 그들은 교회로 하여금 복음을 증거하는 일에 더욱 열심을 내고,

* 하이델베르크 요리문답 54번 질문: "'거룩한 공교회'에 관해 당신을 무엇을 믿는가? 답: *나는 하나님의 아들께서 그의 성령과 말씀을 통하여* 태초부터 종말에 이르기까지 온 인류 가운데 영생을 얻도록 선택되어 *참 믿음 안에서 하나가 된 교회를 자신을 위하여 모으시고 보호하시며 보전하시는 것*을 믿습니다." 미국장로교 신앙고백서, 4.054, 이탤릭체는 강조 사항임.

복음이 위기에 처한 그들의 삶의 정황 속에 존재하는 구체적인 죄악들을 직면하도록 촉구했다.

벨하 신앙고백의 두 번째 항목(10.3)은 계속해서 증대되는 억압 정책을 통해 조장된 분열 위에 세워진 사회 속에서 하나님께서 교회로 하여금 나아가도록 부르시는 연합에 대해 언급한다. 개별적 발전 정책에 기초한 죄악된 구조에 대응하여, 신앙고백은 불일치의 죄를 고백하고 회개할 것을 신자들에게 촉구한다. 벨하 신앙고백은 오직 자유한 사람들만이 연합을 이룰 수 있다고 말한다. 벨하 신앙고백은 연합을 따돌림이 실재하는 곳에서는 생존할 수 없는 활동적 요소로 본다. 벨하 신앙고백에서는 연합을 신자들과 교회가 추구하도록 부름받은 선물로 이해한다.

벨하 신앙고백의 세 번째 항목(10.5)은 화해를 이루는 주체로서의 교회의 속성에 대한 성경 말씀을 인용함으로써 시작한다. 교회 내의 사람들은 서로 화해해야 하고, 교회는 세상에서 화해의 사역을 하도록 부름 받았다. 벨하 신앙고백은 신자들의 싸움은 혈과 육으로 하는 것이 아니라, 예수의 제자들을 사로잡아 교회를 타락시키려는 우주의 권세와 영적 세력을 상대하는 것임을 상기시켜준다. 이런 일이 발생하면 교회의 증거는 희미해지고, 교회의 간증은 비진리로 인해 약해진다. 그러나 그리스도와 하나님의 영을 통해 죄와 죽음의 권능은 이미 정복되었다. 이로 인해 세상과 교회 안에서의 삶을 위한 새로운 가능성들이 열렸다

정의는 네 번째 항목(10.7)의 주제다. 이 부분은 하나님을 "정의를 구현하시고자 하는 분," "갇힌 자를 자유하게 하시고, 눈먼 자의 눈을 열어주시며," "짓밟힌 자들을 지탱해주시고, 나그네를 보호하시며, 고아와 과부들을 도우시고, 불의한 자의 길을 막으시는" 분으로 특징짓는다. 하나님께서는 교회로 하여금 이러한 사역들에 동참하라고 촉구하고 계신다. 이 신앙고백에서 가장 많이 인용된 구절 중의 하나에 의하면, 하나님은 "특별한 방식으로 궁핍하고 가난하고 학대받는 자들의 하나님"으로 인식된다. 하나님의 사람들은 이 일에 있어서 하나님의 편에 서 있어야 한다. 즉, 억압받고 불의를 당하는 사람들과 함께 해야 한다. 교회는 권력과 특권을 악용하여 사람들을 통제하고 해하는 자들을 대항하여 증거하도록 부름 받았다.

벨하 신앙고백에 대한 국제사회의 수용

세계 개혁교회 연맹(WARC)은 벨하 신앙고백을 지지함으로써 신앙고백이 국제적으로 받아들여지고 서로 연계될 수 있는 기반이 되었다. WARC를 통하여, DRMC는 신앙고백을 모든 회원 교단들에게 선물로 제공했다. 많은 교단들이 이 선물을 받아들이기로 투표했다. 나미비아의 아프리카 복음주의 개혁교회, 벨기에의 연합개신교회, 아메리카 개혁교회(RCA), 미국장로교(PCUSA)가 이를 받아들였다.

벨하 신앙고백은 남아프리카 연합 개혁교회(URCSA)의 설립 신앙고백의 표준이 되었다. 남아프리카 연합 개혁교회는 1994년에 아파르트헤이트가 종식되었을 때 DRMC와 아프리카 네덜란드 개혁교회가 통합되면서 만들어진 교단이다. URCSA와 남아프리카 네덜란드 개혁교회 사이의 통합에 대한 논의를 할 때, DRC의 후속교단인 URCSA는 벨하 신앙고백의 수용을 전제 조건으로 삼았다.

미국 장로교회의 벨하 신앙고백 채택 과정

백인 탐험, 식민지화, 원주민들과의 화해와 교류라는 총체적인 역사를 볼 때, 인종에 대한 대화 그리고 인종의 장벽을 넘어 세워진 관계들 안에 존재하는 불평등에 대한 대화를 하는 것이 쉽지 않다는 것이 입증되었다. 벨하 신앙고백은 교단의 삶과 사역에서 인종에 대한 이해와 인종이 미치는 영향에 대한 깊고 변혁적인 토론에 참여할 수 있는 기회를 교단들에게 제공한다. 이러한 토론은 하나님께서 교회에게 명하신 연합과 화해와 정의의 실천을 향해 나아가는 기회가 된다. 이러한 논의에 참여하는 것은 신실한 선택이지만, 매우 어려운 일이고, 때로는 상당한 씨름 후에만 이루어진다. 아파르트헤이트 시대의 남아프리카공화국의 DRC는 인종 분열, 인종차별, 편견 및 인종 특권의 문제를 다루거나 인정하는 것이 불가능하다는 것을 깨달았다. 이러한 어려움들은 종종 백인이 아닌 사람들에게는 생사가 걸린 상황이 되었고, 결국 네덜란드 개혁교회 교단을 분열시키기에 이르렀다. 이런 어려움들은 또한 교회가 벨하 신앙고백을 받아들이거나 또는 받아들이지 않는 결정을 하는 데 영향을 미쳤다.

남아프리카의 고통스런 역사와 21세기 미국 사이에는 유사점이 있다. 노예제도, 아메리카 원주민 대량 학살, 아메리카 원주민 강제 이주 및 보호구역 정책, 일부 그룹의 사람들에 대한 시민권 거부, 제 2차 세계 대전 중의 일본계 미국인의 억류와 같은 역사 그리고 이 외에 더 많은 것들이 미국의 집단 정신에 계속해서 영향을 미치고 있고 인종간의 관계를 머리가 아플 정도로 복잡하게 만들고 있다. 교회나 사회의 많은 사람들은 이 복잡한 현실을 받아들이지 못하고, 특권과 인종차별주의로 인해 야기된 피해를 부인한다. 이러한 사실들이 미국장로교로 하여금 벨하 신앙고백을 논의하고 연구하고 받아들이도록 영향을 끼쳤다.

미국장로교는 배상문제 연구 총회 태스크포스의 사역을 통해 처음으로 벨하 신앙고백을 심의하게 되었다. 이 태스크포스는 총회의 상임위원회인 인종문제 자문위원회(ACREC)의 권고에 의해 구성되었다. 2001년에 ACREC는 "아프리카계 미국인, 아메리카 원주민, 알래스카 원주민, 아시아계 미국인, 멕시코인, 푸에르토리코인, 부당한 대우를 받은 사람들"에 대한 배상을 연구하는 태스크포스를 만들 것을 총회에 안건으로 상정했다. 연구를 진행하는 가운데, 이 태스크포스 구성원들은 미국장로교와 미국 내의 인종 및 인종 관계에 관한 새로운 신앙고백 초안 작성 권고를 진지하게 고려했다. 그 당시 미국장로교 회원의 90% 이상이 백인이었다. 또 교단 구성원의 수가 감소하고 있고, 인종문제, 인종적 특권, 미국과 교단 내의 지속적인 인종 억압의 성격과 범위에 대해 각 인종별로 다르고, 때로는 심한 차이를 보이고 있었다. 그래서 일부 교단본부 직원들은 인종에 관한 새 신앙고백 작성 시에 필요한 비용과 일들을 교단이 받아들일 가능성에 대해 회의했다. 일부는 그런 종류의 신앙고백은 만들어진다 해도 노회를 통과하지 못할 것이라고 의심했다. 결국 대책위원회는 새로운 신앙고백을 작성하는 것보다는 벨하 신앙고백을 연구할 것을 권고했다.

2004년 제216회 총회에 제출한 태스크포스의 보고서는 "벨하 신앙고백이 남아프리카의 인종차별이라는 맥락에서 만들어진 것임을 인식하면서 이 신앙고백을 묵상과 연구와 대응의 자료로, 그리고 인종차별 사안 처리에 대한 미국장로교의 헌신을 심화시키는 도구로, 또한 미국장로교의 하나됨을 견고하게 하는 도구로 교단에" 추천했다. 총회가 승인한 보고서는 교단 본부가 자료들을 개발하고 연구를 장려하도록 했으나, 이루어진 것이 거의 없다. 신학 및 예배 부서(The Office of Theology and Worship)는 직원 부족을 지연의 이유로 언급하면서, 2004년 총회가 자료 개발을 지시한 지 거의 4년이 지나서야 학습지침서를 발표했다.

2008년에 인종문제 자문위원회는 다시 행동을 취했다. 이 위원회는 벨하 신앙고백을 *미국장로교 신앙 고백서*에 포함시키는 것을 연구할 특별 위원회의 구성 승인건을 제218회 총회에 상정했다. 이 안건은 총회에서 만장일치로 통과되었다. 세 명의 전임 총회장들에 의해 특별위원회가 임명되었다. 이 특별위원회는 벨하 신앙고백을 채택하자고 만장일치로 가결된 동의안을 219회 총회에 다시 상정했다. 총회에서 이를 승인했고, 노회에 보내어 투표하게 했다. 미국장로교 헌법 1부에 대한 개정은 노회의 2/3의 찬성이 필요했다. 하지만 노회의 투표 수는 부족했다; 단지 108개의 노회, 즉 63퍼센트만이 채택에 찬성표를 던졌다.

벨하를 채택하지 않는 것이 명백해졌을 때, 수도노회(National Capital Presbytery)는 아직 헌법 개정안에 투표하지 않은 상태였다. 노회의 일부 사람들이 나섰다. 어쩌면 자신의 의견이 묵살된 것에 대하여 다소 분개했을 수도 있고, 어쩌면 인종에 대한 대화가 교단 차원에서 이루어질 수 있도록 기반을 만들겠다고 결단했기 때문일 것이다.

수도노회는 벨하 신앙고백을 *신앙 고백서*에 포함시키는 것을 검토하기 위한 특별위원회를 다시 만들자는 헌의안을 제220회 총회에 보냈다. 총회 개최 전에, 인종문제 자문위원회가 모여 이 헌의안에 대해 논의하고 그에 대한 의견을 작성했다. 특별위원회가 교육자료 개발에 책임과 권한을 갖고 이에 따른 예산을 확보하도록 헌의안을 개정할 것을 인종문제 자문위원회는 제안했다. 개정안은 제220회 총회의 승인을 받았다.

새 특별위원회는 웹사이트를 만들어 동영상, 블로그 게시물, 인쇄물 및 웹 기반 자료를 올렸다. 위원회 위원들은 전국을 순회하면서 노회, 대회 및 기타 모임에서 설명했다. 이전에 신앙고백 채택에 반대표를 던졌던 노회들에서 특별위원회 위원들이 발견한 것은 놀랍게도 많은 수의 사람들이 신앙고백을 읽어 본 적이 없다는 사실이었다. 이 위원회는 2014년에 열린 제221회 총회에서 벨하 신앙고백과 특별위원회가 작성한 첨부문을 채택할 것을 만장일치로 추천했다. 이 첨부문은 배상문제 연구 태스크포스가 고려했던 많은 사안들과 그 사이 10년 동안 발생한 다른 사안들까지도 다루었다. 제221회 총회는 벨하 신앙고백 채택을 압도적으로 승인했지만, 특별위원회가 첨부한 서한에 신앙고백의 자격을 부여하는 것은 승인하지 않았다. 이번에는 노회의 84퍼센트가 승인에 찬성표를 던졌다. 2016년 6월 22일, 제222회 총회에서 *신앙 고백서*를 개정하기 위해 필요한 최종 투표가 이루어졌으며, 그 결과 벨하 신앙고백이 미국장로교 헌법의 한 부분이 되었다.

학습문제

1. 벨하 신앙고백은 예수님을 따르는 것에는 교회 내에서의 연합을 추구하겠다는 결단이 포함된다고 주장한다. 내부적으로 또는 외부적으로 어떤 세력들이 연합을 저해하는가? 연합을 추구하는 것은 어떤 모습일까?

2. 세 번째 항목(10.5)은 하나님께서 교회에 화해의 사역을 맡기시고 우리를 소금과 빛이 되라고, 화평케 하는 자가 되라고, 부활을 증거하는 자들이 되라고 부르셨음을 일깨워준다. 교회가 이 역할을 제대로 감당하지 못했다는 것은 이미 알려진 사실이다. 교회가 화해를 위한 하나님의 대사가 되기 위해서는 어떤 단계들이 필요한가?

3. 이 신앙고백의 가장 도발적이고 논란이 되고 있는 문구 중에 한가지는 “하나님은 불의와 반목이 가득한 세상에서 특별히 궁핍하고 가난하고 학대 받는 자들의 하나님이시다” (10.7)라는 것이다. 당신은 이 문장을 어떻게 이해하는가? 이것은 하나님에 대한 우리의 일반적인 이해를 어떻게 확장시키는가? 이 문구에는 교회를 향한 어떤 부르심이 내포되어 있는가?

벨하 신앙 고백
1986년 9월[1]

10.1 계 21:6–7	**우리는** 말씀과 성령으로 교회를 모으시고, 보호하시고, 돌보시는 성부와 성자와 성령, 즉 삼위일체 하나님을 **믿는다.** 하나님께서는 세상의 시작부터 이 일을 해오셨고, 끝까지 이 일을 행하실 것이다.
10.2 마 28:19–20	**우리는** 온 인류 가족으로부터 부름을 받은 성도들이 교통하는 하나의 거룩한 공교회를 **믿는다.**
10.3	**우리는 다음과 같이 믿는다:**
엡 2:13–20	• 그리스도의 화목케 하시는 사역은 하나님과 화목하고 동시에 서로 서로 화목한 성도들의 공동체인 교회 안에서 명백히 나타난다;
엡 4:11–16, 시 133	• 그러므로 하나됨은 예수 그리스도의 교회에 주시는 선물이자 의무이다; 하나됨은 하나님의 영의 역사를 통해 교회를 하나로 묶어주는 힘이지만, 동시에 그것은 진지하게 추구하고 찾아야 하는 실체이기도 하다; 하나됨에 이르기 위해서는 하나님의 백성들은 지속적으로 세움을 입어야 한다;
요17:20–23	• 이 하나됨은 사람들과 집단 간의 분리와 증오와 미움은 그리스도께서 이미 정복하신 죄라는 것과, 따라서 이러한 하나됨을 해치는 어떠한 것도 교회에서 허용되어서는 안되고 반드시 배제되어야 한다는 사실을 세상이 믿을 수 있도록 명백히 보여져야 한다;
요 13:34	• 하나님의 백성들의 이러한 하나됨은 다양한 방법들로 드러나고 실천되어야 한다;
골 3:12–16	* 서로 사랑하고;
빌 2:1–5	* 서로의 공동체의 삶을 함께 경험하고, 실천하고, 추구하고;

[1] 이것은 이 신앙 고백이 1986 년에 남아프리카 공화국 네덜란드계 개혁 선교 교회 대회에 의해 채택되었을 때의 신앙 고백의 아프리칸스어 원문을 번역한 것이다. 1994 년에, 네덜란드계 개혁 선교 교회와 아프리카 네덜란드계 개혁 교회가 연합하여 남아공 연합 개혁교회 (URCSA)를 형성하였다. 이렇게 포용적 inclusive 언어로 된 본문은 미국장로교 신학 및 예배 부서에 의해 마련되었다.

고전 1:10-13
* 서로에게 유익이 되고 축복이 되도록 우리 자신을 기꺼이 그리고 기쁘게 내어 놓아야 하며;

엡 4:1-6
* 한 믿음을 나누고, 한 부르심을 가지며, 한 뜻과 한 마음이 되며;

고전 10:16-17
* 한 하나님과 아버지를 가지며, 한 성령으로 채우며, 한 세례를 받으며, 한 떡을 먹고 한 잔을 마시며, 한 이름을 고백하고, 한 주님께 순종하며, 한 목적을 위해 일하고, 한 소망을 나누며;

엡 3:18-20
* 함께 그리스도의 사랑의 높이와 넓이와 깊이를 알아가고;
* 함께 그리스도의 장성한 모습으로 자라 새로운 인류를 이루며;

갈 6:2
* 서로의 짐을 알고 그 짐을 함께 짐으로 그리스도의 법을 성취하며;

고후 1:3-4
* 서로를 필요로 하고 서로를 세워주며, 서로를 깨우치고, 서로를 위로하며;

고전 12:24b-28, 엡 3:14-20
* 의를 위해서 서로 고통을 나누고; 함께 기도하며; 이 세상에서 함께 하나님을 섬기고; 이러한 하나됨을 위협하거나 방해할 수 있는 모든 것들에 대항하여 함께 싸우며;

고전 12:4-11, 롬 12:3-8
• 이 하나됨은 억압이 아닌 자유 안에서만 성취될 수 있다; 성령의 다양한 은사와, 기회, 배경, 신념, 그리고 다양한 언어들과 문화들도 그리스도 안에서 이루어진 화목으로 말미암아 가시적 하나님의 백성들이 서로 섬기고 풍성케 하는 기회들이 된다;

갈 3:27-29
• 예수 그리스도 안에서의 참다운 신앙이 이 교회의 지체가 되는 유일한 조건이다.

10.4 **그러므로, 우리는 다음과 같은 모든 교리를 거부한다:**

• 자연적인 다양성이나 사람들 사이의 사악한 분열을 절대화 함으로 교회의 가시적이고 적극적인 하나됨을 방해하거나 파괴하며, 또는 교회분열을 조장하는 교리;
• 동일한 신앙을 고백하는 성도들이 다양성을 이유로 실제로 서로가 격리되어 화해의 가능성이 보이지 않음에도 불구하고, 평화의 결속으로 이러한 영적 하나됨이 진실로 유지되고 있다고 고백하는 교리;

- 참으로 귀중한 선물인 이 가시적 하나됨을 진지하게 추구하는 것을 거부하는 것이 죄라는 것을 부정하는 교리;
- 명백하게 또는 은연 중에라도, 출신이나 다른 어떠한 인간적 혹은 사회적인 요소가 교회의 성도 자격을 결정하는데 고려 사항이 되어야 한다고 주장하는 교리.

10.5 **우리는 다음과 같이 믿는다**:

고후 5:17-21
- 하나님께서 예수 그리스도 안에서 그리고 예수 그리스도를 통한 화해의 사역을 교회에 맡기셨다;

마 5:9, 13-16; 벧후 3:13; 계 21:1-5
- 교회는 이 땅의 소금과 이 세상의 빛으로 부름을 받았고, 교회는 화평케 하는 존재이기에 복되다 일컬어지며, 교회는 그 말씀과 행동으로 의가 거하는 새 하늘과 새 땅을 증거한다;

롬 6:12-14, 골 1:11-14
- 생명을 주시는 하나님의 말씀과 성령께서 죄와 사망의 권세를 정복하셨기 때문에 불화와 미움, 갈등[bitterness]과 반목의 권세도 정복하셨다. 생명을 주시는 하나님의 말씀과 성령께서 교회로 하여금 사회와 세상을 위해 새로운 생명의 가능성들을 열어줄 수 있는 새로운 순종의 삶을 살 수 있도록 하실 것이다;

약 2:8-9
- 기독교라 자칭하는 지역에서 인종에 기초한 강제적 분리가 소외와 미움과 반목을 신장시키고 고착시키는 곳에서는 이 메세지의 신뢰성이 크게 훼손되고 유익한 사역이 방해를 받는다;
- 복음에 호소함으로 그러한 강제적 분리를 합법화하려 하고, 순종과 화해의 길로 나아가지 않고 오히려 편견과 두려움과 이기심과 불신때문에 화목케 하는 복음의 능력을 사전에 부인하는 가르침은 어느 것이라도 이념이며 거짓 교리로 여겨져야 한다.

10.6 **그러므로, 우리는** 복음이나 하나님의 뜻이라는 미명 아래 인종과 피부색의 차이에 따른 강제 분리를 찬성하여, 그리스도 안에서의 화목의 사역과 경험을 사전에 방해하고 약화시키는 **교리는 어떤 것이라도 거부한다**.

10.7 **우리는 다음과 같이 믿는다:**

사 42:1-7
- 하나님께서는 사람들 사이에 공의와 참된 평화를 가져다주고 싶어 하시는 분으로 자신을 나타내셨다;

눅 6:20-26
- 하나님은 불의와 반목이 가득한 세상에서 특별히 궁핍하고 가난하고 학대받는 자들의 하나님이시다;

눅 4:16-19
- 하나님은 억눌린 자에게 공의를 베풀고, 굶주린 자에게 양식을 주시는 자신의 사역을 따라 행 하도록 교회를 부르신다;

눅 7:22
- 하나님은 갇힌 자를 자유하게 하시고, 눈먼 자의 눈을 열어주신다;

시 146
- 하나님께서는 짓밟힌 자들을 지원하시고, 나그네를 보호하시며, 고아와 과부들을 도우시고, 불의한 자의 길을 막으신다;

약 1:27
- 하나님에게 있어서 순수하고 더럽혀지지 않은 신앙생활은 고통 가운데 있는 고아와 과부를 찾아가는 것이다;

미 6:8
- 하나님은 교회가 선한 일을 행하고 공의를 추구하도록 가르치고 싶어 하신다;

암 5:14-15, 23-24
- 그러므로 교회는 사람들이 어떠한 곤경이나 어려움에 처해 있든지 그들을 지지해야 한다—이것은 무엇보다도 교회가 모든 형태의 불의에 대항해서 증언하고 맞서 싸움으로써 공의가 물같이 정의가 끊임없이 흐르는 시냇물처럼 흘러내리도록 해야 한다는 의미이다;

시 82:1-5
- 하나님의 것인 교회는 주님께서 서신 곳에 서야 한다—즉 불의에 대항하고 부당한 학대를 받는 자들과 함께 서야 한다;

레 19:15
- 그리스도를 따르는 교회는 이기적으로 자기 이익을 추구하며 다른 사람들을 지배하고 해를 끼치려는 모든 권력과 기득권을 가진 자들에 대항하여 증거를 해야 한다.

10.8 **그러므로 우리는** 여러 형태의 불의를 정당화하려 하고, 또한 복음의 이름으로 그러한 사상을 거부하지 않으려 하는 교리들을 정당화하려 하는 **이념은 어떤 것이라도 거부한다.**

10.9 행 5:29-32; 벧전 3:15-18 **우리는** 비록 정부와 인간의 법이 이러한 모든 것들을 금하고, 처벌과 고통의 결과가 있을지라도 교회는 교회의 유일한 머리이신 예수 그리스도께 순종하여 이러한 모든 것들을 고백하고 행하도록 부름받았다고 **믿는다**.

예수님께서는 주님이시다.

오직 한 분이신 하나님, 성부와 성자와 성령께 세세토록 존귀와 영광이 있을지어다.

벨하 신앙 고백 첨부문[2]

이 서신은 남부 아프리카 연합 개혁교회가 벨하 신앙 고백을 채택하면서 만든 성명서이다.

1. 우리는 교회 생활 속에 여러 심각한 순간들이 일어남으로 인해 특정한 상황의 견지에서 교회가 믿음을 새롭게 고백할 필요를 느낄 수 있다는 것을 깊이 인식하고 있다. 우리는 이러한 신앙 고백의 행위를 가볍게 생각하지 않는다. 하지만 복음의 핵심이 위태로울 만큼 위협을 받고 있다고 여겨지는 지금이 바로 우리의 신앙을 새롭게 고백할 적기라고 믿는다. 우리의 판단에 의하면 우리 나라 안의 현재 교회와 정치적 상황, 특별히 네덜란드계 개혁교회 가족 내의 상황으로 그러한 결단을 내린 것이다. 따라서, 우리는 이 신앙 고백을 신학적 논쟁을 위한 것이나 혹은 우리의 믿음을 새롭게 요약하기 위한 것이 아니라, 마음의 외침으로 그리고 우리가 서 있는 시대를 바라보면서 복음을 위해 하지 않으면 안 된다. 많은 사람들과 더불어, 우리는 우리의 상황 속에서 항상 분명하게 증언하지 못한 우리의 죄악을 고백한다. 우리는 죄로 경험된 것들 그리고 죄로 고백된 것들이 시간이 흐르면서 자명하게 옳은 것처럼 보여지고, 또한 성경과 관계없는 이념들로 자란 것에 공동 책임을 져야 한다. 그 결과로 많은 사람들은 복음이 정말 위기에 처해 있지 않다는 인상을 받게 되었다. 우리는 온갖 종류의 신학적 논쟁들이 진리의 어느 부분들을 지나치게 강조함으로 인해 실제로 진리가 거짓이 되었다는 것을 확신하기 때문에 이러한 신앙 고백을 만들게 되었다.

2. 우리는 이러한 신앙 고백을 위한 유일한 권위와 그러한 고백이 만들어질 수 있는 유일한 근거는 하나님의 말씀인 성경이라는 것을 알고 있다. 이러한 조치를 취하는 것과 관련된 위험을 충분히 인식하고 있음에도 불구하고, 우리는 또한 다른 대안이 없다고 확신한다. 게다가, 우리는 그 어떤 다른 동기들이나 확신들이 아무리 타당할지라도 우리에게 이러한 방법으로 고백할 수 있는 권리를 주지 않는다는 것을 알고 있다. 신앙 고백 문서는 그것의 순수성과 신뢰성 그리고 그 말씀의 순수성과 신뢰성을 위해 교회에 의해서만 만들어질 수 있다. 우리는 우리의 유일한 동기가 복음의 진리와 능력 자체가 현 상황에서 위협을 받고

---

[2] 이 서신은 비록 헌법적 성격을 가진 것은 아니지만 이 신앙 고백의 배경을 설명하기 위해 첨부되었다.

있다는 두려움에 있다는 것을 최대한 준엄한 마음으로 사람들 앞에서 천명한다. 우리는 어떤 단체의 유익을 위하거나, 어떤 당파들의 명분을 진작시키거나, 어떤 신학들을 증진시키거나, 또는 어떤 숨은 목적들을 성취하려고 한 것은 아니다. 하지만, 우리가 이렇게 말함은, 우리는 또한 우리의 가장 깊은 의도가 오직 그분—모든 것들이 그분 앞에서 드러날 것이다—에 의해 진정한 가치대로 판단될 것이라는 사실을 알고 있는 것이다. 우리는 그분의 보좌로부터 그리고 위로부터가 아니라, 그분의 보좌 앞에서 그리고 사람들 앞에서 이 신앙 고백을 한다. 따라서, 우리는 이 신앙 고백이 숨겨진 다른 목적을 지닌 어떤 사람들에 의해 오용되지 않기를 그리고 또한 그러한 목적을 성취하기 위해 이것을 거부하지 않기를 간청한다. 우리의 진정한 바램은 길 위에 거짓 걸림돌을 놓지 않으며, 오히려 참된 걸림돌, 곧 반석이신 예수 그리스도를 향하게 하는 것이다.

3. 이 신앙 고백은 특정한 사람들이나 단체들 혹은 특정한 교회나 교회들을 겨냥한 것이 아니다. 우리는 우리 교회와 우리나라에서 복음 자체를 위협하는 이념상의 곡해와 거짓 교리에 대항하여 이것을 선포한다. 우리는 아무도 자신을 이렇게 부당한 교리와 견해를 같이하지 않기를 바라며 그것으로 완전히 혹은 부분적으로 눈이 가려졌던 모든 사람들이 돌아서기를 진심으로 바란다. 우리는 그러한 거짓 교리의 기만적 특성을 깊이 인식하고 있으며, 그것에 의해 제약을 당한 많은 사람들이 정도의 차이는 있겠지만 반쪽 진리를 전체 진리로 받아들이도록 가르침 받았다는 것을 알고 있다. 이런 이유로 인해 우리는 그러한 많은 사람들의 기독교적 신앙과 그들의 성실함과 명예와 고결함과 선한 의도, 그리고 여러 면에서 존경받을 만한 관행과 행동을 의심하지 않는다. 하지만, 우리가 진지함이나 성실함이나 우리의 강렬한 확신에 의해서가 아니라, 오직 그리스도 안에 있는 진리에 의해서만 해방될 수 있음을 아는 이유는 바로 우리가 이러한 기만의 힘을 알고 있기 때문이다. 우리 교회와 우리나라에는 그러한 해방이 절실히 필요하다. 그렇기 때문에 우리는 고발이 아니라 간청하고 있다. 우리는 화해, 즉 태도와 구조의 변화가 따르는 참된 화해를 간청한다. 그리고 이렇게 하는 동안, 우리는 신앙 고백 행위가 양날 달린 칼과 같다는 것을 인식하며, 우리 중 아무도 먼저 돌을 던질 수 있는 자가 없으며, 자기 눈에 들보가 없는 자가 없다는 것을 인식한다. 우리는 복음에 역행하는 태도들과 행위가 우리 모두 안에 존재하고 있으며, 계속해서 존재할 것을 알고 있다. 따라서 이 신앙 고백은 서로 함께 마음을 살피는 지속적인 과정을 밟아 나가며, 그러한 문제들에 대항하여 함께 씨름하며, 또한 깨어진 세상에서 우리 주 예수 그리스도의 이름으로 신속히 회개하자는 외침으로 보여져야 한다. 이것은 결코 자기 의와 편협한 행위로 고안된 것이 아니다. 만약 그렇다면 우리는 다른 사람들에게 설교할 수 있는 자격을 잃을 것이다.

4. 우리는 이러한 신앙 고백이 길 위에 거짓 걸림돌을 놓음으로 거짓 분열을 일으키고 조장하는 것이 아니라, 화해와 하나됨을 위한 것이 될 수 있기를 기도한다. 우리는 신앙 고백을 하고 화해를 이루는 과정에는 반드시 많은 고통과 슬픔이 수반된다는 것을 알고 있다. 이 과정에는 참회와 양심의 가책과 고백의 고통이 따른다; 개별적 및 집단적 갱신과 변화된 삶의 방식을 위한 고통이 따른다. 이 과정은 우리로 하여금 그 끝을 미리 볼 수 없고 또한 우리 자신의 욕구대로 조정할 수 없는 길

위에 서 있게 한다. 이 길 위에서 우리는 소외와 쓰라림과 불화와 두려움을 극복하기 위해 애쓰는 동안 극심한 성장의 고통을 피할 수 없이 겪을 것이다. 우리는 우리 자신들과 다른 사람들을 새로운 방식들로 알아가고 마주쳐야 할 것이다. 우리는 이 신앙 고백이 수년 동안 발전되어 온 사고, 교회 그리고 사회 구조의 붕괴를 요구한다는 것을 너무나 잘 알고 있다. 하지만, 우리는 복음을 위해 다른 선택 사항이 없음을 고백한다. 우리는 네덜란드계 개혁 교회 가족 안팎의 우리 형제 자매들이 이 새로운 시작에 우리와 동참할 수 있게 되는 것을 위해 기도한다. 그렇게 할 때에, 우리는 함께 자유로워질 수 있고, 함께 화해와 정의의 길을 걸어 갈 수 있을 것이다. 따라서, 우리는 우리가 말하고 있는 고통과 슬픔이 구원으로 인도하는 고통과 슬픔c 되는 것을 위해 기도한다. 우리는 우리 주님의 능력과 성령 안에서 이것이 가능하다고 믿는다. 우리는 예수 그리스도의 복음이 소망과 해방과 구원과 참 평안을 우리 나라에 제공해 준다고 믿는다.

왜 벨하인가, 왜 지금인가: 벨하 신앙고백과 미국의 상황

벨하 신앙고백 특별위원회의 편지

미국장로교 특별 위원회는 2014년도 제 221회 총회가 벨하 신앙고백을 채택하도록 만장일치로 권고했으며, 이 특별위원회가 작성한 본 첨부 서한을 벨하 신앙고백에 첨부했다. 이 서한은 이전의 배상연구 태스크포스가 다뤘던 많은 사안들 뿐만 아니라, 지난 십여 년간 나타났던 다른 문제들도 다루고 있다. 제 221회 총회는 벨하 신앙고백 채택을 압도적으로 지지했으나, 본 첨부 서한에 신앙 고백적 자격을 부여하는 것은 승인하지 않았다.

미국 장로교는 장로교 역사상 매우 중대한 시기를 다시 직면하고 있다. 우리는 분리와 분열로 찢겨져 있고, 우리 역사 속에 큰 영향을 미쳐온 인종차별을 직면하고 고백해야 한다. 또한 우리는 정의를 위한 용기 있는 태도를 보이지 못했다. 우리는 교회의 연합, 화해, 정의에 대한 심도 깊은 성명서인 벨하 신앙고백이 이러한 특정 시기와 장소에서 미국 장로교를 위해 하나님께서 주신 말씀이라고 믿는다.

우리는 신앙고백을 인간의 죄에 대한 교회의 반응과 우리의 신앙에 대한 증거로 이해한다. 교회가 신앙고백을 하는 것이 필요한 이유는 죄가 사회의 부조리 속에 존재하고, 또한 우리가 인류의 고통에 의식적으로 그리고 무의식적으로 참여했기 때문이다. 신앙고백은 사람이나 집단을 비난한다든지, 어떤 식으로든 모욕하거나 징계하거나 차별하기 위한 수단이 아니다. 우리 교회는 죄를 고백하도록 부름 받았다. 왜냐하면 예수 그리스도의 삶과 성경을 통해 계시된 하나님의 말씀은 우리가 정의와 사랑과 자비의 창조주를 증거하도록 요구하고 있기 때문이다.

벨하 신앙고백은 “삼위일체 하나님, 즉 성부, 성자, 성령”에 대한 우리의 이해와 신앙고백을 새롭게 하도록 촉구한다. 이 신앙고백은 예수 그리스도를 통해 성육신하셨으며, 창조와 언약과 예언자들의 하나님의 실체로 우리를 이끌어간다. 성령님은 하나님을 알고자 나아온 모든 이들을 우리 주 예수 그리스도의 은혜와 하나님 아버지의 사랑과 성령님의 교통하심으로 채워 주신다.

벨하 신앙고백이 확증하는 것처럼, 우리가 예배하고 섬기는 하나님은 말씀과 성령님을 통해 우리를 모으시고 보호하시고 돌보고 계신다. "하나님께서는 세상의 시작부터 이 일을 해오셨고, 끝까지 이 일을 행하실 것이다."*

벨하 신앙고백은 두가지 측면에서 장로교인으로서 우리 공동의 삶에 특히 도움이 된다. 첫째, 벨하 신앙고백은 교회가 보기 드물정도로 명료하고 담대히 외쳤던 남 아프리카의 카이로스(Kairos—특별한 시간을 의미함: 역주)의 시기에 우리에게 주어졌다는 것이다. 따라서 벨하 신앙고백은 미국장로교가 그와 같이 명료하게 말하고 행동하도록 도울 수 있다. 둘째, 벨하 신앙고백은 교회의 신앙고백을 교회의 생활에 집중하게 한다. 교회가 교회 생활 속에 존재하는 죄를 무시하면서, 교회 담장 너머 세계의 잘못을 찾아 발견하고 비난하는 것은 너무나 쉬운 일이다. 벨하 신앙고백은 교회의 생활과 증언이 어떻게 순전한 복음에 미치지 못하고 있는지에 주목하게 한다.

연합(UNITY)

우리는 하나님의 복음이 전체 우주적인 교회를 삼위일체 하나님의 일치 안으로 이끌어가고 있음을 믿는다. 하나님께서 성경에 계시하신 창조주의 마음에는 한 분이시나 세 위격이신 인격적인 하나님과 우리가 즐거운 교제를 나누었으며 하는 바램이 있다. 우리의 고백을 받으시는 주님은 하나님의 섭리에 의해 우리 모두가 태어난 이 우주에 대한 목적과 계획을 가지고 계신다. 우리는 "... [하나님의] 뜻의 비밀 ... 그리스도 안에서 때가 찬 경륜을 위하여 예정하신 것이니 하늘에 있는 것이나 땅에 있는 것이 다 그리스도 안에서 통일되게 하려 하신다"는 것을 성경을 통해 알고 있다(엡 1:9-10).

이러한 목적을 위해, 완전한 인간이시며 완전한 하나님이신 하나님의 아들 예수님은 그의 성육신과 십자가의 죽음과 부활을 통해 그의 생명을 내려놓으셨을 때 우리에게 새 생명을 주셨다. 이 새 생명은 사람들 사이에 미움의 벽을 무너뜨렸고, 증오를 사랑으로 변화시켰으며, 연합을 우리가 반드시 이루어야 하는 하나님의 명령으로 삼게 하였다. 연합은 유대인과 이방인, 노예와 자유인,

* 벨하 신앙고백, 첫번째 조항.

남자와 여자, 교육을 받은 자와 교육을 받지 않은 자, 부자와 가난한 자, 그리고 인종의 사회적 범주를 뛰어넘는 인류에 대한 하나님의 뜻이다. 구세주 그리스도를 통해 복음을 듣고 하나님을 믿는 모든 사람들은 새로운 사람들이 되었다. 예수 그리스도를 믿는 사람들은 성령의 내재적 임재를 통해 하나님의 가족의 일원이 되었고, 영적으로 하나님의 거처로 함께 지어지는 것을 경험하게 되었다. "교회"로 불리는 이 영적 성전은 그리스도 안에서 새로운 피조물이 되었다는 기쁜 소식을 선포하고, 살아가고, 이를 가시화하며, 전하는 사명을 부여받았다(엡 2:11-22).

장로교인들은 미국 역사의 초기부터 이 복음을 고백해왔다. 그러나 우리는 예수 그리스도의 십자가를 통해 계시되고 가능하게 된 하나님의 일치와 사명이라는 선물을 가지고 살아가는 일에 큰 어려움을 겪어 왔다. 남아프리카 공화국의 형제 자매들처럼, 우리는 교회 내에서 인종과 정치와 문화와 신학과 계급적인 분열을 경험해 왔다.

남아프리카에서는 인종 분리정책인 "아파르트헤이트"가 국가와 교회를 별개의 영역으로 나누었다. 남아프리카 공화국 개혁교회(the Reformed Churches of South Africa)는 이 분열을 정당화했고 이 분열에 대한 신학적 근거를 만들었다. 그래서 흑인과 백인이 함께 성만찬에 참여할 수 없게 되었다. 유럽에서 아프리카 대륙의 남단에 도착한 백인 정착민들은 약속의 땅에 대한 비전을 가지고 왔다. 그리고 자신들의 비전을 성취하기 위해서는 인종의 순수성과 영적 복지 및 경제 발전을 이루기 위한 목적으로 아프리카 땅의 원주민을 제거하거나 인종을 분리시켜야 했다. 백인 교회가 채택한 종교화된 복음은 영혼 구원에 집중하긴 했으나, 인간의 죄성으로 인한 분열을 치유하기 위한 예언적 말씀과 사명을 잃어버린 상태였다.

북아메리카 대륙의 신세계에 온 개혁/장로교 기독교인들은 자신들의 선택과 특권에 대한 인식이 있었다. 그들 역시 자유와 기회를 찾아 새롭게 시작할 수 있는 "약속의 땅"에 온 것이다. 그들과 함께 복음에 대한 불완전한 이해도 같이 왔다. 그들은 십자가에서 완성된 예수 그리스도의 사역을 이해하지 못했으며, 복음은 교회를 가시적으로 하나되게 한다는 것을 이해하지 못했다. 설상가상으로, 신세계의 경제 기반을 발전시키기 위해서는 토지와 노동자가 필요했다. 아메리카 원주민들은 그들의 땅에서 쫓겨났고, 아프리카 노예들은 값싼 노동력의 원천으로 수입되었다. 사람들은 억압받았고 재산으로 취급되었으며 기본적인 인권조차 보장받지 못했다. 교회는 백인 노예주와 토지 소유주의 유익을 위해 사람들을 강제적으로 노예화하는 것을 정당화하고, 비인륜적인 노예화 제도 속에서 그들을 폭력적으로 사로잡아 소유하는 종교화된 복음을 옹호했다. 미국 문화의 모든 측면은 분열되었다. 노예는 미국의 신 헌법에 따라 3/5의 사람으로만 간주되었다. 사회적 특권으로 해석된 하나님의 선택은 재산으로써의 노예와 인종 차별을 정당화하는 신학적 기반이 되었다.

인종, 부, 성별, 계급 및 권력에 기반한 특권이 제도화되고 합법화되었다. 그 결과, 우리는 주일 오전 11시가 미국에서 가장 인종차별적인 시간이 되는 것을 목격하고 있다. 우리 장로교 개혁교회들은 우리 자신의 예배와 친교와 전도를 통해 예수 그리스도의 복음을 배반하고 있음을 알게 되었다. 우리는 인종차별주의, 계급주의, 성차별주의 및 분열의 망령 가운데 살아가고 있으며, 이는 교회와 문화에 지속적인 갈등과 도전으로 남아 있다.

인종과 계급의 문제를 넘어, 미국의 장로교인들은 처음부터 신학적 세계관과 관습의 차이로 어려움을 겪어왔다. 우리는 계속해서 분열을 거듭해 왔다. 정치적 이념, 성경해석 이론, 인종적 편견, 경제 사상, 그리고 강한 개성이 신자들 사이의 분열을 조장했고, 회중은 같은 생각을 가진 신자들로 나누어져 새로운 연합체를 만드는 방향으로 나아갔다. 신자들은 구학파(Old school)와 신학파(New school)로 나뉘어 신학을 토론했다. 인종 신학은 교회와 국가를 남북으로 나누었고 미국을 남북전쟁으로 이끌었다. 같은 성경을 읽고 같은 하나님께 기도하는 형제 자매들이 하나님께서 자기들 편이라 확신하면서 전쟁터로 나아갔다. 근본주의자들과 근대주의자들은 성경적 해석과 과학적 해석의 문제를 가지고 싸웠다. 여성 안수로 인한 분열은 지난 세기까지 계속 되었다. 20세기 후반의 25년 동안 장로교는 인간의 성(sexuality)과 성 문제와 관련된 성경 해석을 놓고 논쟁하고 분열했다. 다양성에 대한 현실은 다시 우리를 분열의 위협에 처하게 했고 이로 인해 교단의 가시적인 연합은 백척간두에 놓이게 되었다.

우리는 벨하 신앙고백이 가르치고 선포하는 일치로 미국장로교가 부름받았음을 믿는다. 하나님의 일치, 즉 예수 그리스도의 복음과 성령의 권능으로 창조된 일치에 대한 벨하의 증거는 영적 변화라는 힘든 사역으로 우리를 초청하고, 또한 모든 신자들을 눈에 보이는 그리스도의 몸된 교회로 연합시키기 위해서 오신 예수님의 길을 따르도록 요구한다.

벨하 신앙고백은 교회가 분열에 직면할 때 우리와 분리된 사람들을 먼저 비난하기 보다는 우리 자신을 먼저 살펴보라고 요청한다. 분열의 원인을 남의 탓으로 돌리고 그들을 비난하는 것은 너무 쉬운 일이다. 벨하 신앙고백은 불화를 초래한 우리 자신의 행동을 살펴보게 한다. 우리 눈 속에 있는 들보는 무엇인가?

화해(RECONCILIATION)

벨하 신앙고백은 1967년 신앙고백에 명확히 표명된 사명을 재확증해 준다: 하나님은 우리가 우리 자신을 위해 할 수 없는 일을 그리스도를 통해 행하셨다. 사도 바울은 고린도 교회에 다음과 같이 썼다. "모든 것이 하나님께로서 났으며 그가 그리스도로 말미암아 우리를 자기와 화목하게 하시고 또 우리에게 화목(화해)하게 하는 직분을 주셨으니 곧 하나님께서 그리스도 안에 계시사 세상을 자기와 화목하게 하시며 그들의 죄를 그들에게 돌리지 아니하시고 화목하게 하는 말씀을 우리에게 부탁하셨느니라 그러므로 우리가 그리스도를 대신하여 사신이 되어 하나님이 우리를 통하여 너희를 권면하시는 것 같이 그리스도를 대신하여 간청하노니 너희는 하나님과 화목하라"(고후 5:18-20).

1960년대에 인종 분열, 전쟁 및 평화의 문제, 빈곤과 풍요의 문제, 그리고 성관계의 무질서에 의해 사회가 분열된 상황에서, 미국 장로교는 화목케 하시는 하나님의 능력에 대한 믿음을 고백했다.

벨하 신앙고백은 이 증언을 재확인하면서 더 구체적으로 본 교단의 구성원들, 교단의 전체 조직, 그리고 여전히 우리 안에 자리잡고 있는 깊은 분열이 모두 하나님의 복음으로 새롭게 되어야 한다고 주장한다. 하나님의 복음만이 우리 모두를 그리스도의 한 가족으로 연합시킬 수 있다.

우리는 예수님을 주와 구세주로 믿고 세례를 받아 그리스도 교회의 일원이 된 사람들은 누구라도 주의 만찬에 모두 환영받는다는 것을 믿는다. 주의 만찬 식탁에서, 우리는 부활하신 주님의 임재를 믿음으로 받아들인다. 빵과 포도주를 통해 그의 영적 임재가 우리에게 임한다. 주의 만찬 식탁에서, 우리는 각기 다른 언어를 사용하는 인종들로서, 또 여러 민족의 대표들로서 서로 연합하여 하나님과 화목한다. 우리 안에는 유대인과 이방인, 남성과 여성, 부자와 가난한 자, 흑인과 백인과 유색 인종들이 있다. 또한, 파란색과 붉은색, 민주당과 공화당, 독립, 보수 및 진보, 개신교와 카톨릭, 그리스 정교에 속한 자들이 있다. 우리는 주의 만찬에서 하나님의 통치를 미리 맛보게 된다.

영광의 소망이신 그리스도 안에서 우리는 하나님의 가족의 일원이다. 우리는 그리스도 안에서 형제 자매다. 우리는 인간의 모든 가족들처럼 서로 차이점을 지니고 있고 갈등을 겪기도 한다. 우리는 서로 동의하지 않을 수 있다는 것을 인정한다. 우리는 때로 교만하지만, 겸손하게 서로를 섬길 때도 있다.

우리는 매 순간 죄를 용서받으며 살아간다. 시간이 지남에 따라 우리는 함께하는 삶이 오직 우리 주 예수 그리스도의 은혜 안에서 그리고 오직 은혜를 통해서만 가능하다는 것을 깨닫는다. 온전한 새로운 피조물로서 이 땅에서 살아가는 동안, 우리 모두는 여전히 죄인들로서 영적 변화를 필요로 할 것이다.

그럼에도 불구하고 그리스도인들은 정의를 찾는 자, 평화를 이루는 자, 화목하게 하는 자, 중재하는 자로 부름 받았으며, 서로 동의하지 않는 사람들에게 호의를 베풀고 사랑해야 한다. 우리는 마음 깊은 곳에서 다음과 같은 자세로 우리의 소명을 이루어가기를 갈망하고 있다. "모든 겸손과 온유로 하고 오래 참음으로 사랑 가운데서 서로 용납하고 평안의 매는 줄로 성령이 하나 되게 하신 것을 힘써 지키라 몸이 하나요 성령도 한 분이시니 이와 같이 너희가 부르심의 한 소망 안에서 부르심을 받았느니라 주도 한 분이시요 믿음도 하나요 세례도 하나요 하나님도 한 분이시니 곧 만유의 아버지시라 만유 위에 계시고 만유를 통일하시고 만유 가운데 계시도다"(엡 4:2-6).

그러므로, 우리는 하나님과 화목하게 된 사람들로서 우리 주 예수 그리스도의 몸과 피를 통해 맺어진 언약을 깨지 않기로 약속했다. 교단을 다시 합치려 했을 때, 우리는 처음 분열을 일으킨 죄는 회개하지 않고 재결합된 교회로서 미국 장로교(PCUSA)를 만들려 했다. 지난 수십 년간, 우리는 미국 장로교 내에서 점점 서로 다른 정치적, 경제적, 신학적 진영으로 갈라졌다. 따라서 우리는 그 어느 때보다도 더욱 화목케 하시는 하나님의 사랑의 복음이 필요하다. 이 복음은 신자들을 서로 연합하게 해준다. 그 이유는 우리를 분열시키는 것보다 우리를 연합시키는 공통점이 더 많다는 것을 이 복음이 알려주기 때문이다.

우리 미국 장로교인들은 인종과 관련된 우리 자신의 과거를 제대로 직면할 수 없었다. 사실 미국 장로교의 두 줄기인 북장로교와 남장로교는 모두 신학을 이용하여 교회와 사회 내의 영구적인 불평등을 정당화했다. 하나님께 모든 영광을 돌리는 것에서 비롯된 신학이 불평등을 하나님께서 허용하셨다는 식으로 정당화시키는 도구가 되었다. 특별히, 아프리칸 어메리칸들을 향해서 말이다. 화목케 하시는 하나님의 사역을 온전히 구현하기 위해, 우리 장로교인들은 하나님을 이용하여 우리 교회 내의 다른 이들을 대적했음을 회개하고 새로운 유형의 관계를 맺어나가기로 다짐해야 한다.

화목은 파손된 것을 수리하는 것을 의미한다. 우리의 말과 서면으로 하는 신앙고백도 중요하지만, 피해를 회복시키고, 손실을 복원시키며, 역사적으로 왜곡되어온 관계를 화해시키는 적절한 방법보다는 훨씬 덜 중요하다. 우리가 간절하게 원하고 필요로 하는 치유를 위해서는 구체적인 조치가 필요하다.

벨하 신앙고백은 우리에게 언약을 새롭게 하고, 하나님의 가족의 일원으로서 서로를 포용할 것을 촉구한다. 예수 그리스도는 우리 자신에 대한 죽음을 요구하는 제자도로 초청하신다. 그러한 삶을 살 때, 주님의 빛이 이 어두운 세상에서 증인으로 부름 받은 우리를 통해 환하게 비출 수 있게 될 것이다.

정의(JUSTICE)

예수님께서는 고향 나사렛의 회당에서 그의 공적 사역을 시작하셨다(눅 4장). 예수님께서는 그날의 성경 본문이었던 이사야 61장을 읽으셨다. “주의 성령이 내게 임하셨으니 이는 가난한 자에게 복음을 전하게 하시려고 내게 기름을 부으시고 나를 보내사 포로 된 자에게 자유를, 눈 먼 자에게 다시 보게 함을 전파하며 눌린 자를 자유롭게 하고 주의 은혜의 해를 전파하게 하려 하심이라 하였더라"(눅 4:18-19). 예수님은 이 말씀을 읽고나서 이 말씀이 그날 성취되었다고 선포하셨다. 그는 하나님의 영이신 성령의 기름 부음을 받은 메시야로서 희년의 시작을 알리기 위해 이 땅에 오셨다. 희년은 그릇된 것을 바로잡고, 상처를 치유하며, 죄를 용서하고, 노예를 해방시키며, 눈 먼자를 보게 하고, 땅을 본래 주인에게 돌려주는 해이다. 희년은 새롭게 시작하는 날이었다. 하나님나라는 예수님 자신과 그분의 말씀 속에서 경험될 수 있었다.

예수님께서 성령의 능력으로 임하셨을 때, 정의와 사회적 공의를 이루고자 하시는 하나님의 비전이 힘들고 불의한 세상에 침투해 들어왔다.

"여러 세대의 황폐함을 고치는 자들이 되기 위함이다"라는 이사야 61장의 문구는 예수님의 사명 선언문이 되었고 교회의 사명 선언문이 되었다. 그분의 사명은 세상을 치유하며, 과거의 잘못을 바로잡고, 인간 사회의 불의를 바로잡으며, 가난한 자와 겸손한 자를 높이고, 높은 자와 강한 자를 낮추시는 하나님의 사역이었다 ("여러 세대의 황폐함을 고치는 자가 되기 위함이다"). 그의 사명은 이스라엘 민족의 잃어버린 양을 위한 것이었을 뿐만 아니라, 또한 그분의 복음을 받아들이는 믿는 이방인들을 위한 것이기도 했다. 모두가 예수님을 영접한 것은 아니었지만, 회개하고 믿은 사람들에게는 하나님의 자녀가 되는 권리를 주셨다(요 1).

예수님께서 사역을 시작하셨을 때, 가난한 자와 죄인들과 상처입은 자들과 억압받는 자들과 눈먼 자들과 세리들이 기쁜 마음으로 그를 받아들였다. 예수님을 받아들이지 않은 자들은 변혁으로 인해 자신들의 특권이 위협받는 자들이었다. 그들은 예수님께서 정의와 공의가 시행되는 새로운 날에 세상을 뒤집어 놓고 있음을 깨달았다.

사도들, 즉 보내심을 받은 자들은 화해시키는 그리스도의 사랑의 대사들로서 종종 저항과 박해를 받았다. 회개하고 믿는 자들에게 주시는 하나님의 은혜로운 임재와 새 생명에 관한 기쁜 소식을 사도들이 선포하자, 많은 사람들이 하나님나라가 확장되는 일에 헌신하게 되었다.

우리는 지금 여기에서 이 사명을 다시 시작하라는 부르심을 받고 있다. 벨하 신앙고백이 아파르트헤이트라는 불의 가운데서 복음을 증거하기 위한 아프리카 기독교인들의 투쟁에서 비롯되었다면, 우리는 미국 내의 불의에 맞서서 증거하도록 부름을 받고있다. 우리는 원주민 보호구역의 극심한 빈곤 속에서 허덕이고 있는 수많은 원주민들(First Nation peoples)의 얼굴에서 이러한 불의를 볼 수 있다. 인구 비율에 맞지 않게 많이 수감되어 있는 젊은 아프리카계 미국인들의 얼굴에서도 이러한 불의를 볼 수 있다. 또한, "법적으로 불확실한 상태"에 있는 이민자들에게서, 사실상 미국내 모든 곳에서 검문을 받는 라틴 아메리카 사람들에게서, 공공 장소에서 가난한 흑인과 아시안계 젊은이들을 위험에 처하게 하는 "불심검문"과 "정당방위"같은 공공 정책들에서도 불의를 볼 수 있다.

미국 장로교는 우리가 살고 있는 이와 같은 시대에 우리 자신과 다른 사람들에게 그리스도의 제자도를 상기시키고 세상에서 하나님의 사명을 따라야 할 필요가 있기 때문에, 하나님을 온 마음을 다해 섬기고 연합과 정의와 화해라는 성경적 원칙을 따르기로 고백한다.

어떤 이들은 미국 장로교가 이곳에서 밝힌 이유들과 그 이상의 것들을 위한 신앙 고백들을 이미 가지고 있다고 말할 것이다. 그러나 우리는 지금 미국에서 과거와 매우 다른 독특한 시기에 살고 있음을 알아야 한다. 양극화의 바람이 강하게 불어 전에 보지 못했던 식으로 정치계를 위협하고 있다. 하나님과 국가 사이의 차이를 구분하기 어렵게 만드는 미묘한 위험스러운 요소들이 하나님과 국가 사이에 혼재되어 있다. 역사적인 개혁 신학의 가치들이 끊임없이 공격받고 있다. 악한 세력들이 그리스도를 따르는 사람들을 불화와 갈등과 불의의 길로 유혹하고 있다. 하지만, "예수님이 주이시다"(JESUS IS LORD)라는 초대 교회의 신앙고백을 할 때, 우리는 하늘과 땅의 유일한 주권자께서 역사하고 계신다는 것을 모든 통치와 권세자들에게 통고하는 셈이 된다.

그러므로 우리는 벨하 신앙고백의 마지막 부분에 나오는 심금을 울리는 문장으로 끝맺고자 한다:

예수님께서 주이시다(Jesus is Lord).

오직 한 분이신 하나님, 성부와 성자와 성령께 세세토록 존귀와 영광이 있을지어다.

미국장로교 간추린 신앙고백

해설

1983년 6월 9일에 아틀란타에서 매우 영광스러운 일이 벌어졌다. 그날 오전, 미국장로교(the Presbyterian Church in the United States) 총회와 미국연합장로교(The United Presbyterian Church in the United States of America) 총회는 애틀랜타 컨벤션 센터 회의실에서 각각 따로 총회를 개최했다. 두 총회는 같은 의제를 갖고 모였다. 1859년 이후 서로 분리된 이 두 교단의 통합을 투표하기 위함이었다.

통합을 이끌어내는 과정은 길고도 힘들었다. 공동위원회는 신중하게 기도하면서 여러 관점들과 많은 염려들에 대해 세심하게 반응했고, 두 교단의 공식적, 비공식적 통로를 통해 재결합을 위한 계획을 세웠다. 그 14년 간의 노력은 곧 실시될 투표로 절정에 이르렀다

특별위원회의 위원들은 실망할 이유가 없었다. 재통합을 위한 계획을 채택하고 실행하는 표결은 매우 긍정적이었다. 각각의 의제가 찬성 투표로 통과될 때마다 환호와 기쁨의 함성이 이어졌다. 친구, 낯선 사람 가릴 것 없이 포옹하며 감사와 기쁨의 눈물을 흘렸다. 분리된 형제 자매들이 예수 그리스도 안에서 다시 한번 영적 가족이 되었다.

감사의 기도에 이어서 백파이프의 성가 연주가 크게 울려 퍼지기 시작했다. 이제 하나가 된 총회 참석자들은 동료, 교단직원들과 함께 컨벤션 센터의 각기 다른 문에서 쏟아져 나와 하나의 큰 환희의 퍼레이드를 만들었다. 평상시에는 냉정하고 무뚝뚝한 장로교인들이 주체할 수 없는 기쁨에 들떠 있었다. 이들은 백파이프 연주자들을 따라 애틀랜타 거리를 행진해 시청에 이르렀다. 이곳에서 애틀랜타 시장인 앤드류 영 시장과 교계의 지도자들은 통합을 축하했다. 이 날은 영광스러운 날로서 성령께서 강하게 역사하시는 느낌으로 충만했다.

1983년의 재통합은 중대한 사건이었지만, 또한 미래로 이어지는 하나의 과정이었다. 새 교단이 주의를 돌려 수행해야 할 일들이 많이 있었다.

그러한 임무 중 하나는 새로운 교단인 the Presbyterian Church (U.S.A.)에 의해 지지를 받고 사용될 수 있는 신앙고백문을 만드는 것이었다. 재통합 계획에는 새로운 교단이 사용할 신앙고백의 기초를 이전 두 교단이 사용한 신앙고백문들에 두어야 한다는 것이 명시되어 있었다. 하지만 또한 개혁 전통에 충실하면서 재통합한 교회가 믿는 것을 고백하자는 요구도 있었다. 이렇게 하는 것이 새로운 교단의 진정성과 정체성 측면에서 더 바람직하다고 여겨졌다. 그래서 *신앙고백서*에 포함될 수 있는 간략한 개혁 신앙고백 초안 작성을 위한 특별위원회를 구성하자는 조항을 만들었다. 1983년 재통합 총회의 의장이었던 랜돌프 테일러가 1984년 봄에 그 위원회를 임명했다. 위원회의 위원들은 다양한 사람들로 구성되어 교단의 다양성을 잘 반영해 주었다.

특별위원회는 5년동안 그러한 신앙고백문의 형태와 내용에 대해 연구하고 기도하며 토론했다. 여러 협력 교단들, 신학 교수들, 그리고 교단 전체에 광범위하게 자문을 구했다. 특별위원회는 1989년 제 201회 총회에 초안을 제출했다. 이 총회는 초안을 지속적으로 검토할 가치가 있는 것으로 승인했으며, 적법한 헌법 절차에 따라 신앙고백문을 검토하고 개정한 초안을 적절한 권고사항과 함께 다음 총회에 제출할 수 있도록 두 번째 특별위원회를 구성하기로 가결했다.

제 202차 총회(1990)는 제안된 신앙고백을 압도적으로 지지하여 노회들에 보냈고, 승인 정족수인 3분의 2를 훨씬 넘는 노회들이 이를 승인했다.

마침내 제 203회 총회(1991)는 '미국장로교 간추린 신앙고백'을 승인하고 채택하여 *신앙고백서*에 첨부하기로 결정했다

교회생활에서 이 특정 신앙고백이 감당하는 기능과 관련하여 즉시로 질문이 제기되었다. 먼저는 교육 자료로서의 역할과 관련된 것이었다. 간추린 신앙고백은 기존의 개혁 신앙을 답습하면서 개혁 신앙을 어떻게 해석하느냐에 대해서는 자유로운 태도를 취한다. 실제로 그 형식은 개혁 신앙에 걸맞으며, 독자들로 하여금 그 풍성한 의미를 더 충분히 탐구하도록 장려한다.

간추린 신앙고백은 또한 예배 시에 사용되는 문서이다. 비록 전체 문서가 다 예배의식에서 정기적으로 사용되기에는 너무 길지만, 부분적으로는 적절하게 사용될 수 있다. 예를 들어, 성령에 대한 부분은 종종 부분적으로 또는 전체적으로 성령강림 주일에 사용된다.

또한 역사적으로 중요한 신앙고백들과 마찬가지로, 간추린 신앙고백 역시 교회 신앙(faith)의 핵심을 형성해주는 신념들(beliefs)이 무엇인지를 알려주는 기능을 한다. 이 신념들은 안수 질문시에 본질적 교리들(essential tenets)이라 지칭된다. 이 본질적 교리들은 교회 지도자들이 리더십을 발휘하는데 있어 가이드의 역할을 할 수 있다(*규례서* F-2.02).

신앙고백문을 작성할 때 계속 제기되는 한 가지 질문은 조직과 구조에 관한 것이다. 종종 사도신경은 창조주 하나님으로부터 구속자 하나님으로, 그리고 성령 하나님으로 이동하는 하나의 패턴을 보여준다. 그러나 간추린 신앙고백은 사도적 축도의 순서를 따른다: "주 예수 그리스도의 은혜와 하나님의 사랑과 성령의 교통하심이 너희 무리와 함께 있을지어다"(고후 13:13). 간추린 신앙고백은 서론(1-6행), 삼위일체의 두 번째 위격인 우리 주 예수 그리스도에 관한 처음 부분(7-26행), 삼위일체의 첫 번째 위격인 창조주 하나님에 관한 중간 부분(27-51행), 성령 하나님에 대한 결론 부분(52-76행), 그리고 송영(77-80행)으로 구성되어 있다. 간추린 신앙고백의 핵심 구조는 삼위일체적이다. 간추린 신앙고백은 *신앙고백서*에서 그 바로 앞에 있는 1967년도 신앙 고백이나 또 다른 신앙 고백문들과 마찬가지로 예수 그리스도로 시작한다. 우리는 예수 그리스도를 통해 창조주 하나님과 성령님을 알게 된다.

간추린 신앙고백은 여러 세대에 걸쳐 고백한 우리 믿음의 정수이며, 그러한 확신을 오늘 교회 생활에 적용한 것이다. 간추린 신앙고백의 머리말--교단 헌법의 일부로 받아들였지만 채택되진 않음--은 독자들에게 모든 신앙고백들의 의도를 인식시켜준다. 거기에는 다음과 같이 써있다: "어떤 신앙고백도 단순히 과거만을 뒤돌아보는 것이 아니다. 모든 신앙고백들은 현시점의 요구들에 그리고 미래를 형성하는 일에 진귀한 유산의 빛을 비추어준다." 이와 같은 이해를 바탕으로, 간추린 신앙고백은 교회의 유산에서 끌어와서 현재의 일들에 대해 언급한다.

우리는 간추린 신앙고백에서 역사적으로 중요한 몇몇 교리들만을 고찰할 수 있다. 화해라는 신학적 개념을 중요한 주제로 삼은 1967년 신앙고백과는 달리, 간추린 신앙고백은 몇 가지의 근본적인 개혁주의 사상들을 소개한다. 아마도 가장 핵심적인 것은 하나님의 주권일 것이다. 첫 문장--"사나 죽으나 우리는 하나님의 것이다"--에서 결론 문단에 이르기까지, 삶과 죽음에 대한 하나님의 통치가 드러나 있다. 이는 로마서 8:31-39절을 비롯해서 이와 관련된 성경 구절들을 반영한 것이다. (이와 관련된 성경구절과 다른 신앙고백문에 대해선 간추린 신앙고백 부록 A를 참고하라.) 간추린 신앙고백은 맨 첫 문장에서부터 하나님의 주권에 대한 고백적 가르침을 보여준다. 이는 하이델베르크 요리문답의 첫 번째 질문과 대답을 연상시킨다: "살든지 죽든지 당신의 유일한 위로는 무엇입니까?" 이에 대한 대답은 "살든지 죽든지 나의 몸과 영혼은 나의 신실하신 구주 예수 그리스도에게 속했습니다"이다. 또한 하나님의 주권에 대한 확증은 간추린 신앙고백의 전체 내용에 잘 스며들어 있다. 9번 줄에는 세상의 모든 권력과 권세에 대한 하나님의 통치가 예수님 사역의 핵심으로 소개되어 있다. 그리고 마지막 송영 직전, 78-79번 줄은 다음과 같이 시작함으로써 간추린 신앙고백을 마무리한다: "우리가 기뻐하는 것은 생명이나 사망이나 그 어느 것이라도 우리 주 예수 그리스도 예수 안에 있는 하나님의 사랑에서 우리를 끊을 수 없음이다."

하나님의 주권은 간추린 신앙고백이 고백하는 믿음의 고동치는 심장박동이다. 이는 전체 신앙고백문의 기저에 흐르고 있다. 그러나 하나님의 통치만큼 중요한 것은 그 통치의 성격이다. 간추린 신앙고백은 그 통치의 내용이 예수 그리스도 안에서 극명하게 드러났다고 주장한다. 하나님의 통치는 다른 이들을 위한 예수님의 삶과 죽음에서 드러난 것과 같이 사랑의 통치이다. 그 사랑은 그의 부활을 통해 죽음을 이김으로써 가장 진정한 궁극적 권세임을 입증했다. “하나님은 이 예수를 죽은 자들 가운데서 살리시어, . . .우리를 죽음에서 건져 영생에 이르게 하셨다”(23-26번 줄). 우리는 하나님의 사랑이 결정적으로 그리고 구체적으로 세상에 침노해 들어가는 것을 그리스도의 사랑을 통해 경험하고 목격한다. 이는 교회가 확신을 가지고 바라보는 궁극적인 승리의 징표이기에 “주 예수여 오시옵소서” (76행)라고 기도할 수 있다.

성경과 초기의 신앙고백문들에 기초한 간추린 신앙고백의 또 다른 주제는 인간의 죄성이다. 간추린 신앙고백은 사람들이 스스로의 선택으로 인해 하나님과 이웃들로부터 분리된 관계를 피하는 대신에 직면하여 헤쳐 나가게 한다. 간추린 신앙고백은 종종 인간의 죄성에 대해 단순하게 입으로 시인할 수 있는 추상적인 명제로 다루는 다른 신앙고백들과는 달리, 죄의 실체를 우리들이 직접적으로 연관되어 있는 태도들과 행동들로 취급한다. 죄는 시간적인 면에서 우리를 과거로 소급시키는 어떤 것이 아니다. 죄는 지금 우리가 하는 것과 관련되어 있다. 죄는 지금 우리가 하지 않는 것과 관련되어 있다. 죄는 지금 여기에서 우리가 하나님과 및 이웃과 맺는 관계에 관한 것이다. 하나님과 이웃으로부터 분리된 것으로서의 죄는 두 가지 모습을 띈다. 죄는 하나님께 대한 반역의 모습으로, 그리고 화해와 구속이라는 하나님의 목적을 위해 사용되어야 하는 우리의 은사들을 무시하거나 부인하는 게으름의 모습으로 나타난다. “그러나 우리는 하나님을 반역하였다; 우리는 우리의 창조자를 피하여 숨는다”(33행). 34-38행은 우리의 죄성이 드러나는 몇 가지 모습을 간략하게 소개한다. 그러한 것들은 무서운 결론으로 이어진다: “우리는 하나님의 정죄를 받아 마땅하다.” 그러나 우리의 죄는 무효화되었다. 하나님의 사랑은 우리를 용서하고 회복시켜서 우리가 마땅히 살아야 할 삶을 살아가게 하는 사랑이기 때문이다. 하나님께서는 우리의 죄에 대해 정의와 자비로 응답하신다(40행).

간추린 신앙고백과 이전의 신앙고백들 사이에 연속성이 있다는 또 다른 표지는 성령의 교리 하에 분류된 모든 카테고리들에 초점을 맞추고 있다는 것이다.

간추린 신앙고백은 성령께서 원하시는 대로 행하시며, 어떤 제약도 받지 않으신다고 고백한다. 그러나 성령께서 하시는 일과 그리스도인들이 어떻게 응답해야 하는지를 분별하는 훈련은 교회와 각 그리스도인들이 신실한 삶을 살기 위해 필수적이다. 그렇기에 간추린 신앙고백은 아름다운 고백문 이상의 것이다. 간추린 신앙고백은 성령께서 하시는 일을 하나님께서 교회에 주신 구체적인 선물들을 통해 분별할 수 있다고 설명한다. 그 선물들에는 성경, 설교, 성례, 교회 질서, 교회 사역이 포함된다(58-64행). 또한 그리스도인의 삶은 하나님의 사랑과 정의를 온전히 증거하도록 용기를 주시는 성령님에 의해 인도를 받고 힘을 얻는다(66-74행).

간추린 신앙고백은 신앙의 "귀중한 유산"을 전해주고 있다. 간추린 신앙고백은 또한 믿음의 새로운 차원으로 들리기도 하고, 이 시대와 장소에서 우리가 믿는 것에 대해 달리 강조된 측면으로 들리기도 한다. 예를 들어, 간추린 신앙고백은 다른 신앙고백들보다 비율적으로 그리고 실제적으로 예수님의 삶과 사역에 더 많은 관심을 기울인다. 간추린 신앙고백은 예수님이 완전한 인간이면서 또한 완전한 하나님이라고 고백하면서도, 인간으로서의 예수님의 모습에 더 많은 관심을 기울인다. 이렇게 함으로써, 간추린 신앙고백은 예컨대 사도신경의 "동정녀 마리아에게서 나신" 예수님과 "본디오 빌라도에게 고난을 받으신" 예수님 사이에 존재하는 공백을 채우는데 도움이 된다. 말씀과 행동으로 하나님의 통치를 선포하신 예수님의 삶은 우리가 믿는 것에서 그리고 우리가 행하는 것에서 빼놓을 수 없는 것으로 인식된다.

예수님의 삶에서 중요한 요소들에 대해 언급하는 것은 지금 그를 따르는 것의 의미를 되새겨보자는 뜻이다. 과거 유산의 한 부분인 "그리스도를 본받아"라는 친숙한 주제는 "온전한 인간"이 된다는 것의 의미 속에 담겨 있는 중요한 요소들을 밝혀냄으로써 재확인되고 재활성화된다. 따라서 우리는 노숙자들에게 음식을 제공함으로써 소외된 자들과 함께 음식을 드셨던 예수님을 따른다. 우리는 모든 어린이들이 그들의 잠재력을 실현하며 살 수 있도록 도움으로써 "아이들을 축복하신" 예수님을 따른다. 우리는 하나님의 사랑의 복음을 나눌 때에 "모든 사람에게 회개하고 복음을 믿으라"라고 초청한다.

간추린 신앙고백은 지금 이곳에서 그리스도 안에서 살아가는 것이 무엇인지에 대해 보다 구체적인--여전히 일반적이긴 하지만--방향을 제시한다. 간추린 신앙고백이 그러한 방향을 제시하는 한 가지 방식은 우리가 하지 않은 것과 우리가 어떻게 죄를 지었는지에 대한 예를 제시하는 것이다. 우리가 하지 못했다고 고백하는 것의 앞면은 우리가 관여해야 할 긍정적인 과제들이다. 우리가 잘못한 부정적인 것들을 우리가 개인적으로 그리고 공동체적으로 해야 할 긍정적인 것들로 바꾸는 것은 상상력이 거의 필요하지 않다. 그러므로 우리가 하나님의 피조물을 오용하여 이웃과 자연을 착취(37행)했다고 고백하면, 우리는 인류라는 우리의 가족을 돌보고 우리가 살고 있는 환경을 돌볼 수 있는 방법을 모색하게 된다. 마찬가지로, "우리에게 맡겨 돌보게 하신 지구가 위협받게 하는 것"은 그리스도인들과 비그리스도인들이 청지기 직분, 즉 현재와 미래 세대의 건강에 기여할 환경을 위해 노력해야 하는 직분을 수행하도록 한다. 또한 이는 우리로 하여금 핵전쟁이 발생하지 않도록 온 힘을 귀울이라고 촉구한다. 비록 그렇게 하는 것이 핵무기의 생산과 고용을 막는 일이 될지라도 말이다.

간추린 신앙고백이 직간접적으로 다루고 있는 또 다른 현안은 말과 행위에 있어서 다른 성별을 포용하는 성 포용성(gender inclusiveness)의 문제이다. 간추린 신앙고백에서 사용되는 언어는 그러한 포용성을 조성한다. 인간에 대해 사용하는 용어와 관련하여, 이 문서에는 성 배타적인 용어들이 쓰이지 않았다. 하나님에 대한 용어에 있어서도 그러한 포괄적 용어를 사용했다. 47-51행은 성경을 인용해 두 개의 평행한 비유를 제시한다: "하나님은 그리스도와 더불어 우리를 언약의 상속자로 삼으신다. 마치 젖먹이를 물리치지 않는 어머니처럼, 집으로 돌아오는 탕자를 맞으러 달려가는 아버지처럼, 하나님은 여전히 신실하시다." 이 문구들은 남성도 아니고 여성도 아니신 하나님의 남성적 특성과 여성적 특성 모두를 표현하고 있다. 이러한 상호보완적인 방법은 하나님에 대한 성 포용적 용어 문제를 해결하기 위한 한 가지 시도이다. 이것은 또한 교회가 어떻게 하나님에 대해 신실하고 설득력 있게 말해야 하는 지에 대해 지속적인 토론과 심의를 하게 한다.

성 포용적 언어에 대한 관심은 "단지" 언어의 문제가 아니다. 이는 정의의 문제이다. 즉 모든 사람들을 어떻게 "하나님의 형상대로 남자와 여자로 동등하게"

창조된 사람들로 대하느냐의 문제다(30-31행). 한 가지 방법은 교회가 사역의 문을 남자와 여자에게 동등하게 열어 주는 것이다. 미국장로교는 규례서를 개정함으로써 오래 전에 이와 같이 했다. 하지만 신앙고백의 입장은 변하지 않았다. 제 2 헬베틱 신앙고백과 스코틀랜드 신앙고백은 여성 안수를 명백하게 금지하고 있다. 역설적이게도, 스코틀랜드 신앙고백은 천주교가 여성에게 성례를 집례할 수 있도록 승인했기 때문에 천주교 성직자들을 거부한다. "성례전의 올바른 집례"에 대해 다루는 제 22장에서, 간추린 신앙고백은 성례를 올바로 집례하기 위해 필요한 두 가지 사항을 언급한다. 그 하나는 이와 같다: "하나님께서 지정해 주신 요소들(elements)과 방식으로 집례되어야 한다. 그렇지 않으면 그것은 예수 그리스도의 성례전이 아니다. 이것이 우리가 로마 교회의 가르침을 버리고 그들의 성례전을 따르지 않는 이유다. 첫째, 그들의 성직자들은 그리스도 예수의 참된 성직자들이 아니다(그들은 심지어 성령께서 회중에게 설교하는 것을 허락하지 않는 여성들이 세례 주는 것을 허용한다). . . ."

간추린 신앙고백은 여성을 배제하는 문제를 64번 행을 넣음으로써 해결한다. 그 행에서 성령님은 "여자와 남자를 교회의 모든 사역으로 부르시는 분"으로 고백한다.

간추린 신앙고백은 신학적이면서도 목회적인 문서다. 이는 긴급한 문제들을 다루면서, 동시에 개혁주의 교리의 전통을 확증하고 있다. 물론 모든 교리나 모든 인간 문제를 다루지는 않으며, 그렇게 할 수도 없다. 그러나 간추린 신앙고백은 우리 장로교인들이 누구인지, 무엇을 믿는지, 그리고 예수 그리스도께 순종하여 무엇을 해야 하는지를 탐구하기 위한 출발점이다. 마지막으로 간추린 신앙고백의 타당성은 성경적 선포와 가르침에 얼마나 충실하느냐에 의해서, 그리고 하나님의 백성들을 교회 교육과 예배와 전도와 같은 교회 생활에 얼마나 포함시키느냐에 의해 측정될 것이다. 이 신앙고백이 교회의 생각과 행동에 도움을 주고, 하나님께서 이끄시는 미래에 빛을 비출 때에 순전한 신앙고백이 될 것이다. 그러한 일이 일어날 때, 간추린 신앙고백은 교회가 훌륭한 신앙고백을 하도록 지원함으로써 재결합의 과정에 기여한 셈이 될 것이다. 마지막으로, 간추린 신앙고백은 그리스도의 몸에 속한 모든 지체들의 재결합에 기여를 하느냐 못하느냐 의해 평가를 받을 것이다. 두 장로교단의 재통합은 단지 부분적인 회복이었고, 신학적으로 부분적인 회복일 뿐이지만, 하나님께서 계획하시고 주실 하나의 교회에 대한 분명한 약속이다.

학습문제

1. 신앙고백의 목표들 중 하나는 교회의 공식적인 신념들에 보다 더 쉽게 접근할 수 있도록 하는 것이다. 간추린 신앙고백은 그러한 목적을 달성하는가? 만약 그렇다면 어떻게? 그렇지 않다면 어떻게 개선할 수 있는가? 당신은 당신이 속한 회중이 간추린 신앙고백을 사용하는 것을 어떻게 생각하는가?
2. 위의 본문에서 명시적으로 논의된 신학적 주제 외에도 신앙고백문 자체에서 어떤 다른 교리들을 찾을 수 있는가? 간추린 신앙고백에서 다루지 않은 문제들이나 질문들은 무엇이며, 그러한 것들은 왜 중요한가?
3. 간추린 신앙고백은 그리스도인의 삶에 대해 광범위한 카테고리들로 분류하여 설명하는데, 당신은 어떻게 그것보다 더 명백하게 설명하겠는가?
4. 간추린 신앙고백은 *신앙 고백서*에 포함된 다른 문서들과 어떻게 비교되고 대조되는가?

미국장로교 간추린 신앙고백

머리말[1]

1983 년에 미국의 제일 큰 두개의 장로교 교단이 다시 하나가 되었다. "통합 계획"은 개혁신앙을 간결하게 진술하는 글을 준비하여 신앙고백서에 삽입할 수 있게 하자는 안을 세웠다. 따라서 이 고백은 우리 교회의 다른 고백들과 별도로 취급되기 위한 것이 아니다. 이 고백은 우리가 믿는 것을 빠짐없이 다 열거 하거나 그것들 중 어느 것을 상세히 설명하려는 것도 아니다. 다만 공동 예배시에 회중이 다같이 고백할 수 있도록 고안된 것이다; 또한 이것은 목사와 교사들이 기독교 교육을 하는 데 도움이 될 수 있을 것이다. 우리는 다양성을 가지고 있는 것이 틀림없지만, 하나의 공통된 신앙과 공통된 과제로 함께 결속되어 있는 것을 다시금 발견하면서 이 고백으로 그것을 축하하려는 것이다.

우리가 고백하는 신앙은 우리를 하나의 세계 교회에 연합시킨다. 장로교인들의 가장 중요한 신앙들은 다른 그리스도인들과 공유하는 것들이며, 특히 프로테스탄트 종교개혁을 예수 그리스도의 복음에 대한 하나의 갱신으로 보는 다른 복음주의적 그리스도인들과 공유하는 것들이다. 다양성은 그대로 남아 있다. 우리가 감사할 일은 우리 시대에 많은 교회들이 다양성을 수용하고 또는 긍정하면서도 분열은 하지 않는 법을 배우고 있다는 사실이다. 그것은 어느 개인이나 어느 한 전통의 지혜보다도 하나님의 온전하신 권면이 월등하기 때문이다. 교회들이 다같이 하나님 말씀의 생도들이 되기를 기뻐할 때 진리의 영은 교회들에게 새 광명을 주신다. 그러므로 이 고백이 의도하는 것은 세계 공동의 신앙을 고백하는 것이다.

우리가 확신하는 바는 전체 교회의 유익을 위하여 세계 공동신앙에 대한 명확한 비전이 개혁 교회들에게 위탁되었다는 사실이다. 따라서 "간추린 신앙고백"은 (*규례서*의 장로교 정치제도의 기초 제 2 장에 언급된 바와 같은) [2] 전통의 주요 주제들을 담았고, 그 주제들이 우리만의 사유물이라는 주장을 하지 않았다. 그것은 우리들 자신이 우리의 전통 외에 다른 전통들이 가진 지혜와 통찰을 배우고, 또 나누어 가지기를 희망하기 때문이다. 그리고 이 고백은 세계적이고 또한 개혁 교회적인 것이 되기를 추구하기 때문에 (고후 13:14 에 있는 사도의 축복을 따라서) 삼위일체론적 고백이 되었고, 예수 그리스도의 은혜를 제일 먼저 두어 하나님의 주권적 사랑에 대한 우리의 지식과 성령 안에서 가지는 우리 공동생활의 기초로 삼았다.

어떤 신앙고백도 단순히 과거만을 뒤돌아보는 것이 아니다; 신앙고백서마다 현시점의 요구들에 대해서 헤아릴 수 없는 가치를 지닌 유산의 빛을 던져 주고, 또한 미래를 형성하려고 노력한다. 특히 개혁교회의

---

[1] 머리말과 부록은 신앙고백이 가지는 권위는 없다.

[2] 부록은 전후 참조를 제공해 줌으로써 독자로 하여금 "간추린 신앙고백"이 개혁 전통의 맥락 속에 확실한 근거를 둔다는 사실을 알게 해준다.

고백들은 필요에 따라서는 하나님의 말씀에 비추어서 그 전통 자체를 개혁하기까지도 한다. 개혁교회들은 처음부터 교회의 갱신은 반드시 인간 생활과 사회의 변혁 속에 가시적으로 이루어져야 한다는 것을 주장해 왔다. 그래서 이 “간추린 신앙고백”은 우리 시대에 있어서 교회의 주목을 가장 절실하게 요구하는 관심사들을 제기하였다. 교회는 세상으로부터의 도피처가 아니다; 선택받은 백성은 만국으로 하여금 축복을 받도록 하려고 택함을 받았다. 그러므로 건전한 신앙고백은 교회로 하여금 그러한 사명에 몰두하도록 양육할 때, 그리고 이를 고백하는 교회 자체가 그리스도께서 그의 지상 사역에서 주시던 축복을 계속하여 주는 도구가 될 때에 입증된다.

고백서

11.1

1 사나 죽으나 우리는 하나님의 것이다.
2 우리 주 예수 그리스도의 은혜와,
3 하나님의 사랑과,
4 성령의 교통하심으로,
5 우리는 오직 한 분 삼위일체 하나님,
이스라엘의 거룩하신 분을 믿으며
6 그분만을 예배하고 섬긴다

11.2

7 우리는 예수 그리스도를 믿는다—
8 그는 완전한 사람이었고 완전한 하나님이셨다.
9 예수는 하나님의 통치를 선포하셨으며,
10 가난한 자에게 복음을 전하시고,
11 포로된 자에게 해방을 선포하시고,
12 말씀과 행위로써 가르치시고,
13 어린이를 축복하시고,
14 병든 자를 고치시고,
15 마음 상한 자를 싸매어 주시고,
16 버림받은 자와 함께 잡수시고,
17 죄인을 용서하시고,
18 모든 사람을 불러 회개하고 복음을 믿게 하셨다.
19 예수는 신성모독과 소요 선동 죄로 부당하게 정죄되어,
20 십자가에 못 박히시고,
21 인간고를 깊이 겪으시며,
22 세상 죄를 위하여 자기 생명을 내어 주셨다.
23 하나님은 이 예수를 죽은 자들 가운데서 살리시어,
24 그의 죄 없는 삶을 입증하시고,
25 죄와 악의 권세를 깨뜨려,
26 우리를 죽음에서 건져 영생에 이르게 하셨다.

11.3

27 우리는 하나님을 믿는다—
28 예수는 그를 아바, 곧 아버지라 불렀다.
29 하나님은 주권적 사랑으로 세상을 선하게 창조하셨으며,
30 각 사람을 하나님의 형상대로 동등하게 지으시어,
31 남자와 여자, 각 인종과 백성을,
32 한 공동체로 살게 하셨다.
33 그러나 우리는 하나님을 반역하였다; 우리는
우리의 창조자를 피하여 숨는다.
34 하나님의 계명을 무시하고,
35 다른 사람과 우리 자신 속에 있는
하나님의 형상을 깨뜨리며
36 거짓을 참이라고 받아들이고,

37 이웃과 자연을 착취하며,
38 우리에게 맡겨 돌보게 하신 지구를 죽음에
직면케 하고 있다.
39 우리는 하나님의 정죄를 받아 마땅하다.
40 그래도 하나님은 창조하신 세상을 구속하시려고
공의와 자비를 베푸신다.
41 영원하신 사랑으로,
42 아브라함과 사라의 하나님은 언약의 백성을
택하시어,
43 이 땅 만민이 복을 받게 하셨다.
44 그들의 울부짖음을 들으시고,
45 하나님은 이스라엘 자손을
46 종 되었던 집에서 구원해 주셨다.
47 지금도 우리를 사랑하셔서
48 하나님은 그리스도와 더불어 우리를 언약의
상속자로 삼는다.
49 마치 젖먹이를 물리치지 않는 어머니처럼,
50 집으로 돌아오는 탕자를 맞으러 달려가는
아버지처럼,
51 하나님은 여전히 신실하시다.

52 우리는 성령이신 하나님을 믿는다— **11.4**
53 그는 어디서나 생명을 주시고, 새롭게 하시는
분이시다.
54 성령은 은혜로 믿음을 통하여 우리를 의롭게 하시고,
55 우리를 자유케 하여 자신을 수용하게 하시며
하나님과 이웃을 사랑하게 하시고,
56 우리를 모든 믿는 자와 함께 묶어
57 하나인 그리스도의 몸 곧 교회가 되게 하신다.
58 바로 그 성령께서
59 일찍이 선지자와 사도들을 감동하셨고,
60 이제는 성경을 통하여 그리스도 안에서 우리의
신앙과 생활을 다스리시며,
61 선포된 말씀을 통하여 우리를 붙드시고,

62 세례의 물로 우리를 자기의 소유로 삼으시며,
63 생명의 떡과 구원의 잔으로 우리를 먹이시며,
64 여자와 남자를 교회의 모든 사역에 부르신다.
65 깨어지고 두려운 세상에서
66 성령은 우리에게 용기를 주시어
67 쉬지 않고 기도하게 하시고,
68 모든 백성 중에서 그리스도를 주와 구세주로
증거하게 하시며,
69 교회와 문화 속에 있는 우상 숭배를 폭로케 하시고,

70 오랫동안 말 못하고 살던 사람들의 소리를 듣게
하시며,
71 정의, 자유, 평화를 위하여 다른 사람들과 함께
일하게 하신다.
72 하나님께 감사하며, 성령이 주시는 힘으로,
73 우리는 일상 생활에서 그리스도를 섬기며,
74 거룩하고 기쁘게 살기를 힘쓰고,
75 하나님의 새 하늘과 새 땅을 기다리며
76 "주 예수여 오시옵소서!"하고 기도한다.

11.5

77 모든 시대와 장소의 믿는 자들과 더불어,
78 우리가 기뻐하는 것은 생명이나 사망이나 그
아무것이라도
79 우리 주 그리스도 예수 안에 있는 하나님의
사랑에서 우리를 끊을 수 없기 때문이다.

11.6

80 성부와 성자와 성령께 영광을 돌릴지어다. 아멘.*

* 이 줄을 읽는 대신 회중은 성삼위 송영 찬송 중의 하나를 부를 수 있다.

미국장로교 간추린 신앙고백의 부록

전후참조

"간추린 신앙고백" 기안자들은 이 고백이 성경이나 신학의 어떤 고립된 혹은 특정한 본문에 기초를 두지 않고, 성경 전체의 넓은 토대와 개혁 신학의 일치한 의견에 기초를 두게 하려고 노력하였다.

이 전후 참조는 제시된 행 lines 에서 고백된 신앙의 특정한 부분을 형성하는 데 상당한 근거가 된 자료들을 지적해 준다. 그것들은 "간추린 신앙고백"이 성경의 교훈과 또한 이전에 나온 고백 문서들의 교훈과 일치한다는 것을 보여 준다. 그것들은 회중들이 그 신앙이 다양한 역사적 상황들 속에서 거듭 고백된 모습들을 비교하면서 연구할 수 있는 몇몇 구절들과 맥락들 만을 지적해 준다.

성구 참조와 성경의 책명의 약칭들은 한글 개역개정판을 기초한 것이다. 성경구절들은 한글 성경에 나타난 순서대로 적었다; 다만 공관복음서(마태, 마가, 누가)에서 온 평행 구절들은 같이 묶어 놓았다. 이탤릭체로 표시된 성구 부분들은 "간추린 신앙고백"에 그대로 인용되었거나 거의 근사하게 풀어서 사용된 것들이다.

「신앙고백서」(*Book of Confessions*)에 있는 문서들은 약자로 나타내었다:

NC=니케아 신조, AC=사도신경, SC=스코틀랜드 신앙고백, HC=하이델베르크 요리문답, SHC=제 2 헬베틱 신앙고백, WCF= 웨스트민스터 신앙고백 (과거의 연합장로교회가 사용한 판을 따라서 번호를 매겼다), WSC=웨스트민스터 소요리문답, WLC=웨스트민스터 대요리문답, BD=바르멘 신학선언, C67=1967 년 신앙고백.

인용문들은 「신앙고백서」에 나타난 순서대로 표시되었다.

62-64 성경

62 행 약 1:1-12, 6:30-52, 요 1:19-34, 3:5, 7:37-39, 행 2:38-42, 8:26-39, 9:10-19, 10:44- 11:18, 롬 6:1-4, 고전 12:12-13, 갈 3:27-28, 엡 1:13-14, 골 2:8-15, 딛 3:3-7, 요일 5:6-8.

63 행 시 116:12-14, (13), 마 26:17-29, 막 14:22-25, 눅 22:14-20, 24:13-35,요 6:22-59(35, 48), 행 2:41-42, 고전 10:16-17, 11:17-34, 히 9:11-28.

64 행 창 1:26-27, 출 15:1-21, 삿 4:4-10, 왕하 22:8-20, 욜 2:28-32, 눅 1:46-55, 2:25-38, 8:1-3, 10:38-42, 요 4:7-42, 20, 행 1:12-2:47, 13:1-4, 16:1-15, 18:24-28, 롬 16:1-16, 고전 12:4-7, 고후 4:5, 갈 3:27-29, 엡 4:7-16, 빌 4:1-3,벧전 2:9-10.

고백 SC, XVIII, XXI-XXIII; HC, qq65-85; SHC, XVIII-XXVIII; WCF, XXVI-XXXI; WC, qq 88-98; WLC, qq157,158, 164-1777; BD, II, I, 3-6; C67, II 제 1 장 1-2, II 제 2 장.

65-71 성경

65-66 행 창 15:1, 시 23:1-4, 27:1-6, 46:1-3, 사 41:8-10, 학 2:4-5, 행 4:13-31,빌 1:19-20, 고후 1:18-22.

67 행 창 18:16-33, 삼하 7:18-29, 단 6, 마 6:5-15, 막 14:32-42, 눅 18:1-8, 요 17,롬 12:12, 엡 6:18-20, 골 1:3-14, 4:2, 살전 5:16-18 (17), 약 5:13-18, 유 20-21.

68 행 사 60:1-3, 마 28:19-20, 눅 24:45-47, 행 1:8, 9:27-29, 23:11, 롬 1:1-6, 살전 2:1-8, 딤후 1:8-14, 4:1-2.

69 행 출 20:2-6, 왕상 18:21-39, 시 115:1-11, 사 31:1-3, 44:6-20, 렘 7:1-20, 슥 4:6,마 6:24, 눅 18:18-23, 행 19:21-41, 고전 8:1-6, 빌 3:18-19, 골 3:5, 요일 5:20-21.

70 행 창 41:1-45, 룻 1-4, 왕상 12:1-20, 렘 36, 습 3:1-2, 마 15:21-28, 막 5:15-20, 9:38-41, 16:9-11, 눅 7:36-50, 10:30-35, 요 4:27-30, 39, 20:11-18, 행 24, 고전 14:33b-35, 딤전 2:11-12.

71 행 레 25:25-55, 신 15:1-11, 시 34:14, 72:1-4, 12-14, 사 58, 암 5:11-24, 미 6:6-8,마 5:9, 25:31-46, 롬 14:17-19, 갈 5:13-26, 히 12:14, 13:1-3, 20-21, 약 1:22-2:26.

고백 SC, XIII, XIV, XXIV; HC, qq 86-129; SHC, IV, XVII, XXIII, XXX; WCF, IX, XII, XIX-XXIII, XXV, XXXIV, 3, XXXV; WSC, qq 35, 36, 98-107; WLC, qq

23-26 성경

23-24 행 시 24:4-5, 26:1, 37:5-6, 사 50:4-9, 마 27:3-4, 28:1-17, 막 16:1-8,눅 24:1-47, 요 20-21, 행 2:22-36, (32) 17:16-34, 롬 1:1-7, 고전 15:3-57, 딤전 3:14-16.

25-26 행 시 49:13-15, 사 25:6-8,단 12:2-3, 요 3:16-18, 5:19-24, 11:17-27, 롬 4:24-25, 5:1-21, 6:1-23, 8:1-11, 고전 15:20-28, 엡 2:1-7, 골 1:9-14, 2:8-15, 살전 4:13-18,딤후 1:10, 히 13:20-21, 계 21:3-4.

고백 SC, X; HC, qq45-52; HSC, XI; WCF, VIII, 4-8; WLC, qq52-56; BD, II, 2-4; C67, I 제 1 장 1.

27–51 행

27-28 성경 왕하 18:5-6, 시 28:6-7, 71:5-6, 잠 3:5-8, 마 6:25-34, 막 14:32-36, 눅 11:2-4,롬 8:12-17, 갈 4:1-7.

고백 NC, 첫 항; AC, 첫항; HC, qq26-28; WCF, XII; WLC, q 100.

29-32 성경

29 행 창 1:1-25, 시 33:1-9, 104, 사 40:21-28, 요 1:1-5, 골 1:15-20, 딤전 4:4.

30-32 행 창 1:26- 2:25, 5:1-32(특히 1-5, 32), 10:32-11:1, 레 19:9-18, 시 22:25-31, 67, 133, 사 56:3-8, 66:18-21, 마 4:1-4, 눅 10:29-37, 행 17:22-28,엡 1:9-10, 계 7:9-12, 22:1-2.

고백 HC, q6; SHC, VII; WCF, IV, 1-2; WSC, qq 9, 10; WLC, qq 12-17; C67, II 제 1 장 4a.

33-38 성경

33 행 창 3:1-24, 4:1-6, 출 3:6, 4:1-17, 삿 11:29-40, 삼상 10:20-24, 시 2:1-3, 14:1-4, 사 1:1-6, 렘 5:20-25, 23:24, 욘 1:1-4, 마 5:14-16, 약 4:21-23, 눅 8:16-18, 마 19:16-22, 25:14-30 (특히 18, 24-25), 눅 8:43-48, 10:38-42 (마르다), 롬 1:16-3:26, 히 4:13, 계 2-3, 6:12-17.

34 행 창 1:28, 2:15-16, 출 20:1-17, 21:1-23:19, 레 19:1-37, 신 6:4-9, 10:19,느 7:73b-8:18, 시 119, 169-176, 암 5:24, 미 6:8, 마 5:17-6:21, 7:12, 22:34-40, 요 13:34, 14:15, 15:12-17, 롬 13:8-10, 고전 8, 요일 2:3-11.

35 행 창 1:27, 4:8, 6:11-12, 16, 21:9-21, 삿 19, 삼하 11, 13:1-20, 18:5-15, 시 14:1-4, 사 1:12-23, 59:1-8, 겔 7:10-11,

45:9, 습 3:1-4, 마 23:13-28, 25:31-46, 눅 16:19-31, 롬 1:28-32, 엡 4:17-22, 골 3:5-11, 딤후 3:1-9, 딛 1:15-16.

36 행 창 2:16-17, 3:1-4, 욥 13:1-12, 시 4:2, 사 5:20-21, 28:14-15, 59:3b, 12-15a, 렘 5:1-3, 14:13-14, 요 8:42-45.

37-38 행 창 2:15, 시 8, 사 5:7-8, 24:4-6, 33:7-9, 렘 2:7-8, 9:4-6, 호 4:1-3, 암 2:6-8, 행 16:16-24.

고백 SC, II; HC, qq 3-11, 106, 107; SHC, VIII, IX; WCF, VI; WSC, q 77; WLC, qq 22-28, 105, 131, 132, 136, 145, 149; C67, I 제 1 장 2.

39 성경 창 6:5-7, 신 28:15-68, 30:15-20, 삼하 12:1-12, 사 1:24-25, 5:9-10, 24-25, 28:16-22, 59:9-11, 15b-19, 렘 2:9, 9:7-11, 14:15-16, 암 2:13-16, 요 3:16-21, 롬 5:18-21, 8:1-4.

고백 SC, III, XV; HC, qq 10-12; SHC, XII, XIII; WCF, VI, 6; WSC, qq82-85; WLC, q27; C67, I 제 1 장 2.

40 성경 대하 7:11-14, 시 34:22, 51, 78:36-39, 103:1-14, 130, 145:8-9, 사 2:2-4, 6:5-7, 11:1-9, 30:18, 51:4-6, 렘 31:20, 애 3:22-33, 겔 36:8-15, 호 11:1-9, 14:4-8, 마 1:18-21, 눅 1:67-79, 15:1-7, 요 3:16-17, 롬 5:15-17, 8:18-25,엡 2:4-7, 벧전 1:13-21.

고백 SC, I, IV; HC, qq26-28; SHC, VI, X; WCF, V; WSC, q 31; WLC, q 30.

41-51 성경

41-43 행 창 12"1-7, 15, 17:1-21, 18:1-15, 21:1-7, 28:10-17, 신 7:6-7, 느 9:6-8,시 65:1-4, 사 41:8-10, 44:1-8, 51:1-2, 렘 31:3, 31-34, 마 9:9-13, 26:26-28, 롬 4:13-25, 11 : 고전 1:26-29, 갈 3:6-9, 엡 1:3-10, 살전 1, 히 11:8-12, 약 2:5, 벧전 2:9-10.

44-46 행 출 2:23-3:10, 6:2-8, 15:1-21, 18:5-12, 20:1-2, 22:21-24, 신 7:8, 삿 6:7-16, 10:10-16, 대하 32:9-23, 스 9:6-9, 느 9:9-15, 시 18:1-19, 34, 77, 105:23-45, 107, 136, 사 40:3-5, 9-11, 43:14-21, 51:9-16, 단 3:6, 미 6:4, 마 6:13, 15:21-28, 막 5:1-20, 고후 1:8-11, 계 1:4-11, 15:2-4.

47-48 행 시 33:20-22, 36:7-9, 사 54:4-10, 63:7-9, 미 7:18-20, 마 26:26-29, 롬 8:15-17, 38-39, 고전 11:23-26, 갈 3:15-29, 4:6-7, 21-31, 엡 1:3-6, 2:11-22, 히 13:20-21, 벧전 1:1-9, 요일 3:1-2.

	49-51 행	창 33:1-11, 신 7:9, 32:10-12, 느 9:16-23, 시 27:7-10, 36;5-12, 91, 117,사 42:14-16, 46:3-4, 49:7, 49:14-15, 66:13, 렘 31:15-20, 애 3:22-23, 호 11:3-4, 눅 13:34-35, 15:11-32(특히 20), 고전 1:9, 살전 5:23-24,살후 2:16-17.
	고백	SC, IV, V; HC, qq 12-15, 18, 19, 34, 49, 51, 52, 54, 128; SHC, XIII, XVII-XIX; WCF, VI, 4, VII, VIII, 8, XVII, XVIII, XXXV, 1903 년 선언문; WSC, q 36; WLC, qq 31-34, 74; BD, II, 2; C67, I 제 2 장.

52–76 행

52-53	성경	창 1:1-2, 시 23, 139:1-12, 겔 37:1-14, 눅 1:26-35, 요 3:1-15, 행 2:1-21, 10, 롬 8:1-11, 고후 3.
	고백	NC, 제 3 항, AC, 3 항; SC, XII; HC, q53; WCF, XX, XXXIV; WLC, qq 58, 89, 182.
54-57	성경	
	54 행	창 15:1-6, 합 2:4, 롬 1:16-17, 3:21-28(24-25), 4:1-5, 5:1-2, 갈 3:1-14, 엡 2:8-9, 딛 3:3-7.
	55-57 행	레 19:18, 신 6:4-5, 막 12:28-34, 눅 10:25-37, 요 3:1-15, 롬 8:26-27, 12, 13:8-10, 고전 12:1-31 (특히 13,27), 13, 고후 3:17-4:2, 갈 5, 6:1-10,엡 2:11-22, 4:1-6, 빌 4:1-7, 골 1:24, 3:12-17, 벧전 4:8-11, 요일 4:19, 5:5.
	고백	SC, XVI-XX; HC, qq 1, 21, 54, 55, 86, 87; SHC, XV-XVII; WCF, XI, XX, XXV, XXVI, XXXIV, XXXV; WSC, qq 29-36; WLC, qq 63-66, 70-73; BD, II, 1-3; C67, I 제 3 장 1.
58-61	성경	
	58-59 행	민 11:24-30, 신 18:15-22, 대하 20:13-19, 24:20-22, 겔 3:22-27, 8:1-4, 11:5-12, 13:3, 미 3:5-8, 막 12:35-37, 요 20:19-23, 행 1:1-9, 2:1-4, 9:17-19a,벧전 1:10-11, 벧후 1:20-21.
	60-61 행	왕하 22:8-13, 23:1-3, 시 119:1-16, 슥 7:11-12, 마 5:17, 막 13:9-11,눅 24:13-27, 44, 요 5:30-47, 16:13, 행 2:14-36, 4:13-20, 8:4-8, 9:17-22, 10:34-44, 13:4-5, 17:1-4, 롬 15:17-21, 엡 2:19-3:6, 딤후 1:11-14, 3:14-17, 히 1:1-4, 3:7-11, 벧전 1:12, 벧후 1:16-19, 3:1-2, 계 3:22.
	고백	SC, XIX, XX; HC, qq 19-21; SHC, I, II; WCF, I, XXXIV, 2; WSC, qq 2, 3; WLC, qq 2-6, 108; BD, I, II, I; C67, I 제 3 장 2. II 제 2 장 1.

62-64 성경

62 행 약 1:1-12, 6:30-52, 요 1:19-34, 3:5, 7:37-39, 행 2:38-42, 8:26-39, 9:10-19, 10:44- 11:18, 롬 6:1-4, 고전 12:12-13, 갈 3:27-28, 엡 1:13-14, 골 2:8-15, 딛 3:3-7, 요일 5:6-8.

63 행 시 116:12-14, (13), 마 26:17-29, 막 14:22-25, 눅 22:14-20, 24:13-35,요 6:22-59(35, 48), 행 2:41-42, 고전 10:16-17, 11:17-34, 히 9:11-28.

64 행 창 1:26-27, 출 15:1-21, 삿 4:4-10, 왕하 22:8-20, 욜 2:28-32, 눅 1:46-55, 2:25-38, 8:1-3, 10:38-42, 요 4:7-42, 20, 행 1:12-2:47, 13:1-4, 16:1-15, 18:24-28, 롬 16:1-16, 고전 12:4-7, 고후 4:5, 갈 3:27-29, 엡 4:7-16, 빌 4:1-3,벧전 2:9-10.

고백 SC, XVIII, XXI-XXIII; HC, qq65-85; SHC, XVIII-XXVIII; WCF, XXVI-XXXI; WC, qq 88-98; WLC, qq157,158, 164-1777; BD, II, I, 3-6; C67, II 제 1 장 1-2, II 제 2 장.

65-71 성경

65-66 행 창 15:1, 시 23:1-4, 27:1-6, 46:1-3, 사 41:8-10, 학 2:4-5, 행 4:13-31,빌 1:19-20, 고후 1:18-22.

67 행 창 18:16-33, 삼하 7:18-29, 단 6, 마 6:5-15, 막 14:32-42, 눅 18:1-8, 요 17,롬 12:12, 엡 6:18-20, 골 1:3-14, 4:2, 살전 5:16-18 (17), 약 5:13-18, 유 20-21.

68 행 사 60:1-3, 마 28:19-20, 눅 24:45-47, 행 1:8, 9:27-29, 23:11, 롬 1:1-6, 살전 2:1-8, 딤후 1:8-14, 4:1-2.

69 행 출 20:2-6, 왕상 18:21-39, 시 115:1-11, 사 31:1-3, 44:6-20, 렘 7:1-20, 슥 4:6,마 6:24, 눅 18:18-23, 행 19:21-41, 고전 8:1-6, 빌 3:18-19, 골 3:5, 요일 5:20-21.

70 행 창 41:1-45, 룻 1-4, 왕상 12:1-20, 렘 36, 습 3:1-2, 마 15:21-28, 막 5:15-20, 9:38-41, 16:9-11, 눅 7:36-50, 10:30-35, 요 4:27-30, 39, 20:11-18, 행 24, 고전 14:33b-35, 딤전 2:11-12.

71 행 레 25:25-55, 신 15:1-11, 시 34:14, 72:1-4, 12-14, 사 58, 암 5:11-24, 미 6:6-8,마 5:9, 25:31-46, 롬 14:17-19, 갈 5:13-26, 히 12:14, 13:1-3, 20-21, 약 1:22-2:26.

고백 SC, XIII, XIV, XXIV; HC, qq 86-129; SHC, IV, XVII, XXIII, XXX; WCF, IX, XII, XIX-XXIII, XXV, XXXIV, 3, XXXV; WSC, qq 35, 36, 98-107; WLC, qq

75, 76, 91-148; BD, II; C67, I 제 2 장, II 제 1 장 1, 3, 4, II 제 2 장 2.

72-76 성경

72-74 행 레 19:1-4, 느 7:73b-8:12, 시 68:32-35, 96, 100, 마 13:44, 눅 9:23, 24:44-53, 요 15:10-11, 행 1:8, 13:52, 롬 7:4-6, 12:1-3, 9-21, 15:13, 고전 3:16-17, 13,고후 1:12, 엡 1:3-2:21, 살전 1:4-8, 5:16-18, 벧전 1:13-16.

75-76 행 사 65:17, 66:22-23, 마 24:42-44, 25:1-13, 막 13:32-37, 눅 14:15-24, 고전 15:51-58, 16:21-24, 벧후 3, 계 21:1-22; 5, 22;20.

고백 HC, qq 31, 32, 86, 그리고 제 3 부 전체; SHC, XIV, XVI, XXIX; WCF, VII, 5, XIII-XVI, XIX, XXI-XXIV, XXXIV; WSC, qq 39-82; WLC, qq 56, 175; BD, II, 2; C67, I 제 2 장, I 제 3 장, II 제 1 장, III.

77-80 행

77-80 성경 시 27:1-10, 91, 118:1-6, 139:1-18, 사 25:6-9, 요 3:16, 롬 8:31-39, 엡 2:1-10,딤후 2:8-13, 약 1:12, 벧전 1:3-9, 요일 4:7-21.

고백 NC 3 항; AC 3 항; SC, XVI, XVII; HC, qq1, 50-58; SHC, XXVI; WCF, XVII, XVIII; WLC, qq67, 196; BD, II, 2; C67, I 제 2 장, I 제 3 장, I 제 3 장 1. III.

색인

색 인 Index

ㅂ

ㅅ

CPSIA information can be obtained
at www.ICGtesting.com
Printed in the USA
BVHW050228191122
652278BV00010B/770

9 780664 263041